Let's
Social
Worker

총 **3단계**의 **문제풀이**를 통해
한 권으로 완벽하게 실제 자격시험 대비!

한 권으로 합격하는

사회복지사 1급 실전 문제집

서경석, 심의경, 허은진 지음

엠제이씨북스

Let's
한 권으로 합격하는
사회복지사 1급 실전 문제집

초판1쇄 인쇄 2022년 10월 1일
초판1쇄 발행 2022년 10월 14일
지은이 서경석, 심의경, 허은진
기획 김응태
교정 정다운
제작 조재훈
판매영업 김승규, 권기원

발행처 ㈜아이비김영
펴낸이 김석철
등록번호 제22-3190호
주소 (06728)서울 서초구 서운로 32, 우진빌딩 5층
전화 (대표전화) 1661-7022
팩스 070-4014-0797

ⓒ ㈜아이비김영
이 책은 저작권법에 따라 보호받는 저작물이므로 무단복제를 금지하며,
책 내용의 전부 또는 일부를 이용하려면 반드시 저작권자의 서면동의를 받아야 합니다.

ISBN 978-89-6512-165-7 13330
정가 25,000원

잘못된 책은 바꿔드립니다.

이 책의 구성

사회복지사 1급 실전문제집은 총 3단계의 문제풀이를 통해 수험생들이 한 권으로 완벽하게 실제 자격시험을 대비할 수 있도록 구성하였습니다.

1단계 | 주제별 기출문제

✓ 시험과목인 8과목의 과거 10개년 기출문제를 분석하여 주제별 출제경향 및 학습가이드 제시

✓ 각 주제에 대한 기출문제풀이 및 확인으로 빈출 내용, 최근 출제내용, 출제 방식 확인

✓ 자세한 해설을 통한 시험에 자주 출제되는 핵심 개념 정리

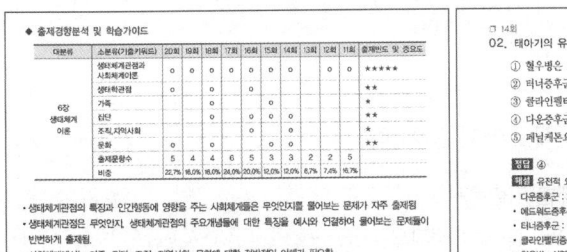

2단계 | 과목별 실전모의고사

✓ 각 과목의 주제별 기출문제풀이 및 확인 후 최신 출제경향을 반영한 과목별 실전모의고사 3회 수록

✓ 과목별 실전모의고사를 통해 과목별 최종 점검 및 실전 연습

✓ 과목별 실전모의고사 결과에 따른 취약과목 체크 및 전략 수립

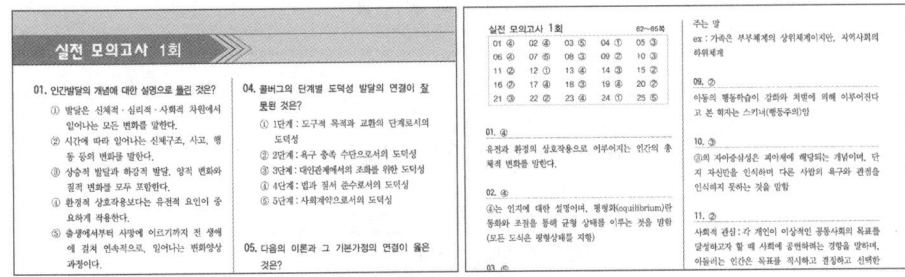

3단계 | 최신 기출문제

✓ 실제 시험과 동일한 직전 연도 기출문제풀이를 통한 최종 마무리

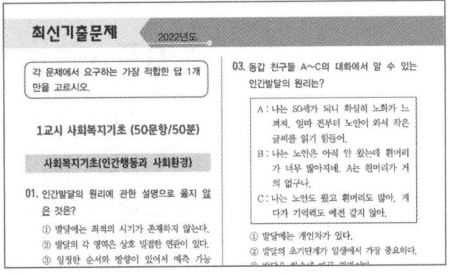

CONTENTS

PART I 과목별 문제풀이

01 인간행동과 사회환경
주제별 기출문제 ·· 10
실전모의고사 1~3회 ·· 64
실전모의고사 정답 및 해설 ··································· 79

02 사회복지 조사론
주제별 기출문제 ·· 86
실전모의고사 1~3회 ·· 150
실전모의고사 정답 및 해설 ··································· 165

03 사회복지 실천론
주제별 기출문제 ·· 172
실전모의고사 1~3회 ·· 216
실전모의고사 정답 및 해설 ··································· 231

04 사회복지 실천기술론
주제별 기출문제 ·· 240
실전모의고사 1~3회 ·· 289
실전모의고사 정답 및 해설 ··································· 305

05 지역사회복지론
주제별 기출문제 ·· 314
실전모의고사 1~3회 ·· 367
실전모의고사 정답 및 해설 ··································· 385

06 사회복지정책론

주제별 기출문제 ·· 398
실전모의고사 1~3회 ·· 445
실전모의고사 정답 및 해설 ······························ 463

07 사회복지행정론

주제별 기출문제 ·· 472
실전모의고사 1~3회 ·· 518
실전모의고사 정답 및 해설 ······························ 537

08 사회복지법제론

주제별 기출문제 ·· 548
실전모의고사 1~3회 ·· 599
실전모의고사 정답 및 해설 ······························ 621

PART Ⅱ 최신기출문제

최신기출문제 ··· 633
최신기출문제 정답 및 해설 ······························ 679

PART I

과목별 문제풀이

[사회복지기초]

01

인간행동과 사회환경

주제별 기출문제

1 인간행동의 이해

◆ 출제경향분석 및 학습가이드

대분류	소분류(기출키워드)	20회	19회	18회	17회	16회	15회	14회	13회	12회	11회	출제빈도 및 중요도
1장 인간행동의 이해, 발달과 사회복지	인간발달의 특징 및 개념	○	○	○	○	○	○	○	○	○		★★★★★
	인간발달의 유용성				○			○	○	○	○	★★★
	인간발달원리	○	○	○	○	○	○	○				★★★★
	출제문항수	3	2	2	3	1	3	2	2	2	2	
	비중	13.6%	8.0%	8.0%	12.0%	4.0%	12.0%	8.0%	6.7%	7.4%	6.7%	

- 인간발달의 특징과 유용성과 발달원리에 대해 문제가 자주 출제됨
- 발달의 특징에 대해서는 평이한 수준으로 나오기 때문에 발달의 일반적인 특징에 대해 알고 있어야 함
- 발달의 방향에 대해서도 정확하게 숙지하고 있어야 함
- 인간발달의 유용성에 대해 이해해야 하며 이러한 문제는 빈번하게 출제되었음.

기출문제 확인하기

☐ 12회
01. 인간발달에 관한 설명으로 옳지 않은 것은?

① 이전 단계의 발달에 기초해 현재의 경험이 융합되어 이루어지므로 연속성과 변화를 보여준다.
② 발달은 유전적 요인과 환경이 끼치는 영향의 비중이 동일하다.
③ 발달의 속도는 항상 일정한 것이 아니라 빠르게 진행되는 시기도 있고 더디게 진행되는 시기도 있다.
④ 예측 가능한 변화이지만 연령이 증가하면 발달에 대한 예측이 점점 어려워진다.
⑤ 중심부위에서 말초부위로, 상체에서 하체의 방향으로 발달한다.

정답 ②
해설 발달은 양적 확대뿐만 아니라 양과 질에서의 상승적 또는 퇴행적 변화를 모두 포함하면서 유전과 환경의 상호작용에 의해 이루어지는 인간의 총체적인 변화이지만 유전적 요인과 환경이 미치는 영향의 비중은 다르다고 봄. 환경론자들은 인간은 백지상태로 태어나고 이후에는 환경적 영향으로 모든 발달이 이루어진다고 주장. 하지만 최근에는 '유전과 환경 중 무엇이 중요한가?'보다는 '유전과 환경이 어떻게 상호작용하는가?'를 더욱 중요하다고 보면서 인간발달이 유전과 환경의 상호작용의 결과라는 점에 대부분 동의하고 있음.

☐ 12회
02. 인간발달에 관한 설명으로 옳은 것은?

① 일정한 속도로 전 생애에 걸쳐 이루어진다.
② 주로 유전적 요인에 의해 주도되는 과정이다.
③ 하부에서 상부로, 말초부위에서 중심부위로 진행된다.
④ 인간행동 양식의 전체적인 맥락 안에서 분석되어야 한다.
⑤ 점진적으로 일어나는 체계적 변화이며 질적 변화보다는 양적 변화를 의미한다.

정답 ④
해설 인간발달은 전 생애(생애주기발달단계)에 걸쳐 이루어지지만 개인마다 발달속도에 차이가 있으며 유전적 요인과 환경적 요인 둘 다 중요함. 인간발달은 상부에서 하부로, 중심에서 말초로 진행되며 질적 변화와 양적 변화를 동시에 의미함.

☐ 14회
03. 인간발달에 관한 설명으로 옳지 않은 것은?

① 발달은 일정한 순서를 거친다.
② 발달과 변화는 전 생애에 걸쳐 일어난다.
③ 발달은 특수 활동에서 전체 활동으로 이루어진다.
④ 발달을 이해하는데 사회 환경은 필수적 요인이다.
⑤ 발달은 '환경 속의 인간'(person in environment)의 맥락으로 이해되어야 한다.

정답 ③
해설 인간의 발달은 전체부터 특수발달로 이루어지며 발달은 일정한 순서와 방향성을 가지고 있음. 특히 상부에서 하부로, 중심부위에서 말초부위로, 전체 활동에서 특수 활동의 방향으로 진행되는 특징을 가지고 있음.

기출문제 확인하기

☐ 14회

04. 인간발달이론이 사회복지실천에 기여한 내용으로 옳지 <u>않은</u> 것은?

① 클라이언트의 욕구와 문제를 파악하는데 도움이 된다.
② 클라이언트의 사회 환경보다 생물학적 요소가 더 중요함을 이해하게 한다.
③ 사회복지사가 파악해야 할 클라이언트에 관한 사항을 사정할 수 있게 한다.
④ 클라이언트의 발달과업 수행에 필요한 서비스가 무엇인지 파악할 수 있게 한다.
⑤ 사회복지사가 모든 연령층의 클라이언트를 이해하고 그들과 함께 일할 수 있게 한다.

정답 ②

해설 사회복지분야에서 생태학적인 관점으로 볼때 인간은 그들이 속한 사회 환경과의 상호작용을 통해 발달이 이루어지고 행동특성이 형성되며 환경을 변화시키기는 능동적인 존재. 이와 같은 생태학적 인간관을 토대로 사회복지실천은 '환경 속의 인간'이라는 기본전제 하에 개인과 사회 환경을 별개로 구분하지 않은 채 인간과 환경 간의 상호작용에 초점. 특히 개인과 사회 환경 간의 역동적인 균형이 이루어지도록 돕고. 사회문제들을 다루기 위해 사회 환경에 관한 이론과 지식의 필요성을 강조. 가계도와 생태도가 클라이언트의 환경을 이해하고 분석하는데 도움되는 맥락임.

☐ 2017

05. 인간발달에 관한 설명으로 옳지 <u>않은</u> 것은?

① 각 단계의 발달은 이전 단계의 발달에 의하여 영향을 받지 않는다.
② 인간발달에는 일반적인 원리가 존재하지만 모든 사람들이 동일하게 발달하는 것은 아니다.
③ 발달과정에는 결정적 시기가 존재한다.
④ 유전적 요인과 환경적 요인 모두 인간발달에 중요하다.
⑤ 중추부에서 말초로, 상체에서 하체의 방향으로 발달한다.

정답 ①

해설 인간의 성장과 발달은 삶의 모든 기간에 걸쳐 일어남. 누적성과 불가역성인 특징이 있음.
인간의 발달의 특징
- 점성원리 : 각 단계의 발달은 이전단계의 발달을 토대로 이루어짐. 개인차가 존재.
- 적기성(적합한 시기)
- 유전적 및 환경적 요소의 상호작용
- 일정한 순서와 방향(상부 → 하부, 중심 → 말초, 전체운동 → 특수운동)
- 누적성, 불가역성, 기초성

06. 인간발달의 관점에 관한 설명으로 옳지 않은 것은?

① 개인의 유전형질도 인간발달에 영향을 미친다.
② 인간발달은 퇴행적 변화보다는 상승적 변화를 의미한다.
③ '환경 속의 인간'은 인간발달 이해를 위한 기본 관점이다.
④ 인간발달은 인간의 내적 변화뿐만 아니라 외적 변화도 포함한다.
⑤ 생물학적, 심리적, 사회적 체계를 포괄적으로 고려해야 한다.

정답 ②
해설 인간발달은 분화와 통합을 하며 지속성과 변화를 보임. 인간발달은 상승적 변화뿐만 아니라 퇴행적(=하강적) 변화도 포괄. 또한 양적인 변화와 질적인 변화도 같이 일어나며 유전과 환경적인 영향을 받음. 퇴행적 변화에 대해서는 안나프로이드의 방어기제에서 '퇴행' 부분과 연결되며 퇴행 또한 인간발달과정에서 누구에게나 발생할 수 있음.

07. 인간 생애주기의 이해에 관한 설명으로 옳은 것은?

① 성장과 발달은 횡단적으로 일어난다.
② 인간의 삶에는 비지속성 혹은 단절의 특성이 있다.
③ 인간 삶을 전체가 아닌 부분으로 이해하여야 한다.
④ 인간행동 이해를 위하여 환경보다 유전적 원인을 분석하여야 한다.
⑤ 생애주기의 연령구분은 국가와 사회적 상황에 따라 다양하게 나타난다.

정답 ⑤
해설 인간의 성장과 발달은 횡단 및 종단적으로 일어나며, 인간의 삶은 부분이 아닌 전체로 이해. 사회복지분야에서의 인간행동의 이해는 생태학적인 관점에서 환경적인 요인에 초점을 두고 분석. 생애주기(혹은 발달단계)의 연령 구분은 대략적이고 사회적인 것이며, 현대에 들어오면서 생애주기적인 관점에서의 분석이 중요하게 여겨지고 있음. 따라서 생애주기의 연령구분은 국가와 사회적 상황에 따라 다양하게 나타남.

☐ 17회
08. 인간발달의 원리로 옳지 않은 것은?

① 유전과 환경의 영향을 모두 받는다.
② 일생에 걸친 예측 불가능한 변화이다.
③ 발달의 정도와 속도는 개인마다 다르다.
④ 일정한 순서와 방향성이 존재한다.
⑤ 멈추는 일 없이 지속된다.

정답 ②
해설 인간의 발달은 유전과 환경의 영향을 모두 받으며 개인마다 발달특성이 다를 수 있음. 그러나 어느 정도는 일반적인 예측이 가능하며 일정한 순서와 방향성이 존재함. 따라서 생애주기적인 관점에서 인간발달의 특성을 고려해야 함.

기출문제 확인하기

09. 인간발달의 특징으로 옳지 <u>않은</u> 것은?

① 발달은 삶의 특정 단계에서만 집중적으로 일어난다.
② 인간은 자신의 발달에 능동적으로 기여한다.
③ 발달은 일정한 순서대로 진행되는 경향이 있기 때문에 체계적이고 예측이 가능하다
④ 발달은 상승적 변화와 하강적 변화를 모두 포함한다.
⑤ 인간행동은 개인이 처한 상황과 관계의 맥락 속에서 이해되고 분석되어야 한다.

정답 ①

해설 인간발달은 삶의 모든 단계에서 일어나며 이전 단계의 발달을 기반으로 현재의 경험이 융합되어지므로 연속성과 변화를 보임.
발달단계의 특징
- 일반적으로 구분된 나이를 전후해서 발달적 전환이 이루어진다.
- 각 단계의 특징들은 이전 단계 및 이후 단계와는 구별된다.
- 각 단계는 발달을 향한 특정한 방향을 가진다.
- 발달단계는 연속적이다.
- 발달에는 결정적 시기가 있다.
- 발달은 안정적 속성보다 변화적 속성이 강하게 나타난다.

10. 인간발달이론을 통해 사회복지실천에 기여한 바로 틀린 것은?

① 다양한 클라이언트의 발달과업을 획일적으로 이해할 수 있다
② 전 생애에 걸쳐 일어나는 안정성과 변화의 과정을 이해할 수 있다
③ 개인의 적응과 부적응을 판단하기 위한 기준을 제공한다.
④ 인간발달이론을 통해 비슷한 연령대의 사람들은 다양한 특성이 있음을 알 수 있다
⑤ 이전 발달단계의 결과가 다음 단계에 미치는 영향을 파악할 수 있다

정답 ④

해설 인간발달이론의 유용성
- 특정 발달단계에서 나타나는 특징적 발달요인을 이해
- 발달단계별 욕구에 따른 사회복지제도의 기반을 제공하며 비슷한 연령대의 사람들에 대해 모두 동일한 특성이 있음을 파악
- 연속적인 과정이지만 생활주기를 순서대로 정리할 수 있는 준거틀을 제공
- 개인이 경험하는 사회문화적 요인들에 대해 인간과 환경간의 상호작용을 이해할 수 있는 시각을 제공하며, 다양한 클라이언트의 발달과업을 다양한 관점에서 이해
- 인간의 사회적 기능과 적응수준을 평가할 수 있게 해주며 개인의 적응과 부적응을 판단하기 위한 기준을 제공

2 정신역동이론 (프로이드, 에릭슨, 아들러, 융)

◆ 출제경향분석 및 학습가이드

대분류	소분류(기출키워드)	20회	19회	18회	17회	16회	15회	14회	13회	12회	11회	출제빈도 및 중요도
2장 정신역동이론 (프로이드, 에릭슨, 아들러, 융)	프로이드이론	○	○			○			○		○	★★★
	성격발달단계					○			○			★
	안나프로이드의 방어기제			○	○	○	○		○	○		★★★
	에릭슨의 개념 및 발달	○	○	○	○	○	○	○	○	○	○	★★★★★
	융의 이론	○	○	○	○	○	○	○	○	○	○	★★★★★
	아들러이론	○	○	○		○		○	○	○	○	★★★★★
	출제문항수	4	4	4	5	7	5	3	5	5	4	
	비중	18.2%	16.0%	16.0%	20.0%	28.0%	20.0%	12.0%	16.7%	18.5%	13.3%	

- 프로이드의 이론에 대한 명확한 개념들과 이론의 주요내용을 묻는 문제들이 자주 출제됨
- 프로이드의 성격구조와 발달단계의 특징들에 대해 묻는 문제가 출제됨
- 안나 프로이드의 방어기제들은 예시와 내용을 함께 연결해서 공부해야 하며 방어기제 문제는 매회 출제됨
- 융의 분석심리의 개념과 성격유형 및 에릭슨의 심리사회적 발달단계별 위기가 자주 출제됨
- 아들러의 이론과 특징에 대한 주요개념들을 파악하는 것이 중요하며 관련되어 출제되었음.

기출문제 확인하기

01. 융(C. Jung) 이론의 주요개념으로 옳지 않은 것은?

① 페르소나는 자아의 가면으로 개인이 외부에 보이는 이미지이다.
② 음영은 인간의 정신에 존재하는 보편적이고 근원적인 핵이다.
③ 아니무스는 무의식 속에 존재하는 여성의 남성적 측면이다.
④ 자기(self)는 성격의 중심으로 통일성과 안정성을 제공한다.
⑤ 리비도는 인생전반에 작동하는 생활에너지이다.

정답 ②
해설 인간의 정신에 존재하는 보편적이고 근원적인 핵은 → 음영이 아니라 (원형)에 해당. 원형은 오랫동안 반복되어 온 경험이 마음속에 축적되어 나타난 무의식적인 이미지이며 직접적으로 알 수 없으나 원형적 이미지를 통해서 알 수 있음.

- 음영 : 동물적 본능, 자기상과 반대되는 것으로 용납하기 어려운 영역
- 프로이드가 보는 무의식 : 의식의 억압물.
- 융이 보는 무의식 : 창조와 개성화의 원천.
- 프로이드가 보는 본능 : 성적, 공격적 본능을 중요시
- 융이 바라보는 본능 : 공격적인 본능보다는 신비하고 종교적인 역사나 문화적 배경을 강조
- 융이 바라보는 리비도 : 일반적인 생활에너지 및 정신에너지로 확장하였음

□ 12회

02. 에릭슨(E. Erikson)의 심리사회적 위기와 프로이트(S. Freud)의 심리성적발달 단계의 연결이 옳은 것은?

① 자율성 대 수치심 – 생식기
② 근면성 대 열등감 – 잠복기
③ 신뢰감 대 불신감 – 구강기
④ 친밀감 대 고립감 – 항문기
⑤ 정체감 대 정체감 혼란 – 잠복기

정답 ②
해설 에릭슨의 심리사회적 발달단계와 주요관계
(프로이드의 구강기)신뢰감 대 불신감 → 주요관계 : 어머니
(프로이드의 항문기)자율성 대 수치심과 의심 → 주요관계 : 부모
(프로이드의 남근기)주도성 대 죄의식 → 주요관계 : 가족
(프로이드의 잠복기)근면성 대 열등감 → 주요관계 : 이웃, 학교
(프로이드의 생식기)자아정체감 대 역할상실 → 주요관계 : 또래집단
　　　　　　　친밀감 대 고립감 → 주요관계 : 우정, 성, 경쟁
　　　　　　　생산성 대 침체 (성인기) → 주요관계 : 직장과 확대가족
　　　　　　　자아통합 대 절망 (노년기) → 주요관계 : 인류

프로이드는 행동의 기초를 원초아로 보았으며 에릭슨은 인간의 주관성을 중요하게 보았으며 인간발달에서 자아가 담당하는 역할을 중요하게 보았음. 프로이드는 발달단계를 5단계로 나눴으며 에릭슨은 인간의 전 생애를 8단계로 구분하였음.

□ 14회
03. 인간행동이 의식에 의해 조절될 수 있지만 집단무의식의 영향을 받는다고 보는 이론은?

① 프로이드(S. Freud)의 정신분석이론
② 매슬로우(A. Maslow)의 자아실현이론
③ 융(C. Jung)의 분석심리이론
④ 피아제(J. Piaget)의 인지발달이론
⑤ 로저스(C. Rogers)의 현상학이론

정답 ③

해설 집단무의식의 영향을 받는다고 보는 이론은 융의 분석심리학. 융은 개인무의식과 집단 무의식으로 구분하였음. 클라이언트의 특정한 행동은 생물학적 요인과 사회 환경적 요인이 상호 관련되어 있음.
- 집단무의식 : 인류 역사를 통해 조상으로부터 물려받은 관습 같은 것으로 개인의 지각, 정서, 행동에 영향을 주는 타고난 정신적 소인으로 인간의 정신적 소인이 유전된 것. 또한, 집단무의식은 개인이 어떤 상황에서 행동할 수 있도록 미리 형성되어 있는 행동패턴을 작동시켜 개인의 지각, 행동 등을 결정함. 그러나 집단무의식이 어느 정도 발달하고 표현되는가는 개인의 경험에 좌우됨.
- 개인무의식 : 의식 속에 남아있지 않지만 쉽게 의식으로 구현될 수 있는 자료의 저장소를 의미.

□ 13회
04. 프로이드(S. Freud) 이론에 관한 설명으로 옳은 것은?

① 거세불안과 남근선망은 주로 생식기에 나타난다.
② 치료의 주요 목표는 개성화(individuation)를 완성하는 것이다.
③ 자아(ego)는 의식, 전의식, 무의식의 세 측면을 모두 가지고 있다.
④ 리비도는 인생 전반에 걸쳐 작동하는 일반적인 생활에너지를 말한다.
⑤ 초자아(super ego)는 방어기제를 작동하여 갈등과 불안에 대처한다.

정답 ⑤

해설 프로이드의 자아와 초자아는 의식, 전의식, 무의식의 세 측면을 모두 가지고 있음. 이와 달리 원초아는 무의식적인 측면만 가짐. ①의 거세불안과 남근선망은 주로 남근기에 나타남. ②의 개성화는 융이 제시한 개념(고유한 자기 자신이 되는 것으로 개인의 의식이 타인으로부터 분화되어가는 과정). ④의 리비도의 경우에는 융과 달리 리비도를 성적 욕망의 에너지로 보았으며 정신에너지로서 인생전반에 걸쳐 작동하는 생활에너지로 보았음. ⑤는 방어기제를 작동하여 갈등과 불안에 대처하는 성격 구조는 자아임.

□ 10회
05. 방어기제와 그 예의 연결이 옳은 것은?

① 부정 - 부모에게 꾸중을 듣고 적대감으로 개를 발로 차는 아이
② 퇴행 - 불치병에 걸렸음을 알고도 미래의 계획을 화려하게 세우는 환자
③ 승화 - 효도를 다하지 못한 죄책감으로 독거노인을 극진히 부양하는 자식
④ 억압 - 입원 중 간호사에게 아기 같은 행동을 하며 불안을 감소시키는 노인
⑤ 반동형성 - 남편이 바람피워 데려온 아이를 싫어함에도 오히려 과잉보호로 키우는 부인

기출문제 확인하기

정답 ⑤

해설 좋아하거나 싫어하는 마음을 반대에 대해 표출하는 것은 반동형성. 예시) 미운 놈 떡 하나 더 준다는 속담. 사랑을 미움으로 표현하는 경우 좋아하는 여자아이를 괴롭히는 경우가 이에 해당.

- 억압은 의식하면 감당하기 힘든 생각이나 욕망을 무의식 속에 가두어 의식하지 못하는 방어기제. 애인을 빼앗아 결혼한 친구의 얼굴을 의식하지 못하는 현상은 억압 방어기제.
- 승화는 본능적인 에너지 특히 성적·공격적 에너지를 개인적으로나 사회적으로 용인되는 형태도 돌려쓰는 것 예시)강한 공격적 욕구를 가진 사람이 격투기 선수가 되는 것이 이에 해당
- 퇴행은 심한 스트레스를 받을 때 이전의 발달단계로 후퇴하는 것. 예시)동생이 태어나면 갑자기 대소변 가리기가 안 되는 경우.
- 부정은 의식수준으로 표출되면 도저히 감당할 수 없는 생각이나 욕구를 무의식적으로 부정하는 것 예시) 가까운 사람의 죽음이 감당이 되지 않아 그 사람이 잠시 여행간 것 이라고 믿는 경우.

☐ 14회

06. 에릭슨(E. Erikson) 이론의 주요 개념과 그에 관한 설명으로 옳은 것은?

① 전이 – 치료자가 클라이언트의 문제를 자신에게 투사하는 것이다.
② 창조적 자기 – 개인이 인생의 목표를 직시하고 결정하는 능력이다.
③ 페르소나 – 자아의 가면으로 개인이 외부세계에 내보이는 이미지이다.
④ 집단무의식 – 모든 개인의 정신이 공통으로 가지고 있는 하부구조를 일컫는다.
⑤ 점성원칙 – 인간발달은 최적의 시기가 있고, 모든 단계는 예정된 계획대로 전개된다.

정답 ③

해설 에릭슨의 주요개념
자아, 자아정체감, 점성원칙 등이 있음. 인간은 원래 합리적인 존재이며 인간행동의 기초를 자아와 의식으로 구분하였음

- 점성원칙 : 한 단계의 발달이 이전 단계의 사건에서부터 시작되고 생물학적 계획에 의해 발달이 추진된다는 원칙.
- 전이 : 프로이드의 정신분석이론. 전이는 치료과정에서 내담자가 치료자에게 보이는 행동으로, 내담자가 과거에 중요한 타인과의 관계에서 해결되지 않고 남아있는 부분을 치료자가 마치 자신이 주요 인물인 듯 치료자에게 투사하는 것을 의미.
- 창조적 자기(자아) : 아들러의 개인심리이론. 생의 의미를 제공해 주는 원리. 아들러는 개인의 창조적인 힘에 의해 생활양식이 발달한다고 주장. 즉, 개인은 자기 자신의 생활양식을 창조할 자유를 가지고 있다는 것.
- 집단무의식 : 융의 분석심리이론. 집단무의식은 개인적 경험이 아니라 사람들이 역사와 문화를 통해 공유해온 모든 정신적 자료의 저장소이고, 생명의 원천임. 창조적 가능성을 지닌 인류의 지하 보물이 숨쉬고 있는 심연의 무의식 영역. 개인이 한 번도 직접적으로 의식하지 못한 정신세계이며, 집단무의식은 다양한 원형들로 구성되어 있음.
- 페르소나 : 융의 분석심리이론. 페르소나는 자아가 외적 세계에 적응하기 위해 사용하는 여러 가지 행동양식을 말한다. 개인이 사회적 요구들에 대한 반응으로 공적인 얼굴을 의미함.

□ 2017
07. 방어기제에 관한 설명으로 옳은 것은?

① 억압(repression) : 고통스런 생각이나 기억을 감정 상태와 분리시키는 것이다.
② 반동형성(reaction formation) : 불합리한 태도, 생각, 행동을 정당한 것으로 그럴 듯한 이유를 붙이는 것이다.
③ 투사(projection) : 자신의 부정적인 충동, 욕구, 감정 등을 타인에게 찾아 그 원인을 전가시키는 것이다.
④ 보상(compensation) : 죄의식을 느끼게 하는 일들을 의식으로부터 무의식으로 밀어내는 것이다.
⑤ 전치(displacement) : 심리적인 갈등이 신체적인 증상으로 나타나는 것이다.

정답 ③
해설 안나프로이드의 방어기제 종류
- 부정 : 현실 왜곡과 부정 -망상적
- 왜곡 : 외부의 현실적 환상이나 소원성취 망상을 포함하는 자신의 내적 욕구에 맞게 재구성
- 투사 : 자기 내부의 용납하기 어려운 충동을 다른 사람의 탓으로 돌림
- 정신분열적 공상 : 갈등을 해결하기 위하여 공상을 이용함
- 우울증 : 다른 사람을 비난하고 원망하고 싶은 마음이 신체적 이상을 호소하는 것으로 표현됨
- 소극적-공격적 행동 : 타인에 대한 공격성을 간접적으로 또는 수동적으로 표현
- 행동화 : 무의식적 소망이나 억압된 감정을 무의식적으로 행동에 옮김
- 억압 : 충격적인 경험, 스트레스를 유발하는 사건 또는 용납할 수 없는 충동을 무의식적으로 거부
- 전이 : 특정 대상에 대한 감정이나 리비도의 에너지가 대체 대상으로 전환됨
- 반동형성 : 용납하기 어려운 충동이 의식적으로 억압되어 완전히 반대의 것으로 나타남
- 동일시 : 타인의 특성과 자질이 자신의 성격으로 흡수되는 과정
- 지성화 : 종교나 철학, 문학 등의 지적활동에 몰입하여 성적 욕망에서 벗어나고자 함
- 합리화 : 자신의 행위나 견해를 정당화하기 위해 진짜 이류를 숨기고 그럴듯한 이유를 만들어 냄
- 억제 : 어떤 생각이나 충동을 억누르려는 의식적인 노력
- 승화 : 성적 본능이 건설적으로 사회적으로 바람직한 행동으로 표현
- 예견 : 앞으로 닥칠 문제에 대한 현실적인 지각과 준비
- 억압은 용납하기 어려운 생각, 욕망, 충동을 분리시키는 것이 아니라, 무의식속에 머물도록 눌러놓은 것을 말함
  (예시 : 하기 싫은 과제를 제출해야하는 경우 → 깜박 잊었다고 말하는 경우)
- 반동형성 : 무의식에서 받아들여질 수 없는 생각 → 정반대로 표현하는 경우를 말함
  (예시 : 미운 놈에게 떡 하나 더 준다. 여성 학대경향성을 가진 사람이 → 여성운동가로 활동)
- 투사 : 용납 할 수 없는 자신의 내부 문제 → 외부의 탓으로 돌리는 것을 말함
  (예시 : 잘못되면 조상 탓이다 .똥 묻은 개가 → 겨 묻은 개를 나무란다.)
- 보상 : 심리적으로 약점이 있는 사람이 → 이를 보상받기위해 다른 어떤 것에 몰두하는 것을 말함
  (예시 : 운동을 잘못하는 사람이 → 요리에 열중한다. 자신의 부모에게 효도를 못한 사람이 → 이웃의 노인을 극진히 부양하는 경우.)
- 전치 : 실제로 어떤 대상에게 향했던 감정 그대로를 → 다른 대상에게 표현하는 것을 말함
  (예시 : 종로에서 뺨맞고 → 한강에서 눈 흘긴다. 아버지에게 혼나고 → 고양이를 발로 찬다.)

기출문제 확인하기

❒ 15회

08. 에릭슨(E. Erikson)의 심리사회적 위기와 주요 관계가 바르게 연결된 것은?

① 자율성 대 수치감 - 교사
② 근면성 대 열등감 - 부모
③ 통합성 대 절망감 - 동료
④ 친밀성 대 고립감 - 리더
⑤ 정체감 대 역할혼미 - 또래집단

정답 ⑤

해설 에릭슨의 발달단계 : 에릭슨의 발달단계는 8단계로 나뉘어져있으며 각각의 위기와 발달과업들로 구성되어 있음.

(1) 제1단계 : 신뢰감 대 불신감(~생후 1년)
  부모나 주위세계의 일관성 있는 지지를 받으면 신뢰감을 얻을 수 있지만, 주위의 보호가 부적절 하면 불신감을 갖게 됨
(2) 제2단계 : 자율성 대 수치심과 의심(2~3세)
  부모, 특히 어머니나 주위의 분별력 있는 도움과 격려는 자율성을 키우지만, 과잉보호나 부적절한 도움은 자신의 능력을 의심하게 됨
(3) 제3단계 : 주도성 대 죄책감(4~5세)
  주변세계를 탐색할 수 있는 기회와 자유는 어린이의 주도성을 발달시키지만, 그렇지 않으면 자신의 행동에 죄책감을 가짐
(4) 제4단계 : 근면성 대 열등감(6~11세)
  무엇을 성취하도록 기회를 부여받으면 그 결과 근면성을 갖게 되지만, 비난이나 좌절감을 경험하면 열등감을 갖게 됨
(5) 제5단계 : 자아정체감 대 정체성 혼란(청년기)
  정서적 안정과 좋은 역할모델이 있으면 자신에 대한 통찰과 자아정체감을 갖게 되지만, 그렇지 않으면 직업선택이나 성역할, 가치관의 확립에 있어 심한 갈등을 야기함
(6) 제6단계 : 친밀감 대 고립감(성인 전기)
  부모, 배우자, 동료 등이 좋은 인간관계를 발전시키면 친밀감을 갖지만, 그렇지 못하면 타인에 대한 두려움과 고립감이 생김
(7) 제7단계 : 생산성 대 침체감(성인 중기)
  자신에게 몰두하기보다는 자녀와 직업을 통해 생산적인 활동에 참여하는데, 만일 그렇지 못하면 사회 심리적으로 침체됨
(8) 제8단계 : 통합성 대 절망감(성인 후기 혹은 노년기)
  지금까지의 인생에 만족하면 생의 유한성도 수용하지만, 그렇지 않으면 공허함과 초조함을 느끼며 절망감을 느낌

❒ 16회

09. 아들러(A. Adler)의 개인심리이론에 관한 설명으로 옳지 않은 것은?

① 열등감은 보다 나은 자기완성의 의지를 약화시키는 요소이다.
② 인간은 우월성을 추구하려는 동기를 가지고 있다.
③ 사회적 관심은 가족관계 및 아동기 경험의 맥락에서 발달한다.
④ 인간은 자신의 삶을 스스로 창조해갈 수 있는 능동적인 존재이다.
⑤ 출생순위, 가족의 크기 등은 개인의 성격발달과 생활양식에 영향을 미친다.

정답 ①

해설 아들러가 제시하는 개념으로, 인간이 더 나아지기를 원하기 때문에 느끼게 되는 감정이 바로 열등감이라고 보았음. 열등감은 누구에게나 존재하는 보편적인 것으로서 아들러는 열등감을 억압된 부정적 측면으로 해석하지 않고 인간이 우월을 추구하여 성장할 수 있도록 해주는 원동력으로 제시. 열등감은 보다 나은 자기완성의 의지를 약화시키는 요소가 아닌 '강화'하는 요소. 열등감 자체만으로는 위대함 또는 완성을 이룰 수 없으며, 재능, 용기 그리고 사회적 관심과 연결되어야 함.

10. 다음 학자가 제시한 개념에 대한 설명으로 옳은 것은?

① 프로이드 : 자기실현은 인간발달의 궁극적인 목표이다.
② 아들러 : 분류화란 사물의 분류에서 전체와 부분과의 관계를 이해할 수 있는 능력을 의미한다.
③ 융 : 자아성향이란 자아의 정신에너지의 방향에 따라 외향성, 내향성으로 구분된다.
④ 에릭슨 : 생활양식은 열등감 이를 보상하려는 노력에 의해 형성된다.
⑤ 피아제 : 점성원칙은 인간이 예정된 단계를 거치며 성장하고 발달함을 의미한다.

정답 ③

해설 융은 자기실현은 인간발달의 궁극적인 목표라고 보았음. 피아제는 분류화란 사물의 분류에서 전체와 부분과의 관계를 이해할 수 있는 능력을 의미함. 아들러는 생활양식은 열등감과 이를 보상하려는 노력에 의해 형상. 에릭슨은 점성원칙은 인간이 예정된 단계를 거치며 성장하고 발달함을 의미.
융의 자아와 자기
- 자아(ego) : 일상적·경험적인 나, 의식세계의 중심(우리가 의식할 수 있는 지각, 기억, 사고, 감정 등으로 구성)
- 자기(self) : 본래적·선험적인 나, 의식과 무의식을 모두 포괄하는 인격과 정신의 중심. 자기는 개성화를 통해 성격이 충분히 발달될 때까지(중년기까지) 기의 드러나지 않음.

11. 다음 중 프로이드의 성격발달단계에서 남근기(3-6세)와 관련된 것을 고른 것은?

a. 초자아
b. 자애적 쾌락
c. 오이디푸스 콤플렉스
d. 배변훈련을 통한 사회화

① a, b, c ② a, c ③ b, d
④ d ⑤ a, b, c, d

정답 ②

해설 남근기의 특징
- 거세불안에 대한 자아의 방어기제: 억압, 동일시, 반동형성
- 리비도는 성적에너지에 집중
- 양심과 자아이상의 발달, 초자아성립
- 오이디푸스 콤플렉스(남아), 엘렉트라 콤플렉스(여아)
- 칭찬 갈망
- 부모와의 동일시 및 적절한 역할 습득
- 거세불안, 남근선망

③ 행동주의이론 (스키너, 반두라)

◆ 출제경향분석 및 학습가이드

대분류	소분류(기출키워드)	20회	19회	18회	17회	16회	15회	14회	13회	12회	11회	출제빈도 및 중요도
3장 행동주의이론 (스키너, 반두라)	파블로프, 스키너이론	O	O	O			O	O	O		O	★★★★
	반두라이론		O	O	O	O		O	O		O	★★★★
	출제문항수	2	2	2	1	3	2	3	4	2	6	
	비중	9.1%	8.0%	8.0%	4.0%	12.0%	8.0%	12.0%	13.3%	7.4%	20.0%	

- 행동주의이론의 인간관 및 행동주의이론의 전반적인 전제와 특징에 대해 알고 있어야 함.
- 파블로프의 고전적 조건화에 대해 파악하고 있어야 하며, 특히 실험방법과 내용을 정확하게 숙지해야 함.
- 스키너의 조작적 조건화에서의 인간관 및 주요개념(강화, 처벌, 변별, 강화물 등)과 관련하여 빈번하게 출제되며, 강화계획에 대해서도 반드시 예시와 연결하여 정리해야 함.
- 반두라의 인간관은 무엇인지 알아야 하고, 주요개념(대리강화, 대리학습, 모방, 모델링 등)에 대해 알고 있어야 하며, 관찰학습단계의 순서 또한 파악하고 있어야 함. 관련 문제들이 출제됨.

기출문제 확인하기

01. 반두라의 자기효능감의 개념에 관한 설명으로 옳은 것은?

① 외적 기준에 따라 자신의 성과를 평가하는 것이다
② 자신의 일 또는 특정 행동을 성공적으로 수행할 수 있다고 믿는 것이다
③ 결과의 보상과 벌에 따라 행동하는 것이다
④ 정보에 적응하기 위해 인지구조를 능동적으로 변화하는 것이다
⑤ 자신에게 스스로 자신이 통제할 수 있는 보상을 주는 것이다

정답 ②

해설 반두라는 관찰과 모방을 통해 습득한 지식과 기술을 어떻게 행동으로 전환하는지에 관심을 두면서 자기효능감을 설명하였음. 자기효능감은 상황이 요구하는 행동을 수행할 수 있다는 개인의 확신으로 개인의 행동여부를 결정.

□ 14회
02. 스키너(B. F. Skinner)의 이론에 관한 설명으로 옳은 것은?

① 인간행동은 내적인 동기에 의해 강화된다.
② 조작적 행동보다 반응적 행동을 중요시한다.
③ 인간행동에 대한 환경의 결정력을 강조한다.
④ 자기효율성을 성취하기 위해 행동을 규제한다.
⑤ 인간은 자신의 행동을 통제할 수 있는 힘을 가지고 있다.

정답 ③

해설 스키너 : 인간행동에 대한 환경의 결정력 강조, 인간의 성격 형성과정에서 정서, 신념, 사회적 관습 목표들도 조작적 조건형성을 통해 학습시킬 수 있다고 봄
스키너의 인간관
- 스키너는 인간행동이 내적인 충동보다 외적인 자극에 의해 동기화
  - 자율적 인간관 부정 : 인간의 자기결정과 자유 가능성 배제
  - 기계론적 환경결정론 : 인간은 보상과 처벌에 따라 유지되는 기계적 존재
- 인간의 내면세계는 연구할 필요가 없으므로 논의 자체를 거부
- 인간행동을 객관적 자극과 반응 사이의 관계로 설명하고자 함
- 인간행동은 법칙적으로 결정되고 예측 가능하므로 통제 가능
- 인간행동에 대한 생물학적·유전적 설명에 반대하는 것은 아니지만, 이것들은 조작에 의해 변형하기 어렵기 때문에 인간행동을 이런 방식으로 설명하는 것을 거부

기출문제 확인하기

□ 15회
03. 행동주의 기법에 해당하지 않는 것은?

① 이완훈련기법 ② 토큰경제기법 ③ 정보처리기법
④ 자기주장훈련 ⑤ 타임아웃기법

정답 ③
해설
- 인간행동에 대한 관점 : 인간행동의 원인은 외적인 환경 자극, 인간행동은 학습의 결과이며 학습을 통해 수정 가능, 과거보다는 현재의 행동결정 요인에 초점, 관찰 가능한 행동에 초점
- 행동수정기법 : 강화, 처벌, 소거, 모델링, 토큰경제, 체계적 둔감법, 홍수법, 조성법(행동조성), 타임아웃, 이완훈련, 자기주장훈련, 사회기술훈련, 고정역할치료, 자극통제 등

□ 10회
04. 스키너의 강화에 관한 설명으로 옳은 것은?

① 부적 강화의 예로 처벌을 들 수 있다.
② 일차적 강화물은 미소, 칭찬, 점수 등이다.
③ 가변비율 강화계획의 예로 월급을 들 수 있다.
④ 고정간격 강화계획은 반응에 대해 일정 한 시간이 지난 후 강화를 주는 것이다.
⑤ 반응률이 높은 강화계획 순서는 가변간격, 고정간격, 가변비율, 고정비율 순이다.

정답 ④
해설 스키너의 조작적 조건화 : 자극 → 반응
강화 : 어떤 행동을 했을 때 뒤따르는 결과가 그 행동의 행위자에게 좋은 것 이어서 그 행동의 빈도가 증가되는 것
- 정적강화 : 유쾌한 자극을 제시함으로써 행동의 빈도가 증가되는 것
- 부적강화 : 혐오적인 자극을 제시함으로써 행동의 빈도가 증가되는 것
강화계획 : 강화가 제시되는 절차를 나타낸 것
- 연속적 강화계획
- 간헐적 강화계획 (고정간격강화계획 : 용돈, 월급 / 가변간격강화계획 : 평균적인 시간 간격을 일정하지만 편차를 두고 간식을 주는 것 / 고정비율강화계획 : 물건을 100개 판매할 때마다 성과급을 주는 것, 쿠폰을 모을 때마다 무료식사권을 주는 것 / 가변비율강화계획 : 행동을 몇 번째 할 때쯤 강화를 제공할지 평균횟수를 정한 뒤 어느 정도 편차를 두고 강화를 제공하는 것)
반응률이 높은 순서 : 가변비율 > 고정비율 > 가변간격 > 고정간격

□ 12회
05. 고정비율(fixed-ratio) 강화스케줄의 사례로 옳은 것은?

① 공부하는 자녀에게 1시간 간격으로 간식을 제공한다.
② 공부하는 자녀에게 처음에는 2과목 문제 풀이를 끝낸 후, 두 번째는 5과목을 끝 낸 후에 간식을 제공한다.
③ 공부하는 자녀에게 매주 정기적으로 용돈을 준다.
④ 공부하는 자녀에게 한 과목 문제풀이를 끝낼 때마다 한 번의 간식을 제공한다.
⑤ 공부하는 자녀에게 하루 중 세 번의 간식을 주기로 하고 아무 때나 간식을 제공 한다.

정답 ④
해설 비율 : 반응 횟수나 양을 기준으로 강화를 제시하는 경우(행동의 횟수가 기준)
간격 : 시간이 기준
시간을 기준으로 보상이 제시되면 '간격' 강화계획이지만, 시간이 아니라 행동의 양(정도, 빈도)을 기준으로 보상이 제시되면 '비율' 강화계획이다. ④는 시간이 가야 보상을 받는 것이 아니라 자녀가 '일정한 만큼 문제를 풀어야' 보상을 받는 구조이므로 고정비율 강화스케줄에 해당

□ 14회
06. 반두라(A. Bandura)의 모방(modeling)에 관한 설명으로 옳지 <u>않은</u> 것은?

① 대리경험에 의한 학습을 말한다.
② 조작적 조건화에 의해 습득된다.
③ 시연을 통해 행동을 습득할 수 있다.
④ 각 단계마다 칭찬을 해주면 효과적이다.
⑤ 쉽고 간단한 것부터 습득하며 점차 어렵고 복잡한 것으로 진전된다.

정답 ②
해설 조작적 조건화는 스키너의 행동주의이론에 관한 내용.
조작적 조건화란 긍정적 행동을 강화할 수 있도록 하는 자발적 조작행동. 예를 들면 실험상자 안에 들은 쥐가 지렛대를 눌렀더니 음식이 나오는 것을 알고 자기가 알아서 지렛대를 조종하는 것. 즉 쥐가 지렛대를 누르는 행동이 반복되어지고 증가하는 것이 조작적 조건화임.
반두라의 인간관
• 인간은 환경에 영향 받기도 하지만 환경을 산출하는 주체
• 인간행동은 개인·행동·환경 간 상호작용의 산물이다(상호결정론).
• 인간은 인지를 활용하여 합리적인 행동을 계획할 수 있는 존재
• 반두라는 인간을 객관적 관점과 더불어 인지적 요소가 관여하는 주관성을 동시에 갖는 존재.
• 자기강화나 관찰학습을 통해 인간은 자신의 행동을 스스로 규제 (자기규제)할 수 있는 존재.
반두라는 대리적 조건화이며 스키너가 강조한 '직접적 강화와 처벌'의 영향을 부정한 것이 아니라, 인간행동이 자기강화나 관찰학습을 통해서도 학습 된다는 것을 보임으로써 학습 원리를 더 확장함.

기출문제 확인하기

☐ 16회

07. 반두라(A. Bandura)의 사회학습이론의 주요 개념으로 옳지 <u>않은</u> 것은?

① 모델링 ② 관찰학습 ③ 자기강화
④ 자기효능감 ⑤ 논박

정답 ⑤
해설 논박 : 엘리스의 합리적 정서행동이론 중 ABCDE 전략의 D에 해당
반두라의 주요개념
- 모델링, 관찰학습 : 타인의 행동 관찰 후 모방, 학습하여 따라함
- 자기강화 : 개인이 수행, 성취의 기준 설정 후 그 결과에 따라 자신에게 보상, 처벌을 내림으로써 자기 행동을 개선, 유지해나감
- 자기효능감(자기효율성) : 바람직한 효과를 산출하는 행동을 성공적으로 수행할 수 있다는 개인의 신념

08. 반두라(A. Bandura)의 사회학습이론의 주요 개념으로 옳은 것은?

① 도식(scheme)
② 음영(shadow)
③ 평형(equilibrium)
④ 행동조성(shaping)
⑤ 관찰학습(observational learning)

정답 ⑤
해설 도식(scheme)은 인지이론가인 피아제나 벡의 주요 개념. 음영(shadow)은 융 이론의 주요 개념이다. 평형(equilibrium)은 피아제 이론의 주요 개념. 행동조성(shaping)은 스키너 이론의 주요 개념
- 반두라의 인간관 : 인간·행동·환경의 상호작용, 인지능력을 행동학습에 스스로 활용할 수 있는 창조적이고 합리적인 인간, 행동을 스스로 규제, 직접적 강화와 처벌이 아니어도 행동학습이 가능. 인간의 인지능력을 강조
- 주요 개념 : 대리강화, 자기강화, 관찰학습(모방, 모델링, 대리학습, 대리적 조건화), 자기효능감(자기효율성), 자기규제
- 관찰학습 단계 : 주의집중 → 파지(기억·보존) → 운동재생 → 동기유발(동기화)

④ 인본주의이론 (로저스, 매슬로우)

◆ 출제경향분석 및 학습가이드

대분류	소분류(기출키워드)	20회	19회	18회	17회	16회	15회	14회	13회	12회	11회	출제빈도 및 중요도
4장 인본주의이론 (로저스, 매슬로우)	칼 로저스	o	o			o	o	o			o	★★★
	매슬로우	o	o	o			o	o	o		o	★★★★
	출제문항수	2	2	1	0	1	2	2	1	2	2	
	비중	9.1%	8.0%	4.0%	0.0%	4.0%	8.0%	8.0%	3.3%	7.4%	6.7%	

- 매슬로우의 인간관과 이론에 대한 비판, 사회복지실천에 미치는 영향을 파악하고 있어야 함.
- 로저스의 인간관, 이론의 특징, 주요개념 및 사회복지실천에 미치는 영향을 파악하는 것이 중요함.
- 매슬로우의 욕구단계설의 단계별 특징을 알고 있어야 함
- 로저스의 경우, 주관적 경험을 중요시하며 공감적 경청 및 기법이 아닌 관계를 강조한다는 현상학적인 이론적 특징과 이와 관련된 다양한 개념에 대해 아는 것이 중요함.

기출문제 확인하기

❑ 15회

01. 매슬로우(A. Maslow)의 욕구단계에 관한 설명으로 옳지 <u>않은</u> 것은?

① 생리적 욕구 – 음식, 수면, 성의 욕구
② 안전의 욕구 – 보호, 의존, 질서, 구조의 욕구
③ 소속감과 사랑의 욕구 – 친분, 우정, 존경의 욕구
④ 자존감의 욕구 – 능력, 신뢰감, 성취, 독립의 욕구
⑤ 자아실현의 욕구 – 자발성, 포부실현, 창조성의 욕구

정답 ③
해설 매슬로우의 5단계 욕구단계설
(하위 욕구) 생리적 욕구 → 안전의 욕구 → 애정과 소속의 욕구 → 자기존중의 욕구 → 자기실현 욕구 (상위 욕구)
- 음식, 수면, 성의 욕구 → 생리적 욕구
- 보호, 의존, 질서, 구조의 욕구 → 안전의 욕구
- 친분, 우정의 욕구 → 소속감과 사랑의 욕구
- 능력, 신뢰감, 성취, 독립의 욕구 → 자존감의 욕구
- 자발성, 포부실현, 창조성의 욕구 → 자아실현의 욕구

❑ 14회

02. 매슬로우(A. Maslow)의 욕구단계이론이 사회복지실천에 미친 영향으로 옳은 것은?

① 클라이언트의 문제행동 수정에 유용하다.
② 클라이언트의 욕구를 사정하는 데 유용하다.
③ 중년기 이후에 발생하는 노화현상을 이해하는 데 유용하다.
④ 클라이언트에게 무조건적인 긍정적 관심을 갖는 데 유용하다.
⑤ 클라이언트의 생애발달 단계를 사정하고 개입의 유형을 결정하는 데 유용하다.

정답 ②
해설 매슬로우의 욕구단계설이 사회복지실천에 기여한 바
- 인간의 전인성과 잠재적 창조성을 강조하여 인간행동 연구의 새로운 장을 제시함.
- 인간 본성에 대한 긍정적 견해는 사회복지실천에 중요한 시사점을 제공하였음. 성장을 지향하는 인간의 노력과 인간 자체가 존엄하고 가치가 있다는 인본주의이론의 핵심 가정은 사회복지가 지향하는 가치와 일치
- 매슬로우의 욕구이론은 클라이언트의 욕구를 평가하거나 서비스를 제공할 때 유용하게 활용
- 매슬로우의 욕구단계설은 사회복지현장에서 클라이언트의 욕구에 대한 이해도를 높여줌.

❑ 12회

03. 칼로저스(C. Rogers)의 인간관에 관한 설명으로 옳은 것은?

① 인간의 병리적 관점을 강조한다.
② 인간의 주관적 경험을 강조한다.
③ 인간을 비합리적 존재로 규정한다.
④ 인간을 무의식적 결정론의 존재로 규정한다.
⑤ 인간의 욕구단계를 강조한다.

정답 ②

해설 로저스-현상학이론(지금-여기에 : 인간을 이해하는 데 있어 문제의 역사보다 '지금 여기에서'를 강조), 인본주의이론 : 매슬로우와 같이 인간의 본능을 중요시 여김
- 인간은 목적지향적이며 합리적이고 미래지향적인 존재로 봄
- 주관적 경험을 중시(객관적 현실이란 존재하지 않으며 주관적 현실만이 존재)
- 자기결정권을 중요하게 여김
- 무조건적인 긍정

☐ 10회

04. 로저스의 인간관에 관한 설명으로 옳지 <u>않은</u> 것은?

① 성격발달은 주로 자아(ego)를 중심으로 이루어진다.
② 로저스가 주장한 원조관계의 본질은 상담치료의 기본이 된다.
③ 인간은 통합적 유기체이므로 전체론적 관점에서 접근해야 한다.
④ 인간행동은 인간이 세계를 어떻게 지각 하느냐에 따라 달라진다.
⑤ 개인의 존엄과 가치, 사회적 책임에 대한 소신은 사회복지실천 철학과 조화를 이룬다.

정답 ①

해설 성격발달이 주로 자아(ego)를 중심으로 이루어진다고 본 학자는 에릭슨임. 로저스는 자기(self)를 강조

성격발달에 대한 관점
- 성격발달 단계를 제시하지 않았음
- 성격발달을 현상학적 자기 개념을 획득하는 과정이라고 보았음
- 유아기나 아동기 초기에 타인으로부터 받는 평가가 긍정적 혹은 부정적인 자기상의 발달에 영향을 미친다고 봄

프로이드와 로저스가 보는 인간행동의 기본 동기
- 프로이드 : "인간행동의 기본 동기는 긴장 감소에 있다."
- 로저스 : "인간은 내적 긴장이 높아지더라도 자기실현을 위한 성장과 발달을 추구"

☐ 18회

05. 로저스의 이론이 사회복지실천에 미친 영향으로 옳지 <u>않은</u> 것은?

① 비지시적인 상담의 중요성을 강조한다.
② 공감적 상담의 중요성을 강조한다.
③ 비심판적 태도는 원조관계에 유용하다.
④ 클라이언트 자기결정권의 중요성을 강조한다.
⑤ 클라이언트의 과거 정신적 외상의 중요성을 강조한다.

정답 ⑤

해설 로저스의 현상학이론에서는 개인이 현재 시점에서 현상을 어떻게 경험하고 느끼는지, 개인이 현실을 지각하는 방식에 초점을 둠. 과거에 중점을 두면서 분석하는 이론은 프로이드의 정신분석이론에 해당. 프로이드는 과거에 초점을 두고 과거의 경험을 중요하게 생각함.

기출문제 확인하기

☐ 14회

06. 로저스(C. Rogers)의 현상학이론에서 '완전히 기능하는 사람'의 성격 특성을 모두 고른 것은?

> ㄱ. 창조성
> ㄴ. 경험에 대한 개방성
> ㄷ. 실존적인 삶
> ㄹ. 선택과 행동의 자유의식

① ㄱ, ㄴ, ㄷ　　② ㄱ, ㄷ　　③ ㄴ, ㄹ
④ ㄹ　　⑤ ㄱ, ㄴ, ㄷ, ㄹ

정답 ⑤
해설 로저스가 제시한 완전히(충분히) 기능하는 사람의 특징
- 경험에 대해 개방적
- 매 순간 실존적인 삶을 살아감
- 자기 유기체를 신뢰
- 창조적
- 자유롭게 선택하고 행동

☐ 11회

07. 매슬로우(A. Maslow)의 이론에 관한 설명으로 옳지 <u>않은</u> 것은?

① 인간의 본성은 본질적으로 선하다고 전제한다.
② 다섯 가지 욕구는 동시에 일어날 수 없다 고 전제한다.
③ 위계서열이 낮은 욕구일수록 강도와 우선순위가 높다.
④ 연령에 따른 욕구발달 단계를 구체적으로 제시하였다.
⑤ 창조성이란 누구에게나 잠재해 있기 때문에 특별한 자질이나 능력을 요구하지 않는다.

정답 ④
해설 매슬로우는 연령에 따른 욕구발달단계를 제시하지 않았으며 다만 욕구 5단계만을 제시하였음.
매슬로우 이론의 기본전제
- 인간관 : 본성이 선함, 통합적 존재, 자기실현 경향을 가짐, 타고난 창조성을 가짐
- 욕구 : 선천적, 위계가 존재(강도와 우선순위 기준, 예외 인정), 하위 욕구가 일정 정도 충족된 후 상위 욕구 발생

매슬로우 이론의 특징
- 인간행동에 대한 정신분석이론 과 행동주의이론의 접근방식을 거부
- 인간의 심리적 건강함 강조

☐ 15회

08. 로저스(C. Rogers)의 이론이 사회복지실천에 미친 영향으로 옳은 것을 모두 고른 것은?

> ㄱ. 클라이언트의 자기결정권의 중요성을 인식하는데 유용하다.
> ㄴ. 클라이언트에 대한 비심판적인 태도의 중요성을 인식하는데 중요하다.
> ㄷ. 상담자의 지시적인 상담의 중요성을 인식하는데 유용하다.

① ㄱ　　② ㄴ　　③ ㄱ, ㄴ
④ ㄴ, ㄷ　　⑤ ㄱ, ㄴ, ㄷ

정답 ③
해설 로저스-현상학이론이 미친 영향
1. 인간본성의 긍정적인 측면과 자기개념의 중요성을 강조함.
2. 개인 존재의 고유성, 개인의 잠재력과 내적인 욕구의 중요성 강조
3. 개인의 자기개념과 잠재력을 극대화할 수 있는 개인의 능력에 초점을 둠
4. 개인의 존엄성과 가치, 자기결정권을 강조
5. 상담기술의 체계화와 보편화에 기여

09. 매슬로우 이론의 특징으로 옳은 것은?

① 인간은 본래 악하다.
② 욕구는 점성적인 원리를 따른다.
③ 최상위욕구는 누구나 달성할 수 있다.
④ 연령단계별 욕구를 제시하였다.
⑤ 욕구단계와 강도는 관련이 없다.

정답 ②
해설 매슬로우의 인간관은 선하다는 입장이며, 최상위 욕구는 소수의 사람들만이 달성함. 욕구단계는 강도와 관련이 있는데 하위욕구가 상위욕구보다 더 강하고 우선적임. 가장 강한 욕구는 최하위 욕구인 생리적 욕구.

□ 13회
10. 매슬로우(A. Maslow)의 자아실현자의 특성에 관한 설명으로 옳은 것을 모두 고른 것은?

> ㄱ. 관대하고 타인을 수용한다.
> ㄴ. 개방적이고 솔직하며 자연스럽다.
> ㄷ. 자율적이고 실수를 두려워하지 않는다.
> ㄹ. 사람과 주변 환경을 객관적이고 명확하게 지각한다.

① ㄱ, ㄴ, ㄷ   ② ㄱ, ㄷ   ③ ㄹ
④ ㄴ, ㄹ   ⑤ ㄱ, ㄴ, ㄷ, ㄹ

정답 ⑤
해설 매슬로우의 자기실현자의 특징
- 정확한 현실지각
- 솔직성, 단순성, 자발성 및 자연스러움
- 자율적 기능
- 사회적 관심
- 창조성
- 수단과 목적 및 선과 악의 구별
- 본성, 타인, 자기 자신, 자연에 대한 수용
- 자기자신이외의 문제에 대한 몰두
- 독립적인 생활에 대한 욕구
- 민주적인 성격구조
- 깊은 대인관계

5 인지발달이론 (피아제, 콜버그)

◆ **출제경향분석 및 학습가이드**

대분류	소분류(기출키워드)	20회	19회	18회	17회	16회	15회	14회	13회	12회	11회	출제빈도 및 중요도
5장 인지발달이론 (피아제, 콜버그)	피아제이론	○	○	○		○	○	○	○	○	○	★★★★★
	콜버그이론	○			○				○	○	○	★★★
	출제문항수	2	1	1	1	1	3	2	3	2	3	
	비중	9.1%	4.0%	4.0%	4.0%	4.0%	12.0%	8.0%	10.0%	7.4%	10.0%	

- 피아제의 인지발달이론은 개념의 정리뿐만 아니라 단계별 특징을 파악하는 것이 중요함.
- 인지발달단계(감각운동기, 전조작기, 구체적 조작기, 형식적 조작기)별 특징과 각각 단계별 속하는 개념들의 이해를 정확하게 알고 있어야 함
- 피아제의 인지발달단계는 인생주기와 연결하여 매회 통합적인 문제가 출제됨.
- 콜버그의 도덕성발달이론에서는 도덕성 특징들이 6단계별로 어떻게 구성되어 있는지를 파악하고 있어야 함. 일반적으로 예시와 더불어 도덕성발달단계를 묻는 문제가 출제됨.

기출문제 확인하기

□ 15회

01. 피아제(J. Piaget)의 인지발달이론에서 '구체적 조작기'에 관한 설명으로 옳은 것을 모두 고른 것은?

> ㄱ. 인지적 능력이 급속도로 발전하는 단계이다.
> ㄴ. 비논리적 사고에서 논리적 사고로 전환된다.
> ㄷ. 분류화, 서열화, 탈중심화, 언어기술을 획득한다.
> ㄹ. 대상의 형태와 위치가 변화하면 그 양적 속성도 바뀐다.

① ㄱ, ㄴ   ② ㄱ, ㄷ   ③ ㄴ, ㄷ
④ ㄴ, ㄹ   ⑤ ㄷ, ㄹ

정답 ①
해설 ㄱ. 인지적 능력이 급속도로 발전하는 단계.
ㄴ. 비논리적 사고에서 기본적 논리적체계가 획득하는 시기
ㄷ. 언어 기술은-전조작기에 해당.
ㄹ. 보존개념의 획득은 구체적 조작기이고, 보존개념을 획득 못한 시기는 전조작기.(보존개념: 대상의 형태와 위치가 변하더라도-물질이 동일하게 유지된다는 개념)

피아제-구체적조작기
1. 구체적인 수준의 사고에서 논리적인 수준으로 발달
2. 논리적 사고가 발달하지만, 현실에 존재함 ex) 보고, 듣고 만지는 것에 대한 구체적인 부분에만 머무름.
3. 유목화, 시열화, 조합, 부존의 개념을 획득하며, 탈중심화 됨.
4. 타인의 입장, 감정, 인지를 추론하고 이해할 수 있는 조망수용능력을 습득
5. 가역적사고 가능

□ 15회

02. 피아제(J. Piaget)의 감각운동기의 발달특성에 관한 설명으로 옳은 것은?

① 대상을 특징에 따라 분류(classification)한다.
② 대상을 연속(seriation)적인 순서에 따라 배열한다.
③ 대상의 질량 혹은 무게가 형태 및 위치에 따라 변하여도 보존(conservation)될 수 있다고 생각한다.
④ 대상영속성(object permanence)을 획득한다.
⑤ 조합기술(combination skill)을 획득한다.

정답 ④
해설 감각운동기 : 감각운동, 대상영속성 발달, 인과관계 인식, 목적지향적 행동, 감각과 신체운동을 통한 인지 발달
1. 분류   2. 연속, 서열   3. 보존-구체적조작기   5. 조합기술-형식적조작기
*대상영속성
어떤 대상이 시야에서 사라져도 그 존재가 소멸되지 않고 여전히 존재한다는 것을 아는 것

기출문제 확인하기

☐ 14회

03. 피아제(J. Piaget)의 인지발달이론에서 전조작기에 관한 설명으로 옳지 <u>않은</u> 것은?

① 자율적 도덕성이 나타난다.
② 보존개념을 획득하지 못한다.
③ 꿈이 현실로 존재한다는 것을 믿는다.
④ 상징적으로 사고하는 능력이 발달한다.
⑤ 자신의 관점과 상이한 다른 사람의 관점이 존재한다는 사실을 알지 못한다.

정답 ①

해설 피아제는 아동의 도덕성이 타율적 도덕기에서 자율적 도덕기로 발달된다고 봄
- 타율적 도덕기 : 2~7세미만인 전조작기에 나타남.
- 자율적 도덕기 : 9~10세 이후 발달

피아제 인지 발달 이론의 두 번째 단계로 아동이 자아 중심적이고 사물의 하나의 특징에 집중하여 사고하는 경향성이 관찰되는 시기

자율적 도덕성은 전조작기가 아닌 → 구체적 조작기 단계에서 발생

☐ 16회

04. 피아제(J. Piaget)의 인지발달단계 중 감각운동기의 세부단계와 그 설명으로 옳지 <u>않은</u> 것은?

① 반사기(출생-1개월) : 반사행동을 통하여 환경 내 자극들을 동화시키며 성장한다.
② 1차 순환반응기(1-4개월) : 손가락 빨기와 같이 우연한 신체적 경험을 하여 흥미 있는 결과를 얻었을 때 이를 반복한다.
③ 2차 순환반응기(4-8개월) : 딸랑이 흔들기와 같이 환경 변화에 흥미를 가지고 그 행동을 반복한다.
④ 2차 도시협응기(8-12개월) : 장애물을 치우고 원하는 물건을 잡는 등 의도적 행동을 할 수 있다.
⑤ 3차 순환반응기(12-18개월) : 행동하기 전에 생각을 반복한다.

정답 ⑤

해설
- 반사기(출생~1개월) : 반사행동이 점차 환경에 적응하여 간다. 모든 대상으로 빨기 도식에 동화시킨다.
- 1차 순환반응기(1개월~4개월) : 빨기, 잡기와 같은 감각운동을 반복함으로서 점차 대상의 특성을 발견, 그 대상에 요구에 따라 반응을 수정. 외부의 대상보다는 자신의 신체에 관심.새로운 경험을 반복하며, 초보적인 학습능력이 생김.
- 2차 순환반응기(4개월~8개월) : 관심이 외부의 세계나 대상으로 관심이 옮겨간다..우연한 발견의 의도적 반복으로 새로운 반응능력을 갖게 됨. 자신의 욕구충족을 위해 의도적으로 행동하기 시작.
- 2차 도식협응기(8개월~12개월) : 친숙한 행동이나 수단을 사용하여 새로운 결과를 얻으려 하며, 의도적이고 목적적인 행동을 수행. 목적을 성취하기 위해 이전에 획득한 두세 가지 도식을 결합시킬 수 있게 되어 여러 가지 2차 순환반응을 조정. 기존 도식을 새로운 대상에 활용, 조절, 확대
- 3차 순환반응기:(12개월~18개월) : 친숙한 행동으로 목표에 도달할 수 없는 경우에 전략을 수정하여 사용. 문제해결을 위한 새로운 수단을 발견, 반복. 도식 자체가 크게 변하게 되며, 능동적으로 새로운 수단을 찾고자 노력.
- 통찰기(18개월~24개월) : 행동하기 전에 사고를 통하여 결과에 대한 예측이 가능. 수단과 목적의 관계에 대한 정신적 조작이 가능. 표상적 사고가 시작되며 지연모방이 가능. 과거의 모델 행동을 내적 표상화하여 모방하며 새로운 수단을 발견.

□ 11회
05. 피아제(J. Piaget)의 이론에 관한 설명으로 옳은 것은?

① 발달에 순서가 있지만 단계를 뛰어넘을 수 있다.
② 단계별 성취연령에는 개인차가 존재하지 않는다.
③ 발달이 완성되면 낮은 단계의 사고로 전 환하지 않는다.
④ 발달단계는 감각운동기, 전조작기, 형식 적 조작기, 구체적 조작기의 순으로 진행 된다.
⑤ 성인기 이후의 발달을 다루고 있지 않다.

정답 ⑤
해설 피아제는 성인기이후의 발달에 대한 내용은 다루고 있지 않음
피아제 인지발달이론
- 인지발달의 4단계(감각운동기 → 전조작기 → 구체적 조작기 → 형식적 조작기)
- 인간은 주관적 존재이며 능동적, 적극적, 탐색적 존재. 인간은 환경과의 상호작용을 통해 스스로 인지를 발달시킴
- 성인의 직접적 가르침 없이도 아동이 능동적으로 인지구조를 발달시킨다고 봄
- 모든 아동은 동일한 인지발달 단계를 거침

□ 15회
06. 피아제(J. Piaget)의 인지발달이론에 관한 설명으로 옳지 <u>않은</u> 것은?

① 발달단계의 순서는 문화와 개인에 따라 다르게 나타난다.
② 인지구조는 각 단계마다 사고의 방식이 질적으로 다르다.
③ 인지발달은 동화기제와 조절기제를 활용하여 환경에 적응하는 것이다.
④ 상위단계는 바로 하위단계를 기초로 형성되고 하위단계를 통합한다.
⑤ 각 단계는 내부적으로 일관된 체계를 갖추고 있는 하나의 완전체이다.

정답 ①
해설
- 피아제의 인지발달-아동은 성인의 직접적인 가르침 없이도 인지구조가 발달
- 피아제(J. Piajet)는 발단단계의 도달은 개인차/연령차는 존재할 수 있지만, 발단 순서는 바뀌지 않는다고 보았음

□ 15회
07. 콜버그의 단계별 도덕성 발달의 연결이 <u>잘못된</u> 것은?

① 1단계 : 도구적 목적과 교환의 단계로서의 도덕성
② 2단계 : 욕구충족 수단으로서의 도덕성
③ 3단계 : 대인관계에서의 조화를 위한 도덕성
④ 4단계 : 법과 질서준수로서의 도덕성
⑤ 5단계 : 사회 계약으로서의 도덕성

기출문제 확인하기

정답 ①

해설 콜버그의 도덕성발달단계

전인습수준	1단계	타율적 도덕성. 복종 · 처벌 지향
	2단계	개인적, 도구적 도덕 성. 욕구충족 수단
인습수준	3단계	개인 상호 간의 규준. 대인관계 조화
	4단계	사회체계 도덕성. 법 · 질서 준수
후인습수준	5단계	인권과 사회복지 도덕성. 사회계약
	6단계	보편적 윤리

☐ 11회

08. 콜버그(L. Kohlberg)의 이론에 관한 설명으로 옳지 <u>않은</u> 것은?

① 도덕발달은 개인의 인지구조와 환경간 상호작용의 결과이다.
② 도덕적 판단에 위계적 단계가 있음을 강조한다.
③ 남성은 권리와 규칙, 여성은 책임감을 중시하는 형태로 도덕발달이 이루어진다.
④ 개인이 도달하는 최종 도덕발달 단계는 다를 수 있다.
⑤ 아동은 동일한 발달단계 순서를 거친다.

정답 ③

해설 콜버그 이론에 대한 비판
- 도덕적 사고를 지나치게 강조하고 도덕적 감정이나 행동은 무시.
- 정의적 · 인지적 측면에서의 도덕적 판단은 잘 설명하지만, 도덕적 판단과 실제 행동 간 연결성에 대한 설명은 부족
- 남성 편향적이고, 남성만을 대상으로 연구
- 모든 문화권에 보편적으로 적용하기에는 한계
- 도덕적 퇴행 현상에 대한 한계
- 도덕성 발달 순서의 불변성에 대한 논란
- 인간관계적인 측면을 등한시
- 도덕적 정의는 개인의 권리와 공정성이라는 도덕성의 한 측면만을 반영

☐ 13회

09. 콜버그(L. Kohlberg) 이론에 관한 설명으로 옳은 것은?

① 도덕성 발달은 아동기에 완성된다.
② 도덕성 발달 단계의 순서는 가변적이다.
③ 남성만을 연구의 대상으로 삼은 한계가 있다.
④ 모든 사람이 도달하는 최종적 도덕단계는 동일하다.
⑤ 하위단계에 있는 사람도 상위단계의 도덕적 추론을 능동적으로 표현할 수 있다.

정답 ③

해설 콜버그는 남성편향적인 이론이라는 비판을 받음. 남성을 대상으로 연구결과를 제시하였고 여성의 특성을 전혀 고려하지 못했다는 비판이 있음. 도덕적 발달 단계에 있어서 남성은 4단계, 여성은 3단계수준에 머문다고 하였으며 이러한 점은 성차별인 관점을 지니고 있음.

📘 12회

10. 콜버그(L. Kohlberg) 이론의 평가로 옳지 <u>않은</u> 것은

① 모든 문화권에 보편적으로 적용하기에는 한계가 있다.
② 여성이 남성보다 도덕수준이 낮다는 성차별적 관점을 지닌다.
③ 인간의 자유의지를 부정하고 환경의 자극에 반응하는 존재로 본다.
④ 도덕적 행동에 영향을 미치는 여러 상황적 요인을 고려하지 않는다.
⑤ 도덕적 사고를 지나치게 강조하고 도덕적 행동이나 감정을 무시한다.

정답 ③
해설 환경의 자극에 반응하는 존재는 스키너에 해당됨.
콜버그의 인습적 단계
- 인습적이란 사회규범, 기대, 관습, 권위에 순응하는 것을 뜻하는 것으로(=역할동조적인 도덕성) 이 수준의 도덕성에서는 옳고 그름에 대한 판단을 사회의 보편적 관례와 규범에 따라야 함. 자신이 속한 집단의 기대나 기준에 맞추어 행동하는 것을 이상적으로 여기며 사회질서에 동조.
- 인습적 수준의 사람들은 다른 사람의 견해와 입장을 이해할 수 있음. 자기중심성을 탈피하여 사회적 관점을 수용할 수 있는 구체적 조작기 수준의 인지발달을 갖추어야 함.

❻ 생태체계이론

◆ 출제경향분석 및 학습가이드

대분류	소분류(기출키워드)	20회	19회	18회	17회	16회	15회	14회	13회	12회	11회	출제빈도 및 중요도
6장 생태체계 이론	생태체계관점과 사회체계이론	O	O	O	O	O	O	O		O	O	★★★★★
	생태학관점	O		O		O						★★
	가족			O			O					★
	집단			O		O	O					★★
	조직,지역사회					O	O					★
	문화	O		O			O	O				★★
	출제문항수	5	4	4	6	5	3	3	2	2	5	
	비중	22.7%	16.0%	16.0%	24.0%	20.0%	12.0%	12.0%	6.7%	7.4%	16.7%	

- 생태체계관점의 특징과 인간행동에 영향을 주는 사회체계들은 무엇인지를 물어보는 문제가 자주 출제됨
- 생태체계관점은 무엇인지, 생태체계관점의 주요개념들에 대한 특징을 예시와 연결하여 물어보는 문제들이 빈번하게 출제됨.
- 사회체계에서는 가족, 집단, 조직, 지역사회, 문화에 대한 전반적인 이해가 필요함.
- 집단의 목적, 규모, 자유도, 동기, 특성에 따른 집단의 유형들에 대해 파악하고 있어야 함.

기출문제 확인하기

☐ 16회
01. 체계이론에서 다음에 해당하는 개념으로 옳은 것은?

> 외부환경과 에너지의 상호교환이 이루어지지 않은 채 고립되어, 다른 체계로부터 투입도 없고 다른 체계로 산출도 전하지 못하는 체계이다

① 경계   ② 폐쇄체계   ③ 홀론
④ 다중종결성   ⑤ 개방체계

정답 ②
해설
• 경계 – 체계를 외부환경으로부터 구분해주는 눈에 보이지 않는 선
• 홀론 – 하나의 체계는 상위체계에 속한 하위체계이면서 다른 것의 상위체계가 된다는 개념(교집합)
• 다중종결성 – 같은 곳에서 시작하나 결과는 다 다르다는 뜻
• 개방체계 – 외부와의 상호작용이 원활한 반투과성 경계를 지닌 체계

☐ 16회
02. 거시체계에 관한 설명으로 옳은 것은?

① 개인을 의미한다.
② 가족, 소집단, 이웃이 포함된다.
③ 국가, 사회제도가 포함된다.
④ 미시체계 간의 연결망을 의미한다.
⑤ 인간의 삶과 행동에 일방적인 영향을 미친다.

정답 ③
해설 거시체계는 개인이 속한 사회의 이념이나 제도의 일반적인 형태로 개인에게 영향을 미치는 광범위한 사회적 맥락임. 사회 환경 안에 있는 개별 미시체계는 거시체계의 영향을 지속적으로 받음. 중간체계는 두 가지 이상의 미시체계들이 상호작용 하는 관계를 의미

☐ 14회
03. 사회체계이론에 관한 설명으로 옳은 것은?

① 인간행동은 단일체계에 의해 결정된다.
② 인간행동을 원인과 결과라는 단선적 관점으로 이해한다.
③ 인간행동은 체계 간에 에너지를 주고받으면서 변화한다.
④ 체계의 한 부분의 변화는 다른 부분에 영향을 미치지 않는다.
⑤ 거시체계는 인간이 가장 밀접하게 상호작용하는 가족, 친구, 학교 등을 포함한다.

정답 ③

해설 ① 인간행동은 다양한 체계수준의 영향을 받음
② 인간행동은 단선적 관점이 아닌 상호적인 관점으로 이해
④ 체계들은 서로 상호작용하며 성장하기 때문에 체계의 한 부분의 변화는 다른 부분에 영향을 미침.
⑤ 거시체계는 개인이 속한 사회의 이념이다. 제도의 일반적인 형태 혹은 개인에게 영향을 미치는 환경요소로서 정치, 법, 문화, 관습 등이 속함.
- 사회체계관점 : 인간을 둘러싼 환경은 크게 물리적 환경과 사회적 환경으로 구분. 가족, 집 단, 조직, 지역사회, 문화 등 다양한 인간 결사체의 형태에 체계이론을 적용하는 관점.
- 생태학적 인간관 : 낙관적임, 인간이 환경적 자원과 사회적 지지를 자율적으로 이용할 수 있으며 환경 속에서 효과적으로 기능할 수 있는 능력을 지닌 존재라고 봄

☐ 17회
04. 생태학의 주요 개념에 해당하는 것은?

① 무의식 결정론 ② 자아실현 경향성 ③ 단선적 인과론
④ 개인의 창조적 힘 ⑤ 개인-환경 간의 적합성

정답 ⑤

해설 • 적합성 : 개인의 적응적 욕구와 환경자원이 서로 조화를 이루는 정도
• 적응성 : 인간이 환경에 대한 적응 수준을 유지하고 높이고자 사용하는, 지속적이고 변화 지향적이며, 인지적, 감각적-지각적, 행동적인 과정

☐ 12회
05. 사회체계의 주요개념으로 옳지 <u>않은</u> 것은?

① 시너지는 체계 내에 유용한 에너지가 증가하는 것이다.
② 경계는 모든 사회체계에서 볼 수 있는 사회적 구조를 말한다.
③ 엔트로피는 체계 내에 질서, 형태, 분화가 있는 상태를 의미한다.
④ 항상성은 시스템이 지속적으로 안정적 균형을 유지하려는 경향이다.
⑤ 균형은 외부환경으로부터 새로운 에너지의 투입없이 현상을 유지하려는 속성이다.

정답 ③

해설 ③은 넥엔트로피에 관한 설명으로 엔트로피는 체계 구성요소들 간의 상호작용이 감소함에 따라 유용한 에너지가 감소하는 상태로, 체계가 서서히 무질서와 혼돈의 상태로 나아가는 것
• 엔트로피 : 폐쇄체계적인 속성으로서 체계 내부의 에너지만 소모함으로써 유용한 에너지가 감소하는 상태를 의미
• 역엔트로피 : 개방체계적인 속성으로서 체계 외부로부터 에너지가 유입됨으로써 체계내부의 불필요한 에너지가 감소하는 상태를 의미

☐ 15회
06. 생태학적 이론에 관한 설명으로 옳지 않은 것은?

① 인간과 환경의 지속적인 상호작용을 강조한다.
② 인간의 병리적인 관점을 강조한다.
③ 적합성이란 인간의 욕구와 환경자원이 부합되는 정도를 말한다.
④ 인간은 자신의 요구에 맞게 환경을 만들어내기도 한다.
⑤ 인간의 생활상의 문제는 전체 생활공간 내에서 이해한다.

정답 ②
해설 체계관점에서는 인간행동을 체계 간 에너지 교환과 상호 작용 속에서 이해하며, 생태학이론은 인간을 환경 속에서 이해 함. 생태학이론을 체계관점과 결합한 생태체계관점은 인간을 환경과 분리시켜 이해하지 않고 언제나 환경과의 상호작용 속에서 이해.

생태학이론(브론펜브레너)
- 환경 속에서 인간을 바라봄
- 인간과 환경 사이의 적합성에 초점
- 인간에 대한 병리적 관점 거부 → 낙관적 관점
- 생태체계의 구성 : 유기체, 미시체계, 중간체계, 거시체계, 외부체계, 시간체계

☐ 16회
07. 문화와 관련된 내용으로 옳은 것은?

① 관념문화에는 법과 관습이 포함된다.
② 물질문화에는 신화와 전설이 포함된다.
③ 문화는 중간체계로서 개인에게 영향을 미친다.
④ 비물질문화에는 관념문화와 규범문화가 포함된다.
⑤ 규범문화에는 종교적 신념과 과학적 진리가 포함된다.

정답 ④
해설 문화의 특징: 보편성, 사회성, 공유성, 학습성, 체계성, 축적성, 상징성, 역동성, 다양성
문화의 기능 : 사회화, 욕구충족, 사회통제, 사회존속

문화의 종류
- 물질문화 : 물질적 도구와 그것을 다루는 능력과 기술
- 관념문화 : 가치관, 신념, 미의식, 신화, 과학적 진리 등
- 규범문화: 법, 관습 등

☐ 15회
08. 조직문제에 대한 해결책 모색이나 성과물 산출을 목적으로 하는 집단은?

① 성장집단　　② 치료집단　　③ 사회화집단
④ 과업집단　　⑤ 교육집단

기출문제 확인하기

정답 ④
해설 집단의 유형
- 성장집단 : 구성원들의 성장 잠재력을 향상시켜 자극과 통찰력을 얻고 모델링을 찾으며 새로운 행동을 시험하기도 하는 집단
- 치료집단 : 공통의 문제를 가진 클라이언트들이 구성원으로 하는 집단
- 사회화집단 : 사회적 관계에 어려움을 가지고 있는 클라이언트를 중심으로 사회생활에서 효과적으로 기능하기 위해 필요한 사회기술을 학습하는데 목적이 있는 집단
- 교육집단 : 정보나 지식, 기술을 전하는 것이 주된 집단

☐ 18회
09. 사회체계의 개념 중 체계내부 간 또는 체계 외부와의 상호작용이 증가함으로써 체계내의 에너지양이 증가하는 것을 의미하는 것은?

① 엔트로피(entropy)　② 시너지(synergy)　③ 항상성(homeostasis)
④ 넥엔트로피(negentropy)　⑤ 홀론(holon)

정답 ②
해설
- 엔트로피 : 체계구성요소간의 상호작용이 감소함에 따라 유용한 에너지가 감소하는 상태
- 넥엔트로피 : 체계외부로부터 에너지를 유입하면서 체계 내부에 유용하지 않은 에너지가 감소되며 체계의 질서와 법칙을 유지하는 것
- 홀론 : 하나의 체계는 상위체계에 속한 하위체계이면서 동시에 다른 것의 상위체계가 됨
- 시너지 : 체계 내에 유용한 에너지의 증가
- 항상성 : 체계의 균형에 위협을 받았을 때 이를 회복하고자 하는 체계의 경향

☐ 15회
10. 집단의 구성동기에 따른 유형과 그 예가 올바르게 연결된 것을 모두 고른 것은?

> ㄱ. 자연 집단(natural group) - 또래집단
> ㄴ. 1차 집단(primary group) - 과업집단
> ㄷ. 형성 집단(formed group) - 치료집단
> ㄹ. 2차 집단(secondary group) - 이웃

① ㄱ, ㄹ　　② ㄱ, ㄷ　　③ ㄴ, ㄹ
④ ㄴ, ㄷ, ㄹ　　⑤ ㄱ, ㄴ, ㄷ, ㄹ

정답 ②
해설 1차 집단 : 가족, 이웃, 친구, 놀이, 집단, 촌락 등과 같은 집단(자연적인 관계자체가 목적인 집단)
2차 집단 : 회사, 사회집단, 직업단체와 같은 집단(인위적인, 특정목표를 위한 집단)
- 자연집단 = 1차 집단
- 형성집단 = 2차 집단

7 태아기와 영아기

◆ **출제경향분석 및 학습가이드**

대분류	소분류(기출키워드)	20회	19회	18회	17회	16회	15회	14회	13회	12회	11회	출제빈도 및 중요도
7장 태아기 영아기	태아기	o	o	o	o	o	o		o	o	o	★★★★★
	영아기		o	o	o		o	o	o		o	★★★★
	출제문항수	1	3	3	4	3	4	4	6	3	3	
	비중	4.5%	12.0%	12.0%	16.0%	12.0%	16.0%	16.0%	20.0%	11.1%	10.0%	

- 태아기에서는 태내 발달에 영향을 미치는 요인들과 태내기 발달장애의 특징들에 대한 문제가 가장 비중 있게 출제되었음.
- 영아기에서는 신체발달, 인지발달, 사회 및 정서발달에 대해 앞서 살펴본 학자들의 주요 발달단계별 특징과 내용을 연결하여 물어보는 문제가 출제됨.

기출문제 확인하기

☐ 12회
01. 태아의 건강에 영향을 미치는 요인이 <u>아닌</u> 것은?

① 임산부의 연령　　② 임산부의 교육정도　　③ 임산부의 영양상태
④ 임산부의 정서적 상태　　⑤ 임산부의 흡연과 음수

정답 ②

해설 태아의 건강에 영향을 미치는 요인
분만횟수와 출산간격, 출산과정의 영향, 환경오염, 사회·경제적 요인, 방사선, 정서적 상태(남편과의 관계, 사회경제적 요인, 임산부의 정서적 성숙정도, 자녀 수, 아이를 갖고 싶은지 여부, 임신에 대한 양가감정 등이 영향

☐ 14회
02. 태아기의 유전적 요인에 의한 발달장애의 설명으로 옳지 <u>않은</u> 것은?

① 혈우병은 X염색체의 열성유전자에 기인한다.
② 터너증후군은 X염색체를 하나만 가진 여성에게 나타난다.
③ 클라인펠터증후군은 X염색체를 더 많이 가진 남성에게 나타난다.
④ 다운증후군은 23번 염색체가 하나 더 있어서 염색체 수가 47개이다.
⑤ 페닐케톤요증은 아미노산을 분해시키는 효소가 결핍된 열성유전자에 기인한다.

정답 ④

해설 유전적 요인에 의한 발달장애
- 다운증후군 : 21번 염색체가 하나 더 있어서 총 47개의 염색체를 가짐
- 에드워드증후군 : 18번 염색체가 3개이며, 장기의 기형 및 정신지체장애를 보임
- 터너증후군 : 여성이지만 X염색체가 1개밖에 없음
- 클라인펠터증후군 : 남성이지만 X염색체를 2개이상 가져 여성의 2차성징이 나타남
- 혈우병 : 성염색체에 열성인자에 기인하며 남성만 발병
- 페닐케톤뇨증 : 단백질 속 페닐알라닌을 분해하는 효소가 결핍된 열성유전자에 기인함

☐ 11회
03. 영아기(0~2세)의 설명으로 옳지 <u>않은</u> 것은?

① 피아제에 의하면, 통찰기 단계에서 상징적 표상 사고가 시작된다.
② 영아는 움직이는 것보다 정지된 것을 선호하여 지각한다.
③ 신생아의 두개골에는 6개의 숫구멍이 존재한다.
④ 모로반사는 큰 소리가 나면 팔과 다리를 벌리고 마치 무엇인가 껴안으려는 듯 몸 쪽으로 팔과 다리를 움츠리는 반사운동이다.
⑤ 바빈스키반사는 발가락을 펴고 오므리는 반사운동이다.

정답 ②

해설 영아기 시각 발달 특징 : 전체보다는 부분을, 정지된 것 보다는 움직이는 것을, 흑백보다는 컬러를, 직선보다는 곡선을, 단순 도형보다는 보다 복잡한 도형을, 다른 사물 보다는 인간의 얼굴(특히 눈)을 더 선호
- 생존반사 : 호흡반사, 탐색반사(근원반사, 젖찾기반사), 빨기반사, 동공반사, 눈깜박반사, 연하반사
- 원시반사 : 모로반사(경악반사), 바빈스키반사, 손바닥반사(파악반사, 쥐기반사), 걷기반사, 수영반사

☐ 13회
04. 영아기(0~2세)의 발달에 관한 설명으로 옳지 <u>않은</u> 것은?

① 애착관계를 형성한다.
② 성 정체성을 확립한다.
③ 울음, 옹알이 등의 언어적 표현을 한다.
④ 모로반사, 바빈스키반사 등의 반사행동이 나타난다.
⑤ 기쁨, 분노, 슬픔 등의 시초적인 정서를 느낄 수 있다.

정답 ②
해설 성 정체성을 확립하는 시기는 청년기이다. 청소년기에는 성정체성에 혼란이 올수도 있는 시기이며 이시기를 지나 청년기에는 성정체성이 확립됨. 영아기에는 감각운동을 통해 인지가 발달됨.
영아기의 감각운동의 발달과정
반사활동(타고난 반사활동이 중심) → 1차 순환반응기(자신의 신체를 대상으로 순환적 반응을 하며 최초의 습관을 형성) → 2차 순환반응기(외부 사물에 대한 순환적 반응) → 2차 도식들의 협응기(수단과 결과의 통합) → 3차 순환반응기(새로운 수단의 실험) → 통찰기 (상징적 표상 발달)

☐ 16회
05. 태아의 발달과정 중 가장 먼저 발달하는 것은?

① 귀　　　　　　　② 눈　　　　　　　③ 다리
④ 심장　　　　　　⑤ 외부생식기

정답 ④
해설
• 임신초기(1~3개월)가 가장 중요한 시기로 심장과 소화기관이 먼저 발달함
• 임신 2~3개월이면 배아는 인간의 모습을 갖추기 시작함
• 임신 16주경이 되면 산모는 태아의 움직임을 알 수 있음

☐ 15회
06. 임신 중 태아기에 기형 혹은 저체중을 발생시키는 요인으로 옳지 <u>않은</u> 것은?

① 간접흡연　　　　② 항생제 섭취　　　③ 알콜 섭취
④ 폴리염화비페닐(PCB)에 노출　　⑤ 철분섭취

정답 ④
해설 철분섭취는 임신 중 태아기에 기형 혹은 저체중을 발생시키는 요인과 무관. 철분은 임산부에게 중요한 요소이며 충분히 섭취해야 함.
태아의 기형유발물질 : 술, 니코틴, 납, 아스피린 등의 약물, 카페인, 방사선

기출문제 확인하기

☐ 17회

07. 영아기(0~2세)의 발달 특성으로 옳은 것을 모두 고른 것은?

> ㄱ. 외부자극에 주로 반사운동을 한다.
> ㄴ. 주 양육자와 관계를 바탕으로 신뢰감을 형성한다.
> ㄷ. 대상영속성이 발달한다.
> ㄹ. 서열화 사고의 특징을 나타낸다.

① ㄱ, ㄴ 　② ㄷ, ㄹ 　③ ㄱ, ㄴ, ㄷ
④ ㄱ, ㄷ, ㄹ 　⑤ ㄱ, ㄴ, ㄷ, ㄹ

정답 ③

해설 서열화 사고의 특징을 나타내는 시기는 피아제의 구체적 조작기에 해당하는 아동기임. 영아기(0~2세)에는 주 양육자와의 애착관계를 통해 기본적인 신뢰감을 형성하는 것이 중요한 시기이며, 대상영속성, 목적지향적 행동, 감각운동과 같은 인지발달 특징이 있음. 특히 영아기의 초반부에는 외부 자극에 대해 바빈스키반사나 모로반사 같은 반사운동을 보임.

08. 영아기의 특징에 해당되지 <u>않는</u> 것은?

① 프로이드의 구강기에 해당한다.
② 에릭슨의 유아기에 해당한다.
③ 제1성장 급등기이다.
④ 대상영속성을 이해하기 시작한다.
⑤ 피아제의 전조작기 중·후기에 해당한다.

정답 ⑤

해설 영아기의 발달상의 특징
- 영아기는 피아제의 감각운동기에 해당하는 시기.
- 영아기는 프로이드의 구강기, 에릭슨의 유아기에 해당
- 프로이드는 구강기에 원초아에서 자아가 분화된다고 보았음
- 에릭슨은 이 시기에 겪는 심리사회적 위기를 '기본적 신뢰 대 불신'이라고 보았으며, 이 위기를 잘 극복하면 '희망'이라는 자아특질이 강화된다고 보았음

☐ 10회

09. 임신 9~11주에 가능하며 염색체 이상이 의심되거나 35세 이상 임산부에게만 제한적으로 실시되는 태아진단검사는?

① 양수검사　② 융모 생체 표본검사　③ 초음파검사
④ 산모혈액검사　⑤ 풍진감염검사

정답 ②

해설
- 양수검사 : 다운증후군을 포함하여 200여종의 유전적 결함을 판별할 수 있음. 보통 수정 후 16주 정도 되었을 때 시행
- 융모생체표본검사 : 임신 9~11주 사이에 검사를 함. 5세 이상 임신부에게만 제한적으로 실시
- 초음파검사 : 가장 일반적인 진단방법. 임신 14주 후에 할 수 있음.

10. 다음에서 설명하는 아인스워드(M. Ainsworth)의 애착유형으로 옳은 것은?

> 어린이집에 맡겨지게 된 영희는 엄마가 자신을 어린이집에 놓고 떠나려고 하자 떨어지지 않으려고 계속 울었다. 두 시간이 지나고 엄마가 데리러 왔는데도 영희는 안정감을 보이지 못하고 엄마를 원망하듯이 울음을 그치지 못했다.

① 안정 회피애착형 ② 안정 저항애착형 ③ 불안정 저항애착형
④ 불안정 회피애착형 ⑤ 불안정 혼란애착형

정답 ③

해설 엄마와의 분리를 불안해하고, 떠났던 엄마가 돌아왔을 때 원망과 분노를 보이는 사례이므로 이 사례는 저항애착형에 해당함

※애착유형

애착유형		특징
안정애착		• 주위 탐색을 위해 어머니와 쉽게 떨어짐 • 낯선 사람보다 어머니에게 더 확실한 관심을 보이며 어머니와 함께 놀 때 밀접한 관계를 유지 • 어머니와 격리되었을 때에도 어떤 방법으로든 능동적으로 위안을 찾고 다시 탐색과정으로 나아감 • 어머니가 돌아오면 반갑게 맞이하고 쉽게 편안해짐
불안정 애착	회피애착 (양육자에 무관심)	• 어머니에게 친밀한 반응을 보이지 않음 • 어머니와 분리되어도 울지 않음 • 어머니가 돌아와도 무관심하거나 모른 척함
	저항애착 (불안과 분노)	• 어머니와 분리되기 전부터 불안해함 • 어머니가 돌아와 안아주어도 분노를 표현하고 소리 지르거나 밀어냄
	혼란애착 (회피애착과 저항애착이 혼재)	• 불안정한 애착 유형 중 가장 심한 형태 • 어머니와 재결합했을 때 냉담한 표정으로 어머니에게 접근하거나 어머니가 안아줘도 다른 곳을 쳐다봄

8 유아기와 아동기

◆ 출제경향분석 및 학습가이드

대분류	소분류(기출키워드)	20회	19회	18회	17회	16회	15회	14회	13회	12회	11회	출제빈도 및 중요도
8장 유아기 아동기	유아기	o	o		o		o	o	o	o		★★★★
	아동기		o	o	o	o		o	o	o	o	★★★★
	출제문항수	0	2	4	1	1	1	2	3	3	1	
	비중	0.0%	8.0%	16.0%	4.0%	4.0%	4.0%	8.0%	10.0%	11.1%	3.3%	

- 유아기와 아동기에서도 다양한 부분에서의 발달특성에 대해 출제되며 각 시기별 특징에 대해 명확하게 파악하고 있어야 함.
- 유아기와 아동기 모두 단계별로 프로이드, 피아제, 콜버그, 에릭슨, 융 등 학자들의 이론과 연결하여 제시되는 문제들이 자주 출제되고 있기 때문에 각 단계별 특징들을 정확하게 알아두는 것이 매우 중요함.

기출문제 확인하기

☐ 12회

01. 유아기(3~6세)때 일반적으로 볼 수 있는 특징으로 옳은 것을 모두 고른 것은?

> ㄱ. 타율적 도덕성이 발달한다.
> ㄴ. 자아개념과 자아존중감을 형성한다.
> ㄷ. 프로이드의 성격발달 단계의 남근기에 해당한다.
> ㄹ. 타인의 감정을 수용할 수 있는 사회적 관점이 발달하기 시작한다.

① ㄱ, ㄴ, ㄷ ② ㄱ, ㄷ ③ ㄴ, ㄹ
④ ㄹ ⑤ ㄱ, ㄴ, ㄷ, ㄹ

정답 ⑤

해설 유아기의 특징
프로이트 남근기, 에릭슨의 주도성 대 죄책감, 피아제의 전조작기, 콜버그의 타율적 도덕수준

☐ 12회

02. 아동기(7-12세)의 사회적 발달에 관한 설명으로 옳은 것은?

① 자아의식이 발달하여 고독에 빠지기 쉽다.
② 단체놀이를 통하여 협동, 경쟁, 협상하는 능력이 향상된다.
③ 부모의 기대와 문화적 기준에 맞는 성역할 기준을 내면화한다.
④ 사회적 관계가 확대되어 가족으로부터 독립을 준비하고자 한다.
⑤ 학년이 올라갈수록 급우들과의 관계가 약화되며 성인의 승인을 받고 싶어 한다.

정답 ②

해설 아동기(7-12세)
프로이트 잠복기, 에릭슨의 근면성 대 열등감, 피아제의 구체적 조작기, 콜버그의 인습도덕기
아동기의 특징
• 학교생활로 또래집단에서 상호작용을 통해 협동, 경쟁, 협상하는 능력이 발달
• 성 에너지가 무의식 속으로 잠복하는 시기 • 보상성, 동일성, 가역성을 갖추어서 보존개념을 획득
• 분류화, 서열화 획득 • 논리적 사고를 서서히 할 수 있게 되고 물활론적 사고가 감소
• 유치가 영구치로 바뀜
• 자아중심성 극복, 탈중심화, 가역적 사고(사고가 진행되어 온 과정을 되밟아서 사고)가능

☐ 15회

03. 유아기(3~6세)의 인지발달 특성에 해당하지 <u>않는</u> 것은?

① 표상에 의한 상징적 사고 ② 자기중심적 사고 ③ 비가역적 사고
④ 물활론적 사고 ⑤ 연역적 사고

정답 ⑤

해설 연역적 사고는 청소년기의 인지발달의 특징이다.
유아기 인지발달의 특성 : 물활론적 사고, 자기중심적사고, 중심화, 비가역적사고, 상징적 사고, 인공론적사고, 직관적 사고

기출문제 확인하기

☐ 10회
04. 유아기(3~6세)의 발달에 관한 설명으로 옳지 <u>않은</u> 것은?

① 정서의 분화가 두드러지게 나타난다.
② 영아기(0~2세)에 비해 성장속도가 완만해진다.
③ 주로 감각운동을 통하여 지능발달을 도모한다.
④ 사회성을 발달시키는 데 놀이가 중요한 역할을 한다.
⑤ 사고발달에 있어 직관적 사고, 물활론 등의 특징이 나타난다.

정답 ③
해설 감각에 의해 지능발달이 이루어지는 시기는 영아기(0~2세)에 해당됨.
유아기 발달 특성 : 언어와 지능 발달의 결정적인 시기. 정서의 분화가 두드러짐. 자아개념과 자아존중감 형성. 사회성 발달에 또래와의 집단놀이가 중요한 역할을 함.

☐ 11회
05. 유아기(3~6세)에 관한 설명으로 옳지 <u>않은</u> 것은?

① 콜버그의 후 인습적 도덕발달 단계에 해당하며 타인과 좋은 관계를 맺는 데 치중하는 시기이다.
② 프로이드(S. Freud)의 남근기에 해당하며 이성부모에게 관심을 갖는 시기이다.
③ 피아제의 전조작기에 해당하며 상징적 사고가 활발한 시기이다.
④ 에릭슨의 주도성 대 죄의식 단계에 해당하며 책임의식이 고취되는 시기이다.
⑤ 융의 아동기에 해당하며 자아가 형성되는 시기이다.

정답 ①
해설 유아기의 특징
- 프로이드 남근기 : 오이디푸스/엘렉트라 콤플렉스, 거세 불안/남근선망, 성적 호기심, 초자아 발달
- 에릭슨 학령전기(유희기) : 주도성 대 죄의식의 심리사회적 위기, 강화되는 자아특질은 목적(목적의식)
- 피아제 전조작기 : 상징적 사고, 언어발달, 자아중심성, 직관적 사고, 물활론, 꿈을 실제라고 생각, 비가역적 사고, 타율적 도덕성
- 콜버그 전인습적 도덕성

☐ 13회
06. 아동기(7~12세)에 관한 설명으로 옳은 것은?

① 생활의 중심이 가정에 한정된다.
② 자아정체감이 완성되는 시기이다.
③ 프로이드의 남근기에 해당되는 시기이다
④ 논리적 사고를 하게 되고 물활론적 사고가 감소하는 시기이다
⑤ 에릭슨의 자율성 대 수치심의 단계에 해당하는 시기이다.

정답 ④

해설 아동기에는 이웃과 학교로 생활중심이 확대되며 프로이드의 잠복기, 에릭슨의 근면성 대 열등감의 단계에 해당

아동기의 기타 발달특성
- 객관적 지각이 가능
- 정서적 통제와 분화된 정서표현 가능
- 신체성장 속도가 이전 시기에 비해 완만, 성숙 속도: 여아 > 남아

☐ 11회
07. 아동기(7~12세)의 설명으로 옳은 것은?

① 사물의 분류와 보존의 개념을 획득한다.
② 자율성 대 수치감이 형성되는 시기이다.
③ 물활론적 사고가 주요 특징이다.
④ 성역할 정체감이 완성되는 시기이다.
⑤ 심리사회적 유예가 일어나는 시기이다.

정답 ①

해설 아동기에는 분류화, 보존화, 서열화의 개념을 획득
- 분류화 : 사물을 공통의 속성을 갖는 것(동물은 동물끼리, 식물은 식물끼리) 분류할 수 있는 것
- 서열화 : 여러 사물이나 현상들을 특정 속성에 따라 순서대로 배열이 가능한 것
- 물활론적 사고 : 생명이 없는 대상에게 생명과 감정을 부여하는 것

08. 아동기 발달에 대한 <u>틀린</u> 설명은 무엇인가?

① 제1 성장 급등기에 해당한다.
② 유치가 영구치로 바뀐다.
③ 신체성장에 성별차이가 있으며 개인차가 존재한다.
④ 이전 단계들과 같은 급속한 신체적 성숙은 일어나지 않는다.
⑤ 운동발달을 통해 경쟁의식과 협동심 또한 발달한다.

정답 ①

해설 제1의 성장 급등기는 유아기에 해당

아동기의 신체적 발달
- 점진적이고 지속적으로 발달하지만, 이전 단계들과 같은 급속한 신체적 성숙은 일어나지 않음
- 신체 성장에 성별 차이가 있으며 개인차가 존재.
- 유치가 영구치로 바뀜
- 뇌 발달이 계속 촉진되어 뇌의 각 부분이 더 효율적으로 기능함
- 아동에 따라서는 뼈가 신체보다 더 빠른 속도로 자라 성장통(growing pain)을 겪기도 함
- 얼굴 면적이 전체의 10%로 줄고, 뇌는 성인의 95% 정도로 발달
- 다른 아동과 비교하면서 자기평가를 하는 계기를 갖는데, 이는 자아 발달과 자존감 형성에 중요한 영향을 줌
- 운동발달을 통해 경쟁의식과 협동심 또한 발달

기출문제 확인하기

09. 아동기의 인지발달에 대한 설명으로 <u>틀린</u> 것은?

① 보존개념을 획득한다.
② 서열화능력을 획득한다.
③ 체계적·논리적사고를 할 수 있다.
④ 자기중심성이 완화된다.
⑤ 제2의 성장 급등기이다.

정답 ⑤

해설 제2의 성장 급등기는 청소년기
아동기의 인지발달
- 피아제의 구체적 조작기
- 체계적·논리적 사고 가능
- 지적 기능의 분화+객관적 지각 가능
- 보존·분류(유목화)·서열화 능력 획득
- 자기중심성 완화+사회적 관점 수용

아동기에 탐색전략, 논리적 조직화, 탈중심화 등이 발달
- 탐색전략 : 특정한 문항을 찾기 위해 자극의 배열을 탐색하는 능력
- 논리적 조직화 : 지각정보를 논리적으로 조직화하고 전체
- 부분 조합을 할 수 있는 능력. 사물의 여러 특징과 여러 측면을 동시에 고려하는 다면적 사고를 할 수 있게 되는 것
- 탈중심화 : 자기 자신의 시각에서 타인의 시각으로 옮겨 지각할 수 있고, 다른 사람의 인지, 사고, 감정 등을 추론해서 이해할 수 있는 능력

☐ 14회
10. 아동기(7~12세)의 발달 특성으로 옳은 것을 모두 고른 것은?

> ㄱ. 자아정체감이 형성되는 결정적인 시기이다.
> ㄴ. 유치가 영구치로 바뀌고 보존개념을 획득할 수 있다.
> ㄷ. 가설연역적 추리 및 조합적 사고를 할 수 있다.
> ㄹ. 한 가지 속성에 따라 대상을 배열하는 서열화가 가능하다.

① ㄱ, ㄴ, ㄷ   ② ㄱ, ㄷ   ③ ㄴ, ㄹ
④ ㄹ   ⑤ ㄱ, ㄴ, ㄷ, ㄹ

정답 ③

해설 아동기는 유치가 영구치로 바뀌고, 보존개념, 서열화, 유목화(분류) 능력을 획득하게 됨.
아동기는 신체적 성장과 발달이 급격하게 진행되어 골격이 완성되는 시기.
아동기는 성 역할 정체감이 완성되는 시기(청소년기에는 성역할 정체감이 확립되는 시기)
아동기는 피아제의 인지발달 단계 중 구체적 조작기에 해당하며, 전조작기 특징이었던 물활론적 사고, 자기중심성 등이 감소하고 논리적 사고를 하게 됨

9 청소년기와 청년기

◆ 출제경향분석 및 학습가이드

대분류	소분류(기출키워드)	20회	19회	18회	17회	16회	15회	14회	13회	12회	11회	출제빈도 및 중요도
9장 청소년기 청년기	청소년기		o	o	o			o	o	o	o	★★★★
	청년기	o	o		o	o	o	o			o	★★★★
	출제문항수	1	2	2	2	2	1	2	2	3	2	
	비중	4.5%	8.0%	8.0%	8.0%	8.0%	4.0%	8.0%	6.7%	11.1%	6.7%	

- 청소년기와 청년기의 일반적인 특징에 대해 알고 있어야 하며, 어떤 발달과업들이 있는지를 파악하고 있어야 함
- 청소년기의 발달특징 및 청소년과 관련된 사회복지실천의 내용과 용어들에 대해 빈번하게 출제되었음.
- 청소년기 및 청년기 또한 각각의 학자들이 제시하고 있는 발달상 특징은 무엇인지 파악하고 있어야 함. 관련 문제가 출제됨.

기출문제 확인하기

□ 15회

01. 청년기 혹은 장년기의 발달과제의 학자와 내용의 연결이 옳지 <u>않은</u> 것은?

① 레빈슨(D. Levinson) - 직업 선택, 사회적 역할
② 펙(R. Peck) - 자아분화, 친밀한 관계 활동
③ 굴드(R. Gould) - 자신의 삶에 대한 책임 있는 행동
④ 에릭슨(E. Erikson) - 타인과 조화로운 관계 형성
⑤ 하비거스트(R. Havighurst) - 배우자 선택, 가정관리

정답 ②

해설 청년기의 발달과업

- 레빈슨의 청년기발달과업 : 청년의 목표를 인정해 주고, 기술이나 지혜를 가르쳐주며, 청년이 자신의 경력에서 전진하도록 영향력을 발휘하는 지도자(멘토)를 발견해야 함
- 에릭슨의 청년기 발달과업 : 이 시기 심리사회적 위기인 '친밀감 대 고립'의 위기를 잘 극복하는 것이 발달과업이라고 보았음. 이 위기를 잘 극복하면 '사랑'의 능력을 얻을 수 있다고 보았음

하비거스트의 청년기발달과업

- 자신의 체격을 인정하고 자신의 성 역할을 수용
- 배우자 선택
- 자녀를 양육하고 가정을 관리
- 직업을 선택하고 준비
- 유능한 시민이 갖추어야 할 지적 기능과 개념을 획득
- 마음이 맞는 사람들과 사회적 집단을 형성
- 부모와 다른 성인들로부터 정서적으로 독립
- 배우자와 함께 생활하는 방법을 학습
- 경제적 독립의 필요성
- 직업생활을 시작
- 시민의 의무를 완수
- 적절한 과학적 세계관에 맞추어 가치체계를 형성

굴드의 청년기발달과업 : 청년기 발달은 자기신뢰와 자기수용을 선택하는 과정

□ 12회

02. 다음에 해당되는 개념은?

> 청소년기에는 자신의 삶에 대하여 고민하며 다양한 정보를 수집하고 탐색하는 행동을 지속하지만 여전히 불확실한 상태로 선택과 결정을 하지 못한 채 구체적인 과업에 몰입하지 못하는 상태이다

① 정체감 유실(identity foreclosure)
② 정체감 수행(identity commitment)
③ 정체감 혼란(identity diffusion)
④ 정체감 성취(identity achievement)
⑤ 정체감 유예(identity moratorium)

정답 ⑤

해설 마샤(마르샤)의 자아정체감 4가지 유형

- 정체감 성취 : 자아정체감의 위기를 극복하고 자기 스스로 의사결정을 할 수 있는 상태
- 정체감 유예 : 자신의 목표를 탐색중에 있으나 의사결정을 내리지 못한 상태
- 정체감 유실 : 부모, 종교, 동료와 같은 외부에서 결정을 맡긴 상태
- 정체감 혼돈 : 개인적 신념도 없고 자기능력에 대한 회의를 가지는 상태

☐ 13회
03. 청소년기(13~24세)에 관한 용어로 옳지 않은 것은?

① 질풍노도의 시기 ② 심리적 이유기 ③ 주변인 시기
④ 제1반항기 ⑤ 성장급등기

정답 ④
해설 청소년기를 칭하는 용어 : 주변인, 중간인, 제2반항기, 제2성장 급등기, 질풍노도의 시기, 심리적 이유기, 사춘기, 심리사회적 유예기 등

☐ 17회
04. 청소년기(13~19세)에 관한 설명으로 옳지 않은 것은?

① 구체적 조작기에 해당한다.
② 부모의 권위에 도전하며 잦은 갈등을 겪는 시기이다.
③ 동년배 집단에 참여하여 다양한 경험을 한다.
④ 심리적 이유기라고도 한다.
⑤ 애착대상이 부모에서 친구로 이동한다.

정답 ①
해설 청소년기는 형식적 조작기에 해당
청소년기의 발달상의 특징
- 신체발달 : 제2 성장 급등기(급속한 신체 변화, 성적 성숙) • 인지발달 : 형식적 조작 사고
- 정서발달 : 질풍노도의 시기(정서적 변화가 심함)
- 사회성 발달 : 동년배 및 이성과의 새로운 관계를 형성, 또래의 인정을 받고자 함
- 주요 발달과업 : 자아정체감 확립

☐ 14회
05. 청년기(20-34세)에 관한 설명으로 옳지 않은 것은?

① 신체적 기능이 최고조에 달하는 시기이다.
② 주요 발달과업은 진로 및 직업선택, 혼인준비 등이다.
③ 발달과업에서 신체적 요소보다는 사회문화적 요소를 중요시한다.
④ 아동기 이후 인생의 과도기로서 신체적·성적 성숙이 빠르게 진행된다.
⑤ 에릭슨(E. Erikson)의 발달단계에서 친밀감 대 고립감에 해당하는 시기이다.

정답 ④
해설 신체적·성적 성숙이 빠르게 진행되는 시기는 청소년기
청소년기 기타 주요 특징
- 어느 발달단계보다 신체 이미지가 자아존중감에 중요한 영향을 미치며 급격한 신체변화와 더불어 인지적·정서적 변화가 일어남
- 섭식장애의 발병률은 남성보다 여성이 더 높음
- 조숙한 남성의 경우 이성 관계에서 긍정적 자아개념을 가지게 됨
- 초경 이후 약 1년간은 배란이 되지 않아 임신이 가능하지 않을 수 있음. 성적 성숙은 기복과 같은 극단적 정서변화를 가져옴

기출문제 확인하기

☐ 16회

06. 청소년기 인지발달의 일반적 특성으로 옳지 <u>않은</u> 것은?

① 자기개념(self-concept)의 발달이 시작되고 자기효능감이 급격히 증가한다.
② 구체적인 사물에 한정되지 않고 추상적 개념을 다룰 수 있다.
③ 가설을 세울 수 있고 인과관계를 추론할 수 있는 연역적 사고가 가능해진다.
④ 피아제(J. Piaget)의 이론에 따르면 형식적 조작기에 속한다.
⑤ 자아중심적 사고로 상상적 청중 현상과 개인적 우화 현상을 보인다.

정답 ①

해설 자기개념(self-concept)의 발달이 시작되고 자기효능감이 급격히 증가하는 시기는 유아기이다. 유아기에는 또래친구들과의 대인관계가 활발해지면서 이를 통해 자아개념, 자기통제력, 주도성, 성 정체성 등이 발달함.

청소년기의 인지발달
- 추상적 사고
- 가설을 통한 연역적사고와 논리적 추론가능
- 형식적 조작기
- 자아중심적 사고가 강하게 나타는 특징적 행동: 상상적 청중(청소년 자신이 타인들에게 집중적으로 관심과 주목의 대상이 되고 있다고 믿는 것), 개인적 우화(청소년이 자신은 특별하고 독특한 존재이므로 자신의 감정이나 경험의 세계는 다른 사람과 근본적으로 다르다고 믿는 것)

☐ 10회

07. 청년기(20~35세)의 설명으로 옳은 것은?

① 제2성장급등기이다.
② 또래집단의 영향력이 가장 큰 시기이다.
③ 질병으로 인한 사망률이 높아지는 시기이다.
④ 신체적 기능이 최고조에 달하며 이를 정점으로 쇠퇴하기 시작하는 시기이다.
⑤ 단기기억력은 약화되기 시작하지만 장기 기억력은 변화하지 않는 시기이다.

정답 ④

해설 청년기(성인 초기, 20~35세) 발달 특성
- 친밀감 대 고립의 심리사회적 위기, 강화되는 자아특질은 사랑
- 신체적, 지적 발달의 정점에 이름
- 신체적으로 균형 잡힌 모습, 최상의 신체 상태를 보임
- 부모로부터의 독립에 대한 양가감정을 보임
- 성역할 정체감을 확립하는 성적 사회화가 이루어짐

☐ 17회

08. 청년기(20~35세)에 관한 설명으로 옳지 <u>않은</u> 것은?

① 부모로부터의 독립에 대한 양가감정에서 해방된다.
② 직업의 준비와 선택은 주요한 발달과업이다.
③ 사랑하고 보살피는 능력이 심화되는 시기이다.
④ 사회적성역할정체감이 확립되는 시기이다.
⑤ 친밀감 형성과 성숙한 사회관계 성취가 중요하다.

정답 ①

해설 청년기에는 경제적 · 정서적으로 부모로부터 독립을 원하면서도 현실적인 제약과 심리적 두려움이 느껴지기도 한다.

09. 다음 중 청소년기(12~19세)의 발달특성으로 옳지 않은 것은?

① 구체적인 조작사고의 발달이 이루어진다.
② 극단적인 정서변화를 경험하게 된다.
③ 성적성숙과 자아정체감이 형성된다.
④ 이상적 자아와 현실적 자아의 괴리로 인해 갈등과 고민이 많은 시기이다.
⑤ 부정적 정서경험으로 인해 거식증에 걸리기도 한다.

정답 ①

해설 청소년기에는 형식적 조작사고의 발달이 이루어짐. 이 시기에는 추상적인 이론과 관념적인 사상에 몰두하며 불완전한 현실을 비판하거나 비관적으로 생각하게 됨. 또한 미래사건을 예측할 수 있는 사고능력이 발달함으로써 가까운 미래의 취업, 배우자의 선택, 취업 등에 대한 걱정과 염려로 인해 과도한 불안을 유발하기도 함

10. 다음중 인생주기별 주요발달과업을 모두 올바르게 나열한 것은?

① 영아기(0~2세) – 애착발달, 자기중심성, 직관적사고
② 후기아동기(6~12세) – 자존감의 발달, 부모로부터 독립
③ 청소년기(12~19세) – 자아정체감형성, 형식적 조자사고의 발달
④ 중년기(30~65세) – 직업선택, 배우자선택, 도덕성발달
⑤ 노년기(65세 이후) – 가족 내 역할변화와 적응, 만족스러운 직업성취

정답 ③

해설 인생주기별 주요발달과업
- 영아기 : 애착관계형성, 신체적 성장, 감각기능 및 운동기능의 성숙, 감정의 분화
- 유아기(18개월 또는 2~4세) : 언어발달, 운동능력 정교화, 자기통제능력 습득
- 전기아동기(학령전기, 4~6세) : 초기수준의 도덕성발달, 성역할개념, 집단놀이를 통한 사회적 관계형성
- 후기아동기(학령기, 6~12세) : 구체적 조작사고발달, 왕성한 신체활동, 학습능력 및 기술의 습득, 사회적 규범학습, 단체놀이를 통한 협동 · 경쟁 · 협상 · 분업의 원리 체득
- 청소년기(12~19세) : 형식적 조작사고발달, 자아정체감 형성, 신체적 성숙, 성적성숙, 교우 및 남녀관계 성립, 부모나 다른 성인으로부터 정신적 독립의 요구
- 청년기(성인초기, 19~29세) : 부모로부터의 독립, 직업선택, 결혼, 자율성확립, 자기주장능력, 사회적 친밀감 형성능력
- 중년기(장년기, 30~65세) : 신체적 · 인지적 변화에 대한 대응, 생산성 및 직업관리, 부부관계유지, 자녀양육, 노부모 부양, 사회적 책임수행, 여가활동개발
- 노년기(65세 이후) : 자아통합, 노화에 의한 신체적 쇠약 및 인지능력 감퇴에의 적응, 은퇴에 대한 적응, 역할변화에 대한 적응, 자기동년배집단과의 유대관계강화, 생애에 대한 회고, 죽음에 대한 두려움 극복

10 중년기와 노년기

◆ 출제경향분석 및 학습가이드

대분류	소분류(기출키워드)	20회	19회	18회	17회	16회	15회	14회	13회	12회	11회	출제빈도 및 중요도
10장 중년기 노년기	중년기	○	○	○	○	○	○	○	○	○	○	★★★★★
	노년기		○	○	○	○		○		○	○	★★★★
	출제문항수	2	3	2	2	1	1	2	2	3	2	
	비중	9.1%	12.0%	8.0%	8.0%	4.0%	4.0%	8.0%	6.7%	11.1%	6.7%	

- 중년기와 노년기의 발달특성에 대해 물어보는 문제들이 출제되고 있으며, 특히 노년기의 발달특성에 대해 물어보는 문제의 출제빈도가 높은 편임.
- 퀴블러-로스의 죽음 적응 5단계 과정에 대한 문제가 최근 자주 출제되었음.
- 중년기와 노년기 모두 학자들이 제시하는 발달과업의 내용에 대해 알고 있어야 함.

기출문제 확인하기

☐ 10회

01. 중년기(40~64세)의 설명으로 옳지 않은 것은?

① 신진대사가 둔화되는 것을 느끼기 시작 한다.
② 에릭슨의 친밀감 대 고립감 단계에 해당 한다.
③ 기억의 감퇴현상이 나타나지만 문제해결능력은 높아질 수 있다.
④ 사회경제적 활동능력이 최고조에 달하며 높은 성취감을 맛보게 된다.
⑤ 신체적 능력과 건강이 감퇴하기 시작해서 건강에 문제가 나타나기도 한다.

정답 ②
해설 에릭슨의 생산성 대 침체에 해당
중년기의 특징
- 신체발달 : 신체의 노화, 신진대사 둔화, 남성호르몬(테스토스테론)과 여성호르몬(에스트로겐) 감소, 성적 기능 저하(남성은 성적 능력 더 오래 유지), 홍조현상(여성), 감각기관 쇠퇴
- 인지발달 : 장기기억보다 단기기억 감퇴, 문제해결능력 증가, 잠재능력에 비해 수행능력이 떨어짐, 창조적 생산성과 통합적 사고능력 증가, 새로운 것을 학습하는 능력 저하, 유동성 지능은 감소하나 결정성 지능은 중년기에도 계속 발달

☐ 12회

02. 큐블러-로스(Kübler-Ross)의 죽음의 적응단계로 옳지 않은 것은?

① 1단계 – 충격과 심한 불신감을 나타내며 강하게 부정한다.
② 2단계 – 주변 사람들한테 화를 내며 분노를 터뜨린다.
③ 3단계 – 타협으로 죽음을 연기하고 싶어 한다.
④ 4단계 – 조건을 받아들이고 이겨내기 위해 노력한다.
⑤ 5단계 – 담담하게 생각하고 수용하게 된다.

정답 ④
해설 퀴블러 로스의 죽음에 이르는 심리적 변화과정 : 부정(부인) – 분노 – 타협 – 우울 – 수용

☐ 13회

03. 중년기(40~64세)의 특징으로 옳은 것은?

① 학습능력은 증가하나 문제해결능력은 감소한다.
② 남성이 여성보다 더 뚜렷한 갱년기를 경험한다.
③ 정서변화가 매우 심하여 전인습적 도덕기라고 부른다.
④ 시각, 청각, 미각, 후각 등의 감각기능이 가장 좋은 시기이다.
⑤ 사회적, 가정적으로 인생의 전성기이지만 갑작스러운 실직을 경험하기도 한다.

기출문제 확인하기

정답 ⑤

해설 중년기는 인생의 전성기(안정기, 황금기)로 불리지만 갑작스러운 실직으로 인한 경제적 스트레스, 신체적, 성적, 인지적 능력의 감퇴에서 오는 심리적 어려움을 경험하는 시기

중년기의 인지발달

- 장기기억에 비해 단기기억이 저하
- 수행능력이 잠재능력에 비해 떨어짐
- 통합적 사고능력이 강함
- 실제적 문제해결능력은 증가
- 창조적 생산성은 오히려 증가.
- 유동성 지능은 감퇴하나 결정성 지능은 중년기에도 계속 발달

□ 14회

04. 중년기(40~64세)의 발달 특성으로 옳지 <u>않은</u> 것은?

① 성격이 성숙해지고 성 정체성이 확립된다.
② 삶의 경험으로 인해 문제해결능력이 높아질 수 있다.
③ 노화가 점차 진행되며 신체적 능력과 건강이 약해진다.
④ 에릭슨(E. Erikson)의 발달단계에서 생산 성 대 침체성에 해당하는 시기이다.
⑤ 호르몬의 변화로 성적 능력이 저하되며 빈 둥지 증후군(empty nest syndrome)이 나타날 수 있다.

정답 ①

해설 성정체성이 확립되는 시기는 청년기

청년기의 발달특성

- 신체적, 지적 발달의 정점, 균형 잡힌 신체, 최고의 신체 및 감각
- 에릭슨의 심리사회적 위기는 '친밀 대 고립', 자아특질은 사랑
- 발달과업 : 직업탐색과 선택, 배우자 선택과 결혼, 부모로부터의 독립
- 부모로부터의 독립에 대한 양가감정을 갖는다. 이를 극복하고 자율성을 발달시켜야 하며 이 과정에 부모 역할이 중요

□ 16회

05. 중년기에 경험하는 갱년기 증상에 관한 설명으로 옳지 <u>않은</u> 것은?

① 여성은 안면홍조와 수면장애 등의 증상을 경험하며, 폐경으로 가임기가 끝나게 된다.
② 신체적 변화뿐만 아니라 우울, 무기력감 등 심리적 증상을 동반하게 된다.
③ 남성은 성기능 저하 및 성욕감퇴를 경험하지만 생식능력은 있다.
④ 여성의 경우 에스트로겐의 분비가 감소되며 남성의 경우 테스토스테론의 분비가 감소된다.
⑤ 결정성(crystallized)지능은 감소하고 유동성(fluid) 지능이 증가하는 인지변화를 경험한다.

정답 ⑤

해설 중년기에는 유동성 지능은 떨어지지만 결정성 지능은 더 좋아짐

□ 15회
06. 인간생애주기의 이해에 관한 설명으로 옳은 것은?

① 성장과 발달은 횡단적으로 일어난다.
② 인간의 삶에는 비지속성 혹은 단절의 특성이 있다.
③ 인간 삶을 전체가 아닌 부분으로 이해하여야 한다.
④ 인간행동 이해를 위하여 환경보다 유전적 원인을 분석하여야 한다.
⑤ 생애주기의 연령구분은 국가와 사회적 상황에 따라 다양하게 나타난다.

정답 ⑤

해설 인간의 발달은 횡단 및 종단적으로도 일어나며 연속성, 개별성, 상호작용성, 분합통합성, 결정적 시기, 일정한 방향성을 지니고 있음.
인간의 삶은 부분이 아닌 전체적인 관점으로 바라봐야 함. 인간행동을 이해하기위해서는 유전적인 요인보다 환경적인 요인을 분석해야 함.

인간의 발달단계

단계	생활주기 및 연령	에릭슨의 발달과업 심리사회적 위기	심리사회적 능력 (기본적 감정)	피아제	프로이드	콜버그
1	영아기 (0~1세)	신뢰감 대 불신감	희망	감각운동기	구강기 (0~1세)	
2	유아 (2~3세)	자율성 대 수치감과 의심	의지	전조작기	항문기 (2~3세)	전인습적 도덕성
3	유아기	주도성 대 죄의식	목적		남근기 (4~6세)	
4	아동기(학령기) 7~12세	근면성 대 열등감	능력(유능성)	구체적 조작기	잠복기 (7~12세)	인습적 도덕성
5	청소년기 (12~20세)	자아정체감 대 역할혼란	충성심(성실)	형식적 조작기	생식기 (12세 이후~)	
6	청년기 (20~35세)	친밀감 대 고립감	사랑			
7	장년기 (35~60세)	생산성 대 침체감	배려			
8	노년기 (60세 이후~)	자아통합 대 절망	지혜			

기출문제 확인하기

☐ 11회

07. 노년기(65세 이상)에 관한 설명으로 옳지 <u>않은</u> 것은?

① 자아통합 대 절망의 심리사회적 위기를 경험한다.
② 치매는 인지기능과 고등정신기능의 감퇴로 일상적 사회활동이나 대인관계에 지장을 준다.
③ 조심성, 경직성, 능동성, 외향성이 증가 한다.
④ 남성노인은 생식기능이 저하되고 성교능력이 저하되긴 하지만 여성보다는 기능 저하가 덜하다.
⑤ 일반적으로 단기기억 능력이 감퇴한다.

정답 ⑤

해설 노년기 발달특성 :
- 하비거스트 : 지위와 역할 상실에 대한 적응
- 에릭슨 : '자아통합(자아완성) 대 절망'이라는 심리사회적 위기를 극복하면 '지혜'라는 자아특질을 얻게 됨
- 펙 : 직업역할 몰두 → 자기분화, 신체몰두 → 신체초월, 자기몰두 → 자기초월

노년기의 특징적인 성격 변화 : 내향성 · 수동성 · 조심성 · 경직성 · 우울성향 · 의존성 증가, 생에 대한 회상, 친근한 사물에 대한 애착 증가, 성역할 지각에서의 변화, 시간전망의 변화, 유산을 남기려는 경향이 있음

☐ 12회

08. 노년기(65세 이상)의 특징으로 옳은 것은?

① 심리사회적 위기는 친밀감 대 고립감이다.
② 결정할 일이 너무 많아 심리적 유예기간이 필요한 시기이다.
③ IQ 검사에서 젊은 사람과 점수 차이를 보이지 않는다.
④ 단기기억보다 장기기억의 감퇴속도가 느리다.
⑤ 경제적으로 안정된 시기이므로 심리적 위기를 경험하지 않는다.

정답 ④

해설 노년기는 단기기억이 빠르게 감퇴함. 노년기의 심리사회적 위기는 자아통합 대 절망.
노년기 성격발달
- 내향성, 수동성, 조심성, 경직성, 우울성향, 의존성 증가
- 친근한 사물에 대한 애착 증가
- 시간 전망의 변화
- 생에 대한 회상 증가
- 성 역할 지각의 변화
- 유산을 남기려는 경향

🗂 15회

09. 퀴블러-로스(Kübler-Ross)가 제시한 '죽음의 직면단계'에 포함되지 않는 것은?

① 부정   ② 자학   ③ 타협
④ 우울   ⑤ 분노

정답 ②
해설 퀴블러-로스가 제시한 죽음에 적응하기까지의 과정(죽음 수용의 과정)
1단계 : 부인(부정, denial) → 2단계 : 분노(anger) → 3단계 : 타협(협상, bargaining) → 4단계 : 우울(depression) → 5단계 : 수용(acceptance)

🗂 10회

10. 인생주기에 따른 주요 발달과업의 연결이 옳은 것은?

① 영유아기(0~6세) – 언어학습, 보행학습, 배설통제 학습
② 아동기(7~12세) – 양심의 발달, 부모로부터의 정서적 독립
③ 청소년기(13~18세) – 직업선택, 배우자 선택, 성역할 학습
④ 중년기(40~64세) – 동년배 사귀는 법 학습, 놀이에 필요한 신체기술 학습
⑤ 노년기(65세 이상) – 노년기 부모에 대한 적응, 경제적 독립의 필요성 인식

정답 ①
해설 인생주기에 따른 주요발달과업
- 영아기 : 애착, 대상영속성, 인과관계 이해, 목적지향적 행동, 감각운동, 제1성장 급등기
- 유아기 : 자기중심성, 직관적 사고, 전인습적 도덕성, 타율적 도덕성
- 아동기 : 자존감 발달, 사회적 관점 수용, 구체적 조작사고 발달, 단체놀이, 인습적 도덕성
- 청소년기 : 자아정체감 형성, 형식적 조작사고 발달, 제2성장 급등기
- 청년기 : 직업선택, 부모로부터 독립
- 중년기 : 만족스러운 직업성취, 노부모 부양
- 노년기 : 역할 변화와 적응

실전 모의고사 1회

01. 인간발달의 개념에 대한 설명으로 틀린 것은?

① 발달은 신체적·심리적·사회적 차원에서 일어나는 모든 변화를 말한다.
② 시간에 따라 일어나는 신체구조, 사고, 행동 등의 변화를 말한다.
③ 상승적 발달과 하강적 발달, 양적 변화와 질적 변화를 모두 포함한다.
④ 환경적 상호작용보다는 유전적 요인이 중요하게 작용한다.
⑤ 출생에서부터 사망에 이르기까지 전 생애에 걸쳐 연속적으로. 일어나는 변화양상 과정이다.

02. 피아제에 대한 설명으로 틀린 것은?

① 동화 : 새로운 정보나 자극을 기존의 도식으로 받아들이는 과정
② 조절 : 기존의 도식으로 이해할 수 없는 완전히 새로운 경험과 사물을 대하면서 기존의 도식자체를 변경하는 것
③ 조직화 : 심리적, 신체적 과정을 삶의 성장과정에서 하나의 일관된 전체로 종합하는 것
④ 평형화 : 아는 것에 관련된 모든 과정을 지칭하는데 사용되는 용어
⑤ 도식 : 사물이나 사건, 자극에 대한 전체적인 윤곽이나 개념

03. 인간발달의 원리에 대한 설명으로 틀린 것은?

① 연속적과정
② 기초성
③ 점성원리
④ 누적성
⑤ 속도의 규칙성

04. 콜버그의 단계별 도덕성 발달의 연결이 잘못된 것은?

① 1단계 : 도구적 목적과 교환의 단계로서의 도덕성
② 2단계 : 욕구 충족 수단으로서의 도덕성
③ 3단계 : 대인관계에서의 조화를 위한 도덕성
④ 4단계 : 법과 질서 준수로서의 도덕성
⑤ 5단계 : 사회계약으로서의 도덕성

05. 다음의 이론과 그 기본가정의 연결이 옳은 것은?

① 프로이드의 정신분석학이론 – 환경결정론
② 반두라의 사회학습이론 – 정신결정론
③ 스키너의 행동주의이론 – 환경결정론
④ 콜버그의 도덕성발달이론 – 정신결정론
⑤ 매슬로우의 일본주의이론 – 환경결정론

06. 융의 중년기에 대한 설명으로 옳지 않은 것은?

① 중년기에는 자아를 외적·물질적 차원으로부터 내적·정신적 차원으로 전환시킨다.
② 페르소나의 하부까지 도달하여 페르소나가 덮고 있는 자기(self)를 인식한다.
③ 아니마와 아니무스의 화해를 하는 시기이다.
④ 명상과 회고가 많아지고 내면적 이미지가 큰 비중을 차지한다.
⑤ 정신에너지의 흐름이 내부로 향한다.

07. 에릭슨의 심리사회적 위기와 프로이드의 심리성적 발달단계의 연결이 옳은 것은?

① 신뢰감 대 불신감 – 잠복기
② 자율성 대 수치심 – 남근기
③ 주도성 대 죄의식 – 구강기
④ 근면성 대 열등감 – 항문기
⑤ 자아정체감 대 정체감혼란 – 생식기

08. 체계의 주요개념에 대한 설명으로 옳지 못한 것은?

① 경계 : 체계를 외부환경으로부터 구분해주는 눈에 보이지 않는 선
② 위계 : 권력과 통제권기반을 둔 체계의 서열
③ 홀론 : 다른 체계와 상호작용하지 않아 고립되어 있는 체계
④ 엔트로피 : 체계구성요소간의 상호작용이 감소함에 따라 유용한 에너지가 감소하는 상태
⑤ 넥엔트로피 : 체계 외부로부터 에너지를 유입함으로써 체계 내부에 유용하지 않은 에너지가 감소되는 것

09. 반두라의 사회학습이론에 대한 설명으로 옳지 않은 것은?

① 대부분의 학습은 다른 사람의 행동을 관찰하고 모방한 결과로 이루어진다고 보았다.
② 아동의 행동학습은 강화와 처벌에 의해 이루어진다.
③ 학습은 사람, 환경 및 행동의 상호작용에 의해 이루어진다고 보았다.
④ 행동의 결정에 있어서 환경 못지않게 자기효능감과 같은 내적 특성의 중요성도 고려하였다.
⑤ 직접경험 못지않게 간접경험이 중요한 역할을 한다고 보았다.

10. 행동주의 이론이 인간에 대해 바라보는 관점으로 옳지 않은 것은?

① 인간행동에 영향을 주는 중요한 근원은 환경이다.
② 인간행동이나 성격은 인간이 환경적 자극에 반응하는 과정을 통해 형성된 결과물이다.
③ 자아중심적으로 인해 타인과 교류하며 상호작용한다.
④ 인간행동은 환경자극에 의해 동기화된다.
⑤ 인간행동은 내적 충동보다 외적 자극에 의해 동기화된다.

11. 아들러에 대한 설명으로 옳지 않은 것은?

① 개인이 잘 적응하지 못하거나 해결할 수 없는 문제에 직면했을 때 생기는 것이 열등감이라고 보았다.
② 인간은 목표가 없으며 이를 극복하기 위해 사회적 관심을 활용한다.
③ 개인의 창조적 자아의 중요성을 강조하였다.
④ 인간은 생애를 살아가면서 우월감을 추구하기 위해 노력한다.
⑤ 개인은 독특한 특징을 포괄하는 생활양식이 있으며 생각하고 느끼고 행동하는 모든 것의 기초가 된다.

12. 프로이드와 에릭슨의 발달단계가 잘못 연결된 것은?

① 구강기 : 생산성 대 침체
② 항문기 : 자율성대 수치심
③ 남근기 : 주도성 대 죄의식
④ 생시기 : 자아정체감 대 자아정체감 혼란
⑤ 잠복기 : 근면성 대 열등감

13. 융의 분석심리이론에 대한 설명으로 옳지 않은 것은?

① 자아는 유아기에 발현되는 원형이다.
② 아니무스는 남성속의 여성적 원형을 의미한다.
③ 융은 네 가지 정신기능으로 사고, 감정, 판단, 인식을 주장하였다.
④ 인간을 합리적이고 이성적인 존재로 보았다.
⑤ 생애주기에서 중년기와 노년기보다 유년기와 청년기를 강조하였다.

14. 다음의 사례는 어떤 방어기제에 대한 것인가?

> 어려운 과제가 있을 때 그 과제를 아예 잊어버리는 경우

① 취소　② 반동형성　③ 억압
④ 합리화　⑤ 보상

15. 행동수정 기법에 대한 설명으로 옳지 <u>않은</u> 것은?

① 체계적 둔감법 : 두려운 자극에 체계적으로 노출시키는 방법
② 홍수법 : 문제행동을 할 때마다 혐오자극을 가해 소거하는 기법
③ 토큰경제 : 개인이 적절한 행동을 할 때 상징적 강화물로서 토큰을 주고 일정하게 모았을 때 원하는 것과 교환하는 방법으로 행동을 수정하는 기법
④ 타임아웃 : 부적절한 행동을 감소시키기 위한 방법
⑤ 이완훈련 : 긴장된 근육부위를 이완하는 불안대처기법

16. 성장집단에 대한 설명으로 옳지 <u>않은</u> 것은?

① 사회정서적 건강증진에 초점
② 서로 유사한 속성을 지닌 성원으로 구성
③ 자기표출 정도가 높음
④ 여성을 위한 의식고양집단
⑤ 집단성원 간 상호작용 원활

17. 아동기(7-12세)에 관한 설명으로 옳은 것을 모두 고른 것은?

> ㄱ. 프로이드의 남근기에 해당하며 이성부모에게 관심을 가진다.
> ㄴ. 비가역적 사고를 한다.
> ㄷ. 상징놀이가 가능하다.
> ㄹ. 근면성이라는 발달과업을 성공적으로 수행하지 못하면 열등감을 경험하게 된다.

① ㄱ　② ㄴ　③ ㄷ, ㄹ
④ ㄹ　⑤ ㄱ, ㄴ, ㄷ, ㄹ

18. 문화에 관한설명으로 옳은 것은?

> ㄱ. 모든 사회에 공통적인 문화형태는 존재하지 않는다.
> ㄴ. 동화는 원문화에 대한 정체성을 유지함과 동시에 이주사회의 참여를 추구하는 유형이다.
> ㄷ. 통합은 원문화에 대한 정체성 유지에는 소극적인 유형이다.
> ㄹ. 문화접촉은 문화변용과 문화마찰을 낳을 수 있다.

① ㄱ, ㄴ　② ㄷ, ㄹ　③ ㄹ
④ ㄴ　⑤ ㄱ, ㄴ, ㄷ, ㄹ

19. 아동기의 발달특징으로 옳지 <u>않은</u> 것은?

① 프로이드의 잠복기에 해당한다.
② 에릭슨의 근면성 대 열등감에 해당한다.
③ 콜버그의 인습적 도덕성단계에 해당한다.
④ 전조작기+타율적 도덕성에 해당한다.
⑤ 구체적 조작기에 해당한다.

20. 청소년기의 발달 특징에 해당하지 않는 것은?

① 형식적 조작사고가 가능해진다.
② 여성보다 남성에게서 섭식장애가 더 많이 나타난다.
③ 자아중심성이 강하게 나타난다.
④ 또래집단과 강한 유대감을 형성한다.
⑤ 자아정체감을 확립한다.

21. 강화계획에 대한 설명으로 틀린 것은?

① 연속적강화 : 행동이 일어날 때마다 강화물을 제시
② 고정간격강화계획 : 한 시간에 한 번씩 규칙적으로 간식제공
③ 고정비율강화계획 : 공부하는 딸에게 한 시간 안에 아무 때나 간식을 주는 것
④ 고정비율강화계획 : 과일 한 바구니를 딸 때마다 보수를 지급
⑤ 가변비율강화계획 : 도박장의 슬롯머신

22. 다음의 신생아의 반사운동에 대한 설명으로 옳지 않은 것은?

① 연하반사 : 음식물을 삼키는 반사운동이다.
② 바빈스키반사 : 경악반사라고도 하며 생후 1주경에 시작하여 3-4개월 정도가 되면 사라진다.
③ 걷기반사 : 바닥에 아이의 발이 닿아 바른 자세가 갖춰지면 아이가 자연스럽게 한 다리를 들어 올리려고 하는 경향이다.
④ 빨기반사 : 음식물 섭취를 위한 중요한 반사로서 입에 닿는 것은 무엇이든 빤다.
⑤ 쥐기반사 : 손에 잡힌 것을 꽉 쥐고 놓지 않으려는 반사운동이다.

23. 제시된 내용과 관련 있는 개념은?

- 체계가 균형을 위협받았을 때 이를 회복하고자 하는 체계의 경향을 말한다.
- 주로 개방체계에서 나타나는 균형상태이다.
- 환경과 지속적으로 상호작용하면서 정적인 균형보다는 역동적인 균형을 이루고 있는 상태이다.

① 균형 ② 시너지 ③ 안정상태
④ 항상성 ⑤ 홀론

24. 피아제의 인지발달이론에 대한 설명으로 옳지 않은 것은?

① 구체적 조작기에는 같은 양의 물을 모양이 다른 컵에 부으면 그 양이 변화했다고 생각한다.
② 타율적 도덕성의 아동은 성인이 정한 규칙에 맹목적으로 복종한다.
③ 인간의 환경에 대한 적응은 동화와 조절의 상호작용에 의해 일어난다.
④ 전조작기에는 전개념적 사고단계와 직관적 사고단계로 구분할 수 있다.
⑤ 문화적, 인종적, 사회계층의 고려 없이 보편적으로 적용하는 것은 무리가 있다.

25. 다음 중 노년기(65세 이후)심리사회적 변화에 대한 설명으로 옳은 것을 모두 고른 것은?

ㄱ. 내향성, 의존성의 증가
ㄴ. 우울증경향
ㄷ. 성역할에 대한 지각의 변화
ㄹ. 변화에 대한 보수성

① ㄱ, ㄴ, ㄷ ② ㄱ, ㄷ ③ ㄴ, ㄹ
④ ㄹ ⑤ ㄱ, ㄴ, ㄷ, ㄹ

실전 모의고사 2회

01. 인간발달의 원리에 관한 설명으로 옳지 않은 것은?

① 전생애를 통해 이전 발달에 이어 연속적으로 계속 일어난다.
② 발달의 순서는 일정하지만 발달의 속도는 항상 일정한 것이 아니다.
③ 유전적 요인과 환경의 영향이 상호작용하며 진행된다.
④ 발달은 보편적인 성장의 과정을 거치며 개인차는 존재하지 않는다.
⑤ 어릴 때의 발달이 이후 모든 발달의 기초가 된다.

02. 다음 학자가 제시한 개념에 관한 설명으로 옳은 것은?

① 프로이드 : 자기실현은 인간발달의 궁극적인 목표이다.
② 아들러 : 분류화란 사물의 분류에서 전체와 부분과의 관계를 이해할 수 있는 능력을 의미한다.
③ 융 : 자아성향이란 자아의 정신에너지의 방향에 따라 외향성, 내향성으로 구분한다.
④ 에릭슨 : 생활양식은 열등감과 이를 보상하려는 노력에 의해 형성된다.
⑤ 피아제 : 점성원칙은 인간이 예정된 단계를 거치며 성장하고 발달함을 의미한다.

03. 다음의 사례의 콜버그의 도덕성 발달단계는?

> 빵가게에서 빵을 훔친 후,
> "훔치면 혼나요! 남의 것을 훔치면 감옥에 가요"

① 1단계 : 타율적 도덕성
② 2단계 : 개인적, 도구적 도덕성
③ 3단계 : 개인상호 간의 도덕성
④ 4단계 : 사회체계도덕성
⑤ 5단계 : 인권과 사회복지도덕성

04. 다음은 프로이드의 무엇에 대한 설명인가?

> 아동이 부모의 지갑에서 몰래 돈을 꺼냈을 때 부모의 처벌이 두려워하는 경우 생기는 불안

① 현실불안
② 신경증적불안
③ 도덕불안
④ 양심
⑤ 원초아

05. 다음은 어떤 개념에 대한 사례인가?

> 아이가 부모의 주의를 끌기위해 심하게 운다. → 부모가 관심을 보이지 않고 내버려두면 처음에는 더 심하게 우는 듯 하다가 점차 심하게 우는 행동이 약화되거나 사라진다.

① 정적처벌
② 부적처벌
③ 소거
④ 변별자극
⑤ 행동조성

06. 다음 사례가 설명하는 방어기제는 무엇인가?

> - 바람을 피우기 시작한 남편이 전과같지 않게 아내에게 더 친절히 대하는 경우
> - 부정하게 번 돈을 자선사업에 쓰는 경우
> - 부인을 폭행한 후 부인에게 쇼핑하라고 신용카드를 주는 경우

① 투사
② 투입
③ 취소
④ 반동형성
⑤ 고착

07. 다음에 해당하는 집단 유형은 무엇인가?

> －성과물을 산출해내기 위해 또는 명령을 수행하기 위해 만들어 진다.
> －집단에서 하는 역할들은 각 성원들에게 할당될 수 있으며 보통 형식적인 일정과 규칙들이 있다.
> －자기공개성이 낮고, 진행과정은 은밀할 수도 있고 공개적일 수도 있다.

① 교육집단　　　② 치료집단
③ 자조집단　　　④ 과업집단
⑤ 사회화집단

08. 피아제의 인지발달이론의 기본 전제에 대해 옳은 것은?

① 모든 인간은 다른 방법으로 생각하는 법을 배운다.
② 성장하면서 사고는 더욱 단순해진다.
③ 인간은 유전적 요인에 따라 인지적으로 재해석하고 환경에 반응한다.
④ 성인기초기에는 생각하는 것이 매우 기본적이고 구체적이다.
⑤ 인간의 심리구조는 평형상태를 유지하려는 경향이 있다.

09. 다음에 해당하는 에릭슨의 심리사회이론의 발달단계로 옳은 것은?

> －6-12세의 시기이다
> －성장의 결정적 시기이다.
> －갈등을 성공적으로 해결하면 능력을 갖게 되지만 실패하면 무능력감을 낳는다.

① 신뢰감 대 불신감
② 자율성 대 수치심
③ 근면성 대 열등감
④ 주도성 대 죄의식
⑤ 생산성 대 침체성

10. 다음은 생태체계이론의 개념 중 무엇에 해당하는가?

> 인간의 적응욕구와 환경자원이 부합되는 정도이며, 개인적 욕구와 사회적 요구사이의 조화와 균형정도를 의미한다.

① 상호의존　　　② 유능성
③ 적응성　　　　④ 적합성
⑤ 대처

11. 다음은 무엇에 대한 설명인가?

> 독립된 문화를 지닌 둘이상의 사회가 오랫동안에 걸친 직접적인 접촉에 의해 한쪽 또는 양쪽의 문화체계에 변화가 일어나는 현상을 말한다.

① 문화마찰　　　② 문화변용
③ 문화변화　　　④ 문화상대주의
⑤ 문화접촉

12. 다음에서 설명하고 있는 개념은 무엇인가?

> －영아가 부모나 애착을 느끼는 대상과 분리될 때 나타나는 불안반응
> －대상영속성의 형성과 관련되는 개념
> －생후9개월경에 나타나 첫돌 혹은 15개월경에 절정에 달하다가 감소되어 20-24개월에는 사라짐

① 낯가림　　　　② 정서분화
③ 물활론적사고　④ 애착
⑤ 분리불안

69

13. 다음 사례의 ㄱ-ㄷ에 해당하는 개념을 옳게 연결한 것은?

> ㄱ.실업으로 인해 우울을 겪고 있던 A씨는 지역복지관의 취업프로그램에 참여하면서 ㄴ.우울증이 완화되고 무력감에서 벗어났다. ㄷ.취업에 대한 계획을 세우고 전보다 활기차게 생활하기 시작하였다.

① ㄱ : 균형, ㄴ : 항상성, ㄷ : 안정상태
② ㄱ : 투입, ㄴ : 전환, ㄷ : 산출
③ ㄱ : 엔트로피, ㄴ : 역엔트로피, ㄷ : 시너지
④ ㄱ : 수평적상호작용, ㄴ : 수직적상호작용, ㄷ : 호혜적관계
⑤ ㄱ : 홀론, ㄴ : 동등종결성, ㄷ : 다중종결성

14. 프로이드에 대한 설명으로 옳지 않은 것은?

① 거세불안과 남근선망은 주로 잠복기에 나타난다.
② 리비도를 인생 전반에 걸쳐 작동하는 일반적인 생활에너지로 보았다.
③ 생식기에는 이성에 대한 관심과 호기심이 높아진다.
④ 어린 시절에 경험했던 과거의 경험을 중요하게 본다.
⑤ 자아는 성격의 실행자이자 마음의 이성적인 부분이다.

15. 아들러의 성격유형에 대한 설명으로 옳지 않은 것은?

① 지배형 : 독단적이고 공격적이지만 사회적 인식이나 관심은 거의 없다.
② 획득형 : 인생과업에 있어서 반사회적이며 타인의 안녕은 아랑곳하지 않고 행동한다.
③ 회피형 : 사회적관심도 거의 없고 인생에 참여하려지도 않는다.
④ 사회적유용한유형 : 심리적으로 건강한 사람의 표본이다.
⑤ 회피형 : 모든 문제를 회피함으로써 한치의 실패가능성조차 모면하려는 것이 목표이다.

16. 스키너의 주요개념과 예가 옳게 연결된 것은?

① 정적강화 : 아이스크림을 줌으로써 방청소를 하는 행동이 증가한다.
② 부적강화 : 핫케이크를 구워줌으로써 동생과 사이좋게 노는 행동이 증가한다.
③ 변별자극 : 성적이 오른 아이의 숙제를 면제해준다.
④ 이차적 강화물 : 음식이나 물
⑤ 소거 : 아이가 부모의 주의를 끌기위해 심하게 우는 경우 저녁밥을 주지 않는다.

17. 아동기의 인지특성을 옳게 설명한 것은?

① 사물의 지배적 특징에 얽매어 사물을 인식하는 경향이 있다.
② 타인의 관점에서 생각할 수 있다.
③ 추상적인 문제에 대해 체계적·논리적 사고를 할 수 있다.
④ 사물의 속성에 따라 분류할 수는 있으나 차례로 배열하지는 못한다.
⑤ 자신이 특별한 존재라는 착각에 빠져 강한 자의식을 보인다.

18. 다음은 무엇에 대한 설명인가?

> - 개인이 속한 사회의 이념이나 제도의 일반적인 형태 혹은 개인에게 영향을 미치는 환경요소, 광범위한 사회적 맥락이다.
> - 개인의 생활에 직접적으로 개입하지는 않지만 간접적으로도 강한 영향력을 발휘하며 하위체계에 대한 지지기반과 가치준거틀을 제공한다.

① 유기체
② 미시체계
③ 중간체계
④ 거시체계
⑤ 외부체계

19. 노년기 발달에 대한 설명으로 옳지 않은 것은?

① 지위 및 역할의 상실
② 역할변화와 적응
③ 친근한 사물에 대한 애착 증가
④ 성역할 지각의 변화
⑤ 결정성 지능 감소

20. 다음 중 행동주의이론의 특징에 대한 설명으로 옳지 않은 것은?

① 인간행동은 내적 충동보다 외적 자극에 의해 동기화된다.
② 인간행동은 결과에 따른 보상 혹은 처벌에 의해 유지된다.
③ 개인의 행동발달 유형은 개인의 유전적 배경 및 환경적 조건에 따라 다르게 나타난다.
④ 자아나 인지기능, 내면적인 동기로는 인간의 행동을 설명할 수 없다.
⑤ 인간은 환경적 자극이 없어도 동기화가 가능한 자율적 존재이다.

21. 다음에서 설명하고 있는 개념은?

> 자신은 특별하고 독특한 존재이므로 자신의 감정이나 경험의 세계는 다른 사람과 근본적으로 다르다고 믿는 것

① 개인적 우화
② 심리적 이유
③ 정체감성취
④ 상상적 청중
⑤ 심리사회적 유예기

22. 장년기에 대한 설명으로 옳지 않은 것은?

① 에너지 수준이 감소하고 신체적 작업능력이 저하된다.
② 융은 장년기에 자아의 에너지가 변한다고 보며 개성화과정이 발생한다고 보았다.
③ 직업준비를 위한 탐색과 결혼이 가장 큰 변화라고 할 수 있다.
④ 빈둥지증후군을 경험한다.
⑤ 생산성 대 침체의 시기이다.

23. 다음의 집단에 대한 설명으로 옳지 않은 것은?

① 치유집단 : 마약중독자 치료집단
② 교육집단 : 청소년들의 성교육집단
③ 사회화집단 : 이전에 공공시설에 수용됐던 사람들을 위한 사교클럽
④ 자조집단 : 부부를 위한 참만남 집단
⑤ 지지집단 : 이혼한 부부의 자녀집단

24. 퀴블러로스의 죽음에 이르는 과정이 <u>틀린</u> 것은?

① 부인 : 사실로 받아들이지 않는다.
② 협상 : 상실의 전부 또는 일부를 다시 회복하여 협상하고자한다.
③ 우울 : 이별할 수밖에 없다는데서 오는 우울증이 나타난다.
④ 수용 : 사실을 받아들인다.
⑤ 공포 : 억제할 수 없는 감정이 공포를 유발한다.

25. 피아제의 인지발달단계에서 전조작기의 특성에 해당하지 <u>않는</u> 것은?

① 진흙 공을 납작하게 만들어 놓으면 다시 본래 모습인 둥근 공 모양의 진흙 공으로 되돌아갈 수 있다고 생각한다.
② 같은 크기의 똑같은 진흙 공을 보여주면 똑같다고 대답하지만, 그중 하나를 납작하게 만들어놓으면 둘 중 어느 하나가 크다고 대답한다.
③ 전화통화를 할 때 "응!"이라 소리를 내어 대답하기보다는 고개를 끄덕거린다.
④ "자동차가 살아 있니?"라고 물으면 움직이기 때문에 살아있다고 대답한다.
⑤ 축구공 5개와 농구공 3개를 놓고 "축구공이 많니 아니면 농구공기 많니?"라고 물으면 축구공이 많다고 대답한다.

실전 모의고사 3회

01. 인간발달의 특징으로 옳지 <u>않은</u> 것은?
① 발달은 삶의 특정 단계에서만 집중적으로 일어난다.
② 인간은 자신의 발달에 능동적으로 기여한다.
③ 발달은 일정한 순서대로 진행되는 경향이 있기 때문에 체계적이고 예측이 가능하다.
④ 발달은 상승적 변화와 하강적 변화를 모두 포함하는 개념이다.
⑤ 인간행동은 개인이 처한 상황과 관계의 맥락 속에서 이해되고 분석되어야 한다.

02. 프로이드의 주요개념 가운데 무엇에 대한 설명인가?

> 우리가 자신에게 주의를 기울이는 바로 그 순간에 알아차릴 수 있는 경험과 감각들을 뜻한다. 보고, 듣고, 만지고 맛보는 것과 같은 여러 가지 감각을 인식하고 슬픔과 고통 같은 것을 그 순간 쉽게 알아차릴 수 있는 정신생활의 영역, 깨어 있을 때 작용하는 영역이다

① 의식   ② 무의식   ③ 전의식
④ 자아   ⑤ 초자아

03. 다음의 학자와 연결이 <u>틀린</u> 것은?
① 프로이드 – 남근기 : 엘렉트라 컴플렉스
② 콜버그 – 후 인습적수준 : 4–9세, 벌, 보상
③ 피아제 – 2차순환반응 : 0–2세, 신체외부의 사건에 흥미를 느낌
④ 에릭슨 – 친밀감 대 고립감 : 사랑, 애정관계
⑤ 스키너 – 조작적조건화 : 행동과 결과 → 조건화된 행동

04. 로저스의 이론에 대한 설명으로 옳지 <u>않은</u> 것은?
① 인간의 무의식과정에는 별다른 관심을 보이지 않았다.
② 클라이언트의 과거의 경험에 초점을 두었다.
③ 자기실현은 현실적 자기와 이상적 자기의 차이를 줄여나가는 과정이라고 보았다.
④ 인간의 성격유형은 본래 타고난다는 관점을 근본적으로 부정한다.
⑤ 무조건적인 긍정과 관심으로 현실기반에 기반 한다.

05. 아들러에 대한 설명으로 <u>틀린</u> 것은?
① 인간을 통합된 유기체로 바라보았다.
② 4–5세경 기본 생활양식이 형성되어 거의 변하지 않는다고 하였다.
③ 개인의 자유와 선택을 강조하는 창조적자기를 제시하였다.
④ 자아의 가면으로 페르소나가 필요하다고 보았다.
⑤ 출생순위에 대한 성격이 차이가 있다고 하였다.

06. 유아기의 발달의 특성으로 옳지 <u>않은</u> 것은?
① 물활론적 사고가 발달한다.
② 상징적 사고와 가상놀이를 즐기게 된다.
③ 특정 사건으로부터 다른 특정사건을 추론할 수 있다.
④ 프로이드의 잠복기에 해당한다.
⑤ 피아제의 전조작기에 해당한다.

07. 다음의 사례가 설명하는 방어기제는 무엇인가?

> - 아버지를 무서워하는 아들이 아버지를 닮아가는 경우
> - 책이나 드라마 혹은 영화 속 주인공과 자신을 동일시하여 주인공처럼 생각하고 행동하는 경우
> - 연예인이나 운동선수에 대한 동일시로 자신이 선망하는 그 사람의 강점을 자기성격의 한 부분으로 받아들이는 경우

① 전환 ② 보상 ③ 동일시
④ 승화 ⑤ 퇴행

08. 임신 중 임산부가 태아에게 영향을 미치는 요인이 아닌 것은?

① 어머니의 영양상태
② 약물복용과 치료
③ 어머니의 스트레스
④ 어머니의 연령
⑤ 어머니의 경제상태

09. 생태체계이론의 관점에 대해 옳지 않은 것은?

① 생태적 관점과 체계적 관점을 통합한 것이다.
② 인간과 주변환경 간의 상호교류를 설명한다.
③ 유기체들이 어떻게 상호작용상태를 이루는지에 초점을 둔다.
④ 인간과 환경사이의 상호보완성을 설명하는데 관심을 둔다.
⑤ 행동수정이나 행동치료를 통해 사람들이 적절하게 행동하도록 원조하는데 기여한다.

10. 다음의 사례는 무엇인가?

> - 한 달을 근무했을 때마다 월급을 주는 것
> - 과수원에서 한 바구니의 과일을 딸 때마다 보수로 10000원씩 지급하는 것

① 가변간격강화계획
② 고정간격강화계획
③ 가변비율강화계획
④ 고정비율강화계획
⑤ 정적처벌

11. 구체적 조작기에 대한 설명으로 틀린 것은?

① 아동의 사고는 자신이 직접 경험한 구체적인 세계에 한정된다.
② 자아개념 및 성격발달의 기초를 형성하는 시기이다.
③ 분류화가 가능해진다.
④ 가역적 사고를 할 수 있다.
⑤ 보존개념이 확립된다.

12. 학자가 주장한 이론의 설명으로 옳은 것은?

① 에릭슨 : 생활양식은 열등감과 이를 보상하려는 노력에 의해 형성된다.
② 피아제 : 인간의 의지는 환경과 상호작용하면서 변화하고 발달한다.
③ 콜버그 : 직접적 강화와 처벌이 아니어도 행동학습이 가능하다.
④ 아들러 : 자아의 무의식 영역에서 일어나는 심리기제로서 방어기제의 개념을 제시하였다.
⑤ 스키너 : 환경적 요인을 어떻게 지각하느냐에 초점을 두어 인지왜곡을 바꿈으로써 문제가 되는 정서와 행동을 통제할 수 있다.

13. 문화의 특성에 대한 설명으로 옳지 <u>않은</u> 것은?

① 문화는 인간집단의 행동방식을 제시하고 구조화한다.
② 다른 사회의 구성원과 구별되는 공통적인 속성을 지닌다.
③ 모든 사회가 가지고 있는 공통적인 문화 형태는 없다.
④ 상징적인 수단인 언어와 문자를 통해 세대간 전승되며 축적된다.
⑤ 모든 문화가 외형으로 드러나는 것 외에 속으로 품고 있는 의미가 따로 있다.

14. 청년기의 특징에 대한 설명으로 옳지 <u>않은</u> 것은?

① 최상의 신체적 상태를 유지하고 최고조에 이른다.
② 형식적 조작사고가 중심이 된다.
③ 부모로부터 독립하는 것에 대한 갈망과 불안의 양가감정을 갖기도 한다.
④ 이상적 자아와 현실적 자아의 괴리로 인해 갈등과 고민이 많은 시기이다.
⑤ 에릭슨의 친밀감 대 고립감의 단계에 속한다.

15. 로저스의 현상학이론에 관한 설명으로 옳지 <u>않은</u> 것은?

① 인간은 본래 특정한 성격유형을 갖고 태어나는 것이 아니라 다양한 주관적인 경험들을 통해 자신을 형성한다.
② 현상학적 장이란 주관적 경험의 세계를 말한다.
③ 인간은 유기체라는 용어를 통해 통합적 존재로 인식하였다.
④ 인간은 자신을 유지하고 향상시키는 방향으로 자신이 지닌 모든 능력을 개발하려 한다.
⑤ 개인마다 고유한 특성을 갖고 있더라도 동일한 현상을 이해하는 것에는 차이가 없다.

16. 영아기(0~2세)의 발달 특성으로 <u>틀린</u> 것은?

① 피아제의 감각운동기에 해당한다.
② 대상영속성의 개념이 생기기 시작한다.
③ 애착이 형성되는데 주로 신체적 접촉을 통해 형성된다.
④ 분리불안이 나타날 수도 있다.
⑤ 에릭슨발달의 2단계(초기아동기)로 자율성 대 수치심의 시기이다.

17. 다음은 무엇에 대한 설명인가?

> - 친구나 애인, 배우자, 자녀 등이 필요해지고 이웃이나 직장 등에도 소속되고 싶어진다.
> - 집단 활동에 대한 관심이 늘어나고 애정을 주고받고 싶은 욕구가 커지는 경향이 있다.
> - 동반자와 가족에 대한 욕구가 생겨 남들과 어울리고, 애정을 나누고 싶어 하는 소속과 애정의 욕구가 생겨난다.

① 생리적 욕구
② 안전에 대한 욕구
③ 소속과 애정에 대한 욕구
④ 자기존중에 대한 욕구
⑤ 자기실현의 욕구

18. 다음에서 설명하는 개념은 무엇인가?

> 장년기에 젊음과 늙음, 파괴와 건설, 남자다움과 여자다움, 애착과 분리 등 양극의 중간에 처함 상태를 이해하고 이러한 상반되는 경향이 자신의 생활에 통합되도록 해야 하는 것

① 개성화 ② 분류화 ③ 양극화
④ 자율성 ⑤ 서열화

19. 펙의 성인기 발달과업에 대한 설명으로 틀린 것은?

① 지혜에 가치를 부여하기 vs 물리적 힘에 가치를 부여하기
② 대인관계의 사회화 vs 성적 대상화
③ 정서적 유연성 vs 정서적 빈곤성
④ 내향성 vs 수동성의 증가
⑤ 정신적 유연성 vs 정신적 경직성

20. 반두라의 관찰학습과정에 대해 옳은 것은?

① 주의집중과정 → 보존과정 → 운동재생과정 → 동기화과정
② 보존과정 → 주의집중과정 → 운동재생과정 → 동기화과정
③ 주의집중과정 → 운동재생과정 → 보존과정 → 동기화과정
④ 동기화과정 → 주의집중과정 → 운동재생과정 → 보존과정
⑤ 운동재생과정 → 보존과정 → 동기화과정 → 주의집중과정

21. 다음은 피아제 도덕성 발달가운데 어디에 해당하는가?

> 응급환자를 수송하는 구급차 운전기사가 과속을 해서 속도를 위반하는 것이 부도덕하다고 생각하지 않는다.

① 타율적인 도덕성단계
② 자율적인 도덕성단계
③ 전인습적수준의 도덕성단계
④ 후인습적수준의 도덕성단계
⑤ 인습적수준의 도덕성 단계

22. 영아기(0-2세)의 설명으로 옳은 것은?

① 분리불안은 낯가림보다 보통 먼저 나타난다.
② 프로이드의 남근기, 피아제의 전조작기에 해당한다.
③ 꾸준히 신체발달이 이루어지고 인지적 성장과 언어발달이 빠른 속도로 이루어진다.
④ 모로반사는 파악반사 손바닥 반사라고 한다.
⑤ 바빈스키반사는 발가락을 펴고 오므리는 반사운동이다.

23. 다음 중 인생주기별 주요 발달과업을 모두 올바르게 나열한 것은?

① 영아기(0-2세) : 애착발달, 자기중심성, 직관적 사고
② 후기아동기(6-12세) : 자존감의 발달, 부모로부터 독립
③ 청소년기(12-19세) : 자아정체감형성, 형식적 조작사고 발달
④ 중년기(30-65세) : 직업선택, 도덕성발달, 노부모 부양
⑤ 노년기(65세 이후) : 가족 내 역할변화와 적응, 만족스러운 직업성취

24. 노년기 관련이론에 대한 설명이 옳지 <u>않은</u> 것은?

① 분리이론 : 사회적, 심리적으로 철회하는 선천적 경향을 지니고 있다는 주장한다.
② 큐블러-로스모델 : 죽음에 이르는 과정에 대해 5단계의 심리적 단계를 거친다.
③ 하비거스트는 노년기 발달과업으로 사회적 역할을 융통성 있게 수행하고 적응하는 것을 제시하였다.
④ 웨스트버그모델은 노화유형과 성공적 노화를 개인의 성격을 바탕으로 이해한다.
⑤ 활동이론 : 장년기의 능동적이고 적극적인 생활양식을 노년기에도 지속하는 것이 노인들에게 긍정적인 영향을 준다.

25. 레빈슨(Levinson)은 성인의 인생구조 형성과정이 연령의 증가에 따라 일정한 '계열(Sequence)'을 형성한다고 보았다. 다음 중 레빈슨이 인간발달의 계속적인 순환 과정으로서 중요하게 고려한 요소에 해당하는 것은?

① 안정과 변화
② 기회와 도전
③ 위기와 선택
④ 자율과 규율
⑤ 경험과 학습

● 인간행동과 사회환경

실전 모의고사 정답 및 해설

실전 모의고사 1회   64~67쪽

01 ④	02 ④	03 ⑤	04 ①	05 ③
06 ④	07 ⑤	08 ③	09 ②	10 ③
11 ②	12 ①	13 ④	14 ③	15 ②
16 ②	17 ④	18 ③	19 ④	20 ②
21 ③	22 ②	23 ④	24 ①	25 ⑤

01. ④
유전과 환경의 상호작용으로 이루어지는 인간의 총체적 변화를 말한다.

02. ④
④는 인지에 대한 설명이며, 평형화(equilibrium)란 동화와 조절을 통해 균형 상태를 이루는 것을 말함 (모든 도식은 평형상태를 지향)

03. ⑤
인간발달의 원리 : 일정한 순서와 방향성, 연속적 과정, 속도의 불규칙성, 유전과 환경의 상호작용, 개인차, 분화와 통합의 과정, 점성원리, 결정적시기, 기초성, 누적성, 불가역성

04. ①
1단계는 처벌과 복종저항의 도덕성, 도구적 목적과 교환의 단계로서의 도덕성은 2단계, 욕구충족수단으로서의 도덕성과 같은 의미

05. ③
프로이드는 정신결정론, 반두라는 상호결정론, 콜버그는 상호결정론, 매슬로우는 자유의지론과 관련

06. ④
④는 노년기에 대한 설명. 노년기는 죽음 앞에서 생의 본질을 이해하려는 시기

07. ⑤
신뢰감 대 불신감-구강기, 자율성대수치심-항문기, 주도성 대 죄의식-남근기, 근면성 대 열등감-잠복기

08. ③
홀론 : 중간체계가 갖고 있는 이중적인 성격을 나타내

주는 말
ex : 가족은 부부체계의 상위체계이지만, 지역사회의 하위체계

09. ②
아동의 행동학습이 강화와 처벌에 의해 이루어진다고 본 학자는 스키너(행동주의)임

10. ③
③의 자아중심성은 피아제에 해당되는 개념이며, 단지 자신만을 인식하며 다른 사람의 욕구와 관점을 인식하지 못하는 것을 말함

11. ②
사회적 관심 : 각 개인이 이상적인 공동사회의 목표를 달성하고자 할 때 사회에 공헌하려는 경향을 말하며, 아들러는 인간은 목표를 직시하고 결정하고 선택한다고 봄

12. ①
구강기 : 기본적 신뢰감 대 불신감

13. ④
인간을 합리적이고 이성적인 존재로 간주한 학자는 에릭슨

14. ③
억압 : 의식에서 용납하기 어려운 생각, 욕망, 충동 등을 무의식 속에 머물도록 눌러놓는 것

15. ②
②는 혐오기법에 대한 설명, 홍수법 : 공포나 두려움을 느끼는 상황에 단번에 직접 노출시키는 방법

16. ②
자기성장집단 : 서로 다양한 속성을 지닌 성원으로 구성하는 것이 바람직

17. ④
ㄱ, ㄴ은 학령전기에 해당, ㄷ은 유아기에 해당

18. ③

ㄱ은 문화는 보편성과 다양성을 동시에 가짐, ㄴ은 동화는 원문화에 대한 정체성 유지에는 소극적, ㄷ은 통합은 원문화에 대한 정체성을 유지함과 동시에 이주사회의 참여를 추구하는 유형

19. ④

④의 경우는 유아기에 해당

20. ②

②의 경우 남성보다는 여성에게 섭식장애가 많이 나타남

21. ③

③의 예시는 가변간격강화계획에 해당

22. ②

②는 모로반사에 대한 설명, 바빈스키반사는 발가락을 펴고 오므리는 반사운동

23. ④

항상성은 체계의 변화와 유지라는 2가지 기능 중에서 체계의 일관성을 유지하려는 기능에 해당

24. ①

구체적 조작기에는 보존개념이 형성되는 시기이며 같은 양의 물이 모양이 다른 컵에 부어도 그 양은 변화가 없다는 것을 알게 됨

25. ⑤

노년기 심리사회적 변화
- 내향성, 의존성이 증가, 우울증경향이 두드러짐, 보수성, 경직성 경향이 증가, 옛것회상, 성역할에 대한 지각 변화, 조부모로서의 새로운 역할 부여

실전 모의고사 2회   68~72쪽

01 ④	02 ③	03 ①	04 ③	05 ③
06 ③	07 ④	08 ⑤	09 ③	10 ④
11 ②	12 ⑤	13 ③	14 ①	15 ②
16 ①	17 ②	18 ④	19 ⑤	20 ⑤
21 ①	22 ③	23 ④	24 ⑤	25 ①

01. ④

발달은 보편적인 성장과정을 가지고 있지만 개인차는 존재함

02. ③

①은 융에 대한 설명, ②는 피아제에 대한 설명, ④는 아들러에 대한 설명, ⑤는 에릭슨에 대한 설명

03. ①

1단계 타율적도덕성 : 복종과 처벌에 의해 옳고 그름을 판단, 의도가 아닌 결과에 중심을 둠

04. ③

도덕적 불안은 원초아적 욕구를 충족시키는 것이 사회적, 도덕적 규범에 위배될 수 있는 경우에 나타남

05. ③

소거는 더 이상 강화를 받지 못해서 행동이나 반응이 사라지거나 약화되는 것을 의미, 처벌하고의 차이점은 아무런 정적(+), 부적(-)강화도 주지 않는 방법을 사용

06. ③

취소는 받아들일 수 없는 자신의 행동이 초래한 결과를 철회하기 위해 상대가 입은 피해를 무의식적으로 원상복구하기 위한 행동을 하게 되는 것

07. ④

과업집단에 대한 설명, 과업집단 : 과업을 달성하기 위해, 성과물을 산출해 내기 위해 만들어지는 집단

08. ⑤

피아제의 인지발달이론의 기본가정 : 모든 인간은 똑같은 방법으로 생각하는 방법을 배움, 유아기와 아동

기초기에는 생각하는 것이 매우 기본적임. 성장하면서 사고는 더욱 복잡하고 추상적이 됨. 인간은 인지적특성에 따라 환경자극을 인지적으로 재해석하고 환경에 반응한다고 가정, 사고, 감정, 행동의 상호관련성을 강조

09. ③
학령기에 해당되는 시기이며 이시기의 심리사회적 위기는 '근면성 대 열등감'임

10. ④
적합성이란 인간의 적응욕구와 환경자원이 부합되는 정도, 개인적 욕구와 사회적 요구사이의 조화와 균형 정도를 의미, 인간과 환경 간에 부적응적 교류가 계속되면 인간발달과 건강, 사회적 기능은 손상되고 부적합성이 야기되지만, 적응적인 상호교류가 계속되면 인간은 성장하고 발달하며 적합성이 높아짐.

11. ②
문화변용에 대한 설명

12. ⑤
낯가림은 생후 6-8개월경에 나타나 첫 돌 전후에 최고조로 달했다가 감소, 분리불안은 대상영속성과도 관련이 되어 있으며 대상영속성이 확립되는 시기에 분리불안 현상도 사라짐

13. ③
실업으로 우울을 겪는(엔트로피)A씨가 외부 프로그램과의 상호작용으로 인해 문제가 감소하고(역엔트로피)새로운 활력이 증가(시너지)가 되는 사례.

14. ①
거세불안과 남근선망은 주로 생식기에 나타남

15. ②
②에 대한 설명은 지배형에 대한 설명, 획득형은 기생적인 방법으로 외부세계와 관계를 맺으며 다른 사람에게 의존하여 대부분 욕구를 충족

16. ①
②의 예는 정적강화에 대한 예, ③의 예는 부적강화에 대한 예, ④의 예는 일차적 강화물, ⑤의 예는 부적처벌에 대한 예

17. ②
아동기에는 자기중심성을 탈피하고 조망능력을 획득, 자기 자신의 시각에서 타인의 시각으로 옮겨 지각할 수 있으며 다른 사람의 인지, 사고, 감정 등을 추론해서 이해하는 능력을 갖게 됨

18. ④
거시체계에 대한 설명. 거시체계는 사회 환경 속에서 상호작용하는 거시체계의 영향을 지속적으로 받음.

19. ⑤
결정성 지능은 노년기에도 증가하며 청년들보다 높음
※혼(J. Horn)의 지능분류
- 유동성지능 : 타고난 지능으로서 모든 유형의 문제 해결에 동원되는 지능
- 결정성지능 : 학교교육과 일상생활에서의 학습경험에 의존하는 지능

20. ⑤
인간행동은 환경의 자극에 의해 동기화됨

21. ①
청소년의 자아중심성이 강하게 나타나는 특징적 행동으로 '상상의청중'과 '개인적우화'가 있음

22. ③
③은 청년기에 대한 설명

23. ④
자조집단은 마약이나 암 또는 비만과 같은 공동 관심사가 있다는 점에서 과업집단과는 구분되지만 치료집단과 유사, 자조집단에서는 사회복지사는 직접개입하진 않음(ex.치매노인 가족집단, 자폐아동 부모집단 등)

24. ⑤
공포에 대한 개념은 웨스트버그의 모델에 해당

25. ①
전조작기(2-7세)의 아동은 비가역성(불가역성)을 특징으로 함. 비가역성은 일련의 논리나 사건을 원래 상태로 역전시킬 수 없다고 생각함(ex.납작해진 진흙공은 다시 본래 모습인 둥근 공 모양의 진흙 공으로 되돌아갈 수 없다고 생각함)

실전 모의고사 3회   73~77쪽

01 ①	02 ①	03 ②	04 ②	05 ④
06 ④	07 ③	08 ⑤	09 ⑤	10 ④
11 ②	12 ②	13 ③	14 ④	15 ⑤
16 ⑤	17 ③	18 ①	19 ④	20 ①
21 ②	22 ⑤	23 ③	24 ④	25 ①

01. ①
인간발달은 삶의 모든 단계에서 전 생애에 걸쳐 일어나며 이전단계의 발달을 기반으로 현재와 결합되어 이루어지므로 연속성과 변화를 보임

02. ①
프로이드가 강조하는 의식은 우리가 지각하고 있는 부분이지만 빙산의 일각에 불과한 영역이며 마음의 극히 일부분. 의식은 현실세계에서는 자각을 하지 못하지만 의식화하면 생각해낼 수 있는 잠재영역에 있음.

03. ②
콜버그의 후인습적 수준에는 정의의 원리에 의해 작동, 20세 이상의 소수의 사람만이 이 수준에 도달(5단계 : 인권과 사회복지도덕성, 6단계 : 보편적 원리, 일반윤리)

04. ②
②의 경우는 프로이드에 해당. 로저스는 현재에 초점, 프로이드는 과거의 어린시절경험(5세 이전)에 초점을 둠

05. ④
페르소나는 융에 대한 개념. 개인이 외부세계에 내보이는 이미지를 말함

06. ④
유아기는 프로이드의 항문기에 해당

07. ③
동일시는 어떤 사람이 다른 사람의 제반 성질을 받아들여 그것을 자기성격의 일부로 삼는 방어기제

08. ⑤
어머니의 경제 상태는 태아에게 영향을 미치지 않음

09. ⑤
행동수정이나 행동치료를 통해 사람들이 적절하게 행동하도록 원조하는데 기여한 학자는 스키너

10. ④
고정비율강화계획: 어떤 특정한 행동이 일정한 수만큼 일어났을 때 강화를 주는 것

11. ②
②의 경우는 영아기

12. ②
①은 아들러에 해당, ③은 스키너, ④는 프로이드, ⑤는 벡에 해당

13. ③
③의 경우 문화는 모든 사회가 가지고 있는 공통적인 문화형태가 있음

14. ④
④의 경우는 청소년기에 해당

15. ⑤
개인의 고유한 특성에 따라 동일한 현상을 이해하는 것에 차이가 있을 수 있음. 현상을 어떻게 지각하는가에 따라 달라질 수 있음

16. ⑤

⑤의 시기는 유아기에 해당

17. ③

매슬로우의 욕구단계설 가운데 3단계인 소속과 애정에 대한 욕구에 대한 설명

18. ①

개성화(개별화) : 중년기에 자아를 외적·물질적 차원으로 전환하는 것을 의미. 외부세계의 적응이라는 목적이 어느 정도 성취된 인생후반기는 내면세계로 시선을 돌려 자기를 강화하는 것이 목적

19. ④

④의 경우는 노년기에 해당됨. 노년기에는 외부사물이나 행동보다는 내적인 측면에 관심과 주의를 기울이며 타인에 대한 의존성이 증가

20. ①

관찰학습이란 인간이 단순한 환경적 자극에 대한 반응을 통해 행동을 학습하는 것이 아니라 타인들의 행동을 관찰함으로써 학습하는 것

21. ②

자율적인 도덕성단계 : 옳고 그름에 대한 판단을 행위의 결과가 아닌 의도성에 의해 판단하는 단계, ③, ④, ⑤는 콜버그의 도덕성 발달단계에 대한 설명

22. ⑤

①은 낯가림은 생후 6-8개월에 나타나기 시작
②는 프로이드의 구강기, 피아제의 감각운동기에 해당
③은 아동기에 대한 설명
④는 쥐기반사에 대한 설명

23. ③

청소년기 : 형식적 조작사고발달, 자아정체감 형성, 신체적 성숙, 교우관계 및 남녀관계성립, 부모나 다른 성인으로부터 정신적 독립의 요구

24. ④

④는 성격과 생활양식이론에 대한 설명.

25. ①

레빈슨은 출생에서 죽음에 이르는 과정으로서 '인생구조' 또는 '인생주기'가 마치 자연의 사계절과 같은 진행과정을 나타내는데 주목함

[사회복지기초]

02

사회복지 조사론

주제별 기출문제

1 과학적 방법

◆ 출제경향분석 및 학습가이드

대분류	소분류(기출키워드)	20회	19회	18회	17회	16회	15회	14회	13회	12회	11회	출제빈도 및 중요도
1장 과학적 방법	과학적방법과 조사연구	○	○		○	○	○	○	○	○	○	★★★★★
	쿤의 과학적 패러다임	○				○		○			○	★★
	사회과학과 사회복지학	○	○	○			○	○	○	○	○	★★★★
	출제문항수	2	2	2	1	4	3	3	4	3	5	
	비중	8.0%	7.7%	8.0%	3.8%	16.0%	11.5%	12.0%	13.3%	10.0%	16.7%	

- 일반적인 과학적 방법의 특징 및 연역법과 귀납법의 방법론적인 특징에 대해 출제됨.
- 과학철학(반증주의와 과학혁명론)에 대해서도 비교, 구분을 하고 있어야 함.
- 사회과학패러다임의 특징들과 연역법과 귀납법과의 관계를 묻는 문제가 출제되었음.
- 사회복지학에서의 조사윤리는 어떤 내용들로 구성되어 있는지를 이해하고 있어야 함.

기출문제 확인하기

□ 14회

01. 사회과학 패러다임에 관한 설명으로 옳은 것을 모두 고른 것은?

> ㄱ. 사회과학의 패러다임이 폐기되는 경우는 자연과학의 패러다임에 비해 흔하지 않다.
> ㄴ. 한시기에 여러 개의 패러다임이 공존할 수 있다.
> ㄷ. 쿤은 패러다임의 변화를 점진적인 것이 아니라 혁신적인 것으로 봤다.
> ㄹ. 일반적으로 패러다임의 우열을 가릴 수 있는 객관적 기준이 존재한다.

① ㄱ, ㄴ, ㄷ ② ㄱ, ㄷ ③ ㄴ, ㄹ
④ ㄹ ⑤ ㄱ, ㄴ, ㄷ, ㄹ

정답 ⑤

해설
- 기존의 패러다임을 부정하고 새로운 출발을 할 때 과학은 급진적, 혁명적으로 발달(패러다임 전환)
- 과학적 진보에는 특정한 패턴이나 구조가 존재(패러다임 이동)
- 과학은 일정한 방향으로 누진적 진보를 하지 않음(점진적 변화 아님)
- 한 시기에 여러 개의 패러다임이 존재할 수 있음
- 패러다임의 우열을 비교할 수 있는 객관적 기준은 존재하지 않음
- 사회과학의 패러다임이 폐기되는 경우는 자연과학의 패러다임이 폐기되는 경우에 비해 흔하지 않음

*쿤 : 과학의 진보는 과학자 공동체가 지지하는 패러다임의 전환, 즉 혁명을 통해 패러다임이 전환됨. 새로운 패러다임은 갑자기 나타나지만 그 패러다임이 완전히 기존의 것을 교체하는 과학혁명은 서서히 이루어진다고 보았음
*포퍼 : 과학적 이론은 증명이 아니라 '반증'을 거치며 누적적으로 발전함

□ 16회

02. 사회과학의 패러다임에 관한 설명으로 옳지 <u>않은</u> 것은?

① 비판사회과학적 패러다임은 억압받는 집단의 권한을 강화하는 데에 관심을 둔다.
② 포스트모더니즘적 패러다임은 객관적 실재라는 개념을 신뢰한다.
③ 해석주의적 패러다임은 삶에 대한 주관적 의미에 관해 깊이 있게 탐구한다.
④ 실증주의적 패러다임은 경험적 관찰의 중요성을 강조한다.
⑤ 후기 실증주의적 패러다임은 인간의 비합리적 행위도 합리적으로 설명할 수 있다고 본다.

정답 ②

해설
- 객관적 실재를 신뢰하는 사회과학 패러다임은 실증주의 패러다임
- 이성, 절대적 실재와 진리를 신뢰하는 실증주의 패러다임과 반대로 주관주의적이고 상대주의적 입장을 취하는 포스트모더니즘 패러다임에서는 객관적 실재란 존재하지 않음

*실증주의 : 경험주의, 조작화, 측정, 실험, 객관적 통계자료, 통계분석, 가설 검증, 객관성, 객관적 실재(단일한 실재), 보편적으로 적용 가능한 도구, 현상에 대한 직접적 이해 가능
*해석주의 : 주관적 의미, 언어 분석, 맥락, 경험자를 통한 현상에 대한 간접적 이해 가능

기출문제 확인하기

☐ 16회
03. 사회과학의 패러다임에 관한 설명으로 옳지 않은 것은?

① 비판사회과학적 패러다임은 억압받는 집단의 권한을 강화하는 데에 관심을 둔다.
② 포스트 모더니즘적 패러다임은 객관적 실재라는 개념을 신뢰한다.
③ 해석주의적 패러다임은 삶에 대한 주관적 의미에 관해 깊이 있게 탐구한다.
④ 실증주의적 패러다임은 경험적 관찰의 중요성을 강조한다.
⑤ 후기실증주의적 패러다임은 인간의 비합리적 행위도 합리적으로 설명할 수 있다고 본다.

정답 ②
해설 • 비판사회과학적 패러다임 : 사회적 불평등, 부정의를 비판하고 이를 변화시키는 일을 강조하는 패러다임
• 포스트모더니즘적 패러다임 : 과학적 근거와 전통 철학적 관념에 대한 회의, 불신, 거부현상을 보여준 패러다임(주관적 실재)
• 해석주의적 패러다임 : 전체적이면서도 질적인 정보와 해석적 접근을 강조하는 인문과학에서 유래한 패러다임
• 실증주의 패러다임 : 수학적인 도구에 의해서 실증적 양적 관찰을 강조하는 자연과학에서 유래한 패러다임

☐ 14회
04. 연구윤리에 관한 설명으로 옳지 않은 것은?

① 노인 대상 연구에서 보호자에게 연구 참여 동의를 얻어야 한다.
② 연구결과의 분석과 보고 단계에서도 연구윤리가 준수되어야 한다.
③ 기관생명윤리위원회의 심사를 통과한 경우 사전에 연구 참여자에게 연구목적을 밝히지 않을 수 있다.
④ 사회복지사인 연구자가 연구 참여자의 아동학대 행위를 알게 되었더라도 비밀 보장의 원칙을 준수해야 한다.
⑤ 설문조사 참여자에게 자발적 참여를 보장하는 것은 연구윤리의 기본 원칙이다.

정답 ④
해설 • 자발적 참여와 고지된 동의 : 대상자의 판단능력, 자발성, 충분한 정보, 상대편의 이해, 일반화 가능성과 상충되기도 함(서면 동의사항 : 목적, 참여기간, 절차 및 방법, 위험, 이득, 개인정보 보호에 관한 사항, 연구참여에 따른 손실에 대한 보상, 동의의 철회에 관한 사항 등)
• 익명성 보장 : 자료가 누구의 응답인지 연구자조차 몰라야 한다는 것
• 비밀 보장 : 자료가 누구의 응답인지 알더라도 자료의 보관 및 보고 과정에서 개인의 신분이 드러나지 않도록 보호하는 것, 비밀 보장에는 예외(자해·타해 위협 가능성이 있을 때)가 있으며, 예외가 있음을 사전에 고지해야 함

☐ 16회
05. 사회과학의 연구윤리에 관한 설명으로 옳지 않은 것은?

① 수업시간에 조사하는 설문지도 응답자의 동의와 자발적 참여가 필요하다.
② 연구자는 연구대상자에게 피해를 줘서는 안 된다.
③ 응답자의 익명성과 비밀을 보장해야 한다.
④ 연구의 공익적 가치는 일반적으로 연구윤리보다 우선해야 한다.
⑤ 타인의 연구결과를 인용 없이 사용하는 경우를 표절이라 한다.

정답 ④
해설 사회조사의 윤리
- 주제 선정부터 결과 보고까지 모든 절차에서 윤리를 고려해야 함
- 자발적 참여와 고지된 동의, 익명성 보장, 비밀 보장에는 예외가 있음

4번의 연구의 공익적 가치는 일반적으로 연구윤리보다 우선해야 한다고는 할 수 없음
-고지된 동의의 전제 요소 : 대상자의 판단능력, 자발적 참여, 충분한 정보, 상대편의 이해
-생명윤리법 개정으로 인간대상연구는 사전에 기관윤리위원회(IRB)의 사전 심의를 받아야 한다.

☐ 15회
06. 지식을 습득하는 과정에서 발생하는 오류에 관한 설명으로 옳은 것은?

① 부정확한 관찰은 규칙성을 전제로 이와 부합되는 특수한 사례만을 관찰하는 것이다.
② 과도한 일반화는 관찰된 소수의 사건이나 경험을 근거로 현상의 규칙성을 일반화시키는 것이다.
③ 선별적 관찰은 관찰자의 자아특성이 현상을 이해하는데 영향을 미치는 것이다.
④ 꾸며진 지식은 의식적 활동의 부재로 연상에 대한 정확한 관찰이 이루어지지 않는 것이다.
⑤ 자아개입은 일반화된 관점을 유지하기 위해 스스로 사실이 아닌 정보를 만들어 내는 것이다.

정답 ②
해설 ①은 선별적 관찰에 대한 설명, ③은 자아개입에 대한 설명, ④는 부정확한 관찰에 대한 설명, ⑤는 꾸며진 지식에 대한 설명

*지식습득과정의 오류
-부정확한 관찰 : 특별히 사전에 의도하지 않은 일상적인 관찰은 대부분 부정확하게 이루어짐
-자아개입 : 문제의 원인에 자아가 개입되어 자아가 손상된다면 누구라도 객관성을 유지하기 힘들 것,
-과도한 일반화 : 소수의 표본에서 얻은 결과를 전체에게 확대·적용하는 것
-탐구의 성급한 종료 : 어떤 사실이 완벽하게 이해되기 전에 탐구를 조기에 종결하는 것
-선별적 관찰 : 일정한 결과를 미리 단정해버리면 그러한 결과와 일치하는 것에만 주의를 기울이고 일치하지 않은 것은 무시하게 될 가능성이 큼
-신비화 : 어느 누구도 모든 것을 완벽하게 이해할 수 없으며 가끔 초자연적이거나 신비한 원인에 의존하게 됨
-꾸며진 지식 : 자신의 일반화를 유지하기 위해 스스로 새로운 정보를 꾸며낼 수도 있음
-사후소급가설 : 생각 없이 관찰이 먼저 진행되고 그 후에 설명을 붙이는 경우

기출문제 확인하기

☐ 10회

07. 연구 질문에 대한 연역적 탐구방법의 과정으로 옳은 것은?

① 이론적 이해 → 가설 → 조작화 → 측정 → 가설검증
② 이론적 이해 → 조작화 → 측정 → 가설 → 가설검증
③ 관찰 → 잠정적 결론 → 일반화
④ 관찰 → 유형의 발견 → 잠정적 결론
⑤ 관찰 → 잠정적 결론 → 유형의 발견

정답 ①

해설 과학적 추론방법

- 연역법: 이론적 이해(보편적 명제) → 가설 → 조작화 → 측정 → 가설검증
  - 대전제 : 모든 사람은 죽는다.
  - 소전제 : 소크라테스는 사람이다.
  - 결론 : 그러므로 소크라테스는 죽는다.
- 귀납법 : 개별 사실에 대한 관찰 → 유형의 발견 → 잠정적 결론
  - 관찰 : 소크라테스는 죽었다.
  - 관찰 : 나폴레옹도 죽었다.
  - 잠정결론 : 그러므로 모든 사람은 죽는다.

☐ 11회

08. 과학적 방법에 관한 설명으로 옳지 않은 것은?

① 잠정적이지 않은 지식을 추구한다.
② 경험적 증거에 기반 하여 지식을 탐구한다.
③ 체계적이고 포괄적인 방법에 의존한다.
④ 객관성의 추구를 강조한다.
⑤ 재현과 반복의 가능성이 높다.

정답 ①

해설 과학은 잠정적인 지식을 추구함. 따라서 과학적인 방법으로 검증을 통해 연구를 진행
즉 현상에 내재하는 진리를 객관적인 방법에 의해 규명하는 과정 또는 해결 가능한 문제를 과학적 방법을 통해 이론을 도출하는 과정이라고 할 수 있음

– 과학적 방법의 특징
- 잠정적 지식을 추구(반증 가능함)
- 객관성과 간주관성 추구
- 수정가능성
- 간결성, 구체성
- 경험적 증거에 기반(경험적 검증 강조)
- 재현과 반복
- 인과관계 규명
- 검증가능성
- 가치, 윤리, 규범, 주관, 철학, 신념이 아니라 사실을 추구

☐ 10회
09. 사회과학에서 추천되는 패러다임 중의 하나인 해석주의(interpretivism)에 관한 설명으로 옳은 것을 모두 고른 것은?

> ㄱ. 말이나 행위의 사회적 맥락을 고찰한다.
> ㄴ. 일반화를 전개하는 것이 중시된다.
> ㄷ. 개인의 일상경험을 해석하고 이해하는 것이 목적이다.
> ㄹ. 현상의 원인을 객관적으로 측정한다.

① ㄱ, ㄴ, ㄷ   ② ㄱ, ㄷ   ③ ㄴ, ㄹ
④ ㄹ   ⑤ ㄱ, ㄴ, ㄷ, ㄹ

정답 ②

해설 실증주의(경험주의) : 사회과학에도 자연과학과 같은 방법 적용할 수 있음, 단일한(객관적) 실재가 있음, 현상에 대한 직접적 이해가 가능, 주로 양적 연구(연역법), 보편적 분석 도구(척도의 활용) 인정, 객관성을 강조

해석주의 : 사회과학에 자연과학과 동일한 방법 적용 할 수는 없음, 단일한 실재는 없으며 사람들에 의해 구성될 뿐임, 현상은 경험자들을 통해 간접적으로 이해됨, 경험의 의미와 해석을 강조, 주로 질적 연구(귀납법), 보편적 분석 도구 부정, 연구자의 주관성 강조

☐ 10회
10. 사회복지실무자에게 사회복지조사방법론 지식이 필요한 이유로 옳지 않은 것은?

① 지역주민의 복지욕구 분석
② 클라이언트에 관한 임상적 자료의 체계적 수집
③ 조사대상에 대한 비윤리적 행위의 예방
④ 서비스 프로그램의 효과성 평가 실행
⑤ 사회복지실무자의 정치적 민감도 제고

정답 ⑤

해설 과학적 조사의 필요성
- 사회복지사의 윤리적 실천이나 윤리적 의사결정을 위해서 과학적 조사가 필요한 것은 아님
- 욕구조사, 평가조사에 과학적인 조사방법 사용
- 경험적 근거에 기초한 사회복지실천, 책임성 있는 사회복지실천을 위해 과학적 조사가 필요함

2 사회복지조사연구

◆ 출제경향분석 및 학습가이드

대분류	소분류(기출키워드)	20회	19회	18회	17회	16회	15회	14회	13회	12회	11회	출제빈도 및 중요도
2장 사회복지조사 연구	조사의 유형	O	O	O		O	O	O	O	O	O	★★★★★
	사회조사의 과정	O	O	O	O			O	O	O	O	★★★★
	사회조사윤리			O		O	O	O	O	O	O	★★★★
	분석단위와 오류	O					O					★
	출제문항수	4	2	3	1	2	3	3	3	3	3	
	비중	16.0%	7.7%	12.0%	3.8%	8.0%	11.5%	12.0%	10.0%	10.0%	10.0%	

- 사회복지조사의 목적과 유형에 대해 예시와 함께 출제됨.
- 사회복지조사의 절차를 물어보는 문제는 빈번하게 출제됨.
- 사회복지조사의 유형들에 대해 정확한 이해를 하고 있어야 함.
- 분석단위의 개념과 종류에 대해 알고 있어야 하며, 분석단위와 관련된 오류에 대해 예시가 제시되고 물어보는 문제가 출제됨.

기출문제 확인하기

□ 15회
01. 다음에서 설명하는 조사는?

> 기초연금의 노인빈곤 감소효과를 알아보기 위해 동일한 노인을 표본으로 10년간 매년 조사한다.

① 전수조사 ② 추세조사 ③ 패널조사
④ 탐색적조사 ⑤ 횡단적조사

정답 ③
해설 패널조사는 종단조사의 한 종류이며, 한 집단에 대해 오랜 시간동안 반복적으로 동일한 대상에게 조사하는 방법

종단적 조사 : 일정 시간 간격을 두고 2회 이상 조사
- 패널조사 : 매 시점 반드시 같은 사람들을 조사
- 동년배집단조사 : 매 시점 동일 집단에서 새로 표집
- 경향분석(경향조사) : 매 시점 조사 대상/집단이 다름

□ 10회
02. 종단적 조사에 관한 설명으로 옳지 <u>않은</u> 것은?

① 조사대상을 일정한 시간간격을 두고 2회 이상 관찰하는 조사를 말한다.
② 패널조사는 매 조사시점마다 동일인이 조사대상이 되도록 계획한다.
③ 개인의 노동시장 활동과 같은 장기적 추이를 분석하는 데 활용된다.
④ 경향분석은 매 조사시점에서 조사대상이 동일인이 아니다.
⑤ 1990년대와 2000년대 10대들의 직업선호도 비교는 동류집단(cohort)조사이다.

정답 ⑤
해설 시간적 차원에 따른 구분
- 횡단조사 : 일정 시점에 한 번만 조사(예시 : 대부분의 개인연구가 여기에 해당)
- 종단조사 : 서로 다른 시점에서 두 번 이상 조사

□ 11회
03. 조사과정 단계를 순서대로 연결한 것은?

| ㄱ. 가설구성 | ㄴ. 자료수집 방법 결정 | ㄷ. 자료수집 |
| ㄹ. 설문지 문항 검토 | ㅁ. 연구주제 선정 | |

① ㄱ → ㄴ → ㅁ → ㄹ → ㄷ
② ㄱ → ㅁ → ㄴ → ㄹ → ㄷ
③ ㅁ → ㄱ → ㄴ → ㄷ → ㄹ
④ ㅁ → ㄱ → ㄴ → ㄹ → ㄷ
⑤ ㅁ → ㄱ → ㄹ → ㄴ → ㄷ

기출문제 확인하기

정답 ④

해설 사회조사의 절차

조사주제 선정 → 연구문제(조사질문) 설정 → (문헌고찰) → 가설 설정과 변수의 조작화(질적조사는 해당되지 않음) → 조사 설계 → 자료수집 → 자료치리/분석/해석 → 보고서 작성

사회복지조사의 특징
1) 응용조사적 특징
사회복지조사는 지적 이해와 지식 자체만을 획득하려는 순수조사의 목적도 지니고 있지만 조사의 이유가 주로 인간의 욕구 충족과 현실 문제해결을 위한 프로그램 수행 등에 필요한 지식 산출이라는 측면에서 응용조사의 성격이 강함.
2) 사회 개량적 특성
사회복지조사는 주로 사회적 약자(아동, 장애인, 노동자, 노인 등)의 문제를 다루기 때문에 사회 개량적 성격을 가지고 있음.
3) 계획적 특성
사회복지조사의 하나인 욕구조사는 대상자 선정과 욕구의 종류 및 수준을 파악함으로써 사회복지서비스를 계획적으로 제공할 수 있도록 도와줌.
4) 평가적 특성
사회복지조사는 사회복지 서비스의 효과성과 효율성을 평가하기 위한 도구로써 활용됨.
5) 시험적 특성
프로그램이나 대안이 복지욕구에 적합한 것인지 시험해봐야 하는데 조사를 통해 프로그램의 상호작용과 상관관계를 분석해봄으로써 간접적으로 시험할 수 있음.
6) 과학적 특성
사회복지조사는 문제를 계량화하고 객관적, 통계적으로 검증할 수 있는 과학적 연구를 지향함.

□ 16회
04. 패널조사에 관한 설명으로 옳지 <u>않은</u> 것은?

① 동일 대상을 반복 조사하는 것이다.
② 패널조건화(panel conditioning) 현상으로 연구결과의 정확성이 높아질 수 있다.
③ 조사대상자의 추적과 관리에 비용이 많이 든다.
④ 독립변수의 시간적 우선성을 확보할 수 있어 내적 타당도를 높일 수 있다.
⑤ 조사대상자의 상실로 변화를 확인하기 어려울 수 있다.

정답 ②

해설 패널조사의 장점
- 독립변수의 시간적 우선성을 확보할 수 있어 내적 타당도를 높일 수 있음
- 특정 기간효과(period specific effect), 특정 연령효과(age specific effect), 동년배효과(cohort effect) 등을 파악할 수 있음

패널조사의 단점
- 연구대상의 중도탈락(상실)으로 패널의 대표성이 떨어지거나 변화의 확인이 불가능
- 패널조건화(panel conditioning) 현상으로 연구결과의 정확성이 떨어질 수 있음.
- 시간과 비용이 많이 소비됨

□ 12회
05. 질적 연구의 조사도구에 관한 설명으로 옳은 것을 모두 고른 것은?

> ㄱ. 서비스평가에서 정량적 차원을 분석할 수 있다.
> ㄴ. 양적도구가 아니므로 신뢰도를 따질 수 없다.
> ㄷ. 연구자 자신이 도구가 된다.
> ㄹ. 구조화와 조작화의 과정을 거친다.

① ㄱ, ㄴ, ㄷ   ② ㄱ, ㄷ   ③ ㄴ, ㄹ
④ ㄹ   ⑤ ㄱ, ㄴ, ㄷ, ㄹ

정답 ②

해설 정량적 차원 = 양적검증(통계적인 방법으로 통해 검증하는 방법)
따라서 질적연구의 조사도구가 ㄱ. 서비스 평가에서 정성적 차원을 분석할 수 있다는 맞는 설명. 질적연구에서는 연구자 스스로가 도구가 되며 상담을 진행. 질적연구 조사도 신뢰도 확보하기 위해 많은 노력을 하고 있으므로 ㄴ은 틀린 부분. 구조화와 조작화의 과정을 거치는 경우는 양적연구임

□ 15회
06. 다음 연구에 관한 설명으로 옳지 않은 것은?

> 17개 시 · 도에서 2010년부터 2015년까지 매년 수집한 자료를 이용하여 '청년실업률이 범죄율에 미치는 영향과 추세'를 분석하였다.

① 독립변수는 청년실업률이다.   ② 종속변수는 비율척도이다.
③ 분석단위는 개인이다.   ④ 양적인 자료를 분석한 연구이다.
⑤ 종단연구이다.

정답 ③

해설 분석단위 관련 오류
- 생태학적 오류 : 집단 단위의 분석결과에 기초해 개인 단위 결론을 내리는 것
- 개인주의(개체주의) 오류 : 개인 단위의 분석결과에 기초해 집단 단위 결론을 내리는 것
- 환원주의 오류 : 분석단위를 한두 요인으로 지나치게 단순화하는 것

기출문제 확인하기

☐ 14회

07. 양적조사의 일반적 과정에 관한 설명으로 옳지 <u>않은</u> 것은?

① 개념화 후에 조작화가 가능하다.
② 관찰은 변수의 의미를 구체적으로 정의 하는 작업이다.
③ 구체적 조사방법의 선택은 연구목적에 의해 영향을 받는다.
④ 이론적 명제로부터 가설이 도출된다.
⑤ 자료해석 후에 결론을 도출할 수 있다.

정답 ②

해설 조사 자료의 성격에 따라 : 양적조사, 질적조사
양적조사의 일반적 과정 : 주제선정-이론화(개념의 조작화)-조사설계(연구방법선정 및 설계)-자료수집-자료분석-결론

☐ 11회

08. 횡단연구와 종단연구에 관한 설명으로 옳은 것은?

① 일정 기간에 걸쳐 발생하는 변화에 관한 연구는 종단연구이다.
② 횡단연구는 상대적으로 비용이 많이 든다.
③ 종단연구는 한 시점에서 대상을 관찰 한다.
④ 동일대상을 반복 관찰하는 것은 횡단연구이다.
⑤ 특정 집단의 변화에 대한 횡단연구는 경향연구(trend study)이다.

정답 ②

해설 횡단조사의 경우에는 개인이 조사를 해야하는 경우가 많기 때문에 자료수집에 필요한 비용이 많이 발생함(예 : 교통비, 식비, 조사원인건비, 설문지 인쇄비용, 등). 연구에 대한 비용은 대부분 개인이 부담하여 자료수집방법에 따라 비용이 많이 발생함.

☐ 18회

09. 조사설계에 반드시 포함되어야할 내용이 <u>아닌</u> 것은?

① 구체적인 자료수집방법
② 모집단 및 표집방법
③ 자료분석 절차와 방법
④ 연구문제의 의의와 조사의 필요성
⑤ 주요변수의 개념 정의와 측정방법

정답 ④

해설 조사설계 : 조사문제에 대한 해답을 얻기 위해 또는 가설을 검정하기 위해 조사 대상을 어떻게 선정하여 어떤 방식으로 자료를 수집할 것인가와 관련된 부분을 결정. 조사설계에는 조사대상자선정, 조사방법선정, 자료수집방법, 연구모형, 분석방법 등이 포함되어 있음.

조사주제와 문제설정 : 조사주제는 좀 더 큰 영역에서의 관심 분야를 말하고 조사문제는 조사를 통해 답하고자 하는 보다 구체적이고 명확한 문제를 선정하는 부분(연구문제의 의의와 조사의 필요성)

❑ 16회
10. 사회복지사가 과학적 조사연구방법을 활용하는 일반적 상황이 <u>아닌</u> 것은?

① 사회복지 전문가로서 실제 조사를 수행할 때
② 지역주민의 복지적 욕구를 파악할 때
③ 새로운 통계적 분석기법을 개발할 때
④ 학술논문에 있는 실천방법들의 효과성을 비교할 때
⑤ 새로운 프로그램의 만족도를 평가할 때

정답 ③
해설 ③의 경우는 새로운 통계적 분석기법을 개발할 때에도 과학적 조사연구(양적연구)를 활용하지만, 사회복지사가 활용하기보다는 통계학자들이 일반적으로 사용하는 방법
사회복지조사와 실천은 별개의 것으로 구분해서 생각되었지만, 사회복지조사는 사회복지사로 하여금 유능한 사회복지실천가가 되도록 하는 데 도구의 역할을 할 수 있음. 둘 다 논리적인 문제해결과정을 공유하고 있으며, 조사를 통해 실천에 대한 지식과 기술을 개발하게 되어 클라이언트의 문제에 보다 과학적이고 효과적으로 접근할 수 있기 때문.

3 연구문제와 가설

◆ **출제경향분석 및 학습가이드**

대분류	소분류(기출키워드)	20회	19회	18회	17회	16회	15회	14회	13회	12회	11회	출제빈도 및 중요도
3장 연구문제와 가설	가설의 종류			o	o	o	o	o			o	★★★★
	변수의 유형	o	o	o	o		o	o	o	o	o	★★★★★
	개념의 구체화					o	o	o		o	o	★★★
	출제문항수	2	1	2	4	2	3	5	3	3	3	
	비중	8.0%	3.8%	8.0%	15.4%	8.0%	11.5%	20.0%	10.0%	10.0%	10.0%	

- 가설의 종류에 대해 물어보는 문제가 출제되었으며, 특히 영가설의 기능과 특징은 무엇이 있는지를 파악하고 있어야 함.
- 제1종 오류와 제2종 오류에 대해서 정확하게 알고 있어야 함. 이들의 특징을 파악하여 물어보는 문제가 출제됨.
- 독립변수, 종속변수, 매개변수, 조절변수, 외생변수, 통제변수의 특성들에 대해 알고 있어야 하며, 일반적으로 이들 변수의 유형에 대해 묻는 문제가 출제됨.

기출문제 확인하기

☐ 16회

01. 척도 수준(level of measurement)에 관한 설명으로 옳은 것은?

① 연령은 모든 척도 수준으로 분석이 가능하다.
② 표준화된 지능검사점수는 비율척도이다.
③ 소득을 비율척도로 질문하면 다른 척도 수준으로 질문할 때보다 응답률이 높은 편이다.
④ 등간척도는 절대영점이 있다.
⑤ 서열척도는 비율척도로 변환이 가능하다.

정답 ①

해설 ② 표준화된 지능검사점수는 등간척도
③ 소득을 비율척도로 질문하면 다른 척도 수준으로 질문할 때보다 응답률이 낮은 편
④ 절대영점이 있는 것은 비율척도
⑤ 비율척도는 상위의 기능을 수행하기 때문에 등간척도나 서열척도, 명목척도로의 변환이 가능하나, 낮은 순위의 척도를 고수준의 척도로 변환시킬 수는 없음

척도의 분류
- 명목척도 : 상호배타적인 범주(ex.성별, 장애유형 등)
- 서열척도 : 범주, 각각의 순위를 나타냄(ex.석차, 사회계층, 장애등급 등)
- 등간척도 : 범주, 순위, 간격을 나타냄(ex.지능지수, 온도, 물가지수 등)
- 비율척도 : 범주, 순위, 간격, 절대영값이 존재(ex.무게, 저축금액, 연령, 키, 사망률 등)

☐ 11회

02. 바람직한 가설에 관한 설명으로 옳지 <u>않은</u> 것은?

① 경험적으로 검증할 수 있어야 한다.
② 정(+)의 관계로 기술되어야 한다.
③ 표현이 간단명료하여야 한다.
④ 이론과 연관되어야 한다.
⑤ 변수 간의 관계를 기술하여야 한다.

정답 ②

해설 가설은 정(+)의 관계(~높아질수록 ~높아질 것이다), 부(-)의 관계(~감소할수록 ~감소할 것이다)로 기술될 수 있음

조사가설
- 이론을 토대로 설정되어야 함
- 변수 간 관계의 방향은 정적(+)일수도 있고 부적(-)일수도 있으며, 특정 방향이 설정되지 않을 수도 있음
- 가설은 구체적이어야 하며, 가설을 구성하는 개념은 조작화를 통해 측정 가능한 변수로 전환되어야 함 → 이를 통해 경험적 검증이 가능해짐

기출문제 확인하기

□ 16회
03. 변수와 가설에 관한 설명으로 옳은 것을 모두 고른 것은?

> ㄱ. 가설은 검증이 가능해야 한다.
> ㄴ. 가설은 변수 간의 관계를 가정하는 문장 이다.
> ㄷ. 모든 변수는 개념이 아니지만 모든 개념은 변수다.
> ㄹ. 영가설은 독립변수가 종속변수에 영향을 미치지 않는다고 가정한다.

① ㄱ, ㄴ　　　　② ㄱ, ㄹ　　　　③ ㄱ, ㄴ, ㄹ
④ ㄴ, ㄷ, ㄹ　　⑤ ㄱ, ㄴ, ㄷ, ㄹ

정답 ③
해설 조사가설의 종류
- 조사가설: 두 변수 혹은 그 이상의 관계를 검증 가능한 형태로 서술
- 영가설: 조사가설을 반증하기 위해 설정. 'A와 B는 관계가 없다'는 형식으로 기술
- 대립가설: 영가설이 거짓일 때 이를 기각하고 채택하기 위해 설정. 'A와 B는 관계가 있다'는 형식으로 기술

□ 16회
04. 변수의 측정종류가 바르게 짝지어진 것은?

> ㄱ. 사회복지사의 근무지역 동(洞)
> ㄴ. 사회복지사가 이수한 보수교육 시간(분)
> ㄷ. 사회복지사의 근무기간 평가등급 점수(A, B, C, D)

① ㄱ: 명목측정, ㄴ: 서열측정, ㄷ: 비율측정
② ㄱ: 비율측정, ㄴ: 서열측정, ㄷ: 명목측정
③ ㄱ: 서열측정, ㄴ: 비율측정, ㄷ: 서열측정
④ ㄱ: 명목측정, ㄴ: 비율측정, ㄷ: 서열측정
⑤ ㄱ: 서열측정, ㄴ: 명목측정, ㄷ: 비율측정

정답 ④
해설 명목척도 – 성별, 거주지역 등 명시적으로만 값을 가지는 것
서열척도: 선수 등번호, 등수 등 상대적 순서관계는 있지만 서열 간 간격이 일정하지 않음
등간척도: 온도, IQ 등 등 간격에 따라 나눈 것(절대 영값이 존재하지 않음)
비율척도: 소득액, 교육시간 등(절대 영값이 존재함)

□ 17회
05. '사회복지사의 근무지역에 따른 직업만족도차이의 연구'라는 논문의 제목에서 알 수 <u>없는</u> 것은?

① 독립변수　　　② 종속변수　　　③ 통제변수
④ 분석단위　　　⑤ 독립변수의 측정수준

정답 ③

해설 제시된 문장에서 통제변수는 확인되지 않음.
- 통제변수 : 연구자들이 독립변수와 종속변수 사이의 명백한 관계를 조사하기 위해 도입한 변수
- 독립변수 : 가설에서 원인 역할을 하는 변수(원인변수)
- 종속변수 : 가설에서 결과 역할을 하는 변수(결과변수)

□ 15회
06. 통계적 가설 검정에 관한 설명으로 옳지 <u>않은</u> 것은?

① 신뢰수준을 높이면 1종 오류를 줄일 수 있다.
② 유의수준을 낮추면 1종 오류가 늘어난다.
③ 유의확률이 유의수준보다 낮으면 영가설이 기각된다.
④ 2종 오류가 증가하면 통계적 검정력은 감소한다.
⑤ 2종 오류는 실제로는 참이 아닌 영가설을 기각하지 못하는 것을 말한다.

정답 ②

해설 가설 검증상의 오류
- 제1종 오류 : 참인 영가설을 기각하는 오류. 제1종 오류를 범할 확률은 유의수준(α)과 같음. 따라서 유의수준을 낮추면 제1종 오류가 발생할 확률도 감소
  *유의수준 : 변수 간 관계(혹은 차이)가 우연히 나타났을 뿐인데 그에 기초해 옳은 영가설을 잘못 기각할 가능성

- 제2종 오류 : 거짓인 영가설을 채택하는 오류. 표본의 수(표본크기)가 클수록 통계적 검정력이 좋아져서 제2종 오류를 범할 가능성이 감소함(통계적 검정력: 거짓인 영가설을 기각하는 힘)
  *통계적 검정력 : 틀린 영가설을 기각할 수 있는 능력

□ 17회
07. 또래관계증진 프로그램이 결혼이민자 가정 자녀들의 자아정체감에 미치는 영향을 평가하는 연구를 실시하고자 한다. 이때 자아정체감의 차이를 불러올 수 있는 부모의 사회경제적 지위는 다음 중 무엇에 해당하는가?

① 산출변수   ② 외생변수   ③ 투입변수
④ 종속변수   ⑤ 전환변수

정답 ②

해설
- 독립변수 : 영향을 주는 변수
- 종속변수 : 영향을 받는 변수
- 매개변수 : 독립변수에 영향 받아 종속변수에 영향 주는 변수
- 조절변수 : 독립-종속변수 관계를 조절하는 변수
- 외생변수 : 독립변수 이외에 종속변수에 영향 줄 수 있는 모든 변수
- 통제변수 : 외생변수 중 연구자가 영향력을 통제하는 변수

기출문제 확인하기

☐ 10회
08. 변수에 관한 설명으로 옳지 <u>않은</u> 것은?

① 외생변수는 독립변수와 종속변수 간의 관계를 대안적으로 설명할 수 있다.
② 통제변수는 독립변수와 종속변수 간의 허위적 관계를 밝히는 데 활용된다.
③ 매개변수와 통제변수는 같은 의미이다.
④ 종속변수는 결과변수로서 독립변수에 의해 변이값을 가진다.
⑤ 변수는 최소한 둘 이상의 변수값으로 구성된 변량이 있어야 한다.

정답 ③
해설 변수
- 경험적으로 측정할 수 있는 개념
- 둘 이상의 속성을 가짐
- 직접 관찰할 수 없는 것들도 측정 가능

매개변수
- 가설에서 독립변수의 영향을 받아 종속변수에 영향을 미치는 변수(독립변수 → 매개변수 → 종속변수)

통제변수
- 정확한 인과관계를 밝히기 위해 조사자가 종속변수의 변화에 영향을 미칠 수 있을 것으로 보이는 외생 변수들(종속변수의 변화를 설명하는 대안적인 요인들) 중 조사설계에서 의도적으로 통제하는 변수

☐ 10회
09. 개념의 조작화에 관한 설명으로 옳지 <u>않은</u> 것은?

① 표준화된 척도는 조작화의 산물이다.
② 추상적 세계와 경험적 세계를 연결하는 작업이다.
③ 명목적 정의로서 충분히 조작화가 가능 하다.
④ 개념적으로 정의된 내용이 실제로 관찰 되게 정의하는 것이다.
⑤ 양적조사에서 매우 중요한 과정이다.

정답 ③
해설
- 개념적 정의 : 사전적 · 명목적 정의. 추상적 · 일반적 · 주관적일 수 있으므로 측정 가능한 실증적 지표로 조작화를 수행해야 함
- 조작적 정의 : 측정 가능한 실증적 지표에 의해 변수를 정의하는 것. 변수를 측정하는 척도를 사용하는 경우가 많음. 조작적 정의(조작화)는 양적조사에서 매우 중요한 절차이고 반드시 이루어져야하는 작업.

□ 15회
10. 통계적 가설 검정에 관한 설명으로 옳지 않은 것은?

① 신뢰수준을 높이면 1종 오류를 줄일 수 있다.
② 유의수준을 낮추면 1종 오류가 늘어난다.
③ 유의확률이 유의수준보다 낮으면 영가설이 기각된다.
④ 2종 오류가 증가하면 통계적 검정력은 감소한다.
⑤ 2종 오류는 실제로는 참이 아닌 영가설을 기각하지 못하는 것을 말한다.

정답 ②
해설 유의수준은 가설검증 시 표본에서 얻은 표본 통계량에서 오차가 발생하는 가능성으로 일반적 수치를 얻을 수 있음.

영가설은 검증을 원하는 가설을 증명하기 위해 반대가설도 검증하고, 오류를 발견함으로써 올바른 검증임을 나타내는 것. 유의수준을 낮추면 제1종 오류를 범할 확률도 감소함

□ 15회
11. 다음 조합된 단어들과 동일한 논리적 구성을 가진 것은?

> 개념화 : 개념 : 명제

① 이론화 : 개념 : 가설
② 이론화 : 가설 : 개념
③ 조작화 : 변수 : 가설
④ 조직화 : 가설 : 변수
⑤ 조작화 : 개념 : 가설

정답 ③
해설 개념 → 개념적 정의 / 조작적 정의
─────────────────────
──개념화──〉/─조작화──〉

개념화 → 개념 → 명제(=2개 이상의 개념 포함)
조작화 → 변수 → 가설(=2개 이상의 변수 간의 관계에 대한 논술)

4 척도

◆ 출제경향분석 및 학습가이드

대분류	소분류(기출키워드)	20회	19회	18회	17회	16회	15회	14회	13회	12회	11회	출제빈도 및 중요도
4장 척도	척도의 종류	O	O	O	O			O	O	O	O	★★★★
	측정수준	O	O	O	O				O	O	O	★★★★
	출제문항수	3	3	1	4	0	0	0	2	5	2	
	비중	12.0%	11.5%	4.0%	15.4%	0.0%	0.0%	0.0%	6.7%	16.7%	6.7%	

- 척도(리커트, 서스톤, 거트만, 의미분화, 소시오메트리, 요인, 보가더스)의 특징과 기능의 차이를 파악하고 있어야 하며, 이러한 척도를 묻는 문제가 출제됨.
- 측정의 개념에 대한 이해와 더불어 일반적인 측정수준의 특징에 대해서도 이해하고 있어야 함
- 척도의 일반적인 특징에 대해서도 정확하게 알고 있어야 함. 관련문제들이 출제됨.

기출문제 확인하기

□ 16회
01. 측정에 관한 설명으로 옳지 않은 것은?

① 개념이 구체화 과정에서 포괄성의 원칙을 지켜야 한다.
② 개념의 경험화 과정에서 변수를 구성하는 속성들 간의 구분이 분명해야 한다.
③ 신뢰도가 높은 측정을 위해서는 문항 간 내적 일관성을 가져야 한다.
④ 측정은 개념의 현상적 구조와 경험적 측정값들이 일치될수록 정확해진다.
⑤ 개념화가 조작화에 비해 경험적 차원에서의 구체화 정도가 높다.

정답 ⑤
해설
- 정의: 일정한 규칙에 의거하여 대상의 속성에 값을 부여하는 과정
- 측정의 신뢰도: 어떤 측정도구를 사용해서 동일한 대상을 측정하였을 때, 항상 같은 결과가 나온다면 이 측정도구는 신뢰도가 높음
- 측정의 타당도: 조사자가 측정하고자 한 것을 실제로 정확히 측정했는가의 문제
- 개념화: 연구의 대상, 현상 등을 보다 명확하고 정확하게 표현하기 위해 개념적으로 정의하는 것
- 조작화: 개념이 추상적이어서 직접 조사하기 어려운 경우, 그것을 측정 가능한 형태로 대체하거나 지수로 정립하는 것

□ 16회
02. 척도 수준(level of measurement)에 관한 설명으로 옳은 것은?

① 연령은 모든 척도 수준으로 분석이 가능하다.
② 표준화된 지능검사점수는 비율척도이다.
③ 소득을 비율척도로 질문하면 다른 척도 수준으로 질문할 때보다 응답률이 높은 편이다.
④ 등간척도는 절대영점이 있다.
⑤ 서열척도는 비율척도로 변환이 가능하다.

정답 ①
해설 표준화된 지능검사점수는 등간척도
③ 소득을 비율척도로 질문하면 다른 척도 수준으로 질문할 때보다 응답률이 낮은 편
④ 절대영점이 있는 것은 비율척도
⑤ 비율척도는 상위의 기능을 수행하기 때문에 등간척도나 서열척도, 명목척도로의 변환이 가능하나, 낮은 순위의 척도를 높은 수준의 척도로 변환시킬 수는 없음

□ 11회
03. 측정수준에 관한 설명으로 옳지 않은 것은?

① 대학수학능력시험 점수는 비율변수이다.
② 명목변수의 수치에는 서열이나 양적 의미가 없다.
③ 온도 1℃와 2℃의 차이는 10℃와 11℃의 차이와 동일하다.
④ 비율변수 0은 경험세계에서 속성이 존재 하지 않는다.
⑤ 100 Kg은 50 Kg보다 두 배 무겁다.

기출문제 확인하기

정답 ①

해설 측정수준에 따른 구분
- 명목척도 : 속성에 따라 범주만 분류, 범주의 분류는 포괄성과 상호배타성 원칙
- 서열척도 : 분류된 범주 간 대소관계(서열) 성립, 연속된 숫자 간 간격은 동일하지 않음
- 등간척도 : 연속된 숫자 간 간격이 동일, 덧셈과 뺄셈만 가능
- 비율척도 : 사칙연산이 모두 가능, 절대영값이 있음.

☐ 11회
04. 리커트(Likert) 척도에 관한 설명으로 옳은 것은?

① 비율척도이다.
② 개별 문항의 중요도는 동등하지 않다.
③ 단일 문항으로 측정하는 장점이 있다.
④ 질적 조사에서 보편적으로 사용된다.
⑤ 척도나 지수 개발에 용이하다.

정답 ⑤

해설 리커트 척도는 서열척도이며, 개별문항의 중요도는 동등함. 리커트, 거트만, 서스톤, 의미분화, 사회적 거리척도 등은 대부분 양적조사에서 사용되며 복수의 문항으로 측정되는 척도임

*리커트 척도 : 대표적인 총화평정 척도. 서열수준. 모든 문항에 동일 가치(값) 부여
- 장점 : 척도의 구성이 간단하고 편리함, 주관적 개입을 배제할 수 있음, 정확성 확보가능
- 단점 : 등간측정이 되기 어려움

☐ 12회
05. 척도에 관한 설명으로 옳지 <u>않은</u> 것은?

① 보가더스의 사회적 거리 척도는 누적척도의 한 종류이다.
② 의미분화(semantic differential) 척도는 한 쌍의 반대되는 형용사를 사용한다.
③ 리커트 척도의 각 문항은 등간척도이다.
④ 거트만 척도는 각 문항을 서열적으로 구성한다.
⑤ 서스톤 척도를 개발하는 과정은 리커트 척도와 비교하여 많은 시간과 노력이 요구된다.

정답 ④

해설
- 리커트 척도 : 총화평정 척도에 속함, 각 문항이 서열수준으로 측정, 척도 구성과 활용이 용이, 모든 문항에 동일한 가치를 부여
- 거트만 척도 : 서열 측정, 단일 차원에 따라 문항을 서열 화, 누적 척도
- 보가더스의 사회적 거리 척도 : 거트만 척도에 속함, 서로 다른 집단이나 민족 간 사회적 거리감 측정
- 의미분화(어의변별) 척도 : 상반되는 형용사를 척도의 양 극단에 배열, 어떤 개념에 함축된 의미를 평가
- 서스톤척도 : 등간 척도, 사전에 문항 평가자들을 통해 예비 문항을 평가, 문항마다 서로 다른 척도치 부여

○ 14회
06. 측정의 무작위 오류(random error)에 관한 설명으로 옳은 것은?

① 응답자가 자신에 대한 이미지를 좋게 만들기 위해 응답할 때 발생한다.
② 타당도를 낮추는 주요 원인이다.
③ 설문 문항이 지나치게 많을 경우 발생하기 쉽다.
④ 연구자가 응답자에게 유도성 질문을 할 때 발생한다.
⑤ 일정한 양태와 일관성을 갖는 오류이다.

정답 ③
해설 체계적 오류 : 일정 패턴으로 발생하는 오류. 신뢰도는 있으나 타당도가 문제됨
비체계적 오류(무작위 오류) : 일정한 패턴 없이 무작위로 발생하는 오류. 신뢰도가 문제됨

○ 15회
07. 측정의 오류에 관한 설명으로 옳은 것은?

① 편향에 의해 체계적 오류가 발생한다.
② 무작위 오류는 측정의 타당도를 저해한다.
③ 체계적 오류는 측정의 신뢰도를 저해한다.
④ 표준화된 측정도구를 사용하더라도 체계적 오류를 줄일 수 없다.
⑤ 측정자, 측정 대상자 등에 일관성이 없어 생기는 오류를 체계적 오류라 한다.

정답 ⑤
해설 • 체계적 오류 : 일정한 양태나 일관 성(일정한 체계나 패턴)이 존재하는 오류. 타당도 문제를 유발
• 무작위오류(비체계적오류) : 무작위로 오류가 발생, 신뢰도가 문제됨

5 표집

◆ 출제경향분석 및 학습가이드

대분류	소분류(기출키워드)	20회	19회	18회	17회	16회	15회	14회	13회	12회	11회	출제빈도 및 중요도
5장 표집	표집의 주요개념			o	o	o		o			o	★★★
	표집 방법	o	o	o	o	o	o	o	o	o	o	★★★★★
	표본크기와 표집오차	o	o			o			o	o		★★★
	출제문항수	4	3	2	3	3	2	2	4	4	4	
	비중	16.0%	11.5%	8.0%	11.5%	12.0%	7.7%	8.0%	13.3%	13.3%	13.3%	

- 표집은 출제비중이 높은 편임.
- 표집은 표본의 크기, 표집오차, 신뢰수준과 신뢰구간 및 표집의 주요 개념들에 대해 반드시 알고 있어야 함.
- 표집유형(확률표집, 비확률표집)에 대해 전반적인 이해가 있어야 하며, 이들의 특징과 표집과정 등을 명확하게 아는 것이 중요함. 일반적으로 예시를 제시하고 유형을 고르는 문제들이 출제됨.
- 표집방법의 특성을 종합적으로 물어보는 문제들이 빈번하게 출제됨.

기출문제 확인하기

□ 14회
01. 표본추출에 관한 설명으로 옳지 <u>않은</u> 것은?

① 개인과 집단은 물론 조직도 표본추출의 요소가 될 수 있다.
② 표본추출단위와 분석단위가 일치하지 않을 수 있다.
③ 전수조사에서는 모수와 통계치 구분이 불필요하다.
④ 표본의 대표성은 표본오차와 정비례 한다.
⑤ 양적연구에서 표본의 크기가 클수록 유의미한 결과를 얻는 데 유리하다.

정답 ④
해설 표본의 대표성과 표본오차는 정비례하지 않음. 대표성이 증가하면 표본오차는 감소함
- 표본추출 : 모집단에서 표본이 추출되는 과정
- 표집 : 모집단으로부터 실제로 조사할 대상을 선정하는 과정으로, 조사의 목적이나 조사문제 등을 포함한 전반적인 연구 과정을 고려하여 실시함
- 분석단위 : 무엇을 혹은 누구를 연구할 것인가로 연구자가 서술하거나 설명하고자하는 초점이 되는 대상이나 요소를 의미함(개인, 집단, 사회적가공물이 있음)

□ 16회
02. 표집오차(sampling error)와 표준오차(standard error)에 관한 설명으로 옳지 <u>않은</u> 것은?

① 표집오차는 모집단의 모수와 표본의 통계치 간의 차이다.
② 표준오차는 무수히 많은 표본평균의 통계치가 모집단의 모수로부터 평균적으로 떨어진 거리를 의미한다.
③ 동일한 조건이라면 이질적 집단보다 동질적 집단에서 추출한 표본의 표집오차가 작다.
④ 동일한 조건이라면 표준오차가 클수록 검정통계값이 통계적으로 유의할 가능성이 높아진다.
⑤ 동일한 조건이라면 표본의 크기가 커질수록 표집오차가 감소한다.

정답 ④
해설
- 표집오차 : 모수와 통계치 간 차이
- 표준오차 : 무수히 많은 표본평균의 통계치가 모집단 모수로부터 평균적으로 떨어진 거리
- 표본크기가 크고 모집단이 동질적일수록 표집오차 및 표준오차 감소
- 표준오차가 작을수록 검정통계값의 통계적 유의성 증가

□ 17회
03. 표본추출 과정을 올바르게 나열한 것은?

| ㄱ. 모집단 확정 | ㄴ. 표본크기 결정 | ㄷ. 표본추출 |
| ㄹ. 표본추출 방법 결정 | ㅁ. 표집틀 선정 | |

① ㄱ → ㄹ → ㅁ → ㄷ → ㄴ
② ㄱ → ㅁ → ㄹ → ㄴ → ㄷ
③ ㄴ → ㅁ → ㄱ → ㄹ → ㄷ
④ ㄹ → ㄱ → ㅁ → ㄷ → ㄴ
⑤ ㅁ → ㄱ → ㄹ → ㄴ → ㄷ

정답 ②

해설 표본추출과정

모집단 확정 → 표집틀 선정 → 표집 크기 결정 → 표집 방법 결정 → 표집

☐ 12회
04. 표집오차(sampling error)에 관한 설명으로 옳지 <u>않은</u> 것은?

① 표본의 통계치와 모수 간의 차이를 의미 한다.
② 일반적으로 표본규모가 클수록 감소한다.
③ 표본의 선정과정에서 발생하는 오차이다.
④ 모집단의 크기에 비례한다.
⑤ 모집단의 동질성에 영향을 받는다.

정답 ④

해설 표집오차
- 모수와 통계치 간 차이
- 표집오차를 의미하는 통계적 표현 : 표준오차
- 모집단을 정확하게 반영해주지 못하는 표본을 선정했기 때문에 발생하는 오류

☐ 10회
05. 표본에 관한 설명으로 옳은 것을 모두 고른 것은?

> ㄱ. 표본의 크기는 조사자가 선택하는 신뢰수준에 따라 달라진다.
> ㄴ. 표집오차는 모수와 표본의 통계치 간의 차이를 의미한다.
> ㄷ. 다른 조건이 일정할 때, 표본의 크기가 커지면 표준오차는 작아진다.
> ㄹ. 신뢰수준을 95%에서 99%로 높이려면 표본의 크기를 줄여야 한다.

① ㄱ, ㄴ, ㄷ   ② ㄱ, ㄷ   ③ ㄴ, ㄹ
④ ㄹ   ⑤ ㄱ, ㄴ, ㄷ, ㄹ

정답 ④

해설
- 표본크기가 증가하게 되면 표집오차(≒표준오차) 감소, 모집단에 대한 표본의 대표성 증가, 통계적 검정력 증가(제2종 오류 가능성 감소), 일반화의 가능성 증가
- 표본크기에 영향을 미치는 요인 : 자료수집 방법, 변수와 범주의 수, 모집단의 동질성, 신뢰수준, 모집단 크기, 조사문제와 가설, 모수치의 추정오차, 표집방법, 비용과 시간 등

□ 10회
06. 다음에 해당하는 표집방법은?

> 성인의 정치의식을 조사하기 위해 소득을 기준으로 최상, 상, 하, 최하로 구분한 다음, 각 각의 계층이 모집단에서 차지하고 있는 비율 에 맞추어 1,500명의 표본을 4개의 소득 계층 별로 무작위 표집 하였다.

① 층화표집 ② 군집표집 ③ 할당표집
④ 체계적 무작위표집 ⑤ 단순무작위표집

정답 ①
해설 층화표집(확률표집에 속함)
- 모집단을 하위 소집단으로 구분한 후 각 소집단에서 무작위로 표본 선정
- 동질적 모집단에서 표집 할수록 표집오차가 낮다는 확률원리에 기초
- 집단 간 이질적, 집단 내 동질적

□ 15회
07. 다음 조사에 해당하는 표집방법은?

> 한국산업인력공단은 2015년 사회복지사 1급 국가시험 합격자 명단에서 수험번호가 가장 앞쪽인 10명 중 무작위로 첫 번째 요소를 추출하였다. 그 후 첫 번째 요소로부터 매 10번 째 요소를 추출하여 합격자들의 특성을 파악 하였다.

① 체계적 표집 ② 단순무작위표집 ③ 층화표집
④ 할당표집 ⑤ 다단계 집락표집

정답 ①
해설
- 확률표집 : 표본의 대표성이 높고 표집오차 작음
 - 단순무작위표집 : 제비뽑기, 난수표, 로또추첨 등
 - 체계적 표집 : 표집 간격(모집단의 수÷표본의 수), K번째, N번째 등의 표현이 다수 제시됨.
 - 층화표집 : 집단 간에는 이질적, 집단 내에서는 동질적
 - 집락표집(군집표집) : 집단 간에는 동질적이고 집단 내에서는 이질적. 관찰단위≠표집단위

- 비확률표집 : 표본의 대표성이 낮고 표집오차 큼
 - 편의표집, 의도적 표집, 할당표집, 눈덩이표집

□ 13회
08. 1,000명을 번호 순서대로 배열한 모집단에서 4번이 처음 무작위로 선정되고 9번, 14번, 19번, … 등이 차례로 체계(systematic)표집을 통해 선정되었다. 이 표집에서 표집간격 (ㄱ)과 표본 수(ㄴ)가 바르게 짝지어진 것은?

① ㄱ : 4, ㄴ : 200 ② ㄱ : 4, ㄴ : 250 ③ ㄱ : 5, ㄴ : 200
④ ㄱ : 5, ㄴ : 250 ⑤ ㄱ : 10, ㄴ : 200

기출문제 확인하기

정답 ③

해설 추출된 표본에서 간격이 5이며 표집 간격은 모집단의 수에서 표본의 수를 나눈 값. 일정한 표집 간격을 두고 추출 (표집 간격 = 모집단 수 ÷ 표본수). ㄴ은 200명이 됨.

☐ 12회

09. 비확률표집에 관한 설명으로 옳은 것을 모두 고른 것은?

> ㄱ. 표집틀이 없는 경우 사용된다.
> ㄴ. 연구자의 편견이 개입될 수 있다.
> ㄷ. 질적 연구에 빈번히 활용되는 방법이다.
> ㄹ. 연구결과를 일반화할 수 있다.

① ㄱ, ㄴ, ㄷ   ② ㄱ, ㄷ   ③ ㄴ, ㄹ
④ ㄹ   ⑤ ㄱ, ㄴ, ㄷ, ㄹ

정답 ②

해설 비확률표집 : 표본오차 산정할 수 없음. 일반화 가능성 낮음
비확률표집 : 편의표집(임의표집. 접근하기 편한 대상을 표집), 유의표집(의도적 표집. 판단표집), 할당표집(기본원리는 층화표집과 유사), 눈덩이표집(조사연구대상이 많이 없거나 찾기 힘든 경우 소개를 받아 표본의 크기를 늘리는 방식)

☐ 11회

10. 변수 값이 집중경향치를 중심으로 흩어 져 있는 정도를 알려주는 수치가 <u>아닌</u> 것은?

① 분산(variance)
② 사분편차(interquartile range)
③ 상관계수(correlation coefficient)
④ 표준편차(standard deviation)
⑤ 범위(range)

정답 ⑤

해설 집중경향치(central tendency) : 평균, 중위수, 최빈값
산포도(degree of dispersion) : 변수 값이 집중경향치를 중심으로 흩어져 있는 정도를 알려주는 수치. 범위, 백분위 수, 사분위수, 사분범위(사분편차), 분산, 표준편차
정규분포의 특징
• 정규분포이면서 평균이 0이고, 분산과 표준편차는 1인 분포를 표준정규분포라 한다.
• 정규분포의 모양은 평균과 표준편차에 의해 결정된다.
• 정규분포에서 산술평균, 최빈치, 중위수(중앙값)는 하나의 값으로 중앙에 일치 한다.
• 정규분포곡선은 좌우대칭의 종 모양이다.
• 정규분포곡선 면적의 합은 1이다.
• 평균선은 종 모양의 분포를 완전히 절반으로 나눈다.

6 조사설계

◆ 출제경향분석 및 학습가이드

대분류	소분류(기출키워드)	20회	19회	18회	17회	16회	15회	14회	13회	12회	11회	출제빈도 및 중요도
6장 조사설계	인과관계의 추론조건				o							★
	내적타당도			o		o		o	o	o	o	★★★
	외적타당도		o						o		o	★★
	내적타당도와 외적타당도		o		o		o	o				★★
	조사설계의유형	o	o	o	o	o	o	o	o		o	★★★★★
	출제문항수	3	4	3	4	3	4	3	4	3	2	
	비중	12.0%	15.4%	12.0%	15.4%	12.0%	15.4%	12.0%	13.3%	10.0%	6.7%	

- 조사설계(실험설계)는 매회 출제되고 있음.
- 인과관계의 세 가지 조건에 대한 기본적인 이해가 필요함.
- 내적타당도의 저해요인은 대부분 예시를 제시하고 저해요인이 무엇인지를 묻는 문제가 출제됨.
- 조사설계(실험설계)의 유형 또한 자주 출제되고 있으며, 조사설계(실험설계)의 개념 및 유형의 특성들에 대해 정확하게 파악하고 있어야 함.
- 조사설계(실험설계)의 유형에 대해 종합적으로 비교하여 물어보는 문제가 출제됨.

기출문제 확인하기

□ 15회
01. 실험설계 시 고려해야 할 타당도 저해요인 중 특성이 같은 요인끼리 묶인 것은?

> ㄱ. 역사(history)
> ㄴ. 성숙(maturation)
> ㄷ. 표본의 대표성(saple representiveness)
> ㄹ. 중도탈락(mortality)

① ㄴ, ㄷ　　② ㄷ, ㄹ　　③ ㄱ, ㄴ, ㄷ
④ ㄱ, ㄴ, ㄹ　　⑤ ㄴ, ㄷ, ㄹ

정답 ④
해설 내적타당도 저해요인: ㄱ, ㄴ, ㄹ(독립변수가 종속변수의 원인이라고 확신할 수 있는 정도)
외적타당도 저해요인: ㄷ(조사 결과를 일반화할 수 있는 정도)

- 내적타당도의 확보방안: 제거(인과관계에 영향을 미칠 수 있는 외생변수를 완전히 제거), 무작위할당(실험집단과 통제집단에 무작위로 배정해 모든 사례가 동등하게 뽑힐 수 있는 기회), 짝짓기(동일한 특성을 가진 대상자로 둘씩 짝을 지어 하나는 실험집단에 하나는 통제집단에 배정), 상쇄(하나의 실험집단에 두 개 이상의 실험변수가 가해질 때 사용하는 방법으로 외생변수의 영향을 통제)
- 외적타당도의 확보방안: 무작위표집, 계획적 표집, 대표적 사례만 표본 선정

□ 13회
02. 단순 시계열(simple time-series) 설계에 관한 설명으로 옳은 것은?

① 실험효과를 파악하기 위해 개입 이후에는 1회만 관찰한다.
② 검사(test)와 개입의 상호작용 효과에 대한 통제가 용이하다.
③ 선실험(pre-experimental) 설계 중 하나다.
④ 통제집단을 포함하여 비교한다.
⑤ 종속변수의 변화를 추적·비교할 수 있다.

정답 ⑤
해설 단순 시계열 설계는 통제집단을 두지 않는 대신 종속변수에 대한 '반복 측정'을 통해 통제의 기능을 대체
유사실험 설계

- 비동일 통제집단(비교집단) 설계: 순수실험설계 가운데 통제집단 사전사후검사 설계에서 무작위할당(randomly assinging)만 뺀 형태
- 단순 시계열 설계: 통제집단이 필요하지 않고 실험 처치 전과 후에 걸쳐 동일한 실험대상에 대해 관찰횟수를 늘려 비교시점을 확대하는 방법
- 복수 시계열 설계: 단순시계열설계와 비동일통제집단설계가 갖는 한계를 극복하려는 설계방법

☐ 10회
03. 솔로몬 연구설계에 관한 설명으로 옳은 것을 모두 고른 것은?

> ㄱ. 4개의 집단으로 구성한다.
> ㄴ. 사후측정만 하는 집단은 2개이다.
> ㄷ. 검사와 개입의 상호작용 효과를 도출할 수 있다.
> ㄹ. 통제집단 사전사후검사 설계와 비동일 비교집단 설계를 합한 형태이다.

① ㄱ, ㄴ, ㄷ ② ㄱ, ㄷ ③ ㄴ, ㄹ
④ ㄹ ⑤ ㄱ, ㄴ, ㄷ, ㄹ

정답 ①

해설 솔로몬 연구설계(솔로몬 4집단 설계)는 무작위 할당으로 4개 집단을 구성하며 그중 두 집단은 사후측정만 실시함. 솔로몬 4집단 설계는 저해요인들을 효과적으로 통제함으로써 보다 정확한 주효과(독립변수가 종속변수에 미친 영향)를 산출할 수 있음. 검사효과, 검사와 개입의 상호작용 효과를 모두 통제할 수 있음

순수실험 설계
- 통제집단 사전사후검사 설계 : 검사효과(시험효과, 테스트효과)를 통제할 수 없음
- 통제집단 사후검사 설계 : 검사효과 통제 가능, 비교 기준이 취약함
- 솔로몬 4집단 설계 : 통제집단 사전사후검사 설계 + 통제집단 사후검사 설계, 내적 타당도 매우 높음, 검사효과 및 검사와 개입 간 상호작용 효과 통제 가능

☐ 11회
04. 검사효과(testing)를 통제할 수 있는 실험설계를 모두 고른 것은?

> ㄱ. 통제집단 사전사후검사 설계   ㄴ. 솔로몬 4집단 설계
> ㄷ. 비동일 통제집단 설계   ㄹ. 통제집단 사후검사 설계

① ㄱ, ㄴ, ㄷ ② ㄱ, ㄷ ③ ㄴ, ㄹ
④ ㄹ ⑤ ㄱ, ㄴ, ㄷ, ㄹ

정답 ③

해설 검사효과
- 동일한 측정도구로 사전·사후검사를 실시하는 경우
- 사전검사가 사후검사의 점수에 미치는 영향

검사효과(testing)를 통제하는 세 가지 방법
- 서로 다른 도구로 사전·사후검사를 실시하는 방법 : 이 경우 검사 효과는 통제되지만 도구효과가 발생하는 문제가 발생
- 사전검사 없이 사후검사만 한 번 실시하는 방법: 통제집단 사후검사 설계가 여기에 해당
- 동일 도구로 사전·사후검사를 실시하는 집단(집단 A)과 사후검사만 실시하는 집단(집단 B)의 점수를 비교하여 검사효과가 어느 정도로 작용했는지를 계산한 후 집단 A의 종속변수 변화량에서 그만큼을 제거하는 방법
  → 솔로몬 4집단 설계가 여기에 해당

기출문제 확인하기

□ 13회

05. 다음이 의미하는 조사설계는?

> - 비교를 위한 두 개의 집단이 있다.
> - 외부요인의 설명 가능성을 배제하기 어렵다.
> - 상관관계 연구와 유사한 성격을 지닌다.
> - 집단 간 동질성 보장이 어렵다.

① 정태(고정)집단 비교(static group comparison) 설계
② 다중 시계열(multiple time-series) 설계
③ 일회검사 사례(one shot case) 설계
④ 플라시보 통제집단(placebo control group) 설계
⑤ 통제집단 사후검사(posttest control group) 설계

정답 ①

해설 선(전, 원시)실험 설계
- 일회사례 연구 : 시간적 우선성만 충족, 종속변수 비교 기준 부재, 내적 타당도 저해요인 통제 불가
- 단일집단 사전사후검사 설계 : 시간적 우선성과 공변성 충족, 종속변수 비교 기준 존재, 내적 타당도 저해 요인 통제 불가
- 정태적 집단비교 설계(비동일집단 사후검사 설계) : 동질적이지 않은 두 집단을 비교, 내적 타당도 저해 요인 통제 불가

□ 12회

06. 실험설계의 내적 타당도에 관한 설명으로 옳지 <u>않은</u> 것은?

① 실험요인 이외의 대안적 설명을 배제하고자 한다.
② 인과관계에 대한 확신의 정도와 관련있다.
③ 우연한 사건의 영향을 배제하는 것이 필요하다.
④ 일반화 가능성에 관한 것이다.
⑤ 통계적 회귀효과를 배제하는 것이 필요하다.

정답 ④

해설 외적 타당도는 특정 대상 및 조건하에서 확인된 결과(인과관계)를 다른 대상이나 조건에도 일반화할 수 있는가를 말함. 프로그램과 목표 사이의 인과관계를 묻는 '프로그램이 효과적인가?'의 문제는 내적 타당도에 대한 것이지만, 특정 상황에서 얻은 결과를 다른 상황에 일반화할 수 있는 가능성을 묻는 '서울에서 효과적인 것으로 증명된 프로그램이 부산에서도 효과적일까?'와 같은 문제는 외적 타당도에 대한 것임

*내적 타당도 저해 요인
우연한 사건(외부사건, 역사요인), 성숙(성장, 시간의 경과), 검사(시험, 테스트, testing), 도구, 통계적 회귀, 실험대상자의 상실(변동), 확산과 모방(개입 확산), 인과적 시간/순서의 모호함, 편향된 선별(선정상의 편의/편견/편향, 선택효과), 선택과의 상호작용

□ 9회
07. 다음의 조사연구 설계에서 간과하고 있는 내적 타당도의 저해 요인은?

> 방과 후 프로그램의 담당자는 현재의 수업방식이 아동들의 성적 향상에 효과적인지를 알아보기 위해 프로그램 전·후의 성적을 측정 하였다. 그 결과 아동들의 성적이 향상되었음을 발견하고, 현재 수업방식이 효과적이라는 결론을 내렸다.

① 반응성(reactivity)
② 외부 사건(history)
③ 개입 확산(diffusion)
④ 완충(buffering) 효과
⑤ 플라시보(placebo) 효과

정답 ②

해설 아이들의 성적 향상에 방과 후 프로그램의 수업방식이 영향을 미쳤을 수도 있지만 방과 후가 아닌 정규수업이 영향을 미쳤을 수도 있음. 이처럼 독립변수(여기서는 방과 후 프로그램의 수업 방식) 이외에 있었던 다른 일이나 사건(여기서는 정규수업)이 종속변수의 변화(여기서는 성적 향상)에 영향을 미칠 수 있는 경우 외부사건(역사요인)이 내적 타당도를 저해한다고 볼 수 있음

□ 12회
08. 다음 연구설계의 내용에서 확인할 수 있는 내·외적 타당도 저해 요인에 관한 설명으로 옳은 것은?

> 지진에 의해 정신적 충격에 빠진 재난지역 주민 대상 위기개입 프로그램의 효과성을 검증하고자 한다. 이를 위해 위기 개입 직전과 개입 후 한 달 만에 각각 동일한 척도로 디스트레스(SCL-90) 정도를 측정하여 비교하였다.

① 우연한 사건이 내적 타당도를 저해하고 있다.
② 도구효과가 내적 타당도를 저해하고 있다.
③ 실험 대상자의 상실(attrition)이 외적 타당도를 저해하고 있다.
④ 성숙효과가 내적 타당도를 저해하고 있다.
⑤ 선택효과가 외적 타당도를 저해하고 있다.

정답 ④

해설 성숙효과는 '시간'이 종속변수의 변화에 미치는 영향력을 말함. 지진이라는 충격적인 사건으로부터 최소한 달이라는 시간이 지났으므로 그 시간 동안 자연스럽게 디스트레스 정도가 줄었을 가능성이 있음. ① 위기 개입 후 디스트레스를 측정하는 사이에 특별히 어떤 일이 있었다고 언급되지 않았으므로 답이 될 수 없음. ② '동일한 척도'로 측정했으므로 도구효과가 아니라 시험효과가 내적 타당도를 저해하는 경우. ③ 실험 대상자의 상실은 대상자 중 일부가 조사 도중 빠져 나가는 경우를 말하는데, 이 사례에서는 상실에 대한 언급은 없음. ⑤ 선택효과란 실험집단과 통제집단이 편향되게 구성되는 문제로 인한 효과를 말함. 이 사례에서는 통제집단이 구성되지 않았으므로 이 효과가 개입되지 않았음

기출문제 확인하기

☐ 14회
09. 실험설계에 관한 설명으로 옳지 <u>않은</u> 것은?

① 순수실험설계는 무작위할당을 활용해야 한다.
② 순수실험설계가 준(유사)실험설계에 비해 내적타당도가 높다.
③ 준(유사)실험설계에는 사전 측정이 있어야 한다.
④ 준(유사)실험설계에는 두 개 이상의 집단이 필요하다.
⑤ 단일집단사전사후검사설계는 전실험설계이다.

정답 ④
해설 준(유사)실험설계는 단순시계열설계와 복수시계열설계, 비동일통제집단설계가 있음. 실험의 3대 요소를 모두 지키지는 못하지만 내적 타당도저해요인들을 통제하기 위한 대안적인 부분은 확보. 사회조사에서 순수실험 설계보다 유사실험설계가 자주 활용됨. 순수실험설계는 이상적이지만 현실적으로는 설계하고 실행하기 어려움. 유사실험설계는 순수실험설계보다 내적타당도는 떨어지지만 외적타당도는 높은 편.

☐ 10회
10. 사전-사후검사에서 서로 다른 척도를 사용해서 발생하는 타당도 저해 요인은?

① 성숙효과 ② 테스트효과 ③ 조사반응성
④ 도구효과 ⑤ 통계적 회귀

정답 ④
해설 사전 사후검사에서 서로 같은 척도를 사용하면 검사효과가 다른 척도를 사용하면 도구효과가 발생함
내적 타당도 저해 요인 통제방법
- 무작위할당 : 가장 최선책
- 배합 : 차선책. 조사자가 알고 있는 요인은 통제 가능하나 그 외 요인들은 통제 불가능, 정밀배합과 빈도분포 배합이 있음
- 통계적 통제 : 사후에 통계적으로 통제하는 방법

외적타당도 저해 요인 통제방법
- 표본의 대표성 향상(표본 크기 증가, 확률표집 방법 사용), 호손효과와 플라시보효과의 통제를 위해 통제집단을 추가, 유사실험 설계와 같이 현실적인 상황을 고려한 조사설계 실시

☐ 14회
11. 실험설계에 관한 설명으로 옳지 <u>않은</u> 것은?

① 순수실험설계는 무작위할당을 활용해야 한다.
② 순수실험설계가 준(유사)실험설계에 비해 내적타당도가 높다.
③ 준(유사)실험설계에는 사전 측정이 있어야 한다.
④ 준(유사)실험설계에는 두 개 이상의 집단이 필요하다.
⑤ 단일집단사전사후검사설계는 전실험설계이다.

정답 ④

해설 준(유사)실험설계는 단순시계열설계와 복수시계열설계, 비동일통제집단설계가 있음
단순시계열설계는 독립변수의 조작이나 독립변수의 노출 전에 여러 번 관찰(검사)하고 독립변수 도입 후에 다시 여러 번 관찰하여 전후의 점수 또는 경향을 비교하는 것
실험집단만 존재, 통제집단은 없음

□ 17회
12. 다음에 해당하는 설계로 옳은 것은?

> 학교폭력 예방프로그램의 효과를 평가하기 위해 OO시 소재 중학교 중에서 학교와 학생들의 특성이 유사 한 A학교와 B학교를 선정하였다. 두 학교 학생들을 대상으로 사전검사를 실시한 다음 A학교에서 학교폭력 예방프로그램을 실시한 후 다시 한 번 두 학교 학생들을 대상으로 사후검사를 실시하였다.

① 비동일 통제집단 설계
② 통제집단 사후검사 설계
③ 정태적 집단(고정집단) 비교 설계
④ 일회검사사례연구
⑤ 솔로몬 4집단 설계

정답 ①

해설 두 학교의 학생들을 대상으로 사전검사와 사후검사를 실시했다고 기술한 것을 보아 비동일비교집단 설계임을 알 수 있음

무작위할당이 없으며, 독립변수의 조작과 종속변수의 비교가 있었고 이는 비동일비교집단 설계임.

□ 11회
13. 다음 사례의 내적 타당도 저해 요인은?

> 사전검사에서 우울점수가 지나치게 높은 5명의 노인을 선정하여 우울감소 프로그램을 제공한 후 동일한 도구로 사후검사를 실시하였더니 이들의 우울점수가 낮아졌다.

① 후광효과   ② 통계적 회귀   ③ 실험대상 변동
④ 도구효과   ⑤ 인과적 시간 순서

정답 ②

해설 통계적회귀 : 특정 특성이 '매우 낮은' 혹은 '매우 높은' 집단을 대상으로 개입하는 경우 평균으로 회귀하려는 경향을 보이는 것.

기출문제 확인하기

❑ 16회
14. 조사대상자의 선정편향(selection bias)이 영향을 주기 <u>어려운</u> 것은?

① 내적 타당도
② 실험집단과 통제집단의 동질성
③ 표본의 대표성
④ 측정의 정확성
⑤ 결과의 일반화 정도

정답 ④
해설 선정편향(selection bias)은 실험집단과 통제집단이 동질적으로 구성되지 않아 발생하는 선택상의 편의 혹은 편향된 선별의 문제. 편향된 조사대상에 대한 연구의 결과는 조사설계의 내적 타당도를 떨어뜨리며 나아가 결과를 일반화할 수 있는 정도에도 영향을 줌.
측정의 정확성은 타당도에 대한 내용으로 내적타당도를 저해하는 요인인 선정편향하고는 관련이 없음.
또한, 표본의 수는 모집단의 크기와 동질성 여부에 의해 좌우된다. 모집단의 크기가 작을 경우에는 전수조사를 하는 것이 좋고 동질적인 개체로 구성되어 있다면 어느 요소를 택하여 표본으로 하더라도 좋다. 단순무작위표집의 경우 다른 조건이 동일하다면 모집단이 크고 이질적일수록 표본의 수도 커야 한다. 타당한 표본설계에 따라 선정된 표본이라면 그 규모가 반드시 크지 않더라도 모집단을 효율적으로 대표할 수 있다.

7 신뢰도와 타당도

◆ 출제경향분석 및 학습가이드

대분류	소분류(기출키워드)	20회	19회	18회	17회	16회	15회	14회	13회	12회	11회	출제빈도 및 중요도
7장 신뢰도와 타당도	신뢰도	O	O			O	O	O	O		O	★★★★
	타당도	O	O	O	O	O	O	O	O	O	O	★★★★★
	신뢰도와 타당도와의 관계			O		O	O			O		★★
	측정의 오류					O	O	O				★★
	출제문항수	3	3	4	4	3	4	3	2	2	3	
	비중	12.0%	11.5%	16.0%	15.4%	12.0%	15.4%	12.0%	6.7%	6.7%	10.0%	

- 신뢰도와 타당도는 빈번하게 출제됨.
- 신뢰도의 측정방법과 타당도의 평가방법에 대해 물어보는 문제가 출제됨.
- 타당도의 유형을 물어보는 문제 또한 출제되었는데 내용에 대한 명확한 이해가 필요함.
- 신뢰도와 타당도의 관계를 물어보는 문제가 출제됨.

기출문제 확인하기

□ 10회
01. 다음 ( ) 안에 알맞은 것은?

> 종합복지관 채용시험의 A의 성적은 높았고 B의 성적은 낮았지만 두 사람 모두 같은 복지관에 입사했다. 입사 후에 B가 A보다 업무능력이 뛰어난 것으로 나타난다면 이 복지관에서 사용한 채용시험의 ( )타당도는 낮았다고 할 수 있다.

① 내용　　　　　② 동시　　　　　③ 수렴
④ 판별　　　　　⑤ 예측

정답 ⑤
해설
- 내용타당도 : 측정하고자 하는 개념을 내용으로 잘 담고 있는가를 중심으로 타당도 판단
- 동시타당도 : 타당도를 검사하고자 하는 측정도구와 이미 타당도가 확보된 측정도구를 동일 대상에게 적용하여 산출한 측정 결과 간 상관관계가 높으면 타당도가 높다고 판단하는 방법
- 수렴타당도 : 동일 개념을 측정하는 서로 다른 측정도구의 측정값들 간에는 상관관계가 높아야 하는데, 이를 확인함으로써 타당도를 검증하는 방법
- 판별타당도 : 서로 다른 개념을 측정하는 측정도구의 측정값 간에는 상관관계가 낮아야 하는데, 이를 확인함으로써 타당도를 검증하는 방법
- 예측타당도 : 현재의 상태로부터 미래의 차이를 예측해내는 측정도구의 능력이 어느 정도인가를 통해 타당도를 진단하는 방법

□ 12회
02. ( ) 안에 알맞은 것은?

> A 초등학교는 4학년 수학능력시험의 ( )타당도를 확보하기 위해 수학교사들의 회의를 통해 연산, 논리, 기하 등을 포함하기로 결정 하였다.

① 내용　　　　　② 동시　　　　　③ 예측
④ 판별　　　　　⑤ 기준

정답 ①
해설 타당도 검증 방법
- 내용타당도 : 전문가의 내용 검토를 토대로 타당도 검증
- 기준타당도 : 예측타당도와 동시타당도
- 개념(구성/구성체)타당도 : 이해타당도, 수렴타당도, 판별타당도, 요인분석을 통해 확인 가능

□ 14회
03. 다음 사례에 기술된 '표준화된 척도'의 타당도 평가방법은?

> 사회복지사가 클라이언트 100명의 약물남용 정도를 두 가지 방법으로 측정하였다. 첫째, 약물남용으로 인해 상담이나 치료를 받은 경험이 있는지를 질문하였고, 둘째, 표준화된 척도로 약물남용 정도를 측정하였다. 측정 결과, 상담이나 치료 경험이 있는 집단의 척도 평균 점수가 그렇지 않은 집단의 점수보다 통계적으로 유의미하게 높았다. (단, 척도의 점수가 높을수록 약물남용 정도가 심하다고 해석한다.)

① 기준타당도   ② 수렴타당도   ③ 판별타당도
④ 개념구성(construct)타당도   ⑤ 액면타당도

정답 ①
해설 타당도 검증 방법
- 내용타당도 : 전문가가 측정도구의 내용을 검토하여 타당도 평가
- 기준타당도 : 예측타당도(특정 결과를 예측하는 측정도구의 능력으로 타당도 평가), 동시타당도(이미 타당도가 검증된 다른 측정도구와의 비교를 통해 타당도 평가)
- 개념타당도 : 이론을 토대로 타당도 평가. 이해타당도, 수렴타당도, 판별타당도, 요인분석

□ 15회
04. A시설 어린이들의 발달 상태를 조사하기 위해 체중계를 이용하여 몸무게를 측정했는데 항상 2.5kg이 더 무겁게 측정되었다. 이 측정에 관한 설명으로 옳은 것은?

① 타당도는 높지만 신뢰도는 낮다.
② 신뢰도는 높지만 타당도는 낮다.
③ 신뢰도도 높고 타당도도 높다.
④ 신뢰도도 낮고 타당도 낮다.
⑤ 신뢰도나 타당도를 평가할 수 없다.

정답 ②
해설 신뢰도와 타당도의 관계
- 신뢰도가 높다고 반드시 타당도가 높은 것은 아님
- 타당도가 높으면 반드시 신뢰도는 높음. 이 반대는 성립하지 않음(꼭 기억할 것!)

□ 16회
05. 신뢰도와 타당도에 관한 설명으로 옳은 것은?

① 측정할 때마다 항상 30분 빠르게 측정되는 시계는 신뢰도가 높은 것이다.
② 측정도구의 신뢰도가 높으면 타당도도 높아진다.
③ 측정도구를 동일 응답자에게 반복 적용했을 때 일관된 결과가 나오면 타당도가 높은 것이다.
④ 동일한 변수를 측정할 때 신뢰도가 타당도를 높이기 위해서는 관련 문항 수를 줄인다.
⑤ 타당도를 검사하기 위해 복수양식법을 활용한다.

기출문제 확인하기

정답 ①

해설 ② 신뢰도는 타당도의 필요조건임. 즉 신뢰도가 낮으면 타당도는 반드시 낮지만 신뢰도가 높다고 타당도가 높은 것은 아님
③ 반복 적용 시 일관된 결과가 나오는 것은 재검사신뢰도가 높음
④ 관련 문항 수를 줄여도 타당도가 높아지진 않음
⑤ 복수양식법은 신뢰도 측정 방법

□ 14회

06. 측정의 무작위 오류(random error)에 관한 설명으로 옳은 것은?

① 응답자가 자신에 대한 이미지를 좋게 만들기 위해 응답할 때 발생한다.
② 타당도를 낮추는 주요 원인이다.
③ 설문문항이 지나치게 많을 경우 발생하기 쉽다.
④ 연구자가 응답자에게 유도성 질문을 할 때 발생한다.
⑤ 일정한 양태와 일관성을 갖는 오류이다.

정답 ③

해설 비체계적 오류(= 무작위적 오류) : 측정할 때마다 다른 결과 → 신뢰도와 관련됨
환경, 응답자의 개인상태, 설문문항이 지나치게 많은 경우 등 통제 불능 요인

□ 16회

07. 신뢰도와 타당도에 관한 설명으로 옳은 것은?

① 측정할 때마다 항상 30분 빠르게 측정되는 시계는 신뢰도가 높은 것이다.
② 측정도구의 신뢰도가 높으면 타당도도 높아진다.
③ 측정도구를 동일 응답자에게 반복 적용 했을 때 일관된 결과가 나오면 타당도가 높은 것이다.
④ 동일한 변수를 측정할 때 신뢰도와 타당도를 높이기 위해서는 관련 문항 수를 줄인다.
⑤ 타당도를 검사하기 위해 복수양식법을 활용한다.

정답 ①

해설 신뢰도 : 같은 대상을 측정한 값들 사이에서의 측정의 일관성
타당도 : 실제 값에 대한 측정의 정확성

신뢰도는 타당도가 성립되기 위한 필요조건 : 타당도가 높다는 말에는 이미 신뢰도 또한 높다는 전제가 내포되어 있는 것
복수양식법(=대안법, 평행양식법, 유사양식법)은 타당도가 아니라 신뢰도를 검사하는 방법

□ 17회
08. 다음에서 설명하는 타당도 유형은?

> 최근에 개발된 불안척도를 사용하여 불안으로 치료 중인 집단과 일반인 집단의 불안 수준을 측정하였다. 측정 결과 치료집단의 평균이 일반인 집단의 평균보다 통계적으로 유의미하게 높아 불안척도는 두 집단을 잘 구별하였다.

① 액면(face)타당도
② 내용(content)타당도
③ 기준(criterion)타당도
④ 이해(nomological)타당도
⑤ 수렴(convergent)타당도

정답 ③
해설 기준타당도 : 동시타당도(공인된 외부 기준에 맞추어 척도의 타당도를 검증), 예측타당도

□ 12회
09. 측정의 신뢰도와 타당도에 관한 설명으로 옳은 것은?

① 동일인이 한 체중계로 여러 번 몸무게를 측정하는 것은 체중계의 타당도와 관련되어 있다.
② 편향은 측정의 무작위 오류와 관련되어 있다.
③ 측정도구의 높은 신뢰성이 측정의 타당성을 보증하지 않는다.
④ 측정도구의 타당도를 검사하기 위해 반분법을 활용한다.
⑤ 기준관련 타당도 검사를 위해 해당개념과 관련된 이론적 모형이 필요하다.

정답 ③
해설 신뢰도는 측정의 일관성, 반복 측정해도 결과가 동일한가, 도구의 정확성을 의미(무작위 오류와 관련) – 검사-재검사법, 반분법, 복수양식법 등 사용
타당도는 측정하고자 하는 것, 개념을 측정 도구가 제대로 측정하고 있느냐를 나타내는 것(체계적 오류와 관련)

*신뢰도와 타당도의 관계
• 신뢰도가 없다면 타당도도 없다.
• 신뢰도가 있으면 타당도는 있다.
• 타탕도가 없어도 신뢰도가 있다.
• 신뢰도가 있어도 타당도가 없을 수 있다.
• 타당도가 없다면 신뢰도도 없다.
• 타당도가 있으면 신뢰도가 있다.

□ 15회
10. 측정의 오류에 관한 설명으로 옳은 것은?

① 편향에 의해 체계적 오류가 발생한다.
② 무작위 오류는 측정의 타당도를 저해한다.
③ 체계적 오류는 측정의 신뢰도를 저해한다.
④ 표준화된 측정도구를 사용하더라도 체계적 오류를 줄일 수 없다.
⑤ 측정자, 측정 대상자 등에 일관성이 없어 생기는 오류를 체계적 오류라 한다.

기출문제 확인하기

정답 ①

해설 체계적 오류 : 발생이 체계적이므로 체계적인 제거도 가능
- 편향으로 인해서 발생 → 측정의 정확성을 떨어뜨림 → 타당도와 관련됨
- 응답방식(개인적 성향) : 가혹, 관용, 중앙집중의 경향
- 응답자의 인구학적 특성 : 아동용 질문지를 어른에게 사용할 경우
- 선행응답의 오류, 후행응답의 오류

비체계적 오류(= 무작위적 오류)
- 측정할 때마다 다른 결과 → 신뢰도와 관련됨

□ 11회
11. 측정도구의 신뢰도에 관한 설명으로 옳지 <u>않은</u> 것은?

① 신뢰도는 무작위 오류와 관련이 있다.
② 재검사법을 사용하여 신뢰도를 평가할 경우 측정대상이 동일해야 한다.
③ 측정하고자 의도한 것을 측정하는 능력을 말한다.
④ 크론바하알파(Cronbach's alpha)는 신뢰도 측정의 대표적 방법이다.
⑤ 측정결과가 일관된 정도를 말한다.

정답 ②

해설 같은 대상을 측정한 값들 사이의 일관성(같은 대상을 얼마나 일관되게 측정하는가?)을 말함
측정방법 : 조사자 간 신뢰도, 검사-재검사법, 대안법(복수양식법), 반분법, 크론바하 알파계수

□ 10회
12. 동일대상에게 시기만 달리하여 동일 측정도구로 조사한 결과를 비교하는 신뢰도 측정법은?

① 검사-재검사법　　② 평행양식법　　③ 반분법
④ 복수양식법　　⑤ 내적 일관성법

정답 ①

해설 신뢰도 검증 방법
- 조사자 간 신뢰도 : 같은 대상을 두 명의 관찰자가 관찰한 값의 상관관계 확인
- 재검사법 : 같은 대상을 두 번 측정한 값의 상관관계 확인
- 대안법(복수양식법, 평행양식법, 유사양식법) : 유사한 두 도구로 측정한 값의 상관관계 확인
- 반분법 : 내적 일관성 신뢰도에 속함, 측정 문항을 반으로 나누어 각각 계산한 값의 상관관계 확인, 반분 방법에 따라 신뢰도계수가 달라짐
- 크론바하알파 : 내적 일관성 신뢰도에 속함, 모든 반분계수의 평균(혹은 중앙값)을 계산하여 단일한 신뢰도계수를 산출, 신뢰도가 낮은 문항을 확인하여 제거할 수 있음. 일반적으로 알파값이 0.6 이상일수록 신뢰도가 높다고 할 수 있음. (0.6 이상이 기본적이며, 대부분 0.9 이상을 표기함)

8 단일사례설계

◆ 출제경향분석 및 학습가이드

대분류	소분류(기출키워드)	20회	19회	18회	17회	16회	15회	14회	13회	12회	11회	출제빈도 및 중요도
8장 단일사례설계	단일사례의 유형 및 특징		o	o	o	o	o		o	o		★★★★
	출제문항수	0	1	1	1	1	1	0	1	1	0	
	비중	0.0%	3.8%	4.0%	3.8%	4.0%	3.8%	0.0%	3.3%	3.3%	0.0%	

- 단일사례의 특징에 대해 파악하고 있어야 하며, 조사설계(실험설계)의 특징과 어떤 차이가 있는지를 이해해야 함.
- 단일사례설계의 유형을 물어보는 문제가 출제됨.
- 단일사례의 기록방법과 평가방법에 대해서도 물어보는 문제가 출제되었음.

기출문제 확인하기

□ 13회

01. 단일사례 연구에 관한 설명으로 옳지 않은 것은?

① 개인과 집단뿐만 아니라 조직이나 지역사회도 연구 대상이 될 수 있다.
② 외적 타당도가 높다.
③ 개입의 효과에 대한 즉각적인 피드백이 가능하다.
④ 조사연구 과정과 실천 과정이 통합될 수 있다.
⑤ 반복 측정으로 통제집단효과를 볼 수 있다.

정답 ②

해설 단일사례설계의 특징
- 사례가 하나 → 외적 타당도(일반화의 가능성)가 취약함
- 가설검증이나 이론규명이 아니라 개입의 효과성을 확인할 수 있음
- 반복측정을 통해 내적 타당도 저해 요인을 통제할 수 있음
- 개입효과에 대한 즉각적인 피드백 가능(융통적, 설계 진행 중에 수정 가능)
- 중도에 개입방법 바꿀 수 있음

□ 16회

02. 단일사례설계에 관한 설명으로 옳지 않은 것은?

① 기초선 국면과 개입 국면이 있다.
② 연구대상과 개입방법은 여러 개가 될 수 없다.
③ 조사연구 과정과 실천 과정의 통합이 가능하다.
④ 경향과 변화를 파악하도록 반복 관찰한다.
⑤ 통계적 원리를 적용하여 분석할 수 있다.

정답 ②

해설 단일사례설계란 AB/ABA/ABAB/BAB/ABCD로 개입하는 것. 반복적인 관찰이 가능. 사회복지실천현장에서 자주 활용. 그래프를 활용하여 개입의 효과성을 확인할 수 있음.
-기본요소 : A가 기초선, B가 개입

□ 15회

03. 다음에서 설명하는 것은?

> 단일사례설계에서 기초선이 불안정하게 형성 되어 있는 경우, 기초선의 변화의 폭과 기울기까지 고려하여 결과를 분석한다.

① 평균비교 ② 시각적 분석 ③ 경향선 접근
④ 임상적 분석 ⑤ 이론적 분석

정답 ③

해설 단일사례설계의 개입효과 평가방법
AB설계, ABA설계(윤리적 문제), ABAB설계(반전설계, 윤리적 문제), BAB설계(신속한 개입을 요할 때), ABCD(다중요소 설계 : 이월효과, 순서효과, 우연한 사건 효과 통제할 수 없음), 다중기초선 설계(문제 간/상황 간/대상자 간 다중기초선 설계 : 개입을 도입하는 시점을 달리함)

☐ 17회
04. 단일사례설계 중 다중기초선 설계에 관한 설명으로 옳지 <u>않은</u> 것은?

① 내적 타당도 저해요인을 통제하기 위한 주요 수단으로 개입의 철회를 사용한다.
② 일부 연구대상자에게 개입의 제공이 지연되는 문제를 갖는다.
③ 연구대상자의 수가 증가할수록 내적 타당도는 증가한다.
④ 동일한 개입을 특정 연구대상자의 여러 표적행동에 적용하여 개입의 효과를 평가할 수 있다.
⑤ 수집된 자료의 분석을 위해 통계적 방법이 사용되기도 한다.

정답 ①
해설 내적타당도 저해요인을 통제하기 위한 주요 수단으로 개입의 철회를 사용하는 단일사례설계 유형은 ABA설계 혹은 ABAB설계

ABA설계
- 장점
  - AB설계보다 내적 타당도가 높음(개입효과성 파악이 용이).
- 단점
  - 호전되고 있는 클라이언트에게 개입의 효과를 명확히 평가한다는 이유로 개입을 중단한다는 점에서 윤리적인 문제가 야기될 수 있음
  - 만일 B단계에서 호전되던 표적 행동이 반전 기간 A에서도 여전히 유지된다면 개입의 효과를 어떻게 판단해야 할지 모호
  - AB설계보다 조사 기간이 길어짐

ABAB설계
- 장점
  - AB설계, ABA설계보다 내적 타당도가 높음(개입효과성 파악이 용이).
  - 클라이언트와 사회복지사의 관계가 지속되고 있는 상황에서 두 번째 기초선이 설정되고 다시 개입이 시작되므로 지속적 관찰이 가능
- 단점
  - ABA설계와 마찬가지로 윤리적인 문제가 있음
  - ABA설계보다 시간이 오래 걸리므로 두 번에 걸친 기초선, 개입 기간을 모두 일정하게 유지하기가 어려움
  - 반전 기간(두 번째 A) 동안에도 개입 단계에서 나타난 표적 행동 상태가 유지되는 경우[이를 개입지속효과(carry over effect)라고 한다.] 개입의 효과를 판단하기 어려워짐

☐ 12회
05. 단일사례 연구에 관한 설명으로 옳지 <u>않은</u> 것은?

① 단일사례로서 개인, 가족, 단체 등이 분석대상이다.
② 여러 명의 조사대상들에게 개입시기를 다르게 하면 우연한 사건효과를 통제할 수 있다.
③ 기초선으로 성숙효과를 통제할 수 있다.
④ 측정을 위한 비관여적 관찰도 가능하다.
⑤ 비반응성 연구의 한 유형이다.

정답 ⑤
해설 단일사례설계의 특징
- 시계열 설계를 한 사례에 적용(반복 관찰을 통해 외생변수 통제)
- 단일사례는 개인, 가족, 집단, 조직, 지역사회 모두 가능
- 낮은 외적 타당도
- 실천현장에서 개입의 효과를 평가하기 위해 사용(조사와 실천의 통합)

9 자료수집

◆ 출제경향분석 및 학습가이드

대분류	소분류(기출키워드)	20회	19회	18회	17회	16회	15회	14회	13회	12회	11회	출제빈도 및 중요도
9장 자료수집	자료수집방법의 유형 및 특징	○	○	○		○		○	○	○	○	★★★★
	출제문항수	2	2	2	0	2	1	2	2	2	2	
	비중	8.0%	7.7%	8.0%	0.0%	8.0%	3.8%	8.0%	6.7%	6.7%	6.7%	

- 자료수집방법의 특징과 이를 물어보는 문제가 출제됨.
- 자료수집방법의 면접조사, 전화조사, 우편조사, 인터넷조사의 특징과 장단점을 물어보는 문제가 출제됨.
- 설문지 구성요소에 대한 전체적인 이해가 필요하며, 설문문항의 작성요령, 문항배열의 원칙에 대해 물어보는 문제가 출제됨.

기출문제 확인하기

□ 14회

01. 서베이(survey)조사에 적절한 주제가 아닌 것은?

① 신규 프로그램 개발을 위한 주민욕구 측정
② 기초생활보장제도의 대국민 만족도 측정
③ 틱(tic)현상을 가진 아동에 대한 단일사례 분석
④ 한국 청소년의 약물남용 실태조사
⑤ 노숙자들의 쉼터 이용 거부원인 분석

정답 ③

해설 틱 현상을 가진 아동에 대한 단일사례분석은 조사대상자에 대한 심층적 이해가 가능하다는 점에서 질적 연구가 더 적합

설문조사는 응답자가 질문에 직접 답하도록 하는 형태의 자료수집 방법으로 대단위 모집단의 태도와 성향을 측정할 때 적합한 조사

□ 15회

02. 서베이 조사에 관한 설명으로 옳지 않은 것은?

① 면접조사는 우편조사에 비해 비언어적 행위의 관찰이 가능하다.
② 일반적으로 전화조사는 면접조사에 비해 면접시간이 길다.
③ 질문의 순서는 응답률에 영향을 줄 수 있다.
④ 폐쇄형 질문의 응답범주는 상호배타적이어야 한다.
⑤ 면접조사는 전화조사에 비해 비용이 높을 수 있지만 무응답률은 낮은 편이다.

정답 ②

해설 전화조사

장점
- 신속하게 자료를 수집할 수 있음
- 피면접자가 면접자의 영향을 받지 않으면서 응답할 수 있음
- 대인면접에 비해 익명성이 보장됨

단점
- 전화기가 없는 대상자를 포함하지 못함
- 상황통제가 불가능

기출문제 확인하기

☐ 17회
03. 다음 중 옳지 <u>않은</u> 것은?

① 우편설문 : 원래 표본으로 추출된 응답자가 응답하지 않을 수 있다.
② 실험설계 : 개입을 제공하기 전에는 종속변수의 측정이 사실상 불가능하다.
③ 관찰 : 비언어적 자료수집이 가능하다.
④ 비반응성 자료수집 : 연구대상의 반응성 오류를 피할 수 있다.
⑤ 대인면접설문 : 방문 조사원에 의해 보충적인 자료가 수집될 수 있다.

정답 ②
해설 • 우편설문 : 비용·시간 절감, 익명성 보장, 응답률 낮음
• 면접법 : 비용·시간 많이 소요, 익명성을 보장할 수 없음, 응답률 높음, 보충적 자료수집 가능
• 관찰 : 비언어적 자료수집 가능
• 비반응성(비관여적) 조사 : 조사반응성 개입되지 않음, 종단적 연구 가능

☐ 16회
04. 대인면접에 비해 우편설문이 갖는 장점은?

① 질문 과정의 유연성 증대
② 동일 표집조건 시 비용의 절감
③ 높은 응답률
④ 응답환경의 통제 용이
⑤ 심층규명 증대

정답 ②
해설 대인면접 : 직접 대면해서 하는 면접으로 응답률이 높고 대리응답이 불가능, 비용이 많이 듦
우편설문 : 직접 대면하지 않아 대리응답이 가능 즉 통제가 용이하지 않음, 비용은 상대적으로 저렴.

☐ 12회
05. 우편조사, 전화조사, 대면면접조사에 관한 비교설명으로 옳은 것은?

① 일반적으로 우편조사의 응답률이 가장 높다.
② 우편조사와 전화조사는 자기기입식 자료 수집 방법이다.
③ 대면면접조사에서는 추가질문하기가 가장 어렵다.
④ 원거리 응답자에게는 우편조사보다 대면 면접조사가 더 적절하다.
⑤ 어린이나 노인에게는 대면면접조사가 가장 적절하다.

정답 ⑤
해설 면접조사의 장단점
장점 : 융통성, 높은 응답률, 비언어적 행위 관찰, 환경의 통제, 무응답률이 낮음
단점 : 시간과 비용이 많이 투자, 선입견 및 편견, 익명성 결여

☐ 12회
06. 설문지 작성에 관한 설명으로 옳지 않은 것은?

① 폐쇄형 질문의 응답범주는 포괄적(ex-haustive)이어야 한다.
② 응답자의 이해능력을 고려하여 설문문항이 작성되어야 한다.
③ 폐쇄형 질문의 응답범주는 상호배타적(mutually exclusive)이지 않아도 된다.
④ 심층적이고 질적인 면접은 대부분 개방형 질문으로 구성된다.
⑤ 이중질문(double-barreled question)은 배제되어야 한다.

정답 ③
해설 질문지 언어 구성
- 명확해야 함
- 간결해야 함
- 범주 구성 시 상호배타성, 포괄성, 논리적 연관성 원칙 지켜야 함
- 이중질문, 유도질문 피해야 함
- 응답자의 능력에 적절해야 함
- 전문적이고 기술적인 용어, 민감한 용어, 모호한 질문, 부정형 질문은 피해야 함

☐ 14회
07. 제시된 두 가지 연구 유형의 분류기준이 바르게 연결되지 않은 것은?

① 양적조사와 질적조사 - 데이터의 성격
② 순수실험설계와 준(유사)실험설계 - 원인의 조작 여부
③ 기술적 연구와 설명적 연구 - 연구의 목적
④ 코호트(cohort)조사와 패널조사 - 동일표본의 반복측정 여부
⑤ 전수조사와 표본조사 - 표본추출의 여부

정답 ②
해설 ②의 경우는 무작위할당의 유무
실험설계의 기본 요건은 무작위 할당을 통한 외생 변수 통제, 종속변수 비교, 독립변수 조작을 하는 것임. 이러한 3가지 요소를 포함한 설계가 순수실험설계.

기출문제 확인하기

▢ 16회
08. 설문지 작성에 관한 설명으로 옳은 것은?

① 개방형 질문은 응답률을 높이기 위해 주로 설문지의 앞부분에 배치한다.
② 수반형(contingency) 질문이 많아질수록 응답률은 높아진다.
③ 명확한 응답을 얻기 위해 이중(double-barreled)질문을 사용한다.
④ 문항은 응답자의 특성과 무관하게 작성되어야 한다.
⑤ 신뢰도 측정을 위해 짝(pair)으로 된 문항들은 가급적 떨어지게 배치한다.

정답 ⑤
해설 질문 유형, 사전검사, 설문지 회수율 모니터링
- 질문 유형 : 개방형 질문, 폐쇄형 질문(응답범주 구성 시 상호배타성과 포괄성 원칙 준수), 수반형 질문
- 사전검사(pre-test) : 본조사에 앞서 설문지를 일부 대상에게 적용하여 설문지의 적절성을 검토하고 수정·보완함
- 설문지 회수율 모니터링 : 그래프로 일일 회수빈도와 누적 빈도를 기록, 추가 응답 유도, 여러 시점에서 회수된 설문지를 분석하여 표집의 편향을 추정

▢ 10회
09. 면접 설문조사와 비교할 때 자기기입식 설문조사가 갖는 장점은?

① 복잡한 쟁점을 다룰 때 효과적이다.
② 설문의 응답률이 높다.
③ 혼동을 일으키는 질문에 대한 추가설명이 가능하다.
④ 개인의 민감한 문제를 다루는데 유리하다.
⑤ 일반적으로 시간이 덜 걸리지만, 비용면에서는 별 차이가 없다.

정답 ④
해설 • 면접설문 장점 : 융통성, 높은 응답률, 비언어적 행위 관찰, 응답환경의 통제, 복잡한 질문 가능, 모든 질문에 대한 응답 여부를 확인하여 완성, 참고 자료 확보 가능
- 면접설문 단점 : 시간과 경비가 많이 소요, 면접자로 인한 선입견, 편의(bias) 발생, 익명성 결여, 표준화 결여, 자료입력 어려움
- 면접조사 유형 : 구조화 면접, 반구조화 면접, 비구조화 면접

10 내용분석

◆ 출제경향분석 및 학습가이드

대분류	소분류(기출키워드)	20회	19회	18회	17회	16회	15회	14회	13회	12회	11회	출제빈도 및 중요도
10장 내용분석	내용분석		o	o	o	o	o		o			★★★★
	관찰연구			o		o				o		★★
	출제문항수	0	1	2	1	2	1	2	2	2	1	
	비중	0.0%	3.8%	8.0%	3.8%	8.0%	3.8%	8.0%	6.7%	6.7%	3.3%	

• 내용분석, 2차 자료분석, 관찰의 특징 및 장단점에 대한 관련문제가 출제됨.
• 관찰의 특징과 내용분석에 대한 내용은 자주 출제되기 때문에 이들에 대한 명확한 내용을 알고 있어야 함.

기출문제 확인하기

☐ 9회
01. 자료수집방법으로서 관찰에 관한 설명으로 옳은 것은?

① 관찰 신뢰도는 관찰자의 역량과 관련이 없다.
② 관찰 가능한 지표는 언어적 행위에만 국한된다.
③ 관찰은 면접조사보다 조사 환경의 인위성이 크다.
④ 관찰은 자연적 환경에서 외생변수의 통제가 용이하다.
⑤ 관찰은 응답 과정에서 발생할 수 있는 오류를 줄일 수 있다.

정답 ⑤

해설 관찰의 신뢰도는 관찰자의 역량과 관련이 되며, 관찰 가능한 지표는 언어적 행위뿐만 아니라 비언어적 행위까지 포괄함. 면접조사에 비해 자연스러운 환경에서 탐구가 가능하며 그러다 보니 다양한 외생변수들을 통제하기가 쉽지 않음. 응답자의 응답이 아닌 행동을 관찰함으로써 응답 과정에서 발생할 수 있는 오류를 줄일 수 있음

관찰의 특징
- 자연스러운 상황에서 자료 수집을 하므로 외생변수 통제가 어려움
- 비언어적 행위에 대한 자료수집이 가능
- 관찰의 신뢰도는 관찰자 역량과 관련
- 응답 과정에서 발생할 수 있는 오류 감소

☐ 16회
02. 관찰법에 관한 설명으로 옳지 않은 것은?

① 행위가 일어나는 현장에서 즉시 자료수집이 가능하다.
② 관찰자의 주관성이 개입될 수 있다.
③ 비언어적 상황에 대한 자료수집이 가능하다.
④ 서베이에 비해 자료의 계량화가 쉽다.
⑤ 질적연구나 탐색적 연구에 사용하기 용이하다.

정답 ④

해설 관찰법은 서베이에 비해 자료의 계량화가 어려움.
관찰 내용과 그 범주를 사전에 결정해놓고 관찰하는 구조화된 관찰의 경우 발생 빈도, 방향, 범위 등 범주로 관찰된 것을 계량화할 수도 있지만, 관찰 대상, 방법 등에 대해 명확히 규정하지 않은 상태에서 관찰하는 비구조화 된 관찰의 경우 계량화가 곤란

□ 12회
03. 2차 자료 분석의 특징으로 옳지 않은 것은?

① 비교적 적은 비용으로 대규모사례 분석이 가능하다.
② 자료의 결측값을 추적할 수 있다.
③ 자료를 직접 수집하지 않아도 된다.
④ 기존 데이터를 수정·편집해 분석할 수 있다.
⑤ 정부나 연구소 등의 통계자료를 활용할 수 있다.

정답 ②
해설 2차 자료 분석은 기존의 자료를 대상으로 연구 분석을 하기 때문에 자료의 결측값을 추적 할 수는 없음
2차 자료 분석
- 장점 : 경제적, 비반응적(비관여적), 장기간 변화 분석 용이
- 단점 : 연구목적에 맞는 2차 자료 확보 어려움, 원자료의 결측치 추적(복구) 불가능(그러나 통계기법을 이용한 결측치 대체는 가능함), 기존 자료와 실제 사이 차이가 있을 수 있음, 최신 자료 확보의 어려움, 자료의 신뢰도나 타당도를 알 수 없는 경우가 있음

□ 13회
04. 내용분석(content analysis)에 관한 설명으로 옳은 것은?

① 내용분석의 결과를 양적 분석에 사용할 수 있다.
② 주제를 기록단위로 할 때가 단어를 기록 단위로 할 때보다 자료수집 양이 많다.
③ 하나의 단락 안에 두 개 이상의 주제가 들어 있는 경우 단락을 기록단위로 한다.
④ 기록단위가 맥락단위보다 상위단위다.
⑤ 자료 유형화를 위한 범주가 설정되면 기록단위는 필요치 않다.

정답 ①
해설 내용분석의 특징 : 의사소통 기록물에 대한 분석, 2차 자료 분석(간접적 자료수집 방법)임, 질적 자료를 양적 자료로 전환하여(계량화·통계화) 통계분석, 드러나는 내용뿐 아니라 잠재적 내용도 분석, 비관여적인 방법, 맥락단위는 기록단위보다 더 큰 단위여야 함

□ 10회
05. 2차 자료 분석(secondary analysis)에 관한 설명으로 옳은 것은?

① 비관여적 접근이다.
② 원자료(raw data) 수집과정이 필요하다.
③ 인간을 대상으로 하는 연구에는 적합하지 않다.
④ 원자료(raw data)에서 누락된 변수와 결측값을 복구할 수 있다.
⑤ 간접적 자료수집 방법이므로 변화의 추이분석은 불가능하다

정답 ①
해설 1차 자료와 2차 자료
- 1차 자료 : 조사자가 직접 수집하는 자료, 직접자료
- 2차 자료 : 기존에 이미 있던 자료, 간접자료

기출문제 확인하기

☐ 11회

06. 사회복지사 1급 국가시험이 1회부터 10회까지 아동 관련 이슈를 얼마나 다루었는지를 분석할 때 사용된 연구방법에 관한 설명으로 옳지 <u>않은</u> 것은?

① 분석대상에 영향을 미치지 않는다.
② 필요한 경우 재분석이 가능하다.
③ 직접조사보다 경제적이다.
④ 양적 내용을 질적 자료로 전환한다.
⑤ 다양한 기록자료 유형을 분석할 수 있다.

정답 ④

해설 내용분석의 특징
- 장점 : 시간, 비용 면에서 경제적, 안정적, 장기간에 걸쳐 일어난 과정 연구 가능, 비반응적, 심리적 변수를 효과적으로 측정
- 단점 : 기록된 자료에만 의존, 실제적 타당도 확보 어려움, 분석 자료를 구하기 어려운 경우가 많음, 자료 분석에 시간과 노력이 많이 소요

☐ 18회

07. A대학교는 전체 재학생 중 5백명을 선정하여 취업욕구조사를 하고자한다. 비용부담이 가장 적고 절차가 간편한 자료수집방법은?

① 우편조사　　② 방문조사　　③ 전화조사
④ 온라인조사　　⑤ 면접조사

정답 ④

해설 온라인조사
인터넷을 이용하여 자료를 수집하는 방법, 거리와 시간이 제약이 없고, 비용이 절감되며 신속한 결과도출과 다양한 매체사용이 가능

☐ 18회

08. 설문지작성에 관한 내용으로 옳지 <u>않은</u> 것은?

① 개연성질문(contingency questions)은 사고의 흐름에 따라 배치된다.
② 고정반응(response set)을 예방하기 위해 유사질문들은 분리하여 배치한다.
③ 민감한 주제나 주관식 질문은 설문지의 뒷부분에 배치한다.
④ 명목측정을 위한 질문은 단일차원성의 원칙을 지켜 내용을 구성한다.
⑤ 신뢰도 측정을 위한 질문들은 가능한 서로 가깝게 배치한다.

정답 ⑤

해설 설문지 질문 배열
- 흥미있거나 쉬운 질문은 먼저 배치
- 일정한 유형의 응답군이 발생하지 않도록 배치
- 개연성 질문들은 적합한 순서대로 배열
- 논리적으로 배열
- 신뢰도 검사를 염두에 둔 문항들은 분리하여 배치
- 민감한 문제나 주관식 문제는 뒤쪽에 배치

□ 14회
09. 장애인에 대한 인식의 변화를 알아보기 위해 지난 20년간 개봉된 영화 중 장애인이 등장하는 영화를 분석하기로 하였다. 이 연구에 관한 설명으로 옳지 <u>않은</u> 것은?

① 연구 모집단을 규정하고 표본추출의 틀(sampling frame)을 구해야 한다.
② 사례 수가 많으면 표본 추출하여 줄일 수 있다.
③ '장애인에 대한 인식'의 조작적 정의가 필요하다.
④ 이 조사에서 표본추출의 단위는 사람이다.
⑤ 장애인에 대한 인식에서 현재적 내용과 잠재적 내용을 구분하여 분석할 수 있다.

정답 ④
해설 영화가 이 조사에서의 표본추출단위임.
내용분석 절차
연구문제 형성 → 모집단 규정 → 표본 선정 → 범주 설정 → 분석 단위 규정 → 계량화 체계 마련 → 내용 코딩 → 신뢰도/타당도 검증 → 자료분석

내용분석의 분석단위
- 기록단위 : 단어, 주제, 인물, 문단, 항목, 공간 및 시간
- 맥락단위 : 기록단위의 의미 파악을 위해 맥락단위 규정. 기록 단위보다 큼(상위단계). 모든 기록단위에 맥락단위가 필요한 것은 아님

□ 10회
10. 비반응성 혹은 비관여적 연구조사에 관한 설명으로 옳지 <u>않은</u> 것은?

① 관찰현상에 대한 연구자의 영향력을 안다.
② 드러난 내용과 숨어 있는 내용을 이해한다.
③ 연구자가 타당도와 신뢰도 간의 선택에 따른 딜레마로 고민할 수 있다.
④ 자료수집을 위해 다원 측정(triangulation)의 원칙을 활용한다.
⑤ 명목수준의 측정에 국한되는 단점이 있다.

정답 ⑤
해설 비반응성 혹은 비관여적 연구조사
- 자료수집 과정에서 조사반응성이 개입되지 않는, 달리 말하면 측정 혹은 수집되는 자료에 조사자가 관여하지 않는 연구조사
- 어떤 연구조사가 반응적이냐 비반응적이냐는 자료수집이나 측정 과정에서 반응성이나 조사자의 관여가 발생하느냐 아니냐에 따른 구분일 뿐 측정수준은 명목, 서열, 등간, 비율 모두 가능

11 질적연구방법

◆ 출제경향분석 및 학습가이드

대분류	소분류(기출키워드)	20회	19회	18회	17회	16회	15회	14회	13회	12회	11회	출제빈도 및 중요도
11장 질적연구방법	양적조사와 질적조사 비교		○	○	○		○	○	○	○	○	★★★★
	질적조사방법		○	○	○	○					○	★★★
	질적조사유형	○	○						○	○	○	★★★
	출제문항수	1	3	3	3	2	2	1	2	2	4	
	비중	4.0%	11.5%	12.0%	11.5%	8.0%	7.7%	4.0%	6.7%	6.7%	13.3%	

- 질적조사방법의 특징은 양적연구방법과 무엇이 다른지를 물어보는 문제가 출제됨.
- 질적조사방법이 어떤 내용으로 구성되어 있는지를 파악하고 있어야 함.
- 질적조사방법의 유형들에 대한 정확한 이해가 필요함. 유형의 특징을 제시하며 이를 묻는 문제가 출제됨.

기출문제 확인하기

□ 17회
01. 질적조사로 보기 어려운 것은?

① 근거이론연구　　② 문화기술지연구　　③ 솔로몬설계연구
④ 내러티브연구　　⑤ 현상학적연구

정답 ③
해설 솔로몬설계연구는 실험조사에 해당하며 순수실험설계, 가장 이상적인 설계디자인. 이 설계는 사전 검사의 영향과 관련된 효과들을 제거할 수 있으므로 철저한 외생변수의 통제가 가능하여 내적타당도와 외적타당도를 높일 수 있음. 반면에 4개의 집단을 선별하고 통제하기가 어렵고 비용이 많이 들며 운영이 복잡, 현실적으로 실행되기가 어려움

*질적연구의 종류
- 민속지학연구 : 특정문화를 공유하는 집단의 세계, 관습, 생활양식, 규범 등에 대해 기술하는 연구
- 현실기반(근거이론)연구 : 귀납적인 과정을 거쳐 현실적인 자료에 근거하여 개발된 이론
- 현상학적연구 : 사물이나 현상에 대한 경험의 본질을 탐구하는 것
- 내러티브연구 : 개인이 살아온 경험과 그에 대한 이야기를 수집하는 것
- 참여행동연구 : 연구대상자들에게 연구의 목적과 절차에 대한 통제권이 주어진 사회조사방법

□ 13회
02. 양적연구 방법에 관한 설명으로 옳은 것은?

① 심층규명(probing)을 한다.
② 연구자의 주관성을 활용한다.
③ 선(先)이론 후(後)조사의 방법을 활용한다.
④ 연구도구로서 연구자의 자질이 중요하다.
⑤ 주로 사용되는 자료수집 방법은 면접과 관찰이다.

정답 ③
해설 질적조사에서는 수집된 경험을 근거로 잠정적 이론에 도달하는 귀납적 방법을 선호. 선조사 후이론 방식
질적조사의 특징
- 자연스러운 상황에서 조사
- 조사자와 조사대상자 간 상호 작용을 통해 자료수집
- 심층규명이 가능
- 귀납적 절차
- 조사자 자신이 도구, 조사자의 주관성을 활용
- 자료수집과 자료분석 병행
- 조사 절차의 유연성

□ 11회
03. 양적연구와 질적연구를 통합한 혼합연구 방법(mixed method)에 관한 설명으로 옳지 <u>않은</u> 것은?

① 양적연구의 결과에서 질적연구가 시작될 수 있다.
② 두 가지 연구방법 모두에 대한 전문적 지식이 필요하다.
③ 연구자에 따라 두 가지 연구방법의 비중은 상이할 수 있다.
④ 다양한 패러다임을 수용할 수 있어야 한다.
⑤ 질적연구 결과와 양적연구 결과는 상반 될 수 없다.

기출문제 확인하기

정답 ⑤

해설 질적연구와 양적연구는 방법론에 있어서 서로 다름
질적연구 : 주관적, 개입이 가능하며 융통성이 있음, 일반화의 가능성 낮음
양적연구 : 논리적, 객관적, 경험적, 검증가능성, 일반화의 가능성 높음

☐ 1회
04. 일반적으로 질적연구에서 사용되는 표집방법이 <u>아닌</u> 것은?

① 극단적 사례(extreme case)표집
② 전형적 사례(typical case)표집
③ 눈덩이(snowball)표집
④ 편의(convenience)표집
⑤ 체계적(systematic)표집

정답 ⑤

해설 질적조사의 표집방법
- 질적조사에 사용되는 표집은 대부분 비확률표집
- 비확률표집 : 의도적 표집(판단표집), 이론적 표집, 한 사례 표집, 최대편차 표집, 동질적 표집, 중요 사례(결정적 사례) 표집, 할당 표집, 이론기반 표집, 눈덩이 표집, 예외적(극단적 혹은 일탈적) 사례 표집, 전형적 사례 표집, 준예외적 사례 표집, 기준 표집 등

☐ 16회
05. 혼합연구방법론(mixed methodology)에 관한 설명으로 옳지 <u>않은</u> 것은?

① 질적연구 결과와 양적연구 결과는 일치해야 한다.
② 양적연구와 질적연구에 대한 전문적 지식이 모두 필요하다.
③ 연구에 따라 양적연구와 질적연구의 상대적 비중이 상이할 수 있다.
④ 질적연구의 결과에 기반 하여 양적연구를 시작할 수 있다.
⑤ 상충되는 패러다임들도 수용할 수 있어야 한다.

정답 ①

해설
- 질적 연구 또는 양적 연구에 사용되는 기법, 방법, 접근법, 개념과 언어들을 하나의 연구에 혼합하거나 결합하는 연구
- 양적, 질적 방법론이 갖는 장점에서 극대화할 수 있음.
- 단일한 연구방법론의 적용에서 올 수 있는 제한점을 극복할 수 있음
- 연구문제에 대한 보다 정확한 해답을 찾을 수 있는 방법으로 제공할 수 있음
- 실용주의에 기반 하여 실제적인 효용성에 가치를 둠

☐ 18회
06. 질적연구에 관한 설명으로 옳지 <u>않은</u> 것은?

① 풍부하고 자세한 사실의 발견이 가능하다.
② 문제에 대한 통찰력을 제공한다.
③ 연구참여자의 상황적 맥락 안에서 이루어진다.
④ 다른 연구자들이 재연하기 용이하다.
⑤ 현상에 대해 심층적으로 기술한다.

정답 ④

해설 질적연구의 특징
- 귀납적
- 유연하고 융통성이 있음
- 구체적인 일상의 삶에 대한 심층적인 이해와 파악을 추구
- 정밀한 표본추출과 표준화된 측정에 기초한 연구보다 일반화가능성이 적음
- 복잡한 상호작용의 규명에 초점을 둠.

□ 17회
07. 질적조사에 관한 설명으로 옳지 않은 것은?

① 실천, 이야기, 생활방식, 하위문화 등이 질적조사의 주제가 된다.
② 자연주의는 질적조사의 오랜 전통이다.
③ 확률표본추출방법이 사용될 수 있다.
④ 일반화 가능성이 양적조사보다 높다.
⑤ 현장연구라고 명명되기도 한다.

정답 ④

해설 일반화 가능성(=외적 타당도)은 조사대상자의 수(표본크기)가 클수록 높음.
수치화된 자료를 수집하고 분석하면 양적조사, 면접이나 관찰에 의한 텍스트 자료를 수집하고 분석하면 질적조사

질적조사의 엄격성을 높이는 전략
- 다원화(삼각화, 삼각측정, triangulation) : 다양한 출처와 방법 활용하기
- 장기간 관계 유지 : 조사대상자의 반응성이나 조사자 편견 완화하기, 원주민화는 경계해야 함
- 감사자료 남기기 : 조사 과정이나 결과의 확인을 위한 자료 남기기
- 동료의 검토와 조언 구하기
- 조사 결과에 반하는 증거(부정적 사례)를 충분히 찾기
- 조사 참여자에게 조사 결과의 타당성 확인하기

□ 16회
08. 근거이론에서 다음 설명에 해당하는 것은?

> - 이론을 통합시키고 정교화하는 과정으로 이론적 포화(theoretical saturation)와 변화 범위(range of variability)에 대한 작업을 진행한다.
> - 주로 근거이론 코딩의 마지막 단계로서 모형 내 범주들의 관계를 진술하는 명제를 구체화하거나 범주들을 통합하는 이야기를 서술한다.

① 선택(selective)코딩 ② 자료(data)코딩 ③ 축(axial)코딩
④ 개방(open)코딩 ⑤ 역(reverse)코딩

기출문제 확인하기

정답 ①

해설 근거이론 : 귀납적으로 이론 도출, 비구조화 면접과 관찰 활용, 조사자와 조사대상자 간 상호작용 반영, 자료를 체계적으로 부호화(개방코딩 → 축코딩 → 선택코딩), 이론적 표집, 자료수집과 분석 병행, 지속적 비교

- 개방코딩 : 근거이론의 기초단계, 정보의 범주를 형성, 하위범주, 범주, 핵심범주를 밝히고 개념들의 속성과 차원을 발견해 나감
- 축코딩 : 개방코딩을 통해 도출된 범주들을 연결하는 단계
- 선택코딩 : 코딩의 마지막 단계, 범주를 최대한 통합시켜 더 이상 새로운 속성과 차원이 드러나지 않는 이론적 포화상태에 이르러야 함, 선택코딩을 통해 정교화가 이루어짐

□ 10회

09. 현장연구 조사(field research)의 특성으로 옳은 것은?

① 모수(parameter)를 추정하는 것을 목적으로 한다.
② 원하는 변수를 미리 설정하여 측정한다.
③ 연구대상자를 자연적 상황에서 탐구할 수 있다.
④ 가설을 계량적으로 검증할 수 있다.
⑤ 장기간에 걸친 사회적 과정을 연구하는 데 부적합하다.

정답 ③

해설 현장연구(현지조사)
- 자연스러운 상태에서 수행하는 조사
- 질적조사 중 가장 대표적이고 원형적 조사이자 자료수집방법

□ 11회

10. 다음은 어떤 연구에 관한 설명인가?

- 연구자가 연구대상자보다 우위에 있다는 암묵적 가정에 도전한다.
- 연구대상자는 자신의 문제와 해결책을 스스로 정의한다.
- 연구대상자는 연구설계에 주도적 역할을 수행한다.

① 현상학(phenomenology)
② 문화기술지(ethnography)
③ 근거이론(grounded theory)
④ 참여행동연구(participatory action re-search)
⑤ 내러티브 탐구(narrative inquiry)

정답 ④

해설 참여행동연구
- 사회적 약자의 편에서 이들에게 도움이 되는 연구를 이들과 함께 수행하는 연구.
- 연구에 대한 주도권과 통제권을 연구대상자가 갖고, 자신의 문제와 해결책을 스스로 정의하고 찾을 수 있도록 연구자와 함께 연구에 참여

12 욕구조사

◆ 출제경향분석 및 학습가이드

대분류	소분류(기출키워드)	20회	19회	18회	17회	16회	15회	14회	13회	12회	11회	출제빈도 및 중요도
12장 욕구조사	욕구조사		o			o	o		o		o	★★★
	평가조사	o					o	o				★★
	출제문항수	1	1	0	0	1	2	1	1	0	1	
	비중	4.0%	3.8%	0.0%	0.0%	4.0%	7.7%	4.0%	3.3%	0.0%	3.3%	

- 욕구조사의 방법과 특징은 무엇이 있는지 알고 있어야 하며 관련된 문제가 출제되었음.
- 욕구조사의 다양한 유형들에 대해 특징을 파악하고 있어야 하며, 특히 초점집단(포커스그룹)과 명목집단의 차이를 정확하게 이해해야 함.
- 평가조사의 유형을 묻는 문제들이 종종 출제되지만 욕구조사의 유형을 물어보는 문제의 출제빈도가 더 높음.

기출문제 확인하기

□ 10회

01. 외부평가자와 비교하여 내부평가자를 활용할 때의 장점이 <u>아닌</u> 것은?

① 프로그램 관련 정보에 대한 접근성이 용이하다.
② 프로그램에 관한 많은 지식을 갖고 있다.
③ 현실적인 제약 요건들을 융통성 있게 감안하여 평가할 수 있다.
④ 프로그램 운영자로부터 평가에 대한 협조를 구하기가 수월하다.
⑤ 해당 기관으로부터 객관성과 독립성을 유지할 수 있다.

정답 ⑤

해설
- 평가의 목적에 따른 분류 : 형성평가, 총괄평가
- 평가의 주체에 따른 분류 : 내부평가, 외부평가
- 평가에 대한 평가(평가를 잘했는지에 대한 평가) : 메타평가

□ 10회

02. 욕구조사에서 지역사회 공개토론회의 특징으로 옳은 것을 모두 고른 것은?

> ㄱ. 모든 지역주민이 동등하게 의견을 제시할 기회를 갖는다.
> ㄴ. 표본의 대표성이 높다.
> ㄷ. 현실적 실행 가능성이 낮다.
> ㄹ. 이익집단의 영향을 배제할 수 없다.

① ㄱ, ㄴ, ㄷ   ② ㄱ, ㄷ   ③ ㄴ, ㄹ
④ ㄹ   ⑤ ㄱ, ㄴ, ㄷ, ㄹ

정답 ③

해설 지역사회 공개토론회(지역사회포럼): 조사자가 지역사회의 모든 사람이 참여할 수 있는 공개적 모임을 주선하여, 이 모임에서 논의되는 지역사회의 욕구나 문제들을 파악하는 방법
- 장점
  - 광범위하고 자유로운 욕구나 문제의 확인이 가능
  - 비용과 시간 면에서 효율적이며, 현실적 실행가능성이 높음
- 단점
  - 참석자의 대표성 문제
  - 참석자들의 이해관계에 따라 특정 욕구나 이슈가 부각될 가능성이 크고, 토론회 진행상 어려움이 있을 수도 있음
  - 이익집단의 영향을 배제할 수 없음

☐ 13회

03. 초점집단(focus group) 조사와 델파이 조사에 관한 설명으로 옳은 것은?

① 초점집단 조사에서는 익명 집단의 상호 작용을 통해 도출된 자료를 분석한다.
② 초점집단 조사는 내용타당도를 높이는 목적으로 사용될 수 있다.
③ 초점집단 조사의 자료수집 과정에서는 연구자의 주관적 개입이 불가능하다.
④ 델파이조사는 비구조화 방식으로 정보의 흐름을 제어한다.
⑤ 델파이조사는 대면(face to face) 집단의 상호작용을 통해 도출된 자료를 분석 한다.

정답 ②

해설
- 델파이 방법 : 전문가 대상의 욕구조사(한 자리에 모이지 않음), 합의에 도달할 때까지 익명 보장, 설문조사 반복, 시간/비용 많이 소요, 전문가의 합의된 의견과 실제 욕구가 불일치할 가능성

- 초점집단 조사 : 집단 역동을 활용, 대표성에 문제, 진행자 능력에 크게 의존

☐ 14회

04. 델파이조사에 관한 설명으로 옳지 않은 것은?

① 전문가 패널의 의견을 수렴하는 방법으로 활용된다.
② 외형적으로는 설문조사 방법과 유사하다.
③ 연구자가 사전에 결정한 방향으로 패널의 의견이 유도될 위험이 있다.
④ 패널의 후광효과를 방지하기 어렵다.
⑤ 반복되는 설문을 통하여 패널의 의견이 수정될 수 있다.

정답 ④

해설 델파이조사의 장단점
- 장점
  - 대면적 집단 의사결정 과정에서 발생할 수 있는 후광효과(특정 인물의 주장이 지배적으로 작용)와 편승효과(한 두 사람의 의견에 많은 사람이 동조) 등 바람직하지 못한 부작용을 피할 수 있음
  - 전문가의 합의에 의해 욕구를 파악
  - 민주적 의사결정 과정
- 단점
  - 반복조사로 시간과 비용이 소요
  - 자칫 조정자의 역할이 지나치게 개입되어 조정자의 주관이 설문의 배포, 정리, 요약 과정에 작용하면 수집된 자료의 객관성에 문제가 발생할 수도 있음
  - 연구자가 사전에 결정한 방향으로 패널의 의견이 유도될 위험이 있음

기출문제 확인하기

□ 9회

05. 다음 내용에서 프로그램 평가의 오류에 관한 설명으로 옳지 <u>않은</u> 것은?

> A 노인복지센터에서는 상담을 통해 노인의 일에 대한 태도를 변화시켜 취업률을 향상시키는 프로그램을 시행하였다. 프로그램 시행 이후 효과성 평가를 실시한 결과, 효과적이지 못한 것으로 나타났다.

① 이론오류 - 노인의 취업기회가 부족하여 취업률이 낮다.
② 이론오류 - 노인의 취업은 노인의 일상생활 수행능력과 관계가 있다.
③ 이론오류 - 노인은 집단상담보다 개별상담을 선호한다.
④ 실행오류 - 노인복지센터 상담자의 연령에 따라 다르게 나타난다.
⑤ 실행오류 - 노인은 밝은 상담 장소를 선호 한다.

정답 ③
해설 • 이론오류 : 개입을 통해 매개변수는 변화했지만, 매개변수가 변하면 변화할 것이라고 가정했던 성과(종속변수, 개입목표)에서의 변화는 나타나지 않은 경우
• 실행오류 : 개입을 실시했는데 매개변수에서조차도 의도된 변화가 발생하지 않는 경우

□ 15회

06. 욕구조사를 위한 자료수집 방법에 관한 설명으로 옳지 <u>않은</u> 것은?

① 지역의 통반장을 통해 자료를 수집한다.
② 지역사회 공청회를 통해 자료를 수집한다.
③ 지역주민에게 서베이를 실시한다.
④ 정부기관에서 발표하는 사회지표를 활용한다.
⑤ 일반인을 대상으로 델파이 기법을 활용한다.

정답 ⑤
해설 델파이기법 : 특정 주제나 문제에 대해 일단의 전문가를 대상으로 익명 처리된 설문조사를 수차례 반복함으로써 일종의 집단 협의 방식으로 합의에 이르는 조사 방법으로서, 어떤 문제에 대하여 전문가들 사이의 합의점을 찾는 방법

□ 9회

07. A 복지관에서는 전년 대비 예산축소로 인해 현재 운영하고 있는 서로 다른 프로그램들의 성과를 동일한 가치기준으로 평가하여 차등 지원하였다. 이때 사용된 평가방법은?

① 메타(meta)평가
② 형성(formative)평가
③ 비용편익(cost-benefit)평가
④ 비용성과(cost-outcome)평가
⑤ 비용효과(cost-effectiveness)평가

정답 ③
해설 프로그램 평가 유형
형성평가와 총괄평가, 양적평가(정량평가)와 질적평가(정성 평가), 적합성 평가와 메타평가, 프로그램 평가와 기관평가, 내부평가와 외부평가, 투입평가, 과정평가, 성과평가, 비용 효과분석, 비용편익분석

□ 10회
08. 외부평가자와 비교하여 내부평가자를 활용할 때의 장점이 아닌 것은?

① 프로그램 관련 정보에 대한 접근성이 용이하다.
② 프로그램에 관한 많은 지식을 갖고 있다.
③ 현실적인 제약요건들을 융통성 있게 감안하여 평가할 수 있다.
④ 프로그램 운영자로부터 평가에 대한 협조를 구하기가 수월하다.
⑤ 해당 기관으로부터 객관성과 독립성을 유지할 수 있다.

정답 ⑤
해설
- 외부평가(outsider-evaluation) : 프로그램을 수행하는 조직의 구성원이 아닌 조직 밖의 전문가에 의해서 수행되는 평가
- 내부평가(inhouse-evaluation) : 사회복지기관의 최고 관리자, 프로그램 관리자, 프로그램 수행 인력 등 조직 내의 구성원에 의해서 이루어지는 평가

□ 15회
09. 프로그램 평가연구에 관한 설명으로 옳지 않은 것은?

① 종속변수는 프로그램이다.
② 유사실험 설계를 사용하여 효과를 측정 할 수 있다.
③ 외생변수에 대한 고려가 필요하다.
④ 투입된 비용에 대한 효과를 평가할 수 있다.
⑤ 결과를 해석할 때 정치적 관점이 개입될 수 있다.

정답 ①
해설 프로그램 평가연구에서의 종속변수는 프로그램의 '목적, 목표'임. 실험설계방법 중에 하나인 유사실험설계를 통해 효과를 측정할 수 있음. 프로그램을 실시 할 때의 현장에서의 외생변수에 대한 고려가 필요함. 투입된 비용에 대한 효과를 평가할 수 있으며 결과를 해석할 때 정치적 관점이 개입될 수 있음.

10. 브래드쇼의 욕구유형에 대한 설명으로 맞는 것은?

① 규범적욕구 : 전문가가 설정한 기준미만의 상태
② 상태적욕구 : 당사자가 인식하는 욕구
③ 체험적욕구 : 인지된 욕구
④ 비교적욕구 : 느끼는 수준을 넘어 행동하는 욕구
⑤ 표현된욕구 : 비슷한 조건에서 상대적으로 서비스를 못 받고 있는 상태

정답 ①
해설 브래드쇼우의 욕구 유형
- 규범적 욕구 : 전문가가 설정한 기준 미만의 상태
- 인지된 욕구 : 당사자가 느끼는 (인식하는) 욕구(예 : 욕구조사 설문지에 응답한 욕구)
- 표현된 욕구 : 실제 행위로 표출 된 욕구(예 : 서비스 신청, 대기 신청 등)
- 비교적(상대적) 욕구 : 비슷한 조건에서 상대적으로 서비스를 못 받고 있는 상태

실전 모의고사 1회

01. 질적연구방법에 관한 설명으로 옳지 <u>않은</u> 것은?

① 사례연구와 참여관찰 같은 방법을 사용한다.
② 결과보다는 과정 중의 변화에 집중하는 경우가 많다.
③ 절차의 유연성이 확보되는 자연적 연구에 해당한다.
④ 연구대상 선정은 무작위 확률표집방법을 사용한다.
⑤ 주로 귀납적 이론형성체계를 따른다.

02. 포퍼의 반증주의에 대한 특징으로 옳지 <u>않</u>은 것은?

① 경험적으로 검증, 확증이 어려운 경우에도 반증은 가능하다.
② 진리를 끝없이 접근하는 과정을 과학의 목적으로 설정한다.
③ 과학철학을 바라보는 안목이 넓어진다.
④ 이론이 반증될 때까지 채택되는 과정을 반복하는 것이 과학이다.
⑤ 기존이론과 같은 맥락의 현상을 관찰하는 데에서 출발한다.

03. 과학의 특징으로 옳지 <u>않은</u> 것은?

① 과학이 결정론적이라는 것은 절대적이고 단정적인 결정론을 의미한다.
② 과학은 이론적 논리나 가정의 현실적 타당성을 경험적으로 입증할 수 있을 때 성립한다.
③ 과학은 어떤 현상이 발생하게 된 원인을 탐구하여 현상을 설명하기 위해 노력한다.
④ 과학은 이해관계, 선입견이나 편견의 영향을 최소화할 수 있도록 객관성을 추구한다.
⑤ 과학은 비교적 일반적이며 보편적으로 적용될 수 있는 지식을 추구한다.

04. 다음 중 표본설계절차가 올바로 연결된 것은?

① 표본크기 결정 → 모집단 확정 → 표집틀 선정 → 표집방법 결정 → 표본추출
② 모집단 확정 → 표본크기 결정 → 표집틀 선정 → 표집방법 결정 → 표본추출
③ 모집단 확정 → 표집틀 선정 → 표집방법 결정 → 표본크기 결정 → 표본추출
④ 모집단 확정 → 표집방법 결정 → 표집틀 선정 → 표본크기 결정 → 표본추출
⑤ 표집틀 선정 → 모집단 확정 → 표집방법 결정 → 표본크기 결정 → 표본추출

05. 면접조사와 비교했을 때, 우편조사의 장점은?

① 회수율이 높다.
② 문제를 정확히 전달할 수 있다.
③ 익명성을 보장할 수 있다.
④ 비용이 많이 든다.
⑤ 융통성이 있다.

06. 측정방식과 척도수준이 바르게 연결된 것은?

① 화씨온도 – 비율척도
② 선호하는 색상 – 서열척도
③ 10점 만점의 직업만족도 – 비율척도
④ 사회복지사 1등급/2등급/3등급 – 등간척도
⑤ 사회복지사 1급 시험 응시율 – 비율척도

07. 다음 중 표본과 관련된 용어와 그 설명이 옳게 된 것은?

> 가. 관찰단위 – 분석하고자 하는 단위
> 나. 표본오차 – 표본의 통계값과 모수치의 차이
> 다. 표본틀 – 관찰하는 실제 목록
> 라. 모수 – 모집단에서 특정 변수가 갖고 있는 특성을 요약하고 묘사한 값

① 가, 나, 다　　② 가, 다
③ 나, 라　　　　④ 라
⑤ 가, 나, 다, 라

08. 내용분석에 대한 설명으로 옳지 <u>않은</u> 것은?

① 코딩작업과 같은 수량화 과정을 포함한다.
② 서적, 신문, 잡지, 라디오, 텔레비전, 영화, 편지, 일기, 상담기록서 등 다양한 자료들이 대상이 된다.
③ 연구대상에 대한 자료를 직접적으로 수집한다.
④ 분석에는 내용 속에 숨어 있는 암시적·잠재적 내용도 포함된다.
⑤ 질적 내용을 양적 과정으로 바꾸는 작업이다.

09. 다음 척도의 측정 수준은?

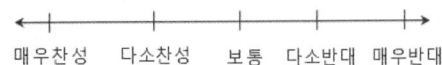

① 명목　　　　② 서열
③ 비율　　　　④ 거트만
⑤ 등간

10. 〈보기〉에서 설명하는 것은?

> – 인과관계를 파악하기 위한 가장 보편적인 방법
> – 연구대상을 실험집단과 통제집단에 무작위로 배치
> – 개인 전후 두 집단에 대한 검사 실시

① 통제집단 사전사후검사설계
② 통제집단 사후검사설계
③ 솔로몬 4집단설계
④ 시계열설계
⑤ 단일사례사전사후설계

11. 다음에 해당되는 조사는 무엇인가?

> – 예비조사라고도 하며 융통성 있게 운영될 수 있고 수정이 가능하다
> – 기존에 연구되지 않았던 새로운 주제에 대해 연구하는 경우, 사전지식이 부족한 경우, 연구문제를 형성하거나 연구가설을 수립하기 위한 경우
> – 문헌조사, 경험자조사, 특례조사 등이 있다

① 탐색적조사　　② 기술적조사
③ 설명적조사　　④ 횡단조사
⑤ 추세조사

12. 내용분석법의 장단점에 대한 설명으로 옳은 것은?

① 직접적으로 자료수집을 한다.
② 관여적인 연구방법이다.
③ 조사에 융통성이 없다.
④ 종단연구가 가능하다.
⑤ 자료의 수정이나 반복이 가능하지 않다.

13. 다음은 무슨 욕구에 대한 설명인가?

> – 사람들이 욕구로 생각하는 것, 선호(WANT)하는 것을 말한다.
> – 일반인구 서베이조사, 표적집단서베이조사, 지역사회공개토론회 등이 이에 해당한다.

① 인지적욕구　　② 상대적욕구
③ 표현된욕구　　④ 규범적욕구
⑤ 개체적욕구

14. 다음에 해당하는 분석단위 오류는 무엇인가?

> 미국의 지역별 범죄율을 조사했더니 시카고지역의 범죄율이 뉴욕보다 높다는 연구결과를 얻은 후 시카고 출신 사람이 뉴욕 출신사람보다 범죄를 많이 저지르고 폭력적이라고 해석하는 것이 이에 해당한다.

① 개체주의적 오류
② 개인주의적 오류
③ 환원주의적 오류
④ 생태학적 오류
⑤ 결정론적 오류

15. 다음의 내적타당도를 저해하는 요인은 무엇인가?

> 아동용 영양제가 성장에 어떠한 영향을 미치는가를 알아보고자 아동들에게 1년간 영양제를 복용시켰더니 상당한 성장이 있었다.

① 성숙효과　　② 검사효과
③ 도구효과　　④ 편향된선별
⑤ 통계적회귀

16. 다음의 표집방법은 무엇인가?

> 1000명을 번호 순서대로 배열한 모집단에서 5번이 처음 무작위로 선정되고 10번, 15번, 20번....이 차례로 선정되었다.

① 무작위표집　　② 할당표집
③ 편의표집　　　④ 체계적표집
⑤ 집락표집

17. 인과관계를 검증하는데 가장 적합한 조사설계 방법은?

① 단일사례 설계
② 단일집단 사전사후비교설계
③ 추세연구설계
④ 통제집단 사전사후비교설계
⑤ 비동일 통제집단 비교설계

18. 다음 중 매개변수, 통제변수, 독립변수, 종속변수에 대한 설명으로 맞는 것은?

> 가. 독립변수 : 종속변수를 변화 또는 발생시킨다.
> 나. 매개변수 : 통제변수를 설명한다.
> 다. 종속변수 : 독립변수에 의해 설명된다.
> 라. 통제변수 : 매개변수를 설명한다.

① 가, 나, 다　　② 가, 다
③ 나, 라　　　④ 라
⑤ 가, 나, 다, 라

19. 다음 중 실험설계에 대산 설명으로 가장 옳은 것은?

① 순수실험설계는 필요시 무작위할당을 활용한다.
② 유사실험설계는 통제집단을 전제로한다.
③ 순수실험설계가 유사실험설계에 비해 내적 타당도가 높다.
④ 유사실험설계는 사전검사의 과정을 거치지 않는다.
⑤ 단일집단 사전사후검사설계는 유사실험설계이다.

20. 논리실증주의에 대해 가장 거리가 먼 설명은?

① 조작적 정의
② 연역적 논리의 사용
③ 단일한 실재(reality)
④ 구성주의 접근
⑤ 경험적 자료의 검증

21. 평가조사에 대한 설명으로 적절한 것은?

> 가. 효과성 평가는 최소한의 비용으로 최대한의 산출을 의미한다.
> 나. 총괄평가는 프로그램 진행 중에 이루어진다.
> 다. 효율성 평가는 프로그램 목표의 달성 여부를 말한다.
> 라. 만족도에 대한 평가는 주관적일 가능성이 크다.

① 가, 나, 다　　② 가, 다
③ 나, 라　　　　④ 라
⑤ 가, 나, 다, 라

22. 다음의 욕구조사방법은 무엇인가?

> -소수의 그룹이 공동의 문제나 질문에 대해 우선 각자 나름대로 제안이나 해결책을 제시하고 나중에 그들의 제안을 공유하는 기법이다.
> -해결해야하는 욕구나 문제에 대한 공유된 이해를 형성 또는 조장하기 위해 사용되는 기법이다.

① 명목집단기법
② 주요정보제공자조사
③ 초점집단
④ 델파이기법
⑤ 사회지표조사

23. 다음 중 근거이론(GROUNDED THEORY)접근을 채택한 연구에 대한 설명으로 옳지 않은 것은?

① 기존의 이론이 아닌 현실에서 수집된 자료를 중요시 한다.
② 주로 면접이나 관찰 등의 방법을 사용하여 자료를 수집한다.
③ 연구결과의 일반화를 극대화하기 위해 확률표집이 선호된다.
④ 조사자의 관점은 물론 조사대상자의 관점도 포함시킨다.
⑤ 현상의 맥락과 밀접하게 연관된 이론을 개발하는데 관심을 갖는다.

24. 사회복지 프로그램 성과평가에서 프로그램 목표는 어떤 변수인가?

① 통제변수 ② 매개변수
③ 외생변수 ④ 독립변수
⑤ 종속변수

25. 오류에 대한 설명으로 옳지 <u>않은</u> 것은 무엇인가?

① 체계적 오류는 측정방법을 잘못하여 지속적이고 체계적으로 오류가 발생하는 것이다.
② 측정오차는 진정한 값과 가상의 값의 차이를 의미한다.
③ 비체계적오류는 측정에서 비일관적인 오류가 나타나는 것이다.
④ 사회과학에서는 정확하지 않은 측정이 이루어질 가능성이 높다.
⑤ 측정오류 발생의 원인에 따라 체계적오류와 비체계적 오류로 구분된다.

실전 모의고사 2회

01. 과학철학에 대한 내용으로 옳지 <u>않은</u> 것은?

① 논리실증주의는 경험적으로 검증될 수 있는 명제만이 유의미하다고 주장하며, 형이상학적인 명제를 배제한다.
② 연역주의는 일반적인 전제로부터 특별한 사례들에 대한 결론을 도출하는 연역적 사고에 바탕을 두고 있다.
③ 귀납주의 현상에 대한 반복적인 실험과 관찰을 통해 과학적인 지식을 얻을 수 있다고 본다.
④ 쿤의 패러다임론에 의하면 과학의 변화와 발전은 지식이 축적되는 누적적인 과정을 통해 성취된다.
⑤ 반증주의를 주장한 포퍼는 추측과 반박을 통해 오류를 제거함으로써 가장 효과적으로 과학의 목적을 이룰 수 있다고 주장하였다.

02. 사회과학에서 사회조사의 특징은?

| 가. 변수들 간의 인과관계나 상관관계를 설명 |
| 나. 간주관성을 가져야 함 |
| 다. 과학적 방법으로 수행 |
| 라. 미래에 대해서는 예측 불가 |

① 가, 나, 다 ② 가, 다
③ 나, 라   ④ 라
⑤ 가, 나, 다, 라

03. 순수실험설계에 필요한 요건으로 바른 것은?

| 가. 무작위 할당 | 나. 통제집단 |
| 다. 독립변수조작 | 라. 기초선설정 |

① 가, 나, 다 ② 가, 다
③ 나, 라   ④ 라
⑤ 가, 나, 다, 라

04. 3학년 1반이라는 동일한 집단에 대해 똑같은 시험문제로 월요일에 시험보고 다시 수요일에 시험을 보았다. 무엇을 측정하려는가?

① 공정성   ② 책임성
③ 신뢰도   ④ 타당도
⑤ 상관도

05. 비구조화된 면접에 비해 구조화된 면접의 장점으로 옳은 것은?

① 신뢰도를 높일 수 있다.
② 타당도를 높일 수 있다.
③ 융통성을 가질 수 있다.
④ 불분명한 경우 보충질문을 할 수 있다.
⑤ 미개척 분야에서 가설을 세울 수 있다.

06. 다음 중 과학적 연구방법이 필요성에 해당하지 <u>않는</u> 것은?

① 연구목적상 필요한 자료수집과 분석의 기준과 방향을 제시한다.
② 연구결과를 객관화시키고 이론화시키는 데 도움을 준다.
③ 연구자들의 주관을 제거하여 객관적으로 연구하도록 한다.
④ 연구결과를 체계적으로 보고하고, 기술하고, 설명하고 예측하게 한다.
⑤ 사회현상에서 규칙적이고 반복적인 법칙을 발견하도록 해 준다.

07. 2003년 12월 토익시험에서 상위1%(99%)에 들고, 2004년 3월에는 16%(84%)에 들었다. 이를 어떻게 설명할 수 있는가?
① 모방 ② 검사
③ 통계적 회귀 ④ 성숙
⑤ 성장요인

08. 종단조사의 유형 중 동일주제, 동일 응답자에 의해 장기간 반복해서 면접이나 관찰을 실행하는 조사방법은?
① 추이연구 ② 패널조사
③ 경향조사 ④ 동년배조사
⑤ 인구센서스

09. ABAB설계의 장점을 설명한 것이다. 올바르지 않은 것은?
① 외생변수를 효과적으로 통제하기 위해 설계되었다.
② 개입 – 기초선 – 개입 – 기초선 단계를 반복한다.
③ 제2기초선 단계에서 표적행동상태가 개입 이전의 제1기초선 단계의 표적행동과 유사하다면 개입이 표적행동에 효과가 있다고 볼 수 있다.
④ 동일한 개입이 2회이루어지기 때문에 개입의 효과를 보다 명확하게 할 수 있다.
⑤ 윤리적인 문제를 극복하는 것이 필요하다.

10. 다음 사례에서 표집관련 용어의 연결이 옳지 않은 것은?

> 노인복지관에서 이용 중인 노인들을 대상으로 설문조사를 실시하기 위해 노인복지관에 등록된 대상자 명부에서 60대, 70대 80대 연령별로 모집단을 구분하고 모집단의 비율에 맞게 무작위로 표본을 추출하였다

① 모집단 – 노인복지관 이용 노인들
② 표집단위 – 개인
③ 관찰단위 – 개인
④ 표집틀 – 대상자명부
⑤ 표집방법 – 비례적 군집표집

11. 표집방법의 성격이 다른 것은?
① 프로그램의 이용자의 일련번호 목록으로부터 난수표를 이용하여 표집 한다.
② 유료, 무료, 프로그램 별로 이용자를 나눠서 각각 무작위 표집 한다.
③ ○○시에서 구 → 동 → 번지 → 호에 따라 각각 무작위로 표집 한다.
④ 아파트 단지 내 모든 세대에 일련번호를 부여한 후 매회 20번째에 표집 한다.
⑤ 남녀 비율을 각각 50%씩 할당한 후 비율이 채워질 때까지 유의표집 한다.

12. 영가설에 대한 설명으로 옳은 것을 모두 고른 것은?

> ㄱ. 연구가설을 부정하거나 기각하기 위해 설정한다.
> ㄴ. 변수간의 차이가 없다 또는 관계가 없다는 내용으로 서술한다.
> ㄷ. 과학적가설, 작업가설, 실험가설이라고도 불린다.
> ㄹ. 이론으로부터 도출되어 검증될 때까지는 조사문제에 대한 잠정적 해답으로 간주된다.

① ㄱ, ㄴ ② ㄱ, ㄷ
③ ㄴ, ㄹ ④ ㄷ, ㄹ
⑤ ㄱ, ㄴ, ㄷ, ㄹ

13. 다음 중 질적 조사의 사례가 <u>아닌</u> 것은?

> 가. 가정폭력 피해 여성에 대한 심층면접
> 나. 거리 노숙인에 대한 관찰참여 연구
> 다. 장수마을에서의 생활경험
> 라. 노인사회서비스 욕구에 대한 전국조사

① 가, 나, 다 ② 가, 다
③ 나, 라 ④ 라
⑤ 가, 나, 다, 라

14. 다음의 실험설계방법의 특징으로 옳지 <u>않은</u> 것은?

> 집단a O1 × O2
> 집단b O3   O4

① 무작위할당이 이루어진 후 사후검사가 진행되었다.
② 두 집단의 초기상태가 동일하지 않을 가능성이 크다.
③ 우연한 사건이나 성숙효과등과 상호작용할 수 있다.
④ 실험처치와 실험대상에 상호작용하여 외적 타당도를 저해할 수 있다.
⑤ 모방이나 확산되는 효과를 제거하지 못한다.

15. 다음의 변수들에 대해 바르게 연결된 것은?

> <u>교사의 지지도(ㄱ)</u>가 높으면 <u>집단따돌림(ㄴ)</u>이 <u>아동의 자아존중감(ㄷ)</u>에 미치는 영향을 감소시킬 것이다.

① ㄱ : 독립변수, ㄴ : 통제변수, ㄷ : 종속변수
② ㄱ : 독립변수, ㄴ : 종속변수, ㄷ : 매개변수
③ ㄱ : 조절변수, ㄴ : 독립변수, ㄷ : 종속변수
④ ㄱ : 매개변수, ㄴ : 독립변수, ㄷ : 통제변수
⑤ ㄱ : 허위변수, ㄴ : 독립변수, ㄷ : 종속변수

16. 설문 작성 시 유의사항을 모두 묶은 것은?

> 가. 어려운 전문 용어를 활용한다.
> 나. 이중질문을 하지 않는다.
> 다. 설문 용어에 가치가 포함되어야 한다.
> 라. 설문응답 항목이 상호배타적이어야 한다.

① 가, 나, 다 ② 가, 다
③ 나, 라 ④ 라
⑤ 가, 나, 다, 라

17. 실험집단과 통제집단의 차이는 무엇인가?

① 집단 크기의 차이
② 집단 구성원의 차이
③ 집단 구성 시기의 차이
④ 검사 여부의 차이
⑤ 실험처치 유무

18. 측정에서 신뢰도와 타당도의 설명으로 옳은 것은?

① 신뢰도가 높으면 타당도도 높다.
② 신뢰도는 측정하고자 하는 바를 얼마나 정확히 측정하였는가를 말한다.
③ 검사-재검사는 타당도의 측정방법이다.
④ 신뢰도는 높지만 타당도가 낮은 측정도 있다.
⑤ 타당도는 반복했을 때 결과가 동일한 정도이다.

19. 내용분석법의 특징으로 옳지 않은 것은?

① 의사전달의 내용이 분석대상이다.
② 문헌연구의 일종이다.
③ 의사소통의 드러난 내용만이 분석대상이 된다.
④ 객관성, 체계성, 일반성 등 과학적 연구방법의 요건이 갖춰줘야 한다.
⑤ 양적인 분석방법과 질적인 분석방법 모두를 사용한다.

20. "공무원시험 성적이 좋으면 업무도 잘한다"는 사실로부터 알 수 있는 공무원시험의 타당도는?

① 구성체타당도 ② 기준타당도
③ 내용타당도   ④ 수렴타당도
⑤ 판별타당도

21. 조사연구의 유형에 대해 바르게 연결된 것은?

① 연구목적에 따른 분류 : 횡단조사 종단조사
② 조사대상의 범위에 대한 분류 : 전수조사 표본조사
③ 자료수집성격에 따른 분류 : 양적조사 질적 조사
④ 시간적차원에 따른 분류 : 사례조사 서베이 조사
⑤ 연구대상의 수준에 따른 분류 : 탐색적조사, 기술적 조사, 설명적 조사

22. 다음 중 정규분포곡선에 대한 설명으로 옳지 않은 것은?

① 정규분포의 모양과 위치는 분포의 평균과 표준편차로 결정된다.
② 최빈값, 중앙값, 산술평균이 한점에 일치한다.
③ 첨도는 '1', 평균은 '0', 표준편차는 '0'이다.
④ 좌우대칭이며 종 모양을 지닌다.
⑤ 표본의 대표성에 관한 유용한 정보를 제공해준다.

23. 사회복지조사의 윤리에 대한 설명으로 옳지 <u>않은</u> 것은?

① 조사대상자에게 조사의 목적과 내용은 알려주지 않아야 한다.
② 조사대상자의 자발적인 참여와 동의를 이끌어 내야 한다.
③ 조사대상자를 속이거나 특정 답변을 유도해서는 안 된다.
④ 동료조사자에 대한 정보개방을 통해 조사의 효율성을 기해야 한다.
⑤ 조사연구에 있어서 인간을 수단으로 이용해서는 안 된다.

24. 측정의 신뢰도평가방법에 관한 설명으로 옳지 <u>않은</u> 것은?

① 크론바하의 알파계수는 0-1까지의 값을 가지며 0에 가까울수록 신뢰도가 높다.
② 대안법은 검사-재검사법의 주시험효과를 극복하는데 어느 정도 유용하다.
③ 반분법은 반으로 나누어진 각각의 측정문항들을 완전히 동등하게 만들기 어렵다는 단점이 있다.
④ 검사-재검사법은 동일 대상에 대해 두 번 측정한 값 사이의 상관계수가 높을수록 신뢰도가 높다고 판단한다.
⑤ 반분법은 반분을 어떻게 하느냐에 따라 다양한 신뢰도 계수가 산출되지만, 크론바하의 알파계수는 단일한 신뢰도계수를 산출한다.

25. 다음 중 보기의 내용과 관련된 평가방법은?

> A아동복지관에는 작년 대비 예산축소로 인해 현재 운영하고 있는 프로그램들에 대해 그 성과를 동일한 가치기준으로 평가하여 차등적으로 지원하고자 한다.

① 비용성과평가　② 비용효과평가
③ 비용편익평가　④ 형성평가
⑤ 메타평가

실전 모의고사 3회

01. 과학적 조사의 특징으로 옳지 않은 것은?

① 논리적·체계적
② 일정한 규칙과 절차
③ 경험적 검증가능성
④ 연구자의 주관성 지향
⑤ 구체화를 통한 개념의 정확한 측정

02. 사회복지조사의 방법 중에서 옳은 것은?

① 기술적 조사는 인과관계의 규명이 필요하다.
② 설명적 조사는 연역적 연구에 유용하다.
③ 타당도란 진정으로 묻고자 하는 바를 묻는 것이다.
④ 패널조사란 응답자의 의견을 일치시키고 피드백하는 것이다.
⑤ 질문조사란 연역적 조사방법이다.

03. 사회조사에서 시간의 흐름 때문에 발생하는 조사대상 집단의 특성변화로 내적 타당성을 위협하는 요인은?

① 성숙요인   ② 역사요인
③ 상실요인   ④ 회귀요인
⑤ 검사요인

04. 동일사례와 동일 개입방법을 각기 다른 환경들에서 어떻게 나타나는지, 혹은 동일 사례와 동일 환경을 두고서 각기 다른 표적행동들에서는 어떤 효과가 나타나는지를 확인하는데 적절한 단일사례 연구설계는?

① 기본(AB)설계
② 복수요인(ABCD)설계
③ 반전(ABAB)설계
④ 복수기초선설계
⑤ 선개입(BA)설계

05. 다음 중 변수의 측정방법과 그 내용의 연결이 옳은 것은?

> 가. 명목변수 – 기초생활수급 대상자의 수급형태
> 나. 등간변수 – 사회복지학과 학생 A, B, C, D
> 다. 서열변수 – 장애등급 1, 2, 3 등급
> 라. 비율변수 – 섭씨온도

① 가, 나, 다   ② 가, 다
③ 나, 라   ④ 라
⑤ 가, 나, 다, 라

06. 쿤의 과학혁명론의 패러다임의 진행과정으로 옳은 것은?

① 전과학 → 정상과학 → 위기/혁명 → 새로운 정상과학 → 새로운 위기
② 전과학 → 위기/혁명 → 새로운 정상과학 → 정상과학 → 새로운 위기
③ 전과학 → 새로운 위기 → 정상과학 → 위치/혁명 → 새로운 정상과학
④ 새로운 위기 → 전과학 → 위기/혁명 → 새로운 정상과학 → 정상과학
⑤ 전과학 → 새로운 위기 → 정상과학 → 새로운 정상과학 → 위기/혁명

07. 다음 사례에서 측정하고자 하는 타당도로 옳은 것은?

> 우울을 측정하기 위해 만든 측정도구의 타당도를 알아보기 위해 이미 검증된 다른 우울측정도구를 측정대상들에게 동시에 적용한 뒤 두 측정도구의 값을 비교하였다

① 동시타당도 ② 판별타당도
③ 내용타당도 ④ 수렴타당도
⑤ 예측타당도

08. 조사보고서 작성에 있어서 옳지 않은 것은?

① 정확하고 체계적으로 기술해야 한다.
② 독자들이 충분히 이해할 수 있는 수준으로 기술해야 한다.
③ 서론에는 연구목적, 연구결과의 함의가 기술되어야 한다.
④ 본론에는 이론적 배경, 연구방법, 연구결과가 제시되어야 한다.
⑤ 결론에는 본문의 핵심내용, 후속 연구에의 제언이 제시되어야 한다.

09. 다음 중 종단연구가 될 수 없는 것은?

① 쌍둥이 발달과정에 대한 연구
② 2000-2005년 보건복지부 백서 비교연구
③ 1990-2000년 국가간 건강수준 변화비교 연구
④ A 대학교 재학생의 연령별 소비실태조사
⑤ 노동패널조사

10. 표집방법에 대한 설명으로 옳지 않은 것은?

① 주민센터에 근무하는 사회복지전담공무원이 주민센터를 방문한 사람들을 대상으로 조사했다면 이는 편의표집이다.
② 의도적 표집은 연구자가 모집단 및 요소들에 대해 풍부한 사전지식을 가진 경우에 유용하다.
③ 500개의 초등학교에서 10개학교를 무작위로 표본추출을 한 후 해당 학교 재학생을 조사했다면 이는 층화표집이다.
④ 눈덩이표집은 질적조사에 적합하다.
⑤ 무작위표집은 표집틀을 가지고 있는 경우에 사용이 가능하다.

11. 이론에 기초하여 가설을 도출하고 실증적 자료를 이용하여 가설을 검증하는 연구방법은?

① 귀납법 ② 연역법
③ 소거법 ④ 공변법
⑤ 일치법

12. 표본조사에 있어서 대표성을 높일 수 있는 방법은?

> 가. 표본의 크기를 늘린다.
> 나. 표본설계를 복잡하게 만든다.
> 다. 확률표집방법을 사용한다.
> 라. 비확률표집방법을 사용한다.

① 가, 나, 다 ② 가, 다
③ 나, 라 ④ 라
⑤ 가, 나, 다, 라

13. 두 변수가 각각 제3의 변수와 상관되어 있기 때문에 실제로 관련이 있는 두 변수들이 관련되어있지 않은 것처럼 보이는 관계를 '허위적관계'라고 부른다. 여기서 허위관계를 만드는 제3의 변수를 무엇이라고 하는가?

① 통제변수 ② 외생변수
③ 매개변수 ④ 독립변수
⑤ 억압변수

14. 사회적응도를 측정하고자 할 때 장애아동을 두 집단으로 무작위 할당한 후, 한 집단에만 사회적응 프로그램을 실시한 후 두 집단의 적응도를 측정한 것은 어떠한 방법인가?

① 통제집단 사전사후설계
② 사례관리
③ 사후관리
④ 통제집단 사후설계
⑤ 시계열조사

15. 면접법의 특징에 대한 설명으로 옳지 않은 것은?

① 비용과 시간이 많이 소용 된다.
② 융통성이 부족하며 익명성이 보장 된다.
③ 장기간에 걸쳐 조사할 수 있다.
④ 응답자에 대한 편의가 제한적이다.
⑤ 질문지를 사용하며, 적절한 질문을 현장에서 결정할 수 있는 융통성이 있다.

16. 다음에 대한 실험설계의 유형은 무엇인가?

> -독립변수가 복수인 경우 적용하는 방법으로 실험집단과 통제집단을 설정한 후 개별 독립변수와 종속변수, 복수의 독립변수와 종속변수의 인과관계를 검증한다.
> -독립변수가 많은 경우 시간 및 비용의 측면에서 비경제적이다.

① 통제집단 사전사후설계
② 통제집단 후설계
③ 솔로몬4집단 설계
④ 요인설계
⑤ 시계열설계

17. 다음에 대한 설명으로 옳지 않은 것은?

① 리커트척도 : 사회과학에서 널리 사용되며 일련의 수개 문항들을 하나의 척도로 사용한다.
② 거트만척도 : 두 개 이상의 변수를 동시에 측정하는 다차원적 척도이다.
③ 요인척도 : 특정 자극에 대한 비슷한 태도를 가진 사람이나 대상을 분류하기 위한 방법이다.
④ 의미분화척도 : 어떤 대상이 개인에게 주는 주관적인 의미를 측정하는 방법이다.
⑤ 소시오메트리 : 집단 내의 선택, 커뮤니케이션 및 상호작용의 패턴에 관한 자료를 수집하고 분석하는 방법이다.

18. 내적 타당도 저해 요인이 아닌 것은?
① 우연한 사건 ② 선택의 편의
③ 표본의 수 ④ 성숙
⑤ 도구

19. 위급한 상황에 즉시 개입을 하고 문제가 호전되면 기초선을 설정하고 다시 개입단계로 돌아가는 단계는?
① AB ② BAB
③ ABAB ④ ABA
⑤ 복수기초선

20. 조사문제의 선정기준으로 옳은 것을 모두 고른 것은?

> ㄱ. 기존의 것을 답습하지 않고 비교분석 또는 재구성하거나 새로운 관점 혹은 견해를 제시하는 독창성이 있어야 한다.
> ㄴ. 문제에 대한 해답을 찾는 것이 가능하고 경험적으로 측정될 수 있어야 한다.
> ㄷ. 조사문제의 해답이 사회문제의 해결을 궁극적으로 추구해야하며, 연구대상자의 비밀 보장을 해주어야 한다.
> ㄹ. 조사문제에 대한 자료수집방법의 현실적인 상황이 고려되어야 한다.

① ㄱ ② ㄴ, ㄷ, ㄹ
③ ㄴ, ㄹ ④ ㄱ, ㄴ, ㄷ
⑤ ㄱ, ㄴ, ㄷ, ㄹ

21. 관찰법의 특징으로 맞는 것은?

> 가. 융통성이 있다.
> 나. 정형화된 자료수집틀을 사용한다.
> 다. 주관성이 개입될 수 있다.
> 라. 과거회고적 기록이다.

① 가, 나, 다 ② 가, 다
③ 나, 라 ④ 라
⑤ 가, 나, 다, 라

22. 조사보고서의 작성에 대한 내용으로 옳지 않은 것은?
① 보고대상에 적합하게 작성해야하며, 정확성·명료성·간결성을 유지해야 한다.
② 결론에는 연구의 필요성에 대해 기술한다.
③ 통계자료분석결과는 가능한 숫자나 도표를 사용한다.
④ 본문에는 가급적 필요한 내용만 선별하여 기록한다.
⑤ 표지, 목차, 개요, 서론, 본문, 결론 및 제언, 참고문헌, 부록 등으로 구성한다.

23. 다음은 욕구사정을 위해 필요한 경험적인 자료를 산출하는 다양한 기법들이다. 이 중에서 정보의 내용이 사전에 결정되어 있지 않기 때문에 지역사회의 자유로운 의견이나 분위기 등을 파악하는 데 가장 유리한 기법은?
① 우편설문조사
② 서비스 제공자에 대한 구조화된 인터뷰
③ 공공기관 통계자료
④ 지역사회 공개토론회
⑤ 서비스 이용자료

24. 다음 중 보기의 내용에 해당하는 추론방법은?

> 학습시간과 학습환경 등 다른 모든 조건이 비슷한 상황에서 A의 경우 학원을 수강하지 않은 반면 B는 학원을 수강하면서 국가시험에 대비하였다. 이후 학원을 수강한 B는 시험에 합격하였으나 학원을 수강하지 않은 A는 불합격하였다. 이와 같은 결과를 토대로 학원수강이 합격의 원인이라고 판단할 수 있다.

① 잔여법 ② 대립법
③ 차이법 ④ 공변법
⑤ 일치법

25. 다음은 무슨 평가에 대한 설명인가?

> 평가자체에 대한 평가로 평가자 자신에 의해 이루어질 수 있으나 일반적으로는 상급자나 외부 전문가들에 의해 이루어진다.

① 내부평가 ② 총괄평가
③ 메타평가 ④ 형성평가
⑤ 외부평가

• 사회복지 조사론

실전 모의고사 정답 및 해설

실전 모의고사 1회   150~154쪽

01 ④	02 ⑤	03 ①	04 ③	05 ③
06 ⑤	07 ③	08 ③	09 ②	10 ①
11 ①	12 ④	13 ①	14 ④	15 ①
16 ④	17 ④	18 ②	19 ③	20 ④
21 ②	22 ①	23 ③	24 ⑤	25 ②

01. ④

질적연구방법은 귀납적, 융통성, 일반화의 가능성이 낮음. 일반적으로 연구대상 선정은 연구자가 선택적으로 선정, 무작위표집방법은 양적연구방법의 대표적인 표집방법.

02. ⑤

반증주의는 기존이론과 상충되는 현상을 관찰하는 데에서 출발.

03. ①

과학이 결정론적이라는 것은 어떤 현상에 대해 개연성을 가지고 확률적 결정론을 의미, 과학에서의 결정론은 확률적 결정론으로서 어떤 결과에 대한 그 원인을 단정하기는 어려움. 과학은 검증 가능하나 재생가능성을 가지고 있으며 단정적이진 않음.

04. ③

표본설계절차 : 모집단 확정 → 표집틀 선정 → 표집방법 결정 → 표본크기 결정 → 표본추출로 이루어짐

05. ③

면접조사는 대면면접으로 인해 익명성이 보장되지 않지만, 우편조사는 익명성이 보장되는 장점이 있음

06. ⑤

비율척도는 절대영값이 있기 때문에 응시율은 비율척도에 해당

07. ③

관찰단위 : 자료를 직접 수집하는 요소 또는 요소의 총합체를 말하는 것
표본틀 : 표본을 추출하기 위한 모집단의 목록

08. ③

내용분석은 기존의 자료들을 대상으로 이루어지기 때문에 자료수집에 한계가 있음

09. ②

위의 제시된 측정수준은 리커트 척도이며, 리커트 척도는 서열척도임

10. ①

사례에서는 전후 두 집단(사전·사후집단), 무작위할당을 얘기하고 있으며, 인과관계의 확인을 위한 보편적방법이라고 제시 → 통제집단 사전사후검사설계에 해당

11. ①

탐색적조사는 명확한 연구가설이 수립되기 전에 예비적으로 실시하는 경우가 많음.

12. ④

내용분석법은 간접적으로 자료를 수집하며, 비관여적, 조사에 융통성이 있음, 종단연구가 가능, 자료의 수정이나 반복이 가능함.

13. ①

인지된 욕구는 주로 사회조사를 통해 응답자에게 그들이 선호하는 것을 물어보는 방식으로 욕구를 파악

14. ④

생태학적 오류는 집단을 분석단위로 한 조사결과에 기초해 개인에 대한 결론을 내리는 오류. 즉 집단을 대상으로 한 조사결과에 근거해서 개인에 대해서도 똑같을 것이라고 가정할 때 발생하는 오류임

15. ①

사례의 경우 영양제가 성장에 영향을 미쳤을 수도 있지만 유아들이 그 시기의 발달과정에서 자연스럽게 성장한 결과였을 가능성 또한 무시할 수 없음

16. ④

체계적 표집에서 중요한 것은 표집간격이며, 일정한 표집간격을 두고 추출하는 표집방법

17. ④

실험설계는 인과관계를 증명하기 위한 설계방법이며 그중에서도 순수실험설계인 통제집단 사전사후설계, 통제집단 사후설계, 솔로몬4집단 설계가 기본적인 설계. ④가 이 세 개 중에 해당함.

18. ②

매개변수는 독립변수와 종속변수사이에서 중간에 거쳐 가는 중간변수의 역할 : 독립 → 매개 → 종속
통제변수는 외부요인으로서 독립변수와 종속변수의 관계에 영향을 줄만한 요인들을 말함

19. ③

순수실험설계는 인과관계증명을 하기 위한 가장 기본적인 실험설계의 방법이며 순수실험설계가 유사실험 설계보다 내적 타당도가 높음

20. ④

구성주의적인 접근방법은 해석주의에 연결됨, 해석주의의 패러다임은 인간의 주관적 의식을 중요, 행위자 입장에서의 의미를 찾아내는데 초점을 둠

21. ②

나는 과정평가에 대한 설명, 만족도 평가는 대부분 양적조사로 이루어지기 때문에 객관적임.

22. ①

해당되는 사례는 명목집단기법으로 델파이기법하고 다른 점은 명목집단기법에는 참여자들이 서로 누구인지 알 수 있음, 참가자들끼리 의사전달을 직접 할 수 있음

23. ③

확률표집은 양적연구방법에서 사용되는 방법론이며 근거이론은 질적연구방법에 해당

24. ⑤

성과평가는 과정평가이며, 여기에서 프로그램 목표는 결과적인 부분에 해당하므로 종속변수임

25. ②

측정오차(measurement error)란 연구자가 측정하고자 하는 측정대상의 진정한 값(true score)과 실제 측정도구를 사용하여 얻어진 측정값과의 차이를 의미하는 것

실전 모의고사 2회 155~159쪽

01 ④	02 ①	03 ①	04 ③	05 ①
06 ③	07 ③	08 ②	09 ②	10 ⑤
11 ⑤	12 ①	13 ④	14 ①	15 ③
16 ③	17 ⑤	18 ④	19 ③	20 ②
21 ②	22 ③	23 ①	24 ①	25 ③

01. ④

쿤은 과학의 변화와 발전은 지식이 축적되는 누적적인 과정이 아니라 혁명적인 과정을 통해 성취된다고 봄

02. ①

사회과학은 양적인 방법을 통해 통계적으로 검증이 가능, 검증된 결과를 통해 미래에 대한 예측이 가능힘

03. ①

순수실험설계에 대한 필요요건으로는 무작위할당, 통제집단, 독립변수조작이 있음. 기초선 설정은 단일사례설계에 해당되는 내용

04. ③

신뢰도는 측정의 일관성을 의미하기 때문에 문제에서의 동일집단에 대해 월, 수요일에 시험을 다시 봄으로 인해 일관성을 확인할 수 있음.

05. ①

구조화된 면접은 질문지를 사전에 준비하여 면접을 실시하는 것, 비구조화된 면접은 상황에 따라 질문지나 접근을 다르게 시도하는 것(따라서 일반화의 가능성이 낮음)

06. ③

과학적인 연구방법에 있어서 연구자들의 주관을 제거와는 관련성이 없음. 다만 연구방법론에 있어서 양적연구와 질적연구방법으로 나뉘며 질적연구방법보다 양적연구방법이 보다 객관적이고 논리적임.

07. ③

통계적 회귀는 정규분포에 기반 하여 사전검사에서 양 끝단에 있는 배치되어 있다면 사후검사에서는 독립변수의 효과와 무관하게 평균값으로 수렴되는 경향을 의미

08. ②

패널조사는 종단조사의 유형 중에 하나이며, 동일주제와 동일한 대상자들에게 면접이나 관찰을 실행하는 방법임.

09. ②

ABAB설계는, ㄴ 기초선-개입-기초선-개입의 단계를 반복, A는 기초선 B는 개입

10. ⑤

모집단을 중복되지 않은 몇 개의 집단으로 나누어 무작위표본으로 추출하였으므로 비례적 층화표집에 해당

11. ⑤

①은 무작위표집, ②는 층화표집, ③은 집락표집,
④는 체계적 표집→확률표집
⑤는 비확률표집이며 유의표집에 속함

12. ①

ㄷ, ㄹ은 영가설이 아닌 연구가설에 해당되는 내용임

13. ④

전국조사이기 때문에 질적조사로 하게 되면 시간과 비용이 많이 소요될 것이기 때문에 양적인 조사방법인 설문지기법을 통해 조사가 이루어져야 함

14. ①

본 예시는 비동일 통제집단설계로서 무작위할당이 이루어지지 않았기 때문에 두 집단의 초기상태가 동일하지 않을 가능성이 큼. 임의적인 방법으로 양 집단을 선정하고 사전-사후검사를 실시하여 종속변수의 변화를 비교

15. ③

집단따돌림은 자아존중감에 영향을 미침 ← 교사의 지지도에 따라 달라질 수 있음. 따라서 교사의 지지도는 조절변수

16. ③

설문작성 시 어려운 전문용어는 사용하지 않아야하며 설문용어에 가치는 연구자의 선입견과 관련이 있기 때문에 배제되어야 함.

17. ⑤

실험집단은 처치를 하며, 통제집단은 실험집단과 비교하기 위해 설정한 집단임.

18. ④

신뢰도와 타당도의 관계는 타당도가 높으면 신뢰도는 반드시 높지만 신뢰도가 높다고 해서 타당도가 높지는 않음

19. ③

내용분석법은 의사소통의 드러난 내용뿐만 아니라 숨은 내용에 대해서도 분석대상이 됨

20. ②

기준타당도란 외부의 다른 기준과 비교하여 측정도구의 타당도를 판단하는 것
- 예측타당도, 동시타당도가 있음

21. ②

연구목적에 따라 탐색조사, 기술조사, 설명조사/시간적차원에 따라 횡단조사, 종단조사/ 자료 수집 성격에 따라 양적조사, 질적조사로 분류

22. ③

정규분포곡선은 첨도는 '0', 평균은 '0', 표준편차는 '1'

23. ①
조사대상자에게 조사의 목적과 내용을 알려 주어야 함

24. ①
크론바하 알파계수는 0에서 1까지의 값을 가지며 1에 가까울수록 신뢰도가 높아짐을 의미

25. ③
비용편익평가는 프로그램 수행에 소요되는 모든 비용과 편익을 화폐가치로만 환산하여 효율성을 평가하는 방법

실전 모의고사 3회 160~164쪽

01 ④	02 ③	03 ①	04 ④	05 ②
06 ①	07 ①	08 ③	09 ④	10 ③
11 ②	12 ②	13 ⑤	14 ④	15 ②
16 ④	17 ③	18 ③	19 ②	20 ⑤
21 ②	22 ②	23 ④	24 ③	25 ③

01. ④
과학적 조사는 연구자의 주관성은 지양, 특징으로는 객관성, 간주관성, 경험성, 재생가능성, 변화가능성 등이 있음.

02. ③
타당도는 측정에 있어서 정확성 → 진정 묻고자 하는 바를 묻는 것

03. ①
성숙요인은 조사대상자의 시간적 흐름으로 인해 독립변수가 종속변수에 영향을 줌으로 인해 내적타당도에 영향을 줌

04. ④
복수기초선 설계는 기초선을 여러 개 제시하여 각각 다른 표적행동들의 효과를 보는 단일사례 연구방법

05. ②
나는 명목변수, 라는 등간변수

06. ①
쿤의 과학혁명론은 과학자 공동체가 어떠한 패러다임에 의해 현상을 이해하는가에 의존한다고 봄

07. ①
동시타당도는 측정도구의 측정값을 외적인 기준과 동시적인 시점에서 비교하여 타당도를 평가하는 방법

08. ③
서론에는 연구의 목적 및 연구의 필요성이 기술되어야 함, 연구결과와 함의는 결론에서 제시되어야 함

09. ④
종단조사는 장기간으로 이루어지는 조사로서 ④의 경우는 1회성으로 소비실태에 대한 조사를 실시할 수 있기 때문에 종단연구가 될 수 없음

10. ③
③은 집락표집에 해당, 500개중에서 10개 학교를 집락으로 묶어서 조사했기 때문에 집락표집.

11. ②
연역법은 이론에 기반 하여 가설을 세우고 실증적인 검증을 통해 연구를 진행하는 방법, 일반적으로 양적 연구방법에서 활용

일치법은 인과관계의 입증논리로 여러 개의 현상에서 오직 한 개의 공통적인 특성이 있다면 이것이 이 현상의 원인이라고 하는 것

공변법도 인과관계의 입증논리로 어떤 현상이 특정한 방식으로 변화할 때마다 다른 현상도 특정한 방식으로 변화하면 두 현상은 인과관계가 있다고 하는 것

12. ②
표본 조사에 있어서 대표성을 높이는 방법은 일반화의 가능성을 높인다는 의미이기도 함. 이를 위해 표본의 크기를 높이거나 확률표집방법(무작위선정)을 사용하여 대표성을 높일 수 있음

13. ⑤
억압변수는 하나의 변수와 정적(+)으로 상관되어 있

고 다른 변수와는 부적(-)으로 상관되어 있어서 두 변수간의 관계가 마치 0인 것처럼 억압함

14. ④
사례에서 무작위할당을 실시하였고, 한 집단에만 개입을 하여 실시 한 후 비교한 것이기 때문에 통제집단 사후설계에 해당

15. ②
②에 대한 설명은 우편조사법에 대한 설명

16. ④
순수실험설계 가운데 요인설계에 해당하며 둘이상의 독립변수가 상호작용에 의해 종속변수에 미치는 영향을 파악할 수 있음. 설계방법은 각 독립변수 분류 항목의 결합 형태에 따른 수만큼의 실험집단을 설정함. 즉 독립변수의 속성에 따라 할당 행렬을 만들고 행렬의 각 범주에 따라 실험집단과 통제집단을 무작위로 할당하여 설정한 다음에 프로그램을 개입하고 사후검사를 통해 독립변수가 미치는 영향(주효과) 및 독립변수에 의해 다른 독립변수가 미치는 영향이 어떻게 달라지는가(상호작용효과)를 알 수 있음.

17. ③
③에 대한 설명은 Q분류 척도에 대한 설명, 요인척도는 등간-비율척도의 일종으로 변수들 간에 존재하는 상호관계의 유형을 밝히고 상호 간에 밀접하게 연관되어 있는 변수들의 묶음을 발견하여 이를 보다 적은 수의 가설적 변수들로 축소시키기 위한 방법

18. ③
표본의 수에 해당되는 부분은 표집에 해당. 표본의 크기가 크면 클수록 일반화의 가능성은 높아짐

19. ②
단일사례설계 중 BAB설계방법은 기초선 설정 없이 바로 개입이 진행된 후 기초선을 설정하여 개입을 진행하는 설계방법

20. ⑤
조사문제는 독창성, 경험적 검증가능성, 윤리적배려, 현실적 제한 등의 기준에 충족되어야 함

21. ②
관찰법은 융통성이 있으며 연구자의 주관성이 개입될 수 있음
나는 양적연구적인 설명이며, 라는 생애기록에 해당된 설명

22. ②
결론에는 연구의 결과 및 함의에 대한 내용을 기록

23. ④
지역사회공개토론회는 지역사회의 욕구나 문제를 잘 알고 있는 지역사회구성원을 중심으로 공개적인 모임 및 자유로운 토론을 통해 욕구나 문제들을 파악하는 것

24. ③
차이법은 서로 상이한 결과나 나타나는 점을 비교하여 그 결과로써 나타나는 현상을 제거하지 않고서는 배제될 수 없는 선행조건이 있다면 이는 곧 그 현상의 원인이라는 것

*밀(Mill)의 실험설계에 대한 논리
- 일치법 : 특정현상이 발생하는 둘이상의 사례에서 단 하나의 공통요소만을 가지고 있다면 그 요소는 그러한 특정 현상의 원인(결과)임
- 차이법 : 만약 특정 현상이 발생하는 사례와 발생하지 않은 사례가 있을 경우 두 사례 간에 단 하나의 요소를 제외한 모든 요소를 공통적으로 가지고 있다면 그 요소는 특정 현상의 원인(결과)임
- 잔여법 : 어떤 현상에서 귀납법 방법의 적용으로 인과관계가 이미 밝혀진 부분을 제외할 때 그 현상에서의 나머지 부분은 나머지 선행요인의 결과
- 공변법 : 어떤 현상이 변화할 때 마다 다른 현상도 동일하게 변화함

25. ③
메타평가는 2차적 평가 또는 평가의 평가라고도 함

[사회복지실천]

03

사회복지 실천론

주제별 기출문제

1 사회복지실천에 대한 이해

◆ 출제경향분석 및 학습가이드

대분류	소분류		20회	19회	18회	17회	16회	15회	14회	13회	12회	11회	출제빈도 및 중요도
사회복지실천에 대한 이해	제1장 사회복지 실천의 개념 및 정의	출제 문항수	0	2	0	3	3	1	1	1	1	2	★★★
		비중	0.0%	8.0%	0.0%	12.0%	12.0%	4.0%	4.0%	4.0%	4.0%	6.7%	
	제2장 사회복지 실천의 가치와 윤리	출제 문항수	3	3	3	2	3	2	2	2	0	3	★★★★
		비중	12.0%	12.0%	12.0%	8.0%	12.0%	8.0%	8.0%	8.0%	0.0%	10.0%	
	제3장 사회복지 실천의 역사적 발달과정	출제 문항수	3	1	2	1	1	3	3	2	3	3	★★★★
		비중	12.0%	4.0%	8.0%	4.0%	4.0%	12.0%	12.0%	8.0%	12.0%	10.0%	
	제4장 사회복지 실천의 현장에 대한 이해	출제 문항수	1	1	1	2	2	2	2	4	3	1	★★★
		비중	4.0%	4.0%	4.0%	8.0%	8.0%	8.0%	8.0%	16.0%	12.0%	3.3%	

1. 사회복지 실천의 개념 및 정의
- 사회복지실천의 이념, 방법, 발전과정, 전문직의 정체성 등과 관련된 문제가 출제되고 있으며, 난이도는 높은 편은 아님.
- 미시적 수준, 중간 수준, 거시적 수준과 실천이념인 인도주의, 사회진화론, 민주주의, 개인주의, 다원주의, 다문화주의 등이 자주 출제됨.

2. 사회복지실천의 가치와 윤리
- 윤리적 의사결정의 우선순위 중 로웬버그와 돌고프의 의사결정의 우선순위, 그리고, 전문직의 가치 중 레비의 사회복지 전문직의 가치, 그린우드의 전문직의 속성이 꾸준히 출제되고 있음.
- 사회복지사 윤리강령 및 윤리적 딜레마와 관련된 내용도 자주 출제됨.

3. 사회복지실천의 역사적 발달과정
- 서구의 사회복지실천과 우리나라의 사회복지실천에서 자선 조직협회, 인보관 운동, 진단주의, 기능주의, 통합적 방법론 등이 꾸준하게 출제됨.
- 사회복지실천의 발달 흐름과 진단주의와 기능주의의 차이점도 확실하게 정리해 둘 필요가 있음.

4. 사회복지 실천의 현장에 대한 이해
- 1차 현장과 2차 현장, 생활시설과 이용시설을 구분하는 문제가 출제가 되고 있음.
- 사회복지사의 역할에 관한 문제는 어렵지 않은 편임.

기출문제 확인하기

☐ 16회
01. 민주주의(democracy)가 사회복지실천에 미친 영향으로 옳지 <u>않은</u> 것은?

① 서비스 제공자와 소비자의 동등한 관계 강조
② 최소한의 수혜자격 강조
③ 빈곤에 대한 사회적 책임 중시
④ 대상자의 서비스 선택권 강조
⑤ 서비스 이용자의 정책결정 참여

정답 ②
해설 최소한의 수혜자격 강조는 개인주의 및 자유방임주의와 관련이 있다. 개인주의 및 자유방임주의는 인간의 복지 증진을 위한 국가 개입은 개인의 자유를 침해하지 않는 선에서 최소화되어야 한다는 이념이다. 민주주의는 클라이언트의 자기 결정권에 영향을 미쳤다.

☐ 16회
02. 사회복지실천의 개입수준과 활동이 바르게 연결된 것은?

① 중시적(mezzo) 실천 : 사례관리 대상자에게 주거환경 개선을 위한 청소 서비스 제공
② 미시적(micro) 실천 : 사회복지관에서 후원자 개발을 위한 행사 진행
③ 거시적(macro) 실천 : 공공부조 서비스의 적격성을 파악하기 위한 욕구 사정 실시
④ 중시적(mezzo) 실천 : 지역사회보장협의체에서 기관실무자 네트워크 회의 소집
⑤ 미시적(micro) 실천 : 지역 특성에 맞는 주민 대상 프로그램 개발을 위한 지역 조사 실시

정답 ④
해설 ① 사례관리 대상자에게 주거환경 개선을 위한 청소서비스 제공하는 것은 미시적 실천이다. ② 사회복지관에서 후원자 개발을 위한 행사진행 하는 것은 중시적 실천이다. ③ 공공부조 서비스의 적격성을 파악하기 위한 욕구 사정 실시는 중시적 실천이다. ⑤ 지역 특성에 맞는 주민 대상 프로그램 개발을 위한 지역 조사 실시는 거시적 실천이다.

☐ 17회
03. 사회복지실천의 목적과 기능으로 옳지 <u>않은</u> 것은?

① 사회정의의 증진
② 클라이언트의 삶의 질 증진
③ 클라이언트의 가능성과 잠재력 개발
④ 개인과 사회 간 상호 유익한 관계 증진
⑤ 개인이 조직에게 효과적으로 순응하도록 원조

정답 ⑤
해설 사회복지실천의 목적은 개인의 삶의 질을 향상시키고, 개인과 환경간의 호혜적 상호작용을 촉진·유지시키는 것이다. 개인이 조직에 순응하도록 원조하는 것은 사회복지실천의 목적과 기능으로 적절하지 않다.

기출문제 확인하기

☐ 16회

04. 사회복지 전문직에 관한 설명으로 옳지 않은 것은?

① 서구에서 전문직 교육과정 시작된 것은 19세기 후반이다.
② 실천의 가치와 지식은 방법(methods)을 통해 현장에서 구현된다.
③ 한국 사회복지사의 자격 및 처우에 관한 사항은 사회복지사업법에 근거한다.
④ 플렉스너(A.Flexner)는 체계적 이론과 전문적 권위, 윤리강령 등을 전문직의 속성으로 꼽았다.
⑤ 밀포드(Milford) 회의에서 사회복지실천의 공통요소를 제시하였다.

정답 ④
해설 플렉스너가 제기한 전문직의 속성은 사회과학적 기초, 지식체계 및 전문기술, 전문적 자격제도, 전문적 조직체, 전문적 실천강령이다. 전문적 권위는 제시하지 않았다.

☐ 17회

05. 사회복지 전문직에 관한 설명으로 옳은 것을 모두 고른 것은?

> ㄱ. 전문적인 이론체계를 갖고 있음.
> ㄴ. 개인의 변화와 사회적 변혁에 관심을 둠
> ㄷ. 미시 및 거시적 개입방법을 모두 이해해야 함.
> ㄹ. 타 분야 전문가와의 협업을 위해 고유한 정체성의 발전은 불필요함

① ㄱ, ㄴ   ② ㄱ, ㄷ   ③ ㄴ, ㄷ
④ ㄱ, ㄴ, ㄷ   ⑤ ㄱ, ㄷ, ㄹ

정답 ④
해설 ㄹ. 그린우드는 사회복지 전문직의 속성에 대해 전문적인 이론체계, 전문직 문화, 사회적 승인, 전문적인 권위, 윤리강령으로 제시하고 타 분야 전문가와의 협업을 위한 고유한 정체성 확립이 필수적이라 보았다.

☐ 19회

06. 그린우드(E. Greenwood)가 제시한 전문직의 속성 중 다음 설명에 해당하는 것은?

> • 자기규제를 통해 클라이언트를 보호한다.
> • 전문가가 지켜야 할 전문적 행동기준과 원칙을 기술해 놓은 것이다.

① 윤리강령   ② 전문직 문화   ③ 사회적인 인가
④ 전문적인 권위   ⑤ 체계적인 이론

정답 ①

해설 전문가들이 전문직을 수행함에 있어서 지켜야 할 전문적 행동기준과 원칙을 기술해 놓은 것은 윤리강령이며, 자기규제를 통해 클라이언트를 보호하는 것은 윤리강령의 기능 중 하나이다. 참고로 1957년 그린우드(Greenwood)는 논문 '전문직의 속성'에서 체계적 이론, 전문적 권위, 윤리강령, 사회적 승인, 전문직 문화의 5개 기본 요소를 전문직의 공통적 속성으로 제시하였다.

□ 19회
07. 사회복지실천의 이념적 배경을 모두 고른 것은?

| ㄱ. 인도주의 | ㄴ. 민주주의 | ㄷ. 개인주의 | ㄹ. 문화 다양성 |

① ㄱ, ㄴ
② ㄴ, ㄷ
③ ㄷ, ㄹ
④ ㄱ, ㄴ, ㄹ
⑤ ㄱ, ㄴ, ㄷ, ㄹ

정답 ⑤

해설 사회복지실천에서의 이념적 배경은 매우 다양하며 발달역사와 함께 한다. 최초의 이념 혹은 사상이라고 할 수 있는 것은 인도주의(Humanitarianism) 또는 박애사상(Philanthropy)(ㄱ)이며, 이후 사회진화론(Social darwinism), 민주주의(Democracy)(ㄴ), 개인주의(individualism)(ㄷ), 종교적 윤리의 전통, 다양화(diversitism)(ㄹ) 등 다양한 이념 및 사상들의 영향을 받았다.
ㄹ. 문화적 다양성은 21세기에 들어서면서 다양화 경향이 두드러졌으며, 세계화(globalization)의 영향으로 전 지구가 하나가 되는 과정에서 문화적 다양성에 대한 수용이 높아졌다. 다양화(diversitism) 경향은 사회복지실천에서도 다양한 계층에 대한 수용, 다양한 문제 및 접근방식에 대한 허용, 개개인의 독특성을 인정하는 개별화를 추구하게 되었다.

□ 17회
08. 문화적 다양성과 사회복지실천에 관한 설명으로 옳은 것은?

① 다문화주의는 문화상대주의이다.
② 다문화 사회복지실천에서 기술은 지식보다 중요하다.
③ 다문화주의는 사회통합을 위해 소수자의 동화를 유도한다.
④ 다문화 사회복지실천은 클라이언트의 차이점을 고려하지 않는 중립적 실천이다.
⑤ 사회복지사는 한국 사회복지사 윤리강령에 명시된 다문화적 역량증진 의무를 준수해야 한다.

정답 ①

해설 ① 다문화주의는 문화상대주의로서 옳은 설명이다.
② 다문화 사회복지실천에서 지식과 기술은 모두 중요하다. ③ 소수자의 문화를 무시하고 일방적으로 동화를 유도하는 것은 바람직하지 않다. ④ 다문화 사회복지실천은 문화적 다양성을 인정하고 클라이언트가 지닌 차이를 인정해야 한다. ⑤ 한국사회복지사 윤리강령에 다문화적 역량증진 의무는 명시되어 있지 않다.

기출문제 확인하기

□ 19회

09. 다문화 사회복지실천에서 사회복지사에게 요구되는 문화적 역량으로 옳지 <u>않은</u> 것은?

① 문화적 상이성에 대한 수용과 존중
② 주류문화에 대한 동화주의적 실천 지향
③ 자신의 문화적 정체성과 편견에 대한 성찰적 분석
④ 다문화 배경의 클라이언트에 관한 지식의 필요성 인식
⑤ 다문화 배경의 클라이언트에게 개입하고 의사소통 할 수 있는 능력

정답 ②

해설 ② 동화(Assimilation)는 이주민들이 자신 고유의 문화(원문화)를 포기하고 주류 사회의 새로운 문화(주류문화)를 수용하는 형태로, 주류문화에 대한 동화주의적 실천을 지향하는 것은 바람직하지 않다. 동화주의적 실천이 아닌 문화통합(문화수용)의 중요성을 강조하기 위하여 문화상대주의적 실천을 지향해야 한다.
문화통합(문화수용)은 두 개의 이질적인 문화가 접촉을 하면서도 각각 자체의 문화의 가치관과 특성을 유지하면서 한 사회 내에서 공존하는 문화현상을 말하며, 문화상대주의는 문화의 다양성과 가치를 인정하고 존중해야 한다는 태도를 말한다.

□ 16회

10. 한국 사회복지사 윤리강령에서 동료에 대한 윤리기준으로 옳지 <u>않은</u> 것은?

① 슈퍼바이저는 사회복지사의 개인적 문제가 클라이언트에게 부정적 영향을 미칠 경우 그를 직접 치료하여 해결해야 한다.
② 사회복지사가 전문적인 판단과 실천이 미흡하여 문제를 야기했을 때에는, 적절한 조치를 취해 클라이언트의 이익을 보호해야 한다.
③ 슈퍼바이저는 전문적 기준에 의해 공정히 책임을 수행하며, 사회복지사 수련생 및 실습생에 대한 평가는 저들과 공유해야 한다.
④ 사회복지사는 사회복지 전문직의 이익과 권익을 증진시키기 위해 동료와 협력해야 한다.
⑤ 슈퍼바이저는 개인적인 이익의 추구를 위해 자신의 지위를 이용해서는 안 된다.

정답 ①

해설 제시된 규정은 윤리강령에 존재하지 않는다.

□ 16회
11. 사회복지윤리위원회에 관한 설명으로 옳은 것을 모두 고른 것은?

> ㄱ. 한국사회복지사협회는 사회복지윤리위원회를 구성하여 사회복지윤리실천의 질적향상을 도모하여야 한다.
> ㄴ. 사회복지윤리위원회는 윤리강령을 위배하거나 침해하는 행위를 접수받아, 공식절차를 통해 대처하여야 한다.
> ㄷ. 사회복지사는 기관의 부당한 정책이나 요구에 대응하고 즉시 사회복지윤리위원회에 보고해야 한다.
> ㄹ. 사회복지사는 한국사회복지사협회의 윤리적 권고와 결정을 존중하여야 한다.

① ㄱ, ㄴ ② ㄱ, ㄹ ③ ㄴ, ㄹ
④ ㄱ, ㄴ, ㄹ ⑤ ㄱ, ㄴ, ㄷ, ㄹ

정답 ⑤
해설 ㄱ, ㄴ, ㄷ, ㄹ 모두 옳은 내용이다.

□ 17회
12. 사회복지사의 가치 갈등이나 윤리적 딜레마에 관한 설명으로 옳지 <u>않은</u> 것은?

① 윤리기준은 지속적으로 변화된다.
② 가치갈등에 대응하는 첫 단계는 가치갈등의 존재를 인식하는 것이다.
③ 윤리적 결정에 따른 결과의 모호성으로 윤리적 딜레마가 발생할 수 있다.
④ 기관의 목표가 클라이언트 이익에 위배 될 때 가치상충으로 윤리적 딜레마가 발생할 수 있다.
⑤ 윤리적 결정을 위해 로웬버그와 돌고프의 일반결정모델을 활용할 수 있다.

정답 ④
해설 기관의 목표가 클라이언트 이익에 위배될 때에는 의무 상층에 의한 윤리적 딜레마가 발생한다. 가치상충은 2개 이상의 가치가 상충되는 경우를 말한다.

□ 17회
13. 사회복지사 윤리에 관한 설명으로 옳은 것을 모두 고른 것은?

> ㄱ. 사회복지사는 원조과정에서 자신의 이익을 위해 행동해서는 안 됨.
> ㄴ. 로웬버그와 돌고프의 윤리원칙 준거틀은 생명보호를 최우선으로 함.
> ㄷ. 윤리강령은 윤리적 갈등이 생겼을 때 법적체계의 근거를 제공함.
> ㄹ. 사회복지사는 국가자격이므로 사회복지사 윤리강령은 국가가 채택함.

① ㄱ, ㄴ ② ㄱ, ㄷ ③ ㄱ, ㄴ, ㄷ
④ ㄱ, ㄴ, ㄹ ⑤ ㄴ, ㄷ, ㄹ

정답 ①

해설 ㄷ. 윤리강령은 윤리적 갈등이 생겼을 때 전문직으로서의 판단 근거를 제공한다. ㄹ. 윤리강령은 한국사회복지사협회에서 채택하고 선포하였다.

□ 18회

14. 다음은 '한국사회복지사 윤리강령' 중 어느 영역에 해당하는가?

> - 사회복지사는 인권존중과 인간평등을 위해 헌신해야 하며, 사회적 약자를 옹호하고 대변하는 일을 주도해야 한다.
> - 사회복지사는 자신이 일하는 지역사회 문제를 이해하고, 그것을 해결하는 일에 적극적으로 참여해야 한다.

① 사회복지사의 기본적 윤리기준
② 사회복지사의 동료에 대한 윤리기준
③ 사회복지사의 사회에 대한 윤리기준
④ 사회복지사의 클라이언트에 대한 윤리기준
⑤ 사회복지사의 기관에 대한 윤리기준

정답 ③

해설 ③ 제시된 내용은 사회복지사의 사회에 대한 윤리기준에 해당하는 윤리강령이다.
① 사회복지사의 기본적 윤리기준은 전문가로서의 자세, 전문성 개발을 위한 노력, 경제적 이득에 대한 태도에 관한 내용이다. ② 사회복지사의 동료에 대한 윤리기준은 동료, 슈퍼바이저에 관한 내용이다. ④ 사회복지사의 클라이언트에 대한 윤리기준은 클라이언트와의 관계, 동료의 클라이언트와의 관계에 관한 내용이다. ⑤ 사회복지사의 기관에 대한 윤리기준은 기관의 부당한 정책이나 요구, 소속 기관 활동 등에 관한 내용이다.

□ 18회

15. 돌고프, 로웬버그와 해링턴의 윤리적 의사결정 과정의 순서를 옳은 것은?

> ㄱ. 가장 적절한 전략이나 개입방법을 선택.
> ㄴ. 해당 문제와 관련된 사람과 제도를 확인.
> ㄷ. 확인된 목표에 따라 설정된 개입방안의 효과성과 효율성을 평가함.
> ㄹ. 문제를 해결하거나 문제의 정도를 경감할 수 있는 개입목표를 명확히 함.

① ㄴ → ㄱ → ㄹ → ㄷ
② ㄴ → ㄹ → ㄱ → ㄷ
③ ㄴ → ㄹ → ㄷ → ㄱ
④ ㄹ → ㄴ → ㄱ → ㄷ
⑤ ㄹ → ㄷ → ㄴ → ㄱ

정답 ③

해설 윤리적 의사결정 과정의 순서에 따라, 해당 문제와 관련된 사람과 제도를 확인(ㄴ)하고, 문제를 해결하거나 문제의 정도를 경감할 수 있는 개입목표를 명확히 한후(ㄹ), 확인된 목표에 따라 설정된 개입 방안의 효과성과 효율성을 평가(ㄷ)하고, 가장 적절한 전략이나 개입방법을 선택(ㄱ)하는 것이 적절하다.

□ 16회
16. 사회복지사가 경험할 수 있는 윤리적 딜레마 상황을 모두 고른 것은?

> ㄱ. 실천 결과의 모호성
> ㄴ. 사회복지사와 클라이언트 간의 힘 불균형
> ㄷ. 클라이언트체계의 다중성
> ㄹ. 기관에 대한 의무와 클라이언트에 대한 의무의 상충

① ㄱ, ㄹ   ② ㄴ, ㄷ   ③ ㄴ, ㄹ
④ ㄱ, ㄴ, ㄷ   ⑤ ㄱ, ㄴ, ㄷ, ㄹ

정답 ⑤
해설 ㄱ, ㄴ, ㄷ, ㄹ 모두 사회복지사가 경험할 수 있는 윤리적 딜레마 상황이다.

□ 19회
17. 소속기관의 예산 절감 요구로 클라이언트에게 필요한 서비스를 제공하지 못할 때, 사회복지사가 겪게 되는 가치 갈등은?

① 가치상충   ② 의무상충   ③ 결과의 모호성
④ 힘 또는 권력의 불균형   ⑤ 클라이언트 체계의 다중성

정답 ②
해설 의무상충으로써 예산 절감을 요구하는 소속기관과 클라이언트의 관계에서 겪게 되는 가치갈등이므로 의무상충이다. 각기 상이한 요구를 하는 기관과 클라이언트의 관계에서 겪게 되는 가치 딜레마로, 사회복지사는 기관에 대한 의무와 클라이언트에 대한 의무가 상충된 상황에서 갈등을 경험한다.

□ 19회
18. 한국 사회복지사 윤리강령 중 다음 내용이 제시되어 있는 윤리기준은?

> • 사회복지사는 적법하고도 적절한 논의 없이 동료 혹은 다른 기관의 클라이언트와 전문적인 관계를 맺어서는 안 된다.
> • 사회복지사는 긴급한 사정으로 인해 동료의 클라이언트를 맡게 된 경우, 자신의 의뢰인처럼 관심을 갖고 서비스를 제공한다.

① 사회복지사의 기본적인 윤리기준
② 사회복지사의 클라이언트에 대한 윤리기준
③ 사회복지사의 동료에 대한 윤리기준
④ 사회복지사의 사회에 대한 윤리기준
⑤ 사회복지사의 기관에 대한 윤리기준

기출문제 확인하기

정답 ②

해설 사회복지사의 클라이언트에 대한 윤리기준 중 동료의 클라이언트와의 관계에 제시된 내용이다. 참고로 사회복지사의 클라이언트에 대한 윤리기준은 클라이언트와의 관계와 동료의 클라이언트와의 관계의 내용으로 구성되어 있다.

☐ 19회

19. 인권의 특성으로 옳은 것을 모두 고른 것은?

> ㄱ. 모든 인간에게 해당되는 보편적인 권리이다.
> ㄴ. 개인, 집단, 국가가 상호 간에 책임을 동반하는 권리이다.
> ㄷ. 사회적 약자를 위하여 지켜지고 확보되어야 하는 권리이다.
> ㄹ. 법이 보장하고 있지 않다 해도 인간의 존엄성 보장에 필요한 권리이다.

① ㄱ, ㄴ ② ㄱ, ㄷ ③ ㄴ, ㄷ
④ ㄴ, ㄷ, ㄹ ⑤ ㄱ, ㄴ, ㄷ, ㄹ

정답 ⑤

해설 모두 인권의 특성을 설명한 내용이다.
ㄱ. 인권은 보편적인 권리로 사람은 누구나 개인이 처해있는 신분이나 상황에 상관없이 똑같이 인권을 갖는다.
ㄴ. 인권은 책임을 동반한 권리이다. 즉, 모든 사람이 누려야 할 권리로서의 인권은 타인과의 관계를 고려하지 않을 수 없다. 인권은 국가를 통해 제도적으로 보장되어야 하며, 타인의 권리 존중을 위해 개인, 집단도 인권과 관련하여 책임을 가진다.
ㄷ. 인권은 사회적 약자를 위한 권리이다. 사회적 약자들은 마땅히 인간으로서 누려야 할 여러 기본 조건을 누리지 못할 경우가 많기 때문에 인간의 존엄한 삶을 위한 최소한의 조건인 인권은 사회적 강자에 의해 유린당하기 쉬운 사회적 약자의 존엄한 삶을 지킬 수 있도록 하는 권리로 더 강조된다.
ㄹ. 인권은 인간이 태어날 때부터 자연적으로 가지는 천부의 권리(天賦人權)로서 자연권(自然權, natural rights)이라고도 한다. 천부권(inherency)인 인권은 인간존엄성을 기본으로 한다. 즉, 인간은 이 세상에 태어나면서부터 존엄성을 가지고 태어났기 때문에 인간의 권리란 인간의 탄생에서 당연시된다는 의미를 담고 있는 개념이다.

☐ 16회

20. 사회복지실천의 전문화 과정에서 기능주의와 진단주의에 관한 설명으로 옳은 것은?

① 기능주의의 대표적인 학자는 메리 리치몬드(M. Richmond)이다.
② 기능주의는 과거의 심리사회적 문제가 현재의 기능에 영향을 미친다는 관점을 갖는다.
③ 기능주의는 인간의 성장가능성과 자유의지를 강조한다.
④ 진단주의는 시간 제한적이고 과제중심적 단기개입을 선호한다.
⑤ 진단주의는 기관의 기능과 서비스를 최대한 활용하여 문제를 해결하는 것을 선호한다.

정답 ③

해설 ① 메리 리치몬드는 진단주의 학자이다. ② 진단주의는 프로이트의 정신분석이론을 기반으로 과거의 심리학적 문제가 현재의 기능에 영향을 미친다는 관점을 갖는다. ④ 기능주의는 시간 제한적이고, 클라이언트의 성장을 위한 과제중심적인 단기개입을 선호한다. ⑤ 기능주의는 기관의 기능과 서비스를 최대한 활용하여 문제를 해결하는 것을 선호한다.

☐ 17회

21. 다음에서 설명하는 사회복지실천 접근이 등장하기 전의 일을 발생한 순서대로 바르게 연결한 것은?

> - 사회복지실천의 공통된 원리에 기반하여 원조함.
> - 펄만(H. Perlman)의 문제해결모델이 대표적 예임.
> - 다양해지는 사회문제에 분화된 접근으로 대응할 수 없다는 인식에 기초함.

① 리치몬드(M.Richmond)의 「사회진단」 출간 – 기능주의 등장 – 진단주의 등장
② 리치몬드의 「사회진단」 출간– 기능주의 등장 – 한국 사회복지사업법 제정
③ 일반주의 실천의 확대 – 리치몬드의 「사회진단」 출간 – 한국사회복지사업법 제정
④ 기능주의 등장 – 사회복지실천 3대 방법론으로 분화 – 플렉스너(A.Flexner)의 사회복지직 전문성 비판
⑤ 플렉스너의 사회복지직 전문성 비판 – 리치몬드의 「사회진단」 출간 – 사회복지실천 3대 방법론으로 분화

정답 ⑤

해설 제시된 보기는 사회복지실천의 통합기(1950~1970년)에 해당하는 내용이다. 이에 따라 사회복지실천 접근이 등장하기 이전인 전문직 확립기(1900~1920년)와 전문직 분화기(1920~1950년)에 해당하는 내용을 순서대로 찾으면 다음과 같다. 플렉스너의 사회복지직 전문성비판(1915), 리치몬드의 《사회진단》 출간(1917), 사회복지실천 3방법론으로 분화 (1921~1950)

☐ 18회

22. 자선조직협회 관한 설명으로 옳은 것은?

① 빈민 지원 시 중복과 누락을 방지하고자 시작되었다.
② 빈곤의 원인을 개인의 도덕 문제가 아니라 산업화의 결과로 보았다.
③ 연구 및 조사를 통하여 사회제도를 개혁하고자 설립되었다.
④ 빈민 지역의 주민들을 이웃으로 생각하여 함께 생활하였다.
⑤ 집단 및 지역사회복지의 태동에 영향을 주었다.

정답 ①

해설 ②, ③, ④, ⑤ 인보관 운동에 관한 설명이다.

기출문제 확인하기

□ 18회

23. 사회복지실천이 봉사활동에서 전문직으로 출발하게 된 계기가 <u>아닌</u> 것은?

① 우애방문자들의 활동에 보수를 지급하기 시작하였다.
② 우애방문자를 지도·감독하는 체계를 마련하였다.
③ 자선조직협회는 교육 프로그램을 마련하였다.
④ 의사인 카보트(R. Cabot)가 매사추세츠 병원에 의료사회복지사를 정식으로 채용하였다.
⑤ 전통적 방법론의 한계로 인하여 통합적방법론이 등장하였다.

정답 ⑤

해설 전문적 사회복지실천의 확립은 1900~1920년경 이루어졌다. 사회복지실천에 있어 통합적 실천의 중요성이 점차 부각되기 시작된 것은 전문적 사회복지실천의 통합기(1951~1960년)에 해당한다.
①, ②, ③ 자선조직협회의 활동이 점차 전문화·조직화되어감에 따라 우애방문자의 무급 자원봉사만으로는 한계가 있다는 인식이 커지게 되었다. 이에 따라 기존의 봉사활동의 형태로부터 점차 보수체계가 정립되고, 교육 및 훈련제도가 확립 되었다. ④ 매사추세츠 병원에서 의료사회복지사를 정식으로 채용하여 전문적 실천 활동을 전개 하였다.

□ 19회

24. 한국 사회복지실천의 역사적 발달과정을 발생한 순서대로 나열한 것은?

> ㄱ. 대학교에서 사회복지 전문 인력의 양성교육을 시작하였다.
> ㄴ. 사회복지사업법에 따라 사회복지사 명칭을 사용하기 시작하였다.
> ㄷ. 사회복지전문요원(이후 전담공무원)을 행정기관에 배치하기 시작하였다.
> ㄹ. 정신건강증진 및 정신질환자 복지서비스 지원에 관한 법률에 따라 정신건강사회복지사 명칭을 사용하기 시작하였다.

① ㄱ – ㄴ – ㄷ – ㄹ ② ㄴ – ㄱ – ㄹ – ㄷ ③ ㄴ – ㄹ – ㄱ – ㄷ
④ ㄷ – ㄴ – ㄹ – ㄱ ⑤ ㄹ – ㄷ – ㄴ – ㄱ

정답 ①

해설 ㄱ(1947년) – ㄴ(1983년) – ㄷ(1987년) – ㄹ(2017년) 순으로 발생하였으며,
- ㄱ. 1947년 9월 최초로 이화여자대학교에 기독교사회사업학과가 설치되어 대학교에서 사회복지 전문 인력의 양성교육을 시작하였다.
- ㄴ. 「사회복지사업법」에 따라 사회복지사 명칭을 사용하기 시작한 것은 1983년이다. 즉, 1970년에 제정된 사회복지사업법 및 시행규칙에 "사회복지사업종사자"라는 자격제도가 신설되었으며, 1983년 5월 「사회복지사업법」이 개정되어 사회복지사 자격제도로 변경되었다.
- ㄷ. 사회복지전문요원(이후 전담공무원)을 행정기관에 배치하기 시작한 것은 1987년이다. 1987년부터 읍·면·동사무소에 공공사회복지 담당 공무원(사회복지전문요원)을 배치하기 시작하였고, 1992년 12월 8일 「사회복지사업법」 개정을 통해 사회복지전담공무원이라는 명칭으로 이들에 대한 법적인 근거가 마련되었다.
- ㄹ. 「정신보건법」이 2016년 「정신건강증진 및 정신질환자 복지서비스 지원에 관한 법률(약칭 : 정신건강복지법)로 전부개정 (2016.5.29, 2017.5.30, 시행)되어, 정신보건전문요원이 정신건강전문요원으로, 정신보건사회복지사가 정신건강사회복지사 명칭이 변경되었다. 정신건강복지법은 2017년에 시행 되었으므로, 정신건강사회복지사 명칭을 사용하기 시작한 것은 2017년이다.

☐ 16회
25. 사회복지실천현장 중 생활시설로만 구성된 것은?

① 재가노인복지시설, 장애인지역사회재활시설
② 장애인직업재활시설, 아동보호치료시설
③ 노인의료복지시설, 자립지원시설
④ 정신요양시설, 자활지원센터
⑤ 장애인주간보호시설, 성폭력피해자보호시설

정답 ③
해설 생활시설이란 개인생활이 어렵거나 부양자의 부양능력 부족으로 발생한 클라이언트에게 주거서비스를 포함한 사회복지서비스를 제공하는 시설을 말한다. 생활시설에는 노인의료복지시설, 자립지원시설, 공동생활가정, 정신요양시설, 장애인생활시설, 아동보호치료시설, 노인전문요양시설, 미혼모 시설, 그룹 홈, 청소년 쉼터 등이 있다.

☐ 17회
26. 이용시설 – 간접 서비스기관 – 민간기관의 예를 순서대로 바르게 나열한 것은?

① 지역아동센터 – 사회복지협의회 – 주민센터
② 장애인복지관 – 주민센터 – 지역사회보장협의체
③ 청소년쉼터 – 사회복지관 – 사회복지공동모금회
④ 사회복지관 – 노인보호전문기관 – 성폭력 피해상담소
⑤ 다문화가족지원센터 – 사회복지공동모금회 – 한국사회복지사협회

정답 ⑤
해설 이용시설 – 간접서비스기관 – 민간기관이 바르게 나열된 것은 다문화가족지원센터 – 사회복지공동모금회 – 한국사회복지사협회이다.

☐ 18회
27. 다음 중 1차 현장이면서 이용시설에 해당하는 것은?

① 장애인복지관, 보건소
② 노인복지관, 지역아동센터
③ 아동양육시설, 사회복지관
④ 노인요양시설, 장애인공동생활가정
⑤ 정신건강복지센터, 학교

정답 ②
해설 ② 노인복지관, 지역아동센터가 1차 현장이면서 이용시설에 해당한다.
① 장애인복지관은 1차 현장이자 이용시설, 보건소는 2차 현장이자 이용시설이다.
③ 아동양육시설은 1차 현장이자 생활시설, 사회복지관은 1차 현장이자 이용시설이다.
④ 노인요양시설, 장애인공동생활가정은 1차 현장이자 생활시설이다.
⑤ 정신건강복지센터는 1차 현장이자 이용시설, 학교는 2차 현장이자 이용시설이다.

기출문제 확인하기

☐ 16회

28. 사회복지사의 역할에 관한 설명으로 옳은 것을 모두 고른 것은?

> ㄱ. 중개자 : 가족이 없는 중증장애인에게 주거시설은 소개해 주는 것
> ㄴ. 중재자 : 갈등으로 이혼위기에 처한 부부관계에 개입하여 상호 만족스러운 합의점을 도출하는 것
> ㄷ. 옹호자 : 장애학생의 교육권 확보를 위해 학교 당국에 편의시설을 요구한 것
> ㄹ. 조력자 : 알코올중독자가 자신의 문제를 깨닫고 금주 방법을 찾도록 도와주는 것

① ㄱ, ㄴ ② ㄱ, ㄴ, ㄷ ③ ㄱ, ㄴ, ㄹ
④ ㄴ, ㄷ, ㄹ ⑤ ㄱ, ㄴ, ㄷ, ㄹ

정답 ⑤

해설 ㄱ, ㄴ, ㄷ, ㄹ 모두 사회복지사의 역할에 대한 설명으로 옳다.

☐ 17회

29. 사회복지사의 역할에 관한 설명으로 옳지 않은 것은?

① 옹호자 : 클라이언트 권익 변호
② 계획자 : 변화과정 기획
③ 연구자 : 개입 효과 평가
④ 교육자 : 지식과 기술 전수
⑤ 중개자 : 조직이나 집단의 갈등 해결

정답 ⑤

해설 중개자(broker)란 문제에 노출된 개인이나 집단이 지역사회서비스를 이용할 수 있도록 도와주는 역할로, 클라이언트가 필요로 하는 자원을 연결시키는 역할을 수행한다. 분쟁이나 다툼에서 타협점을 찾아내고 서로의 차이점을 조정하여 상호 합의를 이끌어내는 역할은 중재자(mediator)이다.

☐ 19회

30. 이용시설에 해당하지 않는 것은?

① 재가복지센터 ② 아동상담소 ③ 주간보호센터
④ 아동양육시설 ⑤ 지역사회복지관

정답 ④

해설 아동복지법에서 규정한 아동양육시설은 보호 대상 아동을 입소시켜 보호, 양육 및 취업훈련, 자립지원 서비스 등을 제공하는 것을 목적으로 하는 시설로서 생활시설에 해당한다.
이용시설은 주거서비스를 제공하지 않고 자신의 집에 거주하는 클라이언트를 대상으로 사회복지서비스를 제공하는 기관을 의미하며, ① 재가복지센터, ② 아동상담소, ③ 주간보호센터, ⑤ 지역 사회복지관은 이용시설에 해당한다.

② 사회복지실천의 접근 방법

◆ 출제경향분석 및 학습가이드

대분류	소분류		20회	19회	18회	17회	16회	15회	14회	13회	12회	11회	출제빈도 및 중요도
접근방법	제5장 사회복지 실천의 관점 (통합적접근)	출제 문항수	4	4	4	4	3	4	3	3	3	4	★★★★★
		비중	16.0%	16.0%	16.0%	16.0%	12.0%	16.0%	12.0%	12.0%	12.0%	13.3%	

5. 사회복지실천의 관점 : 통합적 접근
- 체계의 주요 개념인 엔트로피, 항상성, 폐쇄체계, 개방체계, 홀론, 전환, 환류, 부적응 교류 등이 가끔 출제됨.
- 통합적 방법론(통합적 접근)에 대한 내용이 빈번하게 출제되고 있음.
- 생태체계 관점에서 미시체계, 중간체계, 외부체계, 거시체계에 대한 내용도 출제가 되고 있으므로 꼭 확인해야 함.
- 통합적 실천모델인 4체계 모델(핀거스와 미나한)과 6체계 모델(콤튼과 갤러웨이), 임파워먼트 모델 등의 내용이 자주 출제되며, 가끔 혼동하기 쉬운 내용들이 출제되는 경향이 있어서 주요 특징들을 확실하게 이해해야 함.

기출문제 확인하기

□ 16회
01. 통합적 방법의 특징으로 옳지 <u>않은</u> 것은?

① 실천의 유용한 이론적 틀로서 생태체계적 관점에 기초한다.
② 개인과 체계 간의 상호작용에 초점을 둔다.
③ 사회복지사는 미시적 수준에서부터 거시적 수준의 실천까지 다양한 체계에 개입한다.
④ 인간에 초점을 두거나 환경에 초점을 두는 2궤도 접근이다.
⑤ 일반주의(generalism) 실천에서 활용하는 접근 방법이다.

정답 ④
해설 과거 사회복지의 개입은 주로 인간에게 초점을 두거나 환경에 초점을 두는 2궤도 접근으로 이루어져 왔으나, 통합적 접근을 통하여 점차 인간과 환경의 상호작용에 초점을 둠으로써 인간과 환경의 공유 영역, 즉 사회적 기능 수행 영역에의 사회복지사의 개입이 강조되기 시작하였다.

□ 16회
02. 음주 상태에서 아내에게 폭력을 가하던 남편이 이웃 주민의 신고로 경찰을 통해 중독관리 통합지원센터에 의뢰되었다. 핀커스와 미나한의 4체계모델에서의 변화매개체계는?

① 남편   ② 아내   ③ 경찰
④ 이웃주민   ⑤ 중독치료 전문가

정답 ⑤
해설 ① 남편은 표적체계(변화시킬 필요가 있는 자)이다. ② 아내는 행동체계(변화를 위해 상호작용하는 자)이다. ③ 경찰은 행동체계(변화를 위해 상호작용하는 자)이다. ④ 이웃주민은 클라이언트체계(변화 요구를 위해 직접 의뢰하는 자)이다.

□ 17회
03. 체계이론이 사회복지실천에 미친 영향으로 옳지 <u>않은</u> 것은?

① 사고의 틀을 개인중심에서 전체체계로 확대하도록 유도함
② 경계, 환류, 엔트로피 등 기능적인 체계를 설명하는 개념을 제시함
③ 문제 현상에 대한 분석틀과 구체적 개입방법을 제시함으로써 적응적 변화를 유도함
④ 사회현상을 분석함에 있어 체계를 둘러싼 변수들이 상호 관련된 전체라는 시각을 갖게 함.
⑤ 동귀결성(equifinality)과 다중귀결성(multi-finality)은 실천의 다양한 영향을 설명할 수 있게 함.

정답 ③
해설 체계이론은 개인, 환경, 상호작용의 분석틀을 제공할 뿐, 구체적인 개입 방법은 제시하지 않는다.

□ 17회
04. 콤튼과 갤러웨이의 6체계에 관한 설명으로 옳지 않은 것은?

① 표적체계 : 목표 달성을 위해 변화가 필요한 체계
② 클라이언트체계 : 서비스나 도움을 필요로 하는 체계
③ 변화매개체계 : 목표 달성을 위해 사회복지가 상호작용하는 체계
④ 전문가체계 : 변화매개체계에 영향을 미치는 교육체계나 전문가단체
⑤ 의뢰-응답체계 : 서비스를 요청한 체계와 그러한 요청으로 서비스기관에 오게 된 체계

정답 ③

해설 행동체계에 관한 설명이다. 변화매개체계는 클라이언트를 지원하는 사회복지사와 사회복지사를 고용하고 있는 기관 및 조직이다.

□ 18회
05. 브론펜브레너(V. Bronfenbfenner)가 제시한 생태체계에 관한 설명으로 옳은 것은?

① 미시체계 : 개인의 일상생활에 존재하는 실제적인 환경
② 중간체계 : 개인이 직접 상호작용을 하지 않지만 간접적인 영향을 미치고 있는 환경
③ 내부체계 : 개인 내면의 심리적인 상호작용
④ 외부체계 : 개인이 속한 사회의 이념이나 제도의 일반적 형태
⑤ 거시체계 : 개인이 적극적으로 참여하는 둘 이상의 환경 간의 상호관계

정답 ①

해설 ② 외부체계에 관한 설명이다. ③ 브론펜브레너가 제시한 생태체계에서 내부체계와 관련 개념은 확인할 수 없다. ④ 거시체계에 관한 설명이다. ⑤ 중간체계에 관한 설명이다.

□ 18회
06. 핀커스와 미나한의 4체계모델에 관한 설명으로 옳은 것은?

① 이웃이나 가족 등은 변화매개체계에 해당한다.
② 문제해결을 위해 사회복지사와 상호작용하는 사람들은 행동체계에 해당한다.
③ 비자발적인 클라이언트는 의뢰-응답체계에 해당한다.
④ 목표 달성을 위해 변화가 필요한 사람들은 변화매개체계에 해당한다.
⑤ 전문가 육성 교육체계도 전문체계에 해당 한다.

정답 ②

해설 ① 변화과정에 동참할 수 있는 이웃이나 가족 등은 행동체계이다. ③ 클라이언트 스스로가 아닌 가족이나 친구에 의해 의뢰된 비자발적인 클라이언트는 핀커스와 미나한의 4체계모델에서 표적체계에 해당한다. 반면, 콤튼과 갤러웨이의 6체계모델에서 사법당국 등에 의해 강제로 클라이언트가 된 경우, 일반 클라이언트와 구별하기 위해 사용하는 것을 의뢰 - 응답체계 (문제인식체계)라고 한다. ④ 목표 달성을 위해 변화가 필요한 사람들은 표적체계이다. ⑤ 전문체계(전문가체계)는 콤튼과 갤러웨이의 6체계모델에 해당한다.

기출문제 확인하기

☐ 18회

07. 사회복지실천에서 통합적 방법에 관한 설명으로 옳은 것은?

① 사례관리가 실천현장에서 일반화된 이후 등장하였다.
② 다양한 클라이언트체계와 수준에 접근할 수 있다.
③ 고도의 전문화를 통해 해당 실천영역 고유의 문제에 집중한다.
④ 전통적 방법에 비하여 다양하고 복잡한 문제 상황에 개입하기에 적합하지 않다.
⑤ 다양한 유형의 클라이언트를 통합한다는 의미를 가진다.

정답 ②

해설 ① 통합적 방법은 1929년 밀포드 회의 이후 등장하였다. 사례관리가 실천현장에서 일반화된 것은 1960년대 이다. ③ 사회변화로 인한 복잡화와 사회문제에 대해 과거방법론별 접근방법으로는 대응할 수 없다는 한계에 부딪히면서 통합적 방법이 등장하였다. ④ 전통적인 방법은 지나친 문화와 전문화로 서비스를 파편화시켜 다양한 문제와 욕구를 가진 클라이언트의 문제를 해결하기 어렵기 때문에 통합적 방법이 등장 하였다. ⑤ 통합적 접근은 생태체계적 준거들을 사용하며, 광범위한 이론과 개입방법으로부터 자유롭게 선택하고 서로 다른 다양한 체계와 수준에서도 용이하게 실천될 수 있다는 것을 의미한다. 즉, 다양한 클라이언트에게 실천하는 통합적 방법이 있다는 것으로, 클라이언트 통합한다는 의미와 거리가 멀다.

☐ 16회

08. 강점관점에 관한 설명으로 옳은 것을 모두 고른 것은?

> ㄱ. 클라이언트를 희생자로 인식한다.
> ㄴ. 대표적인 학자로 샐리비와 밀리가 있다.
> ㄷ. 외상, 학대, 질병 등과 같은 힘겨운 일들을 도전과 기회로 고려한다.
> ㄹ. 개인의 초점은 클라이언트의 역기능과 증상의 영향을 감소시키는 것이다.

① ㄴ   ② ㄷ   ③ ㄴ, ㄷ
④ ㄱ, ㄴ, ㄷ   ⑤ ㄴ, ㄷ, ㄹ

정답 ③

해설 ㄱ. 강점 관점에서는 클라이언트를 독특한 존재, 감정과 재능 및 자원을 가진 존재로 인식한다. ㄹ. 병리 관점에 관한 설명이다.

☐ 17회

09. 병리 관점과 비교한 강점 관점의 특징으로 옳은 것은?

① 클라이언트의 문제에 초점을 둠.
② 사회복지사는 클라이언트 삶의 전문가임.
③ 변화를 위한 지원은 전문가의 지식과 기술임.
④ 실천의 초점을 과거에서 현재와 미래로 전환함.
⑤ 강점은 용기와 낙관주의 같은 개인 내적인 요소로 한정함.

정답 ④
해설 ①, ②, ③ 병리관점의 특징이다. ⑤ 강점 관점에서 강점은 개인 내적인 요소뿐만 아니라 모든 자원을 아우른다.

◻ 17회
10. 임파워먼트모델에 관한 설명으로 옳은 것을 모두 고른 것은?

> ㄱ. 임파워먼트는 개인, 대인관계, 제도적 차원에서 이루어짐
> ㄴ. 클라이언트를 문제 해결의 협력적 파트너로 인정함
> ㄷ. 클라이언트를 위해 자원을 동원하거나 권리를 옹호함
> ㄹ. 모델의 이념적 근원은 레이놀즈(B.Reyn-olds)활동에서 찾을 수 있음

① ㄱ, ㄴ ② ㄴ, ㄷ ③ ㄷ, ㄹ
④ ㄱ, ㄴ, ㄷ ⑤ ㄴ, ㄷ, ㄹ

정답 ④
해설 ㄹ. 임파워먼트모델은 인보관운동을 그 토대로 삼고, 체스탕, 솔로몬, 핀더허그 등의 학자들에 의해 정립된 이론이다. 레이놀즈(1951)는 급진주의적 정신의료사회사업가로, 사회복지사와 클라이언트와의 전문적 관계를 '협동관계'에서 확장된 '동맹관계'라는 개념을 사용하였다. 이후 레이놀즈의 활동은 케이스워크 실천과 교육에 영향을 미쳤다.

◻ 18회
11. 임파워먼트모델에 관한 설명으로 옳지 않은 것은?

① 클라이언트와 문제 해결 방안을 함께 수립한다.
② 개인, 대인관계, 제도적 차원에서 임파워먼트가 이루어진다.
③ 클라이언트와 협력관계를 확립하는 것을 중요시한다.
④ 클라이언트의 문제와 부적응의 개입에 초점을 맞춘다.
⑤ 개입과정은 대화 - 발견 - 발달단계로 진행된다.

정답 ④
해설 임파워먼트모델은 치료의 초점을 문제에 대한개입이 아닌 가능성에서 찾는다. 클라이언트의 상황에 대해 강점 관점을 적용하여 다양한 차원을 반영하고, 클라이언트의 강점을 현실화시키고자 한다. 이를 통해 무력한 상태에 있는 클라이언트는 스스로 삶에 대한 결정력과 통제력을 지닐 수 있게 된다.

기출문제 확인하기

□ 18회

12. 임파워먼트모델의 실천단계를 대화단계, 발견단계, 발전단계로 나눌 때, 대화 단계에서 실천해야 할 과정을 모두 고른 것은?

| ㄱ. 방향 설정 | ㄴ. 강점의 확인 | ㄷ. 파트너십 형성 |
| ㄹ. 자원 활성화 | ㅁ. 기회의 확대 | ㅂ. 현재 상황의 명확화 |

① ㄱ, ㄴ, ㄷ　　　② ㄱ, ㄷ, ㄹ　　　③ ㄱ, ㄷ, ㅂ
④ ㄴ, ㄷ, ㄹ　　　⑤ ㄴ, ㄷ, ㄹ, ㅁ, ㅂ

정답 ③
해설 ③ 대화단계(The Dialogue Phase)에서 사회복지사는 대화를 통해 클라이언트의 현재 상황, 주요 욕구, 강점을 파악해야 한다. ㄱ. 방향 설정, ㄷ. 파트너십 형성, ㅂ. 현재 상황의 명확화는 대화 단계에서 실천해야 할 과정이다.
ㄴ. 강점의 확인은 발견단계(The Discovery Phase)에서 실천해야 할 과정이며, ㄹ. 자원 활성화, ㅁ. 기회의 확대는 발전단계(The Development Phase)에서 실천해야 할 과정이다.

□ 19회

13. 사회복지사가 현장에서 활용할 수 있는 강점관점 실천의 원리에 해당하지 않는 것은?

① 모든 환경은 자원으로 가득 차 있다.
② 모든 개인·집단·가족·지역사회는 강점을 가지고 있다.
③ 클라이언트와 협동 작업이 이루어질 때 최선의 도움을 줄 수 있다.
④ 클라이언트의 성장과 변화는 제한적이다.
⑤ 클라이언트의 고난은 상처가 될 수 있지만, 동시에 도전과 기회가 될 수 있다.

정답 ④
해설 ④ 병리(pathology) 관점에서는 클라이언트의 성장과 변화는 병리에 의해 제한된다고 가정한다. 그러나 클라이언트가 성장과 변화를 위한 개별적 잠재능력을 가지고 있다고 보는 강점(strength) 관점에서는 클라이언트의 성장과 변화는 항상 개방되어 있다고 본다.
③ 강점관점에서 클라이언트는 변화과정에 능동적으로 참여하는 상호 협력적 파트너이다. 클라이언트와 협동 작업이 갖는 장점은 클라이언트와 전문가가 서로의 자원을 상호 협력하여 활용하기 때문에 문제해결을 위한 자원의 범위가 넓어진다는 것이다.

☐ 19회

14. 콤튼과 갤러웨이(B. Compton & B. Galaway)의 6체계모델을 다음 사례에 적용할 때 구성체계의 연결이 옳은 것은?

> 사회복지사 A는 중학생 B가 동급생들로부터 상습적으로 집단폭력을 당하는 것을 알게 되었다. A는 이 문제를 해결하기 위하여 B가 다니는 학교의 학교사회복지사 C와 경찰서의 학교폭력담당자 D에게도 사건내용을 알려, C와 D는 가해학생에게 개입하고 있다. A는 학교사회복지사협회(E)의 학교폭력관련 워크숍에 참가하면서, C와 D를 만나 정기적으로 사례회의를 하고 있다.

① A(사회복지사) – 변화매개체계
② B(학생) – 행동체계
③ C(학교사회복지사) – 클라이언트체계
④ D(경찰) – 전문가체계
⑤ E(학교사회복지사협회) – 표적체계

정답 ①

해설 ① 콤튼(Compton)과 갤러웨이(Galaway)는 사회복지실천체계를 핀커스와 미나한이 제시한 기존의 4체계에 전문가 체계와 문제인식체계(의뢰-응답체계)의 2가지 유형을 첨가하여 6가지 체계로 분류하여 주어진 사례에서 A(사회복지사)는 변화매개체계에 해당한다.
② 변화매개체계인 A(사회복지사)가 상습적으로 집단폭력을 당하고 있는 B(학생)의 문제를 해결하기 위해 개입하고 있으므로 B(학생)는 표적체계이다.
③ C(학교사회복지사)는 행동체계이다. 행동체계(the action system)는 변화매개인이 변화노력을 달성하기 위해 상호작용하는 사람들을 말하는데 이웃, 가족, 전문가 등이 포함된다.
④ D(경찰)는 행동체계이다.
⑤ E(학교사회복지사협회)는 전문가체계(professional system, 전문체계)이다. 전문가체계는 사회복지사의 권익과 이익을 대변하며 전문성 신장을 위해 노력하는 협회 및 학회를 들 수 있다.

☐ 19회

15. 통합적 접근에 관한 사회복지실천의 특징이 <u>아닌</u> 것은?

① 생태체계관점을 토대로 한다.
② 클라이언트의 자기결정을 최소화한다.
③ 문제에 대해 광범위하고 포괄적으로 접근한다.
④ 체계와 체계를 둘러싼 환경 간의 관계를 중시한다.
⑤ 사회복지실천과정을 점진적 문제해결 과정으로 본다.

정답 ②

해설 ② 통합적 접근의 사회복지실천은 클라이언트의 잠재성을 인정하며, 이들 잠재성이 개발될 수 있다고 보고, 미래지향적인 접근을 강조한다. 또한, 클라이언트의 존엄성을 인정하고, 클라이언트의 참여와 자기결정 및 개별화를 극대화할 것을 강조한다. ⑤ 사회복지실천과정은 상이한 용어로 진술되지만 이들 사이에 유사성과 중복성이 함께 있다. 즉 통합적 방법론의 제모델들을 살펴보면 사회복지실천과정은 상이하나 공통적으로 문제해결을 위한 목표달성을 향해 나아가는 점진적 단계로 이뤄져 있다는 것을 알 수 있다.

3 관계론과 면접론

◆ 출제경향분석 및 학습가이드

대분류	소분류		20회	19회	18회	17회	16회	15회	14회	13회	12회	11회	출제빈도 및 중요도
관계론과 면접론	제6장 사회복지 실천의 관계론	출제 문항수	3	4	3	3	2	3	2	2	4	3	★★★★★
		비중	12.0%	16.0%	12.0%	12.0%	8.0%	12.0%	8.0%	8.0%	16.0%	10.0%	
	제7장 사회복지 실천의 면접론	출제 문항수	3	2	3	2	2	2	2	2	3	3	★★★★
		비중	12.0%	8.0%	12.0%	8.0%	8.0%	8.0%	8.0%	8.0%	12.0%	10.0%	

6. 사회복지실천의 관계론
- 사회복지실천의 전문적 관계(원조 관계)도 빠지지 않고 출제되고 있으므로 전문적 관계형성의 기본요소들에 대해 이해하여야 함.
- 사회복지사가 지켜야 할 관계형성의 7대 원칙은 꼭 출제된다고 보고 필수 개념을 반드시 기억해야 함. (개별화, 의도적 감정표현, 통제된 정서적 관여, 수용, 비심판적 태도, 클라이언트의 자기결정, 비밀보장)

7. 사회복지실천의 면접론
- 면접의 유형인 표준화된 면접, 비표준화된 면접, 반표준화된 면접과 면접의 질문 유형인 적절한 질문과 바람직하지 않은 질문 등과 관련된 내용에 대해서도 잘 살펴보아야 함.
- 면접의 종류인 정보 수집 면접, 사정 면접, 치료적 면접과 관련하여 가끔씩 출제됨.
- 면접의 기술인 해석, 질문, 직면, 경청, 관찰에 대해서 자주 출제되고 있음.

기출문제 확인하기

☐ 16회

01. 전문적 관계의 기본 요소 중 자기 인식을 바탕으로 사회복지사의 감정과 반응을 있는 그대로 클라이언트에게 전달하는 능력은?

① 구체성 ② 공감 ③ 진실성
④ 헌신 ⑤ 민감성

정답 ③

해설 ① 구체성은 사회복지사의 능력과 관련이 없다. ② 공감이란 감정이입과 관련된 것으로, 클라이언트의 감정과 그 감정의 의미를 민감하게 인식하고 전달하는 사회복지사의 능력이다. ④ 헌신이란 원조 과정에서의 책임감으로, 시간을 준수하고 성장과 발전을 가져올 수 있는 관계를 유지하는 것이다. ⑤ 민감성이란 특정한 단서 없이도 클라이언트의 내면세계를 느끼고 감지할 수 있는 능력을 말한다.

☐ 17회

02. 다음 내용을 모두 충족하는 원조관계의 기본 요소는?

> - 사회복지사와 클라이언트의 책임감을 의미 하는 것으로 관계의 목적을 이루기 위해 서로를 신뢰하고 일관된 태도를 유지함
> - 클라이언트는 문제와 상황을 솔직하게 말해야 하고, 사회복지사는 클라이언트의 변화와 성장을 위해 노력해야 함

① 수용 ② 존중 ③ 일치성
④ 헌신과 의무 ⑤ 권위와 권한

정답 ④

해설 ① 수용이란 비심판적 태도로 클라이언트를 있는 그대로 받아들이는 것이다. ② 존중이란 클라이언트의 의견, 태도, 행동 등에 대하여 인정하고 존중하는 것이다. ③ 일치성이란 클라이언트와의 관계에서 순수하고 진실되며 언행을 일관성 있게 하는 것이다. ⑤ 권위와 권한이란 전문직으로서의 지식과 경험을 통해 클라이언트에게 영향력을 행사하는 것이다.

☐ 17회

03. 전문적 원조관계의 특성으로 옳은 것은?

① 사회복지사는 클라이언트에 비해 우월적 지위에 있다.
② 클라이언트에게 도움을 주기 위해 정해진 기간 동안 관계를 맺는다.
③ 사회복지사의 욕구에 부응하기 위해 상호 만족스러운 관계를 형성한다.
④ 관계의 전반적인 과정에 대해 사회복지사와 클라이언트가 공동으로 책임진다.
⑤ 전문적 관계를 통해 사회복지사는 클라이언트의 감정과 행동의 변화를 통제한다.

정답 ②

해설 전문적 원조관계는 계약에 의해 사회복사가 클라이언트의 변화를 위한 과정을 계획, 개입, 실천, 평가하는 것으로 종결기간이 정해져 있는 시간 제한적 특징이 있다

기출문제 확인하기

☐ 18회

04. 사회복지실천에서 전문적 관계의 특성에 관한 설명으로 옳지 않은 것은?

① 클라이언트의 욕구가 중심이 된다.
② 시간적인 제한을 둔다.
③ 전문가 자신의 정서를 통제하는 관계이다.
④ 전문가가 설정한 목적 달성을 위해 형성된다.
⑤ 전문가는 전문성에 기반을 둔 권위를 가진다.

정답 ④
해설 콤튼과 갤러웨이가 제시한 원조관계는 클라이언트와 합의하여 설정된 목표를 지향한다.

☐ 16회

05. 비스텍(F.Biestek)의 관계의 원칙에 관한 설명으로 옳은 것은?

① 의도적 감정표현이란 클라이언트와의 라포 형성을 위해 사회복지사의 감정을 주의 깊게 표현하는 것이다.
② 수용이란 클라이언트의 행동 변화를 위해 바람직한 가치를 받아들이도록 격려하는 것을 의미한다.
③ 개별화란 클라이언트가 속한 집단적 특성을 탐색하는 과정을 포함한다.
④ 비심판적 태도란 클라이언트의 자기결정 능력이 부족한 경우에 판단을 유보하는 것이다.
⑤ 통제된 정서적 관여란 클라이언트가 자기 이해를 통해 부정적 감정에 직면 하도록 강화할 때 필요하다.

정답 ③
해설 개별화란 클라이언트 개개인의 독특한 자질을 이해하고 각 개인에 따라 상이한 원조 방법과 내용 등을 활용하는 것이다. 이때 개인의 어떤 개별적 차이를 지니는지 이해하는 과정에서 개인이 속한 집단적 특성을 모색하는 과정이 포함될 수 있다.

☐ 17회

06. 전문적 관계의 기본원칙 중 다음 내용 모두에 해당하는 것은?

> • 문제의 해결자가 사회복지사가 아닌 클라이언트임을 강조함.
> • 법률에 따라 제한되는 경우를 제외하고 최대한 존중되어야 함.
> • 사회복지사는 문제 해결을 위해 다양한 대안을 알고 있어야 함.

① 수용　　　　　　② 비밀보장　　　　　③ 비심판적 태도
④ 통제적·정서적 관여　　⑤ 클라이언트의 자기 결정권

정답 ⑤

해설 클라이언트의 자기결정권이란 자신의 삶을 스스로 결정할 수 있는 권리로, 사회복지사는 이를 최대한 존중하여야 한다. 클라이언트가 바람직한 결정을 내릴 수 있도록 서비스의 목적, 내용, 한계 등을 분명히 알리는 고지된 동의가 이루어져야 하며, 클라이언트는 스스로 문제를 해결하고 사회복지사는 다양한 대안을 제시해야 한다.

17회

07. 클라이언트를 개별화하기 위해 사회복지사에게 필요한 역량이 <u>아닌</u> 것은?

① 언어적 표현에 대한 경청 능력
② 비언어적 표현에 대한 관찰 능력
③ 질환에 대해 진단할 수 있는 능력
④ 편견과 선입관에 대한 자기인식 능력
⑤ 감정을 민감하게 포착할 수 있는 능력

정답 ③

해설 개별화란 인간은 모두 독립적인 개체이며, 개별적 차이를 지닌 특정한 인간으로 처우하여야 한다는 원칙으로, 보다 나은 적응을 하도록 클라이언트마다 원리와 방법을 각기 다르게 적용해야 한다는 것이다. 질환에 대한 진단은 의료인에게 필요한 진단 능력에 해당한다.

18회

08. '클라이언트의 자기결정'을 돕는 데 필요한 사회복지사의 역량으로 옳은 것을 모두 고른 것은?

ㄱ. 경청하고 수용하는 태도
ㄴ. 클라이언트가 활용 가능한 자원을 찾고 분석하도록 지원하는 능력
ㄷ. 클라이언트의 잠재력을 개발하는 데 도움이 되는 환경조성 능력
ㄹ. 클라이언트에게 필요한 것들을 결정하여 이를 관철시키는 능력

① ㄱ, ㄹ
② ㄴ, ㄷ
③ ㄱ, ㄴ, ㄷ
④ ㄴ, ㄷ, ㄹ
⑤ ㄱ, ㄴ, ㄷ, ㄹ

정답 ③

해설 오답해설 클라이언트의 자기결정이란 사회복지실천 과정에 있어서 클라이언트가 그 자신의 선택과 결정을 스스로 할 자유로, 클라이언트의 자기결정을 촉구하기 위해 사회복지사는 이에 대한 권리와 욕구를 인정해야 한다. 클라이언트에게 필요한 것들을 결정하여 이를 관철시키는 능력은 클라이언트의 자기결정을 돕는 데 필요한 사회복지사의 역량으로 적절하지 않다.

기출문제 확인하기

☐ 19회

09. 다음에서 설명하는 전문적 관계의 기본 원칙은?

> - 클라이언트는 문제에 대한 공감적 반응을 얻고자 하는 욕구가 있다.
> - 사회복지사는 클라이언트 감정에 대해 민감성, 공감적 이해로 의도적이고 적절한 반응을 한다.

① 수용 ② 개별화 ③ 비심판적 태도
④ 의도적인 감정표현 ⑤ 통제된 정서적 관여

정답 ⑤
해설 통제된 정서적 관여(controlled emotional involvement)란 클라이언트의 감정에 대한 사회복지사의 민감성과 그 감정들이 의미하는 것에 대한 이해, 그리고 클라이언트의 감정에 대한 의도적이고 적절한 반응을 말한다. 이 원칙은 문제에 대한 공감적 반응을 얻고 싶어 하는 클라이언트의 욕구에 대한 사회복지사의 반응(관계의 원칙)이다.

☐ 19회

10. 원조 관계에서 책임감을 갖고 절차상의 조건을 따르는 관계형성의 기본요소는?

① 구체성 ② 헌신과 의무 ③ 감정이입
④ 자아노출 ⑤ 수용과 기대

정답 ②
해설 헌신(commitment)과 의무(obligation)는 돕는 과정에서의 책임감을 의미하는 것으로 일관성을 포함하는 개념이다. 사회복지사와 클라이언트가 함께 관계의 목적과 조건을 위해, 그리고 상호의존적 교류 관계를 위해 헌신을 다할 때 클라이언트는 안전하다는 느낌을 갖게 된다. 전문적 관계에서 헌신적인 자세는 사회복지사와 클라이언트 모두 필수적인 절차상의 조건을 최대한 지킬 의무가 있다.

☐ 19회

11. 전문적 관계의 특성으로 옳은 것은?

① 전문가 윤리강령에 따른다. ② 기관의 입장에서 출발한다.
③ 시간에 제한을 두지 않는다. ④ 전문가 권위와 권한이 없다.
⑤ 클라이언트 동의가 필요 없다.

정답 ①
해설 ① 전문적 관계는 클라이언트를 위한 것이기 때문에 클라이언트를 옹호하고 클라이언트의 권리를 보장하기 위해 사회복지사는 전문가들이 전문직을 수행함에 있어서 지켜야 할 윤리적 기준과 원칙을 기술해 놓은 전문가 윤리강령을 따라야 한다. ② 전문적 관계는 언제나 클라이언트의 입장에서 출발해야 하며, ③ 전문적 관계는 시간 제한적이며 체계적 구조를 가지고 있다. ④ 전문적 관계에서 사회복지사의 권위는 클라이언트와 기관에 의해 사회복지사에게 위임된 권한으로 사회복지사는 전문적 지식과 경험을 보유함으로써, 영향력을 미칠 수 있는 권한을 가진다. ⑤ 전문적 관계는 사회복지사의 전문직 수행에도 클라이언트 동의가 필요하다.

□ 16회
12. 면접 과정에서의 질문으로 적절한 것을 모두 고른 것은?

> ㄱ. 부인은 남편의 행동에 대해 어떻게 대응 하셨나요?
> ㄴ. 그 민감한 상황에서 왜 그런 말을 하셨지요?
> ㄷ. 이번처럼 갈등이 심각한 적은 몇 번 정도 되나요?
> ㄹ. 그때 아내의 반응은 어떠했나요? 죄책감이 들지는 않았나요?

① ㄹ ② ㄱ, ㄷ ③ ㄴ, ㄹ
④ ㄱ, ㄴ, ㄷ ⑤ ㄱ, ㄴ, ㄷ, ㄹ

정답 ②
해설 ㄱ. 개방형 질문으로 적절하다. ㄷ. 폐쇄형 질문으로 적절하다.
ㄴ. '왜?'라는 질문의 형태는 바람직하지 않다. ㄹ. 중첩형 질문(폭탄형 질문)은 바람직하지 않다.

□ 17회
13. 다음 〈사례〉에서 사회복지사가 진행한 면접의 유형은?

> 학대의심 사례를 의뢰받은 노인보호전문 기관의 사회복지사는 어르신을 만나 학대의 내용과 정도를 파악하고 어르신의 정서 상태와 욕구를 확인하는 면접을 진행하였다.

① 평가면접 ② 치료면접 ③ 정보수집면접
④ 계획수립면접 ⑤ 정서지원면접

정답 ③
해설 제시된 사례에 나타난 면접은 정보수집면접이다. 사회복지사는 클라이언트와 그를 둘러싼 상황에 대해 정보를 수집함으로써 클라이언트의 문제에 대한 이해도를 높일 수 있다.

□ 18회
14. 개방형 질문의 예시로 옳지 않은 것은?

① 선생님은 어제 자녀와 대화를 나누셨나요?
② 부모님은 그 상황에서 무엇을 생각하셨을까요?
③ 그 상황에서 선생님의 기분은 어떠하셨나요?
④ 어떤 상황이 되면 문제가 해결되었다고 생각하세요?
⑤ 그러한 행동을 하게 되면 선생님의 가족들은 어떤 반응을 보이시나요?

정답 ①

해설 "선생님은 어제 자녀와 대화를 나누셨나요?"는 폐쇄형 질문의 예이다. 이는 '예' 혹은 '아니요' 단답형의 방식으로 대답을 유도하는 질문으로, 질문에 대해 답변하는 경험이 부족한 클라이언트나 지나치게 수다스러운 클라이언트 등에게 유용하다. 개방형 질문은 클라이언트가 자신의 문제에 대해 이야기할 수 있도록 광범위한 표현이 가능한 질문이다.

□ 18회
15. 면접에 관한 설명으로 옳지 않은 것은?

① 사회복지사와 클라이언트 사이의 특정한 역할 관계가 있다.
② 시간과 장소 등 구체적인 요건이 필요하다.
③ 목적보다는 과정 지향적 활동이므로 목적에 집착하는 것을 지양한다.
④ 클라이언트의 어려움을 극복하는 데 필요한 변화들을 가져오기도 한다.
⑤ 클라이언트를 이해하는 데 필요한 정보를 수집하기도 한다.

정답 ③

해설 면접은 목적지향적 활동이다. 개입 목적에 따라 의사 소통의 내용에 제한을 둔다.

□ 16회
16. 사회복지사가 면접 기술을 활용할 때 주의할 점으로 옳은 것은?

① 클라이언트로부터 사적 질문을 받을 경우 간단히 답하고 초점을 다시 돌리는 것이 좋다.
② 한 번에 다양한 정보를 얻기 위해서는 중첩형 질문을 적극적으로 활용해야 한다.
③ 클라이언트의 침묵은 저항이므로 힘들더라도 대화를 지속하도록 촉구해야 한다.
④ 클라이언트가 받아들이기 어려운 경우에도 자기 탐색을 위해 해석을 반복한다.
⑤ 바람직한 결정을 이끌어내기 위해 원하는 방향으로 유도질문을 하는 것이 중요하다.

정답 ①

해설 ② 중첩형 질문은 클라이언트를 혼란스럽게 할 수 있다. ③ 클라이언트의 침묵은 저항의 의도일 수도 있지만 긍정의 의미가 있을 수도 있고, 생각을 정리하는 중일 수도 있기 때문에 그 의미가 무엇인지 알아야 한다. 클라이언트침묵을 무조건 저항으로 받아들이고 대화를 지속하도록 촉구하는 것은 바람직하지 않다. ④ 클라이언트에게 강요하는 것은 바람직하지 않다. 해석은 사회복지사와 클라이언트 사이에 라포 형성이 선행되어야 한다. ⑤ 사회복지사가 원하는 방향으로 유도질문을 하는 것은 바람직하지 않다.

□ 17회
17. 다음에서 설명하는 면접 기술은?

> • 클라이언트가 보여준 언행들의 의미와 관계에 대한 가설을 제시함.
> • 클라이언트가 자신의 행동, 감정, 생각을 새로운 시각으로 볼 수 있게 함

① 해석　　　　　② 요약　　　　　③ 직면
④ 관찰　　　　　⑤ 초점화

정답 ①
해설 ② 요약이란 클라이언트가 말하는 내용의 초점을 압축해서 명확하게 하도록 하는 것이다. ③ 직면이란 클라이언트가 무언가를 잘못하고 있거나 말과 행동이 불일치하거나 모순될 때 그것을 의식하도록 지적하여, 클라이언트로 하여금 자신의 문제와 어떻게 관련되는지 생각하게 하는 것이다. ④ 관찰이란 클라이언트의 비언어적 행동에 주의를 기울이는 것이다. ⑤ 초점화란 클라이언트가 회피하려고 하거나 말을 장황하게 할 때 간단한 질문을 하거나 문제를 다시 언급함으로써 초점을 맞추는 것이다.

□ 18회
18. 면접을 위한 의사소통기술 중 클라이언트의 혼란스럽고 갈등이 되는 느낌을 가려내어 분명히 해주는 기술은?

① 재명명　　　　② 재보증　　　　③ 세분화
④ 명료화　　　　⑤ 모델링

정답 ④
해설 명료화란 클라이언트가 진술한 내용의 실제를 다시 한 번 구체적으로 진술해 주도록 요구함으로써 클라이언트 지각영역을 재구성할 수 있도록 돕는 것이다. 클라이언트가 모르는 사실, 알면서도 회피하려던 내용, 알지만 애매하게 느끼던 내용을 상담자가 분명하게 언급해 주는 기술이다.
① 재명명이란 클라이언트가 부여한 의미를 사회복지사가 보다 긍정적인 방향으로 새로운 의미를 부여해 주는 것이다. ② 재보증이란 클라이언트를 안심 시키는 것으로 사실상은 합리적이고 현실적인 생각과 결정에 대해 클라이언트가 의구심을 갖고 있을 때 사용하는 것이다. ③ 세분화란 클라이언트가 문제나 관심, 복잡한 현상을 다루기 쉬운 부분으로 분류하도록 돕는 것이다. ⑤ 모델링이란 바람직한 언행을 보여 주고 이를 모방하도록 하는 것이다.

□ 19회
19. 면접에서 피해야 할 질문 기술이 <u>아닌</u> 것은?

① 개방형 질문　　② 모호한 질문　　③ 유도 질문
④ '왜?'라는 질문　⑤ 복합 질문

기출문제 확인하기

정답 ①

해설 ① 개방형 질문은 질문에 대한 대답에 자유로워서 클라이언트의 생각을 무엇이든지 말할 수 있고 광범위한 대답을 요구하는 질문으로, 면접에서 피해야 할 질문이 아니다. 오히려 사회복지사는 폐쇄형 질문을 너무 많이 사용하는 것은 좋지 않으며, 개방형 질문과 폐쇄형 질문을 다양하게 혼합하여 사용하는 것이 좋다. 참고로 면접에서 피해야 할 질문에는 모호한 질문, 유도형 질문, "왜?"라는 질문 복합형 질문(폭탄형 질문, 복수질문, 중첩형 질문)이 있다.
② 모호한 질문은 대명사를 많이 사용하거나 혹은 상황에서 벗어난 질문을 할 때 많이 발생하며, 특히 대인관계가 복잡한 상황에서 누가 누구와 어떤 관계 속에서 문제가 발생하였는지를 파악할 때 많이 발생한다. 따라서, 이러한 문제를 피하기 위해서 질문은 구체적일수록 좋다. ③ 유도형 질문(leading question, 유도하는 질문)은 클라이언트에게 특정한 방향의 응답을 하도록 이끄는 질문(예 "당신은 사실은 싸우고 싶었던 거죠?", "당신이 직장상사에게 일을 빼먹은 이유를 설명했겠죠?")으로, 이는 클라이언트를 위협하거나 모욕적으로 들릴 수 있다.

□ 19회

20. 초기단계에서 사용하는 면접 기술에 관한 설명으로 옳은 것을 모두 고른 것은?

> ㄱ. 공감적 태도와 적극적 반응으로 경청한다.
> ㄴ. 표정, 눈 맞춤 등 비언어적 표현을 관찰한다.
> ㄷ. 가벼운 대화로 시작하여 분위기를 조성한다.
> ㄹ. 침묵을 허용하지 않고 그 이유에 대해 질문한다.

① ㄱ, ㄴ 　　② ㄴ, ㄹ 　　③ ㄱ, ㄴ, ㄷ
④ ㄴ, ㄷ, ㄹ 　　⑤ ㄱ, ㄴ, ㄷ, ㄹ

정답 ③

해설 ㄱ. 경청기술은 클라이언트가 무엇을 말하는지, 면담자의 질문에 어떻게 반응하는지를 듣는 기술로, 클라이언트의 어려움에 공감하고 그에 필요한 반응을 해가면서 적극적으로 잘 들어야 한다.
ㄴ. 관찰기술은 클라이언트가 말하고 행동하는 것에 주의를 기울여 그를 이해하는 것으로, 클라이언트의 언어적 표현뿐만 아니라 표정, 눈 맞춤 등 비언어적 표현에도 민감해야 한다. ㄷ. 분위기조성기술은 면담을 위해 심리적으로 편안한 분위기를 만드는 기술로, 초기단계에 가벼운 대화로 시작하여 분위기를 조성한다. 가벼운 대화가 끝나면 클라이언트의 관심과 문제에 초점을 두어야 한다. ㄹ. 짧은 침묵은 정중한 침묵으로 대응하는 것이 가장 좋으며, 침묵이 계속되면 면접을 중단하고 사회복지사는 그 침묵을 탐색해야 한다. 침묵을 허용하지 않고 그 이유에 대해 질문하는 것은 옳지 않다.

4 사회복지실천의 과정론

◆ 출제경향분석 및 학습가이드

대분류	소분류		20회	19회	18회	17회	16회	15회	14회	13회	12회	11회	출제빈도 및 중요도
과정론	제8장 접수 및 자료수집	출제문항수	2	2	2	2	1	2	2	0	3	3	★★★
		비중	8.0%	8.0%	8.0%	8.0%	4.0%	8.0%	8.0%	0.0%	12.0%	10.0%	
	제9장 사정단계	출제문항수	1	1	1	2	3	0	2	2	1	2	★★★
		비중	4.0%	4.0%	4.0%	8.0%	12.0%	0.0%	8.0%	8.0%	4.0%	6.7%	
	제10장 계획수립단계	출제문항수	1	0	1	0	1	1	1	2	1	1	★★
		비중	4.0%	0.0%	4.0%	0.0%	4.0%	4.0%	4.0%	8.0%	4.0%	3.3%	
	제11장 개입단계	출제문항수	1	1	1	0	0	2	2	0	1	1	★★
		비중	4.0%	4.0%	4.0%	0.0%	0.0%	8.0%	8.0%	0.0%	4.0%	3.3%	
	제12장 종결과 평가단계	출제문항수	1	1	1	1	1	0	1	2	0	1	★★
		비중	4.0%	4.0%	4.0%	4.0%	4.0%	0.0%	4.0%	8.0%	0.0%	3.3%	

8. 접수 및 자료수집
- 접수와 관련된 내용은 거의 빠짐없이 다수의 문제가 출제되므로 사회복지사가 수행해야 할 주요과업에 대해 잘 파악해야 함.
- 자료수집단계도 가끔 출제되고 있으므로 이 단계의 특징, 수집해야 할 자료의 종류와 방법 등을 잘 파악하여야 함.

9. 사정단계
- 사정의 전반적인 특징을 잘 이해하고 사정 도구인 가계도, 생태도, 가족 조각, 생활력도표, 소시오그램 등의 특징과 작성 방법을 파악해야 함.
- 사정의 특성 및 사정 단계의 과제 등에 대해 난이도가 평이한 수준의 문제가 출제되고 있음.

10. 계획수립 단계
- 이 단계에서 가끔 출제되는 목표설정의 지침인 구체성, 측정 가능성, 성취 가능성, 현실성, 시기 적절성과 함께 목표의 우선순위를 잘 확인해야 함.

11. 개입단계
- 직접적 개입과 간접적 개입기술에 대한 문제가 출제되는 경우도 있으므로 잘 파악해야 함.

12. 종결과 평가 단계
- 종결단계에서 사회복지사의 과업인 진전 수준 검토, 종결 시점의 결정, 목표 달성 평가, 사후관리계획, 정서적 반응처리, 결과의 안정화, 의뢰 등에 대해서 꾸준히 출제되고 있는 만큼 잘 정리해 둘 필요가 있음.
- 평가의 필요성과 유형을 학습하고 개입의 효과를 평가하기 위해 기초선 자료수집에 대해 정리해야 함.

기출문제 확인하기

◻ 16회

01. 접수를 위한 초기 면접지(intake sheet)에 포함되지 않는 내용은?

① 동거 중인 가족관계
② 개입 방법과 비용
③ 타 기관으로부터의 의뢰 이유
④ 이전의 서비스를 받은 경험
⑤ 기관에 오게 된 주요 문제

정답 ②
해설 개입 방법과 비용은 계획수립단계에서 계약에 포함되어야 할 사항이다.

◻ 17회

02. 문제와 욕구를 확인하여 기관의 정책과 서비스에 부합하는지 판단하는 사회복지 실천의 과정은?

① 접수　　　　　　　② 사정　　　　　　　③ 평가
④ 자료수집　　　　　⑤ 목표설정

정답 ①
해설 사회복지실천의 과정은 접수, 자료수집, 사정, 계획수립, 개입, 평가와 종결, 사후관리로 이루어진다. 이 중 접수는 클라이언트의 문제와 욕구를 확인하여 기관의 정책과 서비스에 부합되는 여부를 판단하는 과정이다.

◻ 17회

03. 의뢰에 관한 설명으로 옳은 것을 모두 고른 것은?

> ㄱ. 클라이언트가 거부감을 느끼지 않도록 정서적으로 지지함.
> ㄴ. 의뢰하는 기관과 서비스의 정보를 클라이언트에게 제공함.
> ㄷ. 반드시 클라이언트의 동의가 필요한 것은 아님.
> ㄹ. 의뢰된 기관에서 클라이언트가 서비스를 적절히 받는지 확인함.

① ㄱ, ㄴ　　　　　　② ㄱ, ㄷ　　　　　　③ ㄱ, ㄴ, ㄹ
④ ㄴ, ㄷ, ㄹ　　　　⑤ ㄱ, ㄴ, ㄷ, ㄹ

정답 ③
해설 ㄷ. 의뢰 시 반드시 클라이언트의 동의를 받아야 한다.

☐ 18회
04. 노인복지관의 사회복지사가 접수단계에서 수행하는 역할로 옳지 않은 것은?

① 가족 간의 상호작용 유형을 조정한다.
② 기관 및 사회복지사 자신을 소개한다.
③ 원하는 서비스가 무엇인지 질문한다.
④ 이름과 나이를 확인한다.
⑤ 클라이언트의 저항감이 파악되면 완화시킨다.

정답 ①
해설 가족 간의 상호작용 유형을 조정하는 것은 사회복지사가 개입단계에서 수행하는 역할이다.

☐ 18회
05. 사회복지실천 과정의 자료수집에 관한 예시로 옳은 것을 모두 고른 것은?

> ㄱ. 가출청소년의 가족관계 파악을 위해 부모와 면담 실시
> ㄴ. 진로 고민 중인 청년의 진로탐색을 위해 적성검사 실시
> ㄷ. 이웃의 아동학대 신고가 사실인지 여부를 확인하기 위해 가정방문 실시

① ㄱ
② ㄱ, ㄷ
③ ㄱ, ㄴ
④ ㄴ, ㄷ
⑤ ㄱ, ㄴ, ㄷ

정답 ⑤
해설 ㄱ, ㄴ, ㄷ. 모두 자료수집에 관한 예시로 옳은 내용이다.

☐ 19회
06. 접수단계에서 사회복지사가 수행해야 할 과제를 모두 고른 것은?

> ㄱ. 개입 목표의 우선순위 합의
> ㄴ. 클라이언트의 강점과 자원 조사
> ㄷ. 욕구에 적합한 기관으로 의뢰
> ㄹ. 기관에서 제공하는 서비스 적격 여부 확인

① ㄱ, ㄷ
② ㄴ, ㄹ
③ ㄷ, ㄹ
④ ㄱ, ㄴ, ㄷ
⑤ ㄱ, ㄴ, ㄷ, ㄹ

기출문제 확인하기

정답 ③

해설 ㄷ. 클라이언트의 문제와 욕구를 확인해 본 결과, 기관의 서비스가 클라이언트의 욕구와 부합되지 않는다면 다른 적합한 사회 복지기관에 의뢰하는 것도 접수단계에서 사회복지사가 수행해야 할 과제 중 하나이다.
ㄹ. 접수단계에서 사회복지사는 도움을 받고자 기관에 찾아온 사람 (잠재적 클라이언트)의 문제와 욕구를 확인하고 그것이 기관의 정책 방향과 서비스에 부합되는지의 여부를 판단(클라이언트의 적격성 판단)한다.
ㄱ. 개입 목표의 우선순위 합의는 계획수립단계에서 사회복지사가 수행해야 할 과제이다.
ㄴ. 클라이언트의 강점과 자원 조사는 자료수집단계에서 사회복지사가 수행해야 할 과제이다. 자료수집 내용으로는 문제를 해결하는 데 있어 클라이언트 개인 혹은 환경 속에 있는 강점이나 클라이언트의 자원으로 클라이언트가 현재 이용하는 서비스, 활용가능한 자원 등이 포함된다.

□ 19회

07. 자료 수집에 관한 설명으로 옳지 <u>않은</u> 것은?

① 클라이언트의 참여가 필요하다.
② 실천의 전 과정을 통해 이루어진다.
③ 상반된 정보를 제공하는 자료는 폐기한다.
④ 문제와 욕구, 강점과 자원을 모두 포함한다.
⑤ 가정방문으로 자연스러운 상호작용을 관찰할 수 있다.

정답 ③

해설 ③ 자료수집은 클라이언트의 문제를 이해하고 분석하며 문제를 해결하기 위해 자료를 모으는 것이므로, 다양한 관점과 인식을 반영할 수 있도록 상반된 정보를 제공하는 자료도 수집한다. ① 사회복지사는 무의식적으로 클라이언트의 상황을 특정 이론에 끼워 맞추려거나 선입견을 가지고 의학적 진단에 맞추려는 양상을 경계해야 하는데, 이러한 사회복지사의 편향을 막을 수 있는 방법의 하나는 정보의 정리에 클라이언트를 능동적으로 참여시키는 것이다.
② 자료수집은 접수단계에만 국한된 것이 아니라 개입 과정 전체를 통해 이루어진다. ④ 클라이언트의 문제와 욕구, 클라이언트의 강점과 자원은 모두 자료수집에 포함될 요소에 해당한다. 이 외에도 자료수집에 포함될 요소로 개인력, 가족력, 클라이언트의 기능, 클라이언트의 한계 등이 있다. ⑤ 가정방문은 클라이언트가 유의미한 타자와 상호작용을 어떻게 하고 있는지 뿐만 아니라 클라이언트에게 영향을 미치는 환경 요인에 대한 정보를 제공한다.

□ 16회

08. 가계도에 관한 설명으로 옳지 <u>않은</u> 것은?

① 세대 간의 반복적 유형을 분석 할 수 있다.
② 가족환경을 체계론적 관점에서 이해한다.
③ 가계도는 일반적으로 3세대를 포함한다.
④ 자녀는 출생순서에 따라 왼쪽부터 오른쪽으로 순차적으로 그린다.
⑤ 가계도에는 친밀한 관계나 갈등관계와 같은 정서적 관계를 포함한다.

정답 ②

해설 가족환경을 체계론적 관점에서 이해하는 것은 생태도이다. 생태도는 개인이나 가족을 포함하는 클라이언트체계가 외부 환경체계들과 어떻게 관련되어 있는지를 그림으로 나타내는 것이다.

□ 16회
09. 사정을 위한 면접의 기능에 해당하지 않는 것은?
① 문제 상황에 대한 이해
② 클라이언트의 강점과 파악
③ 문제 해결과정의 장애물 탐색
④ 클라이언트의 욕구 우선순위 설정
⑤ 클라이언트 환경의 변화 촉진

정답 ⑤
해설 사정을 위한 면접은 자료를 해석하고 의미를 부여하여 실천방향을 결정하여 서비스에 대한 의사결정을 하기 위한 과정이다. 클라이언트 환경의 변화 촉진은 사정을 위한 면접의 기능과 거리가 멀고, 개입단계와 관련이 있다.

□ 16회
10. 생태도(eco-map)를 통해 알 수 없는 것은?
① 가족 규칙
② 가족이 이용하는 서비스기관의 종류
③ 가족의 여가활동
④ 이웃 주민들과의 친밀도
⑤ 확대가족과의 관계

정답 ①
해설 가족 규칙은 생태도가 아닌 가족 구성원과의 면접 등을 통해 파악할 수 있다.

□ 17회
11. 사정단계에서 클라이언트가 제시한, 남편의 일중독 문제를 '자신이 남편에게 중요한 존재임을 느끼고 싶어 하는 욕구'로 바꾸어 진술하는 것은?
① 문제 발견
② 문제 형성
③ 정보 발견
④ 자료 수집
⑤ 목표 설정

정답 ②
해설 사정단계에서 클라이언트가 자신의 문제를 다르게 바꾸어 진술하여 문제를 규정하는 것은 문제 형성에 해당한다.

기출문제 확인하기

☐ 17회

12. 가계도에 관한 설명으로 옳지 <u>않은</u> 것은?

① 가족과 환경의 상호작용을 볼 수 있다.
② 가족의 구조적 및 관계적 측면을 볼 수 있다.
③ 여러 세대의 가족에 대한 정보를 얻을 수 있다.
④ 가족의 문제를 체계적으로 이해할 수 있게 한다.
⑤ 세대 간 반복되는 관계유형을 찾고 통찰력을 갖게 한다.

정답 ①
해설 가계도는 가족에 대한 정보를 도식화한 것으로, 복잡한 가족의 형태와 가족 간 관계를 쉽게 파악할 수 있게 한다.

☐ 18회

13. 생태도를 통하여 파악할 수 있는 내용에 해당 되지 <u>않는</u> 것은?

① 클라이언트 · 가족 구성원과 자원체계 간의 에너지 흐름
② 클라이언트 · 가족 구성원에게 스트레스가 되는 체계
③ 클라이언트 · 가족 구성원 간의 자원 교환 정도
④ 클라이언트 · 가족 구성원의 환경체계 변화가 필요한 내용
⑤ 클라이언트 · 가족 구성원의 생애 동안 발생한 문제의 발전과정에 관한 정보

정답 ⑤
해설 클라이언트 · 가족 구성원의 생애 동안 발생한 문제의 발전 과정에 관한 정보는 생활력 도표를 통하여 파악할 수 있는 내용이다.

☐ 19회

14. 사정도구와 파악할 수 있는 정보의 연결이 옳지 <u>않은</u> 것은?

① 생태도 – 개인과 가족에 영향을 미치는 주요 환경체계 확인
② 생활력도표 – 개인의 과거 주요한 생애 사건
③ DSM-V 분류체계 – 클라이언트의 정신장애 증상에 대한 진단
④ 소시오그램 – 집단성원 간 상호작용 및 하위 집단 형성 여부
⑤ PIE 분류체계 – 주변인과의 접촉 빈도 및 사회적 지지의 강도와 유형

정답 ⑤
해설 주변인과의 접촉 빈도 및 사회적 지지의 강도와 유형을 파악할 수 있는 사정도구는 사회적 관계망표(social network grid)다.
PIE 분류 체계는 사회복지사를 위해 설계된 것으로 미국의 정신의학협회에서의 DSM 체계와 다르게, 개인의 역할기능수행과 개인주변으로부터의 지지상황 모두를 고려하여 문제를 분류하는 체계이다. PIE 체계는 네 가지 요소를 가지며, 이 중 처음 두 가지 요소는 사회사업의 핵심적 서술로 구성되어 있고, 다음 두 가지 요소는 타 전문직의 분류작업을 사용하여 정신적, 신체적 문제를 확인하도록 되어 있다.

□ 16회
15. 표적 문제의 우선순위 결정에서 고려해야 할 사항으로 옳지 않은 것은?

① 긴급성　　　　　② 변화 가능성　　　　　③ 측정 가능성
④ 해결 가능성　　　⑤ 클라이언트의 선택

정답 ③
해설 측정가능성은 계획 수립의 과정에서 고려해야 할 사항이다.

□ 18회
16. 다음은 사정 결과를 요약한 것이다. 사회복지사가 이후 단계에서 가장 먼저 수행해야 할 과업은?

> 경제적 도움을 요청하여 기관에 접수된 클라이언트는 성장기 학대 경험과 충동적인 성격 때문에 가족 및 이웃과의 갈등 문제를 심각하게 겪고 있다. 배우자와는 이혼 위기에 있고, 근로 능력은 있으나 근로 의지가 거의 없어서 실직한 상태이다.

① 이혼 위기에 접근하기 위해 부부 상담 서비스를 제공한다.
② 이웃과의 갈등 문제 해결을 위하여 분쟁조정위원회에 의뢰한다.
③ 원인이 되는 성장기 학대경험에 관한 치료부터 시작한다.
④ 근로의욕을 높이기 위해 집단 프로그램에 참여하도록 한다.
⑤ 클라이언트와 함께 다루고자 하는 문제의 우선순위를 정한다.

정답 ⑤
해설 사회복지실천은 일반적으로 '접수 → 자료수집 → 사정 → 계획수립 → 개입 → 평가와 종결 → 사후관리'의 단계를 거친다. 따라서 사정 결과를 요약한 후 사회복지사는 계획수립단계에서 클라이언트 문제의 우선순위를 정해야 한다.
①, ②, ③, ④ 개입단계에서 수행하는 과업이다.

□ 18회
17. 사회복지실천 과정의 개입단계에서 사회복지사가 수행하는 과업으로 옳은 것을 모두 고른 것은?

> ㄱ. 계획된 방법으로 서비스를 제공
> ㄴ. 서비스 제공 전략 및 우선순위 결정
> ㄷ. 계획수정 필요 시 재사정 실시
> ㄹ. 제공된 서비스에 대한 과정 및 총괄평가

① ㄱ　　　　　　② ㄱ, ㄷ　　　　　　③ ㄴ, ㄹ
④ ㄱ, ㄴ, ㄷ　　　⑤ ㄱ, ㄷ, ㄹ

정답 ②
해설 ㄱ, ㄷ이 옳은 내용이며, ㄴ. 서비스 제공 전략 및 우선순위 결정은 계획 수립단계의 과업이며, ㄹ. 제공된 서비스에 대한 과정 및 총괄평가는 평가 및 종결단계의 과업이다.

기출문제 확인하기

❑ 19회
18. 사회복지사의 옹호 활동으로 옳지 <u>않은</u> 것은?

① 자신의 권리를 주장할 수 없는 영유아를 대변한다.
② 무국적 아동의 교육 평등권을 위한 법안을 제안한다.
③ 사회복지사가 클라이언트 집단의 대표로 나서서 협상을 주도한다.
④ 이주 노동자에게 최저 임금을 받을 권리를 교육한다.
⑤ 철거민들의 자체 회의를 위해 종합사회복지관의 공간을 제공한다.

정답 ③
해설 ③ 사회복지사가 클라이언트 자신이 할 수 없는 일에 대해 클라이언트 집단을 대표하여 이들의 관심사를 성취할 수 있도록 돕는 것은 옹호 활동에 해당되며, 옹호 활동을 위한 기술 중 협상 기술이 포함된다. 다만, 사회복지사가 협상을 주도한다는 것은 옳지 않다. 협상은 상대방의 입장을 충분히 공감하고 존중하면서 동시에 그들의 마음을 변화시키는 것이다. ① 자신의 권리를 주장할 수 없는 영유아를 대변하고 ② 무국적 아동의 교육 평등권을 위한 법안을 제안한 것은 정책적 변화를 모색하기 위한 활동으로 옹호 활동에 해당한다. ④ 이주 노동자에게 최저 임금을 받을 권리를 교육하는 것과 같이 클라이언트로 하여금 스스로를 대변하고 옹호할 수 있도록 교육하는 것도 옹호 활동에 해당한다. ⑤ 철거민들의 자체 회의를 위해 종합사회복지관의 공간을 제공하는 것은 스스로 자신을 옹호할 능력(자원, 재능, 기술)이 부족한 집단의 편에서 그들의 활동을 지지하는 것으로 옹호 활동에 해당된다.

❑ 16회
19. 평가 및 종결단계에서 사회복지사의 역할에 관한 설명으로 옳지 <u>않은</u> 것은?

① 변화 전략 설정
② 진전 수준 검토
③ 사후관리 계획
④ 정서적 반응 처리
⑤ 결과의 안정화

정답 ①
해설 문제 해결을 위한 구체적 변화 전략을 수립하고 설정하는 것은 계획수립단계에서 사회복지사의 역할이다.

❑ 17회
20. 종결단계의 사회복지사 과업으로 옳지 <u>않은</u> 것은?

① 클라이언트가 이룬 성과를 확인한다.
② 종결에 의한 클라이언트의 상실감에 공감한다.
③ 클라이언트의 감정을 이해하고 있음을 전달한다.
④ 클라이언트의 비언어적 메시지에 민감하게 반응한다.
⑤ 종결에 대한 클라이언트의 부정적 감정은 다루지 않는다.

정답 ⑤
해설 종결단계에서 사회복지사는 클라이언트가 느낄 수 있는 상실, 분노와 같은 부정적 감정을 주의 깊게 다루어야 한다. 사회복지사는 분리 및 두려워하는 클라이언트를 사후관리 면접, 전화통화 등을 통해 안심시킬 수 있다.

☐ 18회
21. 종결단계에서 사회복지사의 과업이 <u>아닌</u> 것은?

① 사후관리 계획 수립
② 성과유지 전략 확인
③ 필요시 타 기관에 의뢰
④ 종결 기준 및 목표 수립
⑤ 종결에 대한 정서 다루기

정답 ④
해설 종결 기준 및 목표 수립은 계획수립단계에서 수행하는 사회복지사의 과업이다.

☐ 18회
22. 클라이언트의 혼합된 정서적 반응을 정리하고 사후관리를 계획하는 단계는?

① 접수
② 사정
③ 계획
④ 개입
⑤ 종결

정답 ⑤
해설 종결 국면에서 클라이언트는 성취감, 자부심과 헤어짐에 따른 슬픔, 상실감, 불안감 등의 혼합적인 감정을 경험하게 되는데, 이러한 혼합 된 정서적 반응을 정리하는 것은 종결단계에서 수행해야 할 과제이다. 또한 종결이 이루어진 후 일정 기간이 지나서 클라이언트가 잘 적응하고 있는지를 점검하는 과정인 사후관리에 대한 계획은 종결단계에 수립한다.

5 사례관리

◆ 출제경향분석 및 학습가이드

대분류	소분류		20회	19회	18회	17회	16회	15회	14회	13회	12회	11회	출제빈도 및 중요도
사례관리	제13장 사례관리	출제 문항수	2	3	3	3	3	3	2	3	2	3	★★★★★
		비중	8.0%	12.0%	12.0%	12.0%	12.0%	12.0%	8.0%	12.0%	8.0%	10.0%	

12. 사례관리
- 사례관리 내용은 빈번하게 다수의 문제가 출제되고 있으므로 꼼꼼하게 정리해 둘 필요가 있음.
- 사례관리의 등장배경, 목적, 사례관리 과정, 개입원칙, 사례관리자의 개입방법 등에 대해 잘 파악해야 함.

기출문제 확인하기

◻ 16회
01. 사례관리자의 간접적 개입으로 옳지 않은 것은?

① 장애인 인식개선을 위한 지역사회 홍보 활동을 한다.
② 가정폭력 피해 여성을 위한 모금 활동을 한다.
③ 청소년 유해환경을 줄이기 위한 프로그램을 개발한다.
④ 사각지대 발굴을 위해 이웃 주민을 조직한다.
⑤ 예비 부모를 대상으로 가족 교육을 실시한다.

정답 ⑤
해설 예비부모를 대상으로 가족 교육을 실시하는 것은 사례 관리자의 직접적 개입에 해당한다.

◻ 16회
02. 사례관리의 원칙과 활동의 연결로 옳지 않은 것은?

① 통합성 : 서비스 조정을 위해 사례회의를 개최한다.
② 접근성 : 사각지대 발굴을 위해 아웃 리치를 한다.
③ 포괄성 : 기관 네트워크를 통해 서비스 의뢰를 한다.
④ 체계성 : 중도 탈락한 클라이언트를 찾아 서비스를 재개한다.
⑤ 지속성 : 종단적 차원에서 개인의 욕구에 반응하여 서비스를 제공한다.

정답 ④
해설 사례관리의 원칙 중 체계성이란 서비스 및 자원을 효율적으로 저장하고 관리하는 것이다. 중도 탈락한 클라이언트를 찾아 서비스를 재개하는 것은 지속성과 관련이 있다.

◻ 16회
03. 사례관리의 과정을 순서대로 바르게 나열한 것은?

① 계획 → 사정 → 연계 및 조정 → 점검
② 계획 → 사정 → 점검 → 연계 및 조정
③ 사정 → 계획 → 점검 → 연계 및 조정
④ 사정 → 계획 → 연계 및 조정 → 점검
⑤ 점검 → 사정 → 계획 → 연계 및 조정

정답 ④
해설 사례관리의 과정은 '사정 - 계획 - 연계 및 조정 - 점검'의 순서이다.

기출문제 확인하기

□ 17회
04. 사례관리에 관한 설명으로 옳지 않은 것은?

① 통합적 방법을 활용한다.
② 직접 서비스와 간접 서비스를 결합한 것이다.
③ 포괄적이고 지속적인 서비스를 제공하는 것이다.
④ 전통적인 사회복지방법론과 전혀 다른 실천 방법이다.
⑤ 기관의 범위를 넘은 지역사회 차원의 서비스 제공과 점검을 강조한다.

정답 ④
해설 사례관리는 클라이언트의 문제에 포괄적으로 개입하는 통합적 실천 방법이다. 전통적인 사회복지방법론을 계승하며, 클라이언트의 문제 해결을 위해 기관의 서비스뿐만 아니라 지역사회와 연계된 모든 자원을 활용한다. 직접적인 서비스 제공이 주요한 실천 방법이 된다.

□ 17회
05. 사례관리의 사정에 관한 설명으로 옳은 것을 모두 고른 것은?

> ㄱ. 클라이언트와 함께 문제 목록작성
> ㄴ. 클라이언트의 욕구 및 자원 확인
> ㄷ. 계획된 서비스의 전달과정 추적

① ㄱ　　　　　　　② ㄴ　　　　　　　③ ㄱ, ㄴ
④ ㄴ, ㄷ　　　　　⑤ ㄱ, ㄴ, ㄷ

정답 ③
해설 ㄷ. 계획된 서비스의 전달과정 추적(트래킹)사례관리의 과정 중 점검단계에서 이루어진다.

□ 17회
06. 사례관리의 점검(monitoring)에 관한 설명으로 옳지 않은 것은?

① 서비스의 산출 결과를 검토
② 서비스의 최종 효과성을 검토
③ 서비스의 계획의 목표 달성 정도를 검토
④ 서비스 계획이 적절히 실행되고 있는지를 검토
⑤ 클라이언트의 욕구 변화를 점검하여 서비스 계획의 변경 필요성을 검토

정답 ②
해설 점검은 정해진 활동이 계획대로 잘 진행되었는지를 살펴보는 것이다(점검 및 재사정단계). 서비스의 최종 효과성을 검토하는 것은 평가 및 종결단계의 과업에 해당한다.

☐ 18회
07. 사례관리에 관한 내용으로 옳지 <u>않은</u> 것은?

① 중복 서비스를 제공하는 전문기관의 확대로 등장
② 클라이언트의 자율성 극대화 및 역량 강화
③ 주로 복합적인 욕구나 문제를 가진 사람이 대상
④ 계획 - 사정 - 연계·조정 - 점검의 순으로 진행
⑤ 다양한 욕구 충족을 위해 포괄적인 서비스 제공

정답 ④
해설 사례관리는 '접수 → 조사 및 사정 → 계획 → 개입(실행) → 점검 및 재사정 → 평가 및 종결'순으로 진행한다.

☐ 18회
08. 다음에서 사례관리자가 수행한 역할이 <u>아닌</u> 것은?

> 사례관리자는 알코올, 가정폭력, 실직 문제가 있는 클라이언트를 면담하여 알코올 치료와 근로에 대한 동기를 부여하고, 지역자활센터 이용 방법을 설명하였다. 또한, 클라이언트의 배우자와 다른 알코올 중독자들의 배우자 5명으로 집단을 구성하고 알코올 중독의 영향에 대해서 체계적으로 가르쳐 주었으며, 가정 폭력상담소에 연계하여 전문 상담을 받도록 하였다.

① 상담가 ② 중재자 ③ 교육자
④ 중개자 ⑤ 정보제공자

정답 ②
해설 ② 중재자로서 사례관리자는 집단 내 성원들 간에 갈등이 일어났거나 조직 간에 분쟁이 발생했을 경우 원조하는 역할을 수행 한다. 이는 제시된 사례에 나타나 있지 않다. ③ 알코올 중독의 영향에 대해서 체계적으로 가르쳐 주어 교육자의 역할을 수행하였다. ④ 가정폭력상담소에 연계하여 전문상담을 받도록 함으로써 중개자의 역할을 수행하였다. ⑤ 지역자활센터 이용 방법을 설명하여 정보제공자의 역할을 수행하였다.

☐ 18회
09. 사례관리 실천과정 중 개입(실행) 단계의 과업에 해당하는 것은?

① 클라이언트와 서비스 제공자 간의 갈등 발생 시 조정
② 클라이언트의 욕구에 기초하여 구체적이고 명확한 목표 수립
③ 서비스 이용 대상자에 대한 적격성 여부 판별
④ 기관 내부 사례관리팀 구축 및 운영 능력 파악
⑤ 클라이언트가 달성한 변화, 성과, 영향 등을 측정하기 위한 도구 개발

정답 ①
해설 ②, ④, ⑤ 계획단계의 과업이다. ③ 접수 단계의 과업이다.

기출문제 확인하기

🗂 19회

10. 사례관리의 원칙에 해당되지 <u>않는</u> 것은?

① 다양한 욕구를 포괄
② 개별화된 서비스 제공
③ 클라이언트의 자율성 극대화
④ 충분하고 연속성 있는 서비스 제공
⑤ 임상적인 치료에 집중된 서비스 제공

정답 ⑤

해설 ⑤ 사례관리의 대상이 되는 클라이언트의 대부분은 만성적 문제들로 인해 고통 받는 경우가 많으며, 이들은 인생 전체의 시기에 걸쳐 도움 필요로 한다. 따라서 임상적인 치료에 집중된 서비스를 제공하는 것을 원칙으로 하는 것이 아니라, 클라이언트의 인생 전체시기에 걸쳐 다양한 욕구를 충족시키기 위해 포괄적인 서비스를 지속적으로 제공하는 것을 원칙으로 한다. ②의 개별화된 서비스를 제공한다는 것은 클라이언트의 개별적인 욕구와 상황에 맞는 맞춤형 서비스를 제공한다는 것으로, 이를 위해 서비스들은 클라이언트의 확인된 욕구들마다 각기 구체적으로 개발되거나 고안되어야 한다.

🗂 19회

11. 사례관리의 등장 배경으로 옳지 <u>않은</u> 것은?

① 가족의 보호 부담 증가
② 장기보호에서 단기개입 중심으로 전환
③ 통합적 서비스 지원의 필요성 증가
④ 복합적인 욕구를 가진 클라이언트 증가
⑤ 시설보호에서 지역사회 보호로 전환

정답 ②

해설 ② 사례관리의 등장배경 중 하나는 장기간 서비스를 제공받아야 하는 복합적인 문제를 가진 클라이언트의 증가이다. 즉, 사례관리는 종결이 어려운 장기적 욕구를 갖는 대상자에게 적절한 것으로 단기개입이 아닌 장기보호 중심이다. ③ 통합적 서비스 지원은 다양한 서비스를 결합하여 클라이언트를 원조하는 것으로, 사례관리는 단편적으로 분산되어 있는 서비스를 조정하고 연계할 필요성에 의해 등장하였다.

▢ 19회
12. 다음 설명에서 사례관리자가 수행한 역할은?

> 클라이언트는 경제적 지원과 건강 지원을 요구하지만, 현재 종합사회복지관, 노인복지관, 경로당, 무료 급식소에서 중복적으로 급식 지원을 제공 받고 있으며, 정서 지원도 중복되고 있다. 사례관리자는 사례회의를 통해서 평일 중식은 경로당에서, 주말중식은 무료 급식소를 이용하고, 종합사회복지관은 경제적 지원을, 노인복지관은 건강지원을 제공하는데 합의하였다.

① 중개자 ② 훈련가 ③ 중재자
④ 조정자 ⑤ 옹호자

정답 ④

해설 제시된 사례에서 사례관리자는 클라이언트가 급식 지원과 정서 지원 서비스를 중복적으로 제공받고 있는 것을 조정해주고, 클라이언트가 요구한 경제적 지원과 건강지원 서비스를 연계해주고 있다. 이는 조정자(coordinator)의 역할을 수행한 것이다. 사례관리자로서 조정자는 클라이언트의 욕구를 사정하고 다른 자원에서 제공된 필수 재화와 서비스 전달을 연결·조정하고 클라이언트가 시기적절한 방식으로 서비스를 제공받을 수 있도록 개입한다.

실전 모의고사 1회

01. 그린우드(Greenwood)가 제시한 전문직 속성을 모두 고른 것은?

> ㄱ. 사회적 승인(재가)
> ㄴ. 전문적인 권위
> ㄷ. 전문직의 윤리강령
> ㄹ. 통합적 관점

① ㄱ, ㄷ
② ㄴ, ㄹ
③ ㄱ, ㄴ, ㄷ
④ ㄴ, ㄷ, ㄹ
⑤ ㄱ, ㄴ, ㄷ, ㄹ

02. 사회복지실천의 기능과 관련하여 옳지 <u>않은</u> 것은?

① 예방, 재활, 치료활동을 통해 욕구가 있는 개인들의 사회적 기능을 증진한다.
② 요구불만과 직접 관련 있는 사람들만을 대상으로 사회정의 향상을 꾀한다.
③ 문제에 대한 해결능력 및 대처능력을 향상시키도록 원조한다.
④ 개인과 환경 내에 있는 다른 사람이나 조직과의 상호관계를 촉진시킨다.
⑤ 사회정책과 환경정책에 영향을 미친다.

03. 레비(Levy)가 제시한 사회복지 전문직의 가치 중 수단에 관한 가치와 관련된 것은?

① 클라이언트의 개별성에 대한 인정
② 클라이언트에 대한 비심판적 태도
③ 서비스 제공에 따른 성과 도출
④ 인간으로서 누려야 할 기본욕구 충족
⑤ 불평등의 개선 등 사회적 책임

04. A 복지관 소속의 사회복지사가 클라이언트에 대한 비밀보장의 원칙을 적용하지 않아도 되는 예외 상황은?

① 남편 몰래 주식투자로 수익을 봤는데 밝히기 싫다는 클라이언트 A씨
② 초등졸인 B씨는 자녀들에게 학력을 속이게 된 클라이언트 B씨
③ 아버지의 폭력에 대한 기억으로 할머니를 때리게 된다는 클라이언트 C씨
④ 엄마가 원하는 공무원이 되었지만 이직을 준비 중이라는 클라이언트 D씨
⑤ 젊은 시절 남편이 해외근무를 했을 때 다른 남자를 만났었다는 클라이언트 E씨

05. 기능주의 학파에 대한 설명으로 옳지 <u>않은</u> 것은?

① 개인의 의지를 강조한다.
② 프로이트의 정신분석이론의 영향을 받았다.
③ 인지심리학에 기초한다.
④ 치료라는 대신 원조과정이란 용어를 쓴다.
⑤ 기능주의를 대표하는 학자에는 태프트, 로빈슨, 스멀리 등이 있다.

06. 다음에서 설명하는 것은 무엇인가?

> - 사회복지실천을 위한 3대 방법론 중 하나이다.
> - 인보관운동에서 그 기원을 찾는다.
> - 정신분석이 집단치료방법을 활용하면서 급격히 발전하였다.
> - 1946년 미국 사회복지회의에서 공식적으로 사회복지실천기술로 인정하였다.

① 지역사회조직
② 개별사회사업
③ 집단사회사업
④ 역량강화모델
⑤ 생활모델

07. 실천현장을 기능 및 목적에 따라 구분할 때, 다음 중 1차 현장에 해당하는 것은?

① 어린이집
② 청각장애인복지관
③ 유치원
④ 보건소
⑤ 학교

08. 사회복지사는 기관의 직원으로서 서비스를 전달함에 있어 효율성을 제고하기 위해 기관의 구조, 정책, 기능 등에 대해 분석하고 평가할 책임을 지게 된다. 이와 관련된 역할을 모두 고른 것은?

ㄱ. 촉진자	ㄴ. 중개자
ㄷ. 옹호자	ㄹ. 자문가

① ㄱ, ㄹ
② ㄴ, ㄷ
③ ㄱ, ㄴ, ㄹ
④ ㄴ, ㄷ, ㄹ
⑤ ㄱ, ㄴ, ㄷ, ㄹ

09. 통합적 접근과 거리가 먼 것은?

① 생태체계적 관점
② 순환적 사고
③ 환경 속 인간 관점
④ 이론과 개입의 개방적 선택
⑤ 단선적 사고

10. 펄만(Perlman)이 제시한 문제해결과정의 구성요소인 4P가 바르게 짝지어 진 것은?

① 가능성, 사람, 장소, 과정
② 가능성, 사람, 정책, 과정
③ 문제, 사람, 보호, 실천
④ 문제, 사람, 장소, 과정
⑤ 문제, 사람, 보호, 과정

11. 강점 관점에 관한 설명으로 옳은 것은?

① 클라이언트를 무능력자로만 본다.
② 사회복지사는 클라이언트 모든 문제의 전문가이다.
③ 클라이언트의 강점을 현실화시키고자 한다.
④ 아동기의 병리를 중요하게 다룬다.
⑤ 의료모델을 기반으로 한다.

12. 비에스텍(Biestek)의 관계의 7대 원칙을 모두 고른 것은?

ㄱ. 개별화	ㄴ. 제한적 감정표현
ㄷ. 비밀보장	ㄹ. 통제된 정서적 관여

① ㄱ, ㄷ
② ㄱ, ㄴ, ㄹ
③ ㄱ, ㄹ
④ ㄱ, ㄷ, ㄹ
⑤ ㄴ, ㄷ, ㄹ

13. 비밀보장(confidentiality)에 대한 설명으로 옳은 것은?

① 비밀보장의 원리는 언제, 어느 상황에서나 절대적으로 달성되어야 한다.
② 다른 사람의 권리나 인권에는 상관없이 지켜져야 한다.
③ 클라이언트가 꺼려할 수 있으므로 전문가 간의 정보공유에 대해 비밀로 한다.
④ 클라이언트에 대한 비밀보장의 원칙은 절대적인 것은 아니다.
⑤ 사례관리는 비밀보장이 어렵기 때문에 되도록 실시하지 아니다.

14. 내담자가 두서없이 장황하게 이야기를 할때에 관련 있는 주제로 면담 방향을 돌림으로써 불필요한 방황과 시간낭비를 줄여주는 효과적인 방법은?

① 해석
② 환기법
③ 초점화
④ 직면
⑤ 부연하기

15. 예시문처럼 내담자와 면접하면서 개방형 질문에만 해당하는 것을 모두 고르시오.

> ㄱ. 남편과의 별거를 결정하기까지 어떤 일들이 있었을까요?
> ㄴ. 혼자 나오셨다고 하셨는데 아이들은 남편이랑 지내는 건가요?
> ㄷ. 지난 한 주 동안 남편과 몇 번이나 대화가 있었나요?
> ㄹ. 아이들도 동의한 건가요? 아이들은 왜 두고 나오신 거죠?

① ㄱ
② ㄴ, ㄷ
③ ㄱ, ㄴ, ㄹ
④ ㄴ, ㄷ, ㄹ
⑤ ㄱ, ㄴ, ㄷ, ㄹ

16. 복지관을 찾아온 70대인 A씨가 남편인 할아버지에게 결혼이후 지속적인 폭력에 시달려 왔다며 남편인 할아버지와 이혼하고 싶다고 상담 사회복지사에게 자신의 상황을 알려왔다. 이에 가정폭력 쉼터에 연락을 취해 입소가능 여부를 확인하고 담당자와 할머니를 연결시켜 드렸다. 이때 진행된 사회복지사의 역할은 무엇인가?

① 의뢰
② 개입
③ 중재
④ 참여 유도
⑤ 초기면접

17. 사정과 관련된 내용에 적합한 것은?

① 사회복지사의 전문적 판단은 되도록 피해야 한다.
② 실천의 전 과정 중 접수단계에서만 진행해야 한다.
③ 수집된 정보에 대한 분석은 담당 사회복지사만 단독으로 수행해야 한다.
④ 진단과 달리 클라이언트를 문제해결능력을 가진 능동적인 존재로 평가한다.
⑤ 문제와 관련된 과거의 경험이 아닌 현재의 능력에 초점을 두어야 한다.

18. 사정과정과 관련이 없는 것은?

① 문제에 대해 클라이언트의 강점을 평가한다.
② 클라이언트 변화의 적절한 양상을 살펴보는 단계이다.
③ 클라이언트가 비현실적 절망감을 가지고 있는가를 살펴본다.
④ 문제가 얼마나 오래 지속되어 왔는가를 살펴본다.
⑤ 문제해결을 위해 필요한 외부자원은 어떤 것인가를 살펴본다.

19. 표적문제를 선정할 때에 고려해야 할 사항으로 옳지 않은 것은?

① 클라이언트의 의견을 존중한다.
② 두세 가지 정도를 선정한다.
③ 문제의 시급성을 고려한다.
④ 현실적으로 대처 가능 여부를 살펴본다.
⑤ 클라이언트의 결정을 반드시 따른다.

20. 다음의 개입방법 중 직접치료를 위한 방법을 모두 고른 것은?

ㄱ. 받쳐주기	ㄴ. 양극화
ㄷ. 재보증	ㄹ. 일반화

① ㄱ, ㄷ ② ㄴ, ㄹ
③ ㄷ, ㄹ ④ ㄱ, ㄷ, ㄹ
⑤ ㄴ, ㄷ, ㄹ

21. 개입단계에서의 사회복지사의 역할에 관한 설명으로 옳지 <u>않은</u> 것은?

① 옹호자 – 필요한 것을 얻을 힘이 없는 클라이언트의 입장을 대변한다.
② 조력자 – 클라이언트의 대처능력을 강화시키고 자원의 발견과 활용을 원조한다.
③ 교육자 – 클라이언트의 사회적 기능이나 문제해결 능력이 향상될 수 있도록 교육적인 프로그램을 제공한다.
④ 중재자 – 클라이언트의 욕구를 확인하고 문제를 규정하며 효과적으로 다룰 수 있는 능력을 개발한다.
⑤ 중개자 – 클라이언트가 필요로 하는 자원과 서비스를 연결한다.

22. 사회복지실천에서 평가에 대한 설명으로 옳지 <u>않은</u> 것은?

① 사회복지사가 개입과정과 내용에 대해 점검할 수 있다.
② 평가의 일차적인 목적은 개입의 효과성을 판단하는 것이다.
③ 개입의 결과는 물론 개입과정에 대한 평가도 중요하다.
④ 자원 사용에 대한 책임성 이행을 입증하는 수단이 된다.
⑤ 동일한 비용으로 높은 효과를 냈을 때 효과성은 증가한다.

23. 학교폭력에 노출된 이후 계속 불안 증세를 보이는 아동에 대해 10주간 심리상담을 진행하였다. 상담이 모두 종료된 후 전후의 결과를 비교하여 변화의 정도를 평가방법은 무엇인가?

① 과정평가 ② 형성평가
③ 실무자 평가 ④ 성과평가
⑤ 노력성 평가

24. 사례관리가 진행되는 과정을 순서대로 나열한 것은?

① 계획 → 사정 → 개입 → 점검 → 평가
② 계획 → 사정 → 개입 → 평가 → 점검
③ 계획 → 점검 → 개입 → 사정 → 평가
④ 사정 → 계획 → 점검 → 개입 → 평가
⑤ 사정 → 계획 → 개입 → 점검 → 평가

25. 사례관리가 등장하게 된 배경으로 옳은 것을 모두 고른 것은?

ㄱ. 생활시설 중심의 서비스 확대를 위한 방편으로 마련되었다.
ㄴ. 사회적 지지체계의 중요성에 대한 인식이 증가했다.
ㄷ. 다양한 문제와 욕구에 대한 대응책이 필요했다.
ㄹ. 서비스의 분산으로 인한 비효율성 문제가 제기되었다.

① ㄱ, ㄴ ② ㄱ, ㄷ
③ ㄷ, ㄹ ④ ㄴ, ㄷ, ㄹ
⑤ ㄱ, ㄴ, ㄷ, ㄹ

실전 모의고사 2회

01. 다음 중 직접 실천을 모두 고른 것은?

> ㄱ. 사회성 향상을 위한 청소년 집단 프로그램
> ㄴ. 양육을 위한 부모 상담
> ㄷ. 아동학대 예방을 위한 홍보 활동
> ㄹ. 위기가정 부부 상담

① ㄱ, ㄴ
② ㄷ, ㄹ
③ ㄱ, ㄴ, ㄹ
④ ㄱ, ㄷ, ㄹ
⑤ ㄱ, ㄴ, ㄷ, ㄹ

02. 사회복지실천의 수준에 따른 예시가 옳지 않은 것은?

① 미시적 실천 – 학교폭력 피해자 개인상담
② 미시적 실천 – 일대일 접촉한 직접 서비스 제공
③ 중범위 수준의 실천 – 자조집단 프로그램
④ 거시적 실천 – 치료집단 사회기술훈련 제공
⑤ 거시적 실천 – 취약집단 옹호활동

03. 사회복지실천에 있어 일반적으로 중요시되는 가치들을 모두 묶은 것은?

> ㄱ. 인간의 존엄성
> ㄴ. 당사자의 자기결정권
> ㄷ. 평등한 대우
> ㄹ. 사회적 책임성

① ㄱ, ㄴ, ㄷ
② ㄱ, ㄷ
③ ㄴ, ㄷ, ㄹ
④ ㄴ, ㄹ
⑤ ㄱ, ㄴ, ㄷ, ㄹ

04. 로웬버그와 돌고프(Lowenberg & Dolgoff)가 제시한 윤리원칙들 중 가장 첫 번째 원칙으로 클라이언트가 스트레스와 우울증으로 자해하거나 자살을 시도시 가장 중요하게 적용되는 원칙은 무엇인가?

① 성실의 원칙
② 자율과 자유의 원칙
③ 생명보호의 원칙
④ 비밀보장의 원칙
⑤ 평등과 불평등의 원칙

05. 사회복지실천이 봉사의 형태에서 전문직으로 발돋움하게 된 계기를 모두 고른 것은?

> ㄱ. 전문가협회 구성
> ㄴ. 교육제도
> ㄷ. 훈련제도
> ㄹ. 보수체계의 정립

① ㄱ, ㄴ, ㄷ
② ㄱ, ㄷ
③ ㄴ, ㄷ, ㄹ
④ ㄱ, ㄹ
⑤ ㄱ, ㄴ, ㄷ, ㄹ

06. 다음 중 사회복지실천의 통합화와 관련된 것을 모두 고른 것은?

> ㄱ. 문제해결모델
> ㄴ. 생활모델
> ㄷ. 6체계모델
> ㄹ. 진단주의

① ㄱ, ㄴ, ㄷ
② ㄱ, ㄷ
③ ㄱ, ㄴ, ㄹ
④ ㄴ, ㄹ
⑤ ㄱ, ㄷ, ㄹ

07. 다음 중 이용시설에 해당하는 것을 모두 고른 것은?

> ㄱ. 아동보호치료시설
> ㄴ. 정신건강복지센터
> ㄷ. 노인복지관
> ㄹ. 노인요양시설

① ㄱ, ㄴ   ② ㄷ, ㄹ
③ ㄱ, ㄹ   ④ ㄴ, ㄷ
⑤ ㄴ, ㄹ

08. 사회복지사의 기능과 역할의 연결이 옳은 것을 모두 고른 것은?

> ㄱ. 상담가 – 직접서비스 제공하기
> ㄴ. 옹호자 – 대변 및 옹호하기
> ㄷ. 중재자 – 체계와 연결하기
> ㄹ. 기획가 – 체계 개발하기

① ㄱ, ㄷ   ② ㄴ, ㄹ
③ ㄱ, ㄴ, ㄷ   ④ ㄱ, ㄴ, ㄹ
⑤ ㄴ, ㄷ, ㄹ

09. 다음에서 설명하는 대표적인 통합적 접근모델은?

> – 저메인과 기터만이 생태체계관점을 이론적 준거틀로 사회복지실천분야에 도입하여 개발한 모델
> – 클라이언트의 다양성을 존중하고, 사회복지사와의 관계를 동반자적 관계로 본 모델
> – 클라이언트가 잠재력을 발휘하고 환경의 긴장요인을 줄여 성장과 촉진적 교류를 회복하게 함

① 4체계모델   ② 단일화모델
③ 생활모델   ④ 문제해결모델
⑤ 인지행동모델

10. 사회복지실천의 통합적 접근이 발달하게 된 배경과 관계없는 것은?

① 클라이언트의 잠재성을 인정하였다.
② 복잡한 문제 상황에 대한 포괄적 대처가 필요했다.
③ 클라이언트를 환경과는 독립적인 체계로 간주하게 되었다.
④ 체계와 체계의 환경 간 관계를 중요시 하였다.
⑤ 분화되고 전문화된 접근방법이 서비스 파편화를 초래했다.

11. 콤튼과 갤러웨이가 제시한 6체계모델에 관한 설명으로 옳은 것은?

① 사회복지사 및 사회복지사를 고용하고 있는 기관 등은 변화매개체계이다.
② 서비스나 도움을 필요로 하는 사람들은 클라이언트체계이다.
③ 표적체계와 클라이언트체계는 중복되거나 동일하게 나타나기도 한다.
④ 의뢰를 통해 서비스를 받게 된 비자발적 클라이언트는 응답체계이다.
⑤ 클라이언트의 가족, 친구, 이웃 및 다른 전문가들은 행동체계이다.

12. 다음에서 설명하는 전문적 관계형성의 요소는?

> 사회복지사와 클라이언트 사이에 일어나고 있는 상호작용에 대해 정확히 설명하면서 잘못된 것을 수정할 수 있는 능력을 말한다.

① 타인에 대한 관심
② 헌신과 의무
③ 전문직으로서의 권위
④ 말과 행동의 일치성
⑤ 직접성

13. 비에스텍(Biestek)이 제시한 관계의 원칙 중 다음은 무엇에 관한 설명인가?

> 사회복지사는 클라이언트의 감정에 민감해야 하며, 감정이입적 '이해'와 의도적이고 적절한 '반응'을 보여야 한다. 이는 공감을 바라는 클라이언트의 욕구에 대한 대응으로, 클라이언트는 자신이 이해받을 수 있다는 마음이 생기면서 심리적 안정을 가질 수 있다.

① 수용
② 통제된 정서적 관여
③ 개별화
④ 자기 결정
⑤ 의도적 감정표현

14. 사회복지실천에서 전문적 관계의 특성에 관한 설명으로 옳은 것은?

① 사회복지사는 클라이언트의 이익을 더 중요하게 고려한다.
② 클라이언트와 사회복지사는 구체적으로 기한에 구애 없이 관계를 맺는다.
③ 사회복지사는 전문직으로서 지식과 기술은 중요하지 않다.
④ 사회복지사는 개입과정에서 느끼는 자신의 감정과 반응을 주관적으로 통제한다.
⑤ 클라이언트와 사회복지사 사이에는 목적을 달성하는데 합의가 필요 없다.

15. 사회복지실천에서의 면접에서 비구조화된 면접을 가장 잘 설명한 것은?

① 클라이언트의 문제를 파악하고 개입을 실행하고 결과를 평가하는 전 과정에서 일어난다.
② 클라이언트의 세계에 심층적이며 자세한 묘사와 이해를 얻고자 할 때에 적합하다.
③ 클라이언트의 문제해결과 관련하여 개입방향을 결정하기 위해서는 치료 면접을 실시한다.
④ 클라이언트의 지극히 사적인 내용들을 다루면서도 목적을 가지고 공식적으로 진행된다.
⑤ 클라이언트의 이야기를 듣는 것에 그치는 것이 아니라 어떤 도움을 줄 수 있는가와 연결 된다.

16. 과정기록의 특징으로 옳은 것을 모두 고른 것은?

> 가. 기록에 있어서 정보가 왜곡될 가능성이 없다.
> 나. 대화 내용 및 기타 상호작용을 모두 기록한다.
> 다. 복잡하고 어려운 사례를 다룰 때에 유용하다.
> 라. 기록을 위한 시간과 노력이 적게 요구된다.

① 가, 나
② 다, 라
③ 나, 다
④ 나, 다, 라
⑤ 가, 나, 다, 라

17. 다음 중 사회복지실천 과정에서 사정에 해당하는 내용은?

① 클라이언트의 문제가 무엇인지 이해하고 해결 방법을 전문적으로 판단하는 것이다.
② 클라이언트가 어떤 문제로 기관을 방문했는지를 확인한다.
③ 클라이언트의 문제를 바탕으로 개입목표를 설정한다.
④ 개입이 계획에 따라 적절히 진행되었는지를 평가한다.
⑤ 개입기간, 개입방법 등에 대해 합의한 후 계약한다.

18. 클라이언트에 대한 사정을 실시함에 있어 사정의 범주에 해당하는 것을 모두 고른 것은?

ㄱ. 욕구와 문제의 발견
ㄴ. 사회복지사의 경력
ㄷ. 사회복지사의 심리정서 상태
ㄹ. 정보의 발견

① ㄱ, ㄴ, ㄷ   ② ㄱ, ㄷ
③ ㄴ, ㄷ, ㄹ   ④ ㄷ, ㄹ
⑤ ㄱ, ㄹ

19. 집단사회복지실천을 위해 활용되는 사정도구를 모두 고른 것은?

ㄱ. 의의차별척도
ㄴ. 소시오그램
ㄷ. 자존감 척도
ㄹ. 생태지도

① ㄱ, ㄴ, ㄷ   ② ㄱ, ㄷ
③ ㄴ, ㄹ   ④ ㄱ, ㄴ, ㄹ
⑤ ㄱ, ㄷ, ㄹ

20. 다음 중 목표설정으로 적절하지 않은 것은?

① 1일 한 번 이상 자녀를 칭찬한다.
② 매일 걷기 운동을 30분씩 한다.
③ 기말고사를 위해 일주일 동안 잠을 자지 않는다.
④ 등교시간 10분 전에 학교에 도착한다.
⑤ 매달 마지막 주말에 가족과 함께 등산한다.

21. 다음 중 사회복지사가 클라이언트의 문제해결을 위해 직접 개입하지 않는 기술은?

① 일반화   ② 재명명
③ 초점화   ④ 서비스 연결
⑤ 재보증

22. 다음에서 설명하고 있는 개입기법은?

- 클라이언트의 표현 가치와 실행사이의 모순을 주목하게 하는 의사소통기술 중 하나이다.
- 클라이언트가 보이는 말과 행동의 불일치에 대해 인식할 수 있게 한다.
- 클라이언트와 사회복지사 사이에 신뢰가 쌓인 후에 실시하는 것이 좋다.

① 직면   ② 초점화
③ 조언   ④ 행동조성
⑤ 재보증

23. 종결단계에서 사회복지사가 수행해야 할 활동으로 옳지 않은 것은?

① 종결 시기 결정
② 정서적 반응 다루기
③ 사후관리 계획
④ 개입목표 수립
⑤ 평가

24. 종결단계에서 진행되는 의뢰에 관한 설명으로 옳은 것은?

① 클라이언트의 의사로 종결 시에는 클라이언트의 의사는 무시하고 진행한다.
② 사회복지사가 더 이상 개입이 불가능할 경우에는 반드시 의뢰를 진행해야 한다.
③ 클라이언트의 의뢰 요청은 개입을 회피하는 행동의 하나이므로 무시해도 된다.
④ 타 기관으로 의뢰할 때에는 클라이언트의 성향이나 편의시설 등을 고려해야 한다.
⑤ 의뢰될 기관이나 사회복지사에 대한 정보를 클라이언트에게 제공할 필요는 없다.

25. 사례관리의 특징으로 옳지 않은 것은?

① 사례관리자 중심으로 한다.
② 서비스를 효과성을 증진시키도록 한다.
③ 만성적 문제에 대한 대응이다.
④ 적절한 서비스의 적시에 제공되도록 한다.
⑤ 타 기관과의 서비스 연결이 잘 되도록 한다.

실전 모의고사 3회

01. 사회복지실천의 과학적 기반에 해당하는 것은?

① 클라이언트의 문제를 클라이언트의 입장에서 이해하고 공감한다.
② 이론과 실천 준거틀을 적절하게 활용한다.
③ 진심으로 클라이언트를 돌보고 그의 문제에 관심을 가진다.
④ 클라이언트의 주관적인 경험과 감정을 인식하고 그 의미를 파악한다.
⑤ 클라이언트에 대해 감정 이입된 의사소통을 한다.

02. 미시적 실천에 해당하는 활동을 모두 고른 것은?

ㄱ. A 성폭력상담센터에서는 성폭력 피해 상담이 종료된 후 사후관리를 진행하고 있다.
ㄴ. B 노인복지관에서는 어르신들의 권익 증진을 위한 캠페인을 펼치고 있다.
ㄷ. C 노숙인 쉼터에서는 입소자에게 심리검사 및 자립지원 상담 등을 제공하고 있다.
ㄹ. D 지역아동센터에서는 아동들의 학교 숙제를 돕기 위한 자원봉사자를 모집 중이다.

① ㄱ, ㄷ   ② ㄴ, ㄹ
③ ㄱ, ㄴ, ㄷ   ④ ㄴ, ㄷ, ㄹ
⑤ ㄱ, ㄴ, ㄷ, ㄹ

03. 미로웬버그와 돌고프가 제시한 윤리원칙들에 대한 설명으로 옳지 <u>않은</u> 것은?

① 최소 해악의 원칙은 선택 가능한 대안들 중 가장 최소한으로 유해한 것을 선택해야 함을 의미한다.
② 비밀보장의 원칙은 클라이언트에 대한 비밀을 보장해야 한다는 원칙이다.
③ 자율과 자유의 원칙은 클라이언트의 자율성과 독립성에 따른 자기결정의 원칙을 의미한다.
④ 생명보호의 원칙은 인간의 생명보호를 강조하는 것으로 가장 우선적으로 고려되어야 하는 원칙이다.
⑤ 성실의 원칙은 클라이언트 및 관련 당사자에게 진실로 대하며 관련 정보를 공개해야할 필요가 없다는 원칙이다.

04. 다음과 같이 사회복지사가 갈등을 느끼게 되는 상황을 무엇이라 하는가?

> 장애인거주시설에 근무하는 사회복지사는 한 기관의 직원으로서 기관의 운영규정 및 사업 계획 등을 지켜야 하는 동시에 거주자를 위한 최대한의 노력을 다해야 한다. 이로 인해 사회복지사는 자신이 업무상의 운영규정을 위반함으로써 거주자에게 더 큰 이익이 보장될 수 있다는 생각이 들 때 갈등을 느끼게 된다.

① 신념 상충   ② 윤리 위반
③ 자기노출   ④ 의무 상충
⑤ 내부 고발

05. 장기적이고 지속적인 보호가 필요한 독거 어르신이 사회복지사의 노인요양시설에 입주해서 생활할 것을 권유를 계속해도 거절하고 계신다. 이러한 상황에서 가장 적절한 사회복지사의 대처방법은?

① 노인의 건강상태를 위해서 반드시 노인요양시설에서 생활하시도록 조치한다.
② 다른 노인요양시설을 찾아서 권유한다.
③ 다른 사회복지사와 함께 찾아가 설득한다.
④ 현재 거주지에서 생활할 수 있도록 이용 가능한 서비스를 연계해 드린다.
⑤ 자신의 제안을 거절했으므로 개입을 종결한다.

06. 자선조직협회와 인보관 운동에 관한 설명으로 옳은 것은?

① 인보관 운동은 진화론의 논리에 입각하여 빈곤을 개인적 문제로 이해하였다.
② 인보관 운동은 우애방문원들이 가정방문을 하면서 빈민의 생활상을 조사하였다.
③ 자선조직협회는 빈곤의 개인책임을 강조하면서도 모든 빈민에게 도움을 제공하였다.
④ 자선조직협회와 인보관 운동은 모두 지역사회복지사업의 발달에 영향을 주었다.
⑤ 자선조직협회는 소외계층의 역량강화를 위해 다양한 교육활동을 펼쳐나갔다.

07. 진단주의 학파와 기능주의 학파에 관한 설명으로 옳은 것을 모두 고른 것은?

> ㄱ. 진단주의 학파는 자아(ego)의 힘이 사회복지 원조를 통해 강화될 수 있다고 보았다.
> ㄴ. 기능주의 학파는 개인의 문제가 사회환경과 관련되어 있음을 인식했다.
> ㄷ. 기능주의 학파는 클라이언트의 창조적 통합력과 성장 가능성에 대한 믿음을 가졌다.
> ㄹ. 진단주의 학파는 정신분석학을 바탕으로 하며 이후 클라이언트 중심 모델로 발전하였다.

① ㄱ, ㄴ ② ㄱ, ㄴ, ㄷ
③ ㄷ, ㄹ ④ ㄱ, ㄴ, ㄹ
⑤ ㄴ, ㄷ, ㄹ

08. 다음은 사회복지사의 어떤 역할에 관한 설명인가?

> 취업을 원하는 지적장애인에게 지역사회 내 직업재활시설을 소개해준다.

① 행동가 ② 옹호자
③ 중개자 ④ 조사자
⑤ 중재자

09. 클라이언트가 기관을 이용하면서도 기관에서 제공하지 않는 프로그램을 필요로 하는 경우가 있는데, 원하는 프로그램 서비스가 어느 기관에서 제공되는지 혹은 수급자격이 되는지 등을 몰라 문제를 방치하게 된다. 이러한 상황에서 사회복지사가 클라이언트를 다른 자원이나 체계와 연결하는 기능과 관계된 역할로 거리가 먼 것은?

① 중개자　　② 자원연결자
③ 사례관리자　　④ 정책개발자
⑤ 옹호자

10. 다음 중 생활시설에 해당하지 <u>않는</u> 것은?

① 노인요양시설
② 장애인거주시설
③ 피해장애인 쉼터
④ 청소년 그룹홈
⑤ 중독관리통합지원센터

11. 단일화모델에 관한 설명으로 옳은 것은?

① 문제해결에 필요한 자원을 보완해주는 과정을 강조했다.
② 사회체계모델, 사회학습모델, 과정모델 등을 결합하여 골드스테인이 체계화하였다.
③ 개인과 환경 간의 상호작용에 초점을 두고 개입한다.
④ 자아심리학, 역할이론, 사회심리학 등의 영향을 받았다.
⑤ 진단주의와 기능주의 두 가지의 영향을 동시에 받았다.

12. 4체계 모델 및 6체계 모델에 관한 설명으로 옳은 것을 모두 고른 것은?

> ㄱ. 표적체계와 클라이언트체계는 항상 다르다.
> ㄴ. 전문체계는 콤튼과 갤러웨이가 제시한 것이다.
> ㄷ. 변화매개체계는 클라이언트의 변화를 위해 행동하는 사회복지사를 말한다.
> ㄹ. 의뢰 – 응답체계로 비자발적 클라이언트를 설명할 수 있다.

① ㄱ, ㄹ　　② ㄴ, ㄷ
③ ㄱ, ㄴ, ㄷ　　④ ㄱ, ㄴ, ㄹ
⑤ ㄴ, ㄷ, ㄹ

13. 다음에서 설명하는 것은 무엇인가?

> - 전문적 관계형성에서 기본 요소 중 하나로, 사회복지사의 언행과 관련된다.
> - 사회복지사는 클라이언트에게 담보할 수 없는 약속을 하지 말아야 한다.
> - 사회복지사는 클라이언트를 대함에 있어 위선적이지 않은 태도를 갖춰야 하며, 일관성 있고 정직한 개방성을 유지해야 한다.

① 성숙함
② 자기노출
③ 구체성
④ 진실성 및 일치성
⑤ 감정이입

14. 생태체계관점의 기본 가정으로 옳지 <u>않은</u> 것은?

① 타인과 관계를 맺는 인간의 발달능력은 유전적 요소에 의한 것이다.
② 개인이 환경에 대해 갖는 주관적 의미는 발달에 매우 중요하다.
③ 유전적·생물학적 요인은 다른 환경과 상호작용하지 않는다.
④ 개인의 성격은 개인과 환경 사이의 상호작용에 따른 산물이다.
⑤ 개인과 환경은 서로 영향을 미치는 호혜적 관계를 형성한다.

15. 클라이언트가 모든 의사결정에 참여하여 자기 스스로 선택하는 자유를 누리는 것을 반영하는 관계의 원칙은 무엇인가?

① 개별화
② 자기결정권
③ 수용
④ 의도적인 감정표현
⑤ 통제된 정서적 관여

16. 비에스텍(F. Biestek)이 제시한 관계의 기본 원칙에 관한 설명으로 옳은 것은?

① 개별화 : 문제해결에 대한 선택과 결정 권한은 클라이언트에게 있음을 의미한다.
② 비밀보장 : 사회복지사가 지켜야 할 윤리적, 법적 의무이기도 하다.
③ 의도적 감정표현 : 사회복지사가 의도적으로 클라이언트를 자극하는 언행 등을 말한다.
④ 수용 : 클라이언트를 있는 그대로 이해하는 것이다.
⑤ 비심판적 태도 : 사회복지사에게 문제의 책임이 있는지를 따지지 않는다.

17. 면접과정에서의 질문의 유형과 예가 바르게 연결되지 <u>않은</u> 것은?

① 개방형 질문 - "가족관계는 어떠했었나요?"
② 폐쇄형 질문 - 아이의 "초등학교 선생님은 잔소리를 많이 했나요?"
③ 유도형 질문 - "당신은 너무 어려서 독립할 수 없었던 게 아닙니까?"
④ '왜' 질문 - "가족관계는 좋았나요?"
⑤ 폭탄형 질문 - "그 당시 마음은 어땠으며, 그것에 대한 생각은 어땠나요? 또 당신은 어떤 행동을 했나요?"

18. 다음 면접 기술의 적용이 적절한 상황으로 옳은 것을 모두 고른 것은?

> ㄱ. 명료화 : 클라이언트가 하는 말이 애매모호 한 경우
> ㄴ. 초점화 : 클라이언트가 계속해서 주제에서 벗어난 이야기를 꺼내는 경우
> ㄷ. 부연하기 : 클라이언트의 진술 내용을 잘 이해하고 파악하고 있음을 표현하는 경우
> ㄹ. 재보증 : 합리적이고 현실적인 생각 또는 결정에 대해 클라이언트가 의심을 갖고 있을 때 자신감을 심어줄 필요가 있는 경우

① ㄱ, ㄷ
② ㄴ, ㄹ
③ ㄱ, ㄴ, ㄷ
④ ㄱ, ㄴ, ㄹ
⑤ ㄱ, ㄴ, ㄷ, ㄹ

19. 자료수집단계에서 자료의 영역에 해당하는 것을 모두 고른 것은?

> ㄱ. 클라이언트의 문제에 대한 깊이 있는 정보
> ㄴ. 클라이언트의 현재 가족관계, 가족구성
> ㄷ. 클라이언트의 자원 및 강점
> ㄹ. 심리검사 결과

① ㄱ, ㄷ ② ㄴ, ㄹ
③ ㄱ, ㄴ, ㄷ ④ ㄱ, ㄷ, ㄹ
⑤ ㄴ, ㄷ, ㄹ

20. 생활력표에 대한 설명으로 옳은 것은?

① 가족 구성원들의 생활사건이나 중요한 정보를 얻을 수 있게 표시한다.
② 클라이언트의 생애동안 발생한 사건이나 문제를 시기별로 전개해 나타낸 사정도구다.
③ 가족 간 갈등이나 융합 같은 정서적 관계를 살펴볼 수 있다.
④ 여러 세대에 걸쳐 반복적으로 나타나는 문제를 알 수 있다.
⑤ 클라이언트와 사회복지사가 함께 작성하며 사정을 진행한다.

21. 생태도에 대한 설명으로 옳지 않은 것을 모두 고른 것은?

> ㄱ. 클라이언트 및 그와 관련된 사람이나 환경체계와의 상호작용 상태를 그림으로 표현한 도구이다.
> ㄴ. 클라이언트를 생태학적 관점에서 이해하는데 도움이 된다.
> ㄷ. 클라이언트 및 클라이언트 가족에게 어떤 체계가 유용한지 혹은 스트레스 요소가 되는지 등을 파악할 수 있다.
> ㄹ. 가족의 2~3세대 이상에 관한 정보를 도표상에 정리한 사정도구이다.

① ㄱ, ㄷ ② ㄴ, ㄷ
③ ㄱ, ㄴ, ㄷ ④ ㄱ, ㄷ, ㄹ
⑤ ㄴ, ㄷ, ㄹ

22. 사회복지실천과정에서 목표설정의 가치로 가장 거리가 먼 것은?

① 개입의 필요성은 방향을 명확하게 제시해 준다.
② 명료하게 진술된 목적은 개입결과를 평가할 수 있는 기준이 된다.
③ 개입전략 방법을 선택하고 개발할 수 있게 한다.
④ 클라이언트의 권리보다 사회복지사의 권한을 강화시킨다.
⑤ 클라이언트의 변화 정도를 모니터할 수 있다.

23. 종결단계에서 사회복지사가 수행해야 할 과업으로 옳지 <u>않은</u> 것은?

① 클라이언트가 종결로 인한 불안을 호소할 때에는 종결 시기를 늦춘다.
② 종결의 시점은 클라이언트가 사회복지사가 협의하여 결정하는 것이 좋다.
③ 종결은 되었지만 해결되지 않은 다른 문제가 발견된 경우에는 다른 기관으로의 의뢰를 고려해볼 수 있다.
④ 그동안 진행되었던 서비스에 대한 생각이나 감정 등에 대해 이야기를 나눈다.
⑤ 종결 후에 진행될 사후관리에 대해 안내하고 그에 대한 계획을 수립한다.

24. 사례관리의 과정 중 점검 과정의 과업으로 옳은 것을 모두 고른 것은?

> ㄱ. 팀 회의를 통해 계획이 잘 시행되고 있는지를 확인한다.
> ㄴ. 클라이언트의 변화가 의도한 대로 일어나고 있는지를 분석한다.
> ㄷ. 다른 서비스 제공자들의 의견은 중요하지 않으므로 클라이언트만 잘 모니터링 하면 된다.
> ㄹ. 향후 계획을 유지할 것인지에 대한 평가를 진행한다.

① ㄱ, ㄹ
② ㄴ, ㄷ
③ ㄱ, ㄴ, ㄹ
④ ㄴ, ㄷ, ㄹ
⑤ ㄱ, ㄴ, ㄷ, ㄹ

25. 사례관리의 목적으로 옳지 <u>않은</u> 것은?

① 클라이언트가 일정한 장소 또는 기간 내에 받을 수 있는 서비스의 지속성을 보장한다.
② 클라이언트의 욕구에 적합한 시기와 방식을 고려한 적절한 서비스 제공이 가능하도록 돕는다.
③ 클라이언트의 가족과 일차집단의 보호능력을 축소시킨다.
④ 일차적 보호 자원들과 공적 체계들을 통합하여 관리한다.
⑤ 클라이언트의 생활기술을 증진시킨다.

• 사회복지 실천론

실전 모의고사 정답 및 해설

실전 모의고사 1회 216~219쪽

01 ③	02 ②	03 ②	04 ③	05 ②
06 ③	07 ②	08 ①	09 ⑤	10 ④
11 ③	12 ④	13 ④	14 ③	15 ①
16 ①	17 ④	18 ②	19 ⑤	20 ①
21 ④	22 ⑤	23 ④	24 ⑤	25 ④

01. ③
그린우드가 제시한 전문직 속성
- 체계적인 이론(지식 기반 및 기술)
- 전문적인 권위
- 사회적 승인(재가)
- 전문직의 윤리강령
- 전문직 문화(전문적 가치, 규범 등)

02. ②
사회정의는 모든 구성원이 기본 권리, 보호, 기회, 사회적 혜택을 똑같이 갖는 이상적인 상황이다. 따라서 사회정의 향상은 표출된 욕구와 직접 관련이 없는 사람들도 대상이 될 수 있다.

03. ②
클라이언트에 대한 비심판적 태도, 자기결정권 존중 등은 수단 우선의 가치와 관련이 있다.

04. ③
사회복지사는 클라이언트가 스스로를 해하려고 하거나 다른 누군가에 위해가 될 때 등에 대해서는 비밀보장의 원칙에 얽매이지 않아도 된다. 또한 사회복지관의 종사자는 노인복지법에 따라 노인 학대를 알게 된 때에는 노인보호전문기관이나 수사시관에 신고해야 하는 의무가 있다.

05. ②
프로이트의 정신분석이론의 영향을 받은 것은 진단주의이다. 기능주의는 프로이트 이론에 반기를 들고 랭크의 영향을 받았다. 개인의 의지와 클라이언트의 자아를 중시하였고 클라이언트가 관계를 맺는 기관의 기능을 자유롭게 활용하는 것을 중시하였다.

06. ③
집단사회사업실천 : 공동의 문제를 가진 사람들로 집단이 구성된다. 집단 구성원 간의 상호작용을 토대로 하며, 경쟁보다 협동을 강조한다. 정서적·심리적 문제에 한정되는 것은 아니며, 정보교환이나 기술습득의 차원에서 이루어지기도 하며, 사회행동으로 이어지기도 한다.
- 사회복지실천의 복지실천 3대 방법론은 개별사회사업, 집단사회사업, 지역사회조직이다.

07. ②
청각장애인복지관 등 사화복지관은 기관의 1차적 목적이 사회서비스 제공인 경우 1차현장이다.

08. ①
사회복지사의 기능 중 체계유지 및 강화하기와 관련된 역할을 파악하는 문제로서 촉진자, 자문가 역할에 해당한다.

09. ⑤
통합적 접근은 순환적 사고를 특징으로 한다. 이를테면, 단선적 사고는 A와 B의 관계과정에서 발생했을지도 모를 A의 변화에는 관심을 두지 않는다. 반면 순환적 사고는 A와 B 사이에 시간을 두고 일어나는 순환적 교환에 관심을 둔다.

10. ④
펄만은 문제해결과정을 4P를 통해 표현하면서 '문제해결과정은 문제(Problem)를 가지고 있는 사람(Person)이 어떤 장소(Place)에 자신의 문제를 가지고 도움을 얻기 위해 찾아오게 되며, 사회복지사는 이때 클라이언트와 문제해결기능에 관여하게 되고, 나아가 문제해결에 필요한 자원을 보완해주는 과정(Process)'이라고 정의했다.

11. ③
클라이언트의 강점을 인식하는 것이 강점관점이며, 나머지는 병리적 관점에 해당한다.

12. ④
비에스텍은 사회복지사와 클라이언트의 관계를 '사회

복지사와 클라이언트 간의 감정과 태도의 역동적인 상호작용'이라고 정의하면서, 개별화, 의도적 감정표현, 통제된 정서적 관여, 수용, 비심판적 태도, 클라이언트의 자기결정, 비밀보장 등 관계의 7대 원칙을 제시하였다.

13. ④
클라이언트에 대한 비밀보장에서 '절대적인 것이 아니다'라는 의미는 비밀보장이 항상 지켜져야 하는 것은 아니며 예외상황이 있다는 의미이다. 클라이언트의 생명이 위협을 받거나 사회의 권리와의 갈등이 있거나 하는 경우에는 클라이언트에 대한 사적 정보를 보호하지 못할 수도 있다.

14. ③
초점화란 내담자가 횡설수설 장황하게 이야기를 하거나 산만하고 혼란스러운 표현을 할 때 면담에 관련 있는 주제로 면담방향을 돌리게 하는 기술이다. 제한된 시간에 최대의 효과를 가져와야 하는 전문적 관계에서 불필요한 방황과 시간낭비를 막아주는 데 효과적이다.

15. ①
ㄱ. 서술식의 답변을 요하는 질문은 개방형 질문이다
ㄹ. 자녀들의 동의 사실을 파악하는 폐쇄형 질문과 동시에 왜 질문이 같이 이루어졌다. 왜 질문은 이유를 따져 묻는 것 같은 느낌을 줄 수 있기 때문에 피하는 것이 좋다.

16. ①
내담자의 문제를 확인한 후 연관기관과 연결하는 역할을 의뢰라고 한다.

17. ④
사정은 진단과 달리 클라이언트를 문제해결능력을 가진 능동적인 존재로 평가한다.
실천과정 동안 새로운 정보가 드러나면 그에 대한 사정을 진행하게 된다.
사정은 클라이언트의 반응을 이해하고 반영하며 상호작용으로 이루어진다.

18. ②
클라이언트의 변화 양상을 살펴보는 것은 개입단계의 점검 과정이고, 사정은 사회복지사가 개입의 방향을 결정하는 전문적 판단을 해나가는 과정이다. 또한 개입을 위한 계획으로 연결시키는 개입전략수립 단계이다.

19. ⑤
표적문제를 선정할 때에는 클라이언트의 의견이 중요하긴 하지만 반드시 클라이언트의 결정을 따라야 하는 것은 아니다. 사회복지사의 전문적 의견을 더하여 표적문제에 대한 합의를 이루어야 하며, 어느 한 쪽의 의견만으로 표적문제가 선정되지 않도록 유의해야 한다.

20. ①
개입방법 중 직접치료는 지지적 기법(받쳐주기)과 지시적 기법(직접 영향주기), 환기법이 있는데 지지적 기법은 관심, 수용, 재보증, 격려, 선물주기 등의 방법이 있다. 일반화는 의사소통기술 중에서 정서적 안정을 돕는 방법이다.

21. ④
중재자는 클라이언트의 상대방의 논쟁이나 갈등을 해결하도록 설득과 화해의 절차들을 통해 공동의 기반을 발견하도록 조력하는 역할을 담당한다.
클라이언트의 욕구를 확인하고 문제를 다룰 수 있는 능력을 개발시키는 것은 조력자의 역할이다.

22. ⑤
동일한 비용을 투입하여 높은 산출 효과를 냈을 때는 효율성에 대한 설명이다. 사회복지실천의 평가의 중요성은 사회복지실천의 효과성과 효율성 측정, 자원 사용에 대한 책임성 이행, 실천과정에 대한 모니터링 사회복지사의 능력 향상이 있다.

23. ④
심리상담 전후의 결과를 비교하여 불안 증세에 어떠한 변화가 일어났는지에 관한 성과를 확인한 것으로 성과평가에 해당한다.

24. ⑤

사례관리 진행과정은 사정 → 계획 → 개입 → 점검 → 평가의 순서이다.

25. ④

기존의 생활시설이 지역사회와 떨어진 곳에서 폐쇄적으로 운영됨에 따른 문제가 제기되면서 거주자들이 생활시설이 아닌 가정과 지역사회에서 생활하면서 서비스를 받을 수 있어야 한다는 탈시설화 경향이 나타났고, 이러한 탈시설화 경향은 사례관리에 영향을 주었다.

실전 모의고사 2회   220~224쪽

01 ③	02 ④	03 ⑤	04 ③	05 ⑤
06 ①	07 ④	08 ④	09 ③	10 ③
11 ④	12 ⑤	13 ②	14 ①	15 ②
16 ③	17 ①	18 ⑤	19 ①	20 ③
21 ④	22 ①	23 ④	24 ④	25 ①

01. ③

홍보 활동, 공청회 개최, 캠페인 활동, 모금 활동, 옹호 활동, 의뢰 등은 간접실천에 해당한다.

02. ④

자조집단, 치료집단 대상 사회기술훈련은 집단으로 진행되기 때문에 중범위 수준의 실천이 된다.

03. ⑤

사회복지의 기본 가치(Friedlander)에는 인간의 존엄성과 자율성, 기회의 균등성, 평등, 사회적 책임성이 있다. 클라이언트의 자기결정권을 포함한 여러 전문직의 가치도 사회복지실천에서 중요한 가치들이다.

04. ③

자해나 자살시도와 같이 클라이언트의 생명과 직결되는 부분은 생명보호의 원칙을 최우선적으로 고려해야 한다.

05. ⑤

사회복지실천이 전문직으로 발돋움하게 된 계기는 보수체계 정립, 교육·훈련제도 도입, 전문가협회 설립, 이론 구축 등이 있다.

06. ①

문제해결모델, 4체계모델과 6체계모델은 사회복지실천의 통합적 방법론에 해당되는 것이다. 밀포드회의에서는 사회복지실천의 공통요소를 정리하는 시도를 함으로써 사회복지실천의 통합화에 기여했다.

07. ④

거주 서비스를 제공하는 시설은 생활시설이다. 노인요양시설이나 아동보호치료시설은 생활시설이다.

08. ④

중재자는 문제해결을 설득하고 화해를 조력하는 활동을 한다.

09. ③

생활모델
- 클라이언트와 환경 사이의 공유영역에 초점
- 생태체계관점을 이론적 준거틀로 사회복지실천분야에 도입하여 개발한 모델
- 생활상의 문제들은 인간-환경 간 상호작용과 대인관계의 결과로 본 모델

10. ③

클라이언트를 환경과는 독립적인 체계로 간주하게 된 것은 전통적인 방법론에 대한 내용이다. 클라이언트 문제에 대한 심리내적 측면을 강조한 전통적인 방법론의 한계를 극복하기 위해서 통합적 접근이 발달하였다. 통합적 접근방법은 체계와 체계의 환경 간 관계를 중시하기 때문에 개인과 개인, 개인과 사회환경 간의 관계에 초점을 둔다.

11. ④

의뢰 응답체계는 콤튼과 갤러웨이가 제시한 6체계모델에 속한다. 핀커스와 미나한의 4체계모델은 변화매개체계, 클라이언트체계, 표적체계, 행동체계 등이다.

12. ⑤
직접성 : 사회복지사와 클라이언트 사이에 일어나고 있는 상호작용에 대해 정확히 설명하면서 잘못된 것을 수정할 수 있는 능력을 말한다.

13. ②
통제된 정서적 관여란 사회복지사는 클라이언트의 감정에 민감해야 하며, 감정이입적 '이해'와 의도적이고 적절한 '반응'을 보여야 한다.

14. ①
사회복지사는 자신의 이익보다는 클라이언트의 이익을 더 중요하게 고려한다.

15. ②
면접은 구조화의 정도에 따라 구조화된 면접, 반구조화된 면접, 비구조화된 면접으로 구분할 수 있는데 피면접자의 세계에 심층적이며 자세한 묘사와 이해를 얻고자 할 때에 적합한 면접은 비구조화된 면접이다.

16. ③
과정기록은 대화 내용 및 상호작용 등을 완벽하게 기록하기 위한 방식이다. 하지만 사실상 완벽하게 기록하기는 어려우며, 기록을 아무리 객관적으로 있는 그대로 작성한다고 하더라도 해석하는 사람의 관점이 반영될 수 있다. 때문에 정보의 왜곡을 완전히 피하기는 어렵다. 시간과 노력이 많이 요구된다.

17. ①
클라이언트의 문제가 무엇인지 이해하고 문제의 원인을 규명하며, 이것을 해결하거나 감소시킬 방법을 전문적으로 판단하는 것이다.

18. ⑤
사정의 내용은 문제의 발견과 정보의 발견, 문제 형성으로 클라이언트가 호소하는 문제와 욕구, 욕구 충족을 방해하는 요인들을 고려하여 문제를 형성하고 목표설정과 개입계획을 세운다.

19. ①
의의차별척도(의미분화척도), 소시오그램, 자존감 척도가 집단사회복지실천을 위해 활용되는 사정도구에 해당하며, 생태지도(생태도)는 가족사정도구이다.

20. ③
목표는 현실적으로 가능하도록 설정해야 한다. 현실적으로 목표달성이 불가능한 목표를 설정하는 것은 적절하지 않다.

21. ④
서비스연결은 간접적 개입기술에 해당한다.

22. ①
직면에 대한 설명이다.
- 초점화 : 클라이언트의 말이 산만할 때나 혼란스러울 때 관련 주제에 집중할 수 있도록 하는 기법
- 조언 : 클라이언트가 해야 할 것을 추천하거나 제안하는 것.
- 행동조성 : 행동수정의 방법 중 하나로 강화 원리를 이용하여 바람직한 행동을 하도록 유도하는 것.
- 재보증 : 클라이언트의 능력이나 자질에 대해 신뢰감을 통해 클라이언트를 안심시키는 것

23. ④
④의 개입목표 수립은 계획수립단계에 해당하는 활동이다. 종결단계에서 평가는 사회복지실천의 효과성과 효율성, 책임성을 담보한다는 점에서 매우 중요하다.

24. ④
클라이언트를 타 기관으로 의뢰할 때에는 클라이언트의 성향이나 편의시설 등을 고려해야 한다. 클라이언트에게 의뢰가 진행될 수 있음을 안내할 필요는 있지만 클라이언트의 의사를 확인하고 합의하에 진행되도록 해야 하며, 의뢰될 기관이나 사회복지사에 대한 정보 및 어떤 서비스를 받게 될지 등 필요한 정보를 제공해야 한다.

25. ①
클라이언트 중심으로 한다. 그리고 서비스를 효과성을 증진시키도록 한다. 사례관리는 복합적이고 다차

원적인 문제에 대한 대응이다. 또한 적절한 서비스가 적시에 제공되도록 하고, 타 기관과의 서비스 연결이 잘 되도록 한다.

실전 모의고사 3회 225~230쪽

01 ②	02 ①	03 ⑤	04 ④	05 ④
06 ④	07 ②	08 ③	09 ④	10 ⑤
11 ②	12 ⑤	13 ④	14 ③	15 ②
16 ④	17 ④	18 ⑤	19 ③	20 ②
21 ③	22 ④	23 ①	24 ③	25 ③

01. ②
이론과 실천 준거틀을 적절하게 활용한다는 사회복지실천은 과학적 기반에 대한 설명이다. 사회복지실천에서의 예술적 기반 혹은 예술성은 사회복지사의 개인적인 특성이나 창의적 사고, 직관적 능력 등을 적절히 활용하는 것을 말한다.

02. ①
정책이나 사회적 인식을 개선하기 위한 캠페인 등의 활동은 거시적 실천에 해당한다.
자원봉사자 모집 등과 같은 지역사회 자원 개발은 거시적 실천에 해당한다.

03. ⑤
성실의 원칙은 클라이언트 및 관련 당사자에게 진실로 대하며 관련 정보를 완전히 공개해야 한다는 원칙이다. 비밀보장의 원칙은 클라이언트에 대한 비밀을 보장해야 한다는 원칙이다. 그러나 클라이언트의 비밀보장이 유지되지 않을 수 있으며 이와 관련하여서는 사전에 해당 내용을 고지하고 동의를 받아야 한다는 것이다.

04. ④
제시된 상황은 기관의 직원으로서의 의무와 거주자의 사회복지사로서의 의무 사이에서 갈등이 발생하는 경우로 의무 상충에 해당한다.

05. ④
사례관리 담당자인 사회복지사는 가능한 한 어르신의 자기결정권을 존중하면서도 어르신의 생명이 위협받지 않도록 해야 한다. 이 경우 어르신이 노인요양시설에 입주해서 생활할 것을 권유를 계속해도 거절하고 계신다. 따라서 현재 거주지에서 생활할 수 있도록 하되, 장기적이고 지속적인 보호가 필요하므로 어르신이 필요한 서비스들을 받을 수 있도록 서비스를 연계해 드려야 한다.

06. ④
자선조직협회와 인보관 운동은 모두 지역사회복지사업의 발달에 영향을 주었다. 자선조직협회는 빈곤의 개인책임을 강조면서 우애방문원들이 가정방문을 하면서 빈민의 생활상을 조사하였다.

07. ②
클라이언트의 창조적 통합력과 성장 가능성에 대한 믿음을 가진 것은 기능주의 학파의 특징이다. ㄹ. 기능주의 학파가 클라이언트 중심 모델로 발전한 것은 맞지만, 정신분석학을 바탕으로 한 것은 진단주의이다.

08. ③
중개자로서의 역할은 클라이언트를 지역사회의 자원 및 서비스와 연결해주는 역할이다.

09. ④
정책개발자는 체계를 개발하는 기능과 관련된 역할이다. 클라이언트를 다른 체계와 연결하는 역할은 자원연결자, 중개자, 사례관리자, 조정자, 중재자, 클라이언트 옹호자이다. 옹호자 역할도 체계와 연결하는 역할에 해당된다.

10. ⑤
정신건강증진 및 정신질환자 복지서비스 지원에 관한 법률에 따른 중독관리통합지원센터는 알코올, 마약, 도박, 인터넷 등의 중독 문제와 관련한 종합적인 지원사업을 수행하는 이용시설이다.

11. ②
통합적 방법론의 대표적인 모델로서 사회체계모델,

사회학습모델, 과정모델 등을 결합하여 골드스테인이 체계화하였다.

12. ⑤
표적체계는 변화가 필요한 사람들, 클라이언트체계는 도움을 요청한 사람들 혹은 서비스를 받는 사람들을 의미한다. 두 체계는 일치할 수도 있고 그렇지 않을 수도 있다. 콤튼과 갤러웨이는 4체계에 전문체계와 의뢰응답체계를 추가적으로 제시하였다. 클라이언트에 개입하여 변화를 이끌어내고자 하는 사회복지사는 변화매개체계에 해당한다.

13. ④
진실성을 기술한 내용이다. 자기노출은 사회복지사가 클라이언트에게 도움이 될 만한 자신의 경험을 나누는 것이며, 구체성은 클라이언트가 자신만의 방식으로 자신의 행동, 사고, 감정 등을 표현할 수 있도록 돕는 것이다. 또한, 감정이입은 클라이언트의 감정을 깊이 공감하면서도 객관적인 지식을 활용할 수 있는 능력을 말한다.

14. ③
생태체계관점은 환경과 상호작용하고 다른 사람과 관계를 맺는 인간의 능력은 타고난 것이라고 가정한다. 인간의 발달능력은 유전적 요소에 의해 타고난 것이다.

15. ②
자기결정권으로서 클라이언트가 모든 의사결정에 참여하여 자기 스스로 선택하는 자유를 말한다.

16. ④
클라이언트를 있는 그대로 이해하는 것이다. 수용의 목적은 치료적인 것에 있으며 경청하려는 의지 등을 통해서 나타난다.

17. ④
왜 질문은 클라이언트를 방어적인 태도로 만드는 경향이 있기 때문에 질문을 받으면 사회적으로 허용되는 대답을 하게 된다.

18. ⑤
재보증은 클라이언트가 합리적이고 현실적인 생각 또는 결정에 대해 의심을 갖고 있을 때, 자신의 능력에 대해 불안을 호소할 때 사회복지사가 그에 대한 신뢰를 표현함으로써 자신감을 심어줄 수 있는 기술이다. 다만 근거가 없는 경우 오히려 사회복지사를 불신하게 될 수도 있다.

19. ③
클라이언트에 대한 기본적인 정보, 개인력, 가족력, 클라이언트의 기능, 클라이언트의 자원, 강점, 한계, 동기 등이 모두 자료수집의 영역에 포함된다.

20. ②
생활력표란 클라이언트의 생애동안 발생한 사건이나 문제를 시기별로 전개해 나타낸 사정도구이다. 클라이언트가 겪고 있는 문제의 발생시점과 촉발사건 등을 알 수 있으며, 사건간에 보이는 양상이나 관계를 파악할 수 있다.

21. ③
생태도는 클라이언트 및 그와 관련된 사람이나 환경체계와의 상호작용 상태를 그림으로 표현한 도구이며, 환경체계와의 관계는 선으로 표시하는데 실선은 긍정적 관계를 나타내며 실선이 굵을수록 더 강한 관계이다. 반면에 가족의 2~3세대이상에 관한 정보를 도표상에 정리한 사정도구는 가계도에 해당하는 설명이다.

22. ④
클라이언트의 권리가 사회복지사의 권한보다 강화되어야 한다.
목표설정의 가치는 다음과 같다.
- 사회복지사와 클라이언트가 성취하려는 목표가 같음을 보증한다.
- 사회복지실천과정에서 방향과 지속성을 제공한다.
- 개입전략과 방법을 선택하고 개발할 수 있도록 돕는다.
- 클라이언트의 변화 정도를 모니터할 수 있다.
- 사회복지실천과정의 효과성을 평가하는 기준이 된다.

23. ①

클라이언트가 종결로 인한 불안을 호소한다고 해서 종결 시기를 늦추는 것이 바람직한 것은 아니다. 개입을 지속하는 것이 더 이상 의미가 없다고 판단될 때에는 종결을 확정할 수 있다. 단, 종결에는 반드시 합의가 있어야 한다. 종결은 되었지만 해결되지 않은 다른 문제가 발견된 경우에는 다른 기관으로의 의뢰를 고려해볼 수 있다.

24. ③

다른 서비스 제공자들의 의견은 중요하므로 의견을 받아서 공통점과 차이점을 파악한다. 사례관리 회의를 통해 계획이 잘 시행되고 있는지를 확인한다. 그리고 향후 계획을 유지할 것인지에 대한 평가를 진행한다.

25. ③

클라이언트의 가족과 일차집단의 보호능력을 축소시키는 것이 아니라, 가족과 일차집단의 보호능력을 확대시키는 것이다.

[사회복지실천]

04

사회복지
실천기술론

주제별 기출문제

1 사회복지사의 전문성

◆ 출제경향분석 및 학습가이드

대분류	소분류		20회	19회	18회	17회	16회	15회	14회	13회	12회	11회	출제빈도 및 중요도
사회복지사의 전문성	제1장 사회복지사의 전문성	출제 문항수	1	2	1	0	2	0	0	0	0	0	★
		비중	4.0%	8.0%	4.0%	0.0%	8.0%	0.0%	0.0%	0.0%	0.0%	0.0%	

1. 사회복지사의 전문성
이 영역은 난이도면에서 별 어려움은 없는 편이며, 가끔 출제되는 경향이 있음.

1) 사회복지실천기술에 대한 이해
• 그린우드의 사회복지 전문직의 정체성과 사회복지실천기술에 대한 개념, 특징을 이해하고 유형, 사회복지사의 역할 등을 정리함.

2) 사회복지실천의 전문적 기반
• 과학적 기반, 예술적 기반을 구분하여 파악함.
• 패러다임, 시각, 이론, 모델, 실천 지혜 등의 개념 이해.

기출문제 확인하기

☐ 16회

01. 사회복지 전문직의 가치체계를 모두 고른 것은?

> ㄱ. 사회적 형평성의 원리
> ㄴ. 개인의 복지에 대한 사회와 개인 공동의 책임
> ㄷ. 개인의 존엄성과 독특성에 대한 존중
> ㄹ. 자기결정의 원리

① ㄱ, ㄴ   ② ㄷ, ㄹ   ③ ㄱ, ㄷ, ㄹ
④ ㄴ, ㄷ, ㄹ   ⑤ ㄱ, ㄴ, ㄷ, ㄹ

정답 ⑤

해설 ㄱ, ㄴ, ㄷ, ㄹ. 모두 사회복지 전문직의 가치 체계에 해당한다.
ㄱ. 불평등한 사회적 자원을 시정하여 사적 자원이 사회적 약자에게 더 많이 돌아갈 수 있도록 하는 가치규범의 원리이다(사회적 형평성). ㄴ. 개인의 복지는 사회와 개인의 공동의 책임임을 인식하는 것이다(사회적 형평성). ㄷ. 개인과 개인 사이에는 다양한 차이가 있음을 인정하고, 사회는 그 성원들에 대한 통제를 최소화하는 것이다(개인적 자유에 관한 헌신성). ㄹ. 클라이언트 결정에 대한 지지와 문제 해결 능력 향상에 관여하는 것이다.(자기결정의 원리).

☐ 16회

02. 실천지식의 구성수준을 추상성에서 구체성의 방향으로 순서대로 나열한 것은?

① 패러다임 → 관점 → 이론 → 모델 → 실천지혜
② 패러다임 → 이론 → 관점 → 모델 → 실천지혜
③ 관점 → 패러다임 → 이론 → 모델 → 실천지혜
④ 실천지혜 → 모델 → 이론 → 관점 → 패러다임
⑤ 실천지혜 → 이론 → 모델 → 관점 → 패러다임

정답 ①

해설 실천지식의 구성수준은 '패러다임 → 관점 → 이론 → 모델 → 실천지혜' 순서로 추상성에서 구체성으로의 방향을 띈다.

☐ 18회

03. 사회복지실천의 지식과 기술을 습득하는 방법으로 옳은 것을 모두 고른 것은?

> ㄱ. 사례회의(case conference)를 개최하여 통합적 지원방법에 대해 논의한다.
> ㄴ. 가족치료모델을 이해하기 위해 해결중심 가족치료 세미나에 참석한다.
> ㄷ. 윤리적 가치갈등의 문제에 대하여 직장동료한테 자문을 구한다.
> ㄹ. 초점집단면접(focus group interview)을 실시하여 이용자 인식을 확인한다.

① ㄱ, ㄷ   ② ㄴ, ㄹ   ③ ㄱ, ㄴ, ㄷ
④ ㄴ, ㄷ, ㄹ   ⑤ ㄱ, ㄴ, ㄷ, ㄹ

정답 ⑤

해설 ㄱ, ㄴ, ㄷ, ㄹ 모두 사회복지실천의 지식과 기술을 습득하는 방법으로 옳다.

기출문제 확인하기

☐ 19회

04. 사회복지실천기술의 전문적 기반에 관한 설명으로 옳지 않은 것은?

① 이론과 실천의 준거틀을 적절하게 이용하는 것은 예술적 기반에 해당된다.
② 연구자료를 수집하고 분석하는 것은 과학적 기반에 해당된다.
③ 사회복지 전문가로서 가지는 가치관은 예술적 기반에 해당된다.
④ 감정이입적 의사소통, 진실성, 융통성은 예술적 기반에 해당된다.
⑤ 사회복지사에게는 과학성과 예술성의 상호보완적이고 통합적인 실천역량이 요구된다.

정답 ①
해설 이론과 실천의 준거틀을 적절하게 이용하는 것은 과학적 기반에 해당된다. 참고로 실천의 준거틀은 실천관점, 실천이론, 실천모델의 세 가지 유형이 있으며, 대부분의 사회복지사는 다양한 범주의 지향이론과 양립가능하고 상호보완적인 관점들, 이론들, 모델들을 활용한다. 사회복지실천의 전문적 기반은 과학적 지식에만 의존하는 실천은 기계적인 수행에 그치게 되며, 과학성이 결여된 예술성만으로는 효과적인 실천이 이루어질 수 없게 된다. 따라서, 사회복지사는 실천을 효과적으로 수행하기 위해서 과학성과 예술성의 상호보완적이고 통합적인 실천역량을 갖추어야 한다.

☐ 19회

05. 다음 예시에서 사회복지사가 활용한 실천기술은?

> • 클라이언트 : "저는 정말 나쁜 엄마예요. 저는 피곤하기도 하지만 성질이 나빠서 항상 아이들한테 소리를 지르고……"
> • 사회복지사 : "선생님이 자녀에게 어떻게 하는지를 저에게 이야기할 수 있다는 사실은 자녀들과 더 좋은 관계를 가지고 싶다는 뜻이지요."

① 명료화하기   ② 초점화하기   ③ 재명명하기
④ 재보증하기   ⑤ 해석하기

정답 ③
해설 클라이언트는 자신이 '성질이 나빠서 항상 아이들한테 소리를 지르고' 있기 때문에 자신을 '나쁜 엄마'라고 말하였다. 이와 같은 클라이언트의 부정적인 생각에 대해 사회복지사는 '클라이언트가 자녀에게 어떻게 하는지를 이야기할 수 있다는 사실은 자녀들과 더 좋은 관계를 가지고 싶다는 뜻이라며 클라이언트가 부여한 의미를 긍정적으로 수정하고 있다. 사회복지사가 활용한 이와 같은 실천기술은 재명명(재구성, 재규정, 재정의)이다. 재명명(재구성, 재규정, 재정의)은 클라이언트가 특정 사건, 행동 혹은 인생경험에 부여하는 의미를 수정하도록 돕기 위해 사용되는데, 그 목적은 클라이언트가 다양하고 보다 긍정적인 조망으로 사건이나 행동을 볼 수 있도록 부드럽게 설득하는데 있다.

② 사회복지실천모델의 개입기술

◆ 출제경향분석 및 학습가이드

대분류	소분류		20회	19회	18회	17회	16회	15회	14회	13회	12회	11회	출제빈도 및 중요도
사회복지 실천모델과 개입기술	제2장 정신역동 모델	출제문항수	0	1	1	1	0	1	1	1	1	0	★
		비중	0.0%	4.0%	4.0%	4.0%	0.0%	4.0%	4.0%	4.0%	4.0%	0.0%	
	제3장 심리사회 모델	출제문항수	2	0	1	1	1	1	1	0	2	3	★★
		비중	8.0%	0.0%	4.0%	4.0%	4.0%	4.0%	4.0%	0.0%	8.0%	10.0%	
	제4장 인지행동 모델	출제문항수	3	1	2	2	3	3	2	3	3	3	★★★★
		비중	12.0%	4.0%	8.0%	8.0%	12.0%	12.0%	8.0%	12.0%	12.0%	10.0%	
	제5장 과제중심 모델	출제문항수	1	1	0	1	1	1	1	1	1	1	★★
		비중	4.0%	4.0%	0.0%	4.0%	4.0%	4.0%	4.0%	4.0%	4.0%	3.3%	
	제6장 역량강화모델과 위기개입모델 및 기타모델	출제문항수	2	3	3	2	2	2	2	2	2	2	★★★★
		비중	8.0%	12.0%	12.0%	8.0%	8.0%	8.0%	8.0%	8.0%	8.0%	6.7%	

2. 정신역동 모델

주로 기본가정, 정신역동모델의 이론적 개념들과 개입기법, 목표 등의 다양한 내용을 종합적으로 평가하는 문제가 출제되는 경향이 있어서 난이도가 다소 높은 편임.
- 클라이언트의 현재 문제를 과거의 경험에서 찾으며, 자기분석이 가능한 클라이언트일수록 효과적인 모델임.
- 이 모델의 기본가정 및 주요 개념을 잘 이해하며, 방어기제와 개입기법들의 실제 활용에 대하여 자세히 파악하여야 함.

3. 심리사회 모델
- 사회복지사는 클라이언트의 문제 해결 능력을 향상시키고 자기결정권을 갖도록 도와야 함.
- 이 모델에서는 개입기법에 관한 문제가 주로 출제되는 경향이 있으므로 지지하기, 직접적 영향 주기, 발달적 고찰, 탐색-기술(묘사)-환기, 개인-환경에 대한 고찰, 유형-역동성 고찰의 필수 개념을 확실하게 파악해 두어야 함.

4. 인지행동 모델

이 모델의 출제 빈도 수가 높으며 난이도도 높기 때문에 상세하게 잘 파악해야 함.
- 개입기법인 인지의 재구조화, 경험적 학습, 체계적 둔감법, 모델링, 이완훈련, 사회기술훈련, 시연, 자기 지시기술, 자기 대화 관리훈련 등에 대해 잘 파악하고 있어야 함.
- 엘리스의 합리적 정서 치료, 벡의 인지치료 등의 개념을 잘 이해해 두어야 함.

5. 과제중심 모델

이 모델에서는 기본적인 내용을 중심으로 출제되는 경향이며, 난이도는 낮은 편임.
- 과제중심 모델의 철학과 기본개념을 파악하고 있어야 함.
- 이 모델의 개입과정의 순서대로 시작단계, 초기단계, 중기단계, 종결단계에 대하여 각 단계별 주요과업을 잘 정리해 두어야 함.

6. 역량강화 모델 및 위기개입 모델
- 역량강화 모델이 가끔 출제되고 난이도는 높지 않은 편이며, 특징, 개입 목표, 주요개입 기술을 확인함.
- 위기개입 모델은 다양한 문제들이 출제되는 경향이 있으므로, 특징, 개입 목표는 물론 골란의 위기 반응단계, 위기 개입의 기본원리, 위기의 유형을 이해하고 잘 정리해야 함.

기출문제 확인하기

☐ 17회
01. 정신역동모델의 개념과 개입기술에 관한 설명으로 옳은 것을 모두 고른 것은?

> ㄱ. 해석의 목적은 통찰력 향상에 있다
> ㄴ. 훈습은 모순이나 불일치를 직시하도록 원조하는 단회성 기법이다.
> ㄷ. 전이는 반복적이며 퇴행하는 특징을 갖는다.
> ㄹ. 자유연상을 시행하는 경우 주제와 관련 없는 내용은 억제시킨다.

① ㄱ, ㄴ　　　　② ㄱ, ㄷ　　　　③ ㄴ, ㄹ
④ ㄱ, ㄴ, ㄷ　　　⑤ ㄱ, ㄴ, ㄷ, ㄹ

정답 ②
해설 ㄴ. 모순이나 불일치를 직시하도록 원조하는 것은 직면에 해당한다. 훈습은 클라이언트가 문제에 대한 통찰 수준을 높여 경험적 확신을 갖도록 클라이언트에게 반복적으로 설명하고 분석해 주는 일련의 과정으로, 단회가 아닌 지속적으로 이루어지는 기법이다. ㄹ. 자유연상은 내담자가 마음속에 떠오르는 생각, 감정, 기억들을 아무런 수정도 가하지 않고 이야기하도록 하는 기법으로, 주제와 관련 없는 내용일지라도 억제시켜서는 안 된다.

☐ 18회
02. 정신역동모델에 관한 설명으로 옳은 것은?

① 통찰보다는 치료적 처방에 초점을 둔다
② 무의식적 충동과 미래 의지를 강조한다.
③ 사회구성주의적 관점의 영향을 받았다.
④ 기능주의 학파의 이론적 기초가 되었다.
⑤ 자유연상, 훈습, 직면의 기술을 사용한다.

정답 ⑤
해설 정신역동모델은 자유연상, 훈습, 직면의 기술 등을 사용한다. 그리고 ① 정신역동모델은 치료적 처방보다 내면세계의 통찰에 초점을 둔다. ② 인간의 행동은 무의식적 본능에 의해 동기가 유일되며 모든 정신적 활동은 과거의 경험에 의해 결정된다고 본다. ③ 20세기 초에 본격화된 정신분석이론의 영향을 받았다. 사회구성주의적 관점은 1960년대에 등장한 사회학적 관점으로 이에 영향을 받은 실천모델은 내담자의 견해를 강조하는 해결중심모델이다. ④ 1920년대에 등장한 진단주의 학파의 이론적 기초가 되었다. 기능주의 학파는 1930년대에 진단주의를 비난하면서 등장하였다.

□ 19회
03. 정신역동모델의 개념과 개입기법에 관한 설명으로 옳은 것을 모두 고른 것은?

> ㄱ. 전이는 정신역동 치료에 방해가 되므로 이를 이용해서는 안 된다.
> ㄴ. 무의식적 갈등이나 불안을 표현하도록 하여 자신의 문제에 대해 이해하고 통찰할 수 있도록 한다.
> ㄷ. 클라이언트와 라포가 형성되기 전에 해석을 제공하는 것이 관계 형성에 도움이 된다.
> ㄹ. 훈습을 통해 클라이언트의 불안은 최소화되고 적합한 방법으로 자신의 문제를 이해할 수 있는 능력을 기르게 된다.

① ㄱ, ㄷ　　② ㄴ, ㄹ　　③ ㄱ, ㄴ, ㄷ
④ ㄴ, ㄷ, ㄹ　　⑤ ㄱ, ㄴ, ㄷ, ㄹ

정답 ②

해설 정신역동모델은 ㄴ. 무의식적 갈등이나 불안을 표현하도록 하여 의식화함으로써 이러한 것들이 자신의 문제에 어떻게 영향을 주는지 이해하고 통찰할 수 있도록 한다. ㄹ. 훈습을 통해 클라이언트의 불안은 최소화되고 클라이언트가 삶의 기쁨을 갖게 되면서 적합한 방법으로 자신의 문제를 이해할 수 있는 능력을 기르게 된다.
정신역동모델의 옳은 설명은 다음과 같다.
ㄱ. 정신역동모델에서는 전이감정을 해결하는 것이 목표다. 따라서 사회복지사는 클라이언트가 보이는 전이의 행동과 정서적 반응을 분석하고 해석하여 클라이언트가 자신의 기본적인 반응 형태를 통찰해 볼 수 있도록 돕고 새로운 반응 형태를 모색하고 습득할 수 있도록 돕는다.
ㄷ. 클라이언트가 해석을 받아들일 준비가 되어 있어야 하므로 클라이언트와 라포가 형성된 후에 해석을 제공하는 것이 관계 형성에 도움이 된다.

□ 17회
04. 음주 문제와 가정불화로 직장에 적응하지 못해 의뢰된 클라이언트에게 심리사회모델을 적용할 때 그 개입기법으로 적절하지 <u>않은</u> 것은?
① 음주와 관련된 감정을 표출하도록 한다.
② 문제 해결을 위해 직접 충고한다.
③ 클라이언트의 인지 오류와 신념체계를 탐색한다.
④ 직장 상사와의 갈등이 현재에 미친 영향을 파악한다.
⑤ 유년기 문제와 현재 행동의 인과관계를 지각하도록 한다.

정답 ③

해설 인지 오류와 신념체계 탐색과 관련이 있는 것은 엘리스의 합리적 정서치료이다. 합리적 정서치료는 인지형 모델의 대표적인 개입 기법이다. 치료의 목표는 부정적 감정의 뿌리가 되는 비합리적 신념을 규명하고 도전함으로써 이를 재구조화하는 것이다.

기출문제 확인하기

☐ 18회

05. 심리사회모델의 기법에 관한 설명으로 옳지 <u>않은</u> 것은?

① 발달적 상황: 현재 클라이언트 성격이나 기능에 영향을 미친 가족의 기원이나 초기 경험을 탐색한다.
② 지지하기: 클라이언트의 현재 또는 최근 사건을 고찰하게 하여 현실적인 해결 방법을 찾는다.
③ 탐색-기술- 환기: 클라이언트의 상황에 관한 사실을 드러내고 감정의 표현을 통해 감정의 전환을 제공한다.
④ 수용: 온정과 친절한 태도를 클라이언트의 감정이나 주관적인 상태에 감정이입을 하며 공감한다.
⑤ 직접적 영향: 사회복지사와 클라이언트 간의 신뢰 관계를 바탕으로 클라이언트에게 제안과 설득을 제공한다.

정답 ②
해설 클라이언트의 현재 또는 최근 사건을 고찰하게 하여 현실적인 해결 방법을 찾는 것은 개인 – 환경에 관한 고찰이다.

☐ 16회

06. 개인 대상 사회복지실천기술에 관한 내용의 연결이 옳지 <u>않은</u> 것은?

① 재보증: 클라이언트의 불안감이나 불확실한 감정을 줄이고 편안한 감정을 가질 수 있도록 돕는 기법
② 명료화: 클라이언트가 말한 내용을 사회복지사가 잘 이해했는지 확인하는 기법
③ 환기: 클라이언트의 부정적 감정이 문제 해결에 방해가 될 경우 감정의 강도를 약화시키는 기법
④ 인정: 클라이언트가 어떤 행동을 하거나 중단한 이후 이에 대해 긍정적으로 평가해주는 기법
⑤ 도전: 클라이언트가 부여하는 의미를 수정해서 클라이언트의 시각을 변화시키는 기법

정답 ⑤
해설 클라이언트가 부여하는 의미를 수정해서 클라이언트의 시각을 변화시키는 기법은 재명명이다. 도전이란 문제를 문제로 보는 것이 아니라 전환점과 성장의 기회로 간주하는 것으로, 문제를 의미 있게 변화시킬 수 있는 기법이다.

☐ 16회

07. 다음의 〈사례〉에서 사용한 행동주의 모델 전략은?

> 아이가 버릇없이 굴 때마다 어머니는 아이를 달래주거나 야단을 쳤다. 그래도 아이의 행동이 변화되지 않자, 어머니는 생각을 바꿔 아이를 달래주지도, 야단치지도 않았다. 그 결과, 아이의 버릇없는 행동이 감소되었다.

① 멈춤
② 소거
③ 사회기술훈련
④ 행동 형성(shaping)
⑤ 대리적 조건 형성

정답 ②

해설 제시된 사례는 행동에 대한 더 이상 강화를 해 주지 않음으로써 그 행동을 약화시키는 소거에 대한 사례이다.
① 멈춤은 문제행동이 일어날 것 같은 기미가 느껴지면 잠시 심호흡을 하는 등의 방법으로 행동의 발생을 막는 방법이다. ③ 사회기술훈련은 원만한 대인관계 및 사회적 관계를 맺기 어려운 사람을 대상으로 사회기술을 향상시키기 위하여 실시하는 훈련이다. ④ 행동형성은 최종 목표 행동에 도달하기 위해 점진적으로 행동을 습득하도록 진행시키는 것으로 클라이언트에게 처음에는 일의 일부만 수행하도록 하고 차차 범위를 넓혀 나가는 것이다. ⑤ 대리적 조건 형성은 다른 사람의 행동을 관찰함으로써 새로운 행동을 학습하는 것으로, 직접적인 보상이나 처벌 없이 타인의 행동을 관찰함으로써 행동을 습득할 수 있다.

□ 16회

08. 대중 앞에서 발표할 때 만성적 긴장과 불안을 호소하는 클라이언트의 문제를 해결하기 위한 다음의 실천 활동에 포함되지 않은 기법은?

> 사회복지사는 대중 앞에서 발표를 잘 하는 사람의 동영상을 클라이언트에게 여러 차례 보여 주었다. 이후 사회복지사 앞에서 간단한 발표를 반복적으로 연습하게 한 후, 2~3명 앞에서 발표하게 하였다. 발표에 앞서 사회복지사는 20초 복식호흡과 함께 평화로운 하늘의 구름을 연상하도록 지시하였다. 그 후 그룹의 크기를 조금씩 키워가면서 발표하도록 하였고, 나중에는 200여 명 앞에서 발표를 하도록 하였다. 이때도 복식호흡과 심상훈련을 하게 하였다.

① 시연 ② 모델링 ③ 이완 훈련
④ 정적 강화 ⑤ 체계적 둔감화

정답 ④

해설 정적 강화는 바람직한 행동이 일어날 때마다 보상함으로써 그 행동이 더 자주 일어나게 하는 것이다. 제시된 사례에는 나타나있지 않다.
① 사회복지사 앞에서 간단한 발표를 반복적으로 연습하게 하였다. ② 발표를 잘 하는 사람의 동영상을 보여 주었다. ③ 복식호흡과 구름을 연상하는 심상훈련을 지시하였다. ⑤ 그룹의 크기를 조금씩 키워가면서 발표하도록 하였다.

기출문제 확인하기

□ 16회
09. 인지행동모델의 특성을 모두 고른 것은?

> ㄱ. 객관적 경험의 일반화
> ㄴ. 사건을 이해하는 신념체계가 감정에 어떤 영향을 주는지 파악
> ㄷ. 문제에 대한 통제력이 자신에게 있다고 전제
> ㄹ. 질문을 통해 자기발견과 타당화의 과정을 거침

① ㄱ, ㄹ ② ㄴ, ㄹ ③ ㄱ, ㄴ, ㄷ
④ ㄴ, ㄷ, ㄹ ⑤ ㄱ, ㄴ, ㄷ, ㄹ

정답 ④
해설 ㄱ. 인지행동모델은 클라이언트의 주관적 경험, 문제 상황에 대한 주관적 의미를 중요하다.

□ 17회
10. 인지행동모델의 개입기법에 관한 설명으로 옳지 <u>않은</u> 것은?

① 행동형성은 강화원리를 따른다.
② 모델링은 관찰학습과정을 통해 이루어진다.
③ 경험적 학습에는 인지불일치 원리가 적용된다.
④ 타임아웃은 정적 강화 원리를 이용한 것이다.
⑤ 체계적 탈감법은 고전적 조건화에 근거 한다.

정답 ④
해설 타임아웃은 불쾌 자극을 제거하거나 보상받을 기회를 일시적으로 제거하는 것으로 부적 처벌 원리를 이용한 것이다.

□ 17회
11. 인지행동모델에 관한 설명으로 옳은 것은?

① 탈이론적이다.
② 비구조화된 접근을 강조한다.
③ 주관적 경험과 인식을 중시한다.
④ 클라이언트가 수동적으로 참여한다.
⑤ 클라이언트의 무의식적 언행에 초점을 맞춘다.

정답 ③
해설 ① 해결중심모델에 관한 설명이다. 인지행동모델은 인지이론, 행동주의이론을 이론적 기반으로 삼는다.
② 인지행동모델은 구조화된 접근을 강조한다. ④ 인지행동모델은 클라이언트가 능동적으로 참여한다. ⑤ 클라이언트의 무의식적 언행에 초점을 맞추는 것은 정신역동모델에 관한 설명이다

□ 18회
12. 사회기술훈련에서 활용되는 기법을 모두 고른 것은?

ㄱ. 코칭   ㄴ. 과제 제시   ㄷ. 모델링   ㄹ. 자기옹호

① ㄱ, ㄷ
② ㄴ, ㄹ
③ ㄱ, ㄴ, ㄷ
④ ㄴ, ㄷ, ㄹ
⑤ ㄱ, ㄴ, ㄷ, ㄹ

정답 ⑤

해설 ㄱ, ㄴ, ㄷ, ㄹ. 모두 사회기술훈련에서 활용 되는 기법이다. ㄱ. 코칭은 가족치료자가 내담자에게 열린 마음으로 다가가서 가족들과 계획, 예상연습, 과제 등을 수행하게 하여 자율적으로 변화하게 하는 것이다. ㄴ. 과제 제시란 가족 성원들 간의 상호 교류에서 자연스럽게 발전될 수 없는 행동을 시연해 보도록 한 후, 가족 성원들이 수행할 수 있는 과제를 부여하는 기법이다. ㄷ. 모델링이란 성원들이 어떻게 행동해야 하는지 실제로 역할행동으로 보여 주거나 비디오와 같은 기존의 모델 도구를 사용하는 기법이다. ㄹ. 자기옹호란 클라이언트 개인 및 집단이 스스로 자신을 옹호하는 활동으로, 이를 통해 자신의 이익을 실현하고자 클라이언트가 자신의 감정과 의견을 표현할 수 있도록 하는 권익옹호 기법이다.

□ 18회
13. 인지적 왜곡이나 오류의 유형에 관한 설명으로 옳은 것은?

① 과잉일반화는 정반대의 증거나 증거가 없음에도 불구하고 어떤 결론을 내리는 것이다.
② 임의적 추론은 상반된 사고의 경향성을 보이는 것이다.
③ 개인화는 하나 또는 별개의 사건들을 가지고 결론을 내린 후 비논리적으로 확장하는 것이다.
④ 선택적 사고는 상황에 대한 자신의 관점을 지지하기 위해 특정 자료들을 걸러 내거나 무시하는 것이다.
⑤ 과장과 축소는 하나의 사건 혹은 별개의 사건들의 결론을 주관적으로 내리는 것이다.

정답 ④

해설 ① 과잉일반화는 하나 또는 별개의 사건들을 가지고 결론을 내린 후 비논리적으로 확장하는 것이다. ② 임의적 추론은 결론을 지지하는 증거가 없음에도 불구하고 주관적으로 결론을 내리는 것을 말한다. ③ 개인화는 자신과 관련이 없는 사건에 대해 자신을 관련시키려는 것으로, 실제로 자신에게서 찾는 경우를 말한다. ⑤ 과장과 축소는 어떤 사건의 의미나 중요성을 실제보다 지나치게 확대하거나 축소하는 오류로, 의미확대 또는 의미축소라고도 한다.

기출문제 확인하기

□ 19회

14. 인지행동모델에 관한 설명으로 옳지 <u>않은</u> 것은?

① 구조화된 접근을 한다.
② 클라이언트의 무의식적 행동에 관심을 둔다.
③ 교육적 접근을 강조한다.
④ 클라이언트의 주관적인 경험, 문제 및 관련 상황에 대한 인식을 중시한다.
⑤ 클라이언트와 사회복지사의 협조적인 노력을 중시하고, 클라이언트의 능동적인 참여를 권장한다.

정답 ②

해설 클라이언트의 무의식적 행동에 관심을 두는 것은 정신역동모델이다. 즉, 정신역동모델에서는 개인의 행동과 감정, 생각 등이 우연히 일어난 것이 아니라 무의식적인 성적·공격적 충동에 의한 것으로 본다.
인지행동모델의 옳은 설명은 다음과 같다.
① 인지행동모델은 인지체계 변화를 위한 구조화된 접근을 강조한다.
③ 인지행동모델은 대체 사고와 행동을 학습하는 교육적 접근을 강조하며, 클라이언트 자신이 스스로 치료자가 될 수 있도록 교육하는 것을 목표로 한다.
④ 인지행동모델은 클라이언트의 주관적 경험의 독특성과 인식을 중시한다. 이는 각 개인이 갖는 삶의 사건과 정서반응의 독특한 의미, 현실을 조직하는데 작용하는 정보전달과정, 신념, 신념구조와 같은 주관적 경험의 독특성을 의미한다.
⑤ 인지행동모델은 클라이언트와 사회복지사 간의 협조적인 관계와 노력을 중시하고, 클라이언트의 적극적이고 능동적인 참여를 기반으로 하고 있다.

□ 16회

15. 과제중심모델의 개입 과정 중 중기(실행)단계에서 해야 할 과업이 <u>아닌</u> 것은?

① 표적 문제의 변화 과정 확인
② 실직적 장애물의 규명과 해결
③ 표적 문제에 대한 초점화 된 집중
④ 표적 문제의 설정
⑤ 과제 계획과 이행

정답 ④

해설 표적 문제의 설정은 과제중심모델의 개입과정 중 문제 규명단계(제1단계)에서 해야 할 과업이다.

□ 17회

16. 철수는 무단결석과 친구를 괴롭히는 문제로 담임선생님에 의해 학교사회복지사에게 의뢰되었다. 철수와의 상담을 과제중심모델로 진행 할 때 그 개입방법에 해당하지 <u>않는</u> 것은?

① 철수의 성격유형과 심리역동을 탐색한다.
② 지역사회에서 지원할 수 있는 방법을 확인 한다.
③ 담임선생님이 제시한 문제를 확인한다.
④ 철수의 노력으로 해결 가능한 문제를 선정 한다.
⑤ 제시된 문제가 철수의 욕구와 일치하지 않은 경우 조정한다.

정답 ①

해설 철수의 성격유형과 심리역동을 탐색하는 것은 심리사회모델의 개입방법과 관련이 있다.

□ 19회
17. 과제중심모델에 관한 설명으로 옳지 않은 것은?

① 개입 초기에 빠른 사정을 한다.
② 구조화된 접근을 한다.
③ 다양한 이론과 모델을 절충적으로 활용한다.
④ 조사에 근거한 경험적 자료를 중심으로 진행한다.
⑤ 사회복지사는 적극적으로 개입하지 않고 클라이언트가 주체적인 역할을 하도록 한다.

정답 ⑤

해설 사회복지사는 적극적으로 개입하며 클라이언트가 주체적인 역할을 한다. 즉, 클라이언트의 자기결정권은 존중하지만 사회복지사는 적극적으로 개입하여 제한된 기간 내에 가능한 한 건설적으로 자신의 문제를 완화시킬 수 있는 활동을 할 수 있도록 원조한다. 또한, 클라이언트는 과제를 설정하고 실행, 평가하는 문제해결작업에서 주체적인 역할을 수행한다.
과제중심모델에 관한 자세한 내용을 설명하자면
① 과제중심모델은 단기치료의 영향을 받아 생성된 모델로, 단기치료에서 사용하는 많은 방법들(시간제한, 제한된 목표, 신속 한 초기사정 등)을 이용한다. 개입 초기에 빠른 사정을 하는 것도 단기치료의 공통된 속성 중 하나이다.
② 과제중심모델은 다른 어떤 모델보다 구조화되어 있다. 모두 다섯 단계로 이루어지며, 각 단계에서 사회복지사와 클라이언트가 다루어야 하는 구체적인 내용들이 자세하게 제시된다.
③ 과제중심모델은 하나의 이론적 경향에 기초하기보다는 다양한 이론과 모델을 절충적으로 활용할 수 있는 실천의 틀을 제시한다.
④ 실천을 통한 노하우나 검증되지 않은 이론에서 획득된 지식이 아닌 조사연구에 기반을 둠으로써 지식체계의 우위를 강조하고 있다. 즉, 경험적인 연구에서 지지되고 검증된 방법과 이론들을 선호한다.

□ 16회
18. 다음의 설명에 해당하는 사회복지실천 모델은?

- 의미 있는 선택을 할 수 있게 자아 효능감을 증진하고 자신의 강점을 찾도록 돕는다.
- 클라이언트를 잠재력 있는 인간이며, 문제해결을 위한 자원으로 인식한다.
- 클라이언트 자신의 삶과 상황에 대해 더 많은 통제력을 갖도록 돕는다.

① 해결중심모델 ② 심리사회모델 ③ 임파워먼트모델
④ 과제중심모델 ⑤ 위기모델

정답 ③

해설 ① 해결중심모델은 단기치료의 대표적인 개입 방법 중 하나로, 클라이언트를 자신의 문제에 대해 가장 잘 아는 전문가로 인정함과 동시에 문제 해결의 주체로 간주한다. ② 심리사회모델은 인간을 단순히 심리적인 측면으로만 보는 것이 아니라 심리적인 측면과 사회적인 측면, 그리고 양자의 상호작용에 의한 결과도 동시에 고려하면서 이해한다. ④ 과제중심모델은 과제를 중심으로 클라이언트의 문제 해결 활동을 원조한다. ⑤ 위기개입모델은 위기 상황에 즉각적으로 개입하여 단기 전문 원조를 제공한다.

기출문제 확인하기

☐ 18회

19. 클라이먼트를 문제 중심으로 보지 않고, 필요한 자원을 활용하거나 문제에 대처할 수 있도록 지지하여 자립을 가능하게 하는 실천모델은?

① 과제중심모델 ② 심리사회모델 ③ 역량강화모델
④ 위기개입모델 ⑤ 인지행동모델

정답 ③
해설 역량강화모델은 사회복지사와 클라이언트의 동반자적 관계를 강조하는 실천모델이다. 클라이언트의 문제를 클라이언트의 결함으로 보지 않고 클라이언트의 개인적 역량과 환경적 요구 사이의 불일치로 인해 발생한 것으로 보기 때문에, 클라이언트의 적극적·능동적 참여와 자기결정권을 강조한다.

☐ 16회

20. 자살을 생각하는 클라이언트의 문제에 개입할 때 적절한 내용을 모두 고른 것은?

> ㄱ. 자살 관련 계획을 직접적으로 묻는 것은 자살을 구체화할 수 있어 피한다.
> ㄴ. 자살을 생각하는 클라이언트가 보여 주는 단서에 민감할 필요가 있다.
> ㄷ. 자살 시도 경험을 확인해 본다.
> ㄹ. 우울증 가능성이 있을 경우 정신건강 관련 기관에 의뢰한다.

① ㄱ, ㄴ ② ㄱ, ㄹ ③ ㄴ, ㄷ
④ ㄴ, ㄷ, ㄹ ⑤ ㄱ, ㄴ, ㄷ, ㄹ

정답 ③
해설 ㄱ. 자살은 예측이 가능한 사건으로, 자살 관련 계획을 직접적으로 물어볼 필요도 있다. 사회복지사는 이상 징후 발견 시 즉각 개입하여 단기 전문 원조를 제공한다.

☐ 16회

21. 위기개입모델에 관한 설명으로 옳지 <u>않은</u> 것은?

① 다른 모델에 비해 상대적으로 단기 서비스를 제공한다.
② 위기개입의 표적 문제는 구체적이어야 한다.
③ 위기에 대한 반응보다 위기사건 자체 해결에 일차적 목표를 둔다.
④ 절망하고 있는 클라이언트에게 희망을 고취시키는 것이 중요하다.
⑤ 위기에 개입하는 사회복지사는 적극적이고 직접적인 역할을 수행한다.

정답 ③
해설 위기개입모델의 일차적 목표는 위기사건 자체의 해결보다는 위기에 대한 반응에 있다

□ 18회
22. 다음 〈사례〉에 적용한 실천모델은?

> 성폭력 피해 대학생인 A씨는 심적 고통을 받고 있으며 서비스 제공자와의 만남도 거부하고 있다. 이에 사회복지사는 A씨가 절망감에 극단적인 선택을 할 가능성이 높다고 생각하며 안전 확보의 지지체계를 구성하였다.

① 과제중심모델 ② 심리사회모델 ③ 해결중심모델
④ 위기개입모델 ⑤ 역량강화모델

정답 ④
해설 위기개입모델은 위기에 처해 있는 개인, 가족을 초기에 발견하여 위기로 인한 불균형 상태를 회복하기 위해 일정한 원조 수단을 초기단계부터 제공하는 모형으로, 위기상황에 즉각적으로 개입한다. 사례에서 사회복지사가 A씨의 안전 확보를 위해 즉각적으로 개입한 것에서 확인 할 수 있다.

□ 17회
23. 사회복지실천 모델에 관한 설명으로 옳은 것을 모두 고른 것은?

> ㄱ. 임파워먼트모델에서는 클라이언트를 일방적 수혜자로 인식하지 않는다.
> ㄴ. 과제중심모델은 펄만(H.Perlman)의 문제해결요소의 영향을 받았다.
> ㄷ. 위기개입모델에서는 클라이언트의 과거를 탐색하는 데 우선순위를 두지 않는다.
> ㄹ. 클라이언트중심모델에서는 사회복지사의 권위적인 역할이 강조된다.

① ㄱ, ㄷ ② ㄴ, ㄹ ③ ㄷ, ㄹ
④ ㄱ, ㄴ, ㄷ ⑤ ㄱ, ㄴ, ㄷ, ㄹ

정답 ④
해설 ㄹ. 클라이언트중심모델은 사회복지사와 클라이언트의 협력적 관계를 통해 클라이언트의 성장적 변화를 추구한다. 따라서 사회복지사의 권위적인 역할을 강조하는 것이 아니라, 클라이언트가 현재 직면하고 있는 문제들을 살피고 앞으로의 문제들을 극복할 수 있게 해 주는 성장 과정에 초점을 둔다.

□ 19회
24. 역량강화모델(empowerment model)에 관한 설명으로 옳은 것을 모두 고른 것은?

> ㄱ. 클라이언트를 자신 문제의 전문가로 인정한다.
> ㄴ. 사회복지사와 클라이언트 간의 상호 협력적 파트너십을 강조한다.
> ㄷ. 클라이언트를 개입의 객체가 아닌 주체로 보기 때문에 자기결정권이 잘 보호될 수 있다.
> ㄹ. 클라이언트가 가진 문제의 원인에 초점을 두고 개입한다.

① ㄱ, ㄷ ② ㄴ, ㄹ ③ ㄱ, ㄴ, ㄷ
④ ㄱ, ㄷ, ㄹ ⑤ ㄴ, ㄷ, ㄹ

기출문제 확인하기

정답 ③

해설 ㄱ. 클라이언트는 전문가적인 파트너로서 자신이 처한 환경과 능력을 가장 잘 알고 있는 사람으로 간주한다. ㄴ. 사회복지사와 클라이언트 간의 상호 협력적 파트너십을 강조하는데, 이러한 협력이 갖는 장점은 클라이언트와 전문가가 서로의 자원을 상호 협력하여 활용하기 때문에 문제해결을 위한 자원의 범위가 넓어진다는 것이다. ㄷ. 역량강화모델에서는 클라이언트와 사회복지사의 전문적 관계를 위계적 관계로 규정하지 않고, 협력과 파트너십을 강조한다. 즉, 클라이언트를 개입의 객체가 아닌 주체로 자기결정권이 가장 잘 보호되고 반영될 수 있다. ㄹ.의 경우 역량강화모델은 클라이언트가 가진 문제의 원인에 초점을 두고 개입하는 것이 아니라, 클라이언트의 강점과 환경적 자원에 클라이언트의 역량을 향상시키기 위한 해결 중심의 접근을 한다.

□ 19회

25. 단기개입을 특징으로 하는 사회복지실천모델을 모두 고른 것은?

| ㄱ. 과제중심모델   ㄴ. 위기개입모델   ㄷ. 해결중심모델   ㄹ. 정신역동모델 |

① ㄱ, ㄷ
② ㄴ, ㄹ
③ ㄱ, ㄴ, ㄷ
④ ㄴ, ㄷ, ㄹ
⑤ ㄱ, ㄴ, ㄷ, ㄹ

정답 ③

해설 단기개입을 특징으로 하는 사회복지실천모델에는 과제중심모델(ㄱ), 위기개입모델(ㄴ), 해결중심모델(ㄷ), 인지행동모델이 여기에 해당된다.
ㄹ. 정신역동모델은 장기개입으로 장기적인 치료를 제공한다. 따라서, 단기간에 궁극적인 해답을 위하는 클라이언트에게는 정신 분석을 권장하기 어렵다.

26. 위기개입모델의 개입 원칙에 관한 설명으로 옳은 것은?

① 장기적인 개입방법을 사용한다.
② 개입목표는 가능한 한 포괄적으로 설정한다.
③ 사회복지사는 비지시적인 역할을 수행한다.
④ 위기 이전의 기능수준으로 회복하도록 돕는다.
⑤ 문제의 원인에 대한 이해를 위해 클라이언트의 과거 탐색에 초점을 둔다.

정답 ④

해설 위기개입모델은 위기 이전의 기능수준으로 회복하도록 돕는데 1차적 목표를 둔다.
나머지는 잘못된 설명이며 위기개입모델에 대한 옳은 내용은
① 위기개입모델은 단기간을 통해 집중적인 활동을 하는 것으로 단기적인 개입방법을 사용한다.
② 개입목표는 가능한 한 제한적으로 설정한다. 위기개입은 시간 제한적이며 증상의 완화가 1차적 목표이므로, 위기개입목표는 직접적으로 위기 상황과 관련된 구체적 문제에 초점을 두고 설정되어야 한다.
③ 위기개입모델에서 사회복지사의 역할은 수동적 혹은 중립적이라기보다 적극적이다. 참고로 사회복지사가 비지시적인 역할을 수행하는 것은 클라이언트중심모델이다.
⑤ 현재의 스트레스와 과거의 경험 및 갈등과의 연관성을 인식하기는 하지만, 클라이언트의 과거를 탐색하는 데 비중을 두지 않는다.

③ 가족대상 사회복지실천과 기술

◆ 출제경향분석 및 학습가이드

대분류	소분류		20회	19회	18회	17회	16회	15회	14회	13회	12회	11회	출제빈도 및 중요도
가족대상 사회복지 실천과 기술	제7장 가족에 대한 이해	출제문항수	1	1	2	2	3	1	1	4	3	2	★★★
		비중	4.0%	4.0%	8.0%	8.0%	12.0%	4.0%	4.0%	16.0%	12.0%	6.7%	
	제8장 가족문제 사정	출제문항수	1	1	2	1	0	1	2	1	1	3	★★★
		비중	4.0%	4.0%	8.0%	4.0%	0.0%	4.0%	8.0%	4.0%	4.0%	10.0%	
	제9장 가족대상 실천기법 (가족치료의 다양한 접근)	출제문항수	6	7	4	5	4	6	7	4	4	5	★★★★★
		비중	24.0%	28.0%	16.0%	20.0%	16.0%	24.0%	28.0%	16.0%	16.0%	16.7%	

이 분야는 출제 빈도가 높을 뿐만 아니라 다수의 문제가 출제되고 있음.

7. 가족에 대한 이해
현대 가족의 특징과 가족의 기능을 중심으로 빈번히 출제되고 있음.
- 가족의 정의 및 특징, 가족 체계, 가족에 대한 관점을 중심으로 이해하고, 현대 가족의 특징, 가족의 기능 등을 빠짐없이 파악해야 함.
- 가족의 생활주기, 가족 체계의 역동성, 순환적 인과관계 등의 내용도 가끔 출제되기도 하므로, 이들의 개념을 잘 파악해 둠.

8. 가족 문제 사정
- 가족 문제 사정에서는 가족 사정 도구가 자주 출제되고 있음.
- 따라서, 소시오그램, 생활력도표, 생활주기 표, 가족 조각, 사회적 관계망 표, 가계도, 생태도 등의 필수 개념을 반드시 파악할 수 있도록 시험 준비를 철저히 해야 함.
- 가족의 기능을 묻는 문제도 가끔 출제되고 있으므로 확인할 필요 있음.

9. 가족대상 실천기법
이 장은 반드시 출제되고, 다빈도로 출제되며, 특히 해결중심의 단기치료와 구조적 가족치료의 출제비율이 더 높은 편임.
- 가족대상의 실천기술과 관련된 가족의 항상성, 경계, 순환적 인과성, 환류 고리, 비 총합성, 자기 노출, 가족 옹호, 문제의 외현화 등의 용어에 대해 반드시 파악하고 시험 준비를 해야 함.
- 가족 실천의 중간과정인 사티어의 경험적 가족치료를 비롯한 해결중심 단기치료, 미누친의 구조적 가족치료, 보웬의 다세대 가족치료, 헤일리의 전략적 가족치료 등을 중점적으로 학습해야 함.
- 가족 실천의 중간과정인 개입기법에서 요구되는 주요 기법 및 필수 개념인 역할극 및 역할연습, 모의 가족, 빙산 치료, 가족 구조 및 가족 조각, 경계 만들기, 합류하기, 실연, 긴장 고조시키기, 과제 부여, 균형 깨뜨리기, 추적 하기, 성장모델, 탈삼각화, 자아 분화, 삼각 관계, 가족 투사 과정, 해결 지향적 질문(예외 및 기적 질문 등), 이중 구속, 역설적 개입, 재 정의 및 재 명명, 순환적 질문, 시연 등에 대해 반드시 이해하고 있어야 함.

기출문제 확인하기

☐ 16회

01. 가족체계의 순환적 인과성에 관한 설명으로 옳지 않은 것은?

① 가족체계 내 문제가 세대 간 전이를 통해 나타남을 의미한다.
② 가족 구성원이 많을 때 더욱 복잡한 양상을 띤다.
③ 상호 영향을 주고받는 과정에서 나타나는 현상이다.
④ 가족의 문제가 유지되는 상호작용 과정을 파악하여 문제를 해결한다.
⑤ 증상을 표출하는 성원 또는 다른 성원의 변화를 통해 가족 문제를 해결한다.

정답 ①
해설 가족 내 한 성원의 변화는 다른 성원이 반응하게 되는 자극이 되고, 이 자극은 다른 가족 성원에게 영향을 미쳐 전체에 영향은 처음 변화를 유발한 성원에게 다시 순환적으로 영향을 미치는데, 이를 순환적 인과성이라고 한다. 세대 간 전이는 보웬의 세대 간 가족치료 중 다세대 전수과정과 관련된다.

☐ 16회

02. 현대사회 가족의 변화에 해당하지 않는 것은?

① 규모의 축소
② 권력 구조의 불평등 심화
③ 생활주기의 변화
④ 기능의 축소
⑤ 형태의 다양화

정답 ②
해설 현대사회는 다양한 형태의 가족 유형이 증가하고 가족 구조의 단순화 및 가족규모의 축소와 함께 가족주기상 또는 기능상의 변화가 일어나고 있다. 가부장제도의 약화, 양성평등 의식 고취 등으로 권력 구조의 불평등은 완화되고 있는 추세이다.

☐ 17회

03. 가족 사회복지실천의 개념에 관한 설명으로 옳은 것을 모두 고른 것은?

ㄱ. 1차 수준 사이버네틱스(cybermetics) - 전문가가 가족 내부의 의사소통과 제어과정을 객관적으로 발견한다.
ㄴ. 환류고리(feedback loop) - 가족규범이 유지 되거나 변화되는 과정을 설명한다.
ㄷ. 가족의사소통 - 내용기능이 관계기능보다 더 중요하다.
ㄹ. 가족규칙 - 암묵적인 규칙은 역기능적이므로 제거되어야 한다.

① ㄱ
② ㄱ, ㄴ
③ ㄴ, ㄷ
④ ㄴ, ㄷ, ㄹ
⑤ ㄱ, ㄴ, ㄷ, ㄹ

정답 ②
해설 ㄷ. 가족의사소통은 가족집단 또는 두 사람 이상의 가족원간에 있어서 언어나 표정, 신체동작 등을 매개로 하여 전하고자 하는 메시지를 주고받는 상호작용과정으로, 관계기능이 내용기능보다 더 중요하다. ㄹ. 가족규칙이란 가족 내 권력, 역할, 의사소통, 문제 해결, 의식 등에 관한 규칙으로, 가족을 지배하고 있는 명백하고 은밀한 규칙을 말한다. 가족규칙은 명시적 규칙과 암묵적 규칙으로 구분되는데, 암묵적 규칙은 눈에 보이지 않으므로 오히려 더 강한 규칙이 되고 행동지침이 된다. 그러나 무조건 암묵적 규칙이 역기능적이라고 단정 할 수는 없다.

☐ 17회
04. 가족에 관한 설명으로 옳지 <u>않은</u> 것은?

① 사회 변화에 따라 가족의 구조와 기능도 변화한다.
② 위기 시 가족은 역기능적 행동을 보일 수도 있지만 가족 탄력성을 보일 수도 있다.
③ 가족은 생활주기를 따라 단계적으로 발달하고 변화한다.
④ 가족은 가족항상성을 통해 다른 가족과 구별되는 정체성을 갖는다.
⑤ 가족은 권력구조를 갖고 있지 않은 애정공동체이다.

정답 ⑤
해설 가족의 구조는 가족의 형태와 더불어 그 내면구조, 특히 권력의 구조에 관하여 일찍이 모권과 부권을 둘러싼 논쟁이 존재했다. 전통적인 한국의 부부관계는 직계가족을 이상적인 형태로 여기는 특성 때문에 남편은 높은 지위의 기부장권을 가지고, 부인은 낮은 지위의 주부권을 가짐으로써 불평등한 지위관계를 형성하는 것이 보편적인 형태였다. 가족은 권력구조를 가지며, 애정공체이기도 하다.

☐ 18회
05. 가족의 특성에 관한 설명으로 옳은 것을 모두 고른 것은?

> ㄱ. 사회변화에 민감한 체계이다.
> ㄴ. 현대 가족은 점차 정서적 기능이 약화되고 있다.
> ㄷ. 가족의 현재 모습은 세대 간 전승된 통합과 조정의 결과물이다.
> ㄹ. 기능적인 가족은 응집성과 적응성, 문제해결력이 높은 가족이다.

① ㄱ, ㄷ   ② ㄴ, ㄷ   ③ ㄱ, ㄴ, ㄷ
④ ㄴ, ㄷ, ㄹ   ⑤ ㄱ, ㄴ, ㄷ, ㄹ

정답 ⑤
해설 ㄱ, ㄴ, ㄷ, ㄹ. 가족의 특성에 관한 옳은 설명이다.

☐ 16회
06. 알코올 중독자 당사자는 치료에 거부적이다. 우선적으로 동기화되어 있는 가족들을 알코올 중독자 가족모임이나 자녀모임에 참여하도록 하였다. 이때 사회복지사가 개입 시 고려한 내용으로 옳은 것은?

① 가족항상성   ② 가족모델링   ③ 가족 재구조화
④ 다세대 간 연합   ⑤ 순환적 인과성

정답 ⑤
해설 알코올중독자가 치료에 거부적이므로 다른 가족성원등을 관련 모임에 참여시키는 것은 치료에 거부적인 알코올 중독자의 원인이 다변성을 가지고 있음을 가족 성원 등이 함께 느끼도록 하기 위해 순환적 인과성을 고려한 것이다.
① 가족항상성은 균형, 현상을 유지하려는 가족체계의 속성을 말한다. ② 가족모델링은 모방을 하게 하는 것을 말한다. ③ 가족재구조화는 가족구조를 변화시키는 것을 말한다. ④ 다세대 간 연합은 가족 내 한 구성원에게 대항하기 위해 두 세대 이상의 구성원들이 협력하는 것을 말한다.

기출문제 확인하기

☐ 18회

07. 청소년의 정체성 위기, 결혼, 자녀의 출산, 중년기의 직업 변화, 은퇴 등 개인의 생애 주기에 따른 위기는?

① 실존적 위기 ② 상황적 위기 ③ 발달적 위기
④ 부정적 위기 ⑤ 환경적 위기

정답 ③

해설 발달적 위기는 성장·발달 과정에서 발생하는 위기로, 청소년의 정체성 위기, 결혼 자녀의 출생, 중년의 위기, 노년의 위기 등 개인의 생애 주기상의 위기를 말한다.
① 실존적 위기는 삶의 목적이나 중요한 삶의 이슈 등과 관련된 갈등이나 불안을 내포하고 있는 위기를 말한다. ② 상황적 위기는 예견할 수도 없고 통제할 수도 없는 이례적 사건으로 인한 위기로, 교통사고나 갑작스런 질병, 실업 등으로 인한 위기를 말한다. ⑤ 환경적 위기는 태풍 등 자연재해나 전쟁과 같이 인재로 인한 위기를 말한다.

☐ 19회

08. 가족대상 사회복지실천에 관한 설명으로 옳은 것은?

① 누가 가족문제를 일으키는 원인 제공자인지 확인하기 위해 순환적 인과관계를 적용한다.
② 동귀결성을 적용하여 어떤 결과에 어떤 하나의 원인이 작용하였는지를 밝힌다.
③ 가족은 사회환경의 하위체계이나 그 내부는 하위체계가 없는 체계다.
④ 가족체계는 성장과 발전을 추구하면서도 지나친 변화는 제어하며 일정한 안정성을 유지하고자 한다.
⑤ 일차적 사이버네틱스에서 가족은 스스로 창조하고 독립된 실재이며 사회복지사를 가족과 완전히 분리된 사람으로 보지 않는다.

정답 ④

해설 가족체계는 성장과 발전을 추구하면서도 지나친 변화는 제어 (control)하며 일정한 안정성을 유지하고자 하는 가족 항상성 (homeostasis)이 있다.
나머지 내용들은 잘못된 설명이며 이에 대한 옳은 설명은 다음과 같다.
① 누가 가족문제를 일으키는 원인제공자인지 확인하는 것은 단선적 또는 직선적 인과관계를 적용하는 것으로, 이것은 결과로 나타난 한 현상은 그 앞의 원인변수에 의해 한 방향으로 영향을 받아서 나타난 현상으로 본다. 반면에 순환적 인과관계는 인과관계로 원인에 의해 결과가 일어나고 그 결과가 다시 원인이 되어 어떤 결과를 가져오는 현상으로 본다. ② 다귀결성을 적용하여 어떤 결과에 어떤 하나의 원인이 작용하였는지를 밝힌다. 반면에 동귀결성을 적용하면 어떤 결과에 다양한 원인이 작용하였는지를 밝히는 것이다. ③ 가족은 사회환경의 하위체계이며 그 내부는 하위체계가 체계다. 즉, 가족을 둘러싸고 있는 사회환경은 가족의 사이가 되고 가족은 사회환경의 하위체계가 된다. 가족에는 부모 하위 체계, 부부 하위체계, 형제 하위체계, 여성 하위체계, 남성 하위체계, 부녀 하위체계, 모자 하위체계, 부자 하위체계 등 수많은 하위체계가 존재할 수 있다. ⑤ 이차적 사이버네틱스에서 가족은 스스로 창조하고 독립된 실재이며, 관찰하는 사람과 관찰을 당하는 체계 사이에 상호작용이 존재하기 때문에 사회복지사를 가족과 완전히 분리된 사람으로 보지 않는다.

☐ 17회
09. 가족 사정도구에 관한 설명으로 옳은 것을 모두 고른 것은?

> ㄱ. 생태도는 진행과정과 종결과정에서도 활용한다.
> ㄴ. 생활력도표를 활용하여 현재의 기능수행에 영향을 미치는 발달단계상 생활경험을 이해한다.
> ㄷ. 소시오그램은 가족 구성원의 사회적 활동을 측정하는 도구이다.
> ㄹ. 가족 조각은 가족역동을 시각적으로 표현하여 구성원의 인식을 파악하는 도구이다.

① ㄱ, ㄷ ② ㄱ, ㄹ ③ ㄴ, ㄷ
④ ㄱ, ㄴ, ㄹ ⑤ ㄱ, ㄴ, ㄷ, ㄹ

정답 ④

해설 ㄷ. 소시오그램은 가족 내 성원들 간의 상호작용에 대해 상징을 사용하여 그림으로 나타냄으로써 가족 내 소외자, 하위 집단, 연합 등을 파악할 수 있는 사회복지실천의 도구이다.

☐ 18회
10. 1인 가구의 가족 사정에 관한 내용으로 옳은 것을 모두 고른 것은?

> ㄱ. 원가족 생활주기 파악
> ㄴ. 원가족 스트레스와 레질리언스 탐색
> ㄷ. 구조적 관점으로 미분화된 경계 파악
> ㄹ. 역사적 관점으로 미해결된 과거관계의 잔재 확인

① ㄹ ② ㄱ, ㄷ ③ ㄴ, ㄹ
④ ㄱ, ㄴ, ㄷ ⑤ ㄱ, ㄴ, ㄷ, ㄹ

정답 ⑤

해설 ㄱ, ㄴ, ㄷ, ㄹ. 모두 1인 가구 가족 사정에 관한 내용으로 옳다. 가족 구성원 모두는 가족 내 다른 가족원에게 일어나는 일의 영향을 받는다. 1인 가구의 가족 사정 역시 이에 유의하며 원가족과의 역동성을 탐색할 필요가 있다.

기출문제 확인하기

☐ 18회

11. 가계도 분석에 관한 설명으로 옳은 것을 모두 고른 것은?

> ㄱ. 세대를 통해 반복되는 패턴 분석
> ㄴ. 가족 구성원에 대한 객관적 정보를 파악
> ㄷ. 가족기능의 불균형과 그것에 기여하는 요인 분석
> ㄹ. 가족 구성원별 인생의 중요사건과 이에 대한 다른 가족 구성원 역할분석

① ㄹ ② ㄱ, ㄷ ③ ㄴ, ㄹ
④ ㄱ, ㄴ, ㄷ ⑤ ㄱ, ㄴ, ㄷ, ㄹ

정답 ⑤

해설 ㄱ, ㄴ, ㄷ, ㄹ. 모두 가계도 분석에 관한 설명으로 옳다.

☐ 19회

12. 가계도를 통한 분석 내용으로 옳은 것을 모두 고른 것은?

> ㄱ. 가족 내 삼각관계
> ㄴ. 지배적인 주제와 가족구조의 변화
> ㄷ. 가족이 위치한 지역사회의 안정성과 쾌적성
> ㄹ. 가족 내 반복적으로 나타나고 있는 사건의 연결성

① ㄴ ② ㄱ, ㄴ ③ ㄱ, ㄹ
④ ㄱ, ㄴ, ㄹ ⑤ ㄱ, ㄴ, ㄷ, ㄹ

정답 ④

해설 ㄱ. 가계도를 통해 부모와 자녀 간의 삼각관계, 부부의 삼각관계, 이혼이나 재혼을 한 가정의 삼각관계, 다세대에 걸친 삼각관계 등 가족 내 삼각관계의 유무를 살핀다. ㄴ. 가계도를 통해 가족성원 개개인과 세대를 거치면서 반복적으로 나타나는 지배적인 주제와 이혼, 별거, 재혼 등 가족구조의 변화를 분석한다. ㄹ. 가계도를 통해 가족 폭력, 알코올 남용, 자살 등 가족 내 반복적으로 나타나고 있는 사건의 연결성을 검토한다.
ㄷ은 생태도에 관한 설명이며 가족이 위치한 지역사회의 안정성과 쾌적성은 생태도를 통해 알 수 있다. 즉 '가족이 지역사회 안에서 안전하고 살기에 적당히 쾌적한가?'를 알 수 있다.

☐ 16회

13. 다음의 〈사례〉에 나타난 가족 의사소통 내용은?

> 아버지는 아들에게 "가족회의에서는 자신의 의견을 소신 있게 밝힐 줄 알아야 한다."라고 평소에 강조한다. 그런데 막상 가족회의에서 아들이 자신의 의견을 말하면, "너는 아직 어리니 가만히 있어!"라고 하면서 면박을 준다.

① 구두점 ② 이중구속 ③ 피드백
④ 역설적 지시 ⑤ 이중질문

정답 ②

해설 제시된 사례에서 아버지의 메시지가 상호 모순되는 내용을 담고 있으므로, 이는 이중구속 메시지임을 알 수 있다. ① 구두점이란 연속적으로 지속되는 의사소통의 흐름 가운데 어느 지점에 구두점을 찍느냐에 따라 어떤 상황의 원인과 결과가 달라질 수 있음을 나타내는 상징적 표현이다. ④ 역설적 지시란 문제 행동을 유지하거나 강화하는 행동을 수행하도록 지시하는 기법이다. ⑤ 이중질문이란 하나의 질문 문항 속에 둘 이상의 서로 다른 질문 내용을 담고 있는 것을 말한다.

☐ 16회

14. 사티어(V.Satir)의 의사소통 유형과 그 내용의 연결이 옳지 <u>않은</u> 것은?

① 아첨형 : 자신 무시, 타인 존중, 상황 존중
② 일치형 : 자신 존중, 타인 존중, 상황 존중
③ 비난형 : 자신 존중, 타인 무시, 상황 존중
④ 산만형 : 자신 무시, 타인 무시, 상황 무시
⑤ 초이성형 : 자신 존중, 타인 무시, 상황 무시

정답 ⑤

해설 초이성형은 자신 무시, 타인무시, 상황 존중의 특징이 있다.

☐ 16회

15. 다음의 〈사례〉에서 사용한 사회복지실천기술은?

> 클라이언트 : "아버지께 화내서 너무 죄송해요. 왜냐하면 아버지께서 당뇨를 앓고 계시거든요. 더구나 당뇨관리가 제대로 안되어 다리절단의 위기에 처해 있는데도 술을 계속 드실 때에는 화를 내게 돼요. 나는 왜 우리가 잘 지내지 못하는지 모르겠어요."
> 사회복지사 : "아버지를 걱정하고 관계가 항상 되길 바라지만 때때로 아버지와 함께하는 것이 매우 어려운 것 같군요."

① 재명명(refiramning) ② 탐색(probing) ③ 환언(paraphrasing)
④ 지시(direction) ⑤ 해석(interpretation)

정답 ③

해설 환언은 앞서 한 말에 대해 표현을 달리하는 것이다. 환언을 통해 클라이언트가 자신의 상황을 객관적으로 볼 수 있다. 제시된 사례에서 사회복지사는 클라이언트가 설명하는 상황을 다른 말로 정리하고 있으므로 환언에 해당한다.
① 재명명은 집단 성원들이 문제나 상황을 사실에 맞게 다른 관점에서 볼 수 있도록 원조하는 기술이다. ② 탐색은 갈등과 긴장단계, 권력과 통제단계 등으로 표현된다. ④ 지시는 제안이나 조언 등을 통해 직접 영향을 주는 것이다. ⑤ 해석은 클라이언트가 겉으로 나타내는 문제가 내부적 정신작용과 관련되어 있음에도 이를 깨닫지 못할 때 그 관련성을 설명하여 이해시키는 것이다.

□ 16회
16. 가족 조각 기법에 관한 설명으로 옳지 않은 것은?
① 가족의 상호작용 양상을 공간 속에 배치하는 방법이다.
② 가족 내 숨겨져 표현되지 못했던 감정이나 가족규칙 등이 노출될 수 있다.
③ 조각 후 사회복지사는 현재의 조각이 어떻게 변화되기 바라는지를 다시 조각으로 표현하게 한다.
④ 조각을 하는 동안 서로 웃거나 이야기하지 않는다.
⑤ 가족을 조각한 사람은 객관성을 유지하기 위해 조각에서 제외되는 것이 일반적이다.

정답 ⑤

해설 가족 조각은 공간 속에서 구성원들이 몸을 이용해 가족의 상호작용 양상을 표현함으로써 가족에 대한 이해를 돕는 기법이다. 가족을 조각한 사람은 조각 후 자신도 적절한 위치와 모습으로 자리를 잡게 된다.

□ 17회
17. 다음 대화에서 사회복지사 B가 클라이언트 A에게 사용한 기법에 해당하는 것은?

A : "저는 조그마한 어려움이 있어도 쉽게 좌절하는 사람이에요."
B : "좌절감이 당신으로 하여금 새로운 일을 하는 것을 방해하네요."

① 문제의 외현화   ② 재보증   ③ 코칭(coaching)
④ 가족 지도   ⑤ 체험기법

정답 ①

해설 대화에 나타난 기법은 문제의 외현화이다. 문제의 외현화는 문제를 외부에 존재하는 것으로 보아 자신을 병리적이라고 생각하는 것으로부터 자유롭게 하기 때문에 인간이 지닌 잠재력과 가능성을 인식하고 인정하게 하며 강점을 개발할 수 있도록 촉진한다.
② 재보증이란 클라이언트가 가진 죄의식, 불안, 분노의 감정에 대하여 이해를 표현하며 클라이언트를 안심시키는 것이다. ③ 코칭이란 클라이언트가 지닌 능력을 최대한 발휘하여 목표를 이룰 수 있도록 돕는 일을 가리키는 것이다. ④ 가족지도란 가족 구성원을 자신이 바라보는 관점에서 지도를 그리듯이 표현하는 방법이다. 가족 구성원들의 특징을 간략히 표현하고, 자신이 원하는 이상적인 역할과 성향을 글로 표현한다. ⑤ 체험기법이란 현실에 근접한 상황을 설정하여 참가자에게 특정 역할을 연기하게 함으로써 각각의 역할과 입장을 이해하게 하거나, 현실에 맞서는 주체성과 창조성을 높일 수 있도록 한다.

□ 17회
18. 전략적 가족치료의 이중구속에 관한 설명으로 옳지 <u>않은</u> 것은?

① 증상을 이용한다.
② 빙산 기법을 이용한다.
③ 지시적 기법을 이용한다.
④ 역설적 기법을 이용한다.
⑤ 치료자의 지시를 따르지 않아도 문제가 해결될 수 있다.

정답 ②

해설 헤일리의 전략적 가족치료에서 이중구속은 동시에 다른 수준에서 상호 모순되는 메시지를 보냄으로써 듣는 사람이 어떠한 메시지에도 선택적으로 반응할 수 없는 혼란스러운 상황에 놓이게 되는 것을 말한다. 경험적 가족 치료의 대표적 기법인 빙산기법과는 관련이 없다.

□ 17회
19. 구조적 가족치료의 모델로 개입하기에 적절하지 <u>않은</u> 것은?

① 아픈 어머니, 철없는 아버지 대신 동생에게 부모 역할을 하며 자신에게 소홀한 맏딸의 문제
② 비난형 아버지와 감정표현을 통제하는 어머니의 영향으로 자기감정을 억압하는 아들의 문제
③ 할머니와 어머니의 양육방식이 달라서 혼란스러운 자녀의 문제
④ 부부불화로 아들에게 화풀이를 하자 반항행동이 증가한 아들의 문제
⑤ 밀착된 아내와 딸이 남편을 밀어내어 소외감을 느끼는 남편의 문제

정답 ②

해설 구조적 가족치료는 가족구조의 불균형으로 발생한 문제를 다루는 것이다. 제시된 사례는 가족의 역기능적 의사소통 맥락을 확인하고 의사소통 방법을 교정하는 경험적 가족치료가 적절하다.

□ 17회
20. 가족실천기술과 예시의 연결로 옳은 것을 모두 고른 것은?

> ㄱ. 합류 – 사회복지사가 가족의 말투나 몸짓을 따라 한다.
> ㄴ. 관계성 질문 – "어머니가 여기 계신다고 가정하고, 제가 어머니께 당신의 문제가 해결되면 무엇이 달라지겠냐고 묻는다면 어머니는 뭐라고 말씀 하실까요."
> ㄷ. 경계 만들기 – 부모와 딸의 갈등 상황에서 딸에게 부모의 '과도한 통제'를 '관심과 염려'의 의미로 인식하게 한다.
> ㄹ. 균형 깨뜨리기 – 지배적인 남편과 온순한 아내 사이에서 사회복지사는 아내의 편을 들어 자기주장을 할 수 있게 한다.

① ㄱ, ㄴ
② ㄱ, ㄷ
③ ㄴ, ㄹ
④ ㄱ, ㄴ, ㄹ
⑤ ㄱ, ㄴ, ㄷ, ㄹ

기출문제 확인하기

정답 ④

해설 ㄷ. 제시된 예시는 가족실천기술의 재정의에 해당한다. 가족 내 하위체계 간 경계선이 모호하거나 너무 경직된 경우, 이를 수정하는 개입이 필요한데, 경계 만들기는 가족 성원 각자가 체계 내에서 적절한 위치에 있도록 하위체계 간 경계를 분명히 유지하게 하는 기법이다.

□ 17회

21. 다음 〈사례〉에서 세대 간 반복되는 문제를 해결하기에 가장 적절한 기법은?

> 이혼 이후 대인기피와 우울증세를 보이는 클라이언트 가계도를 통해 원 가족을 살펴보니 이혼과 우울증이 되풀이되고 있다. 클라이언트는 어머니와 밀착이면서 갈등적이고 딸과도 지나치게 밀착되어 있다.

① 기적 질문과 척도질문 ② 지시와 역설 ③ 문제의 내재화
④ 실연 ⑤ 분화 촉진

정답 ⑤

해설 클라이언트는 이혼과 우울증을 겪고 어머니와 딸 사이에서 삼각관계를 구성하고 있다. 보웬의 다세대적 가족치료에서 이는 미분화된 가족 자아 덩어리로서, 불안을 경감시켜 자아 분화를 촉진하여 탈 삼각화하는 것을 개입의 목표로 삼는다.

□ 18회

22. 다음 〈사례〉에서 사회복지사의 개입 방법에 관한 설명으로 옳은 것은?

> 가정폭력으로 이혼한 영미씨의 전 남편은 딸의 안전을 확인해야 양육비를 주겠다며 딸의 휴대폰 번호도 못 바꾸게 하였다. 영미씨는 아버지의 언어폭력으로 인한 고통을 호소하는 딸에게 전화를 계속하여 받도록 하였다. 사회복지사는 이에 대한 사정평가 후, 경제적 어려움에 대한 불안감이 가정폭력을 사실상 지속 시킨다고 판단하여 양육비 이행지원 서비스를 받을 수 있도록 지원하고 아버지의 전화를 차단하도록 하였다.

① 가족 옹호 ② 가족 재구성 ③ 재정의 하기
④ 탈삼각화기법 ⑤ 균형 깨뜨리기

정답 ①

해설 가족옹호란 가족이 정당한 권리가 있음에도 불구하고 권리보장이 이루어지지 않거나 서비스가 확대되어야 할 필요가 있는 경우, 사회복지사가 가족의 권리를 대변하고 서비스를 확충하는 것을 말한다. 제시된 사례에서 사회복지사는 가족문제의 원인을 경제적 이유로 보고 양육비 이행지원서비스를 받는 것을 개입의 목표로 삼는다.
②, ③ 가족 재구성과 재정의하기는 전략적 가족치료 기법으로, 가족성원들이 문제 혹은 이슈를 다른 시각에서 보거나 다른 방법으로 이해하도록 돕는 것이다. ④ 탈삼각화기법은 두 성원들의 감정영역에서 제3자인 성원을 분리시키는 과정이다. ⑤ 균형 깨뜨리기는 구조적 가족치료 기법으로, 가족 내 하위체계들 간의 역기능적 균형을 깨뜨리기 위한 기법이다.

□ 18회
23. 다음 〈사례〉에서 사회복지사가 우선적으로 계획 할 내용으로 적절한 것은?

> 은옥씨는 심각한 호흡기 질환을 앓고 있으며, 28세 아들은 고교 졸업 후 게임에만 몰두하며 집에만 있다. 아들은 쓰레기를 건드리지도 못하게 하여 집은 쓰레기로 넘쳐나고, 이는 은옥씨의 건강에 치명적인 위협이 되고 있다. 은옥씨는 과거 자신의 잘못과 아들에 대한 죄책감을 호소하고 있으나, 서비스를 거부하며 특히 아들에 대한 접근을 막고 있다.

① 치료적 삼각관계 형성하기
② 가족 하위체계 간의 경계 만들기
③ 가족의 기능적 분화 수준 향상시키기
④ 가족과 합류(joining)할 수 있는 방법 탐색하기
⑤ 역설적 개입으로 치료자의 지시에 저항하도록 하기

정답 ④
해설 합류하기란, 사회복지사가 가족들에게 인간적 관여를 하거나 가족의 현실적 상황에 들어가 함께 경험하거나 가족성원들의 스타일에 맞추어 언어적·비언어적 의사소통을 하는 것을 말한다. 제시된 사례에서는 클라이언트가 서비스뿐만 아니라 접근 자체도 거부하고 있으므로 우선적으로 가족에게 합류할 수 있는 방법을 탐색하는 것이 적절하다.

□ 18회
24. 노인학대가 의심된다는 이웃의 신고로 노인보호전문기관에서 상황을 파악하고자 하였다. 어르신은 사회복지사의 개입을 거부하며 방어적이다. 이 상황에 관한 분석으로 적절하지 <u>않은</u> 것은?

① 비난형 의사소통 유형이다.
② 스스로 해결하고자 하는 의지력 표현이다.
③ 현재의 상태를 유지하려고 하는 항상성이 있다.
④ 독립과 자립을 강조하는 사회문화적 영향으로 도움에 거부적이다.
⑤ 일방적 신고를 당해서 외부인에 대한 불신과 배신감을 느끼고 있다.

정답 ①
해설 비난형 의사소통 유형은 잘못을 남의 탓으로 돌리며 자신에게 충성과 복종을 요구하는 역기능적 의사소통 유형이다. 제시된 문제의 어르신이 보이는 의사소통 유형으로 적절하지 않다.

기출문제 확인하기

□ 16회

25. 다음과 같은 목표 설정을 주로 하는 사회복지 실천 모델은?

- 작고 구체적이며 행동적일 것
- 클라이언트가 중요하다고 생각하는 것
- 클라이언트가 갖지 않은 것보다 갖고 있는 것에 초점을 둠.
- 목표를 문제 해결의 시작으로 간주

① 인지행동모델 ② 해결중심모델 ③ 클라이언트중심모델
④ 심리사회모델 ⑤ 행동수정모델

정답 ②

해설 ① 인지행동모델은 문제의 원인이 되는 비합리적 신념이나 왜곡된 사고를 확인 및 점검하고 재평가에서 수정 할 수 있도록 원조하는 것이다. ③ 클라이언트중심모델은 사회복지사와 클라이언트의 협력적 관계를 강조한다. ④ 심리사회모델은 인간을 심리적인 측면과 사회적인 측면, 그리고 양자의 상호작용에 의한 결과도 동시에 고려하면서 이해한다. ⑤ 행동수정모델은 현재의 문제 행동을 변화시켜서 바람직하지 못한 행동은 제거하고 바람직한 행동은 양성하려는 것이다.

□ 17회

26. 해결중심모델에 관한 설명으로 옳지 않은 것은?

① 클라이언트 지향적 모델이다.
② 임시대응적 기법이라는 비판이 있다.
③ 메시지 작성과 전달, 과제를 활용한다.
④ 사회복지사와 클라이언트 간 협력적 관계를 중시한다.
⑤ 문제가 해결된 상태를 가정하는 대처 질문을 활용할 수 있다.

정답 ⑤

해설 문제가 해결된 상태를 가정하는 것은 기적 질문이다. 대처 질문은 문제나 욕구가 오래 지속되어 만성화 됨으로써 더 이상 희망이 없다고 생각하는 클라이언트에게 자신이 과거에 극복한 경험을 물어 이를 활용하게 하고, 새로운 힘을 갖게 하며, 자신의 자원과 강점을 발견하도록 돕는 방법이다.

□ 18회

27. 해결중심모델에 관한 설명으로 옳은 것은?

① 클라이언트의 문제의 원인을 심리내부에서 찾는다.
② 의료모델을 기초로 문제 중심의 접근을 지향한다.
③ 다양한 질문기법들을 활용하여 클라이언트와 대화한다.
④ 클라이언트의 준거틀, 인식, 강점보다 문제 자체에 초점을 둔다.
⑤ 신속한 문제 해결을 위해 행동변화를 위한 새로운 전략을 가르친다.

정답 ③

해설 ① 정신역동모델에 대한 설명이다. ②, ④ 전통적 실천모델에 대한 설명이다. ⑤ 행동수정모델에 대한 설명이다.

☐ 19회
28. 해결중심모델에 관한 설명으로 옳지 않은 것은?

① 사회복지사는 클라이언트를 변화시키는 전문가가 아니라 변화에 도움을 주는 자문가 역할을 한다.
② 문제의 원인과 발전과정에 관심을 두기보다 문제해결 방안을 모색하는 것이 더 효과적이라고 본다.
③ 모든 사람은 강점과 자원, 능력을 가지고 있다고 가정한다.
④ 클라이언트의 견해를 존중한다.
⑤ 클라이언트의 과거에 관해 깊이 탐색하여 현재와 미래에 적응하도록 돕는데 관심을 둔다.

정답 ⑤

해설 해결중심모델에서는 과거에 관하여 깊이 연구하지 않으며, 현재와 미래에 적응하는 것을 돕는 데 관심을 둔다. 즉, 클라이언트를 과거와 문제로부터 멀리하고, 미래와 해결방안을 구축하는 데 관심을 집중하도록 한다. 과거에 대한 이해는 현재의 문제를 이해하는데 도움이 될 경우에 매우 제한적으로 시도한다. 나머지 설명들은 모두 옳은 내용이다.
① 사회복지사의 자문가 역할이 강조된다. 따라서, 사회복지사는 클라이언트가 원하는 것에 대한 이야기를 경청하는 과정에서 클라이언트와 함께 문제의 해결 가능성 및 기회를 파악하고 탐색하며 이를 공동으로 해결하도록 한다. ② 해결중심모델의 개입과정에서는 문제내용 자체보다는 문제 해결 방안과 새로운 행동유형을 시작하는 데 초점을 둔다. 이는 문제에 관한 많은 정보를 수집하는 대신 클라이언트에게 적절한 문제 해결 방안을 모색하는 것이 문제해결에 더 효과적이라는 믿음에 기초한다. ③ 모든 사람은 강점과 자원, 능력을 가지고 있다고 가정하며, 클라이언트가 이미 가지고 있는 강점, 자원, 건강한 특성을 발견하여 치료에 활용한다. ④ 클라이언트가 표현하는 견해와 불평방법을 그대로 수용하며, 개별성을 최대한 존중한다.

☐ 19회
29. 해결중심모델에서 사용하는 질문 기법과 이에 관한 예로 옳은 것은?

① 예외질문 : 그 어려운 상황 속에서도 견딜 수 있었던 것은 무엇이라 생각합니까?
② 관계성 질문 : 남편이 여기 있다면 당신이 어떻게 하는 것이 문제 해결에 도움이 된다고 할까요?
③ 기적질문 : 잠이 안 와서 힘들다고 하셨는데, 잠을 잘 잤다고 느낄 때는 언제인가요?
④ 대처질문 : 지난 1주일간 어떤 변화가 있었나요?
⑤ 척도질문 : 문제가 발생하지 않았던 때는 언제인가요?

정답 ②

해설 관계성 질문(relationship question)은 클라이언트와 밀접한 관계에 있는 다른 사람의 입장에서 자신을 보도록 하는 질문으로 새로운 가능성을 탐색하는 것을 돕는 것이다. 즉, 클라이언트는 문제가 없을 때 자신의 생활에 무엇이 달라질 것인지에 대해 전혀 예측 못하는 경우가 있는데, 클라이언트는 자신의 입장에서 자신을 보다가 중요한 타인의 눈으로 자신을 보게 되어 이전에는 없었던 가능성이 생길 수도 있다.
나머지 잘못된 설명을 바르게 정정해 보면
① "그 어려운 상황 속에서도 견딜 수 있었던 것은 무엇이라 생각합니까?"는 대처질문이다.
③ "잠이 안 와서 힘들다고 하셨는데, 잠을 잘 잤다고 느낄 때는 언제인가요?"는 예외질문이다.
④ "지난 1주일간 어떤 변화가 있었나요?"는 변화질문이다.
⑤ "문제가 발생하지 않았던 때는 언제인가요?"는 예외질문이다.

기출문제 확인하기

□ 19회

30. 아무리 해도 말이 안 통한다고 하는 부부에게 "여기서 직접 한 번 서로 말씀해 보도록 하겠습니까?"라고 하는 것은 어떤 기법을 활용한 것인가?

① 실연　　　　　　　② 추적하기　　　　　　③ 빙산치료
④ 치료 삼각관계　　　⑤ 경계선 만들기

정답 ①

해설 실연은 치료자 앞에서 가족의 문제나 갈등 상황을 직접 실행해 보게 한 것이므로 실연 기법을 활용한 것이다. 실연(enactment)은 가족이 경험 하고 있는 문제를 사회복지사가 보다 정확히 이해하기 위해 가족들로 하여금 문제상황을 사회복지사 앞에서 실제로 행동을 통해서 연기해 '보도록 요구하는 것이다. 사회복지사는 가족의 실연이 진행되는 동안 세심한 관찰을 통해 그 가운데서 문제에 기여하는 역기능적 가족구조 (기능)을 찾아낸다.
나머지 기법들에 대한 설명은 다음과 같다
② 추적하기(tracking)는 가족들이 어떻게 행동하는가, 어떤 방식으로 이야기 하는가 등을 주의 깊게 관찰하고 그 과정을 따라가면서 정보를 수집하는 활동이다. 대화의 내용을 따라가면서 가족들의 상호작용 내용과 그것이 발생하는 맥락, 즉 배후 구조를 파악하는 것이다.
④ 치료 삼각관계(therapeutic triangle)는 가족 내에서 갈등이 있는 가족성원은 안정을 찾기 위해 제3자를 개입시켜 삼각관계를 형성하려는 경향이 있다는 가족치료이론을 전제로 하고 있으며, 사회복지사 또는 치료자가 포함된 관계로서 제3자가 된 치료자가 중립적인 정서적 관계를 만들어내는 것이다.

□ 19회

31. 어느 시점에서의 인간관계, 타인에 대한 느낌과 감정을 동작과 공간을 사용하여 표현하는 비언어적 기법은?

① 연합　　　　　　　② 은유　　　　　　　③ 외현화
④ 가족조각　　　　　⑤ 원가족 도표

정답 ④

해설 가족조각(family sculpture)은 인간관계, 타인에 대한 느낌과 감정을 동작과 공간을 사용하여 표현하는 비언어적 기법이다. 가족조각(family sculpture)은 가족 간의 상호작용 유형을 파악하는 무언의 동작표현으로, 가족 중 한 사람이 자신의 생각이나 정서에 따라 다른 가족 성원을 특정 공간 여기저기에 배열한 후 서있거나 구부리거나 창밖을 보거나 하는 등의 몸의 자세 등을 요구한다.
나머지 기법들의 내용은 다음과 같다.
② 은유(metaphors)는 경험적 가족치료의 기법으로, 주제나 생각을 유사한 다른 상황과 연결시켜 표현하는 것이다. 은유기법은 가족에게 자신의 가족에 대한 이미지를 은유적으로 표현하도록 요구하면 가족은 자신들의 가족의 이미지를 동물원의 동물, 자동차, 침몰해가는 배로 표현하기도 한다.
⑤ 원가족 도표는 경험적 가족치료의 치료도구로 사용되며, 원가족 도표를 통하여 가족구성원의 성격, 자존감 정도, 의사소통 유형과 생존유형, 가족규칙, 가족의 역동성, 가족원들 상호관계, 세대 간의 유사점과 차이점 그리고 사회와의 연계성 수준 등을 파악할 수 있다.

□ 19회
32. 가족 대상 사회복지실천의 과정에 관한 설명으로 옳은 것을 모두 고른 것은?

> ㄱ. 가족과 함께 문제의 우선순위를 설정한다.
> ㄴ. 사회복지사는 한 단계 낮은 자세를 취하여 가족의 정보를 얻는다.
> ㄷ. 가족과의 관계형성을 위해 가족이 있는 곳으로 합류할 필요가 있다.
> ㄹ. 문제가 가족 모두에게 영향을 미치고 있고 가족구성원이 그 문제의 발생과 유지에 영향을 주고 있을 경우 가족 단위의 개입을 고려한다.

① ㄹ
② ㄱ, ㄷ
③ ㄴ, ㄹ
④ ㄱ, ㄴ, ㄷ
⑤ ㄱ, ㄴ, ㄷ, ㄹ

정답 ⑤

해설 ㄱ. 사회복지사는 가족들로부터 청취한 여러 가지의 문제상황 중에서 가장 먼저 해결해야 하는 문제들부터 나중에 해결해야 할 문제들의 순서로 우선순위를 정하기 위해 가족과 함께 협상하고 그 결과를 바탕으로 개입 우선순위 목록을 작성한다.
ㄴ. 사회복지사는 가족보다 한 단계 낮은 자세를 취할 때 가족으로부터 풍부하고 자세한 정보를 얻을 수 있다. 즉, 가족의 삶의 양상, 가치, 자원, 문제해결 노력, 문제로 인한 고통의 깊이 등에 대해 사회복지사는 가족보다 잘 모르니 가르쳐 주면 잘 배우겠다는 자세를 말로 표출하는 것이다.
ㄷ. 합류는 가족과 하나가 되어 가족과 섞이는 방법으로 라포와 비슷한 개념이다. 사회복지사가 개입대상 가족의 세계 속으로 안심하고 자리잡고 들어가는 것이며, 가족의 입장에서는 사회복지사를 자신의 세계(삶, 생각, 느낌) 속에 받아들이는 것이다.
ㄹ. 문제가 가족 모두에게 영향을 미치고 있고 가족구성원이 그 문제의 발생과 유지에 영향을 주고 있을 경우는 순환적 인과관계를 가지고 가족단위의 개입을 하는 노력이 중요하다. 이러한 관점에서 가족단위 개입이 목적은 가족 내부에서 찾아낸 악순환적 인과관계의 연쇄고리를 건설적이고 긍정적인 연쇄고리로 변화시키는 것이 될 것이다.

□ 19회
33. 가족의 문제가 개선될 때 체계의 항상성 균형이 위험하다고 판단되어 사용하는 전략으로, 변화의 속도가 빠르다고 지적하며 조금 천천히 변화하라고 하는 기법은?

① 시련
② 제지
③ 재정의
④ 재구조화
⑤ 가족옹호

기출문제 확인하기

정답 ②

해설 전략적 가족치료의 개입기법 중 역설적 개입(증상 처방, 제지기법, 시련 기법 등)에서 제지기법에 해당한다. 제지기법은 문제해결을 위해 조급해하는 클라이언트 가족에게 변화의 속도가 지나치게 빠르다고 지적하는 방법이다. 즉, "너무 빨리 문제해결을 바라지 맙시다." "문제가 극적으로 갑자기 해결될 리가 없습니다."라고 말하는 것으로, 사회복지사의 말을 들을 가족은 사회복지사의 조심성이나 소극적 사고가 잘못되었음을 증명해 보여 줘야겠다는 마음을 먹게 되고, 자신들의 문제해결을 위해 스스로 서두르게 된다.
나머지 기법들에 대한 설명은 다음과 같다.

① 시련기법은 변화를 원하는 사람에게 증상보다 더 하도록 과제를 주어 증상을 포기하도록 하는 기법이다.
예를 들면, 야뇨증이 있는 아동에게 오줌을 싸면 아동을 깨워서 아침마다 받아쓰기를 시킨다. 오줌을 싸지 않았으면 받아쓰기를 시키지 않는다. 아동에게 받아쓰기는 고통스러운 체험이 되고 증상이 소멸되게 된다.

④ 재구조화(reframing)는 재규정화(redefinig, 재정의) 또는 재구성(relabeling)이라고도 불리며, 클라이언트가 특정 사건, 행동 또는 인생경험에 부여하는 의미를 수정하기 위해 사용되는 기법이다. 이 기법을 통해 클라이언트는 다양하고 긍정적 시각으로 사건이나 행동을 볼 수 있다.

⑤ 가족옹호(family advocacy)는 공공 혹은 민간기관들이 가족을 위한 기존의 서비스 혹은 서비스 전달을 향상시키거나 새로운 혹은 변화된 형태의 서비스를 개발하도록 하는 것으로 특정 가족에게 편의를 제공하는 차원이 아니라 가족의 정당한 권리를 요구함으로써 지역사회 조직의 변화를 가져오도록 하는 것이다.

□ 19회

34. 사티어(W. Satir)의 의사소통 유형에 관한 설명으로 옳은 것을 모두 고른 것은?

> ㄱ. 일치형 의사소통 유형이 치료의 목표다.
> ㄴ. 의사소통 유형은 자존감과 연관하여 설명한다.
> ㄷ. 가족생활주기는 역기능적 의사소통 유형에 영향을 미친다.
> ㄹ. 역기능적 의사소통 유형에서 공통적으로 발견되는 것은 언어적 메시지와 비언어적 메시지의 불일치다.

① ㄱ, ㄴ ② ㄷ, ㄹ ③ ㄱ, ㄴ, ㄷ
④ ㄱ, ㄴ, ㄹ ⑤ ㄱ, ㄷ, ㄹ

정답 ④

해설 ㄱ. 일치형 의사소통 유형이 치료의 목표이며, 일치형 의사소통이란 의사소통의 언어적 메시지와 비언어적 메시지가 일치하는 것을 말한다. 사티어(V. Satir)는 기능적이며 원만함, 책임감, 정직성, 친근감, 능력, 창의성 그리고 현실문제를 현실적인 방법으로 해결하는 능력을 가진 사람의 의사소통을 일치형 의사소통이라 부르고 치료의 목표로 삼았다. ㄴ. 자존감과 의사소통 유형은 서로 밀접한 관련이 있다. 즉, 가족의 의사소통양식은 가족구성원들의 자존감을 반영하며, 자존감과 효과적인 의사소통 능력은 정비례한다. ㄹ. 스트레스를 받는 상황에서 자신을 방어하기 위해 역기능적 의사소통을 하게 되는데, 역기능적 의사소통에서 공통적으로 발견되는 현상은 언어적 메시지의 내용과 비언어적 메시지의 내용이 일치하지 않는다는 것이다.
ㄷ은 잘못된 설명이며 사티어(V. Satir)의 경험적 가족치료에서는 역기능적 의사소통을 사람들이 자기존중감에 위협을 느낄 때 사용하는 의사 소통 유형이라고 보고 생존유형(survival type)이라고 개념을 재규정하였다. 가족생활주기가 역기능적 의사소통 유형에 영향을 미치는 것이 아니다.

4 집단대상 사회복지 실천과 기술

◆ 출제경향분석 및 학습가이드

대분류	소분류		20회	19회	18회	17회	16회	15회	14회	13회	12회	11회	출제빈도 및 중요도
집단대상 사회복지 실천과 기술	제10장 집단대상 실천기법	출제 문항수	2	3	3	4	2	2	4	4	2	3	★★★★★
		비중	8.0%	12.0%	12.0%	16.0%	8.0%	8.0%	16.0%	16.0%	8.0%	10.0%	
	제11장 집단의 역동성	출제 문항수	0	2	0	2	1	0	0	0	2	3	★★
		비중	0.0%	8.0%	0.0%	8.0%	4.0%	0.0%	0.0%	0.0%	8.0%	10.0%	
	제12장 집단발달 단계	출제 문항수	4	2	4	2	3	4	2	3	2	2	★★★★★
		비중	16.0%	8.0%	16.0%	8.0%	12.0%	16.0%	8.0%	12.0%	8.0%	6.7%	

10. 집단대상 실천기법
- 집단의 유형, 집단지도자의 역할 및 집단사회복지사의 개입기술과 관련된 문제가 가장 빈번하게 출제되고 있음.
- 집단의 유형인 지지집단, 교육집단, 성장집단, 치료집단, 사회화집단, 과업집단, 자조집단 등의 개념을 잘 파악해 두어야 함.
- 집단성원 간의 지위와 역할에 대해서도 이해해야 함.

11. 집단의 역동성
- 집단이 역동성의 개념 및 구성 요소별 특징, 치료적 효과도 내용을 잘 파악해 두어야 함.
- 집단 응집력, 집단문화, 집단규칙의 개념에 대해서도 학습이 필요함.

12. 집단의 발달단계
- 이 단계도 출제 빈도가 매우 높은 편이므로 철저하게 시험 준비를 해야 함.
- 집단발달 단계별 사회복지사의 고려사항과 사정 단계별 특징은 물론 사정 도구 등을 파악해야 함.

기출문제 확인하기

☐ 16회

01. 집단 과정을 촉진하기 위한 사회복지사의 실천 활동으로 옳은 것은?

① 원만한 관계 유지를 위해 추상적이고 우회적인 피드백 제공
② 집단 성원이 전달하는 메시지 사이에 불일치가 있을 경우, 이를 확인
③ 집단 성원의 긍정적 변화를 위해 그의 단점을 중심으로 피드백 제공
④ 자신의 경험, 감정, 생각 등을 집단 성원에게 지속적으로 상세하게 노출
⑤ 다차원적인 내용의 여러 가지 피드백을 한 번에 제공

정답 ②
해설 ① 사회복지사는 구체적이고 명확한 피드백을 제공해야 한다. ③ 집단 성원의 긍정적 변화를 위해서 그의 강점과 자원을 중심으로 피드백을 제공해야 한다. ④ 집단 과정 촉진을 위한 사회복지사 자신의 경험, 감정, 생각 등은 경우에 따라 집단 성원에게 선택적으로 노출해야 한다.

☐ 16회

02. 집단 사회사업의 장점에 관한 설명으로 옳지 않은 것은?

① 타인에게 도움을 줄 수 있는 기회를 통해 이타성이 향상된다.
② 집단 내에서 서로 공통된 문제를 확인함으로써 자신의 문제를 일반화할 수 있다.
③ 타인의 행동을 관찰하는 과정에서 자신의 잘못된 생각을 고쳐 나갈 수 있는 치료적 효과를 가진다.
④ 구성원과 자신의 문제를 분석하고 역전이를 통해 해결하는 보편성을 경험한다.
⑤ 집단 내에서 역기능적인 경험을 재현함으로써 이를 통해 성장의 기회를 가진다.

정답 ④
해설 역전이란 사회복지사가 지닌 부정적 감정을 무의식적으로 클라이언트에게 투사하는 것으로, 역전이가 치료를 방해하지 않도록 다루는 것이 중요하다. 보편성은 클라이언트가 다른 사람들도 자신과 비슷한 문제를 가지고 있다는 것을 알게 되어 위로를 얻는 것이다.

☐ 17회

03. 집단 사회복지실천에서 집단 구성과 구조에 관한 설명으로 옳지 않은 것은?

① 일반적으로 사회적 목표모델보다 치료모델의 집단 규모가 더 작다.
② 아동집단은 성인집단에 비해 모임 시간은 더 짧게 빈도는 더 자주 설정한다.
③ 집단 구성원의 동질성이 강할수록 성원 간 방어와 저항도 더 많이 발생한다.
④ 물리적 공간을 결정할 때 좌석배치까지 고려한다.
⑤ 개방형 집단이 폐쇄형 집단에 비해 위기상황에 처한 사람들에게 더 융통성 있는 참여 기회를 제공한다.

정답 ③
해설 집단 구성원의 동질성이 강할수록 성원 간 방어와 저항이 줄어들며 의사소통이 촉진될 수 있다.

☐ 17회
04. 집단 사회복지실천기술에 관한 설명으로 옳은 것은?

① 집단 과정의 명료화기술은 성원들이 어떻게 상호작용하고 있는지를 인식하도록 돕는 기술이다.
② 사회복지사와의 의사소통을 집단 성원간 의사소통보다 중시해야 한다.
③ 사회복지사는 특정한 집단 과정에 선택적으로 반응해서는 안 된다.
④ 직면은 집단 초반에 구성원의 참여를 촉진하는 기술이다.
⑤ 집단의 목표는 집단 과정을 통해 성취하면 되므로 처음부터 설명할 필요는 없다.

정답 ①
해설 ② 집단 성원들 간 의사소통과 사회복지사와의 의사소통 모두 중시해야 한다. ③ 사회복지사는 특정한 집단 과정에 선택적으로 반응해야 한다. ④ 직면은 클라이언트가 자신의 문제를 보증하거나 합리화하여 변화를 거부할 때 사용하는 기법이다. 집단에 대한 신뢰감이 형성되기 전인 집단 초반에 사용하면 오히려 거부감을 불러올 수 있다. ⑤ 집단의 목표는 집단의 목적을 성취하기 위한 기준으로 처음부터 설명되어야 한다.

☐ 17회
05. 집단 회기를 마무리하는 방식으로 옳은 것은?

ㄱ. 회기에 대한 사회복지사의 관찰과 생각을 전달한다.
ㄴ. 회기 중 제기된 이슈를 다 마무리 하지 않고 회기를 마쳐도 된다.
ㄷ. 회기에서 다룬 내용을 집단 밖에서 어떻게 적용할지에 대한 계획을 묻는다.
ㄹ. 다음 회기에 다루기 원하는 주제 문제를 질문한다.

① ㄱ, ㄷ　　　　② ㄱ, ㄹ　　　　③ ㄷ, ㄹ
④ ㄱ, ㄷ, ㄹ　　　⑤ ㄱ, ㄴ, ㄷ, ㄹ

정답 ⑤
해설 ㄱ, ㄴ, ㄷ, ㄹ 모두 집단 회기를 마무리하는 방식으로 옳다.

☐ 17회
06. 집단을 활용한 사회복지실천의 치료적 효과요인으로 옳지 않은 것은?

① 고유성　　　　② 이타성 향상　　　　③ 실존적 요인
④ 재경험의 기회 제공　　⑤ 희망고취

정답 ①
해설 고유성은 얄롬이 제시한 '집단을 활용한 사회복지실천의 치료적인 효과 요인'에 해당하지 않는다.

기출문제 확인하기

◻ 18회

07. 집단 성원의 주도성이 높은 것부터 순서대로 나열한 것은?

> ㄱ. 자조 집단   ㄴ. 성장 집단   ㄷ. 치료 집단   ㄹ. 교육 집단

① ㄱ – ㄴ – ㄹ – ㄷ
② ㄱ – ㄷ – ㄴ – ㄹ
③ ㄱ – ㄹ – ㄷ – ㄴ
④ ㄴ – ㄱ – ㄹ – ㄷ
⑤ ㄴ – ㄹ – ㄱ – ㄷ

정답 ①
해설 집단 성원의 주도성은 '자조 집단(ㄱ) → 성장 집단(ㄴ) → 교육집단(ㄹ) → 치료집단(ㄷ)'순이다. ㄱ. 자조 집단은 특정 목적을 성취하고 성원 간 상호원조를 목적으로 형성되는 자발적 소집단으로, 성원들이 당면한 문제를 성원들 스스로가 해결해 가는 집단이다. ㄴ. 성장 집단은 개인적 변화를 이끌어낼 수 있는 기회를 구성원에게 제공하면서 자아 향상을 강조하는 집단으로, 사회정서적 문제를 교정하기보다는 사회·정서적 건강을 증진시키는 데 초점을 둔다. ㄹ. 교육 집단은 성원들이 자신과 그들의 사회에 관하여 학습하도록 돕는 것을 목적으로 하는 집단으로, 집단을 통해 새로운 정보를 습득하는 데 초점을 둔다. ㄷ. 치료 집단은 집단 성원의 당면 문제를 사회복지사가 주체가 되어 해결해 가는 집단이다.

◻ 18회

08. 토스랜드와 리바스 토스랜드와 리바스(R.Toseland & R. Rivas)가 분류한 성장 집단에 관한 설명으로 옳지 않은 것은?

① 촉진자로서의 전문가 역할이 강조된다.
② 성원 간의 상호작용이 중요한 도구가 된다.
③ 개별 성원의 자기표출을 긍정적으로 인식한다.
④ 공동과업의 성공적 수행이 일차적인 목표이다.
⑤ 공감과 지지를 얻기 위해 동질성이 높은 성원으로 구성한다.

정답 ④
해설 공동과업의 성공적 수행이 일차적인 목표인 집단은 과업 집단이다. 성장 집단은 성원들의 자기인식 증진과 사고의 변화가 목적이다.

◻ 18회

09. 가정폭력 피해경험이 있는 사회복지사가 자기 노출을 고려하는 목적으로 옳은 것은?

① 역전이를 활용하기 위해
② 클라이언트의 표현을 촉진하기 위해
③ 자신과 비슷한 경험인지 알아보기 위해
④ 클라이언트의 자기합리화를 돕기 위해
⑤ 사회복지사가 자신의 문제를 극복했는지 확인하기 위해

정답 ②

해설 자기 노출은 사회복지사가 클라이언트에게 언어적 표현 또는 비언어적 표현 등을 통해 자신의 생각과 감정, 삶의 경험 등을 의도적·의식적으로 밝히는 것이다. 사회복지사가 개인적인 감정들과 경험들을 클라이언트와 함께 나눌 때 클라이언트는 사회복지사를 신뢰하고 자신의 경험을 표현하게 된다.

□ 19회
10. 다음에서 설명하는 집단의 치료적 효과는?

> 집단 내 상호작용 과정에서 그동안 해결되지 않은 원 가족과의 갈등에 대해 탐색하고 행동 패턴을 수정할 기회를 갖게 된다.

① 정화   ② 일반화   ③ 희망증진
④ 이타성 향상   ⑤ 재경험의 기회 제공

정답 ⑤

해설 재경험의 기회 제공에 대해 얄롬(Yalom)은 집단치료의 치료요소 중 가족집단의 교정적 재현(corrective recapitulation)을 설명하고 있다. 즉, 집단은 가족과 유사한 환경을 제공하여 집단사회복지사와 다른 집단 성원과의 관계는 부모 및 형제와의 관계를 재현한다. 이것을 말레코프(Malekoff)는 집단을 활용하는 집단사회사업의 장점 중 하나로 재경험의 기회제공이라고 설명하였는데, 이는 이전의 역기능적인 경험을 집단 내에서 재현할 뿐 아니라 집단성원 간의 역동성 속에서 역기능을 경험하기도 하기 때문에 이를 통해 성장할 수 있는 기회를 갖게 된다는 것이다.

집단에 대한 치료적 효과를 보충하여 설명하면 다음과 같다.
① 정화의 기능 : 집단성원들이 자신이 문제에 대한 불안, 감정, 생각, 희망, 꿈 등을 공유하여 공통의 목적을 성취해 나가기 때문에 자신의 문제를 보다 객관적으로 해결할 수 있는 기회를 제공한다.
② 일반화 : 집단성원들이 문제로 인해 소외되고 자신을 이해해 주지 못하는 사람들이 많다고 생각하기 때문에 어려움을 겪게 되지만, 집단 내에서 서로 공통된 문제로 인해 이를 일반화시킬 수 있고 하나의 공동체 느낌을 가질 수 있다.
③ 희망증진 : 집단성원들이 여러 가지 문제에 봉착되어 있는 한계를 느낄 때 집단을 통해 문제의 해결점을 찾아갈 수 있고, 자신들이 이 문제를 해결할 수 있는 능력이 있음을 깨닫게 된다.
④ 이타성 향상 : 자기중심적인 상황에서 벗어나 타인을 위해 도움을 준다는 점에서 이타성을 기를 수 있고, 이로 인해 타인에게 의존해 있던 자신을 보다 독립적인 자신으로 성장시킬 수 있다.

□ 19회
11. 집단유형별 특성에 관한 설명으로 옳지 않은 것은?

① 지지집단은 유사한 문제와 욕구를 가진 사람들로 구성하여 유대가 빨리 형성된다.
② 성장집단은 집단 참여자의 자기인식을 증가시켜 개인의 잠재력을 최대화하는 데 초점을 둔다.
③ 치료집단은 성원의 병리적 행동과 외상 후 상실된 기능을 회복하는 데 초점을 둔다.
④ 교육집단은 지도자가 집단 성원의 문제와 욕구를 해결하기 위해 필요한 기술과 정보를 제공한다.
⑤ 자조집단에서는 전문가가 의도적으로 집단을 구성하여 정서적 지지와 문제 해결을 지원한다.

기출문제 확인하기

정답 ⑤

해설 자조집단(self-help group)은 전문가의 역할은 최소화되고 집단지도자 역할이 집단 성원에게 주어진다. 즉, 전문가보다는 특정한 문제를 이미 겪었거나 극복한 사람 또는 집단 구성원들이 차례로 돌아가면서 집단을 이끌게 된다. 따라서, 전문가가 의도적으로 집단을 구성하여 정서적 지지와 문제 해결을 지원한다는 것은 옳지 않다. 참고로 지지집단은 전문가가 집단성원들을 동기화시키고 집단지도자의 역할을 전문가가 하므로 전문가의 역할이 중요하다.

다른 집단에 대한 설명은 다음과 같다.

① 지지집단(support group)의 성원은 대개 유사한 문제, 욕구, 경험을 가지고 있어서 유대가 빨리 형성되며 자기표출의 정도가 매우 높다.
② 성장집단(growth group)은 집단 참여자의 자기인식 또는 자아성찰, 잠재력 개발 등과 같은 인간의 내적 개발을 통하여 사회적 기능을 향상시키기 위해 구성된 집단으로, 집단 참여자들의 자기인식을 증가시켜 잠재능력을 최대화하는 데 초점을 둔다.
③ 치료집단(therapy group)은 성원의 문제들이 치유 받고 회복되거나 증상이 완화될 수 있도록 전문적인 개입을 하는 집단으로, 집단 성원의 병리적 행동과 외상 후 상실된 기능이 회복될 수 있도록 원조하는 데 초점을 둔다.
④ 교육집단(education group)은 지도자가 집단 성원의 문제와 욕구를 해결하기 위해 필요한 지식이나 정보를 제공하거나 기술을 습득하게 하는 것을 목적으로 한다.

□ 19회

12. 집단구성에 관한 설명으로 옳지 <u>않은</u> 것은?

① 집단이 커질수록 구성원의 참여의식이 증가하고 통제와 개입이 쉽다.
② 집단상담을 위해 가능하면 원형으로 서로 잘 볼 수 있는 공간을 만들 수 있는 장소가 바람직하다.
③ 집단성원의 유사함은 집단소속감을 증가시킨다.
④ 개방집단은 새로운 정보와 자원의 유입을 허용한다.
⑤ 비구조화된 집단에서는 집단성원의 자발성이 더욱 요구 된다.

정답 ①

해설 집단이 작을수록 집단구성원들의 참여 및 친밀성에 대한 요구가 많아져서 구성원의 참여의식이 증가하고, 집단 성원에 대한 집단지도자의 개별적 접근이 용이하므로 통제와 개입이 쉽다. 반면에 집단이 커질수록 구성원의 참여의식이 감소하고 통제와 개입이 어렵다.

집단구성에 관한 내용을 보충하여 설명하면 다음과 같다.

② 집단 상담을 위해 집단성원들간에 서로 몸을 돌리지 않고도 쉽게 전체가 잘 보일 수 있고 대면할 수 있는 원형이 일반적으로 바람직하다.
③ 집단성원이 유사한 동질집단인 경우에 집단성원들 간의 상호작용이 더욱 활발해지고 집단소속감을 증가시킨다. 참고로 집단성원의 동질성이란 성원들의 집단참여 동기, 목적, 문제 등과 함께 인구사회학적 특성들이 유사함을 의미한다.
④ 개방집단은 집단이 진행되는 동안 새로운 집단성원이 참여할 수 있는 집단을 말하는 것으로, 새롭게 참여한 집단성원을 통해 새로운 정보와 자원이 유입된다.
⑤ 집단사회복지사가 계획적이고 체계적이며 시간제한적으로 개입하는 구조화된 집단보다 그렇지 않은 비구조화된 집단에서는 집단성원의 자발성이 더욱 요구된다. 집단사회복지사가 계획한 틀에 맞추어 운영되는 구조화된 집단의 경우 집단성원들의 자율성과 책임성은 줄어들게 된다.

□ 16회
13. 집단역학(group dynamics)의 구성요소가 아닌 것은?

① 긴장과 갈등 ② 가치와 규범 ③ 집단목적
④ 의사소통 유형 ⑤ 지식 및 정보습득

정답 ⑤
해설 집단역학의 구성요소로는 일반적으로 가치와 규범, 지위와 역할, 집단응집력, 집단 의사소통 유형과 상호 작용(정서적 유대, 하위집단 등), 집단의 크기와 물리적 환경, 집단 문화, 피드백, 대인관계, 집단의 목적, 긴장과 갈등, 집단의 발달단계, 집단 지도력 등이 있다.

□ 17회
14. 집단 사회복지실천에서 하위집단에 관한 설명으로 옳은 것을 모두 고른 것은?

> ㄱ. 집단 초기단계에서 나타난 집단 응집력을 촉진한다.
> ㄴ. 정서적 유대감을 갖게 된 집단 구성원 간에 형성된다.
> ㄷ. 적게는 한 명에서 많게는 다수로 구성된다.
> ㄹ. 소시오메트리를 통해 특정 가능하다.

① ㄱ, ㄴ ② ㄴ, ㄹ ③ ㄱ, ㄷ, ㄹ
④ ㄴ, ㄷ, ㄹ ⑤ ㄱ, ㄴ, ㄷ, ㄹ

정답 ②
해설 ㄱ. 하위집단은 집단 활동이 진행되며 성원 간 상호작용을 통해 발생한다. 하위집단은 집단 응집력을 촉진 할 수도 있고 저해할 수도 있다. ㄷ. 하위 집단 역시 둘 이상의 구성원 사이의 상호작용을 통해 구성된다.

□ 19회
15. 집단역동에 관한 설명으로 옳지 않은 것은?

① 하위집단은 집단에 부정적인 영향을 미치기 때문에 사회복지사가 개입하여 만들어지지 않도록 한다.
② 집단성원 간 직접적 의사소통을 격려하여 집단역동을 발달시킨다.
③ 집단응집력이 강할 경우, 집단성원들 사이에 상호 의존하려는 경향이 강해진다.
④ 개별성원의 목적과 집단 전체의 목적의 일치 여부에 따라 집단역동은 달라진다.
⑤ 긴장과 갈등을 적절하고 건설적인 방법으로 해결할 때 집단은 더욱 성장할 수 있다.

정답 ①

해설 집단성원들이 상호 간에 공통점을 발견하거나 매력이 생기면 하위집단을 형성하게 되며, 하위집단은 집단에 긍정적인 영향과 부정적인 영향을 미칠 수 있다. 부정적인 영향을 미치기 때문에 하위집단이 만들어지지 않도록 사회복지사가 개입한다는 것은 옳지 않다. 하위집단의 출현을 평가할 때 가장 주목해야 할 점은 전체집단과의 관계이며, 하위집단의 갈등이 있는지 또는 상호 협조적인지 알아야 하며, 이것이 전체집단의 어떤 관계를 달성함에 어떤 기능을 하는지 분명하게 파악하는 것이 중요하다.

집단역동에 관한 더 자세한 내용에 대해 알아보면
② 의사소통의 올바른 유형은 사회복지사나 일부 성원들이 집단의 의사소통을 독점하기보다는 집단성원들이 모두 참여하면서 집단성원 간 직접적 의사소통을 하는 것이다.
③ 집단응집력이 강할 경우, 집단성원들 사이에 지나치게 상호의존하려는 경향이 강해지고 자아정체감을 상실하게 될 수도 있다.
④ 개별성원의 목적과 집단 전체의 목적의 일치 여부에 따라 집단역동은 달라지기 때문에, 사회복지사는 집단성원의 목적과 집단의 목적이 조화를 이룰 수 있도록 노력할 필요가 있다.
⑤ 집단활동이 진행되면서 성원 간에는 다양한 형태의 긴장 및 갈등관계가 형성될 수 있다. 긴장과 갈등이 집단에 항상 부정적인 영향을 미치는 것은 아니며, 오히려 집단은 긴장과 갈등을 적절 하고 건설적인 방법으로 해결할 때 더욱 성장할 수 있다.

□ 19회
16. 집단응집력을 향상하는 요인이 <u>아닌</u> 것은?

① 이질적 집단으로 구성
② 집단에 대한 자부심 고취
③ 집단성원 간의 다른 인식과 관점의 인정
④ 집단성원 간 공개적이고 활발한 상호작용
⑤ 집단의 참여를 통해 얻게 되는 보상, 자원 제공

정답 ①

해설 이질적 집단의 경우 집단성원들이 서로 그들의 문제를 노출하고 결속감을 형성하는 데는 시간이 더 오래 걸린다. 집단성원들의 연령, 교육수준, 문제유형 등이 유사한 동질적 집단으로 구성할 때 집단 성원들 간의 상호작용이 더욱 활발해지고 집단응집력이 향상된다.
 그 외에도 집단응집력을 향상시키는 요인에는
② 집단성원들이 현재 참여하고 있는 집단에 대한 자부심을 느끼도록 돕는다.
③ 집단성원들의 상이한 인식과 관점을 인정하면서 성고비경쟁적인 관계를 형성하면 집단응집력을 높이기 때 집단성원들이 협력하는 관계를 형성하도록 원조한다.
④ 집단성원 간 공개적이고 활발한 상호작용은 향상시키기 때문에 집단토의와 프로그램 활동들을 적극적으로 활용하여 집단성원들 간의 상호작용을 촉진시키도록 한다.
⑤ 집단의 참여를 통해 얻게 되는 보장, 자원 등의 자극제를 진단성원들에게 제공한다.

☐ 16회
17. 다음의 집단 사회복지사의 활동이 주로 나타나는 단계는?

> - 집단 성원의 불안감, 저항감을 감소시키기 위해 노력
> - 집단 성원 간 공통점을 찾아 연결시킴
> - 집단의 목적을 집단 성원 모두가 공유하게 함

① 준비단계　　　　② 초기단계　　　　③ 중간단계
④ 종결단계　　　　⑤ 사후관리단계

정답 ②
해설 ① 준비단계는 집단이 형성되기 이전에 사회복지사가 집단에 대해 계획하고 구성하는 단계이다. ③ 중간단계는 개인 내적 수준의 개입과 대인관계의 변화를 일으키게 하는 개입, 집단응집력을 향상시키는 단계이다. ④ 종결단계는 성원들과 집단이 목표를 달성할 때 종결하는 것이 이상적이지만, 집단성원이 중도 탈락하거나, 집단이나 성원의 목적을 달성하지 못한 채 종결하기도 한다. ⑤ 사후관리단계는 성공적인 집단의 종결과 성공적이지 않은 집단의 종결에 따라 추가적인 서비스나 자원이 필요한 경우 다른 기관에 서비스 혹은 성원들을 의뢰 하거나 평가를 하게 된다.

☐ 16회
18. 집단 사정을 위한 활동으로 옳지 않은 것은?

① 개별성원에 대해서는 기능적 행동과 비기능적 행동을 파악하여 개인별 프로파일을 작성
② 소시오그램을 활용하여 집단 성원 간 결탁, 수용, 거부 등을 파악
③ 의의차별척도(semantic differential scale)를 활용하여 집단의 전반적 상호작용 양상을 평가
④ 상호작용 차트를 활용하여 일정시간 동안 집단 성원 간 발생한 특정행동의 빈도를 측정
⑤ 집단에서 허용되지 않는 감정표현이나 이야기 주제, 그리고 집단 활동에 대한 성원의 태도 등을 통해 집단의 규범을 확인

정답 ③
해설 의의차별척도는 의미분화 척도라고도 하는데, 두 개의 상반된 입장 중에서 하나를 선택하도록 요청하는 척도로 다섯 개 혹은 일곱 개의 응답 범주를 가지고 있다. 이는 집단 성원이 동료 집단 성원을 사정하는데 활용될 수 있으나, 집단의 전반적 상호작용 양상을 평가하는 데에는 적절하지 않다.

기출문제 확인하기

☐ 16회

19. 집단 사회복지실천에 관한 설명으로 옳지 않은 것은?

① 집단이 개방적일 경우, 발달단계를 예측하는 것이 용이하다.
② 하위 집단의 발생은 필연적이기 때문에 전체 집단에 부정적 영향을 주는지 파악하는 것이 필요하다.
③ 집단의 규범은 집단 내부를 통제하기 때문에 외적 통제의 수준을 감소시킨다.
④ 집단 내 공동지도자의 참여는 집단지도자의 역전이를 막을 수 있다.
⑤ 자기애적 성향을 가진 성원의 경우 집단에 적절한 행동과 사고를 할 수 있도록 돕는다.

정답 ①
해설 집단이 개방적일 경우, 성원 변동이 유동적이기 때문에 집단 발달단계 예측이 곤란하다.

☐ 17회

20. 집단의 종결단계에서 집중적으로 수행해야 하는 과업으로 적절하지 않은 것은?

① 집단 의존성 감소
② 의뢰의 필요성 검토
③ 변화 노력의 일반화
④ 구성원 간 피드백 교환
⑤ 집단 구성원 간 공통점과 차이점 파악

정답 ⑤
해설 집단 성원 간 공통점과 차이점을 파악하는 것은 집단의 중간단계에서 수행해야 하는 과업이다. 종결단계에서는 그동안의 진전 과정을 클라이언트와 평가하고, 어려움이나 미진함이 있었다면 원인을 분석하고 필요한 과정을 논의한다.

☐ 17회

21. 집단 사정이 '개별 성원 - 전체집단 - 집단 외부' 환경차원에서 수행될 때 '전체 집단' 사정에 해당하는 것을 모두 고른 것은?

> ㄱ. 집단을 인가하고 지원하는 기관의 목표
> ㄴ. 하위 집단 형성
> ㄷ. 집단 구성원의 변화와 성장
> ㄹ. 집단 내 상호작용 방식

① ㄱ ② ㄴ ③ ㄴ, ㄹ
④ ㄴ, ㄷ, ㄹ ⑤ ㄱ, ㄴ, ㄷ, ㄹ

정답 ③
해설 ㄱ. 집단 외부 환경 차원에 대한 사정이다. ㄷ. 개별 성원 차원에 대한 사정이다.

□ 18회
22. 집단 사회복지실천의 중간단계에 해당하는 내용으로 옳은 것을 모두 고른 것은?

> ㄱ. 성원의 내적 변화를 파악하기 위해 개별상담을 한다.
> ㄴ. 성원들의 참여를 촉진하기 위해 집단의 목적을 상기시킨다.
> ㄷ. 하위 집단의 의사소통과 상호작용 빈도를 평가한다.
> ㄹ. 집단에 대한 의존성을 감소시키기 위해 모임주기를 조절한다.

① ㄱ, ㄷ ② ㄴ, ㄹ ③ ㄱ, ㄴ, ㄷ
④ ㄴ, ㄷ, ㄹ ⑤ ㄱ, ㄴ, ㄷ, ㄹ

정답 ③
해설 ㄹ. 집단에 대한 의존성을 감소시키기 위해 모임주기를 조절하는 것은 종결단계에 해당한다.

□ 18회
23. 집단성원 간의 관계를 파악하는 사정도구에 관한 설명으로 옳은 것은?

① 소시오메트리 : 성원 간의 상호작용 빈도를 기록한다.
② 상호작용차트 : 집단성원에 대한 다양한 측면의 인식 정도를 평가한다.
③ 소시오그램 : 성원 간의 관계를 표현한 것으로 하위 집단의 유무를 알 수 있다.
④ 목적달성척도 : 목적달성을 위한 집단성원들의 협력과 지지정도를 측정한다.
⑤ 의의차별척도 : 가장 호감도가 높은 성원과 호감도가 낮은 성원을 파악 할 수 있다.

정답 ③
해설 ① 소시오메트리는 성원 간의 상호작용 관계를 파악하는 것이지, 상호작용 빈도를 기록하는 것은 아니다. ② 상호작용차트는 성원 간 혹은 성원과 사회복지사 간 상호작용의 빈도를 기록하는 것이다. ④ 목적달성척도는 클라이언트가 목표에 달성한 정도를 측정한다. ⑤ 의의차별척도는 집단 성원이 동료 성원에 대해 평가하는 것이지만, 어떤 대상이 개인에게 주는 주관적인 의미를 측정하는 것으로 호감도 파악과는 거리가 멀다.

□ 18회
24. 초기면접을 위한 준비로 적절하지 않은 것은?

① 면접 목적을 잠정으로 설정한다.
② 모든 질문을 사전에 확정해 놓는다.
③ 슈퍼바이저나 동료에게 미리 조언을 구한다.
④ 클라이언트 특성을 고려하여 시설환경에 대한 준비를 한다.
⑤ 의뢰서에 있는 클라이언트의 문제와 관련한 전문지식을 보완한다.

정답 ②
해설 초기면접에서는 구조화된 질문자를 사용하기도 하지만, 대화를 통해서 새로운 상황이나 문제로 접근하기도 하는 등 융통성을 발휘할 수도 있다. 따라서 모든 질문을 사전에 확정해 놓는 것은 적절하지 않다.

기출문제 확인하기

□ 18회
25. 집단을 대상으로 한 실천의 내용으로 옳지 <u>않은</u> 것은?

① 성원 간의 갈등이 심하여 조기 종결을 하였다.
② 집단 과정을 촉진하기 위해 공동지도자를 두었다.
③ 적정규모를 유지하기 위해 신규 회원을 받았다.
④ 집단 규칙은 사회복지사가 제공하였다.
⑤ 개별 성원의 의도적인 집단경험을 유도하였다.

정답 ④
해설 집단 규칙은 집단상황에서 적절한 행동에 대한 성원들 간의 합의로, 구체적인 행위뿐 아니라 집단 내에서 허용 가능한 전반적 행동 패턴을 성원들과 함께 논의하고 결정하여야 한다.

□ 19회
26. 집단 초기단계에 나타나는 특성으로 옳은 것을 모두 고른 것은?

> ㄱ. 집단성원의 불안감과 저항이 높다.
> ㄴ. 집단에 대한 오리엔테이션이 필요하다.
> ㄷ. 사회복지사보다는 다른 집단성원과 대화하려고 시도한다.
> ㄹ. 문제해결과정에서 나타나는 갈등과 차이점을 적극적으로 표현한다.

① ㄹ   ② ㄱ, ㄴ   ③ ㄴ, ㄹ
④ ㄷ, ㄹ   ⑤ ㄱ, ㄷ, ㄹ

정답 ②
해설 ㄱ. 집단 초기단계에서 집단성원들은 낯선 사람과 새로운 환경, 즉 집단에 대한 불안과 불신감, 두려움과 저항감을 갖는다. 불안과 더불어 초기단계에 흔히 접할 수 있는 집단성원의 특성은 저항으로, 특히 비자발적 집단성원일 경우에 저항의 강도가 더욱 심할 수 있다. ㄴ. 초기단계에 사회복지사는 집단성원들을 상대로 오리엔테이션을 실시하며 앞으로 진행될 집단에 대한 정보를 제공해 주어야 한다. 오리엔테이션에 포함될 내용은 사회복지사에 대한 소개, 집단성원들의 소개, 집단의 목적에 대한 소개, 집단성원으로서의 역할에 대한 소개, 규칙에 대한 소개로 구성된다.
집단 초기단계의 특성에 대한 잘못된 내용에 대한 옳은 설명은 다음과 같다.
ㄷ. 낯선 사람과 새로운 환경에 대한 불안감으로 인해 새로운 사람과 접촉하기보다는 안면이 있는 사회복지사와 대화를 시도하려고 하여 주로 사회복지사에게 질문을 많이 한다.
ㄹ. 문제해결과정에서 나타나는 갈등과 차이점을 적극적으로 표현하는 것은 중간단계(개입단계)에 나타나는 특성이다. 초기단계에 비해 개입단계에는 집단성원들이 집단에 대한 소속감이 증가하고, 집단성원과 사회복지사에 대한 신뢰감도 증가하게 된다. 신뢰감이 있다는 것은 자신의 생각과 감정을 집단 내에서 자유롭게 표현할 수 있다는 의미이다.

□ 19회
27. 집단과정을 촉진하기 위한 직면하기에 관한 설명으로 옳은 것을 모두 고른 것은?

> ㄱ. 시작단계에서 가장 많이 쓰는 기법이다.
> ㄴ. 집단성원이 아직 인식하지 못했던 부분을 볼 수 있도록 한다.
> ㄷ. 말과 행동의 불일치를 밝히고 이를 해결할 수 있도록 원조한다.
> ㄹ. 행동을 구체적으로 지적하고 집단에 미치는 영향을 설명한다.

① ㄱ, ㄴ ② ㄴ, ㄹ ③ ㄱ, ㄷ, ㄹ
④ ㄴ, ㄷ, ㄹ ⑤ ㄱ, ㄴ, ㄷ, ㄹ

정답 ④
해설 ㄴ. 직면의 목적은 집단성원이 아직 인식하지 못했던 부분을 볼 수 있도록 한다는 점을 기억해야 한다.
ㄷ. 집단성원의 말과 행동 간의 불일치 또는 집단성원이 전달하는 메시지 내용 간의 불일치를 밝혀내야 하며, 불일치가 발견되면 불일치의 내용을 집단성원에게 명확히 지적해 주고 이를 해결할 수 있도록 집단성원을 원조해야 한다. ㄹ. 집단성원의 행동을 구체적으로 지적하고 그 행동이 집단과 다른 집단성원들에게 미치는 영향을 자세히 설명하는 것이 필요하다.
잘못된 설명이며 이에 대한 옳은 설명은 다음과 같다.
ㄱ. 잘못된 설명이며 집단과정을 촉진하기 위한 직면하기는 클라이언트가 보이는 불일치를 알아차리고 주의집중기술을 활용하여 이에 대한 피드백을 클라이언트에게 제공하는 기술로서 개입단계에 필요한 핵심적인 사회복지 실천기술이다.

5 사회복지실천의 기록과 평가

◆ 출제경향분석 및 학습가이드

대분류	소분류		20회	19회	18회	17회	16회	15회	14회	13회	12회	11회	출제빈도 및 중요도
기록과 평가	제13장 사회복지 실천기록	출제 문항수	1	1	1	1	1	1	1	1	1	1	★★
		비중	4.0%	4.0%	4.0%	4.0%	4.0%	4.0%	4.0%	4.0%	4.0%	3.3%	
	제14장 사회복지 실천평가	출제 문항수	1	0	1	1	2	2	1	1	1	2	★★
		비중	4.0%	0.0%	4.0%	4.0%	8.0%	8.0%	4.0%	4.0%	4.0%	6.7%	

13. 사회복지실천 기록
- 이 분야도 매회 출제되고 있음.
- 기록의 목적과 용도 중심으로 이해함.
- 기록의 유형인 문제중심기록, 과정기록, 요약기록, 녹음 및 녹화기록에 대하여 장단점을 파악하도록 함.

14. 사회복지실천의 평가
- 이 장은 다수의 문항이 출제되는 것은 아니지만 거의 빠지지 않고 출제되고 있음.
- 평가의 유형, 단일사례설계, 단일사례설계의 종류 등을 중심으로 잘 살펴보아야 함.

기출문제 확인하기

□ 17회

01. 다음을 문제중심기록의 'S-O-A-P' 순서대로 배치한 것은?

> ㄱ. 질문에만 겨우 답하고 눈물을 보이며 시선을 제대로 마주치지 못함.
> ㄴ. "저는 이 문제를 해결할 수 없어요. 저를 도와줄 사람도 없고요."
> ㄷ. 우울증 검사와 욕구에 따른 인적, 물적 자원 연결이 필요함.
> ㄹ. 자기효능감이 저하된 상태로 지지체계가 빈약함

① ㄱ - ㄴ - ㄷ - ㄹ
② ㄱ - ㄹ - ㄴ - ㄷ
③ ㄴ - ㄱ - ㄷ - ㄹ
④ ㄴ - ㄱ - ㄹ - ㄷ
⑤ ㄴ - ㄹ - ㄱ - ㄷ

정답 ④

해설 문제중심기록이란 기록을 표준화하고 수행 정도를 검토하여 문제 해결에 도움을 주기 위해 만든 기록 형식이다. 'S(주관적 정보) - O(객관적 정보) - A(사정) - P(계획)' 순서로 이루어진다. ㄴ. 클라이언트가 느끼는 주관적 정보이다. ㄱ. 사회복지사가 관찰한 클라이언트의 객관적 정보이다. ㄹ. 각 정보를 바탕으로 한 문제의 사정이다. ㄷ. 문제를 해결하는 방법에 대한 계획이다.

□ 18회

02. 문제중심기록의 특성으로 옳지 않은 것은?

① 현상의 복잡성을 단순화시키고 부분화를 강조하는 단점이 있다.
② 문제유형의 파악이 용이하며 책무성이 명확해진다.
③ 클라이언트의 주관적 진술과 사회복지사의 관찰과 같은 객관적 자료를 구분한다.
④ 클라이언트의 문제 상황을 진단하고 개입계획을 제외한 문제의 목록을 작성한다.
⑤ 슈퍼바이저, 조사연구자, 외부자문가 등이 함께 검토하는 데 용이하다.

정답 ④

해설 문제중심기록은 클라이언트가 지각하는 문제, 즉 자신의 상황과 문제에 대해 스스로 어떻게 생각하고 느끼고 있는가에 대한 주관적 정보와 함께 사회복지사가 관찰한 내용을 기술하는 것으로, 개입계획을 포함시켜야 한다.

기출문제 확인하기

□ 16회

03. 사회복지실천 기록의 목적에 해당하는 것을 모두 고른 것은?

> ㄱ. 개인적 보관 및 활용
> ㄴ. 지도 감독 및 교육 활성화
> ㄷ. 책임성의 확보
> ㄹ. 정보제공
> ㅁ. 클라이언트에 대한 이해 증진

① ㄴ, ㄹ
② ㄱ, ㄷ, ㅁ
③ ㄱ, ㄴ, ㄷ, ㄹ
④ ㄴ, ㄷ, ㄹ, ㅁ
⑤ ㄱ, ㄴ, ㄷ, ㄹ, ㅁ

정답 ④
해설 사회복지실천 목적에는 책임성, 정보 제공, 서비스 개입 및 과정의 점검과 평가, 클라이언트에 대한 이해 증진, 지도 감독 및 교육의 활성화, 근거 자료로 활용, 효과적 사례관리, 다른 전문직과의 의사소통, 자료화 등이 있다.
ㄱ. 기록의 개인적 보관 및 활용은 사회복지실천 기록의 목적이 아님은 물론, 오히려 지양해야 할 행동이다.

□ 19회

04. 기록의 목적과 용도에 관한 설명으로 옳은 것을 모두 고른 것은?

> ㄱ. 사회복지사의 전문적 활동을 입증하는 자료로 활용한다.
> ㄴ. 기관 내에서만 활용하고 다른 전문직과는 공유하지 않는다.
> ㄷ. 기관의 프로그램 수행 자료로 보고하며 기금을 조성하는 근거로 활용한다.
> ㄹ. 클라이언트와 정보를 공유하고 의사소통하는 도구로 활용한다.

① ㄷ
② ㄱ, ㄹ
③ ㄱ, ㄷ, ㄹ
④ ㄴ, ㄷ, ㄹ
⑤ ㄱ, ㄴ, ㄷ, ㄹ

정답 ③
해설 ㄱ. 사회복지실천 개시부터 종결단계까지 클라이언트에게 제공한 서비스내용과 과정, 목표달성 여부와 성과 등을 기록으로 남겨 문서화하는 것은 기관 측면에서는 프로그램과 지침을 실제로 수행하고 있음을 보여주는 것이며, 사회복지사도 자신의 전문적 활동을 입증할 수 있는 자료가 된다. ㄷ. 사회복지기관이 약속한 프로그램 및 정책적 지침을 실제로 수행하고 있다는 것을 보여주며, 사회복지 프로그램에 대한 재정지원을 정당화해주고 전달된 서비스에 대한 비용청구와 프로그램 실시를 위한 기금조성 근거로 활용한다. ㄹ. 기록은 클라이언트와 정보를 공유하고 의사소통할 수 있는 도구가 되는데, 오늘날 더 많은 사회복지기관들이 사회복지 서비스의 소비자인 클라이언트에게 기록을 개방하고 있으며 이는 소비자의 권리를 존중하는 사회의 경향과도 관계가 있다.
ㄴ. 잘못된 설명이며 기관 내에서만 활용하는 것이 아니라 서비스를 전달하는 다른 전문직과는 공유하기도 한다. 즉, 다른 전문직과의 사례회의나 토론을 대신하여 의사소통도구로 활용되어 집단적 의사결정을 도울 수 있으며, 다른 전문직들에 대한 교육시 교육적 자료로 활용되기도 한다.

□ 16회

05. 알코올 중독 노숙인의 자활을 위해 다 차원적으로 개입한 후, 단일사례설계를 활용하여 사업의 성과를 평가하려고 한다. 이때 성과지표로 사용 가능한 자료가 <u>아닌</u> 것은?

① 밤사이 숙소 밖에 버려진 술병의 수
② 직업훈련 참여 시간
③ 직업훈련의 성격
④ 스스로 측정한 자활의지
⑤ 단주 모임에 나간 횟수

정답 ③
해설 직업훈련의 성격은 알코올 중독 노숙인의 자활을 위해 다차원적으로 개입한 것에 대한 성과지표로 적합하지 않다. 개입 후의 결과물이라 보기 어렵기 때문이다.

□ 16회

06. 형성평가에 관한 설명으로 옳지 <u>않은</u> 것은?

① 프로그램의 최종 목표 달성 여부를 효과성과 효율성 측면에서 평가한다.
② 개입이 이루어지는 동안 발생하는 자료를 수집하여 환류하는 것을 중시한다.
③ 현재와 미래에 관련된 프로그램 수행상의 문제 해결이나 결정을 내리기 위해 실시한다.
④ 프로그램의 전달체계, 기관의 운영상황, 클라이언트의 욕구 등을 염두에 두고 시행한다.
⑤ 서비스 이용자의 욕구를 반영하여 사회복지사가 기대했던 진전이 이루어지고 있는지를 사정한다.

정답 ①
해설 프로그램의 최종 목표 달성 여부를 효과성과 효율성 측면에서 평가하는 것은 총괄평가에 해당한다. 형성평가는 프로그램 진행중 프로그램의 원활하고 성공적인 수행을 위하여 문제점을 찾아내고 수정보완할 목적으로 실시되는 평가로, 효율성을 증진시키는 데 목적이 있다.

□ 17회

07. 다음 〈사례〉에 해당되는 단일 사례 설계 평가유형은?

> 대인관계 문제로 어려움을 겪던 재훈이와 수지는 사회성 측정 후 사회 기술훈련에 의뢰되었다. 재훈이는 곧바로 사회기술훈련을 시작하여 사회성의 변화추이를 측정해 오고 있으며 수지는 3주간 시간차를 두고 사회기술훈련을 시작하면서 변화 추이를 관찰하였다.

① AB설계　　　　　② ABAB설계　　　　　③ BAB 설계
④ 다중(복수)기초선설계　　　⑤ 다중(복수)요소설계

기출문제 확인하기

정답 ④
해설 제시된 사례에 해당하는 단일사례설계 평가유형은 다중(복수)기초선설계이다. 이는 동일한 개입방법을 여러 대상이나 상황, 표적 문제, 사람에 따라 개입 시점을 각기 다르게 하면 기초선단계가 하나가 아닌 여러 개가 되므로 복수기초선설계라고도 한다.

□ 17회
08. 다음 〈사례〉에 해당하는 단일사례설계의 유형은?

> 노인복지관 사회복지사가 어르신들의 우울감 개선 프로그램을 계획하였다. 프로그램 시작 전에 참여하는 어신들의 심리검사를 행하였고, 2주간의 정서지원프로그램 실시 후 변화를 측정하였다. 1주일 후에는 같은 어르신들을 대상으로 2주간의 명상프로그램을 진행하여 우울감을 개선하고자 한다.

① A
② BAB
③ ABA
④ ABAB
⑤ ABAC

정답 ⑤
해설 ABAC설계(다중요소설계)는 하나의 기초선 자료 (어르신들)에 대해 여러 개의 각기 다른 개입 방법들(정서지원프로그램과 명상 프로그램)을 연속적으로 도입하는 방법이다.
① AB 설계(기본단일설계)는 기초선(A) → 개입(B)의 순서로 이루어지는 가장 단순한 형태의 단일사례설계이다.
② BAB설계는 기초선 기간을 설정하지 않고 처음부터 개입국면(B)에 들어간 다음, 개입을 중단하는 기초선단계(A)를 갖고, 다시 개입을 재개하는 국면(B)을 갖는 설계이다. ③ ABA설계는 AB설계에 개입을 중단하는 제2의 기초선단계(A)를 추가한 설계이다. ④ ABAB설계(반전설계)는 AB설계의 개입을 중단한 국면에서 동일 대상에 대해 다시 AB를 추가한 설계이다.

실전 모의고사 1회

01. 사회복지실천의 과학적 기반에 대한 내용으로 적절한 것은?

① 클라이언트의 정서적 측면에 개입하는 사회복지사의 심리적 특성 또는 능력이다.
② 효과적인 실천을 위해서는 체계적인 이론과 지식, 기술, 절차들이 뒷받침되어야 한다.
③ 사회복지실천이 이론에만 의존하여 기계적인 수행에 그치지 않게 한다.
④ 사회복지사의 직관적 능력, 건전한 판단력 등은 과학적 기반의 원천이다.
⑤ 다른 사람의 고통을 함께 느끼며 어려움을 함께 하고자 하는 의지가 이에 속한다.

02. 지역사회 네트워크 및 사회복지기관 간의 협력을 바탕으로 클라이언트의 욕구에 적합한 서비스 및 자원을 연결해주는 데에 주요 초점을 두는 역할은 무엇인가?

① 교사　　　　　② 계획자
③ 행정가　　　　④ 중개자
⑤ 조력자

03. 정신역동모델의 개입기술에 관한 설명으로 옳지 <u>않은</u> 것은?

① 자유연상기법란 클라이언트가 말과 행위 사이의 불일치, 표현한 가치와 실행 사이의 모순, 회피 등을 클라이언트 자신이 주목할 수 있도록 하는 기법이다.
② 꿈의 해석은 꿈에 나타나는 무의식에 억눌려있던 불안, 두려움 등을 해석함으로써 풀어나갈 수 있다.
③ 클라이언트가 개입과정에서 저항을 보일 때에는 직면 기술을 시도해볼 수 있다.
④ 사회복지사는 클라이언트가 보이는 전이반응을 중립적인 태도로 다루어야 한다.
⑤ 잘못된 해석은 클라이언트로 하여금 방어적 태도를 갖게 할 수 있음을 고려해야 한다.

04. 심리사회모델의 개입기법으로 옳지 <u>않은</u> 것은?

① 재보증 – 토닥거리기
② 직접적 영향주기
③ 개인 – 환경에 관한 고찰
④ 유형 – 역동성 고찰
⑤ 발달적 고찰

05. 다음의 모델 중 장기적 개입으로 가장 적합한 모델은?

① 위기개입모델　　② 과제중심모델
③ 정신역동모델　　④ 해결중심모델
⑤ 행동수정모델

06. 심리사회모델을 적용함에 있어 각 단계별 사회복지사의 과업에 관한 설명으로 옳은 것을 모두 고른 것은?

> ㄱ. 초기단계에서는 문제에 관한 사실수집 및 확인에 초점을 둔다.
> ㄴ. 사정단계에서는 '상황 속 인간'의 관점에서 클라이언트의 상황을 살펴본다.
> ㄷ. 개입단계에서는 사회복지사가 주도적으로 클라이언트의 변화를 이끌어간다.
> ㄹ. 종결단계에서는 종결을 맞이하는 클라이언트의 동의를 얻을 필요가 없다.

① ㄱ, ㄴ
② ㄷ, ㄹ
③ ㄱ, ㄴ, ㄹ
④ ㄴ, ㄷ, ㄹ
⑤ ㄱ, ㄴ, ㄷ, ㄹ

07. 행동주의모델에서는 다음 중 어떤 상황에서 인간의 행동이 학습된다고 보는가?

> ㄱ. 조작적 조건화
> ㄴ. 반응적 조건화
> ㄷ. 대리적 조건화
> ㄹ. 고전적 조건화

① ㄱ, ㄴ, ㄷ
② ㄱ, ㄷ
③ ㄱ, ㄴ, ㄹ
④ ㄷ, ㄹ
⑤ ㄱ, ㄴ, ㄷ, ㄹ

08. 인지행동모델에서 활용하는 개입기술에 관한 설명으로 옳지 않은 것은?

① 인지재구조화 : 전형적인 인지구조나 인지과정의 합리성조사 등을 통해 이루어진다.
② 체계적 둔감법 : 조건화의 원칙에 근거한 기법이다.
③ 이완훈련 : 클라이언트가 겪을 수 있는 스트레스 상황에 적절히 대처하도록 돕는다.
④ 자기지시기술 : 클라이언트가 행동지침을 만들어 스스로에게 지시하며 실행에 옮긴다.
⑤ 행동시연 : 클라이언트에게 필요한 행동을 사회복지사가 연기해 보이는 것이다.

09. 과제중심모델에서의 표적문제에 대한 설명으로 옳지 않은 것은?

① 클라이언트가 제시하고 해결하고자 하는 문제를 대상으로 삼아야 한다.
② 표적문제를 정할 때 클라이언트의 동의는 중요하지 않다.
③ 표적문제는 구체적으로 클라이언트가 해결 가능한 문제를 설정하는 것이 바람직하다.
④ 대인관계의 갈등이나 역할 수행상의 어려움도 표적문제가 될 수 있다.
⑤ 우선순위에 따라 최대한 세 개까지로 제한하는 것이 좋다.

10. 과제중심모델에서 실행단계에 해당하는 과업을 모두 고른 것은?

> ㄱ. 필요한 경우 개입기간을 연장하거나 사후관리를 한다.
> ㄴ. 선정된 표적문제에 대해 집중적으로 사정한다.
> ㄷ. 필요한 과제와 불필요한 과제를 살펴보며 수정한다.
> ㄹ. 문제해결에 도움이 되는 실현 가능한 대안을 찾아본다.

① ㄱ
② ㄴ, ㄷ
③ ㄷ, ㄹ
④ ㄱ, ㄴ, ㄷ
⑤ ㄴ, ㄷ, ㄹ

11. 위기개입모델의 기본원리로 옳은 것을 모두 고른 것은?

> ㄱ. 포괄적 목표
> ㄴ. 행동기술에 초점
> ㄷ. 장기적 개입
> ㄹ. 클라이언트의 자립

① ㄱ, ㄴ　　② ㄷ, ㄹ
③ ㄱ, ㄴ, ㄹ　　④ ㄴ, ㄹ
⑤ ㄱ, ㄴ, ㄷ, ㄹ

12. 역량강화모델에 해당하는 내용으로 옳은 것은?

① 개입 혹은 치료의 초점을 '문제'에 둔다.
② 실천가는 클라이언트 삶의 전문가이다.
③ 원조목적은 증상이나 행동, 관계, 감정과 사고의 부정적 영향을 줄이는 것이다
④ 개인, 가족, 혹은 대인관계 구조적 차원 등 모든 사회체계 수준에 적용이 가능하다.
⑤ 개인의 이야기는 전문기의 해석을 통해 재해석되어 증상을 진단하는데 활용한다.

13. 가족체계이론에 관한 설명으로 옳은 것을 모두 고른 것은?

> ㄱ. 가족성원의 행동을 순환적 인과관계로 설명한다.
> ㄴ. 가족은 기존의 규칙에 따라 움직인다.
> ㄷ. 핵가족 내에서는 하위체계가 발생하지 않는다.
> ㄹ. 가족은 보다 큰 사회체계에 속하며 많은 하위체계를 포함한다.

① ㄱ, ㄴ　　② ㄷ, ㄹ
③ ㄱ, ㄴ, ㄹ　　④ ㄴ, ㄷ, ㄹ
⑤ ㄱ, ㄴ, ㄷ, ㄹ

14. 가족조각을 통해 파악할 수 있는 것을 모두 고른 것은?

> ㄱ. 가족 간의 거리감
> ㄴ. 가족의 위계질서
> ㄷ. 환경과의 경계
> ㄹ. 구성원 간의 친밀도

① ㄱ, ㄴ, ㄹ　　② ㄴ, ㄷ, ㄹ
③ ㄱ, ㄴ　　④ ㄷ, ㄹ
⑤ ㄹ

15. 가족의 의사소통 특징 중 기능적 의사소통에 속하는 것을 모두 고른 것은?

> ㄱ. 엄마가 군입대한 아들에게 이중구속 메시지를 보낸다.
> ㄴ. 아버지는 자녀들에게 긍정적인 의사소통을 많이 한다.
> ㄷ. 부부간에 신비화를 많이 사용한다.
> ㄹ. 형이 동생에게 나 전달법으로 이야기한다.

① ㄱ, ㄴ, ㄷ　　② ㄱ, ㄷ
③ ㄱ, ㄴ, ㄹ　　④ ㄴ, ㄹ
⑤ ㄱ, ㄴ, ㄷ, ㄹ

16. 해결중심모델의 특징으로 옳은 것은?

① 클라이언트의 견해를 존중하기보다 사회복지사의 전문성을 강조한다.
② 이론적이고, 규범적인 모델로 사회복지사의 전문성이 강조된다.
③ 클라이언트의 강점, 자원 등을 발견하여 치료에 활용한다.
④ 달성 가능한 목표를 순차적으로 제시하여 장기적으로 진행된다.
⑤ 사회복지사는 클라이언트가 변화할 수 있다는 기대를 보여야 한다.

17. 다음에서 설명하고 있는 가족체계의 개입방법은 무엇인가?

> 치료자가 가족의 상호교류에서 자연스럽게 발전할 수 없는 행위를 실연해 보도록 한 후, 가족구성원이 해야 할 분야를 개발시키기 위하여 숙제를 주는 개입방법이다.

① 역할극　　　② 과제부여
③ 재정의　　　④ 합류하기
⑤ 순환적 질문 기법

18. 집단 대상 실천에서 사회복지사의 기술에 관한 설명으로 옳지 않은 것은?

① 사회복지사의 자기노출은 집단과정을 촉진하기 위해 필수적인 것은 아니다.
② 구성원들 간에 의사소통이 원활하게 이루어질 수 있게 소외당하지 않도록 진행한다.
③ 구성원들 간 의사소통이 잘 되도록 사회복지사의 역할이 중요하다.
④ 모델링, 역할극 등 다양한 기술을 통해 집단의 목적을 달성하도록 한다.
⑤ 사회복지사가 특정 성원의 의사소통을 의도적으로 제한해서는 안 된다.

19. 집단의 유형별 특징에 관한 설명으로 옳지 않은 것을 모두 고른 것은?

> ㄱ. 사회화집단은 사회적 기술의 습득을 원조하는 데에 초점을 둔다.
> ㄴ. 지지집단은 다소 심한 정서적 문제를 가진 성원들로 구성되는 경우가 많다.
> ㄷ. 교육집단은 성원들의 자기개방을 바탕으로 지식과 정보를 습득한다.
> ㄹ. 성장 집단은 개인의 성장을 이끌어내기 위한 도구로서의 의미가 크다.

① ㄱ, ㄹ　　　② ㄴ, ㄷ
③ ㄱ, ㄴ, ㄹ　　　④ ㄴ, ㄷ, ㄹ
⑤ ㄱ, ㄴ, ㄷ, ㄹ

20. 집단 대상 실천에서 사정에 관한 내용으로 옳은 것은?

① 초기단계에서 사정을 진행하여 집단 내 권력관계를 파악한다.
② 전체집단 사정을 통해 기관에서 집단에 배분한 자원을 살펴본다.
③ 현재 집단규범이 기능적인지, 역기능적인지를 확인한다.
④ 개별 성원이 실시한 자기점검결과는 어떤 경우도 사정 자료가 될 수 없다.
⑤ 사정의 결과에 따라 개입계획을 수정해서는 안 된다.

21. 집단 사정도구에 대한 설명으로 옳은 것을 모두 고른 것은?

> ㄱ. 상호작용차트 : 성원과 사회복지사의 관계를 양적 측면에서 파악할 수 있다.
> ㄴ. 의의차별척도 : 집단에 대한 성원들의 태도나 특성을 파악 할 수 있다.
> ㄷ. 연속생태도 : 시간의 흐름에 따른 성원 간 관계의 변화양상을 파악 할 수 있다.
> ㄹ. 소시오그램 : 성원들 사이에 일어나는 개인적인 수용과 거부를 파악할 수 있다.

① ㄱ, ㄷ ② ㄴ, ㄹ
③ ㄱ, ㄴ, ㄹ ④ ㄴ, ㄷ, ㄹ
⑤ ㄱ, ㄴ, ㄷ, ㄹ

22. 기록을 함에 있어서 고려해야 할 사항으로 옳지 <u>않은</u> 것은?

① 사회복지사에 대한 정보 위주로 기록한다.
② 사회복지사는 물론이고 클라이언트, 수퍼바이저와 공유할 수 있도록 작성한다.
③ 사회복지사의 견해와 사실을 구분해야 한다.
④ 기록에 앞서 클라이언트에게 동의를 구해야 한다.
⑤ 기록 방법이나 내용에 윤리적 문제가 없어야 한다.

23. 다음 중 SOAP 기록방법이 바르게 제시된 것을 모두 고른 것은?

> ㄱ. S - 주관적 정보
> ㄴ. O - 객관적 정보
> ㄷ. A - 사정
> ㄹ. P - 계획

① ㄱ, ㄴ ② ㄱ, ㄷ
③ ㄷ, ㄹ ④ ㄱ, ㄴ, ㄹ
⑤ ㄱ, ㄴ, ㄷ, ㄹ

24. 질적 평가를 진행하는 목적으로 옳은 것은?

① 평가결과의 주관성 제고
② 가설의 검증
③ 심층적인 통찰
④ 기관의 책무성 향상
⑤ 척도, 설문지 등 사용 통계적 결론 도출

25. 다음 사례에 해당하는 단일 사례설계 유형은?

> 아내가 암으로 5년간 투병하다가 사망하였다. 그로 인해 상실감과 우울감을 호소하는 클라이언트에게 5회기에 걸쳐 상담을 진행하였다. 이후 심리검사를 실시하였고, 다시 5 회기의 상담을 진행하였다.

① BAB ② ABAB
③ BCD ④ AB
⑤ ABA

실전 모의고사 2회

01. 사회복지사가 실천 활동을 진행함에 있어 고려해야 할 요소를 모두 고른 것은?

> ㄱ. 기관의 목적 및 사명
> ㄴ. 전문가로서의 소명 및 역할
> ㄷ. 사회복지사의 개인 목적
> ㄹ. 인적·물적 자원의 제약

① ㄱ, ㄴ, ㄷ ② ㄱ, ㄷ
③ ㄱ, ㄴ, ㄹ ④ ㄷ, ㄹ
⑤ ㄱ, ㄴ, ㄷ, ㄹ

02. 사회복지 전문직이 실천과정에서 갖춰야 할 주요 가치가 <u>아닌</u> 것은?

① 클라이언트의 선택권 보장
② 사회질서 유지
③ 인간의 존엄성에 대한 존중
④ 다양성 및 독특성에 대한 존중
⑤ 사회적 책임성

03. 정신역동모델의 개입기법인 직면에 대한 설명으로 옳은 것은?

① 클라이언트의 무의식을 의식수준으로 전환이 가능하다.
② 클라이언트의 저항을 극복하거나 동기화할 때 유용하다.
③ 적응적 행동을 만들어가는 과정이다
④ 똑같은 해석을 반복해서는 안 된다.
⑤ 꼭 필요한 때에 일회적으로 실시한다.

04. 다음에서 설명하는 방어기제는?

> 자아가 위협적인 충동, 환상, 기억 등을 밖으로 밀어내거나 의식화되는 것을 막아주는 것으로, 특히 죄책감이나 수치심이 드는 경험이나 자존심을 상하게 하는 경험일수록 이 방어기제가 작동할 수 있다.

① 퇴행 ② 투사
③ 승화 ④ 억압
⑤ 보상

05. 정신역동모델에 관한 설명으로 옳은 것은?

① 기능주의적 학파의 이론적 기초가 되었다.
② 결정론에 기초하여 무의식을 가정한다.
③ 상황속의 인간이라는 개념을 강조한다.
④ 고착은 성인기에 도달하면서 성숙이 완성됨을 의미한다.
⑤ 모든 방어기제는 병리적 문제를 내포하고 있다.

06. 심리사회모델의 개입기법 중에서 사회복지사가 클라이언트를 수용하고 클라이언트를 원조하려는 의사와 클라이언트의 문제해결 능력에 대한 확신감을 표현함으로써 클라이언트의 불안을 줄이고 자기 존중감을 증진시키려는 기법은 무엇인가?

① 탐색하기 ② 기술하기
③ 환기 ④ 비밀보장하기
⑤ 지지하기

07. 다음의 모델 중 장기적 개입으로 적합한 것은?

① 행동수정모델　② 과제중심모델
③ 정신역동모델　④ 해결중심모델
⑤ 위기개입모델

08. 심리사회모델의 개입기법과 관련이 적은 것은?

① 훈습
② 탐색 – 기술 – 환기
③ 발달적 고찰
④ 유형 – 역동성 고찰
⑤ 지시하기

09. 벡(BECK)이 제시한 인지치료의 개입방법에시 인지적 오류에 해당하지 않는 것은?

① 임의적 추론　② 인지 재구조화
③ 선택적 요약　④ 과잉 일반화
⑤ 극대화와 극소화

10. 사회기술훈련의 요소에 해당하지 않는 것은?

① 사회기술훈련의 필요성에 대한 이해
② 역할연습의 활용
③ 긍정적 강화를 제공
④ 과제부여
⑤ 이완훈련

11. 다음 설명에 해당하는 용어로 가장 적절한 것은?

> - 반두라의 사회학습이론에 소개된 개념이다.
> - 인간은 모델링을 통해 자신이 직접 경험하지 않더라고 다른 사람이 행동한 결과를 관찰함으로써 새로운 학습을 할 수 있다.
> - 직접적인 보상이나 처벌 없이 타인의 행동을 관찰함으로써 행동을 습득할 수 있다.

① 대리적 조건화　② 조작적 조건화
③ 고전적 조건화　④ 행동시연
⑤ 사회기술훈련

12. 과제중심모델의 특징으로 옳지 않은 것은?

① 협조적 관계
② 시간 제한적인 단기개입
③ 자동적 사고
④ 클라이언트의 자기결정권 강조
⑤ 통합적 접근

13. 동료학생들을 상대로 자주 폭력적인 행동을 하는 철수가 담임선생님의 의뢰로 학교폭력상담소에 오게 되었다. 이 경우의 표적문제를 선정할 때 적절하지 않은 것은?

① 철수의 담임선생님이 인정하는 문제를 선정한다.
② 철수가 인정하는 문제를 선정한다.
③ 철수가 자신의 노력으로 해결 가능한 문제를 선정한다.
④ 사회복지사의 전문적인 판단에 의해 문제로 인정되는 것을 선정한다.
⑤ 가능한 표적문제를 3개 이상 선정한다.

14. 임파워먼트모델의 특징으로 옳지 <u>않은</u> 것은?

① 클라이언트의 병리적 관점에 초점을 둔다.
② 클라이언트의 성장 가능성에 긍정적이다.
③ 클라이언트는 개입의 주체가 된다.
④ 인간의 존엄성과 자기결정권을 촉진시킨다.
⑤ 이용 가능한 자원체계를 살펴본다.

15. 역량강화모델에 관한 설명으로 옳지 <u>않은</u> 것은?

① 클라이언트의 삶의 질 향상을 위해 노력한다.
② 개입의 목적은 문제의 원인 분석 및 해결이다.
③ 클라이언트가 이미 자신의 문제를 해결할 수 있는 능력을 키우도록 돕는다.
④ 강점관점을 기반으로 클라이언트가 가진 강점에 초점을 둔다.
⑤ 클라이언트와 협력적 동반자 관계를 추구한다.

16. 다음 중 발달적 위기에 해당하는 것을 모두 고른 것은?

> ㄱ. 중년의 위기
> ㄴ. 회사의 부도
> ㄷ. 아이의 출생
> ㄹ. 교통사고

① ㄱ, ㄴ, ㄷ   ② ㄱ, ㄷ, ㄹ
③ ㄴ, ㄹ   ④ ㄱ, ㄷ
⑤ ㄱ, ㄴ, ㄷ, ㄹ

17. 가족생활주기에서 다양한 가족구성원 중 성장한 자녀의 독립에 따른 부부체계의 새로운 협력관계를 재정립해야 하는 발달과업을 가지고 있는 단계는?

① 결혼전기   ② 자녀아동기
③ 자녀청년기   ④ 자녀독립기
⑤ 노년기

18. 확대가족에 관한 설명으로 옳은 것은?

① 다양한 유형에 관한 가족 형태가 등장하고 있다.
② 한집에서 여러 세대가 살며, 자녀가 결혼한 후에도 부모와 함께 산다.
③ 평균수명 연장으로 빈둥지 기간이 늘어나고 있다.
④ 전통적으로 수행되어 오던 가족기능이 점점 강화되고 있다.
⑤ 산업화의 도시화로 이전에 볼 수 없었던 가족문제가 야기되었다.

19. 가족의 기능과 구조를 사정할 때 고려해야 할 내용을 모두 고른 것은?

> ㄱ. 가족강점
> ㄴ. 가족의 주변배경
> ㄷ. 가족 하위체계
> ㄹ. 가족신화

① ㄱ, ㄴ, ㄷ   ② ㄱ, ㄷ
③ ㄴ, ㄷ, ㄹ   ④ ㄱ, ㄹ
⑤ ㄱ, ㄴ, ㄷ, ㄹ

20. 기능적 가족의 특징을 모두 고른 것은?

> ㄱ. 외부체계에 대해 폐쇄적이다.
> ㄴ. 경계가 분명하고 자율적이다.
> ㄷ. 가족생활주기의 변화에 융통성이 있다.
> ㄹ. 구성원에게 역할이 분담된다.

① ㄱ, ㄴ, ㄷ   ② ㄴ, ㄷ
③ ㄱ, ㄴ   ④ ㄴ, ㄷ, ㄹ
⑤ ㄱ, ㄴ, ㄷ, ㄹ

21. 보웬(Bowen)이 제시한 다세대 가족치료모델의 주요 개념 중 다음에 해당하는 것은?

> ─사고와 감정을 분리시킬 수 있는 능력, 한 가족의 정서적 혼란으로부터 자신이 자유로워지는 과정이다.
> ─정서와 지성 간의 분화수준이 낮으면 타인과 융합되려는 경향이 있다. 즉 이것이 잘 이루어진 사람은 자신의 감정과 타인의 감정을 이해하며 객관성과 감정적 거리를 유지할 수 있다.

① 삼각관계   ② 가족투사
③ 다세대 전수   ④ 자아 분화
⑤ 정서적 단절

22. 사티어의 경험적 가족치료모델에 관한 설명으로 옳지 않은 것은?

① 가족원들의 자아존중감 향상에 초점을 둔다.
② 가족이 성장할 수 있는 경험을 제공하고자 한다.
③ 개인과 가족의 잠재능력개발과 자기실현에 초점을 둔다.
④ 성장모델이라고도 한다.
⑤ 가족의 병리적 측면을 파악하는데 긴 시간을 투여한다.

23. 집단 프로그램에서 사회복지사의 과업으로 옳지 않은 것은?

① 구성원들의 서비스를 확보하고 서비스를 확대할 수 있도록 원조한다.
② 집단과 개인이 바라는 목적을 달성할 수 있도록 리더십을 발휘한다.
③ 성원들이 자신의 의견을 솔직하고 자유롭게 표현할 수 있게 격려한다.
④ 집단 성원의 행동에 대해 항상 똑같은 반응을 보여야 한다.
⑤ 중재자로서 성원들 간에 분쟁이 발생했을 경우 중립적으로 개입한다.

24. 만성장애환자나 환자의 가족이 질병과 그로 인한 영향 등에 대처하는 방법에 대해 토론하고 정보를 공유하는 집단은 어떤 집단인가?

① 지지집단   ② 과업집단
③ 교육집단   ④ 자조집단
⑤ 사회화 집단

25. 집단 사정도구인 소시오그램(사회도)을 통해 알 수 없는 것은?

① 집단성원 간 친밀감의 방향
② 상호작용의 빈도
③ 하위집단의 형성
④ 소외된 성원 여부
⑤ 삼각관계의 형성 여부

실전 모의고사 3회

01. 사회복지실천기술에 대한 설명 중 명료화에 해당하는 내용에 해당하는 것은?

① 클라이언트가 보이는 말과 행동의 불일치를 인식할 수 있게 돕는 기술
② 클라이언트의 진술이나 표현이 추상적일 때 그 내용을 구체화하기 위한 기술
③ 클라이언트의 감정을 표출하도록 하여 감정의 강도를 약화시키기 위한 기술
④ 클라이언트의 진술 내용이 주제에서 벗어날 때 원래 주제로 이끄는 기술
⑤ 클라이언트의 언어적, 비언어적 표현을 분석하여 설명하는 기술

02. 사회복지실천의 전문적 기반에 대한 설명으로 옳은 것을 모두 고른 것은?

ㄱ. 사회복지실천은 과학과 예술의 조화라고 할 수 있다.
ㄴ. 사회복지실천의 과학성과 예술성은 상호보완적 관계이다.
ㄷ. 사회복지실천의 과학성의 요소는 사회복지실천의 용기나 융통성 기능을 설명한다.
ㄹ. 사회복지실천은 예술성이 결여된 과학성만으로는 효과적인 실천이 어렵다.

① ㄱ, ㄴ
② ㄱ, ㄷ
③ ㄴ, ㄹ
④ ㄱ, ㄴ, ㄹ
⑤ ㄴ, ㄷ, ㄹ

03. 정신역동모델과 과제중심모델에 관한 설명으로 과제중심모델의 내용은?

① 클라이언트는 사회복지사와의 동일시를 통해 생각과 태도 등이 변화하게 된다.
② 클라이언트의 자기결정을 존중하여 문제의 우선순위를 정한다.
③ 클라이언트가 전이를 보일 때에는 이에 대해 다루어 주어야 한다.
④ 사회복지사는 클라이언트가 퇴행에서 벗어나 성장할 수 있도록 원조한다.
⑤ 합리화, 보상, 억압 등 방어기제가 일어나는 무의식 차원에 관심을 둔다.

04. 정신역동모델 개입기법에 관한 설명으로 옳지 않은 것은?

① 승화 - 수용될 수 없는 충동이 사회적으로 받아들여질 수 있는 충동으로 대체되는 것이다.
② 역전이의 해석 - 클라이언트가 부모나 다른 사람들에 대하여 지녔던 부정적이고 적대적인 감정과 사고를 사회복지사에게 투사하는 것이다.
③ 자유연상 - 클라이언트의 마음속에 떠오르는 것을 자유롭게 말하게 하는 개입기술이다.
④ 꿈의 분석 - 꿈에 나타나는 무의식적인 소망과 욕구, 두려움을 해석함으로써 새로운 창의력을 갖게 하는 기법이다.
⑤ 직면 - 클라이언트의 말과 행위 사이의 불일치, 모순, 회피 등을 클라이언트 자신이 주목할 수 있도록 하는 기법이다.

05. 심리사회모델에 대한 설명으로 옳지 <u>않은</u> 것은?

① 정신분석학은 심리사회모델의 이론적 기반이 되었다.
② 개인의 심리적 측면과 사회적 측면을 모두 무시한다.
③ 클라이언트에 대해 문제가 발생한 맥락은 모두 다르다고 보면서 개별화와 차별성을 강조한다.
④ 클라이언트의 과거를 살펴보는 것은 인간의 현재 행동을 이해하기 위해서 과거를 중요하게 살펴본다.
⑤ 개인 대상 실천에서 가족 등 환경체계에도 개입하며, 필요한 경우 집단을 구성하여 활용하기도 한다.

06. 심리사회모델의 간접적 개입기법에 관한 설명으로 옳은 것은?

① 직접 영향 주기 : 조언과 지시를 하는 과정에서 클라이언트의 자기 결정권이 제한되지 않도록 해야 한다.
② 지지하기 : 심리적 격려뿐만 아니라 실질적인 도움이 될 정보 제공 및 경제적 지원 등을 포함한다.
③ 탐색 – 묘사 – 환기 : 주변 상황을 살펴보도록 하는 것으로 이 세 가지는 보통 연속적으로 실시된다.
④ 발달적 고찰 : 클라이언트의 과거 경험과 현재 행동 사이의 인과관계를 살펴보기 위한 기법이다.
⑤ 환경 조정하기 : 클라이언트가 스스로 자신을 둘러싼 주변 환경을 변화시켜나갈 수 있도록 원조한다.

07. 인지행동모델의 개입기법중 벡의 인지적 오류(왜곡)에 해당하는 것은?

① 완전 무결주의
② 정서적 무책임
③ 이분법적 사고
④ 문제의 회피
⑤ 과도한 자기 기대감

08. 사회기술훈련에서 사용되는 행동주의 기법에 해당 되는 것은?

ㄱ. 강화
ㄴ. 행동시연
ㄷ. 역할연습
ㄹ. 코칭

① ㄱ, ㄴ, ㄷ
② ㄱ, ㄷ
③ ㄴ, ㄷ, ㄹ
④ ㄷ, ㄹ
⑤ ㄱ, ㄴ, ㄷ, ㄹ

09. 인지적 오류의 종류와 그 예가 바르게 제시된 것은?

① 이분법적 사고 – 아침에 칫솔이 부러졌으니 오늘 뭔가 불길한 일이 생길 거야.
② 과잉 일반화 – 영희만 나를 싫어하는 게 아니라, 다른 애들도 모두가 나를 싫어해.
③ 개인화 – 입사시험에서 또 떨어지다니 나는 잘하는 게 하나도 없어.
④ 자의적 유추 – 내가 1등한 게 대단한 건 아니지. 누구라도 할 수 있는 거잖아.
⑤ 극대화 – 내 실수 때문에 우리 팀이 낙제점을 받았어.

10. 과제중심모델에 관한 특징으로 옳은 것을 모두 고른 것은?

> ㄱ. 클라이언트의 자기결정권 강조
> ㄴ. 클라이언트가 인식한 문제 중심
> ㄷ. 비구조화된 개입방법
> ㄹ. 장기개입적인 접근

① ㄱ, ㄴ   ② ㄷ, ㄹ
③ ㄱ, ㄴ, ㄹ   ④ ㄴ, ㄷ, ㄹ
⑤ ㄱ, ㄴ, ㄷ, ㄹ

11. 과제중심모델에서 문제규명(확인)단계의 과업에 해당하지 않는 것은?

① 클라이언트가 제시하는 문제를 탐색한다.
② 표적문제의 선정은 클라이언트 자신의 노력으로 가능한 문제로 한다.
③ 신속한 초기 예비 사정을 확인한다.
④ 표적문제에 대한 대안을 모색한다.
⑤ 의뢰기관의 우선순위를 확인한다.

12. 역량강화모델에서 개입의 원칙에 관한 설명으로 옳지 않은 것은?

① 클라이언트의 동반자이자 협력자 개념에 더욱 초점을 둔다.
② 클라이언트의 강점을 부각하여 문제해결 과정을 진행한다.
③ 클라이언트 자신의 관점에서 초점은 미래 중심에 두어야 한다.
④ 클라이언트 문제를 도전과 기회로 적극적으로 인식해야 한다.
⑤ 사회복지사는 전문성을 가진 권위자로서 개입해야 한다.

13. 위기개입의 기본원리에 해당하지 않는 것은?

> ㄱ. 신속한 개입이 필요하다.
> ㄴ. 절망하는 클라이언트에게 희망을 고취시킨다.
> ㄷ. 위기를 발생시킨 사건 자체를 완전히 해결해야 한다.
> ㄹ. 사회복지사의 역할은 행동기술에 초점을 둔다.

① ㄱ, ㄴ   ② ㄷ, ㄹ
③ ㄱ, ㄴ, ㄷ   ④ ㄷ
⑤ ㄱ, ㄴ, ㄷ, ㄹ

14. 현대가족구조가 갖는 문제에 해당되지 않는 것은?

> 가족은 체계 스스로 현재의 구조나 기능적 균형을 유지하려는 경향을 갖고 있다. 위기론과 관련이 있는 내용으로 가족이 위기상황 이후에 정상적인 기능수행으로 되돌아가려고 노력하는 긍정적인 적용도 하지만, 남편의 부부폭력에도 참고 견디며 가족을 유지하려는 부정적인 작용도 발생한다.

① 구성원 간 보호기능 약화
② 가족 성원간 갈등 문제
③ 구성원간 경제적 자립
④ 빈곤의 문제
⑤ 가족해체 문제

15. 다음에서 설명하고 있는 가족체계의 개념은 무엇인가?

> 가족은 현재의 구조나 기능적 균형을 유지하려는 경향이 있다. 이로 인해 가족이 위기를 겪을 때 정상적인 기능수행으로 되돌아가려고 하는 경향을 말한다.

① 순환적 인과성 ② 가족 항상성
③ 가족규칙 ④ 가족경계
⑤ 폐쇄적 가족

16. 생태도를 통해 확인이 가능한 것은?

① 가족원의 구성과 구조
② 가족의 생애 주기
③ 세대 간 유형의 반복
④ 가족원의 역할 및 기능
⑤ 가족과 환경 간 경계의 속성

17. 가족원의 의사소통으로 기능적 의사소통의 내용으로 볼 수 없는 것은?

① 외부와의 경계가 분명하면서도 융통성이 있다.
② 한번 수립한 가족규칙을 계속 유지해 나간다.
③ 개방적이고 직접적이다.
④ 자유롭게 감정을 표현한다.
⑤ 서로 배려하면서 억압받지 않고 의사소통을 한다.

18. 미누친의 구조적 가족치료모델에서 활용하는 주요개념 및 기법에 해당하는 것은?

> ㄱ. 경계
> ㄴ. 가족 조각
> ㄷ. 균형 깨뜨리기
> ㄹ. 합류하기

① ㄱ, ㄷ ② ㄴ, ㄹ
③ ㄱ, ㄴ, ㄹ ④ ㄱ, ㄷ, ㄹ
⑤ ㄴ, ㄷ, ㄹ

19. 미누친의 구조적 가족치료모델의 기법은?

① 실연, 합류하기, 경계 만들기
② 가족그림, 가족조각
③ 재명명, 순환적 질문
④ 증상처방, 시련기법
⑤ 탈 삼각화

20. 성장집단의 특성과 거리가 먼 것은?

① 가족관계의 병리적인 측면보다 긍정적인 측면에 초점이 있다.
② 사회복지사는 전문가, 권위 있는 인물 또는 변화 매개인으로서 역할한다.
③ 개인과 가족의 잠재력을 개발과 자기실현에 초점을 둔다.
④ 집단 활동을 경험하면서 자신의 잠재력을 최대한 발휘하는 데에 목적이 있다.
⑤ 집단성원의 상호작용이나 경험 등을 변화시키면서 성장할 수 있는 경험을 하게 한다.

21. 집단의 목적을 설정할 때 유의할 내용과 거리가 먼 것은?

① 집단성원들의 지식과 정보 및 기술향상을 목적으로 한다.
② 집단목적은 집단지도자와 성원들의 토론을 통해 타협이나 수정될 수 있다.
③ 사회복지사는 집단구성 시 클라이언트의 욕구에 따라 집단목적을 결정한다.
④ 집단목적에 대한 내용은 간단히 일목요연하게 진술한다.
⑤ 집단목적이 애매모호할수록 성원의 다양한 의견을 반영할 수 있어 집단이 활성화된다.

22. 치유집단의 특징을 모두 고른 것은?

ㄱ. 상호작용이 적극적으로 이루어진다.
ㄴ. 구성원의 자기 개방성이 높게 나타난다.
ㄷ. 구성원의 자기 노출 수준이 높은 편이다.
ㄹ. 특수한 과업이나 목표달성을 중심으로 한다.

① ㄱ, ㄴ, ㄷ   ② ㄱ, ㄴ
③ ㄴ, ㄷ, ㄹ   ④ ㄷ, ㄹ
⑤ ㄱ, ㄴ, ㄷ, ㄹ

23. 녹음 및 녹화기록에 대한 설명으로 옳은 것은?

ㄱ. 직접 필기하는 것보다 효과적이며, 면접 과정을 보다 면밀히 관찰하고 분석할 수 있다.
ㄴ. 서비스 제공에 대한 증거자료로서 필수적인 기록방식이다.
ㄷ. 가족치료 및 실천에 대한 문제 지향적인 접근법을 지도. 감독할 때 유용하다.
ㄹ. 단점은 녹음 및 녹화 시 평소보다 클라이언트의 집중력이 떨어질 수 있다.

① ㄱ, ㄴ, ㄷ   ② ㄹ
③ ㄱ, ㄹ   ④ ㄴ, ㄷ
⑤ ㄱ, ㄴ, ㄷ, ㄹ

24. 단일사례설계의 유형에 관한 설명으로 옳지 <u>않은</u> 것은?

① ABAB : 개입의 철회라는 윤리적 문제가 제기된다.
② BAB : 클라이언트가 위기상황에 처해있을 때에 유용하다.
③ AB : 개입이 행동변화에 미치는 효과의 신뢰도가 낮다.
④ ABCD : 여러 개의 기초선 자료에 하나의 개입방법을 시도한다.
⑤ ABA : 개입 효과의 지속 여부를 확신할 수 없다.

25. 목표달성척도에 관한 설명으로 옳은 것은?

> ㄱ. 클라이언트가 개별화된 목표에 도달한 정도를 측정하는 평가도구이다.
> ㄴ. 표준화된 척도에 따라 목표를 설정한다.
> ㄷ. 정신보건 분야에서 정신장애인 평가도구로 개발된 것이다.
> ㄹ. 목표달성 정도를 수치로 표시할 수 있는 장점이 있다.

① ㄱ, ㄹ
② ㄴ, ㄷ
③ ㄱ, ㄴ, ㄷ
④ ㄱ, ㄴ, ㄹ
⑤ ㄱ, ㄷ, ㄹ

● 사회복지 실천기술론

실전 모의고사 정답 및 해설

실전 모의고사 1회   289~293쪽

01 ②	02 ④	03 ①	04 ①	05 ③
06 ①	07 ⑤	08 ⑤	09 ②	10 ⑤
11 ④	12 ④	13 ③	14 ①	15 ④
16 ③	17 ②	18 ⑤	19 ②	20 ③
21 ③	22 ①	23 ⑤	24 ③	25 ①

01. ②

과학적 기반으로서 효과적인 실천을 위해서는 체계적인 이론과 지식, 기술, 절차들이 뒷받침되어야 한다. 나머지 설명들은 예술적 기반에 대한 내용이다.

02. ④

중개자역할이란 사회복지사는 중개자로서의 욕구를 충족할 수 있는 자원 및 서비스를 연결해주는 역할을 수행한다.

03. ①

자유연상기법을 통해 클라이언트는 억압된 충동을 발견하고 무의식을 의식 수준으로 전환할 수 있는 기법이며, 반면 직면기법이란 클라이언트의 말과 행위 사이의 불일치, 표현한 가치와 실행 사이의 모순, 회피 등을 클라이언트 자신이 주목할 수 있도록 하는 기법이다.

04. ①

재보증은 클라이언트가 가진 죄의식 등에 대해 이해를 표현하여 안심시키는 것이다. 눈을 마주치고 토닥거리기는 경청의 한 방법이다.

05. ③

정신역동모델, 심리사회모델 등은 장기적으로 진행하는 개입이다. 반면에 행동수정모델, 해결중심모델, 위기개입모델은 기본적으로 단기개입을 추구한다.

06. ①

초기단계에서는 문제에 관한 사실수집 및 확인, 관계형성에도 초점을 둔다. 사정단계에서는 '상황 속 인간'의 관점에서 클라이언트의 상황을 살펴보고 사회복지사는 클라이언트의 변화를 주도적으로 이끌어가는 것이 아니라 클라이언트가 자기결정으로 변화를 이루어나갈 수 있도록 지원한다. 종결단계에서는 종결을 맞이하는 클라이언트의 동의를 얻을 필요가 있다.

07. ⑤

행동주의모델에서는 고전적 조건화, 조작적 조건화, 대리적 조건화에 의해 인간의 행동이 학습된다고 보았다. 고전적 조건화와 반응적 조건화는 동일한 개념이므로 네 가지 모두가 해당된다.

08. ⑤

행동시연은 클라이언트가 현실세계에서 실행하려는 행동을 사회복지사 앞에서 먼저 연기하면서 반복적으로 연습하는 것을 말한다.

09. ②

표적문제의 선정기준은 클라이언트가 제시하고 인정하는 문제로, 클라이언트 자신의 노력으로 해결이 가능한 문제, 구체적인 문제이다. 사회복지사의 전문적인 판단에 의해 인정되고 동의한 문제가 표적문제로 선정된다. 표적문제들 중 우선순위를 정할 때에는 클라이언트가 중요하다고 생각하는 문제들의 목록을 만들고 사회복지사의 조언 및 기관에서 의뢰하거나 위임한 문제를 반영하며 사회복지사와 클라이언트가 개입의 초점으로 동의한 문제로 최대 3가지로 선정한다.

10. ⑤

종결단계에 대한 내용이며, 개입기간을 연장하거나 사후관리를 하는 활동이다. 또한, 사회복지사는 클라이언트에게 개입에 대한 피드백을 요청하고 사회복지사 자신의 활동을 평가하기도 한다.

11. ④

위기개입모델은 신속한 개입으로 위기 이전 상태로 회복하는 것에 제한적으로 목표를 둔다는 점에서 단기적이고 즉각적으로 개입 원조활동이다. 절망하는 클라이언트에게 희망과 기대를 고취시킨다.

12. ④

역량강화는 개인, 가족, 혹은 대인관계 구조적 차원 등 모든 사회체계 수준에 적용이 가능하다. 문제를 도전과 기회로 인식한다.

13. ③

가족은 기존의 규칙에 따라 움직이며, 보다 큰 사회체계에 속하며 많은 하위체계를 포함한다. 핵가족이라 하더라도 부부체계, 부모 - 자녀체계, 형제체계 등 다양한 하위체계가 발생한다. 원인과 결과의 직접적인 관계를 밝히는 데에 초점을 두는 것이 아니라, 가족성원의 행동을 순환적 인과관계로 설명한다.

14. ①

가족조각을 통해 가족 내에서 일어나는 연합, 거리감, 가족규칙, 구성원 간의 친밀도 등을 파악할 수 있지만 환경과의 관계는 파악하기 어렵다. 그리고 말로 표현되지 않는 힘의 역학 같은 상호작용 등이 표현된다.

15. ④

나 전달법과 긍정적인 의사소통은 기능적 의사소통에 속한다. 이중구속 메시지, 초이성형 의사소통, 위장(mystification)은 의사소통의 명확성이 낮은 역기능적 의사소통으로서 가족 내의 갈등이나 어려움을 드러내지 못하고 모호하게 하거나 가면을 쓰고 거짓 반응을 하는 것을 말한다.

16. ③

해결중심모델은 클라이언트의 강점, 자원 등을 발견하여 치료에 활용한다. 그리고 클라이언트의 견해를 존중하며, 문제 삼지 않는 것에 대해서는 건드리지 않는다. 탈 이론적이고, 비규범적인 모델로 현재와 미래를 중요시 한다. 해결중심모델은 기본적으로 단기간의 개입모델이다.

17. ②

과제부여 : 미누친의 구조적 가족치료에서 대표적인 치료기법의 하나로 치료자가 가족이 적절한 기능을 수행할 수 있도록 가족구성원이 해야 할 분야를 개발시키기 위하여 과제를 주는 개입방법이다.

18. ⑤

집단의 목적을 달성하기 위해 특정 성원의 의사소통을 제한하기도 한다. 그리고 사회복지사의 자기노출이 필수적인 것은 아니며, 사회복지사의 지나친 노출은 신뢰감을 떨어뜨릴 수도 있고 지도력에 손상을 줄 수도 있기 때문에 주의할 필요가 있다. 또한, 집단구성원 중 왕따 당하는 일이 없도록 진행해야 한다.

19. ②

다소 심한 정서적 문제를 가진 성원들로 구성되는 경우의 집단은 치료집단이고 교육집단은 특정 분야의 전문가가 지식과 정보 및 기술을 가르치는 방식으로 진행되며, 성원들의 자기개방 수준은 낮은 편이다.

20. ③

사정을 통해 현재 집단규범이 기능적인지, 역기능적인지를 확인한다. 나머지 내용은 사정단계에서 집단 내 권력관계를 파악할 수 있고, 사정의 결과에 따라 개입계획을 수정할 수 있다.

21. ③

상호작용차트는 집단성원들 간 혹은 성원과 사회복지사 사이의 상호작용을 양적인 측면에서 파악하는 도구이다. 의의차별척도는 집단에 대한 성원들의 태도나 특성을 파악 할 수 있으며, 생태도는 가족과 가족을 둘러싼 환경의 관계를 살펴보기 위한 사정도구이다.

22. ①

클라이언트에 대한 정보를 중심으로 기록한다. 기록은 클라이언트에도 공개될 수 있으며, 슈퍼바이저나 다른 서비스 제공자에게도 공개될 수 있기 때문에 사회복지사만 알아볼 수 있는 방식으로 기록 되어서는 안 된다.

23. ⑤

S - 주관적 정보, O - 객관적 정보, A - 사정, P - 계획

24. ③

기관의 책무성 향상은 질적 평가와 양적 평가를 막론하고 평가의 기본적인 목적이다. 질적 평가는 면접, 관찰 등을 통해 보다 심층적으로 통찰하여 연구결과를 도출하고자 하는 방식이다.

25. ①

사례는 기초선 없이 바로 개입하여, 개입(B) → 기초선(A) → 개입(B)으로 이루어지는 BAB 설계이다.

실전 모의고사 2회   294~297쪽

01 ③	02 ②	03 ②	04 ④	05 ②
06 ⑤	07 ③	08 ①	09 ②	10 ⑤
11 ①	12 ③	13 ⑤	14 ①	15 ②
16 ④	17 ③	18 ②	19 ⑤	20 ④
21 ④	22 ⑤	23 ④	24 ①	25 ②

01. ③

사회복지사가 실천활동 시 고려할 사항은 기관의 목적, 전문가로서의 소명 및 역할, 제한된 인적, 물적 자원, 사회복지사 개인의 선호 등 다양한 가치기준 속에서 의사결정을 하게 된다.

02. ②

사회복지 전문직은 인간의 존엄사상과 자기결정권의 존중, 삶의 질 향상을 목적으로 개인적 문제에 대한 사회적 책임을 다하기 위해 노력해야 한다. 사회적 질서유지는 법적, 정치적 원리로 사회복지 전문직의 가치로 보기는 어렵다.

03. ②

클라이언트의 말과 행동사이의 불일치, 가치와 실행 사이의 모순, 회피 등을 자신이 주목할 수 있도록 하는 기법으로서 저항을 극복하거나 동기화할 때 유용하다.

04. ④

방어기제 중 억압은 자아가 위협적인 내용을 밖으로 밀어내거나 의식화하지 않으려는 것을 말한다.

05. ②

정신역동모델은 결정론에 기초하여 무의식을 가정한다. 그리고 진단주의적 학파의 이론적 기초가 되었다.

06. ⑤

지지하기에 대한 설명으로서 클라이언트에 대한 사회복지사의 신뢰나 존중, 돕고자 하는 태도 등을 직접적인 표현으로 전달하며, 클라이언트 자신에게 문제해결 능력이 있음을 확신하게 한다. 지지하기에서 중요한 것은 경청이다.

07. ③

정신역동모델이며, 심리사회모델과 같이 장기적으로 진행하는 개입이다. 반면에 행동수정모델, 해결중심모델, 위기개입모델은 기본적으로 단기개입을 추구한다.

08. ①

훈습은 정신역동모델의 개입기법이며, 사회복지사가 클라이언트와 함께 치료 장면에서 문제해결을 위해 반복적으로 경험하도록 하는 과정을 진행한다. 철저학습이라고도 한다.

09. ②

인지 재구조화는 기존에 인식하고 있는 것을 다시 재구성해서 사고의 방식을 변경하는 것이다. 전형적인 인지구조 혹은 인지과정의 합리성과 타당성의 조사를 통해 이루어진다. 따라서 인지적 오류에는 해당하지 않는다.

10. ⑤

사회기술훈련은 대인관계에서 어려움을 느끼는 사람들을 위해 실시되는 훈련이다. 이완훈련은 클라이언트가 겪을 수 있는 스트레스 상황에 적절히 대처할 수 있도록 돕는 기술이다.

11. ①

대리적 조건화에 관한 설명이다. 행동시연과 사회기술훈련은 대리적 조건화를 활용한 실천기법에 해당한다. 대리적 조건화를 활용한 실천기법에는 이밖에도 모델링, 역할연습 등이 있다.

12. ③

자동적 사고는 벡의 인지치료에 해당하는 내용이다. 과제중심모델은 개입방법, 방향, 조건, 클라이언트와 사회복지사의 역할 등에 대해 일정한 형식으로 구조화하며 체계적으로 접근한다. 과제중심모델의 특징으로는 시간 제한적인 단기개입, 협조적 관계, 클라이언트의 자기결정권 강조, 클라이언트가 인식한 문제 중심, 과제중심, 경험적 기초 등이 있다.

13. ⑤
과제중심모델은 시간제한적인 단기개입이기 때문에 표적문제를 선정할 때에는 가장 중요한 것은 클라이언트의 견해가 최대한 반영될 수 있도록 반영되어야 한다. 이 경우는 클라이언트가 변화를 원하고, 사회복지사의 전문적인 판단에 의해 문제로 인정되었으며, 개입의 초점으로 동의한 것으로 우선순위를 고려하여 최대한 3개까지 정하는 것이 바람직하다.

14. ①
임파워먼트모델은 인간은 성장하고 변화할 능력을 이미 내면에 가지고 있다고 보는 관점에 초점을 두고, 클라이언트를 객체가 아닌 개입의 주체로 본다.

15. ②
개입의 목적을 문제의 원인 분석 및 해결에 두는 것은 병리적 관점이다. 역량강화모델은 클라이언트를 주체로서 자신의 문제에 대한 전문가는 자신이라는 관점에서 주체성을 인정하고 협력적 파트너십을 수립할 것을 강조한다. 개입의 초점은 문제가 아닌 클라이언트의 가능성에 둔다.

16. ④
발달적 위기는 인간이 성장하고 발달해 나가는 가운데 일어나는 사건으로서 아이의 출생, 대학졸업, 청소년의 정체성 위기, 중년의 위기, 직업 변화, 은퇴 등이 속한다. 상황적 위기는 사람이 예견하거나 통제할 수 없는 드물고도 이례적인 사건이 발생할 때 나타나는 위기로, 예견할 수 없고, 누구에게나 일어날 수 있고, 갑작스럽고 충격적이며 강렬하고 때로는 파괴적인 위력이 있다.

17. ③
자녀 청년기의 과업은 성장한 자녀의 독립에 따른 부부체계의 새로운 협력관계 수립을 재정립해야하는 발달과업이다. 가족의 발달과업은 자녀 독립기 과업, 결혼전기의 과업, 노년기의 과업 등을 거쳐야만 한다.

18. ②
확대가족은 한집에서 여러 세대가 살며, 자녀가 결혼한 후에도 부모와 함께 사는 확대가족은 핵가족화, 여성의 경제활동참가율 증가 등으로 인해 아동양육 및 노인부양을 가족에서 전적으로 책임지던 전통적 가족기능이 약화되고 있다. 이러한 변화에 맞춰 전통적 가족기능을 사회제도를 통해 보완할 수 있는 가족정책이 추진되고 있다.

19. ⑤
가족의 기능과 구조를 사정할 때는 가족규칙, 가족항상성, 피드백과 통제, 가족하위체계, 경계, 가족의 주변배경, 가족의 권력구조, 의사결정과정, 가족 정서와 감정표현의 범위, 가족목표, 가족신화, 가족역할, 가족구성원들의 의사소통양식, 가족강점, 가족생활주기 등을 고려하여 사정해야 바람직하다.

20. ④
ㄴ, ㄷ, ㄹ은 기능적 가족의 특징에 해당하며, 역기능을 해소하기 위해서는 구성원 개개인의 역할이 분담될 필요가 있다. 다만 역할은 고정된 것이 아니라 가족생활 주기의 변화에 따라 융통성 있게 변화한다.

21. ④
지이분화는 징서와 시성 간의 분화수준이 낮으면 타인과 융합되려는 경향이 있다. 즉 이것이 잘 이루어진 사람은 자신의 감정과 타인의 감정을 이해하며 객관성과 감정적 거리를 유지할 수 있다.

22. ⑤
경험적 가족치료모델은 개인과 가족의 잠재능력개발과 자기실현에 초점을 둔다. 따라서 가족의 병리적 측면보다는 긍정적 측면에 초점을 둔다.

23. ④
성원들의 행동에 항상 똑같은 반응을 보여야 하는 것은 아니다. 사회복지사는 소외되거나 침묵하는 성원들이 생기지 않도록 집단성원들의 참여를 촉진해야 한다.

24. ①

지지집단은 삶에서 장차 일어날 사건에 좀더 효과적으로 적응하기 위한 대처기술을 발전시킴으로서 성원들이 삶의 위기에 대처하도록 돕는 집단을 말한다. 예를 들면, 만성장애환자나 환자의 가족이 질병과 그로 인한 영향 등에 대처하는 방법에 대해 토론하고 정보를 공유하는 집단이다.

25. ②

소시오그램(사회도)는 상호작용의 빈도 상호 친밀한 관계에서 상호작용이 더 많을 것이라고 예측할 수 있는 것뿐이지 상호작용 빈도 자체를 살펴보지는 않는다. 상호작용의 빈도는 상호작용 차트를 통해 알 수 있다. 그리고 소시오그램은 어떤 성원이 어떤 성원에게 우호적인지, 거부적인지를 살펴봄으로써 하위집단의 형성, 삼각관계의 형성, 소외된 성원 등을 살펴볼 수 있다.

실전 모의고사 3회   298~303쪽

01 ②	02 ④	03 ②	04 ②	05 ②
06 ⑤	07 ③	08 ⑤	09 ②	10 ①
11 ④	12 ⑤	13 ④	14 ④	15 ②
16 ⑤	17 ②	18 ④	19 ①	20 ②
21 ⑤	22 ①	23 ③	24 ④	25 ⑤

01. ②

클라이언트의 진술이나 표현이 혼란스럽거나 추상적일 때 그 내용을 구체화하기 위한 방법이다.

02. ④

사회복지실천은 과학과 예술의 조화로서 과학성과 예술성은 상호보완적인관계이다. 예술성은 능숙한 수행을 하는 데 필요한 특수한 기술로 학습만으로 배울 수 없는 직관적인 능력과 융통성을 발휘해야 하는 것이고, 과학성은 전문영역으로 기능하고 사회복지실천의 목적을 달성하는 과정과 결과가 효과적인 체계적인 이론과 근거로 설명하는 것이다.

03. ②

과제중심모델은 클라이언트의 자기결정을 존중하여 문제의 우선순위를 정한다. 반면 정신역동모델은 과거의 경험이 현재 행동의 뿌리가 된다고 보기 때문에 과거에 대한 분석을 중요시 하며, 합리화, 보상, 억압 등 방어기제가 일어나는 무의식 차원에 관심을 둔다.

04. ②

역전이는 사회복지사가 클라이언트에게 갖는 정서적 반응이다. 반면, 전이는 클라이언트가 부모나 다른 사람들에 대하여 지녔던 부정적이고 적대적인 감정과 사고를 사회복지사에게 투사하는 것이다.

05. ②

심리사회모델은 개인의 심리적 측면과 사회적 측면을 모두 살핀다. 정신분석학은 심리사회모델의 이론적 기반이 되었다. 인간의 현재 행동을 이해하기 위해서 과거를 중요하게 살펴본다. 또한 가족 등 환경체계에도 개입하며, 필요한 경우 집단을 구성하여 활용하기도 한다.

06. ⑤

환경 조정하기는 간접적 개입기법으로, 제시된 것처럼 환경변화를 원조하기도 하며 자원체계와의 연계, 권리 확보를 위한 옹호 등을 진행하기도 한다. 반면, 지지, 탐색-묘사-환기, 직접영향주기, 발달적 고찰은 직접적 개입방법이다.

07. ③

이분법적 사고는 벡의 인지적 오류(왜곡)에 해당하며, 완전 무결주의, 정서적 무책임, 문제의 회피, 과도한 자기 기대감 등은 엘리스의 합리적 정서치료의 비합리적 신념에 해당하는 내용이다.

08. ⑤

사회기술훈련에서는 다양한 행동주의 기법을 사용하는데, 모델링, 역할 연습, 행동시연, 강화, 코칭, 문제해결 기술에 대한 교육, 과제부여 등을 포함하며 주로 집단 프로그램으로 이루어진다.

09. ②
하나의 경험을 다른 사건에 대해서도 광범위하게 적용하는 것을 과잉(혹은 과도한)일반화라고 한다.

10. ①
과제중심모델은 클라이언트의 자기결정권을 강조하고 클라이언트가 인식한 문제를 중심으로 하는 모델이다. 그리고 구조화되고 체계적인 접근과 시간제한적인 단기개입으로 접근한다.

11. ④
④ 표적문제에 대한 대안을 모색하는 것은 실행단계의 과업에 해당한다.
①, ②, ③, ⑤의 내용은 문제규명단계의 과업에 해당한다.

12. ⑤
역량강화모델에서 사회복지사는 전문가적인 전문성보다는 클라이언트의 동반자이자 협력자 개념에 더욱 초점을 둔다. 반면, 전통적인 문제해결과정에서는 사회복지사가 문제해결의 전문가이자 권위자이다.

13. ④
위기의 증상은 매우 복잡하다. 따라서 위기를 발생시킨 사건이 애시당초에 해결이 불가능한 경우도 있기 때문에 사건 자체를 해결해야 한다는 전제를 갖지 않는다.

14. ③
구성원 간 경제적 자립은 현대가족의 문제와는 거리가 있다. 현대 가족의 문제는 구성원 간 보호기능 약화, 갈등 문제, 빈곤의 문제, 가족해체 문제, 세대 간의 갈등 문제 등이 있다.

15. ②
가족 항상성은 가족이 위기상황 이후에 정상적인 기능수행으로 되돌아가려고 경향을 말한다.

16. ⑤
가족과 환경 간 경계의 속성은 생태도로 파악 가능하다. 나머지 내용은 가계도에 관한 설명이다.

17. ②
가족규칙은 환경이나 가족생활주기에 따라 융통성 있게 변화하는 것이 바람직하다. 기능적 의사소통은 외부와의 경계가 분명하면서도 융통성이 있고, 개방적이고 직접적이다. 자유롭게 감정을 표현을 하며 서로 배려하면서 억압받지 않고 의사소통을 한다.

18. ④
가족 조각은 사티어의 경험적 가족치료의 기법이다. 공간 속에서 가족구성원들이 몸을 이용해 가족의 상호작용 양상을 표현하게 함으로써 가족에 대한 이해를 돕는 기법이다.

19. ①
미누친의 구조적 가족치료모델의 기법으로 실연, 합류하기, 경계 만들기 등이 있으며, 가족그림, 가족조각은 사티어 경험적 가족치료, 재명명. 순환적 질문, 증상처방, 시련기법은 전략적 가족치료기법이다. 탈삼각화는 보웬의 다세대 가족치료 기법이다.

20. ②
성장집단에서 사회복지사는 집단성원들이 통찰력을 얻고 새로운 행동을 시험하면서 피드백을 얻고 성장할 수 있도록 촉진자 역할과 모델의 역할을 한다.

21. ⑤
집단의 목적이 애매모호하거나 목적에 대한 의견이 불일치할 경우 집단은 실패할 확률이 높기 때문에 간단히 일목요연하게 진술한다.

22. ①
치료집단은 상호작용이 적극적이고 개방적이며, 구성원의 자기 노출 수준이 높은 편이다. 과업집단은 특수한 과업이나 목표달성에 초점을 둔다.

23. ③
직접 필기하는 것보다 효과적이며, 면접 과정을 보다 면밀히 관찰하고 분석할 수 있다. 단점은 녹음 및 녹화를 지나치게 의식하여 평소보다 클라이언트의 집중력이 떨어질 수 있다.

24. ④

ABCD : 하나의 기초선 자료에 대해 각기 다른 여러 개의 다른 개입방법(BCD)을 도입해 보는 것이다.

25. ⑤

목표달성척도는 표준화된 척도와 달리 클라이언트 개인의 목표에 따라 측정 내용과 목표를 자유롭게 정할 수 있기 때문에 개별화의 원리에 부합되는 방식이다. 과제중심실천에서 개발된 평가방법은 과제성취척도이다.

[사회복지실천]

05

지역사회복지론

주제별 기출문제

1 지역사회복지의 이해

◆ 출제경향분석 및 학습가이드

대분류	중분류	소분류	출제빈도 및 중요도
지역사회복지의 기초적 이해	지역사회의 개념 및 특성	개념/정의	★★★★★
	지역사회의 유형과 기능	지역사회의 유형화	★★★★★
		지역사회의 기능	★★★
		지역사회 기능의 비교척도	★★★
	지역사회복지에 대한 이해	지역사회복지의 개념	★★★★★
		지역사회복지의 관련 개념	★★★★

1. 지역사회의 개념 및 특성
   - 지역사회의 개념정의와 이론들이 꾸준히 출제되었음.
   - 로스(M. G. Ross), 힐러리(G. A. Hillery), 퇴니에스(F. Tonnies) 등의 지역사회에 대한 정의를 묻는 문제가 자주 출제됨.

2. 지역사회의 유형과 기능 매년 꾸준히 출제됨.
   1) 지역사회의 유형화
      지역사회의 유형화에서 던햄(A. Dunham)은 지역사회를 인구의 규모, 경제적 기반, 정부의 행정구역, 인구구성의 사회적 특수성에 따른 기준을 묻는 문제가 출제됨.
   2) 지역사회의 기능
      워렌(Warren, 1963)은 지역사회의 기능을 ① 생산, 분배, 소비, ② 사회화, ③ 사회통제, ④ 사회참여, ⑤ 상호지지 5가지를 들고 5가지에 판토자와 페리(Pantoja & Perry, 1992)는 ⑥ 방어, ⑦ 의사소통을 추가함. 관련 문제가 출제됨
   3) 지역사회 기능의 비교척도
      워렌(Warren)은 수평적 유형, 지역의 자치성, 서비스 영역의 일치성, 지역에 대한 주민들의 심리적 동일시 4가지 차원을 묻는 문제가 출제됨.

3. 지역사회복지에 대한 이해 매년 꾸준히 출제되는 편임
   1) 지역사회복지의 개념의 속성을 정확히 이해하는 것이 필요함.
   2) 지역사회복지의 관련 개념으로 지역사회보호, 지역사회조직, 정상화, 탈시설화, 시설의 사회화, 재가보호, 지역사회개발을 들 수 있고 이 중 지역사회조직과 시설의 사회화가 중요함.

4. 지역사회복지의 원리, 특성
   1) 지역사회복지의 원리로 정상화, 주민참여, 네트워크를 들며, 특히 빈번하게 네트워크가 문제에 출제됨.
   2) 지역사회복지의 특성으로 예방성, 종합성, 연대성, 지역성을 들며, 최근 지역성에 대한 문제가 출제됨.

기출문제 확인하기

☐ 14회

01. 지역사회 개념에 대한 설명으로 옳지 <u>않은</u> 것은?

① 던햄(A. Dunham) : 지역사회는 공동사회에서 이익사회로 발전한다고 봄.
② 길버트와 스펙트(N. Gillbert & H. Specht) : 지역사회의 기능을 경제·종교·가족·사회복지 제도와 연결해 설명함.
③ 로스(M. G. Ross) : 지역사회의 개념을 지리적 의미와 기능적 의미로 구분하였음.
④ 워렌(R.L. Warren) : 지역사회는 지역적 접합성을 가지는 주요한 사회적 기능 수행의 단위와 체계의 결합으로 설명함.
⑤ 맥키버(R. M. MacIver) : 지역사회란 인간의 공동생활이 영위되는 일정한 지역을 공동생활권으로 봄.

정답 ①
해설 ①은 던햄(A. Dunham)이 아니라 퇴니에스(F. Tonnies)의 의견임.
지역사회는 공동사회에서 이익사회로 발전한다고 봄. 서구사회가 공동사회의 연합체 → 공동사회의 협의체 → 이익사회의 협의체 → 이익사회의 연합체 순으로 발전했다고 봄. 반면, 던햄(A. Dunham)은 지역사회의 유형을 인구의 크기, 경제적 기반 등의 기준으로 구분함.

☐ 17회

02. 힐러리(G. A. Hillery)가 제시한 지역사회의 기본요소로 옳게 묶은 것은?

① 전통과 관습, 공동체 의식, 사회적 유사성
② 역사적 유산의 공유, 공동생활양식, 지역 거주
③ 지리적 영역의 공유, 공동의 유대감, 사회적 상호작용
④ 전통적 가치체계, 사회계층, 지역주민
⑤ 사회복지, 공동체 의식, 관습

정답 ③
해설 힐러리(G. A. Hillery) : 지역사회의 3가지 요소로 공간 단위로서 지역사회, 사회적 상호작용 단위로서 지역사회, 심리적·문화적 공동의 유대감이 있는 지역사회를 제시함.

☐ 16회

03. 지역사회에 관한 설명으로 옳지 <u>않은</u> 것은?

① 파크와 버제스(Park & Burgess) : 지역사회란 한 지역을 구성하는 사람들과 조직들의 지리적 분포로 고려될 수 있는 사회와 사회집단에 적용됨.
② 인터넷으로 시간과 공간을 초월하는 사이버공동체가 나타남에 따라 지리적 공간의 제약을 받게 되어서 기능적 지역사회로 본다.
③ 퇴니에스(F. Tonnies) : 지역사회를 공동사회와 이익사회로 구분했다.
④ 지리적 지역사회는 마을, 도시, 이웃 등을 예로 들 수 있다.
⑤ 기능적 지역사회는 복지, 농업, 교육, 종교 등의 영역에서 공동의 관심과 기능을 공유하는 사람들의 집단을 들 수 있다.

정답 ②
해설 인터넷으로 시간과 공간을 초월하는 사이버공동체가 나타남에 따라 지리적 공간의 제약에서 자유로운 기능적 지역사회로 봄.

기출문제 확인하기

□ 19회

04. 던햄(A. Dunham)의 지역사회유형 구분과 예시의 연결로 옳지 <u>않은</u> 것은?

① 인구 구성의 사회적 특수성 – 쪽방촌, 외국인 밀집지역 등
② 행정구역 – 특별시, 광역시·도, 시·군·구 등
③ 인구 크기 – 대도시, 중·소도시 등
④ 산업구조 및 경제적 기반 – 농촌, 어촌, 산업단지 등
⑤ 연대성 수준 – 기계적 연대 지역, 유기적 연대 지역 등

정답 ⑤

해설 던햄(A. Dunham)은 인구의 규모에 따른 기준, 경제적 기반에 따른 기준, 정부의 행정구역에 따른 기준, 인구구성의 사회적 특수성에 따른 기준으로 나누기에 연대성 수준은 정답이 아님.

던햄(A. Dunham)의 지역사회유형 구분과 예시로 아래 설명은 맞음.
- 인구의 규모에 따른 기준 : 대도시, 중소도시, 읍지역과 같은 작은 부락 등
- 경제적 기반에 따른 기준 : 농촌, 광산촌, 산촌, 어촌 등
- 정부의 행정구역에 따른 기준 : 특별시, 광역시, 도·시, 시·군·구, 읍·면·동 등
- 인구구성의 사회적 특수성에 따른 기준 ; 도시 저소득층 지역, 외국인촌, 장애인 밀집지역, 미국의 할렘가나 차이나타운, 유태인거주지역 등 지역사회 구성원 대다수의 사회적 특성을 중심으로 지역을 유형화하는 것임.

□ 14회

05. 지역사회의 기능과 사례의 연결로 옳지 <u>않은</u> 것은?

① 사회통합의 기능 : 병 종교단체가 지역주민 어르신을 대상으로 경로잔치를 개최한다.
② 상부상조의 기능 : 독거노인의 안부를 확인하기 위하여 안부전화를 하는 자원봉사자와 연계한다.
③ 생산·분배·소비 기능 : 지역주민이 생산한 과일을 마을 공동 판매장에서 판매한다.
④ 사회통제 기능 : 지역사회에 안전한 생활 영위를 위하여 법률로 치안을 강제한다.
⑤ 사회화 기능 : 을 마을에 쓰레기 없는 마을을 만들기 위해서 조례를 제정한다.

정답 ⑤

해설 조례의 제정은 사회통제의 기능의 사례임.
지역사회의 기능과 제도로 다음과 같이 7가지를 들 수 있음.
- 생산, 분배, 소비의 기능 : 경제제도
- 사회화의 기능 : 가족제도
- 사회통제의 기능 : 정치제도
- 사회통합의 기능 : 종교제도
- 상부상조의 기능 : 사회복지제도
- 방어 : 공동체
- 의사소통 : 사상의 공유

☐ 14회
06. 지역사회 기능의 비교척도로 옳지 않은 것은?

① 자치성 : 지역사회가 타 지역에 의존하지 않는 정도
② 서비스의 일치성 : 지역사회 내 서비스 영역이 동일 지역 내에서 일치하는 정도
③ 심리적 동일시 : 지역주민들이 자기 지역을 중요한 준거집단으로 생각하는 정도
④ 사회성 : 지역사회의 사회적 분화정도
⑤ 수평적 유형 : 상이한 조직들의 구조적·기능적 관련 정도

정답 ④
해설 사회성은 지역사회 기능의 비교 척도에 해당하지 않음.
지역사회 기능의 비교척도에는 지역적 자치성, 서비스 영역의 일치성, 지역에 대한 주민들의 심리적 동일시, 수평적 유형이 있음.

☐ 16회
07. 지역사회복지 관련 개념에 대한 설명으로 옳지 않은 것은?

① 재가보호는 대상자의 가정에서 서비스를 받는 것을 의미한다.
② 지역사회개발은 지역사회 문제를 해결하기 위해 전문가에 의한 주도적 개입을 강조한다.
③ 지역사회조직은 전통적인 전문 사회복지실천 방법 중 하나이다.
④ 지역사회보호는 가정 또는 그와 유사한 지역사회 내의 환경에서 서비스를 제공한다.
⑤ 시설의 사회화란 시설생활자의 인권존중 및 생활보장이란 공공성을 기초로 한다.

정답 ②
해설 지역사회개발은 지역사회 문제를 해결하기 위해 전문가에 의한 주도적 개입을 강조하는 게 아니라 지역사회구성원의 참여를 통해 지역주민들의 삶의 질 향상토록 주민들이 확신을 가지고 대처기술을 획득토록 지원하는 활동임.

☐ 13회
08. 지역사회복지개념의 속성이 아닌 것은?

① 지역사회의 문제를 해결하고 주민의 복지욕구를 충족시키는 기능이 있다.
② 정부와 민간기관이 공동주체가 되어 공공과 민간의 협력이 강화되는 추세로 발전하고 있다.
③ 조직적인 활동을 강조하는 전문적인 서비스와 방법을 사용한다.
④ 지역성 또는 기능성을 포함하는 일정한 지역 내에서 이뤄진다.
⑤ 지역주민의 삶의 질 향상이란 목표를 가지고 있다.

정답 ④
해설 지역사회복지개념의 속성으로 지역성 또는 기능성이 아니라 지역성과 기능성을 포함하는 일정한 지역 내에서 이뤄짐.

기출문제 확인하기

□ 13회
09. 지역사회복지에 관한 설명으로 옳지 <u>않은</u> 것은?

① 전문 또는 비전문 인력이 지역사회 수준에서 개입한다.
② 지역성과 기능성을 포함하는 지역사회 내에서 이루어진다.
③ 지역사회 내에 존재하는 각종 제도에 영향을 준다.
④ 공공과 민간의 협력이 강조되고 있는 추세이다.
⑤ 개인 및 가족 등 미시적 수준의 사회체계와 대립적인 위치에 있다.

정답 ⑤
해설 지역사회복지는 개인 및 가족 등 미시적 수준의 사회체계와 대립적인 위치에 있는 게 아니라 지역사회 복지는 정부와 민간기관이 공동주체가 되어 공공과 민간의 협력이 강화되고 다양한 자원과 관계망을 통하여 어려움에 처해 있는 사회적 약자나 지역사회에 도움을 주는 종합적이고 총체적인 활동임.

□ 15회
10. 지역사회 개념에 관한 설명으로 옳지 <u>않은</u> 것은?

① 지리적 지역사회는 일정한 지리적 공간을 공유하는 사람들의 집단을 의미한다.
② 기능적 지역사회는 구성원 공동의 이익과 이해관계를 같이하는 공동체를 의미한다.
③ 지역사회는 사회적 상호작용과 연대성을 기초로 한다.
④ 지역사회는 이익사회에서 공동사회로 발전한다.
⑤ 가상공동체는 새로운 형태의 지역사회로 등장하고 있다.

정답 ④
해설 지역사회는 이익사회에서 공동사회로 발전하는 게 아니라 지역사회복지는 지역사회의 문제를 해결, 주민의 복지욕구를 충족시킴.

□ 19회
11. 네트워크 기술의 특성으로 옳지 <u>않은</u> 것은?

① 자원의 효율적 관리
② 사회정의 준수 및 유지
③ 서비스의 중복과 누락 방지
④ 참여를 통한 시민 연대의식 강화
⑤ 지역주민에게 필요한 자원이나 서비스 연결

정답 ②
해설 사회정의 준수 및 유지의 경우 : 지역사회 기능의 사회통제의 기능을 뜻함.
지역사회복지의 원리로 정상화, 주민참여, 네트워크를 들 수 있음.
네트워크란 이용자의 조직화, 서비스 관계자의 조직화, 관련 기관 연계 등 다양한 네트워크를 통하여 지역사회의 서비스 공급체계와 이용체계를 효과·효율적으로 만들어 가는 것을 의미함.

□ 14회

12. 지역사회복지 원리에 관한 설명으로 옳은 것은?

① 네트워크를 통하여 지역 구성원의 개인 정보를 누구나 공유할 수 있다.
② 정상화란 지역사회 돌봄의 폐해로 인해서 시설입소를 하는 것이다.
③ 네트워크를 통하여 지역사회의 서비스 공급체계와 이용체계를 효과·효율적으로 만들어 간다.
④ 주민참여란 주민의 욕구파악 및 전문가와 주민이 지역사회의 주체로서의 주체성을 가질 수 있다.
⑤ 정상화는 1970년대 덴마크를 비롯한 북유럽에서 시작되었다.

정답 ③
해설 ③은 옳은 예시며, ③번을 제외한 나머지 보기를 옳게 고치면 다음과 같음.
① 네트워크를 통하여 자원연계를 하지만 지역 구성원의 개인정보를 누구나 공유할 수 없다.
② 정상화란 시설입소의 폐해로 인해 지역사회 내 일반인이 살아가는 보통의 삶과 유사한 생활을 누리며 살아갈 수 있도록 하는 것을 의미한다.
④ 주민참여란 주민의 욕구파악 및 주민이 지역사회의 주체로서의 주체성을 가질 수 있게 하는 것으로 전문가가 지역사회의 주체로서 주체성을 가지는 게 아니다.
⑤ 정상화는 1970년대가 아니라 1950년대에 덴마크를 비롯한 북유럽에서 시작되었다.

□ 13회

13. 저소득층 독거노인을 위한 의료 네트워크 형성 사업을 하려고 하는 사회복지사의 역할로 부적절한 것은?

① 옹호자   ② 촉매자   ③ 협상가
④ 조정가   ⑤ 혁명가

정답 ⑤
해설 저소득층 독거노인을 위한 의료 네트워크 형성 사업을 하려고 하는 사회복지사의 역할로 옹호자, 촉매자, 협상가, 조정가를 들 수 있음.

2 지역사회복지 관련 이론

◆ 출제경향분석 및 학습가이드

대분류	중분류	소분류	출제빈도 및 중요도
지역사회복지관련 이론	기능주의적 관점		★★★★★
	갈등주의적 관점		★★★★
	생태체계이론		★★★★★
	자원동원이론		★★
	교환이론		★★
	엘리트이론		★★★
	다원주의이론		★★★★★

지역사회복지 관련 이론으로 기능주의적 관점, 갈등주의적 관점, 사회체계이론 등과 지역사회복지와의 관련성을 다룬 문제가 꾸준히 출제됨.

1. 기능주의적 관점
기능주의자들의 주요 견해로 파슨즈의 사회체계 존속을 위해 충족되어야 할 기능적 요건(적응의 기능, 목표달성의 기능, 통합의 기능, 잠재성유지의 기능)을 묻거나 기능주의적 관점에서 지역사회복지와의 관련성에 대한 문제 출제빈도가 높음.

2. 갈등주의적 관점
갈등주의적 관점은 개인이나 가족의 변화에 개입하기 위한 미시적 실천보다는 기존 권력관계의 변화를 통한 자원이동 및 제도의 변화와 관련된 사회행동, 지역사회조직 등을 들 수 있다는 점과 알린스키(Alinsky)의 지역사회수준에서 갈등이론을 적용한 문제가 출제됨.

3. 생태체계이론
지역사회복지와 관련한 생태체계적 관점에서 환경체계는 미시체계-중위체계-외부체계-거시체계로 구분하여 관련 체계별 사례가 출제됨.

4. 자원동원이론
당면한 활동을 수행하기 위해 지역사회 내에서 어떤 자원이 어디에 있는지, 누구와 함께 정체성을 공유할 것인지, 이런 것을 어떤 방식으로 알릴 것인지 등을 확인하고 외우는 것이 중요함.

5. 교환이론
호만스(Homans)의 교환이론, 블라우(Blau)의 교환이론이 가끔씩 출제됨.

6. 엘리트이론도 가끔씩 출제됨.
엘리트이론을 지역사회에 적용하면, 전문가 집단의 의견에 따라 지역의 복지시책이 좌우될 수 있음. 반면, 지역사회 내 다양한 집단들과 직접 소통하지 않아 지역주민의 기본 욕구를 의사결정에 충분히 반영하기가 어려움.

7. 다원주의이론
다원주의이론과 지역사회복지와의 관련성에 대해 최근 출제되는 경향임.
- 다양한 형태의 시민참여를 전제로 하고 있는 사회정책의 추진은 공공과 민간의 협력과 조화를 추구하는 복지거버넌스로 나타나고 있음.
- 지역사회 권력이 집중되는 형태를 갖기보단 전문성 등에 기반을 둔 다양한 사람들이 참여함으로써 다원화되는 경향이 있음.

기출문제 확인하기

☐ 14회

01. 지역사회에 관한 기능주의 관점을 설명한 것으로 옳은 것을 모두 고른 것은?

> ㄱ. 사회는 항상 불안하다고 전제한다.
> ㄴ. 조화, 적응, 안정, 균형을 중시한다.
> ㄷ. 소수엘리트에 의한 주도적 가치판단을 중시한다.
> ㄹ. 사회변화가 점진적으로 이루어진다고 전제한다.

① ㄱ, ㄴ, ㄷ ② ㄱ, ㄷ ③ ㄴ, ㄹ
④ ㄹ ⑤ ㄱ, ㄴ, ㄷ, ㄹ

정답 ③

해설 ㄴ. 지역사회에 관한 기능주의 관점은 ㄴ. 조화, 적응, 안정, 균형을 중시한다.
ㄹ. 사회변화가 점진적으로 이루어진다고 전제한다.

☐ 18회

02. 갈등이론에 관한 설명으로 옳은 것을 모두 고른 것은?

> ㄱ. 사회문제는 사회변화가 아닌 개인의 사회적응을 통해 해결할 수 있다.
> ㄴ. 갈등현상을 사회적 과정의 본질로 간주한다.
> ㄷ. 외국인근로자 밀집거주지역에서 이주민자녀에게 평등한 교육제도를 촉구하기 위해서 일어나는 사회행동이 발생되었다.
> ㄹ. 지역사회의 균형유지와 회복을 위해 취약계층에 대한 지원과 자원제공에 관심을 둔다.

① ㄴ, ㄷ, ㄹ ② ㄱ, ㄴ, ㄷ, ㄹ ③ ㄱ, ㄴ, ㄷ
④ ㄷ, ㄹ ⑤ ㄴ, ㄷ

정답 ⑤

해설 갈등이론에 해당하는 예시는 ㄴ, ㄷ
ㄱ. 사회문제는 사회변화가 아닌 개인의 사회적응을 통해 해결할 수 있다. → 구조기능주의이론
ㄴ. 갈등현상을 사회적 과정의 본질로 간주한다. → 갈등이론
ㄷ. 외국인근로자 밀집거주지역에서 이주민자녀에게 평등한 교육제도를 촉구하기 위해서 일어나는 사회행동이 발생되었다. → 갈등이론
ㄹ. 지역사회의 균형유지와 회복을 위해 취약계층에 대한 지원과 자원제공에 관심을 둔다. → 구조기능주의이론

03. 갈등이론에서 '갈등'에 대한 설명으로 옳지 않은 것은?

① 영향력 있는 지역 인사가 갈등에 큰 영향을 미친다.
② 문화적 가치와 신념의 차이와 경제적 형태로 갈등이 발생한다.
③ 지역사회의 문제나 주민의 욕구를 해결하기 위해서 사회행동이 표출된다.
④ 개인 변화에 개입하기 위한 거시적 실천보다는 기존 권력관계의 변화를 통한 자원 이동을 들 수 있다.
⑤ 사회가 이해관계에 따라 형성되어 있으므로 이익 또는 자원의 차이가 갈등을 일으킨다.

기출문제 확인하기

정답 ④
해설 개인 변화에 개입하기 위한 거시적 실천보다는 기존 권력관계의 변화를 통한 자원 이동을 들 수 있다.
→ 거시적 실천이 아닌 미시적 실천이 맞는 설명임.

☐ 13회
04. 지역사회복지의 주요 이론에 관한 설명으로 옳은 것을 모두 고른 것은?

> ㄱ. 사회체계이론은 지역사회의 균형과 유지에 초점을 맞추나 실제 지역사회의 변화 및 갈등을 설명하는데 한계가 있음.
> ㄴ. 자원동원이론은 지역사회현장에서 사회적 약자의 권익을 옹호하기 위한 활동을 펼쳐 나가거나 대변하고자 할 때, 사회운동을 조직하고 이를 행동화하는 데 있어 중요한 이론적 토대가 된다.
> ㄷ. 갈등이론은 갈등을 둘러싼 연대와 권력 형성의 도구가 될 수 있다는 측면에서 사회행동모델에 유용하다.
> ㄹ. 엘리트이론의 단점으로 지역사회 내 다양한 집단들과 직접 소통하지 않아 지역주민의 기본 욕구를 의사결정에 충분히 반영하기가 어려운 점을 들 수 있다.

① ㄱ, ㄴ, ㄷ, ㄹ   ② ㄴ, ㄷ, ㄹ   ③ ㄱ, ㄴ, ㄷ
④ ㄷ, ㄹ   ⑤ ㄱ, ㄴ

정답 ①
해설 지역사회복지 이론에 대한 다음의 설명은 옳음.
ㄱ. 사회체계이론은 지역사회의 균형과 유지에 초점을 맞추나 실제 지역사회의 변화 및 갈등을 설명하는데 한계가 있다.
ㄴ. 자원동원이론은 지역사회현장에서 사회적 약자의 권익을 옹호하기 위한 활동을 펼쳐나가거나 대변하고자 할 때, 사회운동을 조직하고 이를 행동화하는 데 있어 중요한 이론적 토대가 된다.
ㄷ. 갈등이론은 갈등을 둘러싼 연대와 권력 형성의 도구가 될 수 있다는 측면에서 사회행동모델에 유용하다.
ㄹ. 엘리트이론의 단점으로 지역사회 내 다양한 집단들과 직접 소통하지 않아 지역주민의 기본 욕구를 의사결정에 충분히 반영하기가 어려운 점을 들 수 있다.

☐ 16회
05. 다음에서 설명하는 지역사회복지이론을 고르시오.

> 원도심 지역은 공동화가 이뤄지면서 노인 가구 및 1인 가구 증가율이 급상승한 반면, 농촌지역은 공공기관 이전으로 인구의 평균연령이 낮아져 ㄱ시가 계층화되고 있는 것으로 나타났다.

① 교환이론   ② 자원동원이론   ③ 사회체계이론
④ 다원주의이론   ⑤ 생태체계이론

정답 ⑤

해설 생태체계이론이란 여러 유기체가 환경 안에서 어떠한 방식으로 역학적 평형 상태를 지속하고 성장하는지를 체계적으로 일반화한 이론임. 본 사례에서 환경의 변화에 따른 인구 구성 변화의 관계성을 파악할 수 있음.

□ 15회
06. 다음 설명과 관련된 지역사회복지이론은?

> - 다양한 집단과 조직이 이익을 표출함으로써 정책과정에 영향을 미칠 수 있다.
> - 지역사회복지 정책은 이익집단들 간의 갈등과 타협의 선물로 간주된다.
> - 지역사회복지 정책결정은 이익 집단들의 상대적 영향력 정도에 따라 달라진다.

① 생태체계이론　② 다원주의이론　③ 사회체계이론
④ 자원동원이론　⑤ 갈등이론

정답 ②

해설 ② 다원주의이론에 대한 예시임.
- 다원주의이론의 대표적인 슘페터와 달(Schumpeter & Dahl) 학자는 가장 기본이 되는 가정으로 모든 목소리를 청취하고 권력은 어떤 개인이나 집단에게 집중되어 있다기보다 광범위하게 확산되어 있다는 것임.
- 다양한 집단과 조직이 이익을 표출함으로써 정책과정에 영향을 미칠 수 있음.
- 지역사회복지 정책은 이익집단들 간의 갈등과 타협의 선물로 간주됨.
- 지역사회복지 정책결정은 이익 집단들의 상대적 영향력 정도에 따라 달라짐.

07. 생태체계적 관점에서 어떤 환경체계에 대한 설명인지를 고르시오.

> 나는 맞벌이 부부로 아내의 근무시간이 오후시간으로 바뀌었을 경우

① 미시체계　② 중위체계　③ 외부체계
④ 거시체계　⑤ 미시-중위체계

정답 ③

해설 지역사회복지와 관련한 생태체계적 관점에서 환경체계는 미시체계-중위체계-외부체계-거시체계로 구분함.
① 미시체계 : 개인에게 가장 인접한 환경으로 직접적이고 대면이 가능한 환경임.
(예 : 가족, 학교, 친구, 교사 등)
② 중위체계 : 미시체계들 사이의 관계를 말함.
(예 : 나는 학생이면서 아들이다. → 학교란 미시체계와 가족이라는 미시체계가 연결됨)
③ 외부체계 : 개인이 직접 참여하지 않으나 개인의 발달에 영향을 주는 환경체계임.
(예 : 주거환경, 부모역할 등이나 나는 맞벌이 부부로 아내의 근무시간이 오후시간으로 바뀌었을 경우, 아내의 근무시간변동이 나의 미시체계는 아니지만 나에게 영향을 주는 것)
④ 거시체계 : 구성원들에게 강력한 영향을 주는 체계임.
(예 : 정치, 경제, 사회, 문화, 법, 종교 등)

③ 지역사회복지의 역사

◆ 출제경향분석 및 학습가이드

대분류	중분류	소분류	출제빈도 및 중요도
지역사회복지의 역사	영국 지역사회복지 역사		★★★★
	미국 지역사회복지 역사		★★★
	우리나라 지역사회복지 역사		★★★★★

영국, 미국, 한국 관련 지역사회복지 역사의 문제는 가끔씩 출제됨.

1. 영국의 지역사회복지 역사
자선조직협회와 인보관은 꾸준히 출제되고 있으며, 1980년대 후반부터 현재에 이르기까지 지역사회 보호의 개념은 다양하고 광범위한 서비스의 발전을 추구하면서 지방당국의 역할뿐만 아니라 가족 등 비공식 부문, 민간부문, 자원부문의 역할이 강조, 소비자 선택권 증진과 케어매니지먼트의 도입관련 문제가 출제됨.

2. 미국의 지역사회복지 역사
자선조직협회, 사회복지기관협의회, 1955년 이후 사회복지문제에 대한 연방정부의 책임은 케네디와 존슨 행정부의 빈곤과의 전쟁에 의해 확대됨. 사회복지프로그램은 직업훈련, 성인교육, 농촌주민부조, Head Start, VISTA, 법적 지원, 보건, 주택, 소비자교육 등의 지역사회 활동 등을 들 수 있음.

3. 우리나라 지역사회복지의 역사
1990년대 이후나 2000년대 이후 지역사회복지에 대한 문제가 꾸준히 출제됨.
예를 들어, 1995년 지방자치단체의 실시로 지방자치와 주민참여의 활성화, 1997년 사회복지사업법 개정에 따른 사회복지관에 대한 평가 실시, 1998년 사회복지공동모금회법의 시행이나 2003년 사회복지 사업법 개정 따른 지역사회복지계획 수립 의무화, 2009년 사회서비스바우처 관리법 제정 따른 사회 복지서비스의 시장화의 출발, 2010년 사회복지통합관리망(행복e음) 개통 등을 들 수 있음.

기출문제 확인하기

☐ 17회

01. 영국 지역사회복지의 발달에 영향을 미친 주요 사건을 순서대로 나열한 것은?

> ㄱ. 시봄(Seebohm)보고서
> ㄴ. 토인비홀(Toynbee Hall)설립
> ㄷ. 하버트(Harbert)보고서
> ㄹ. 정신보건법(Mental Health Act) 제정
> ㅁ. 그리피스(Griffiths)보고서
> ㅂ. 바클레이(Barclay)보고서

① ㄱ → ㄴ → ㄷ → ㄹ → ㅁ → ㅂ
② ㄴ → ㄹ → ㄱ → ㄷ → ㅂ → ㅁ
③ ㄹ → ㄴ → ㄱ → ㄷ → ㅂ → ㅁ
④ ㄱ → ㄷ → ㅂ → ㄴ → ㄹ → ㅁ
⑤ ㄴ → ㄱ → ㅂ → ㅁ → ㄷ → ㄹ

정답 ②

해설 ㄴ. 토인비홀(Toynbee Hall)설립 (1884) → ㄹ.정신보건법(Mental Health Act) 제정(1959) → ㄱ. 시봄(Seebohm)보고서(1968) → ㄷ. 하버트(Harbert)보고서(1971) → ㅂ. 바클레이(Barclay)보고서(1982) → ㅁ. 그리피스(Griffiths)보고서(1988)

☐ 16회

02. 영국 1988년 그리피스(Griffiths)보고서에서 강조한 지역사회 보호에 관한 설명으로 옳은 것을 모두 고른 것은?

> ㄱ. 지역사회보호 실천주체 다양화를 추구하였다.
> ㄴ. 지역사회 보호를 위한 권한과 재정을 지방정부에 이양할 것을 주장하였다.
> ㄷ. 서비스의 적절성 확보를 위한 케어 매니지먼트를 강조하였다.
> ㄹ. 지역사회 보호를 위한 지방정부의 서비스 공급자 역할을 강조하였다.

① ㄱ, ㄴ, ㄷ ② ㄱ, ㄷ, ㄹ ③ ㄴ, ㄷ
④ ㄴ, ㄷ, ㄹ ⑤ ㄱ, ㄴ, ㄹ

정답 ①

해설 영국 1988년 그리피스(Griffiths)보고서에서 강조한 지역사회 보호에 관한 설명으로 ㄹ. 지역사회 보호를 위한 지방정부의 서비스 공급자 역할을 강조한 게 아니라 지방정부는 대인 서비스의 직접 제공이 아닌 계획, 조정, 구매자의 역할만 수행함.

기타 영국 1988년 그리피스(Griffiths)보고서에서 다음과 같은 설명을 함.
ㄱ. 지역사회보호 실천주체 다양화를 추구하였다.
ㄴ. 지역사회 보호를 위한 권한과 재정을 지방정부에 이양할 것을 주장하였다.
ㄷ. 서비스의 적절성 확보를 위한 케어 매니지먼트를 강조하였다.

기출문제 확인하기

□ 15회

03. 영국 지역사회 보호 역사 중 다음과 같은 특성 모두와 관련 있는 것은?

- 대인사회서비스
- 지역사회를 사회서비스 제공자로 인식
- 서비스의 협력 및 통합

① 그리피스(Griffiths)보고서
② 하버트(Harbert)보고서
③ 시봄(Seebohm)보고서
④ 바클레이(Barclay)보고서
⑤ 정신보건법(Mental Health Act) 제정

정답 ③

해설 1968년에 제출한 시봄보고서의 초점은 사회서비스의 행정적인 재조직에 두고 여러 부서에 산재되어 있던 서비스를 통합하여 가족의 총체적인 욕구 측면에서 대응하는 서비스 통합의 중요성을 강조함.

□ 14회

04. 인보관에 관한 설명으로 옳지 않은 것은?

① 빈곤문제 해결을 위하여 환경에 관심을 갖고 접근하였다.
② 주요 이념은 자유주의, 급진주의이다.
③ 빈민들과 함께 거주하면서 사회문제를 해결하려 하였다.
④ 우애방문활동을 중심으로 전개하였다.
⑤ 사회구조의 변화에 관심을 가졌다.

정답 ④

해설 • 우애방문활동을 중심으로 전개한 것은 자선조직협회임.
• 우애방문원은 1:1방문서비스의 원칙으로 하였음.

나머지 지문의 내용은 인보관에 대한 설명임.
① 빈곤문제 해결을 위하여 환경에 관심을 갖고 접근하였다.
② 주요 이념은 자유주의, 급진주의이다.
③ 빈민들과 함께 거주하면서 사회문제를 해결하려 하였다.
⑤ 사회구조의 변화에 관심을 가졌다.

◻ 19회
05. 영국의 지역사회복지 역사에 관한 설명으로 옳은 것은?

① 헐 하우스(Hull House)는 빈민들의 도덕성 향상을 위해 노력하였다.
② 우애방문단은 기존 사회질서를 비판하고 개혁을 주장하였다.
③ 인보관 이념은 우애방문단 활동의 기반이 되었다.
④ 1960년대 존슨행정부는 '빈곤과의 전쟁'을 선포하고 다양한 지역사회 개혁을 단행하였다.
⑤ 1980년대 그리피스(E. Griffiths) 보고서는 복지 주체의 다원화에 영향을 미쳤다.

정답 ⑤
해설 1988년 영국 정부에 제출된 그리피스보고서는 복지다원주의 또는 복지 주체의 다원화를 들며, 복지제공의 책임자가 정부, 비정부 부문까지를 포함하는 비공식부문, 민간부문으로 역할이 확대하였단 의미임.

① 헐 하우스(Hull House)는 빈민들의 도덕성 향상을 위해 노력하였다.
→ 영국은 1884년 바네트(Barnett)목사에 의한 최초의 인보관인 런던의 토인비홀(Toynbee Hall)을 시초로 인보관사업이 성행한 반면, 미국은 1899년 아담스(Adams)가 시카고에 헐하우스를 설립하였음.

② 우애방문단은 기존 사회질서를 비판하고 개혁을 주장하였다.
→ 우애방문원의 1차적인 활동은 욕구가 있는 가정을 조사하고 문제의 원인을 규명하여 문제해결방법을 알려주고 물적 도움을 제공하였음.

④ 1960년대 존슨행정부는 '빈곤과의 전쟁'을 선포하고 다양한 지역사회 개혁을 단행하였다.
→ 사회복지문제에 대한 연방정부의 책임은 케네디와 존슨 행정부의 빈곤과의 전쟁에 의해 확대됨.

◻ 13회
06. 인보관운동에 관한 설명으로 옳지 않은 것은?

① 사회구조의 변화에 관심을 가졌다.
② 1:1 방문서비스를 원칙으로 하였다.
③ 여성노동자의 권익증진 운동을 펼쳤다.
④ 빈민들과 함께 거주하면서 사회문제를 해결하려 하였다.
⑤ 주민의 잠재력을 높이기 위해 교육에 힘썼다.

정답 ②
해설 자선조직협회의 우애방문원에서 1:1 방문서비스의 원칙을 들고 있음.

기출문제 확인하기

□ 16회

07. 미국 지역사회복지의 역사적 특성으로 틀린 설명은?

① 오바마 행정부는 연방정부 중심의 공공복지 프로그램과 오바마케어가 중심이 되었다.
② 1929년 대공황으로 인해 실업자들이 급증하고 민간의 구빈활동이 한계에 부딪치면서 정부의 개입이 확대되면서 공공복지사업이 발전하였다.
③ 1997년 빈곤가구를 위한 한시부조프로그램(TANK)을 실시하여 공공부조의 개혁이 이뤄졌다.
④ 인보관활동을 통해 기관들 간의 업무조정 및 직접적인 구호와 서비스를 제공하였다.
⑤ 1970년대 인종차별금지의 반전운동은 지역사회조직사업을 촉진하였다.

정답 ④

해설 ④ 인보관활동의 설명이 아닌 자선조직협회의 설명으로 자선조직협회는 기관들 간의 업무조정 및 직접적인 구호와 서비스 제공하였다.
자선조직협회(COS)의 주요활동내용 : 자선의 중복을 예방하고 구빈자를 구호하기 위한 수많은 민간단체의 업무를 조정하기 위해 창설되었음. 기관들 간의 업무조정 및 직접적인 구호와 서비스 제공함.

08. 1899년 아담스(Adams)가 전개한 인보관 운동의 특징으로 틀린 설명은?

① 개별적인 접근보단 전체적인 접근을 옹호하였다.
② 사회봉사를 통해 사회개혁을 추구하였다.
③ 외부세력에 의해 희생된 사람들이 자신의 삶에 책임질 수 있는 사회적 참여자로 변화시켰다.
④ 지역사회봉사단체에 의해 운영되는 광범위하고 유용한 활동을 전개, 가족과 근린중심보단 개인중심으로 활동하는 것을 옹호하였다.
⑤ 다양한 계층, 계급 간의 거리를 좁혀나갔다.

정답 ④

해설 ④ 지역사회봉사단체에 의해 운영되는 광범위하고 유용한 활동을 전개, 개인보단 가족과 근린중심으로 활동하는 것을 옹호하였다는 게 맞는 설명임.

인보관은 1899년 아담스(Adams)가 시카고에 헐하우스를 설립하였음.
미국 인보관 운동의 특징으로 첫째, 산업화, 도시화 등 사회문제에 대처하기 위해 시작되었음. 둘째, 사회봉사를 통해 사회개혁을 추구하였음, 셋째, 다양한 계층, 계급 간의 거리 좁히기, 넷째, 외부세력에 의해 희생된 사람들이 자신의 삶에 책임질 수 있는 사회적 참여자로 변화시킴, 다섯째, 지역사회봉사단체에 의해 운영되는 광범위하고 유용한 활동을 전개, 개인보단 가족과 근린중심으로 활동하는 것을 옹호함, 여섯째, 개별적인 접근보단 전체적인 접근을 옹호함.

□ 13회
09. 우리나라 지역사회복지 역사에 관한 설명으로 옳지 <u>않은</u> 것은?

① 품앗이는 전체 마을단위로 만든 조직이다.
② 오가통은 지역의 자율적으로 주도한 인보제도이다.
③ 계는 대부분 부락주민들의 전통적 빈곤을 극복하기 위해 자생적으로 생성되었다.
④ 품앗이는 부락 내 농민들이 노동력을 서로 교환 또는 차용하는 조직이다.
⑤ 향약은 지역주민의 순화, 덕화, 교화를 목적으로 한 지지적 협동조직이다.

정답 ①
해설 ① 품앗이는 전체 마을단위로 만든 조직이 아니라 가까운 이웃끼리 소규모로 이뤄짐. 부락 내 농민들이 노동력을 서로 교환 또는 차용하는 조직임. 반면 두레란 농민들이 농사일을 공동으로 하기 위하여 부락이나 마을 단위로 만든 조직을 뜻함.

□ 18회
10. 한국 지역사회복지 역사에 관한 설명으로 옳은 것을 모두 고르시오.

ㄱ. 2000년대 : 지역사회복지계획 수립의 법제화
ㄴ. 1980년대 : 지역사회복지는 정부주도하에 재가복지서비스의 도입
ㄷ. 1990년대 : 사회복지사업법 개정 따른 사회복지관에 대한 평가 실시

① ㄱ, ㄴ, ㄷ　　　② ㄴ, ㄷ　　　③ ㄱ, ㄷ
④ ㄷ　　　⑤ ㄱ, ㄴ

정답 ①
해설 ① ㄱ, ㄴ, ㄷ은 맞는 설명임.
- 1980년대 지역사회복지는 정부주도하에 지역사회복지관의 설립, 재가복지서비스의 도입, 지역사회행동모델등의 확대 등을 들 수 있음.
- 1997년 사회복지사업법 개정 따른 사회복지관에 대한 평가 실시는 사회복지사업의 운영 및 프로그램의 효과성과 효율성 제고, 지역사회 중심의 자원동원 및 서비스 전달체계의 확립, 지역사회 주민조직화사업을 강화하는 등 지역사회복지 실천영역의 확대와 전문성을 높이는 계기가 됨.
- 2003년 사회복지사업법 개정 따른 지역사회복지계획 수립 의무화 및 시·군·구 계획의 심의기관인 지역사회복지협의체 설치근거 마련됨.

11. 1997년 사회복지사업법 개정 따른 사회복지관에 대한 평가 실시에 대한 옳은 설명은?

ㄱ. 사회복지사업의 운영 및 프로그램의 효과성과 효율성 제고
ㄴ. 지역사회 주민조직화사업을 강화
ㄷ. 지역사회 중심의 자원동원 및 서비스 전달체계의 확립

① ㄴ, ㄷ　　　② ㄱ, ㄴ, ㄷ　　　③ ㄱ, ㄷ
④ ㄱ　　　⑤ ㄷ

정답 ②

해설 1997년 사회복지사업법 개정 따른 사회복지관에 대한 평가 실시는 사회복지사업의 운영 및 프로그램의 효과성과 효율성 제고, 지역사회 중심의 자원동원 및 서비스 전달체계의 확립, 지역사회 주민조직화사업을 강화하는 등 지역사회복지 실천영역의 확대와 전문성을 높이는 계기가 됨.

12. 한국 지역사회복지역사에 관한 설명으로 옳지 <u>않은</u> 것은?

① 2010년 사회복지통합관리망(행복e음) 개통되었다.
② 2003년 사회복지사업법 개정 따른 지역사회복지계획의 수립이 의무화되었다.
③ 2019년 공공부문에서 사회서비스를 간접 제공하는 사회서비스원 시범운영을 시행하였다.
④ 2006년 자원봉사활동기본법이 시행되었다.
⑤ 2000년 국민기초생활보장제도 시행으로 정부의 책임성 강화되었다.

정답 ③

해설 2019년 공공부문에서 사회서비스를 간접이 아닌 직접 제공하는 사회서비스원 시범운영을 시행하였다.
나머지 항목은 맞는 설명임.
① 2010년 사회복지통합관리망(행복e음) 개통되었다.
② 2003년 사회복지사업법 개정따른 지역사회복지계획 수립이 의무화되었다.
④ 2006년 자원봉사활동기본법이 시행되었다.
⑤ 2000년 국민기초생활보장제도 시행으로 정부의 책임성 강화되었다.

❏ 19회

13. 한국의 지역사회복지 역사에 관한 설명으로 옳지 <u>않은</u> 것은?

① 새마을 운동은 정부 주도적 지역사회 개발이었다.
② 사회복지관 운영은 지역사회 기반의 복지서비스를 촉진시켰다.
③ 복지사각지대 발굴의 효과를 제고하고자 읍·면·동 복지허브화를 추진하였다.
④ 시·군·구 지역사회보장협의체는 지역사회복지협의체로 대체되었다.
⑤ 국민기초생활보장제도의 시행은 지역사회 중심의 자활사업을 촉진시켰다.

정답 ④

해설 시·군·구 지역사회보장협의체는 지역사회복지협의체로 대체될 수 없다.
- 2003년 사회복지사업법 개정 따른 지역사회복지계획 수립 의무화 및 시·군·구 계획의 심의기관인 지역사회복지협의체 설치근거 마련
- 지역사회에서 지역사회복지협의체는 사회복지사업에 관한 중요사항 및 지역사회보장계획을 심의·건의하고 사회복지, 보건의료 관련기관, 단체가 제공하는 사회복지서비스 및 보건의료서비스의 연계 협력을 강화하기 위한 민·관협력기구로서의 역할과 기능을 수행함.
- 읍·면·동 지역사회보장협의체: 조직체계는 지역상황에 맞게 복지사각지대 발굴, 자원 연계가 이뤄질 수 있도록 소단위 분과 또는 운영위원 등으로 구성이 가능함.
- 시·군·구 지역사회보장협의체: 시·군·구단위에서 운영되는 대표협의체는 읍·면·동협의체의 원활한 운영 및 조기 정착을 위해 교육·훈련, 모니터링, 컨설팅 등을 지원 및 읍·면·동협의체 위원장 등으로 구성된 지역 실무분과를 조직·운영함으로써 대표 또는 실무협의체와 정보 공유 및 사업 연계·협력기반을 마련함.

☐ 14회
14. 우리나라 지역사회복지 발전과 관련한 내용의 연결로 옳지 않은 것은?

① 사회복지공동모금회 출범 – 민간 재원의 발굴
② 재가복지서비스 – 생활시설의 확대
③ 사회복지시설평가 – 기관운영의 효율성 증대
④ 지방분권 – 지방자치단체의 복지 발전 추구
⑤ 지역사회보장계획 수립 – 지역복지욕구 파악

정답 ②
해설 재가복지서비스로 인해 생활시설의 확대가 아니라 지역사회 내 재가복지서비스를 필요로 하는 이들이 가정 내에서 돌봄을 받기에 생활시설의 축소를 들 수 있음.

☐ 15회
15. 조선시대 흉년으로 인한 이재민과 빈민을 구제한 국가기관은?

① 향약　　　　　② 활인서　　　　　③ 진휼청
④ 기로소　　　　⑤ 동서대비원

정답 ③
해설 ③ 본 예시는 진휼청을 물음. 진휼청은 조선시대 흉년으로 인한 이재민과 빈민을 구제한 국가기관임.
① 향약 : 지역사회의 발전과 지역주민들의 순화, 교화 등을 목적으로 한 지식인들 간 자치적인 협동조직임.
② 활인서 : 조선시대 도성내의 병인을 구료하는 업무를 관장하였던 관서
④ 기로소 : 조선시대 연로한 고위 문신들의 친목 및 예우를 위해 설치한 관서
⑤ 동서대비원 : 고려 시대의 구제기관(救濟機關)으로서, 의료를 중심으로 하되 기한자(飢寒者)나 의탁할 데 없는 사람의 부호·수용도 이울러 맡았음.

☐ 15회
16. 지방자치가 지역사회복지에 미친 긍정적 영향을 모두 고른 것은?

> ㄱ. 지역사회복지에 대한 주민의 주체적 참여기회 제공
> ㄴ. 주민욕구 맞춤형 복지 프로그램 제공
> ㄷ. 지방행정부서의 역할 강화
> ㄹ. 비정부조직(NGO)의 자원 활용

① ㄱ, ㄴ　　　　② ㄴ, ㄷ　　　　③ ㄱ, ㄴ, ㄷ
④ ㄱ, ㄷ, ㄹ　　⑤ ㄱ, ㄴ, ㄷ, ㄹ

정답 ⑤
해설 ⑤ 지방자치가 지역사회복지에 미친 긍정적 영향으로 아래 내용이 맞는 설명임.
ㄱ. 지역사회복지에 대한 주민의 주체적 참여기회 제공　　ㄴ. 주민욕구 맞춤형 복지 프로그램 제공
ㄷ. 지방행정부서의 역할 강화　　ㄹ. 비정부조직(NGO)의 자원 활용

기출문제 확인하기

□ 16회

17. 우리나라 지역사회복지의 역사적 흐름에 관한 설명으로 옳지 않은 것은?

① 1950년대 외국원조기관은 구호 및 생활보호 등에 기여하였다.
② 1970년대 사회복지관 국고보조금 지침이 마련되었다.
③ 1980년대 민주화 운동으로 전개된 지역사회 생활권 보장을 위한 활동은 사회행동모델에서 비롯되었다.
④ 1990년대 재가복지서비스의 확대가 이루어졌다.
⑤ 2000년대 도입된 지역사회서비스투자사업의 사회서비스이용권 비용의 지급·정산은 사회보장정보원이 담당한다.

정답 ②
해설 1970년대 사회복지관 국고보조금 지침이 마련된 게 아니라 1983년 사회복지사업법의 개정에 따라 종합사회복지관으로 나눠지면서 공식적으로 정부의 지원을 받게 되었음.

□ 17회

18. 2000년대 이후 한국의 지역사회복지발달에 영향을 미친 주요 사건을 모두 고른 것은?

> ㄱ. 지방자치단체의 장 직접 선출
> ㄴ. 시·군·구에 희망복지지원단 설치
> ㄷ. 영구임대아파트단지 내 사회복지관 건립 의무화
> ㄹ. 지역사회서비스투자사업 실시

① ㄱ, ㄴ   ② ㄴ, ㄹ   ③ ㄷ, ㄹ
④ ㄱ, ㄴ, ㄷ   ⑤ ㄴ, ㄷ, ㄹ

정답 ②
해설 2000년대 이후 한국의 지역사회복지발달에 영향을 미친 주요 사건은 다음과 같음.
ㄴ. 시·군·구에 희망복지지원단 설치
ㄹ. 지역사회서비스투자사업 실시

◻ 18회
19. 한국 지역사회복지의 최근 동향으로 옳은 것을 모두 고른 것은?

> ㄱ. 중앙정부의 '사회서비스원' 운영
> ㄴ. '시·군·구 복지 허브화' 실시
> ㄷ. '읍·면·동 찾아가는 보건복지서비스' 실시
> ㄹ. 사회적 경제 주체들의 다양화

① ㄱ, ㄴ ② ㄴ, ㄹ ③ ㄷ, ㄹ
④ ㄱ, ㄷ, ㄹ ⑤ ㄱ, ㄴ, ㄷ, ㄹ

정답 ③
해설 ㄷ, ㄹ 한국 지역사회복지의 최근 동향으로 맞는 예시임.
ㄷ. '읍·면·동 찾아가는 보건복지서비스' 실시
ㄹ. 사회적 경제 주체들의 다양화

◻ 19회
20. 지방자치제에 관한 설명으로 옳지 않은 것은?

① 민주주의 사상에 기초를 두고 있다.
② 지방자치단체의 장은 선거로 선출한다.
③ 지역문제에 대한 자기통치 원리를 담고 있다.
④ 우리나라에서는 1990년에 처음으로 실시되었다.
⑤ 지방자치단체의 행정사무가 주민참여에 의해 이루어져야 한다.

정답 ④
해설 ④ 우리나라에서는 지방자치제가 처음 실시된 게 1990년이 아니라 1995년임.
다음 예시는 지방자치제에 관한 옳은 설명임.
① 민주주의 사상에 기초를 두고 있다.
② 지방자치단체의 장은 선거로 선출한다.
③ 지역문제에 대한 자기통치 원리를 담고 있다.
⑤ 지방자치단체의 행정사무가 주민참여에 의해 이루어져야 한다.

4 지역사회복지 실천모델의 이해

◆ 출제경향분석 및 학습가이드

대분류	중분류	소분류	출제빈도 및 중요도
지역사회복지 실천모델의 이해	로스만의 3모델		★★★★★
	웨일과 갬블러의 8모델		★★★★
	테일러와 로버츠 모델		★★★★
	포플의 모델		★★★

지역사회복지 실천모델로 로스만(Rothman)의 3모델: 지역사회개발, 사회계획/정책, 사회행동은 출제빈도가 높으며, 뒤를 이어서 웨일과 갬블러(Weil & Gamble)의 8모델, 테일러와 로버츠(Taylor & Roberts)모델, 포플(Popple)의 모델 관련된 문제가 출제됨.

기출문제 확인하기

□ 16회

01. 로스만(Rothman)의 지역사회 개발모델에 관한 설명으로 옳지 <u>않은</u> 것은?

① 변화 매개체로 과업 지향적인 소집단을 활용한다.
② 지역사회 주민의 광범위한 참여를 전제한다.
③ 변화 전략은 표적 대상에 대한 조치를 취할 수 있도록 주민을 동원하는 것이다.
④ 조력자, 촉매자, 조정자로서의 사회복지사 역할을 강조한다.
⑤ 과업의 성취보다는 과정 중심 목표에 중점을 둔다.

정답 ③

해설 ③ 변화 전략은 표적 대상에 대한 조치를 취할 수 있도록 주민을 동원하는 것은 사회행동모델에 해당된다.
로스만(Rothman)의 지역사회개발모델에 대한 내용을 다음과 같다.

구분	지역사회개발모델
개념	지역사회의 변화를 효과적으로 이룩하기 위해서 광범위한 주민들을 변화의 목표설정과 실천행동에 참여시켜야 함
목표	지역사회의 통합
문제상황에 대한 가정	지역사회의 상실 및 아노미 현상, 민주적 문제해결능력의 결여
사회복지사의 역할	조력자, 촉매자, 조정자, 격려자, 교사
변화의 매개체	과업지향적인 소집단
기본적 변화전략	문제해결과정에 다수 지역주민 참여
변화진술과 기법	합의, 집단토의, 지역사회 집단 간의 의사소통
권력구조에 대한 견해	협력자로서 권력구조의 구성원
대상자의 범위	전체 지역사회
대상집단에 대한 인식	지역주민
대상집단의 역할 인식	문제해결과정에 적극적인 참여
임파워먼트에 대한 인식	협동을 통한 문제해결능력
사회복지사 역할	조력자, 촉매자, 조정자, 교육자
공공의 이익에 관한 견해	협동적인 의사결정과정을 통해 다수집단의 이익을 반영

□ 13회

02. 로스만(Rothman)의 지역사회 조직모델 중 어떤 모델에 관한 설명인가?

- 변화전술로 합의를 사용한다.
- 기본변화전략은 자신의 문제를 결정 및 해결에 다수의 사람이 참여하는 것이다.
- 권력구조에 있는 구성원을 협력자로 인식한다.
- 변화 매개체로서 과업 지향의 소집담을 활용한다.

① 지역사회개발   ② 연합   ③ 사회행동
④ 지역사회연계   ⑤ 사회계획 및 정책

기출문제 확인하기

정답 ⑤

해설 로스만(Rothman)의 사회계획 및 정책모델에 대해 묻는 예시임.

구분	사회계획/정책모델
개념	범죄, 주택, 정신건강과 같은 사회문제를 해결코자 기술적 과정을 강조함.
목표	지역사회문제의 해결
문제상황에 대한 가정	실제적인 사회문제, 여가·정신적·신체적 건강문제
사회복지사의 역할	전문가, 계획가
변화의 매개체	공식조직과 객관적 자료
기본적 변화전략	문제에 대한 자료수집과 최적의 합리적 결정
변화전술과 기법	합의 또는 갈등
권력구조에 대한 견해	고용주 후원자로서의 권력구조
대상자의 범위	전체 지역사회 또는 일부 지역사회
대상집단에 대한 인식	소비자·수요자
대상집단의 역할 인식	소비자 또는 수령자
임파워먼트에 대한 인식	서비스욕구의 규명, 서비스 선택의 정보제공
사회복지사 역할	수집가, 분석가, 사업추진가, 촉진자, 기획가
공공의 이익에 관한 견해	계획전문가는 사회과학자들과 합의를 통해 지식, 사실, 이론에 입각해서 공익을 대변하며, 개인의 정치적 이익이나 일반의 인기에 좌우되지 않음

□ 15회

03. 로스만(Rothman)의 지역사회복지 실천모델 중 지역사회 개발모델에 관한 설명으로 옳은 것은?

① 제도의 변화를 목표로 한다.
② 사회복지사의 역할은 분석전문가이다.
③ 수급자 역할의 개념을 소비자로 본다.
④ 변화전술과 기법은 합의와 집단토의이다.
⑤ 수급자 체계의 범위는 약물중독과 같은 특정 집단이다.

정답 ④

해설 로스만(Rothman)의 지역사회복지 실천모델 중 지역사회 개발모델에 대한 설명 중 ④ 변화전술과 기법은 합의와 집단토의가 맞는 설명이다. 지역사회개발모델이란 지역사회주민의 의식개선과 역량강화를 통해서 지역사회의 통합능력을 향상시키는 모델임.

②, ③은 사회계획모델에 대한 설명으로 지역사회의 문제해결을 위해 구체적인 계획수립, 합리적인 절차, 통제된 변화를 시도한다.
② 사회복지사의 역할은 분석전문가이다.
③ 수급자 역할의 개념을 소비자로 본다.

①, ⑤은 사회행동모델에 관한 설명으로 사회적 정의에 입각한 지역사회의 불우계층과 사회적 약자에게 보다 많은 자원과 향상된 처우를 대변하고 보장하기 위한 개입활동이다.
① 제도의 변화를 목표로 한다.
⑤ 수급자 체계의 범위는 약물중독과 같은 특정 집단이다.

04. 로스만(Rothman)의 지역사회복지 실천모델 중, 사회행동모델에 대한 설명으로 옳지 않은 것은?

① 목표로 지역사회의 통합을 들 수 있다.
② 기본적 변화전략으로 문제의 구체화와 표적대상에 대한 조치를 위한 주민동원을 든다.
③ 사회복지사의 역할로 옹호자, 선동가, 매개자, 중재자, 지지자를 들 수 있다.
④ 변화진술과 기법으로 갈등대결, 직접행동, 협상을 든다.
⑤ 문제상황에 대한 가정으로 사회의 부정의, 박탈, 불평등을 든다.

정답 ①

해설 목표로 지역사회의 통합을 드는 건 사회행동모델이 아니라 지역사회개발모델임.
사회행동모델은 권력과 기본제도의 변화가 목표임.

□ 17회
05. 다음 예시문의 ( )에 들어갈 내용을 옳게 나열한 것은?

> 지역사회복지실천의 효과성을 높이기 위해 로스만(J. Rothman)의 모델을 순차적으로 적용해볼 수 있다. 즉 (ㄱ)모델로 지역사회 내의 자원 배분과 권력 이양을 성취한 후, 고도의 복잡한 지역사회문제를 조사·분석하고 해결방안을 모색하기 위해 (ㄴ) 모델을 적용할 수 있다.

① ㄱ : 사회행동, ㄴ : 사회계획
② ㄱ : 지역사회개발, ㄴ : 계획
③ ㄱ : 사회행동, ㄴ : 근린지역의 지역사회조직
④ ㄱ : 근린지역의 지역사회조직, ㄴ : 계획
⑤ ㄱ : 연합, ㄴ : 사회계획

정답 ①

해설 ㄱ : 사회행동, ㄴ : 사회계획
지역사회복지실천의 효과성을 높이기 위해 로스만(J. Rothman)의 모델을 순차적으로 적용해볼 수 있다. 즉 (ㄱ-사회행동)모델로 지역사회 내의 자원 배분과 권력 이양을 성취한 후, 고도의 복잡한 지역사회문제를 조사·분석하고 해결방안을 모색하기 위해 (ㄴ-사회계획) 모델을 적용할 수 있다.

기출문제 확인하기

□ 17회

06. 웨일과 갬블러(Weil & Gamble)이 제안한 프로그램개발과 지역사회연계모델에서 사회복지사의 역할로 옳게 묶은 것은?

① 협상가, 전문가, 프로포절 제안자
② 대변자, 계획가, 중재자
③ 계획가, 관리자, 프로포절 제안자
④ 대변자, 조직가, 촉진자
⑤ 관리자, 대변자, 교육자

정답 ③
해설 웨일과 갬블러(Weil & Gamble)이 제안한 프로그램 개발과 지역사회연계모델은 사회복지사는 지역사회주민의 욕구를 충족시키기 위해 지역주민, 잠재적 클라이언트, 전문가 집단 등과 연계하여 프로그램을 개발한다. 따라서 사회복지사의 역할은 계획가, 대변자, 관리자, 프로포절 제안자임.

□ 15회

07. 다음에서 웨일과 갬블러(Weil & Gamble)가 설명한 지역사회복지실천모델은?

- 사회복지사의 역할은 중재자, 협상가, 대변인
- 변화의 표적체계는 선출된 공무원, 재단, 정부기관
- 목표는 프로그램의 방향 또는 자원을 최대한 끌어낼 수 있는 조직 기반
- 일차적 구성원은 특정 이슈에 이해관계가 있는 조직

① 프로그램의 개발과 조정
② 정치적 권력강화
③ 근린지역사회조직
④ 연합
⑤ 기능적인 지역사회조직

정답 ④
해설 연합에 대한 예시임. 연합이란 지역사회문제를 해결하는 데 개별적인 노력만으로 충분한 효과를 기대하기 어려울 때, 잠재력을 가진 조직이 연합조직을 형성하여 영향력을 행사함으로써 문제를 해결하는 유형임.

유형특성	목표	표적체계	지지집단	관심영역	사회복지사의 역할
연합	사업의 방향, 자원을 최대한 활동할 수 있는 다조직적 권력기반형성	선출된 공무원, 재단, 정부기관	특정이슈에 이해관계가 있는 조직	사회적 욕구, 사회적 관심과 관련된 특정이슈	중재자, 협상가, 대변인

◨ 16회

08. 웨일과 갬블러(Weil & Gamble)의 지역사회복지 실천모델에 관한 설명으로 옳은 것을 모두 고른 것은?

> ㄱ. 정치·사회행동모델 : 1차적 구성원은 선출된 공무원, 사회복지기관 등이다.
> ㄴ. 사회계획모델 : 관심영역은 특정 욕구를 가진 대상자를 위한 서비스 개발이다.
> ㄷ. 근린 지역사회 조직모델 : 사회복지사의 역할은 정보전달자, 관지자 등이다.
> ㄹ. 사회운동모델 : 성취목표는 특정 대상집단 또는 이슈 관련 사회정의를 위한 행동이다.

① ㄹ　　　　　　　② ㄱ, ㄴ, ㄷ, ㄹ　　　　　③ ㄷ, ㄹ
④ ㄱ, ㄴ, ㄷ　　　　⑤ ㄱ

정답 ①

해설 사회운동모델 : 성취목표는 특정 대상집단 또는 이슈 관련 사회정의를 위한 행동이 맞는 설명이며, 옳은 설명이 아닌 걸 올바른 게 바꾼 바는 다음과 같다.
- 사회계획모델 : 1차적 구성원은 선출된 공무원, 사회복지기관 등 임.
- 기능적 지역사회 조직모델 : 사회복지사의 역할은 정보전달자, 관지자 등 임.

◨ 13회

09. 다음은 지역사회복지의 실천모델 중 어떤 모델에 관한 설명인가?

> 웨일과 갬블(Weil & Gamble)이 제시한 모델로 사회적·경제적 환경의 변화를 위한 구성원의 능력개발을 목표로 하며, 사회복지사의 주된 역할은 조직가, 교사, 촉진지이다.

① 근린지역사회조직　　② 사회계획　　③ 정치적 권력강화
④ 지역사회연계　　　　⑤ 프로그램 개발 및 조정

정답 ①

해설 ① 예시는 웨일과 갬블(Weil & Gamble)이 제시한 모델 중 근린지역사회조직을 묻는 것임.
근린지역사회조직 : 사회적·경제적 환경의 변화를 위한 구성원의 능력개발을 목표로 하며, 사회복지사의 주된 역할은 조직가, 교사, 촉진자임.
② 사회계획 : 선출된 조직이나 대민서비스계획협의회가 행동하기 위한 제안을 목표로 하며, 사회복지사의 주된 역할은 조사자, 관리자, 프로포절 제안자, 정보전달자임.
테일러와 로버츠(Taylor & Roberts)는 지역사회 실천모델로 ③ 정치적 권력강화 ④ 지역사회연계 ⑤ 프로그램 개발 및 조정을 들 수 있음.

기출문제 확인하기

□ 19회

10. 다음에서 설명하는 웨일과 갬블(M. Weil & D. Gamble)의 지역사회복지 실천모형에 해당하는 것은?

> - 대면접촉이 이루어지는 가까운 지역사회에 초점을 둔다.
> - 조직화를 위한 구성원의 능력개발, 지역주민의 삶의 질 증진을 목표로 한다.
> - 사회복지사의 역할은 조직가, 촉진자, 교육자, 코치 등이다.

① 근린지역사회조직 모형
② 프로그램개발 모형
③ 정치사회적 행동 모형
④ 연합 모형
⑤ 사회운동 모형

정답 ①

해설 ① 근린지역사회조직 모형
웨일과 갬블(M. Weil & D. Gamble)의 지역사회복지 실천모형인 근린지역사회조직 모형은 다음과 같다.
- 대면접촉이 이루어지는 가까운 지역사회에 초점을 둔다.
- 조직화를 위한 구성원의 능력개발, 지역주민의 삶의 질 증진을 목표로 한다.
- 사회복지사의 역할은 조직가, 촉진자, 교육자, 코치 등이다.

□ 16회

11. 다음 설명에 해당하는 테일러와 로버츠(Taylor&Roberts)의 지역사회복지 실천모델은?

> - 전문가들은 교육자, 자원개발자, 운동가의 역할을 한다.
> - 시민의 참여를 보장하고 극대화하는 데 중요한 목적이 있다.
> - 갈등이론과 다원주의 사회에서의 다양한 이익 집단의 경쟁 원리에 기초한다.

① 정치적 권력 강화   ② 지역사회 개방   ③ 지역사회 연계
④ 계획   ⑤ 프로그램 개발 및 조정

정답 ①

해설 정치적 권력 강화에 대해 묻는 예시임.
테일러와 로버츠(Taylor & Roberts)는 지역사회 실천모델을 지역사회개발, 프로그램 개발 및 조정, 계획, 지역사회연계, 정치적 권력강화 총 5가지로 분류하여 유형화함.

1) 지역사회개발 : 주민참여에 기반을 두고 지역개발을 추진하며 클라이언트에게 7~8/10 정도의 의사결정권한을 주는 클라이언트 중심의 유형임. 사회복지사는 주로 지역주민이 문제해결과정에 참여토록 돕는 조력자 역할을 함.
2) 프로그램 개발 및 조정 : 특정한 목적을 이끌어 내는 과정에서 변화를 위한 실질적인 힘을 발휘하도록 하며 변화과정에서 클라이언트의 직접적인 참여를 허용하지 않고 후원자가 전적으로 영향력(후원자의 의사결정권 10/10)을 행사함.

3) 계획 : 지역사회의 문제해결에 전문적인 지식과 기술을 가진 전문가가 합리성과 전문성에 기초하여 효율적·효과적으로 변화를 유도하는 유형임. 계획은 지역사회 실천방법이나 의사결정과정에서 클라이언트의 영향력이 미약한 반면 후원자의 영향력이 7-8/10 정도 영향을 미침.
4) 지역사회연계 : 지역사회의 문제해결을 위해 지역사회에서 다양한 연계노력을 전개함.
5) 정치적 권력강화 : 지역사회에서 자기권리를 인정받지 못하는 구성원을 지지하여 스스로 자기권리를 회복하고 확대시켜 나가도록 함.

□ 13회

12. 다음은 테일러와 로버츠(Taylor&Roberts)의 지역사회복지 실천모델 중 어떤 모델에 관한 설명인가?

- 합리적 기획을 토대로 조사전략 및 기술 강조
- 진보적·정치지향적인 계획적 접근
- 설계 및 실행할 때 기술 필요성 강조

① 프로그램 개발 및 조정 ② 계획 ③ 지역사회 연계
④ 지역사회 개방 ⑤ 정치적 권력 강화

정답 ②

해설 테일러와 로버츠(Taylor&Roberts)의 지역사회복지 실천모델 중 계획모델에 대해 묻는 예시임.
계획모델 : 지역사회의 문제해결에 전문적인 지식과 기술을 가진 전문가가 합리성과 전문성에 기초하여 효율적·효과적으로 변화를 유도하는 유형임. 계획은 지역사회 실천방법이나 의사결정과정에서 클라이언트의 영향력이 미약한 반면 후원자의 영향력이 7-8/10 정도 영향을 미침. 합리적 기획을 토대로 조사전략 및 기술 강조함, 진보적·정치지향적인 계획적 접근을 함, 설계 및 실행할 때 기술 필요성 강조함.

13. 다음은 포플(Popple)의 모델의 지역사회복지 실천모델 중 어떤 모델에 관한 설명인가?

- 다른 복지기관 간의 상호협력을 증진시키는 수단으로 활용한다.
- 사회복지기관의 상호협력 및 조정은 중복서비스를 방지하고 자원의 부족현상을 해결함으로써 복지서비스 전달의 효과성과 효율성을 높이는 유형이다.
- 사회복지사는 조직가, 촉매자, 관리자로서의 역할을 수행한다.

① 지역사회교육 ② 사회·지역계획 ③ 지역사회조직
④ 지역사회행동 ⑤ 지역사회보호

기출문제 확인하기

정답 ③

해설 포플(Popple)은 지역사회 실천모델을 지역사회보호, 지역사회조직, 지역사회개발, 사회·지역계획, 지역사회교육, 지역사회행동, 여권주의적 지역사회사업, 인종차별철폐 지역사회사업 총 8가지로 분류하여 유형화함.
본 문제는 포플(Popple)의 모델의 지역사회복지 실천모델 중 지역사회조직에 대해 묻는 예시임.
- 다른 복지기관 간의 상호협력을 증진시키는 수단으로 활용한다.
- 사회복지기관의 상호협력 및 조정은 중복서비스를 방지하고 자원의 부족현상을 해결함으로써 복지서비스 전달의 효과성과 효율성을 높이는 유형이다.
- 사회복지사는 조직가, 촉매자, 관리자로서의 역할을 수행한다.

14. 포플(Popple)의 지역사회복지 실천모델에서 각각의 실천모델별 사회복지사의 역할로 올바르게 연결되지 <u>않은</u> 것은?
   ① 지역사회보호 - 교육가, 촉진가
   ② 지역사회조직 - 조직가, 촉매자, 관리자
   ③ 지역사회개발 - 조력가, 촉진가, 지역사회 활동가
   ④ 인종차별철폐 - 행동가, 자원봉사자
   ⑤ 여권주의적 지역사회사업 - 행동가, 조력자, 촉진가

정답 ①

해설 포플(Popple)의 지역사회복지 실천모델 중 지역사회보호모델에서 사회복지사의 역할은 조직가, 자원봉사자를 들 수 있음.
포플(Popple)은 지역사회 실천모델별 사회복지사의 역할을 다음과 같다.
지역사회보호(조직가, 자원봉사자), 지역사회조직(조직가, 촉매자, 관리자), 지역사회개발(조력가, 촉진가, 지역사회 활동가), 사회·지역계획(조력가, 촉진가), 지역사회교육(교육가, 촉진가), 지역사회행동(행동가), 여권주의적 지역사회사업(행동가, 조력자, 촉진가), 인종차별철폐 지역사회사업(행동가, 자원봉사자)

5 지역사회복지의 실천과정

◆ 출제경향분석 및 학습가이드

대분류	중분류	소분류	출제빈도 및 중요도
지역사회복지의 실천과정	지역사회복지실천의 주요과정		★★★★
	지역사회 욕구사정을 위한 자료수집방법	질적 접근방법	★★★
		양적 접근방법	★★★★★
	프로그램의 종결 및 평가		★★

1. 지역사회복지실천의 주요과정
브래드쇼우(Bradsha, 1972)가 말한 욕구 중 어떤 욕구에 대한 사례인지를 묻는 문제가 출제됨. 그 욕구로 규범적 욕구, 인지된 욕구, 표출된 욕구, 상대적인 욕구를 들고 있음.
지역사회사정의 유형(포괄적 사정, 문제중심의 사정, 하위체계사정, 자원사정, 협력사정)에 대해 묻는 문제가 출제됨.

2. 지역사회 욕구사정을 위한 자료수집방법
질적 접근방법(비공식인터뷰, 공식인터뷰, 민속학적 방법, 지역사회포럼, 명목집단기법, 초점집단기법, 델파이기법)이 가끔씩 출제되고 있으며, 이 중 명목집단기법, 초점집단기법, 델파이기법이 중요함. 양적 접근방법으로 서베이, 프로그램 모니터링, 사회지표분석을 들고 있으며, 자주 출제됨.

3. 프로그램의 종결 및 평가
총괄적 평가, 형성적 평가, 과정평가(형성평가), 결과평가(총괄평가)나 프로그램 평가요소로 투입, 전환, 산출, 성과가 가끔씩 출제됨.

기출문제 확인하기

◻ 17회

01. 지역사회복지 실천과정에 관한 설명으로 옳지 <u>않은</u> 것은?

① 정책목표를 수립할 때 실현가능성을 고려할 필요가 있다.
② 문제를 어떻게 개념화하느냐에 따라 해결방안과 실천전략이 달라진다.
③ 지역사회문제 해결 과정으로 볼 수 있다.
④ 문제발견은 다양한 정보수집과 자료수집과정을 통해 이뤄진다.
⑤ 총괄평가는 프로그램 수행과정 중에 실시되어 프로그램의 문제점을 관찰·수정하는 데 유용하다.

정답 ⑤
해설 총괄평가란 프로그램이 효과적으로 달성되었는지 여부를 프로그램 수행 이후에 실시하는 평가인 반면, 형성평가란 프로그램 수행과정 중에 실시되어 프로그램의 문제점을 관찰·수정하는 데 유용하다.

◻ 18회

02. 다음에서 설명하는 사회복지사의 활동방법은?

- 개별 사회복지기관이 다룰 수 있는 영역과 범위 안에 있는 이슈를 해결하기 위함
- 구체적인 실행방법 명시
- 업무 설계 기재

① 프로그램 기획   ② 사정   ③ 프로그램 종결
④ 프로그램 평가   ⑤ 목표수립

정답 ①
해설 프로그램 기획이란 현재와 미래의 환경변화에 대응하기 위한 것으로 프로그램의 목적, 설정, 수단의 선택, 실행, 평가에 이르는 제반 프로그램 과정에서의 합리적인 의사결정과 활동을 말함.

03. 다음 설명에 해당하는 욕구사정 자료수집 방법은?

- 욕구사정의 자료수집기법으로 가장 많이 하는 방법임
- 구조화된 또는 반구조화된 질문지를 사용하여 우편, 메일, 면접조사를 통해 계획적·체계적으로 자료를 수집하는 방법임

① 서베이기법   ② 명목집단기법   ③ 초점집단기법
④ 델파이기법   ⑤ 비공식인터뷰기법

정답 ①

해설 ① 욕구사정 자료수집방법 중 서베이기법을 묻는 예시이다.
- 욕구사정의 자료수집기법으로 가장 많이 하는 방법임
- 구조화된 또는 반구조화된 질문지를 사용하여 우편, 메일, 면접조사를 통해 계획적·체계적으로 자료를 수집하는 방법임
② 명목집단기법 : 지역사회문제에 대한 이해를 높이고 목표확인과 행동계획의 개발에 활용하는 방법임.
③ 초점집단기법 : 지역사회문제에 대한 공통의 관점을 확인하는데 사용하는 기법임.
초점집단에 참석한 소집단은 단순히 지역사회문제를 확인하는 것보다 어떻게 지역사회문제가 발생하였으며, 왜 발생하게 되었는가에 대해 진술할 경우에 큰 효과를 발휘함.
④ 델파이기법 ; 지역사회포럼의 외부에서 사용됨. 우편, 메일을 통해서 수행될 수 있는 기법으로 전문가 중심의 주요 정보제공자를 활용하는 방법임. 델파이기법은 지역사회문제에 대한 전문가 간의 공통적인 인식과 동의를 확보하는 과정임.
⑤ 비공식인터뷰 : 사전에 어떤 질문도 준비하지 않은 채, 자연스럽게 정보제공자의 이전 반응과 질문자의 정보욕구에 따라 이뤄짐. 응답자에게 공통의 주제와 패턴을 인식할 경우 그 문제에 용이하게 초점을 맞춰짐.

04. 지역사회복지 실천과정 중 다음 단계에 해당하는 것은?

> 문제발견과 사정 → 목표수립과 대안선택 → 프로그램기획 → (   ) → 프로그램의 종결 및 평가

① 이전 단계의 준비사항을 고려하고 정해진 시간 내 계획한 서비스를 실시한다.
② 지역사회의 욕구가 파악된 후, 이런 욕구를 충족시킬 수 있는 자원이 무엇인지 파악한다.
③ 현재와 미래의 환경변화에 대응하기 위한 것으로 프로그램의 목적, 설정, 수단의 선택, 실행, 평가에 이르는 제반 프로그램 과정에서의 합리적인 의사결정과 활동을 말한다.
④ 지역사회의 특성을 보다 면밀하게 파악하는 것으로, 지리적 경계, 사회문제의 프로필 작성, 지역사회의 역동성 파악을 기준으로 이뤄진다.
⑤ 프로그램이 달성하고자 했던 목표를 얼마나 잘 성취했는가의 여부를 평가한다.

정답 ①

해설 ① 프로그램의 실행단계의 예시이다.
　지역사회복지 실천과정은 문제발견과 사정 → 목표수립과 대안선택 → 프로그램기획 → 프로그램 실행 → 프로그램의 종결 및 평가 순이다.

② 지역사회의 욕구가 파악된 후, 이런 욕구를 충족시킬 수 있는 자원이 무엇인지 파악한다. → 자원파악에 대한 설명임.
③ 현재와 미래의 환경변화에 대응하기 위한 것으로 프로그램의 목적, 설정, 수단의 선택, 실행, 평가에 이르는 제반 프로그램 과정에서의 합리적인 의사결정과 활동을 말한다.
　→ 프로그램의 기획단계에 대한 설명임.
④ 지역사회의 특성을 보다 면밀하게 파악하는 것으로, 지리적 경계, 사회문제의 프로필 작성, 지역사회의 역동성 파악을 기준으로 이뤄진다. → 지역사회의 사정단계임.
⑤ 프로그램이 달성하고자 했던 목표를 얼마나 잘 성취했는가의 여부를 평가한다.
　→ 프로그램의 종결에 따른 총괄평가를 말함.

기출문제 확인하기

□ 16회

05. 지역사회복지 실천에서 이뤄지는 초기욕구사정에 관한 설명으로 옳지 않은 것은?

① 욕구사정의 초점은 서비스 및 접근가능성이 포함된다.
② 욕구의 상대적 중요성을 확인하는 목적이다.
③ 지역사회복지 실천을 위한 성과평가의 의미를 갖는다.
④ 문제 확인과 해결의 우선순위에 주안점을 둔다.
⑤ 욕구사정에 대한 다양한 방법론을 이해해야 한다.

정답 ③
해설 성과평가는 평가단계에서 하는 것이다. 초기 욕구사정은 지역사회문제를 확인하고 서비스나 프로그램의 개발에 활용하기 위하여 실시하는 것이다.

□ 15회

06. 지역사회 실천과정에 관한 설명으로 옳은 것을 모두 고른 것은?

> ㄱ. 평가단계에서는 결과평가만 실시한다.
> ㄴ. 욕구조사단계에서는 주요 정보제공자 인터뷰, 지역사회 포럼 개최, 사회지표 등을 활용할 수 있다.
> ㄷ. 실행과정 점검단계에서는 실행과 결과를 추적함으로써 프로그램의 진척도를 파악한다.
> ㄹ. 목적·목표 설정단계에서는 갠트 차트를 활용하기도 한다.

① ㄱ, ㄴ, ㄷ, ㄹ   ② ㄴ, ㄷ, ㄹ   ③ ㄷ, ㄹ
④ ㄱ, ㄴ   ⑤ ㄱ, ㄴ, ㄷ

정답 ②
해설 평가단계는 결과평가뿐만 아니라 과정평가를 실시할 수 있다.

□ 15회

07. 다음에서 설명하는 지역사회의 욕구사정 방법은?

> • 의사소통은 개방형 질문으로 진행한다.
> • 지역사회 집단의 이해 관계를 가장 잘 대표할 수 있는 참여자들을 선택한다.
> • 선택된 사람들은 한 곳에 모여 특정 문제에 대한 의견을 집단으로 토론한다.

① 초점집단기법   ② 명목집단기법   ③ 민속학적 기법
④ 지역사회포럼   ⑤ 델파이기법

정답 ①

해설 ① 본 예시는 초점집단기법을 묻는 것임. 소집단으로 구성되어 여러 명이 동시에 질의응답에 참여할 수 있는 집중적인 토론 방법임.
② 명목집단기법 : 7-10명 구조된 집단모임으로 책상에 둘러앉아서 서로 말하지 않고 종이에 아이디어를 기록하고 5분 후 각자 아이디어를 발표하면서 아이디어를 공유하는 기법
③ 민속학적 기법 : 문화인류학에 기원을 두고 특정문화에 공유하는 생활규범, 집단의 체계 등에 대해 연구함.
④ 지역사회포럼 : 토론자들이 찬성과 반대의견으로 나눠서 토론을 진행한 후 방청주민의 질의응답 및 개진한 의견 등을 듣는 것임.
⑤ 델파이기법 : 전문가들에게 우편 상 익명의 의견을 수집 후 분석한 뒤 만족스런 결과를 얻을 때까지 계속해서 우편을 보냄.

◻ 17회
08. 다음에 제시된 지역사회 욕구사정 방법은?

- 설문구성은 개방형으로 시작해서 이후에는 유사한 응답내용을 폐쇄형으로 구성하여 질문한다.
- 응답 내용이 합의에 이르기까지 여러 번에 걸쳐 설문 과정을 반복한다.
- 지역사회문제에 대한 전문지식을 갖고 있는 주요 정보제공자로 구성된다.

① 사회지표분석   ② 공청회   ③ 초점집단기법
④ 델파이기법   ⑤ 지역포럼기법

정답 ④

해설 ④ 지역사회 욕구사정 방법 중 델파이기법을 묻는 예시임.
- 설문구성은 개방형으로 시작해서 이후에는 유사한 응답내용을 폐쇄형으로 구성하여 질문한다.
- 응답 내용이 합의에 이르기까지 여러 번에 걸쳐 설문 과정을 반복한다.
- 지역사회문제에 대한 전문지식을 갖고 있는 주요 정보제공자로 구성된다.

◻ 13회
09. 다음은 지역사회복지실천 과정 중 어느 단계에 관한 설명인가?

주거빈곤의 어려움을 호소하는 클라이언트에 대해 사회복지사는 해당 지역에 대한 조사를 실시한 후 이를 개인의 경제적 문제, 지역사회의 불량주택문제, 공공임대주택정책의 문제 중 어떤 문제로 볼 것인지를 결정하였다.

① 자원계획 및 동원단계
② 목적 및 목표 설정단계
③ 문제발견 및 분석단계
④ 실행단계
⑤ 평가단계

정답 ③

해설 ③ 본 예시에서 사회복지사는 주거 빈곤의 어려움을 호소하는 클라이언트에 대해 해당 지역에 대한 조사를 실시한 후 어떤 문제가 있는지 발견 후 이를 세부적으로 분석하여 개인의 경제적 문제, 지역사회의 불량 주택문제, 공공임대주택정책의 문제 등으로 결정함.

☐ 13회

10. 지역사회복지 실천단계에 관한 설명으로 옳은 것은?

① 문제발견 및 분석단계는 계획을 행동으로 변환시키는 실행단계 이후에 진행한다.
② 평가단계에서 총괄평가는 모든 실천과정이 종료된 이후에 실시한다.
③ 자원계획 및 동원단계는 실행단계 이후에 진행한다.
④ 목적 및 목표 설정단계는 지역주민 욕구사정 이전에 진행한다.
⑤ 지역사회 포럼은 실행단계에서 진행한다.

정답 ②

해설 ② 평가단계에서 총괄평가는 모든 실천과정이 종료된 이후에 실시가 맞는 지문임
① 문제발견 및 분석단계는 계획을 행동으로 변환시키는 실행단계 이후에 진행한다.
→ 계획을 행동으로 변환시키는 실행단계 이전에 진행한다.
③ 자원계획 및 동원단계는 실행단계 이후에 진행한다.
→ 실행단계 이전에 진행한다.
④ 목적 및 목표 설정단계는 지역주민 욕구사정 이전에 진행한다.
→ 지역주민 욕구사정 이후에 진행한다.
⑤ 지역사회 포럼은 실행단계에서 진행한다.
→ 실행단계 이전에 진행한다.

☐ 14회

11. 지역사회에서 이용할 수 있는 권력, 전문기술, 재정, 서비스 등을 조사하는 사정(assessment) 유형은?

① 자원 사정   ② 포괄적 사정   ③ 협력적 사정
④ 하위체계 사정   ⑤ 문제 중심 사정

정답 ①

해설 자원사정이란 사회복지사는 지역사회에서 이용할 수 있는 권력, 전문기술, 재정, 서비스라는 자원 영역을 검토해야 함. 자원 사정 시 클라이언트의 욕구보단 이용가능한 자원의 본질, 운용, 질에 초점을 둠.

❏ 15회
12. 지역사회복지실천 과정 중 다음 활동을 해야 하는 단계는?

> • 참여자 적응 촉진하기
> • 참여자 간 저항과 갈등 관리하기

① 실행단계 ② 자원계획단계 ③ 목적·목표설정단계
④ 문제분석단계 ⑤ 평가단계

정답 ①
해설 지역사회복지실천 과정 중 실행단계는 참여자 적응 촉진하기, 참여자 간 저항과 갈등 관리함.

❏ 16회
13. 다음 설명하는 욕구사정 자료수집 방법으로 옳은 것은?

> • 욕구의 배경이나 결정과정보다 욕구내용 결정에 초점을 둔다.
> • 모든 참여자가 직접 만나서 욕구에 대한 우선순위를 결정한다.
> • 욕구순위에 대한 합의의 과정이 반복시행을 거쳐 이루어질 수 있다.

① 초점집단기법 ② 델파이기법 ③ 지역사회포럼
④ 명목집단기법 ⑤ 민속학적 조사방법

정답 ④
해설 명목집단기법이란 7-10명 구조화된 집단모임으로 책상에 둘러앉아서 서로 말하지 않고 종이에 아이디어를 기록하고 5분 후 각자 아이디어를 발표하면서 아이디어를 공유하는 기법으로 지역사회문제에 대한 이해를 높이고 목표확인과 행동계획의 개발에 활용하는 방법임.
지역사회구성원에게 영향을 미치는 문제나 이슈에 관한 목록을 작성토록 요청한 뒤 관련 목록이 만들어지면 참여자들이 토론과 함께 확인된 문제에 대한 이해를 제고함. 토론의 결론으로 나온 각각 제기된 문제에 대해서 순위를 작성함.
욕구의 배경이나 결정과정보다 욕구내용 결정에 초점을 둠.
모든 참여자가 직접 만나서 욕구에 대한 우선순위를 결정함.
욕구순위에 대한 합의의 과정이 반복시행을 거쳐 이루어질 수 있음.

기출문제 확인하기

□ 17회

14. 지역사회복지실천에서 조력자의 역할로 옳은 것을 모두 고른 것은?

> ㄱ. 지역사회 내 다양한 집단들에 의해 표출된 불만의 집약
> ㄴ. 지역사회문제의 조사 및 평가
> ㄷ. 지역사회 내 불이익을 당하는 주민의 옹호와 대변
> ㄹ. 지역사회조직 과정에서 지역주민들에게 공동의 목표 강조

① ㄱ, ㄴ   ② ㄱ, ㄷ   ③ ㄱ, ㄹ
④ ㄴ, ㄷ   ⑤ ㄴ, ㄷ, ㄹ

정답 ③
해설 지역사회복지실천에서 조력자의 역할로 ㄱ, ㄹ이 맞는 예시임.
ㄱ. 지역사회 내 다양한 집단들에 의해 표출된 불만의 집약
ㄹ. 지역사회조직 과정에서 지역주민들에게 공동의 목표 강조

□ 19회

15. 다음 자료를 활용한 지역사회 사정(assessment) 유형에 해당하는 것은?

> • 사회복지시설 및 기관의 자원봉사자 수
> • 관할 지방자치단체의 사회복지분야 예산 규모
> • 기업의 사회공헌 프로그램 유형과 이용자 수

① 하위체계 사정   ② 포괄적 사정   ③ 자원 사정
④ 문제중심 사정   ⑤ 협력적 사정

정답 ③
해설 사회복지시설 및 기관의 자원봉사자 수, 관할 지방자치단체의 사회복지분야 예산 규모, 기업의 사회공헌 프로그램 유형과 이용자 수는 자원사정의 예시임.
자원사정이란 사회복지사가 지역사회에서 이용할 수 있는 권력, 전문기술, 재정, 서비스라는 자원 영역을 검토하는 것을 말함.

6 지역사회복지실천을 위한 사회복지사 기술

◆ 출제경향분석 및 학습가이드

대분류	중분류	소분류	출제빈도 및 중요도
지역사회복지실천을 위한 사회복지사 기술	실천모델별 사회복지사 기술		★★★★★
	사회복지사 기술 및 역할		★★★★★

자주 출제되는 단원임.
각각의 지역사회복지실천모델은 차별화된 목표와 전략을 가지며, 실천기술은 이러한 목표를 달성하고 전략을 수행하기 위한 수단으로 활용됨.

1. 지역사회복지 실천모델별(지역사회개발모델, 사회계획모델, 사회행동모델) 사회복지사의 기술을 물어보는 문제가 출제됨.

2. 지역사회복지실천을 위한 구체적인 사회복지사 기술 및 역할을 묻는 문제가 자주 출제됨.
   - 사회복지사는 조직가로서 촉매자·교사·촉진자·연결자의 역할을 수행함.
   - 사회복지사는 연계자로서 지역사회 내 사회연계망을 구축하는 역할을 함.
   - 사회복지사는 옹호자로서 클라이언트의 이익을 위해 전문적인 대변인이나 대리인으로서 활동함.
   - 사회복지사는 자원동원가로서 지역사회의 문제해결이 가능토록 다양한 방법을 통해 자원동원을 함.
   - 임파워먼트 기술의 개념을 묻는다거나 개인적 임파워먼트를 형성하는 과정(의식의 향상, 자기주장, 공공의 제로 만들기, 사회자본 창출하기, 권력 키우기)이 자주 출제됨.
   - 네트워크기술 : 지역사회복지 네트워크의 개념을 묻는 문제가 간혹 등장하며, 네트워크강화방안에 대해 묻는 문제가 자주 출제됨.

기출문제 확인하기

☐ 18회
01. 다음 사례에 해당하는 사회복지사의 역할이 <u>아닌</u> 것은?

> B종합사회복지관에서 클라이언트의 노후화된 주택의 개·보수를 위한 다양한 자원을 활용한 주거지원 서비스를 제공하려고 한다.

① 계획가
② 네트워커
③ 정보전달자
④ 후보자
⑤ 관리자

정답 ④

해설 ④ 후보자는 본 예시에 의거 사회복지사의 역할이 아님.
① 사회복지사가 계획가로서 주거지원서비스를 효과적으로 제공하기 위해 목표달성을 위한 계획을 수립함.
② 사회복지사가 네트워커로서 지역자원을 활용하여 클라이언트에게 주거지원서비스를 제공토록 지역사회 내 자원 간 네트워킹(연계)를 함.
③ 사회복지사가 정보전달자로서 주거지원서비스에 대한 정보를 클라이언트에게 알리고, 클라이언트의 주거 상태에 대한 정보를 지역자원연계망에 알림.
⑤ 사회복지사가 관리자로서 주거지원 서비스 제공을 위한 재정·자원 확보, 지역사회의 지지 확보 등 기관실무자로서 관리 및 조정함.

☐ 18회
02. 조직가의 역할과 기술이 바르게 연결되지 <u>않은</u> 것은?

① 협상가 - 회의 및 회담 진행
② 평가자 - 자금 제공
③ 연계자 - 모니터링
④ 옹호자 - 소송제기
⑤ 교사 - 능력개발

정답 ②

해설 평가자는 실천의 기능과 효과성을 평가하는 역할을 수행하는 것으로 자금 제공은 사회복지사의 기술에 해당되지 않음.

☐ 16회
03. 다음의 밑줄 친 사회복지사의 핵심역할로 옳은 것은?

> ㄱ지역은 공장지대에 위치해 있어 종합사회복지관 내 대기오염도가 높게 나타났다. 이에 사회복지사는 <u>클라이언트의 건강권 확보를 위한 조례 제정을 위한 활동</u>을 하였다.

① 행정가
② 치료자
③ 교육자
④ 옹호자
⑤ 계획가

정답 ④

해설 옹호자역할에 대한 예시임. 옹호자란 사회정의를 지키고 유지토록 개인, 집단, 지역사회의 입장에서 직접적으로 대변활동과 보호, 개입, 지지를 하며, 일련의 행동을 제안하는 역할을 함.
① 행정가: 프로그램의 효과적·효율적인 목표달성을 위해 인적·물적자원을 준비하고 관리하는 역할을 함.
② 치료자: 지역사회의 공동 노력을 저해하는 전통적인 태도를 분석하고 전달함으로써 저해요인을 제거하는 역할임.
③ 교육자: 클라이언트의 문제해결능력을 개발하도록 지도하는 역할임.
⑤ 계획가: 문제해결을 위해 합리적 계획수립과 통제된 변화를 강조하는 역할임.

□ 18회
04. 임파워먼트 기술에 해당하는 것을 모두 고른 것은?

| ㄱ. 지역사회 사회자본 확장 | ㄴ. 공공의제 만들기 |
| ㄷ. 의식고양하기 | ㄹ. 권력 키우기 |

① ㄱ, ㄴ, ㄷ, ㄹ   ② ㄴ, ㄷ, ㄹ   ③ ㄱ, ㄴ, ㄷ
④ ㄷ, ㄹ   ⑤ ㄱ, ㄴ

정답 ①

해설 임파워먼트 기술로 다음을 들 수 있음.
ㄱ. 지역사회 사회자본 확장: 지역사회 구성원의 사회적 관계에 바탕을 둔 사회자본의 창출과정을 도와서 협력과 연대감을 향상하는 게 기여함.
ㄴ. 공공의제 만들기: 일반지역주민들의 쟁점이 공공의 아젠다가 되게 하여 공공의 데모나 캠페인을 통해 쟁점을 사람들에게 알림.
ㄷ. 의식고양하기: 지역주민들이 공유하고 있는 지역사회문제의 희생지라는 인식에서 출발하여 대화와 억압적 경험을 통해 이뤄지며, 지역주민들이 경험하는 문제가 개인적인 차원이 아닌 사회적인 차원으로 인식하면서 이뤄짐.
ㄹ. 권력 키우기: 지역사회의 억압이나 불합리한 제도에 맞서 지역사회 또는 지역주민이 처해있는 어려움을 해결하는 방법으로 파워를 획득함으로써 가능하다고 봄.

□ 14회
05. 지역사회복지 네트워크의 성공요인이 아닌 것은?
① 조직의 자발성이 인정되어야 한다.
② 조직의 경쟁성이 우선되어야 한다.
③ 네트워크 관리자의 역할이 중요하다.
④ 협력의 목적과 비전이 공유되어야 한다.
⑤ 자원이 풍부하여야 참여가 원활할 수 있다.

정답 ②

해설 지역사회복지 네트워크의 성공요인으로 조직의 경쟁성이 우선되는 게 아니라 기관의 내적 요인, 제도적 요인 등으로 인해 각 기관들 간에 의도치 않은 갈등에 처할 수 있기에 기관 상호 간 소통체계를 구축하는 게 요구됨.

기출문제 확인하기

☐ 14회
06. 지역사회 조직화 과정에서 사회복지사가 지켜야 할 중요한 원칙으로 옳지 <u>않은</u> 것은?

① 지역사회는 여러 갈등을 갖고 있음을 알아야 한다.
② 지역사회의 외적 능력에 우선 중점을 두어야 한다.
③ 모든 일에 솔직하고 근면하여야 한다.
④ 행사에 참여하여 운영과정을 이해해야 한다.
⑤ 지역사회 관련법, 제도, 규칙 등을 알아야 한다.

정답 ②
해설 지역사회 조직화 과정에서 사회복지사가 지켜야 할 중요한 원칙으로 지역사회의 외적 능력에 우선 중점을 두는 게 아니라 사회복지사는 조직화과정 중 지역사회구성원의 생각을 이해하기 위해 그들의 불평과 제안을 듣거나 모임을 주선하여 생각과 관심을 나누는 데 중점을 둠.

☐ 15회
07. 지역사회복지 실천에서 사회복지사의 기술과 역할 간 연결로 옳지 <u>않은</u> 것은?

① 네트워킹 기술 - 촉진자 ② 연계 기술 - 옹호자 ③ 참여 기술 - 교육가
④ 임파워먼트 기술 - 자원연결자 ⑤ 자원동원 기술 - 모금가

정답 ②
해설 지역사회복지 실천에서 사회복지사의 기술과 역할 간 연결로 연계 기술은 옹호자가 아니라 연결자로 사회복지사는 지역사회의 사람들에게 지역사회와 외부세계의 연결고리를 구축하여 외부 지지자에게서 정보와 지식을 얻어냄.
옹호자란 사회복지사가 옹호자로서 클라이언트의 이익을 위해 전문적인 대변인이나 대리인으로서 활동을 뜻함.

나머지 항목은 맞는 예시임
① 네트워킹 기술 - 촉진자 ③ 참여 기술 - 교육가
④ 임파워먼트 기술 - 자원연결자 ⑤ 자원동원 기술 - 모금가

☐ 15회
08. 사회복지사가 활용하는 조직화 기술에 해당하지 <u>않는</u> 것은?

① 회의 기술
② 협상 기술
③ 지역문제 이슈설정 기술
④ 지역사회 지도자 발굴 기술
⑤ 주민통제 기술

정답 ⑤
해설 사회복지사가 활용하는 조직화 기술에 주민통제 기술은 미포함됨.
사회복지사가 활용하는 조직화 기술로 회의 기술, 협상 기술, 지역문제 이슈설정 기술, 지역사회 지도자 발굴 기술을 들 수 있음.

□ 16회
09. 다음 상황에 해당하는 사회복지사의 실천기술 내용이 아닌 것은?

> 마을축제 개최를 위해 사회복지사는 지역주민을 조직화하여 주민 스스로 계획, 홍보 및 진행을 하게 하였다.

① 주민의 자발적 참여 유도 ② 주민 역량 강화 ③ 지역사회 특성 반영
④ 취약계층 권리 대변 ⑤ 주민들 갈등 시 중재

정답 ④
해설 예시는 취약계층 권리 대변이 아니라 마을축제 개최를 위해 사회복지사는 지역주민을 조직화하는 과정을 말함.

□ 16회
10. 다음 기관의 사회복지사가 자원개발을 위해 활용한 기술은?

> 최근 개관한 사회복지관은 바자회를 개최하는 과정에서 지역의 다양한 후원단체를 발굴하고, 자원봉사자를 모집하였다.

① 근본적인 제도의 변화 추구
② 지역사회 실정에 맞는 교육 진행
③ 기관의 신뢰성 형성·유지를 위한 노력
④ 주민들의 지도력 강화 지원
⑤ 정치적 지지 기반의 구축

정답 ③
해설 기관의 사회복지사가 자원개발을 위해 활용한 기술로 기관의 신뢰성 형성·유지를 위한 노력임. 그 예시로 최근 개관한 사회복지관은 바자회를 개최하는 과정에서 지역의 다양한 후원단체를 발굴하고, 자원봉사자를 모집함.

□ 17회
11. 다음 설명에 해당하는 지역사회복지 실천기술은?

> A사회복지사는 지역사회 내 저소득 장애인의 취업 문제를 해결하는 과정에서 당사자들이 문제의식을 갖게 하고, 그들 스스로 문제해결능력을 향상시키기 위해 노력하였다.

① 중개 ② 연계 ③ 옹호
④ 조직화 ⑤ 자원개발

정답 ④
해설 지역사회복지 실천기술로 조직화에 대한 예시임.

기출문제 확인하기

☐ 17회

12. 지역사회복지실천에서 연계기술(networking)에 관한 설명으로 옳지 <u>않은</u> 것은?

① 사회복지기관의 서비스 제공과정에서 효율성 증대
② 사회복지사의 연계망 강화 및 확장
③ 이용자 중심의 통합적 서비스 제공
④ 서비스 계획의 공동 수립과 서비스 제공에서 팀 접근 수행
⑤ 지역사회 복지의제 개발과 주민 의식화

정답 ⑤

해설 지역사회 복지의제 개발과 주민 의식화는 연계기술이 아니며 조직화기술에 해당됨.
지역사회복지실천에서 연계기술(networking)로 다룬 보기 내용(①~④)은 맞는 설명임.

☐ 19회

13. 다음에서 설명하고 있는 지역사회복지실천 기술은?

> 지역주민의 강점을 인정하고 스스로 삶을 결정할 수 있도록 역량을 강화하며, 지역 구성원의 능력에 대한 신념을 중요시 한다.

① 임파워먼트 ② 자원개발과 동원 ③ 조직화
④ 네트워크 ⑤ 지역사회연계

정답 ①

해설 지역사회복지실천 기술로 임파워먼트란 지역주민의 강점을 인정하고 스스로 삶을 결정할 수 있도록 역량을 강화하며, 지역구성원의 능력에 대한 신념을 중요시 한다.

☐ 19회

14. 지역사회복지 실천 과정에서 사회복지사가 활용한 기술은?

> 사회복지사A는 가족캠핑을 희망하는 한부모 가족 10세대를 대상으로 프로그램을 계획하고 있다. A는 개인적으로 참여하고 있는 수영 클럽을 통해 프로그램 운영에 필요한 예산과 자원봉사자를 확보하고자 운영진에게 모임 개최를 요청하였고, 성공적인 결과를 얻었다.

① 옹호 ② 조직화 ③ 임파워먼트
④ 지역사회교육 ⑤ 자원개발 및 동원

정답 ⑤

해설 자원개발 및 동원에 대한 예시로 사회복지사는 자원동원가로서 지역사회의 문제해결이 가능토록 다양한 방법을 통해 자원개발 및 동원(A는 개인적으로 참여하고 있는 수영 클럽운영진에게 모임개최요청 따른 모임개최로 인해 프로그램 운영에 필요한 예산과 자원봉사자를 확보함.)

7 지역사회복지 지원체계

◆ 출제경향분석 및 학습가이드

대분류	중분류	소분류	출제빈도 및 중요도
지역사회복지 지원체계			★★★★

- 가끔씩 출제되는 단원으로 지방자치의 발전이 지역사회복지에 미치는 영향을 묻거나 구체적인 지역사회복지 지원체계에 대한 문제가 출제됨.
- 종종 지역사회보장계획의 수립 과정에 대해 묻는 문제가 출제됨.
- 구체적인 지역사회복지 지원체계로 사회복지공동모금회나 자원봉사센터의 역할을 묻거나 사회복지관(운영원칙, 사업대상, 사업내용), 지역자활센터(자활대상자선정, 사업내용) / 사회적 경제 주체인 사회적 기업, 마을기업, 사회적 협동조합, 자활기업의 역할을 묻는 문제가 종종 출제됨.

기출문제 확인하기

☐ 17회
01. 사회복지협의회에 관한 설명으로 옳은 것은?

① 사회보장급여의 이용·제공 및 수급권자발굴에 관한 법률에 근거하여 설립된다.
② 사회복지시설 및 기관 중심의 지역사회복지 증진을 위한 법정단체이다.
③ 읍·면·동 중심의 공공부문 전달체계와 지역사회보호체계를 구축하고 운영한다.
④ 관계법령에 따라 10명이상 40명 이하의 규모로 위원회를 구성해야 한다.
⑤ 시·군·구 단위로 의무적으로 설치하여야 한다.

정답 ②
해설 ② 사회복지협의회는 사회복지시설 및 기관 중심의 지역사회복지 증진을 위한 법정단체이다.
아래 지문의 틀린 설명을 맞게 고침.
① 사회보장급여의 이용·제공 및 수급권자발굴에 관한 법률에 근거하여 설립된다.
→ 사회복지협의회는 사회복지사업법에 근거하여 설립된다.
③ 읍·면·동 중심의 공공부문 전달체계와 지역사회보호체계를 구축하고 운영한다.
→ 지역사회의 민간 기관, 단체 등이 모여 지역사회의 사회복지문제를 협의·조정한다.
④ 관계법령에 따라 10명이상 40명 이하의 규모로 위원회를 구성해야 한다.
→ 지역사회보장협의체에 관한 설명이다.
⑤ 시·군·구 단위로 의무적으로 설치하여야 한다.
→ 사회복지협의회는 중앙협의회, 시·도 협의회, 시·군·구 협의회로 구성된다.
중앙협의회와 시·도 협의회는 의무적으로 설치해야 하지만 시·군·구 협의회는 반드시 설치해야 하는 게 아니다.

☐ 17회
02. 지역사회보장협의체의 구성 조직 및 역할을 적절하게 연결하고 있는 것은?

① 읍·면·동 지역사회보장협의체 : 실무협의체 업무 지원
② 대표협의체 : 통합사례관리 지원
③ 실무분과 : 지역사회보장계획의 연차별 시행계획 모니터링
④ 실무분과 : 사회복지법인 이사의 추진과 선임 조정
⑤ 실무협의체 : 지역사회보장계획의 의회 보고

정답 ③
해설 실무분과는 지역사회보장계획의 연차별 시행계획 모니터링을 한다.
또한 공동사업의 시행, 대상자별 사례회의, 서비스 제공 및 연계, 서비스 제공을 위하여 필요한 사항, 분과사업 논의를 담당한다.

지문의 틀린 설명을 맞게 고침.
① 읍·면·동 지역사회보장협의체 → 사회보장사업에 의한 도움을 필요로 하는 사람 발굴, 사회보장자원 발굴 및 연계, 지역사회보호체계 구축 및 운영, 그밖에 관할 지역주민의 사회보장 증진을 위하여 필요한 업무를 담당한다.
② 대표협의체 → 대표협의체는 지역사회보장계획 수립·시행 및 평가에 관한 사항, 지역사회보장조사 및 지역사회보장지표에 관한 사항, 사회보장급여 제공 및 사회보장 추진에 관한 사항, 읍·면·동 단위 지역사회보장협의체의 구성 및 운영에 관한 사항에 대해 심의·자문 역할을 담당함.
⑤ 실무협의체 → 지역사회보장계획수립·시행 및 평가에 관한 전문연구, 지역사회서비스제공 및 연계협력에 관한 협의, 대표협의체 심의 안건 사전 검토, 실무분과간 역할 조정 및 협력도모 등을 담당함.

☐ 19회
03. 사회복지협의회에 관한 설명으로 옳지 않은 것은?

① 사회복지사업법에 근거를 둔 법정단체이다.
② 민·관 협력을 위해 시·군·구에 설치된 공공기관이다.
③ 한국사회복지협의회는 기타 공공기관으로 지정되었다.
④ 사회복지기관 간 연계·협력·조정 등의 업무를 수행한다.
⑤ 광역 및 지역 단위 사회복지협의회는 독립적인 사회복지법인이다.

정답 ②
해설 사회복지협의회는 읍·면·동 및 시·군·구에 설치된 공공기관이 아닌 법정단체임.

☐ 16회
04. 최근 우리나라의 지역사회복지 동향에 관한 내용으로 옳은 것은?

① 중앙정부 중심의 지역사회복지서비스 전달체계 구축
② 복지재정 분권화로 인한 지역 간 사회복지 불균형
③ 다양한 서비스 공급 주체의 참여 축소
④ 서비스 이용자의 권리 제한
⑤ 지역사회 복지네트워크 중요성 감소

정답 ②
해설 복지재정 분권화로 인한 지역 간 사회복지 불균형이 맞는 설명임. 지자체마다 재정자립도 편차가 크기에 지역 간 사회복지 불균형이 발생함.

☐ 17회
05. 지역사회보장계획의 수립 과정을 순서대로 옳게 나열한 것은?

ㄱ. 세부사업 계획 수립	ㄴ. 지역사회보장협의체 심의
ㄷ. 지역사회보장조사	ㄹ. 행·재정계획 수립
ㅁ. 의회 보고	ㅂ. 추진 비전 및 목표 수립

① ㄱ-ㄷ-ㅁ-ㄹ-ㅂ-ㄴ
② ㄴ-ㄹ-ㄱ-ㅁ-ㅂ-ㄷ
③ ㄷ-ㄹ-ㅂ-ㄱ-ㄴ-ㅁ
④ ㄷ-ㅂ-ㄹ-ㄱ-ㄴ-ㅁ
⑤ ㄷ-ㅂ-ㄱ-ㄹ-ㄴ-ㅁ

정답 ⑤
해설 지역사회보장계획의 수립 과정은 지역사회보장조사 – 추진 비전 및 목표 수립 – 세부사업 계획 수립 – 행·재정계획 수립 – 지역사회보장협의체 심의 – 의회 보고 순임.

기출문제 확인하기

◻ 17회

06. 읍·면·동 지역사회보장협의체의 역할로 볼 수 <u>없는</u> 것은?

① 복지대상자 발굴　② 지역특화사업 추진　③ 지역자원의 발굴 및 연계
④ 지역인적안전망 구축　⑤ 지역사회보장지표의 생성

정답 ⑤

해설 ⑤ 지역사회보장지표의 생성은 대표협의체의 역할임.
읍·면·동 지역사회보장협의체의 역할로 다음의 예를 들 수 있음.
① 복지대상자 발굴　② 지역특화사업 추진　③ 지역자원의 발굴 및 연계　④ 지역인적안전망 구축

◻ 18회

07. 사회복지협의회에 관한 설명으로 옳지 <u>않은</u> 것은?

① 민간 사회복지 증진을 위한 법적 단체
② 사회복지 소외계층 발굴 및 민간사회복지자원과의 연계·협력
③ 시·도와 시·군·구에서 모두 의무 설치
④ 1970년 사회복지법인 한국사회복지협의회로 명칭 변경
⑤ 사회복지에 관한 조사·연구 및 정책 건의

정답 ③

해설 시·도와 시·군·구에서 모두 의무 설치가 아님.
사회복지협의회에 관한 설명으로 아래 내용은 맞음.
① 민간 사회복지 증진을 위한 법적 단체
② 사회복지 소외계층 발굴 및 민간사회복지자원과의 연계·협력
④ 1970년 사회복지법인 한국사회복지협의회로 명칭 변경
⑤ 사회복지에 관한 조사·연구 및 정책 건의

◻ 19회

08. 지방분권에 관한 설명으로 옳지 <u>않은</u> 것은?

① 주민참여 기회가 확대된다.
② 중앙정부의 책임성이 강화된다.
③ 지역 특성에 맞는 정책을 수립할 수 있다.
④ 지역 간 복지수준의 격차가 발생할 수 있다.
⑤ 지방자치단체의 역할과 책임을 강화시킬 수 있다.

정답 ②

해설 ② 지방분권에 따라서 중앙정부의 책임성이 강화되는 게 아니라 지방정부의 책임성이 강화됨.
아래 지문의 경우 지방분권에 대해 옳은 예시임.
① 주민참여 기회가 확대된다.　③ 지역 특성에 맞는 정책을 수립할 수 있다.
④ 지역 간 복지수준의 격차가 발생할 수 있다.　⑤ 지방자치단체의 역할과 책임을 강화시킬 수 있다.

🗐 17회
09. 자원동원기관에 관한 설명으로 옳지 <u>않은</u> 것은?

① 자원봉사센터는 자원봉사활동기본법에 근거하여 자원봉사자를 양성·배치하는 역할을 수행한다.
② 사회복지공동모금회의 신청사업은 프로그램사업과 긴급지원사업으로 나눠 공모형태로 진행된다.
③ 기업의 사회공헌센터를 통한 기여 형태는 현금, 물품, 인력 등으로 다양하다.
④ 기부식품 등 제공사업은 이용자에게 기초 푸드뱅크·마켓을 통해 기부물품을 제공하고 있다.
⑤ 사회복지공동모금회는 노블레스 오블리주 실천을 위한 소사이어티를 운영하고 있다.

정답 ②
해설 사회복지공동모금회의 신청사업은 프로그램사업과 긴급지원사업으로 나눠 공모형태로 진행되는 게 아니라 프로그램사업, 기능보강사업으로 나뉜 공모형태로 진행됨.
나머지 아래의 지문은 맞는 예시이다.
① 자원봉사센터는 자원봉사활동기본법에 근거하여 자원봉사자를 양성·배치하는 역할을 수행한다.
③ 기업의 사회공헌센터를 통한 기여 형태는 현금, 물품, 인력 등으로 다양하다.
④ 기부식품 등 제공사업은 이용자에게 기초푸드뱅크·마켓을 통해 기부물품을 제공하고 있다.
⑤ 사회복지공동모금회는 노블레스 오블리주실천을 위한 소사이어티를 운영하고 있다.

10. 사회복지공동모금회에 관한 설명으로 옳지 <u>않은</u> 것은?

① 기획, 홍보, 모금, 배분 업무를 수행한다.
② 사회복지사업법에 의한 사회복지법인이다.
③ 지정기부금 모금단체이다.
④ 사회복지 프로그램의 전문성 제고에 기여할 수 있다.
⑤ 지역사회의 자원을 동원하는 민간운동적인 특성이 있다.

정답 ③
해설 지정기부금 모금단체가 아니라 국민의 자발적인 성금으로 조성된 재원을 효율적이고 공정하게 관리·운용함으로써 사회복지증진에 이바지함.

기출문제 확인하기

□ 15회
11. 우리나라 사회복지관에 관한 설명으로 옳지 <u>않은</u> 것은?

① 사회복지관 평가제도가 실시되고 있다.
② 사회복지관 운영은 사회보장기본법에 따른다.
③ 사회복지관의 운영원칙은 지역성, 전문성, 책임성 등이 있다.
④ 사회복지관 사업이 지방이양사업으로 선정되어 재정지원방법이 변경되었다.
⑤ 사회복지관 5대 사업이 3대(사례관리, 서비스 제공, 지역조직화)사업으로 재편되었다.

정답 ②
해설 ② 사회복지관 운영은 사회복지사업법에 근거한다.
① 사회복지관 평가제도가 실시되고 있다.
→ 2000년 지역사회복지관 운영평가제 실시되었다.
③ 사회복지관의 운영원칙은 지역성, 전문성, 책임성 등이 있다.
→ 지역성: 지역사회의 특성, 지역사회주민의 문제나 욕구의 신속한 파악·반영하여 사업계획수립시 지역사회의 문제를 해결하고, 이에 따른 서비스를 제공함.
전문성: 다양한 지역사회문제에 대처토록 전문적 프로그램을 진행히 지식, 기술을 보유한 전문인력에 따라 사업을 수행하고 이들 인력에 대한 지속적인 재교육을 통해 전문성을 증진하도록 함.
책임성: 지역사회이용자에게 사업수행에 따른 효과성·효율성을 극대화하고 책임을 다하는 노력을 기울여야 함.
④ 사회복지관 사업이 지방이양사업으로 선정되어 재정지원방법이 변경되었다.
⑤ 사회복지관 5대 사업이 3대(사례관리, 서비스 제공, 지역조직화)사업으로 재편되었다.
→ 사례관리기능(사례발굴, 사례개입, 서비스 연계), 서비스제공기능(지역사회보호, 교육문화, 자활지원 등 기타), 지역조직화기능(복지네트워크구축, 주민조직화, 자원 개발 및 관리)

□ 16회
12. 다음 사업을 모두 수행하는 지역사회복지기관은?

- 사례 발굴 및 사례개입
- 주민복지증진사업, 주민조직화 사업, 주민교육
- 아동·청소년 사회교육

① 자원봉사센터　　② 지역아동센터　　③ 사회복지관
④ 지역사회보장협의체　　⑤ 지역자활센터

정답 ③
해설 본 예시는 사회복지관의 사업 내용으로 사회복지관 내에서 사례 발굴 및 사례개입, 주민복지증진사업, 주민조직화 사업, 주민교육, 아동·청소년 사회교육을 진행함.

☐ 14회
13. 사회복지관에 관한 설명으로 옳지 않은 것은?

① 지역사회의 특성과 지역주민의 욕구와 문제에 신속히 대응해야 한다.
② 사례관리, 서비스제공, 지역조직화 기능 등을 수행한다.
③ 사업 대상은 사회적 취약계층에 한하여 실시하여야 한다.
④ 사회복지사업법상 사회복지관은 3년마다 평가를 받아야 한다.
⑤ 지역성, 전문성, 책임성의 원칙 등에 따라 운영되어야 한다.

정답 ③
해설 ③ 사업 대상은 사회적 취약계층에 한하여 실시하는 게 아니라
사회복지관 사업의 대상 : 사회복지서비스 욕구를 지닌 모든 지역주민임.
다만, 국민기초생활보장 수급자, 차상위계층, 장애인, 노인, 한부모가정, 다문화가정 등은 우선사업대상자임.

☐ 16회
14. 지역사회 복지기관에 관한 설명으로 옳지 않은 것은?

① 지역자활센터에서는 조건부수급자만을 대상으로 자활의욕 고취를 위한 사업을 추진한다.
② 사회복지관은 경제적 지원, 일상생활 지원 등의 지역사회보호 사업을 수행한다.
③ 자원봉사센터는 자원봉사를 필요로 하는 기관과 단체에 자원봉사자를 공급한다.
④ 자활기업은 저소득층의 탈빈곤을 위한 자활사업을 운영한다.
⑤ 사회복지공동모금회는 취약한 사회복지현장의 역량강화를 위해 주제를 정하여 사업을 배분하기도 한다.

정답 ①
해설 지역사회 복시기관에 지역자활센터는 조건부수급자뿐만 아니라 자활급여특례자, 일반수급자, 특례수급가구의 가구원, 차상위자를 대상으로 자활의욕 고취를 위한 사업을 추진함.
아래 나머지 예시의 경우 맞는 설명임
② 사회복지관은 경제적 지원, 일상생활 지원 등의 지역사회보호 사업을 수행한다.
③ 자원봉사센터는 자원봉사를 필요로 하는 기관과 단체에 자원봉사자를 공급한다.
④ 자활기업은 저소득층의 탈빈곤을 위한 자활사업을 운영한다.
⑤ 사회복지공동모금회는 취약한 사회복지현장의 역량강화를 위해 주제를 정하여 사업을 배분하기도 한다.

☐ 18회
15. 다음에서 사회복지관이 사회복지서비스를 우선 제공하여야 할 대상을 모두 고른 것은?

> A씨는 국민기초생활보장법에 따른 수급자로서, 75세인 어머니와 보호가 필요한 유아 자녀, 교육이 필요한 청소년 자녀, 취업을 희망하는 배우자와 함께 살고 있다.

① A씨   ② A씨, 배우자   ③ 어머니, 배우자
④ 배우자, 자녀   ⑤ A씨, 어머니, 배우자, 자녀

기출문제 확인하기

정답 ⑤

해설 A씨는 국민기초생활보장법에 따른 수급자가정이기에 A씨, 어머니, 배우자, 자녀가 사회복지관 사회복지서비스를 우선 제공함.

사회복지관 사업의 대상 : 사회복지서비스 욕구를 지닌 모든 지역주민이나
다만, 국민기초생활보장 수급자, 차상위계층, 장애인, 노인, 한부모가정, 다문화가정 등은 우선사업대상자임.

☐ 19회

16. 다음 사회복지관에 관한 설명으로 옳지 않은 것은?

> 행복시(市)에서 직영하고 있는 A사회복지관은 노인, 장애인 등 취약계층의 욕구 충족과 사회적 지지체계 구축을 위한 자원봉사 프로그램을 개발하였고, 이를 심의하기 위해 운영위원회를 개최하였다.

① 운영위원회는 프로그램 개발, 평가에 관한 사항을 심의한다.
② 자원봉사자 개발·관리는 지역조직화 기능에 해당한다.
③ 취약계층 주민에게 우선적인 서비스를 제공하여야 한다.
④ 운영위원회는 5명 이상 15명 이하의 위원으로 구성한다.
⑤ 사회복지법인, 기타 비영리법인에 한하여 설치·운영할 수 있다.

정답 ⑤

해설 사회복지관은 사회복지법인, 기타 비영리법인에 한하여 설치·운영할 수 있는 게 아니라 → 국가 및 지자체가 직접 설치·운영하거나 사업의 전문성 제고를 위해 국가 및 지자체에서 사회복지법인 및 비영리법인에 위탁하여 운영할 수도 있음.

사회복지관에 대한 아래 예시는 맞는 설명임.
① 운영위원회는 프로그램 개발, 평가에 관한 사항을 심의한다.
② 자원봉사자 개발·관리는 지역조직화 기능에 해당한다.
③ 취약계층 주민에게 우선적인 서비스를 제공하여야 한다.
④ 운영위원회는 5명 이상 15명 이하의 위원으로 구성한다.

☐ 15회

17. 사회적 경제의 주체에 관한 설명으로 옳은 것을 모두 고른 것은?

> ㄱ. 마을기업은 지역공동체 이익을 추구하고 지역자원을 활용한다.
> ㄴ. 사회적 기업은 사회적 목적을 추구하며, 영업활동을 하는 기업은 아니다.
> ㄷ. 협동조합은 조합원의 권익 향상과 지역사회 공헌을 목적으로 한다.
> ㄹ. 지역자활센터는 수급자와 차상위계층의 자활을 촉진하며, 사회복지법인만이 신청할 수 있다.

① ㄱ, ㄷ
② ㄴ, ㄷ
③ ㄴ, ㄹ
④ ㄱ, ㄴ, ㄷ
⑤ ㄱ, ㄴ, ㄷ, ㄹ

정답 ①

해설 ㄱ, ㄷ의 예시는 맞음. ㄱ. 마을기업은 지역공동체 이익을 추구하고 지역자원을 활용한다. ㄷ. 협동조합은 조합원의 권익 향상과 지역사회 공헌을 목적으로 한다.

[오답 해설]
- ㄴ. 사회적 기업은 사회적 목적을 추구하며, 영업활동을 하는 기업이 아니다는 틀린 예시로 → 사회적 기업은 취약계층에서 사회서비스 또는 일자리를 제공하거나 지역사회에 공헌함으로써 지역주민의 삶의 질을 높이는 등의 사회적 목적을 추구하면서 재화 및 서비스의 생산과 판매 등 영업활동을 하는 기업을 뜻함. 일정 인증조건을 갖추어 노동부장관의 인증을 받은 기업임.
- ㄹ. 지역자활센터는 수급자와 차상위계층의 자활을 촉진하며, 사회복지법인만이 신청할 수 있다는 틀린 예시로 → 지역자활센터는 조건부수급자, 자활급여특례자, 일반수급자, 특례 수급가구의 가구원, 차상위자, 근로능력이 있는 시설수급자 등의 자활을 촉진함.

18. 사회적 경제 주체에 해당하는 것을 모두 고른 것은?

| ㄱ. 사회적 기업 ㄴ. 마을기업 ㄷ. 사회적 협동조합 ㄹ. 자활기업 |

① ㄱ, ㄴ
② ㄱ, ㄷ
③ ㄴ, ㄷ
④ ㄱ, ㄷ, ㄹ
⑤ ㄱ, ㄴ, ㄷ, ㄹ

정답 ⑤

해설 사회적 경제 주체로 사회적 기업, 마을 기업, 사회적 협동조합, 자활기업을 들 수 있음.

▣ 16회
19. 지역사회복지 영역에서 사회적 경제에 관한 설명으로 옳지 않은 것은?

① 사회적 가치 실현을 중요시한다.
② 사회적 기업은 사회적 일자리 창출을 목적으로 한다.
③ 사회적 기업은 이윤창출이 제한된다.
④ 마을기업은 지역공동체에 기반하여 활동한다.
⑤ 협동조합은 조합원 자격자 5인 이상으로 설립한다.

정답 ③

해설 사회적 기업은 이윤창출이 제한하는 게 아니라 「사회적 기업 육성법」에서 사회적 기업을 취약계층에게 사회서비스 또는 일자리를 제공하여 지역주민의 삶의 질을 높이는 등의 사회적 목적을 추구하면서 재화 및 서비스의 생산·판매 등 영업활동을 하는 기업으로서 고용노동부 장관의 인증을 받은 기관으로 정의하고 있음.

기출문제 확인하기

☐ 17회
20. 사회적 경제 영역에 관한 설명으로 옳지 않은 것은?

① 협동조합은 협동조합기본법에 따라 조합원의 권익옹호와 지역사회에 공헌하는 사업조직을 말한다.
② 마을기업은 주민이 지역자원을 활용한 수익사업을 통해 지역공동체를 활성화한다.
③ 사회적 기업은 취약계층에게 일자리를 제공하며 사회적 기업육성법에 따라 영리를 추구하지 않는다.
④ 자활기업은 저소득층이 상호 협력하여 공동사업자의 형태로 탈빈곤을 도모한다.
⑤ 사회적 경제는 사회적 목적과 민주적 운영 원리를 가진 호혜적 경제활동조직이다.

정답 ③
해설 사회적 기업은 취약계층에게 일자리를 제공하며 사회적 기업육성법에 따라 영리를 추구하지 않는 게 아니라 영리를 추구함.
사회적 기업이란 영리기업과 비영리기업의 중간 형태로, 사회적 목적을 우선적으로 추구하면서 재화·서비스의 생산·판매 등 영업활동을 수행하는 기업(조직)을 말함.

☐ 17회
21. 사회적 경제에 관한 설명으로 옳은 것을 모두 고른 것은?

> ㄱ. 협동조합의 발기인은 5인 이상의 조합원 자격을 가진 자가 된다.
> ㄴ. 마을기업은 회원 외에도 지역 주민의 의견을 적극 반영한다.
> ㄷ. 자활기업은 조합 또는 「부가가치세법」상의 사업자로 한다.

① ㄱ　　　　　　　② ㄱ, ㄴ　　　　　　　③ ㄱ, ㄷ
④ ㄴ, ㄷ　　　　　⑤ ㄱ, ㄴ, ㄷ

정답 ⑤
해설 ㄱ, ㄴ, ㄷ는 옳은 예시임.
ㄱ. 협동조합의 발기인은 5인 이상의 조합원 자격을 가진 자가 된다.
ㄴ. 마을기업은 회원 외에도 지역 주민의 의견을 적극 반영한다.
ㄷ. 자활기업은 조합 또는 「부가가치세법」상의 사업자로 한다.

실전 모의고사 1회

01. 퇴니에스(F. Tonnies)의 지역사회의 발전과정 순서로 맞는 것을 고르시오.

> ㄱ. 이익사회의 연합체
> ㄴ. 공동사회의 연합체
> ㄷ. 이익사회의 협의체
> ㄹ. 공동사회의 협의체

① ㄱ → ㄴ → ㄷ → ㄹ
② ㄴ → ㄷ → ㄹ → ㄱ
③ ㄷ → ㄹ → ㄱ → ㄴ
④ ㄴ → ㄹ → ㄷ → ㄱ
⑤ ㄷ → ㄱ → ㄴ → ㄹ

02. 던햄(A. Dunham)의 지역사회유형 구분과 예시의 연결로 옳지 않은 것은?

① 인구의 규모에 따른 기준 : 대도시, 중소도시, 읍지역과 같은 작은 부락 등
② 경제적 기반에 따른 기준 : 농촌, 광산촌, 산촌, 어촌 등
③ 정부의 행정구역에 따른 기준 : 특별시, 광역시, 두·시, 시·군·구, 읍·면·동 등
④ 인구구성의 사회적 특수성에 따른 기준 : 도시 저소득층 지역, 외국인촌 등
⑤ 인구구성의 사회적 특수성에 따른 기준 : 도시 저소득층 지역, 외국인촌 등 지역사회 구성원 소수의 사회적 특성을 중심으로 지역을 유형화

03. 지역사회의 기능과 제도의 연결로 옳지 않은 것은?

① 생산, 분배, 소비의 기능 : 경제제도
② 사회화의 기능 : 가족제도
③ 사회통제의 기능 : 정치제도
④ 사회통합의 기능 : 종교제도
⑤ 상부상조의 기능 : 사상의 공유

04. 지역사회의 특성 중 사회적으로 동질성을 띤 지역사회에서 강조하는 게 아닌 것은?

① 합의성
② 일체감
③ 사회조직 형성
④ 공통적 관심과 가치
⑤ 공동생활양식

05. 지역사회복지 관련 개념에 대한 설명으로 옳지 않은 것은?

① 재가보호는 대상자의 가정에서 서비스를 받는 것을 의미한다.
② 지역사회개발은 지역사회 문제를 해결하기 위해 지역사회구성원들의 참여를 통해 주도적 개입을 강조한다.
③ 지역사회조직은 전통적인 전문 사회복지실천 방법 중 하나이다.
④ 지역사회보호는 가정 또는 그와 유사한 지역사회 내의 환경에서 서비스를 제공한다.
⑤ 시설의 사회화는 시설생활자의 인권존중 및 생활보장이란 사익성을 기초로 한다.

06. 지역사회복지에 관한 설명으로 옳지 않은 것은?

① 전문 또는 비전문 인력이 지역사회 수준에서 개입한다.
② 지역성 또는 기능성을 포함하는 지역사회 내에서 이루어진다.
③ 지역사회 내에 존재하는 각종 제도에 영향을 준다.
④ 공공과 민간의 협력이 강조되고 있는 추세이다.
⑤ 조직적인 활동을 강조하는 전문적인 서비스와 방법을 사용한다.

07. 기능주의 관점에서 지역사회복지와의 관련성에 대한 설명한 것으로 옳은 것은?

① 지역사회는 정부, 경제, 사회, 종교, 가족 등과 같은 다양한 상위체계들로 구성되어 있는 하나의 체계이다.
② 하위체계들은 상호 관련성이 있기에 각각 분리된 실체를 이루고 있어 심리적, 사회적, 지리적 경계를 가지므로 각 체계들은 의존적이다.
③ 기능주의적 관점에서 지역사회는 하나의 사회체계로 이해되며, 지역사회를 포함한 모든 사회체계는 균형 상태를 향해 움직이면서 다양한 부분들의 조절, 조정, 통합이 이뤄지며 균형 상태를 유지한다.
④ 기능주의적 관점에서 지역사회복지는 지역사회의 균형유지와 회복을 위해 지역사회주민에 대한 지원과 자원제공에 관심을 둔다.
⑤ 기능주의적 관점에서 사회 복지적 대책은 제도적 결함의 개선, 적절한 사회화 유도, 명확한 규정, 문화적 합의 등 협의의 적용개념과 밀접하다.

08. 지역사회복지에 관한 이론 중 다음 예시와 관련된 이론을 고르시오.

> 외국인근로자 밀집거주지역에서 이주민자녀에게 평등한 교육제도를 촉구하기 위해서 일어나는 사회행동의 발생

① 갈등주의적 이론
② 기능주의적 이론
③ 사회체계이론
④ 생태체계적 이론
⑤ 자원동원이론

09. 사회체계이론에 대한 설명으로 옳지 않은 것은?

① 전체 사회는 크고 작은 하위체계로 구성되어 있고, 이들은 서로 연결되어 있으며, 사회는 이들이 상호작용하는 부분들의 합이다.
② 지역사회 내의 문제를 해결하는 데 있어 거시적 맥락에서 문제를 둘러싼 다양한 체계들을 동시에 볼 수 있어야 한다.
③ 하위체계들 내부의 문제뿐만 아니라 각각의 체계와의 상호작용 과정에서 문제점을 파악하는 데 유용하다.
④ 구조기능주의처럼 지역사회의 균형과 유지에 초점을 맞추나 실제 지역사회의 변화 및 갈등을 설명하는데 한계가 있다.
⑤ 모든 체계가 상호작용하는 속성을 지닌 전제로, 개인과 사회의 문제를 인과관계로 파악된다.

10. 생태체계적 관점에서 어떤 환경체계에 대한 설명인지를 고르시오.

> 나는 학생이면서 아들이다.

① 미시체계
② 중위체계
③ 외부체계
④ 거시체계
⑤ 미시-중위체계

11. 다원주의이론에 대한 설명으로 옳지 않은 것은?

① 지역사회복지 정책결정은 이익 집단들의 절대적 영향력 정도에 따라 달라진다.
② 지역사회복지 정책은 이익집단들 간의 갈등과 타협의 선물로 간주된다.
③ 지역사회 권력이 집중되는 형태를 갖기보단 전문성 등에 기반을 둔 다양한 사람들이 참여함으로써 다원화되는 경향이 있다.
④ 다양한 형태의 시민참여를 전제로 하고 있는 사회정책의 추진은 공공과 민간의 협력과 조화를 추구하는 복지거버넌스로 나타나고 있다.
⑤ 다양한 집단과 조직이 이익을 표출함으로써 정책과정에 영향을 미칠 수 있다.

12. 자선조직협회와 인보관에 대한 설명으로 옳지 않은 것은?

① 사회문제의 근원으로 자선조직협회는 개인적인 속성, 인보관은 환경적인 요소를 든다.
② 이데올로기 측면으로 자선조직협회는 자유주의, 급진주의 사상, 인보관은 사회진화론적 사상을 든다.
③ 요보호자 구제방법으로 자선조직협회는 우애방문원의 도덕심을 본받는 반면, 인보관은 잠재 능력을 발휘하도록 하는 교육에 역점을 둔다.
④ 참여자 유형으로 자선조직협회는 요보호자를 개조하거나 상황의 역기능적인 면을 수정하는 반면, 인보관은 교육을 받은 중류층이 참여한다.
⑤ 서비스 제공시 역점을 둔 내용으로 자선조직협회는 기관들 간의 서비스 조정을 역점에 둔 반면 인보관은 유치원, 아동을 위한 클럽, 오락 프로그램 등에 역점을 두었다.

13. 인보관의 활동 성격으로 맞는 설명을 고르시오.

ㄱ. 주민과 함께 생활하면서 환경과 제도를 개혁하고자 함
ㄴ. 잠재능력을 발휘하도록 하는 교육에 역점
ㄷ. 참여와 민주주의 강조
ㄹ. 자선기관들과 협력적 계획모색
ㅁ. 새로운 복지기관 설립, 낡은 기관 개혁

① ㄱ, ㄴ, ㄷ, ㄹ, ㅁ
② ㄱ, ㄴ, ㄷ
③ ㄹ, ㅁ
④ ㄷ, ㄹ, ㅁ
⑤ ㄱ, ㄴ

14. 1993년 영국의 지역사회보호개혁에 대한 설명으로 옳지 않은 것은?

① 복지서비스에 대한 감독제도가 약화되었다.
② 보호욕구의 정확한 판단과 이에 기초한 보호서비스를 제공하기 위해 케어매니지먼트가 도입이 되었다.
③ 지역사회의 욕구와 자원분석과 관련된 보호계획이 수립되었다.
④ 보호계획과 관련된 외부기관과의 동반자적 관계가 추진되었다.
⑤ 중앙정부에서 지방자치단체의 권한과 재정의 이양 등으로 지방자치단체의 재량권을 발휘할 수 있도록 하였다.

15. 영국 지역사회복지의 태동기(1950년대~1960년대 중반)에 대한 <u>틀린</u> 설명은?

① 1957년 '정신병과 정신장애인에 관한 왕립위원회의 보고서'에서 처음으로 지역사회보호란 용어를 사용하게 되었다.
② 1959년 정신보건법(Mental Health Act)이 제정되어 지역사회보호가 법률적으로 규정되었다.
③ 영국의 입소시설은 1601년 제정된 구빈법의 산물로서 구빈원에서 그 시초를 찾는다.
④ 대부분의 지역사회보호가 공공 또는 민간의 공식서비스에 의해 제공되는 것이다.
⑤ 본격적인 지역사회보호의 전환이 되는 시점은 1968년에 제출된 시봄보고서 이후이다.

16. 미국 인보관 운동의 특징으로 옳은 것은?

① 가족과 근린중심보단 개인으로 활동하는 것을 옹호하였다.
② 사회봉사를 통해 사회개혁을 추구하였다.
③ 개별적인 접근보단 전체적인 접근을 옹호하였다.
④ 다양한 계층, 계급 간의 거리 좁히기를 하였다.
⑤ 지역사회봉사단체에 의해 운영되는 일정한 범위 내에서 유용한 활동을 전개하였다.

17. 2000년대 이후 한국 지역사회복지에 대한 설명으로 옳지 <u>않은</u> 것은?

① 2003년 광역단체 및 기초자치단체 사회복지협의회의 독립법인화
② 2003년 사회복지사업법 개정 따른 지역사회복지계획 수립 의무화
③ 2019년 공공부문에서 사회서비스를 직접 제공하는 사회서비스원 시범운영 시행
④ 2006년 자원봉사활동기본법 시행
⑤ 2009년 사회복지통합관리망(행복e음) 개통

18. 1970~1980년대 한국의 지역사회복지에 대한 설명을 고르시오.

> ㄱ. 1970년대 지역사회복지는 근면·자조·협동을 정신으로 규정한 새마을운동의 일환으로 인보운동이란 지역사회복지가 전개됨.
> ㄴ. 1980년대 지역사회복지는 정부주도 하에 지역사회복지관이 설립됨.
> ㄷ. 지역사회조직사업으로 주로 빈민지역의 철거 반대투쟁, 핵발전소 설치 반대운동 등 지역사회행동모델로 점차 확대됨.
> ㄹ. 1987년 이후 사회복지전담공무원제도의 실시를 통한 전국 읍·면·동 사무소에 배치
> ㅁ. 1988년 사회복지공동모금회법이 시행됨

① ㄱ, ㄴ, ㄷ, ㄹ, ㅁ
② ㄴ, ㄷ, ㄹ, ㅁ
③ ㄱ, ㄴ, ㄷ, ㄹ
④ ㄷ, ㄹ, ㅁ
⑤ ㅁ

19. 지역사회복지 실천모델로 포플(Popple)의 모델에 대한 옳은 것은?

① 인종차별 철폐적 지역사회사업, 여권주의적 지역사회사업, 사회·지역계획, 연합
② 지역사회보호, 지역사회조직, 사회운동
③ 지역사회개발, 지역사회교육, 지역사회행동
④ 근린지역의 지역사회조직, 기능적인 지역사회조직, 지역사회의 사회·경제개발
⑤ 지역사회개발, 프로그램개발 및 조정, 계획

20. 지역사회복지 실천모델로 웨일과 갬블러(Weil & Gamble)의 8모델에 대한 옳지 <u>않은</u> 것은?

① 지역사회 사회경제개발 – 사회서비스나 정책의 개발 및 조정이 핵심임
② 프로그램개발과 지역사회연계 – 지역주민의 복지욕구를 효과적으로 충족시키고 서비스의 효과성을 증대시키기 위해 프로그램의 방향을 재설정하거나 맞춤서비스로 조직화함.
③ 정치사회행동 – 사회적 취약계층의 불이익을 개선하기 위해 그들의 역량을 강화시킴으로써 사회적 제도와 체계의 변화를 가져옴.
④ 사회운동 – 지역주민과 다양한 형태의 지역사회조직체에 새로운 패러다임을 제공함으로써 사회변화를 이루고자 함.
⑤ 연합 – 지역사회문제를 해결하는 데 개별적인 노력만으로 충분한 효과를 기대하기 어려울 때, 잠재력을 가진 조직이 연합조직을 형성하여 영향력을 행사함으로써 문제를 해결하는 유형임.

21. 자원봉사센터의 역할로 옳지 <u>않게</u> 연결한 것은?

① 중앙자원봉사센터 – 자원봉사 정책개발 관련 연구 및 조사
② 시·도자원봉사센터 – 광역단위의 자원봉사 활성화 기본 계획 수립
③ 중앙자원봉사센터 – 자원봉사센터 운영지침 운영·지원
④ 시·군·구센터 – 자원봉사 거점역할 수행
⑤ 중앙자원봉사센터 – 자원봉사자 및 수요처 관리

22. 사회복지공동모금회의 공동모금제도의 특성으로 옳지 <u>않은</u> 설명은?

① 지역주민의 사회연대, 상부상조 정신을 바탕으로 한 자주적 봉사활동으로 전개되는 민간 복지활동이다.
② 공동모금은 지역사회를 기반으로 한다.
③ 기부금의 모집, 관리, 배분을 일원화함으로써 통합적 조정을 도모할 수 있기에 효율적이다.
④ 공표함으로써 기부자인 지역주민에게 필요한 금액에 관한 이해를 구하고 모금결과에 대해서 공표한다.
⑤ 지역성을 특성으로 하고 있어서 지역적으로 전개하는 게 바람직하다.

23. 자원봉사센터의 대표적인 기능을 고르시오.

> ㄱ. 모집과 배치
> ㄴ. 기록 및 등록
> ㄷ. 양성 및 연수
> ㄹ. 홍보 및 자료개발
> ㅁ. 네트워크화

① ㄱ, ㄴ, ㄷ, ㄹ, ㅁ
② ㄴ, ㄷ, ㄹ, ㅁ
③ ㄷ, ㄹ, ㅁ
④ ㄱ, ㄴ, ㄷ, ㄹ
⑤ ㄱ, ㄴ, ㄷ

24. 다음 예시에서 말하는 사회복지관 운영원칙으로 옳은 것은?

> 지역사회의 특성, 지역사회주민의 문제나 욕구의 신속한 파악·반영하여 사업 계획수립 시 지역사회의 문제를 해결하고, 이에 따른 서비스를 제공함. 지역주민의 적극적인 참여토록 주민의 역할과 책임을 조장해야 함

① 투명성　　② 통합성
③ 자원활용　④ 지역성
⑤ 책임성

25. 사회복지관 사례관리기능의 사업분야별 내용으로 바르게 연결된 것은?

① 가족기능강화 – 가족관계증진사업
② 복지네트워크구축 – 지역사회연계사업
③ 사례발굴 – 지역 내 보호가 필요한 대상자 및 위기 개입대상자를 발굴하여 개입계획 수립
④ 자원 개발 및 관리 – 자원봉사자 개발·관리, 후원자 개발·관리
⑤ 교육문화 – 성인기능교실

실전 모의고사 2회

01. 사회복지관 서비스 기능과 지역사회보호사업 분야별 내용을 옳게 연결하지 <u>않은</u> 것은?

① 경제적 지원 : 경제적으로 어려운 지역사회 주민들을 대상으로 생활에 필요한 현금 및 물품 등을 지원하는 사업
② 보건의료서비스 : 노인, 장애인, 저소득층 등 재가복지사업대상자들을 위한 보건·의료관련 서비스
③ 정서서비스 : 지역사회에 거주하는 독거노인이나 소년소녀가장 등 부양가족이 없는 요보호 대상자들을 위한 비물질적인 지원 서비스
④ 일시보호서비스 : 독립적인 생활이 불가능한 노인이나 장애인 또는 일시적인 보호가 필요한 실직자·노숙자 등을 위한 보호서비스
⑤ 재가복지서비스 : 가정에서 보호를 요하는 장애인, 노인, 소년·소녀가정, 한부모가족 등 가족기능이 취약한 저소득 소외계층과 국가유공자, 지역사회 내에서 재가복지봉사서비스를 원하는 사람에게 다양한 서비스 제공

02. 지역사회복지협의회의 주요사업에 대한 옳지 <u>않은</u> 것은?

① 사회복지에 관한 학술 도입과 국제사회복지단체와의 교류
② 사회복지사업에 종사하는 사람의 교육훈련과 복지증진
③ 자원봉사활동의 진흥
④ 사회복지에 관한 교육훈련
⑤ 사회보장사업에 의한 도움을 필요로 하는 사람 발굴

03. 읍·면·동 지역사회보장협의체의 대표협의체에서 다루는 사항을 고르시오.

> ㄱ. 대표협의체 심의 안건 사전 검토
> ㄴ. 지역사회보장계획 수립·시행 및 평가에 관한 사항
> ㄷ. 지역사회보장조사 및 지역사회보장지표에 관한 사항
> ㄹ. 사회보장급여 제공 및 사회보장 추진에 관한 사항
> ㅁ. 읍·면·동 단위 지역사회보장협의체의 구성 및 운영에 관한 사항에 대해 심의·자문 역할

① ㄱ, ㄴ, ㄷ, ㄹ, ㅁ
② ㄴ, ㄷ, ㄹ, ㅁ
③ ㄷ, ㄹ, ㅁ
④ ㄹ, ㅁ
⑤ ㄱ, ㄴ, ㄷ

04. 지역사회보장계획의 수립 과정으로 옳은 순서를 고르시오.

> ㄱ. 의회 보고
> ㄴ. 추진 비전 및 목표 수립
> ㄷ. 지역사회보장협의체 심의
> ㄹ. 지역사회보장조사
> ㅁ. 세부사업 계획 수립
> ㅂ. 행·재정계획 수립

① ㄱ → ㄴ → ㄷ → ㄹ → ㅁ → ㅂ
② ㄴ → ㄷ → ㄹ → ㅁ → ㅂ → ㄱ
③ ㄹ → ㄴ → ㅁ → ㅂ → ㄷ → ㄱ
④ ㄹ → ㅁ → ㄴ → ㅂ → ㄷ → ㄱ
⑤ ㄴ → ㅂ → ㄷ → ㄹ → ㅁ → ㄱ

05. 다음 예시는 지역사회복지실천을 위한 임파워먼트기술을 형성하는 과정 중 어디에 해당하는가?

> 지역사회의 억압이나 불합리한 제도에 맞서 지역사회 또는 지역주민이 처해있는 어려움을 해결하는 방법으로 파워를 획득함으로써 가능하다고 봄.

① 의식의 향상 ② 자기주장
③ 사회자본창출하기 ④ 권력키우기
⑤ 공공의제로 만들기

06. 다음 지문은 프로그램 평가 요소 중 어디에 해당하는지 고르시오.

> 투입된 요소들이 클라이언트에게 전달되는 과정으로 프로그램에서 제공하는 서비스 및 개입방법을 의미함.

① 투입 ② 전환
③ 산출 ④ 성과
⑤ 모니터링

07. 사회복지 프로그램의 개발 시 좋은 목표의 조건을 고르시오.

> ㄱ. 목표는 측정 가능한 용어로 사용됨.
> ㄴ. 목표는 달성이 가능해야 함.
> ㄷ. 목표는 사회복지기관 및 시설의 기능에 맞아야 함.
> ㄹ. 사회복지사 자신의 지식과 기술의 범위 내 다룰 수 있어야 함.

① ㄱ, ㄴ, ㄷ, ㄹ ② ㄴ, ㄷ, ㄹ
③ ㄱ, ㄴ, ㄷ ④ ㄷ, ㄹ
⑤ ㄴ, ㄷ

08. 지역사회 욕구사정을 위한 자료수집방법 중 질적 접근방법으로 옳지 않은 것은?

① 사회지표분석 ② 지역사회포럼
③ 민속학적 방법 ④ 명목집단기법
⑤ 초점집단기법

09. 지역사회 욕구사정을 위한 자료수집방법 중 명목집단기법에 대한 설명으로 옳은 것은?

① 토론의 결론으로 나온 각각 제기되거나 제기될 가능성이 있는 문제에 대해서 순위를 작성한다.
② 일부 참여자가 직접 만나서 욕구에 대한 우선순위를 결정한다.
③ 7-10명 비구조화된 집단모임으로 책상에 둘러앉아서 서로 말하지 않고 종이에 아이디어를 기록하고 5분 후 각자 아이디어를 발표하면서 아이디어를 공유하는 기법이다.
④ 지역사회문제에 대한 이해를 높이고 목표확인과 행동계획의 개발에 활용하는 방법이다.
⑤ 욕구순위에 대한 합의의 과정이 1-2번 시행을 거쳐 이루어질 수 있다.

10. 지역사회사정의 유형에 대한 설명으로 옳지 않은 것은?

① 포괄적 사정 : 철저한 방법론에 기초하고 1차 자료의 생성과 함께 전체 지역사회를 포함
② 문제 중심의 사정 : 전체 지역사회와 관련되지만 지역사회의 중요 문제에 초점을 둔 사정
③ 하위체계사정 : 전체 지역사회를 사정하는 게 아니라 지역의 특정 부분을 조사함.
④ 자원사정 : 자원 사정 시 이용가능한 자원의 본질, 운용, 질보단 클라이언트의 욕구에 초점을 둠.
⑤ 협력사정 : 지역사회 참여자들이 완전한 파트너로서 조사계획, 참여관찰, 분석과 실행국면 등에 관계되면서 지역사회에 의해 수행되는 사정을 의미함.

11. 다음 지문은 브래드쇼우(Bradsha, 1972)가 말한 어느 욕구에 해당되는가?

> 관련된 사람들이 특성 서비스가 필요하다고 느끼고 있는지 여부를 물음으로써 측정되는 욕구

① 인지된 욕구   ② 규범적 욕구
③ 상대적인 욕구 ④ 표출된 욕구
⑤ 정보욕구

12. 테일러와 로버츠(Taylor & Roberts)는 지역사회 실천모델을 5가지로 분류하여 유형화하였다. 실천모델별 후원자와 클라이언트의 의사결정권으로 옳지 않은 것은?

① 지역사회개발 – 클라이언트의 의사결정권 7-8/10
② 프로그램개발 및 조정 – 후원자의 의사결정권 10/10
③ 계획 – 후원자의 의사결정권 7-8/10
④ 지역사회연계 – 후원자와 클라이언트의 의사결정권 각 각 7-8/10
⑤ 정치적 권력 강화 – 클라이언트의 의사결정권 10/10

13. 웨일과 갬블러(Weil & Gamble)의 8모델유형별 사회복지사의 역할로 옳지 않은 것은?

① 사회운동 – 옹호자, 촉진자
② 연합 – 중재자, 협상가, 대변인
③ 프로그램개발과 지역사회 연계 – 대변인, 계획가, 관리자, 프로포절제안자
④ 기능적 지역사회조직 – 협상가, 증진자, 교사, 계획가, 관리자
⑤ 근린지역사회조직사업 – 조직가, 교사, 감독자, 촉진자

14. 한국의 지역사회복지의 태동기에 정부에 의한 인보제도가 아닌 것을 고르시오.

① 향약   ② 의창
③ 상평창   ④ 기로소
⑤ 동서대비원

15. 1980년대 이후의 미국 지역사회복지의 경향에 대한 설명으로 옳지 않은 것은?

① 사회계획과 사회행동을 위한 센터들이 늘고, 정부기관의 사업이 활발해지고, 사회변화를 추구하는 경향을 띄었다.
② 지역사회모델의 접근방식, 프로그램, 목표 등의 다양화·세분화되고 민간 비영리기관이 활성화되고 있었다.
③ 1997년 빈곤가구를 위한 한시부조프로그램(TANK)을 실시하여 공공부조의 개혁이 이뤄졌다.
④ 오바마 행정부는 연방정부 중심의 공공복지 프로그램과 오바마케어가 중심이 되었다.
⑤ 민권운동, 평화운동이 전개되었다.

16. 1909년 밀워키와 피츠버그가 최초로 사회복지기관협의회를 조직함으로써 추진된 사항에 대해 고르시오.

> ㄱ. 복지기관 내 일할 자원봉사자 선발·훈련
> ㄴ. 사회복지기관과 단체의 명부발간
> ㄷ. 기존사업개선
> ㄹ. 새로운 서비스 제공
> ㅁ. 시범사업 전개

① ㄷ, ㄹ, ㅁ
② ㄱ, ㄴ, ㄷ, ㄹ, ㅁ
③ ㄱ, ㄴ, ㄷ, ㄹ
④ ㄴ, ㄷ, ㄹ, ㅁ
⑤ ㄴ, ㄹ, ㅁ

17. 기능주의자인 파슨즈의 사회체계 존속을 위해 충족되어야 할 기능적 요건에 대해 옳은 것은?

> 체계가 외부환경으로부터 자원을 확보한 후 배분함

① 적응의 기능
② 목표달성의 기능
③ 통합의 기능
④ 잠재성 유지의 기능
⑤ 자원동원 기능

18. 지역사회복지 관련개념으로 옳은 것은?

① 지역사회조직은 전문사회사업의 한 실천방법으로 지역사회를 구성하는 개인, 집단, 이웃의 사회적 복리를 향상시키기 위해 지역사회수준에서 전개되는 일련의 활동이다.
② 재가보호란 사회적 보호가 필요한 사람들에게 가정 또는 그와 유사한 지역사회 내의 환경에서 서비스를 제공한다.
③ 시설의 사회화란 시설의 지역사회와의 격리 수용에 대한 시설병의 부작용에 반발하여 등장한다.
④ 탈시설화란 사회복지에 관한 지역주민의 교육과 체험을 돕는 제반활동을 포함한다.
⑤ 지역사회보호란 서비스제공자가 클라이언트의 집에 찾아가서 서비스를 제공하는 방문서비스와 단기보호 등 클라이언트가 시설에서 서비스를 받는 통원서비스까지 포함한다.

19. 맥커버(R. M. MacIver)는 지역사회의 주된 구성요소로 지역성과 사회적 동질성으로 나뉘는데, 지역성에 대한 예시로 옳지 않은 것은?

① 사회적 이질성
② 공통된 사회적 표현
③ 공통된 전통
④ 공통된 습관
⑤ 공속감

20. 사회적 경제주체로 자활기업에 대한 설명으로 옳지 않은 것은?

① 2인 이상의 수급자 또는 차상위자가 상호협력하여, 조합 또는 사업자의 형태로 탈빈곤을 위한 자활사업을 운영하는 업체이다.
② 자립형 자활기업이란 자활근로사업단을 거친 사업자로서, 사회형 자활기업도 포함된다.
③ 사회형 자활기업은 2인 이상의 수급자 또는 차상위자가 운영주체로 참여하며, 국민기초생활보장법 시행규칙 제31조 제3항의 요건을 모두 갖추어 인정받은 자활기업이다.
④ 자활기업의 지원은 인정요건과 지원요건을 동시에 충족한 자활기업에 대하여만 지원을 할 수 있다.
⑤ 지원대상 자활기업은 개발원 및 광역자활센터에서 지원대상 자활기업 확인서를 발급받은 기업이다.

21. 사회적 경제주체로 협동조합의 7대 원칙 중 아래 내용에 해당되는 원칙은?

> 협동조합의 자본은 공정하게 조성되고 민주적으로 통제, 자본금의 일부는 조합의 공동재산이며, 출자배당이 있는 경우에 조합원은 출자액에 따라 제한된 배당금을 받음

① 자발적이고 개방적인 조합원 제도
② 자율과 독립
③ 협동조합 간의 협동
④ 조합원의 경제적 참여
⑤ 지역사회에 대한 기여

22. 사회복지관 사업내용 중 지역조직화기능의 사업분야별 관련내용을 옳게 연결한 것을 고르시오.

> ㄱ. 복지네트워크 구축 : 지역사회연계사업, 지역욕구조사, 실습지도
> ㄴ. 주민조직화 : 주민복지증진사업, 주민조직화 사업, 주민교육
> ㄷ. 자원개발 및 관리 : 자원봉사자 개발·관리, 후원자 개발·관리
> ㄹ. 서비스연계 : 사례개입에 필요한 지역 내 민간 및 공공의 가용자원과 서비스에 대한 정보 제공 및 연계, 의뢰
> ㅁ. 지역사회보호 : 경제적 지원

① ㄱ, ㄴ, ㄷ, ㄹ, ㅁ
② ㄱ, ㄴ, ㄷ
③ ㄹ, ㅁ
④ ㄷ, ㄹ, ㅁ
⑤ ㄱ, ㄴ, ㄷ, ㄹ

23. 시·군·구센터의 역할에 대해 옳게 설명한 것은?

① 자원봉사의 거점역할을 수행한다.
② 1365자원봉사포털운영·지원을 한다.
③ 광역단위의 자원봉사 활성화 기본 계획을 수립한다.
④ 자원봉사 정책개발 관련 연구 및 조사를 실시한다.
⑤ 시군구 자원봉사센터의 업무지원을 한다.

24. 자원봉사센터의 기능에 대한 설명으로 옳지 않은 것은?

① 모집과 배치 : 자원봉사관리자는 자원봉사활동을 희망하거나 현재 봉사활동에 임하는 자원봉사자에게 활동을 소개하고, 자원봉사자가 도와주었으면 하는 사람에게 자원봉사를 소개한다.
② 기록 및 등록 : 원활한 수급조정을 위해 자원봉사자나 자원봉사활동 요청 시설 및 기관에 관한 내용, 사회자원 등 파악 후 문제해결을 위한 방법을 찾기 위한 자료로 활용한다.
③ 자원봉사활동의 지원 : 자원봉사활동 과정에서 발생하는 각종 고민, 문제점, 정보제공, 자원봉사자 보험가입 등 다양한 지원을 한다.
④ 양성 및 연수 : 자원봉사활동을 수행하기 위해 자원봉사자의 의식과 인간성을 높이고 기술을 연마토록 자원봉사센터에서 직접 직무연수 실시 및 다른 기관 단체에서 실시하는 프로그램을 활용할 수 있다.
⑤ 네트워크화 : 수급조정을 하는 가운데 파악한 욕구를 토대로 자원봉사자, 자원봉사활동 요청 시설 및 기관, 자원봉사센터 등과 자원봉사활동을 네트워크화통한 자원봉사활동이 효과적으로 활성화토록 협력체계를 만들어간다.

25. 다음 예시는 지역사회복지실천을 위한 구체적인 사회복지사 기술 및 역할로 어디에 해당하는가?

> 현상을 타파할 수 있는 능력에 관한 개인의 신념을 향상하는 것, 지역사회의 집합적인 목표를 달성하기 위해 지역사회 집단의 능력을 향상하는데 활용된다.

① 자원동원기술
② 옹호기술
③ 사회연계망기술
④ 연계기술
⑤ 임파워먼트기술

실전 모의고사 3회

01. 지역사회에 대한 학자별 정의로 옳지 <u>않은</u> 것은?

① 로스(M. G. Ross) : 지역사회의 개념을 지리적 의미와 기능적 의미로 구분하였다.
② 파크와 버제스(Park & Burgess) : 지역사회란 한 지역을 구성하는 사람들과 조직들의 지리적 분포로 고려될 수 있는 사회와 사회집단에 적용된다.
③ 퇴니에스(F. Tonnies) : 지역사회는 공동사회에서 이익사회로 발전한다.
④ 맥닐(C. F. McNeal) : 지역사회가 자기결정권을 가지므로, 자발적인 사업추진에의 적극적 또는 소극적인 참여를 목표로 하고 이를 실천해야 한다.
⑤ 워렌(R.L. Warren) : 지역사회는 지역적 접합성을 가지는 주요한 사회적 기능 수행의 단위와 체계의 결합으로 설명한다.

02. 지역사회 기능에 대해 워렌(Warren, 1963)은 5가지 기능에 판토자와 페리(Pantoja & Perry, 1992)가 추가한 기능은?

① 사회통제   ② 사회화
③ 사회참여   ④ 상호지지
⑤ 방어

03. 지역사회복지 관련이론으로 기능주의 관점에 대한 설명으로 옳은 것은?

① 지역사회는 정부, 경제, 사회, 종교, 가족 등과 같은 다양한 상위 또는 하위체계들로 구성되어 있는 하나의 체계이다.
② 기능주의적 관점에서 사회복지적 대책은 제도적 결함의 개선, 적절한 사회화 유도, 명확한 규정, 문화적 합의 등 광의의 적용개념과 밀접하다.
③ 지역사회의 하위체계들은 상호 관련성이 있기에 각각 연결된 실체를 이루고 있어 심리적, 사회적, 지리적 경계를 가지므로 각 체계들은 독립적이다.
④ 지역사회문제의 원인은 지역사회 내의 상위 또는 하위체계들이 기능상 문제, 제도의 결함, 사회체계의 통제기능의 결함이나 실패 등이다.
⑤ 지역사회복지는 지역사회의 균형유지와 회복을 위해 일반시민에 대한 지원과 자원제공에 관심을 둔다.

04. 지역사회복지 관련이론으로 갈등이론주의 관점에 대한 설명으로 옳지 않은 것은?

① 지역사회에서 일어난 갈등은 경제적 문제, 권력, 문화적지지 및 신념의 차이 등에서 비롯되어 지역사회문제가 된다.
② 지역사회의 문제나 주민의 욕구를 해결하기 위해서 지역사회 갈등의 주요소인 권력, 경제적 자원, 권위 등의 재분배를 요구하게 되고, 이에 사회행동이 표출된다.
③ 개인이나 가족의 변화에 개입하기 위한 거시적 실천보다는 기존 권력관계의 변화를 통한 자원 이동 및 제도의 변화와 관련된 사회행동, 지역사회조직 등을 들 수 있다.
④ 알린스키(Alinsky)는 지역사회수준에서 갈등이론을 적용한다.
⑤ 알린스키(Alinsky)는 지역사회조직의 목표는 경제적 빈부차이에 상관없이 동일한 사회의 혜택을 받는 것이라고 주장했다.

05. 지역사회복지 관련이론으로 사회체계이론의 관점에 대한 설명으로 옳은 것은?

① 모든 체계가 상호작용하는 속성을 지닌 전제로, 개인과 사회의 문제를 인과관계로 파악하기보단 상호 연결된 부분으로 설명함.
② 전체 사회는 크고 작은 하위체계로 구성되어 있고, 이들은 서로 연결되어 있으며, 사회는 이들이 상호작용하는 부분들의 합임.
③ 사회체계이론은 지역사회 내의 문제를 해결하는 데 있어 미시적 맥락에서 문제를 둘러싼 다양한 체계들을 동시에 볼 수 있어야 함.
④ 하위체계들 외부의 문제뿐만 아니라 각각의 체계와의 상호작용 과정에서 문제점을 파악하는 데 유용함.
⑤ 구조기능주의처럼 지역사회의 균형과 유지에 초점을 맞추나 실제 지역사회의 변화 및 갈등을 충분히 설명할 수 있음.

06. 자선조직협회와 인보관에 관한 설명으로 옳지 않은 것은?

① 자선조직협회에서는 우애방문원들이 가정방문을 하였다.
② 자선조직협회의 활동을 통해 지역사회계획 전문기관탄생이 되었다.
③ 자선조직협회는 사회개혁적인 면을 강조하였다.
④ 우애방문원은 오늘날의 사회복지사의 모태로 볼 수 있다.
⑤ 성직자나 대학생 등이 중심이 된 인보관 운동을 전개하였다.

07. 다음에서 설명하는 지역사회복지 특성은?

> 지역사회복지는 주민의 생활권역을 기초로 하여 전개되는 것이다. 생활권역은 주민 생활의 장이면서 동시에 사회참여의 장이므로 이 특성을 고려하여야 한다. 주민의 기초적인 생활권역을 구분하는 기준은 다양하며, 물리적·심리적 내용까지 파악해야 한다.

① 연대성 ② 예방성
③ 지역성 ④ 통합성
⑤ 공동성

08. 다음에서 설명하는 지역사회복지의 이념은?

> - 지방자치의 실시로 그 중요성이 강조되는 개념이다.
> - 주민과 지방자치단체와의 동등한 파트너십을 형성하는 방법이다.

① 네트워크 ② 사회통합
③ 주민참여 ④ 정상화
⑤ 탈시설화

09. 로스만(Rothman)의 지역사회실천모델에 관한 설명으로 옳은 것은?

① 사회행동모델에서는 권력의 소재를 전문가의 후원자나 고용기관으로 본다.
② 지역사회개발모델은 과업중심의 목표를 강조한다.
③ 지역사회개발모델은 지리적 측면에서 지역사회 전체를 대상집단으로 본다.
④ 사회계획모델은 과정중심의 목표를 강조한다.
⑤ 사회계획모델에서 사회복지사의 역할로 옹호자, 선동가를 들 수 있다.

10. 사회복지관에 관한 설명으로 옳은 것은?

① 효율적인 서비스 제공을 위하여 자율성의 원칙에 따라 운영되어야 한다.
② 취약계층의 가족기능을 보완하고 부양가족을 지원하기 위한 사업은 지역사회조직사업에 해당된다.
③ 일반주의 실천을 실행하는 곳으로 일반 지역주민에게 서비스를 우선 제공하여야 한다.
④ 종합적 사회복지서비스를 제공하기 기능보다는 조직화사업 기능에 더 초점을 맞추어야 한다.
⑤ 사업수행 시 지역 내 민간 복지기관 서비스가 연계성과 통합성을 강화시켜 지역사회복지체계가 효율적·효과적으로 운영되도록 해야 한다.

11. 지역사회복지와 관련된 개념에 관한 설명으로 옳은 것은?

① 지역사회개발을 통하여 지역사회 구성원들의 사회적 관계를 향상시킬 수 있다.
② 지역사회조직사업은 민간조직이 아닌 공공조직을 통하여 달성되는 영역이다.
③ 지역사회복지실천은 공식적인 전문가에 의해서만 이루어진다.
④ 정상화의 원리는 지역사회와의 통합을 강조한다.
⑤ 재가보호란 사회적 보호가 필요한 사람들에게 가정 또는 그와 유사한 지역사회 내의 환경에서 서비스를 제공하는 것을 말한다.

12. 다음에서 설명하는 지역사회복지실천이론은?

> - 조직의 발전을 위해서 구성원 모집, 자금 확충, 직원고용에 힘쓴다.
> - 지역사회운동이 성공하기 위해서 조직원들의 집단적 정체성 형성을 돕고 이를 토대로 조직원들의 헌신을 이끌어 내는 환경의 조성이 필요하다.

① 상호조직이론
② 자원동원이론
③ 생태체계이론
④ 사회연결망이론
⑤ 사회체계이론

13. 다음 예시는 지역사회복지실천을 위한 사회복지사 기술 중 임파워먼트를 형성하는 과정 중 어디에 해당하는가?

> 지역주민들이 공유하고 있는 지역사회문제의 희생자라는 인식에서 출발하여 대화와 억압적 경험을 통해 이뤄지며, 지역주민들이 경험하는 문제가 개인적인 차원이 아닌 사회적인 차원으로 인식하면서 이뤄진다.

① 의식의 향상
② 자기주장
③ 공공의제로 만들기
④ 사회자본창출하기
⑤ 권력키우기

14. 사회복지사의 역할에 관해 바르게 연결된 것은?

① 조력자 - 조직화를 격려
② 안내자 - 공동목표의 강조
③ 전문가 - 불만의 집약
④ 계획가 - 자기 역할의 수용
⑤ 행동가 - 프로그램 운영 규칙 적용

15. 웨일과 갬블(Weil & Gamble)의 지역사회복지 실천모델에 관한 설명으로 옳은 것을 모두 고르시오.

> ㄱ. 연합모델의 관심영역은 지역사회의 사회적 욕구통합과 사회서비스 관계망 조정 등이다.
> ㄴ. 프로그램과 지역사회연결모델의 목적은 특정 대상집단이나 이슈에 대한 사회정의를 실현하는 것이다.
> ㄷ. 정치 · 사회행동모델은 선거권자와 공무원 등 표적체계로 하고 특정대상자를 위한 서비스 개발을 목적으로 한다.
> ㄹ. 근린지역사회조직모델은 지역사회개발모델에서 그 원형을 찾을 수 있다.

① ㄱ, ㄴ, ㄷ
② ㄱ, ㄴ
③ ㄴ, ㄷ, ㄹ
④ ㄷ, ㄹ
⑤ ㄹ

16. 한국사회복지협의회에 관한 설명으로 옳은 것은?

① 복지수요 사정에 따른 지역사회복지계획수립
② 보건 · 복지전달체계의 효율적 관리
③ 사회복지관련 기관 · 단체 간의 연계 · 협력 · 조정
④ 민간과 공공의 연계 · 협력 · 조정에 기초로 한 협력기관
⑤ 사회복지사에 대한 전문지식 및 기술의 개발

17. 지역사회복지 실천과정 중 (   )에 들어갈 내용은?

> 문제정의 및 확인 – (   ) – 실천계획 수립 – 자원동원 – 실행

① 실행과정 점검
② 지역사회 욕구사정
③ 성과측정
④ 정치적 지지기반 구축
⑤ 관리정보체계의 활용

18. 지역사회복지 실천과정에 관한 설명으로 옳은 것은?

① 사회지표는 문제의 확인, 욕구사정, 평가에 유용하게 사용되는 지표이다.
② 형성평가는 평가대상이 최종 성과물이기 때문에 결과평가를 의미한다.
③ 문제확인단계에서는 실천모델을 결정해야 한다.
④ 개입하고자 하는 문제에 대한 토착지도자의 시각을 알기 위해 초점집단인터뷰기법을 사용하는 것은 평가단계에서 진행한다.
⑤ 실행단계에서는 지역사회 고유상황을 파악하고 표적집단에 대해 확인한다.

19. 웨일과 갬블(Weil & Gamble)의 지역사회복지 실천모델과 사회복지사의 역할이 바르게 연결된 것은?

① 근린지역사회조직모델 – 선동가
② 사회운동모델 – 계획가
③ 프로그램개발과 지역사회연결모델 – 관리자
④ 지역사회의 사회·경제개발모델 – 옹호자
⑤ 정치·사회행동모델 – 프로포절 제안자

20. 다음에서 설명하는 지역사회복지 실천모델은?

> 지리적 의미의 지역사회보다 기능적 지역사회에 초점을 두고 있다. 이해관계 즉, 학교폭력 추방이나 정신지체아동의 사회재활과 같은 특정의 공통 관심사나 이슈를 기반으로 조직화되는 특성이 있다.

① 연합모델
② 지역사회의 사회·경제개발모델
③ 사회행동모델
④ 정치·사회행동모델
⑤ 기능적 지역사회조직모델

21. 로스만(Rothman)의 사회행동모델에 관한 설명으로 옳은 것은?

① 권력을 가진 사람들도 전 지역을 향상시키는 목적을 위해 공동의 노력을 기울인다고 본다.
② 갈등이나 대결의 전술이 이용된다.
③ 지역사회는 전통을 고수하며, 소수의 전통적 지도자에 의해 지배된다고 본다.
④ 조사와 분석기술이 주로 사용되는 전술이다.
⑤ 클라이언트를 아직 완전히 개발되지 않은 잠재력을 가진 정상인으로 간주한다.

22. 다음 설명하는 지역사회복지 실천모델에서의 사회복지사 역할은?

> 이 모델은 문제해결을 위한 합리적 계획 수립과 통제된 변화를 강조한다.

① 조력자 ② 치료자
③ 계획가 ④ 중개자
⑤ 옹호자

23. 사회행동조직이 타 조직과 맺는 협력관계 유형 중 연합관계에 관한 설명으로 옳은 것은?

① 전문가를 둔 영속적인 구조
② 중앙위원회나 직원에 의해 장기적인 활동 수행
③ 언제든지 어느 한 쪽에 의해 중단 가능
④ 유사한 목표를 가진 조직들의 일시적 연결
⑤ 각 조직은 모든 행동에 참여할 필요가 없음

24. 자원동원이론에 관한 설명으로 옳은 것은?

① 자원에는 연대성이 포함되지 않는다.
② 지역사회의 신뢰, 네트워크, 호혜성을 강조한다.
③ 사회적 불만의 팽배가 사회운동의 직접적 원인이다.
④ 의사결정 시 각 조직 간의 자원 불균형을 고려하지 않는다.
⑤ 자원동원이론은 힘의존이론에 영향을 받는다.

25. 지역사회복지를 위한 지방분권의 부정적 측면이 아닌 것은?

① 복지의 분권화를 통해 효율적인 복지집행 체계의 구축이 용이해질 수 있다.
② 지방자치단체장의 의지에 따라 복지서비스의 지역 간 불균형이 나타날 수 있다.
③ 지방정부 간의 재정력 격차로 복지수준의 차이가 나타날 수 있다.
④ 지방정부가 사회개발정책에 우선을 두는 경우 지방정부의 복지예산이 감소될 수 있다.
⑤ 사회복지 행정업무가 재정을 지방에 이양함으로써 중앙정부의 사회적 책임성을 약화시킬 수 있다.

● 지역사회복지론

실전 모의고사 **정답 및 해설**

실전 모의고사 1회
367~372쪽

01 ④	02 ⑤	03 ⑤	04 ③	05 ⑤
06 ②	07 ③	08 ①	09 ⑤	10 ②
11 ①	12 ②	13 ②	14 ①	15 ④
16 ②	17 ⑤	18 ③	19 ③	20 ①
21 ⑤	22 ⑤	23 ①	24 ④	25 ③

01. ④
퇴니에스(F. Tonnies)는 지역사회가 공동사회에서 이익사회로 발전한다고 봄.
서구 지역사회의 발전과정으로 ㄴ.공동사회의 연합체 → ㄹ.공동사회의 협의체 → ㄷ.이익사회의 협의체 → ㄱ.이익사회의 연합체 순임.

02. ⑤
인구구성의 사회적 특수성에 따른 기준 ; 대다수의 사회적 특성을 중심으로 지역을 유형화하는 것임. 던햄(A. Dunham)의 지역사회유형 구분과 예시로 아래 설명은 맞음.
① 인구의 규모에 따른 기준 : 대도시, 중소도시, 읍 지역과 같은 작은 부락 등
② 경제적 기반에 따른 기준 : 농촌, 광산촌, 산촌, 어촌 등
③ 정부의 행정구역에 따른 기준 : 특별시, 광역시, 도·시, 시·군·구, 읍·면·동 등
④ 인구구성의 사회적 특수성에 따른 기준 ; 도시 저소득층 지역, 외국인촌, 장애인 밀집지역, 미국의 할렘가나 차이나타운, 유태인거주지역 등 지역사회 구성원 대다수의 사회적 특성을 중심으로 지역을 유형화하는 것임.

03. ⑤
의사소통 : 사상의 공유이고 상부상조의 기능은 사회복지제도가 맞음.

지역사회의 기능과 제도로 다음과 같이 7가지를 들 수 있음.
• 생산, 분배, 소비의 기능 : 경제제도
• 사회화의 기능 : 가족제도
• 사회통제의 기능 : 정치제도
• 사회통합의 기능 : 종교제도
• 상부상조의 기능 : 사회복지제도

• 방어 : 공동체
• 의사소통 : 사상의 공유

04. ③
지역사회의 특성 중 사회적으로 동질성을 띤 지역사회에서 주민들 간의 합의성, 일체감, 공동생활양식, 공통적 관심과 가치, 공동 노력이 강조됨.

05. ⑤
시설의 사회화는 시설생활자의 인권존중 및 생활보장이란 사익성이 아니라 공익성을 기초로 한다.

06. ②
지역사회복지는 지역성 또는 기능성을 포함하는 지역사회 내에서 이루어진다. → 지역사회복지는 지역성과 기능성을 포함하는 지역사회 내에서 이루어진다.

07. ③
기능주의적 관점에서 지역사회는 하나의 사회체계로 이해되며, 지역사회를 포함한 모든 사회체계는 균형 상태를 향해 움직이면서 다양한 부분들의 조절, 조정, 통합이 이뤄지며 균형 상태를 유지한다.

[오답 해설]
① 상위체계 → 하위체계
② 의존적 → 독립적
④ 지역사회주민 → 취약계층
⑤ 협의 → 광의

08. ①
지역사회의 문제나 주민의 욕구를 해결하기 위해서 지역사회 갈등의 주요소인 권력, 경제적 자원, 권위 등의 재분배를 요구하게 되고, 이에 사회행동이 표출되는 게 바로 갈등주의적 이론임.

09. ⑤
사회체계이론에서 모든 체계가 상호작용하는 속성을 지닌 전제로, 개인과 사회의 문제를 인과관계로 파악되는 게 아니라 상호 연결된 전체로 설명함.

아래 예시는 사회체계이론에 대한 맞는 설명임.
① 전체 사회는 크고 작은 하위체계로 구성되어 있

고, 이들은 서로 연결되어 있으며, 사회는 이들이 상호작용하는 부분들의 합이다.
② 지역사회 내의 문제를 해결하는 데 있어 거시적 맥락에서 문제를 둘러싼 다양한 체계들을 동시에 볼 수 있어야 한다.
③ 하위체계들 내부의 문제뿐만 아니라 각 각의 체계와의 상호작용 과정에서 문제점을 파악하는 데 유용하다.
④ 구조기능주의처럼 지역사회의 균형과 유지에 초점을 맞추나 실제 지역사회의 변화 및 갈등을 설명하는데 한계가 있다.

10. ②

생태체계적 관점에서 중위체계 : 미시체계들 사이의 관계를 말함. (예 : 나는 학생이면서 아들이다. → 학교란 미시체계와 가족이라는 미시체계가 연결됨)

11. ①

다원주의이론에 대한 틀린 예시를 옳게 고치면 다음과 같음.
지역사회복지 정책결정은 이익 집단들의 절대적 영향력 정도에 따라 달라진다. → 지역사회복지 정책결정은 이익 집단들의 상대적 영향력 정도에 따라 달라진다.

12. ②

이데올로기 측면으로 자선조직협회는 사회진화론적 사상을, 인보관은 자유주의, 급진주의 사상을 드는 게 맞다.

13. ②

인보관활동성격으로 ㄱ, ㄴ, ㄷ을 들 수 있음.
ㄱ. 주민과 함께 생활하면서 환경과 제도를 개혁하고자 함
ㄴ. 잠재능력을 발휘하도록 하는 교육에 역점
ㄷ. 참여와 민주주의 강조
다음은 자선조직협회에 대한 설명임.
ㄹ. 자선기관들과 협력적 계획모색
ㅁ. 새로운 복지기관 설립, 낡은 기관 개혁

14. ①

1993년 영국의 지역사회보호개혁에 따라서 복지서비스에 대한 감독제도가 약화된 게 아니라 강화되었다.

15. ④

대부분의 지역사회보호가 공공 또는 민간의 공식서비스에 의해 제공되는 게 아니라 비공식적인 관계망으로 지역사회 내의 주민에 의해 제공되는 것임.

16. ②

미국 인보관 운동의 특징으로 사회봉사를 통해 사회개혁을 추구하였다.

미국 인보관 운동의 특징으로 틀린 설명을 올바른 설명으로 수정하면 다음과 같음.
① 개인보단 가족과 근린중심으로 활동하는 것을 옹호하였다.
③ 전체적인 접근보단 개별적인 접근을 옹호하였다.
④ 다양한 계층, 계급 간의 거리 유지하기를 하였다.
⑤ 지역사회봉사단체에 의해 운영되는 광범위하고 유용한 활동을 전개하였다.

17. ⑤

2000년대 이후 한국 지역사회복지에 대한 설명으로 2009년 사회복지통합관리망(행복e음) 개통이 아니라 2010년이 맞음.

18. ③

ㄱ, ㄴ, ㄷ, ㄹ이 맞는 예시임.
ㄱ. 1970년대 지역사회복지는 근면·자조·협동을 정신으로 규정한 새마을운동의 일환으로 인보운동이란 지역사회복지가 전개됨.
ㄴ. 1980년대 지역사회복지는 정부주도하에 지역사회복지관이 설립됨.
ㄷ. 지역사회조직사업으로 주로 빈민지역의 철거 반대투쟁, 핵발전소 설치 반대운동 등 지역사회행동모델로 점차 확대됨.
ㄹ. 1987년 이후 사회복지전담공무원제도의 실시를 통한 전국 읍·면·동사무소에 배치

ㅁ의 경우 1988년 사회복지공동모금회법이 시행된 게 아니라 1998년에 시행됨.

19. ③

포플(Popple)의 모델 : 지역사회보호, 지역사회조직, 지역사회개발, 사회·지역계획, 지역사회교육, 지역사회행동, 여권주의적 지역사회사업, 인종차별 철폐적 지역사회사업

20. ①

지역사회복지 실천모델로 웨일과 갬블러(Weil & Gamble)의 8모델에 대한 설명으로
① 지역사회 사회경제개발이 아니라 사회계획임. 즉 사회계획은 사회서비스나 정책의 개발 및 조정이 핵심임. 전문성과 합리성에 기반을 둔 지역사회의 문제를 해결하려는 유형으로서 정부중심의 전통적인 사회계획모델과 민·관 파트너쉽에 입각한 사회계획을 병행하는데 주력함.
반면, 지역사회 사회경제개발은 지속가능한 개발을 내세우며 지역주민의 사회경제적 환경개선을 도모하는 실천유형으로 경제개발과 사회개발을 동시에 추진할 수 있도록 교육을 통해 어려운 여건에 있는 지역주민의 내적 능력을 향상시키는 데 목적이 있음.

21. ⑤

중앙자원봉사센터가 아닌 시·군·구센터에서 자원봉사자 및 수요처 관리를 담당함.

[자원봉사센터의 역할]
중앙자원봉사센터
- 자원봉사 정책개발 관련 연구 및 조사
- 시도/시군구 자원봉사센터 지원
- 자원봉사센터 운영지침 운영·지원
- 1365자원봉사포털운영·지원

시·도자원봉사센터
- 광역단위의 자원봉사 활성화 기본 계획 수립
- 시군구 자원봉사센터의 업무지원
- 자원봉사와 관련한 자원 발굴
- 1365 자원봉사포털 활용

시·군·구센터
- 기초단위 자원봉사활동 추진
- 자원봉사 거점역할 수행
- 자원봉사자 및 수요처 관리
- 1365 자원봉사포털 활용

22. ⑤

지역성을 특성으로 하고 있어서 지역적으로 전개하는 게 바람직한 게 아니라 전국적 협조를 도모해야 함. 물론 지역성을 특성으로 하지만 전국적으로 일제히 전개하는 게 바람직함.

사회복지공동모금회의 공동모금제도의 특성은 다음과 같음.
- 봉사활동으로서의 민간운동임. 지역주민의 사회연대, 상부상조 정신을 바탕으로 한 자주적 봉사활동으로 전개되는 민간 복지활동임.
- 공동모금은 지역사회를 기반으로 함.
- 효율성과 일원화임. 즉, 기부금의 모집, 관리, 배분을 일원화함으로써 통합적 조정을 도모할 수 있기에 효율적임.
- 공표함으로써 기부자인 지역주민에게 필요한 금액에 관한 이해를 구하고 모금결과에 대해서 공표함. 이는 기부금의 배분이 종료된 후에도 공표를 통해 사회복지사업의 사회화를 위해서 중요성을 가짐.
- 전국적 협조를 도모해야 함. 물론 지역성을 특성으로 하지만 전국적으로 일제히 전개하는 게 바람직함.

23. ①

자원봉사센터의 대표적인 기능은 다음과 같음.
- 모집과 배치 : 자원봉사관리자는 자원봉사활동을 희망하는 자원봉사자에게 활동을 소개하고, 자원봉사자가 도와주었으면 하는 사람에게 자원봉사를 소개하는 것임.
- 기록 및 등록 : 원활한 수급조정을 위해 자원봉사자나 자원봉사활동 요청 시설 및 기관에 관한 내용, 사회자원 등 파악 후 문제해결을 위한 방법을 찾기 위한 자료로 활용함.
- 자원봉사활동의 지원 : 자원봉사활동 과정에서 발생하는 각종 고민, 문제점, 정보제공, 자원봉사자 보험가입 등 다양한 지원을 말함.
- 양성 및 연수 : 자원봉사활동을 수행하기 위해 자원봉사자의 의식과 인간성을 높이고 기술을 연마토록 자원봉사센터에서 직접 직무연수 실시 및 다른 기관 단체에서 실시하는 프로그램을 활용할 수 있음.
- 홍보 및 자료개발 : 자원봉사자의 활동을 확인·정

리하여 자원봉사활동의 방향성을 제시하는 자료로 활용 및 자료를 근거로 많은 이에게 자원봉사활동을 이해토록 함.
- 네트워크화 : 수급조정을 하는 가운데 파악한 욕구를 토대로 자원봉사자, 자원봉사활동 요청 시설 및 기관, 자원봉사센터 등과 자원봉사활동을 네트워크화통한 자원봉사활동이 효과적으로 활성화토록 협력체계를 만들어 감.

24. ④

사회복지관 운영원칙으로 지역성이란 지역사회의 특성, 지역사회주민의 문제나 욕구의 신속한 파악·반영하여 사업 계획수립 시 지역사회의 문제를 해결하고, 이에 따른 서비스를 제공함. 지역주민의 적극적인 참여토록 주민의 역할과 책임을 조장해야 함.

사회복지관의 운영원칙은 다음과 같음.
- 지역성 : 지역사회의 특성, 지역사회주민의 문제나 욕구의 신속한 파악·반영하여 사업 계획수립 시 지역사회의 문제를 해결하고, 이에 따른 서비스를 제공함. 지역주민의 적극적인 참여토록 주민의 역할과 책임을 조장해야 함.
- 전문성 : 다양한 지역사회문제에 대처토록 전문적 프로그램을 진행시 지식, 기술을 보유한 전문 인력에 따라 사업을 수행하고 이들 인력에 대한 지속적인 재교육을 통해 선분성을 증진하도록 함.
- 책임성 : 지역사회이용자에게 사업수행에 따른 효과성·효율성을 극대화하고 책임을 다하는 노력을 기울여야 함.
- 자율성 : 다양한 복지서비스를 효율적으로 제공토록 복지관 능력과 전문성이 최대한 발휘될 수 있는 자율적 운영이 되어야 함.
- 통합성 : 사업수행 시 지역 내 공공 및 민간 복지기관 서비스 간에 연계성과 통합성을 강화시켜 지역사회복지체계가 효율적·효과적으로 운영되도록 해야 함.
- 자원 활용 : 지역사회주민욕구의 다양성에 따라 다양한 인력과 재원을 필요하기에 지역사회 내 복지자원을 최대한 동원·활용해야 함.
- 중립성 : 정치활동, 영리활동, 종교 활동 등에 이용되지 않도록 중립성을 유지해야 함.
- 투명성 : 자원을 효율적 이용 및 운영과정의 투명

성을 유지해야 함.

25. ③

사회복지관 사례관리기능의 사업분야는 사례발굴, 사례개입, 서비스연계를 들 수 있음.
- 사례발굴 : 지역 내 보호가 필요한 대상자 및 위기개입대상자를 발굴하여 개입계획 수립
- 사례개입 : 지역 내 보호가 필요한 대상자 및 위기개입대상자의 문제와 욕구에 대한 맞춤형 서비스가 제공될 수 있도록 사례개입
- 서비스연계 : 사례개입에 필요한 지역 내 민간 및 공공의 가용자원과 서비스에 대한 정보 제공 및 연계, 의뢰

실전 모의고사 2회

01 ⑤	02 ⑤	03 ②	04 ③	05 ④
06 ②	07 ①	08 ①	09 ④	10 ④
11 ①	12 ④	13 ④	14 ①	15 ⑤
16 ②	17 ①	18 ①	19 ①	20 ②
21 ④	22 ②	23 ①	24 ①	25 ⑤

01. ⑤

재가복지서비스가 아니라 재가복지봉사서비스가 맞음. 재가복지봉사서비스란 가정에서 보호를 요하는 장애인, 노인, 소년·소녀가정, 한부모가족 등 가족기능이 취약한 저소득 소외계층과 국가유공자, 지역사회 내에서 재가복지봉사서비스를 원하는 사람에게 다양한 서비스 제공

02. ⑤

사회보장사업에 의한 도움을 필요로 하는 사람 발굴은 지역사회복지협의회의 사업이 아닌 읍·면·동 지역사회보장협의체의 사업임.

지역사회복지협의회의 주요사업은 다음과 같음.
- 사회복지에 관한 교육훈련
- 사회복지에 관한 자료수집 및 간행물 발간
- 사회복지에 관한 계몽 및 홍보

- 자원봉사활동의 진흥
- 사회복지사업에 관한 기부문화의 조성
- 사회복지사업에 종사하는 사람의 교육훈련과 복지증진
- 사회복지에 관한 학술 도입과 국제사회복지단체와의 교류

03. ②

읍·면·동 지역사회보장협의체의 대표협의체에서 다루는 사항은 다음과 같음.

ㄴ. 지역사회보장계획 수립·시행 및 평가에 관한 사항
ㄷ. 지역사회보장조사 및 지역사회보장지표에 관한 사항
ㄹ. 사회보장급여 제공 및 사회보장 추진에 관한 사항
ㅁ. 읍·면·동 단위 지역사회보장협의체의 구성 및 운영에 관한 사항에 대해 심의·자문 역할

ㄱ. 대표협의체 심의 안건 사전 검토의 경우 실무협의체에서 다루는 사항임.

04. ③

지역사회보장계획의 수립 과정은 지역사회보장조사 – 추진 비전 및 목표 수립 – 세부사업 계획 수립 – 행·재정계획 수립 – 지역사회보장협의체 심의 – 의회 보고 순임.

05. ④

권력키우기 : 지역사회의 억압이나 불합리한 제도에 맞서 지역사회 또는 지역주민이 처해있는 어려움을 해결하는 방법으로 파워를 획득함으로써 가능하다고 봄.

06. ②

프로그램 평가 요소는 다음과 같음.
- 투입 : 프로그램에 투여되는 인적, 물적 자원, 클라이언트의 인구사회학적 특성을 말함.
- 전환 : 투입된 요소들이 클라이언트에게 전달되는 과정으로 프로그램에서 제공하는 서비스 및 개입방법을 의미함.
- 산출 : 프로그램을 통해 제공된 실적, 결과물을 뜻함.
- 성과 : 프로그램 종결 후 클라이언트에게 나타난 변화를 말함.

07. ①

사회복지 프로그램의 개발 시 좋은 목표의 조건은 다음과 같음.

ㄱ. 목표는 측정 가능한 용어로 사용됨.
ㄴ. 목표는 달성이 가능해야 함.
ㄷ. 목표는 사회복지기관 및 시설의 기능에 맞아야 함.
ㄹ. 사회복지사 자신의 지식과 기술의 범위 내 다룰 수 있어야 함.

08. ①

① 양적접근방법 중 하나인 사회지표분석임.

- 질적접근방법 : 비공식인터뷰, 공식인터뷰, 민속학적 방법, 지역사회포럼, 명목집단기법, 초점집단기법, 델파이기법
- 양적접근방법 : 서베이, 프로그램 모니터링, 사회지표분석

09. ④

④ 지역사회 욕구사정을 위한 자료수집방법 중 명목집단기법에 대한 설명으로 지역사회문제에 대한 이해를 높이고 목표확인과 행동계획의 개발에 활용하는 방법이 맞음.

[오답 해설]
① 토론의 결론으로 나온 각각 (제기되거나 제기될 가능성이 → 제기)된 문제에 대해서 순위를 작성한다.
② (일부 → 전체) 참여자가 직접 만나서 욕구에 대한 우선순위를 결정한다.
③ 7-10명 (비구조화 → 구조화)된 집단모임으로 책상에 둘러앉아서 서로 말하지 않고 종이에 아이디어를 기록하고 5분 후 각자 아이디어를 발표하면서 아이디어를 공유하는 기법이다.
⑤ 욕구순위에 대한 합의의 과정이 (1-2번 → 반복) 시행을 거쳐 이루어질 수 있다.

10. ④

지역사회사정의 유형은 다음과 같음.
- 포괄적 사정 : 철저한 방법론에 기초하고 1차 자료의 생성과 함께 전체 지역사회를 포함함. 즉, 지역사회의 전반적인 복지욕구에 대한 자료가 마련되어 있지 않을 경우 공공기관에서 실시할 수 있음.

- 문제 중심의 사정 : 전체 지역사회와 관련되지만 지역사회의 중요 문제에 초점을 둔 사정을 뜻함. (예 : 노인보호, 정신건강 등 지역사회의 특정문제를 중심으로 사정함)
- 하위체계사정 : 전체 지역사회를 사정하는 게 아니라 지역의 특정 부분을 조사함. (예 : 보호기관, 학교 등은 클라이언트와 관련된 지역사회의 하위체계임).
- 자원사정 : 사회복지사는 지역사회에서 이용할 수 있는 권력, 전문기술, 재정, 서비스라는 자원 영역을 검토해야 함. 자원 사정시 클라이언트의 욕구보단 이용가능한 자원의 본질, 운용, 질에 초점을 둠.
- 협력사정 : 지역사회 참여자들이 완전한 파트너로서 조사계획, 참여관찰, 분석과 실행국면 등에 관계되면서 지역사회에 의해 수행되는 사정을 의미함.

11. ①

브래드쇼우(Bradsha, 1972)가 말한 인지된 욕구는 관련된 사람들이 특정 서비스가 필요하다고 느끼고 있는지 여부를 물음으로써 측정되는 욕구를 말함.

브래드쇼우(Bradsha, 1972)는 다음과 같이 욕구를 구별하여 설명함.
- 규범적 욕구 : 전문가가 주어진 상황에서 욕구라고 정의한 것임. 즉, 전문가가 바람직한 수준을 정했을 때 개인이나 집단이 바람직한 수준에 못 미치면 욕구상태에 있다고 봄.
- 인지된 욕구 : 관련된 사람들이 특정 서비스가 필요하다고 느끼고 있는지 여부를 물음으로써 측정되는 욕구임.
- 표출된 욕구 : 사람들이 어떤 서비스가 필요하다고 느끼면서 욕구가 충족되길 요청하거나 요구하는 행동을 취하는 경우의 욕구임. (예 : 주민센터에 내방해서 필요한 서비스를 신청하였거나 관련 서비스 대기자 명단에 있는 클라이언트가 어떤 서비스가 필요하다는 것을 직접적으로 표출했을 때)
- 상대적인 욕구 : 서비스 대상자들을 연구함으로써 얻어지는 욕구임. (예 : 비슷한 상황에 놓인 a란 사람은 복지대상자인 반면, b란 사람은 복지대상자가 아닐 경우, b가 욕구상태에 있다고 봄).

12. ④

지역사회연계 - 후원자와 클라이언트의 의사결정권 각 각 7-8/10이 아니라 각 각 5/10이 맞음

13. ④

웨일과 갬블러(Weil & Gamble)의 8모델유형별 사회복지사의 역할로 기능적 지역사회조직유형에 따른 사회복지사의 역할은 협상가, 증진자, 교사, 계획가, 관리자가 아니라 조직가, 옹호자, 집필가, 촉진자, 정보전달자임. 반면 사회복지사의 역할로 협상가, 증진자, 교사, 계획가, 관리자는 지역사회의 사회경제개발유형임.

14. ①

한국의 지역사회복지의 태동기에 향약은 정부에 의한 인보제도가 아닌 민속적인 부락협동 관행임.
향약이란 지역사회의 발전과 지역주민들의 순화, 교화 등을 목적으로 한 지식인들 간 자치적인 협동조직임. 지역의 체제안정을 위해 마을단위로 실시된 향촌의 자치규약.

- 정부에 의한 인보제도 : 국가 단위의 상설 복지기구로 의창, 상평창, 진휼청, 동서대비원, 활인서, 혜민서, 기로소 등으로 빈민을 구제하는 역할을 함.
- 민속적인 부락협동 관행 : 두레, 품앗이, 계, 향약, 사창

15. ⑤

1960년대~1970년대 초반은 민권운동, 평화운동이 전개되었다.

1980년대 이후의 경향
- 지역중심의 지역사회복지에 있어서 평가 등 외부의 영향력이 증대됨. 사회계획과 사회행동을 위한 센터들이 늘고, 정부기관의 사업이 활발해지고, 사회변화를 추구하는 경향을 띰.
- 지역사회모델의 접근방식, 프로그램, 목표 등의 다양화·세분화되고 민간 비영리기관이 활성화되고 있음.
- 1997년 빈곤가구를 위한 한시부조프로그램(TANK)을 실시하여 공공부조의 개혁이 이뤄짐.
- 오바마 행정부는 연방정부 중심의 공공복지 프로그램과 오바마케어가 중심이 됨.

16. ②

1909년 밀워키와 피츠버그가 최초로 사회복지기관협의회를 조직하였음. 사회복지기관협의회는 일반시민과 전문가로 구성된 사회복지서비스에 관한 각종 위원회를 만들어서 지역사회문제에 관해 연구하고 해결방안의 계획과 실천, 시범사업 전개, 새로운 서비스 제공, 기존사업개선, 복지기관 내 일할 자원봉사자 선발·훈련, 사회복지기관과 단체의 명부발간 등을 추진함.

17. ①

파슨즈의 사회체계 존속을 위해 충족되어야 할 기능적 요건으로 적응의 기능은 체계가 외부환경으로부터 자원을 확보한 후 배분함.

18. ①

① 지역사회조직은 전문사회사업의 한 실천방법으로 지역사회를 구성하는 개인, 집단, 이웃의 사회적 복리를 향상시키기 위해 지역사회수준에서 전개되는 일련의 활동이다.

다음의 예시를 올바르게 고치면

② 재가보호가 아니라 지역사회보호에 대한 예시임. 지역사회보호란 사회적 보호가 필요한 사람들에게 가정 또는 그와 유사한 지역사회 내의 환경에서 서비스를 제공한다.

③ 시설의 사회화가 아니라 탈시설화에 대한 예시임. 탈시설화란 시설의 지역사회와의 격리 수용에 대한 시설병의 부작용에 반발하여 등장한다.

④ 탈시설화가 아니라 시설의 사회화에 대한 예시임. 시설의 사회화란 사회복지에 관한 지역주민의 교육과 체험을 돕는 제반활동을 포함한다.

⑤ 지역사회보호가 아닌 재가보호에 대한 예시임. 재가보호란 서비스제공자가 클라이언트의 집에 찾아가서 서비스를 제공하는 방문서비스와 단기보호 등 클라이언트가 시설에서 서비스를 받는 통원서비스까지 포함한다.

19. ①

① 사회적 이질성이 아니라 사회적 동질성이 맞음.
맥키버(R. M. MacIver)는 지역사회의 주된 구성요소로 지역성과 사회적 동질성으로 나뉘는데, 지역성에 대한 예시로 지역성이란 사회적 유사성, 공통된 사회적 표현, 공통된 전통, 공통된 습관, 공속감을 말함.

20. ②

자립형 자활기업이란 사회형 자활기업을 포함하는 게 아니라 자활근로사업단을 거친 사업자로서, 사회형 자활기업을 제외한 모든 자활기업임.

21. ④

사회적 경제주체로 협동조합의 7대 원칙 중 조합원의 경제적 참여에 대한 예시임.
즉, 조합원의 경제적 참여란 협동조합의 자본은 공정하게 조성되고 민주적으로 통제, 자본금의 일부는 조합의 공동재산이며, 출자배당이 있는 경우에 조합원은 출자액에 따라 제한된 배당금을 받는 걸 말함.

22. ②

사회복지관 사업내용 중 지역조직화기능의 사업분야별 관련내용으로 다음이 해당됨.

ㄱ. 복지네트워크 구축 : 지역사회연계사업, 지역욕구조사, 실습지도
ㄴ. 주민조직화 : 주민복지증진사업, 주민조직화 사업, 주민교육
ㄷ. 자원개발 및 관리 : 자원봉사자 개발·관리, 후원자 개발·관리

[오답 해설]

ㄹ. 사례관리기능(예 : 사례발굴, 사례개입, 서비스연계)
ㅁ. 지역사회보호(예 : 가족기능강화, 지역사회보호, 교육문화, 자활지원 등 기타)

23. ①

시·군·구센터의 역할로 ① 자원봉사의 거점역할을 수행한다가 맞는 지문임.

② 1365자원봉사포털운영·지원을 한다. --- 중앙자원봉사센터의 역할로 만약 1365 자원봉사포털활용이라고 했다면 시·도자원봉사센터, 시·군·구센터가 해당됨.

③ 광역단위의 자원봉사 활성화 기본 계획을 수립한다. ---시·도자원봉사센터의 역할로 만약 기초단위 자원봉사활동 추진이라고 했다면 시·군·구센터가 해당됨.

④ 자원봉사 정책개발 관련 연구 및 조사를 실시한

다. --- 중앙자원봉사센터의 역할
⑤ 시군구 자원봉사센터의 업무지원을 한다. --- 시·도자원봉사센터의 역할

24. ①
자원봉사센터의 기능으로 모집과 배치, 기록과 등록, 자원봉사활동의 지원, 양성 및 연수, 홍보 및 자료개발, 네트워크화를 들 수 있다.

① 모집과 배치 : 자원봉사관리자는 자원봉사활동을 자원봉사활동을 희망하는 자원봉사자에게 활동을 소개하고, 자원봉사자가 도와주었으면 하는 사람에게 자원봉사를 소개한다.

25. ⑤
본 예시는 임파워먼트기술을 묻는 것임. 임파워먼트기술은 현상을 타파할 수 있는 능력에 관한 개인의 신념을 향상하는 것, 지역사회의 집합적인 목표를 달성하기 위해 지역사회 집단의 능력을 향상하는데 활용된다.

- 자원동원기술 : 지역사회의 문제를 해결하는데 현존하는 자원으로 불충분하여 자원동원이 필요한 외부의 극적인 사건이 발생한 상황에서 활용됨.
- 옹호기술 : 옹호활동의 계획, 문제의 정의, 옹호를 위한 개입의 수준 결정, 개입전략의 실행, 결과의 평가 등 일련의 과정으로 이뤄짐.
- 연계기술 : 지역사회 내 구성원 간의 관계를 강화함으로써 연계망(사회적 자산) 형성함.
- 사회연계망은 개인 간의 접촉 통로로서 동료, 이웃, 종교집단 등 다양한 조직과 관련됨.

실전 모의고사 3회   379~384쪽

01 ④	02 ⑤	03 ②	04 ③	05 ②
06 ③	07 ③	08 ③	09 ②	10 ①
11 ④	12 ②	13 ①	14 ③	15 ②
16 ③	17 ①	18 ⑤	19 ②	20 ⑤
21 ②	22 ③	23 ⑤	24 ⑤	25 ①

01. ④
맥닐(C. F. McNeal) : 지역사회가 자기결정권을 가지므로, 자발적인 사업추진에의 (적극적 또는 소극적인 게 아니라 적극적이 맞음)인 참여를 목표로 하고 이를 실천해야 한다.

02. ⑤
워렌(Warren, 1963)은 지역사회의 기능을 생산, 분배, 소비, 사회화, 사회통제, 사회참여, 상호지지 5가지를 들고 5가지에 판토자와 페리(Pantoja & Perry, 1992)는 방어, 의사소통을 추가함.

03. ②
② 기능주의적 관점에서 사회복지적 대책은 제도적 결함의 개선, 적질한 사회화 유도, 명확한 규정, 문화적 합의 등 광의의 적용개념과 밀접하다.

[오답 해설]
① 지역사회는 정부, 경제, 사회, 종교, 가족 등과 같은 다양한 (상위 또는 하위체계들이 아니라 하위체계)로 구성되어 있는 하나의 체계이다.
③ 지역사회의 하위체계들은 상호 관련성이 있기에 각각 (연결된이 아니라 분리된) 실체를 이루고 있어 심리적, 사회적, 지리적 경계를 가지므로 각 체계들은 독립적이다.
④ 지역사회문제의 원인은 지역사회 내의 (상위 또는 하위체계들이 아니라 하위체계들)이 기능상 문제, 제도의 결함, 사회체계의 통제기능의 결함이나 실패 등이다.
⑤ 지역사회복지는 지역사회의 균형유지와 회복을 위해 (일반시민이 아니라 취약계층)에 대한 지원과 자원제공에 관심을 둔다.

04. ③
지역사회복지 관련이론으로 갈등이론주의 관점은 개

인이나 가족의 변화에 개입하기 위한 (거시적 실천이 아니라 미시적 실천)보다는 기존 권력관계의 변화를 통한 자원 이동 및 제도의 변화와 관련된 사회행동, 지역사회조직 등을 들 수 있다.

05. ②

지역사회복지 관련이론으로 사회체계이론의 관점에 대한 설명으로 옳은 것은 ② 전체 사회는 크고 작은 하위체계로 구성되어 있고, 이들은 서로 연결되어 있으며, 사회는 이들이 상호작용하는 부분들의 합임.

[오답 해설]
① 모든 체계가 상호작용하는 속성을 지닌 전제로, 개인과 사회의 문제를 인과관계로 파악하기보단 상호 연결된 (부분으로 → 전체로) 설명함.
③ 사회체계이론은 지역사회 내의 문제를 해결하는 데 있어 (미시적 → 거시적) 맥락에서 문제를 둘러싼 다양한 체계들을 동시에 볼 수 있어야 함.
④ 하위체계들 (외부 → 내부)의 문제뿐만 아니라 각각의 체계와의 상호작용 과정에서 문제점을 파악하는 데 유용함.
⑤ 구조기능주의처럼 지역사회의 균형과 유지에 초점을 맞추나 실제 지역사회의 변화 및 갈등을 (충분히 설명할 수 있음 → 설명하는데 한계가 있음)

06. ③

자선조직협회가 사회개혁적인 면을 강조한 게 아니라 인보관운동이 사회개혁적인 면을 강조하였다.

07. ③

지역사회복지의 특성으로 본 예문은 지역성에 해당됨. 지역성이란 지역사회복지는 주민의 생활권역을 기초로 하여 전개되는 것이다. 생활권역은 주민 생활의 장이면서 동시에 사회참여의 장이므로 이 특성을 고려하여야 한다. 주민의 기초적인 생활권역을 구분하는 기준은 다양하며, 물리적·심리적 내용까지 파악해야 함.

지역사회복지의 특성은 다음과 같음.
- 예방성 : 지역사회 내의 사회복지 욕구나 해결되지 못한 생활문제를 주민참여를 통해 조기에 발견하고 대응할 수 있기에 예방적 효과를 거둘 수 있음.
- 종합성·전체성 : 공급자 측면의 종합성은 통합서비스의 형태로 서비스 제공기관 간의 연락·조정·협의 등 네트워크 구축과 실질적인 운용을 통하여 종합성을 확보함. 이용자 측면의 전체성은 포괄적 서비스의 형태로 주민생활과 밀접한 관련을 맺고 있는 다양한 분야를 포괄적으로 다뤄야 함을 의미함.
- 연대성·공동성 : 주민 개인의 사적 활동으로 해결이 곤란한 생활상의 과제를 주민들의 연대를 형성하고 공동의 행동을 통하여 해결하는 특성을 가짐. 대외적으로 주민운동으로 나타나고 대내적으로 상호부조활동으로 나타남.
- 지역성 : 지역사회복지는 주민의 생활권역을 기초로 하여 전개됨. 물리적 거리뿐만 아니라 심리적 거리까지 포함하여 지역성을 파악함.

08. ③

지역사회복지의 이념으로 주민참여에 대한 예시임.
- 지방자치의 실시로 그 중요성이 강조되는 개념이다.
- 주민과 지방자치단체와의 동등한 파트너십을 형성하는 방법이다.

09. ②

로스만(Rothman)의 지역사회실천모델에 관한 설명으로 ② 지역사회개발모델은 과업중심의 목표를 강조한다가 맞는 예시임.

[오답 해설]
① 사회행동모델에서는 권력의 소재를 전문가의 후원자나 고용기관으로 보는 게 아니라 사회행동모델에서는 권력의 소재를 외부표적으로서의 권력구조, 압제자로 본다. 사회계획모델에서는 권력의 소재를 고용주와 후원자로서의 권력구조를 본다.
③ 지역사회개발모델은 지리적 측면에서 지역사회 전체를 대상집단으로 보는 게 아니라 지역사회개발모델은 전체 지역사회의 지역주민으로 본다.
④ 사회계획모델은 과정중심의 목표를 강조하는 게 아니라 사회계획모델은 지역사회문제의 해결이 목표이다.
⑤ 사회계획모델에서 사회복지사의 역할로 옹호자, 선동가를 들 수 있는 게 아니라 사회행동모델에서 사회복지사의 역할로 옹호자, 선동가를 들 수 있다.

사회계획모델은 사회복지사의 역할로 수집가, 분석가, 사업추진가, 촉진자, 기획가를 들 수 있다.

10. ①

사회복지관에 관한 설명으로 옳은 예시는 ① 효율적인 서비스 제공을 위하여 자율성의 원칙에 따라 운영되어야 한다임.

[오답 해설]
② 취약계층의 가족기능을 보완하고 부양가족을 지원하기 위한 사업은 (지역사회조직사업에 해당되는 게 아니라 서비스제공기능사업)에 해당됨.
③ 일반주의 실천을 실행하는 곳으로 일반 지역주민에게 서비스를 우선 제공하여야 하는 게 아니라 사회복지관 사업의 대상은 사회복지서비스 욕구를 지닌 모든 지역주민이나 다만, 국민기초생활보장 수급자, 차상위계층, 장애인, 노인, 한부모 가정, 다문화가정 등은 우선사업대상자임.
④ 종합적 사회복지서비스를 제공하는 기능보다는 조직화사업 기능에 더 초점을 맞추어야 하는 게 아니라 종합적 사회복지서비스를 제공하는 기능에 초점을 더 맞춤.
⑤ 사업수행 시 지역 내 (민간 복지기관 서비스가 아니라 공공 및 민간 복지기관 서비스 간에) 연계성과 통합성을 강화시켜 지역사회복지체계가 효율적·효과적으로 운영되도록 해야 한다.

11. ④

지역사회복시와 관련된 개념에 관한 설명으로 옳은 예시로 ④ 정상화의 원리는 지역사회와의 통합을 강조한다.

[오답 해설]
① 지역사회개발을 통하여 지역사회 구성원들의 사회적 관계를 향상시킬 수 있는 게 아니라 지역사회개발을 통하여 지역사회주민의 능력향상과 통합을 목표로 한다.
② 지역사회조직사업은 (민간조직이 아닌 공공조직이 아니라 공공조직이 아닌 민간조직)을 통하여 달성되는 영역이다.
③ 지역사회복지실천은 공식적인 (전문가에 의해서만이 아니라 지역주민, 사회복지사 등) 이루어진다.
⑤ (재가보호가 아니라 지역사회보호)란 사회적 보호가 필요한 사람들에게 가정 또는 그와 유사한 지역사회 내의 환경에서 서비스를 제공하는 것을 말한다.

12. ②

자원동원이론에 대한 예시로 맞음. 조직의 발전을 위해서 구성원 모집, 자금 확충, 직원고용에 힘쓰고 지역사회운동이 성공하기 위해서 조직원들의 집단적 정체성 형성을 돕고 이를 토대로 조직원들의 헌신을 이끌어 내는 환경의 조성이 필요함.

13. ①

① 의식의 향상을 묻는 예시임.
지역사회복지실천을 위한 사회복지사 기술 중 임파워먼트를 형성하는 과정 중 의식의 향상의 예시임. 즉 지역주민들이 공유하고 있는 지역사회문제의 희생자라는 인식에서 출발하여 대화와 억압적 경험을 통해 이뤄지며, 지역주민들이 경험하는 문제가 개인적인 차원이 아닌 사회적인 차원으로 인식하면서 이뤄진다.

14. ③

사회복지사의 역할로 전문가-불만의 집약이 옳은 예시임.

15. ②

웨일과 갬블(Weil & Gamble)의 지역사회복지 실천모델로 다음 예시는 옳은 설명임.
ㄱ. 연합모델의 관심영역은 지역사회의 사회적 욕구 통합과 사회서비스 관계망 조정 등이다.
ㄴ. 프로그램과 지역사회연결모델의 목적은 특정 대상집단이나 이슈에 대한 사회정의를 실현하는 것이다.

16. ③

한국사회복지협의회에 관한 설명으로 사회복지관련 기관·단체 간의 연계·협력·조정이 옳은 예시임.

17. ①

지역사회복지 실천과정은 문제정의 및 확인-(① 실행과정 점검)-실천계획 수립-자원동원-실행 순임.

18. ⑤

⑤ 지역사회복지 실천과정으로 실행단계에서는 지역사회 고유상황을 파악하고 표적집단에 대해 확인이 맞는 설명임.

19. ②

웨일과 갬블(Weil & Gamble)의 지역사회복지 실천 모델과 사회복지사의 역할로 사회운동모델 - 계획가가 맞는 예시임.

20. ⑤

기능적 지역사회조직모델에 대한 예시임. 즉, 지리적 의미의 지역사회보다 기능적 지역사회에 초점을 둠.

21. ②

로스만(Rothman)의 사회행동모델은 갈등이나 대결의 전술이 이용된다.

22. ③

계획가란 문제해결을 위한 합리적 계획수립과 통제된 변화를 강조하는 게 맞는 예시임.

23. ⑤

⑤ 연합관계에서 각 조직은 모든 행동에 참여할 필요가 없음.

웨일과 갬블러(Weil & Gamble)의 8모델에서 사회행동조직이 타 조직과 맺는 협력관계 유형 중 연합관계란 지역주민과 다양한 형태의 지역사회조직체에 새로운 패러다임을 제공함으로써 사회변화를 이루고자 함.

첫째, 목표
- 사업의 방향, 자원을 최대한 활동할 수 있는 다조직적 권력기반형성

둘째, 표적체계
- 선출된 공무원, 재단, 정부기관

셋째, 지지집단
- 특정이슈에 이해관계가 있는 조직

넷째, 관심영역
- 사회적 욕구, 사회적 관심과 관련된 특정이슈

다섯째, 사회복지사의 역할
- 중재자, 협상가, 대변인

24. ⑤

자원동원이론은 힘의존이론에 영향을 받는다는 게 맞는 예시임.

25. ①

지역사회복지를 위한 지방분권의 부정적 측면이 아닌 긍정적 측면의 예시로 복지의 분권화를 통해 효율적인 복지집행체계의 구축이 용이해질 수 있다.

[사회복지 정책과 제도]

06

사회복지정책론

주제별 기출문제

1 사회복지정책의 기초

◆ 출제경향분석 및 학습가이드

대분류	소분류		20회	19회	18회	17회	16회	15회	14회	13회	12회	11회	출제빈도 및 중요도
사회복지 정책의 기초	제1장 사회복지 정책의 이해	출제문항수	1	2	1	2	0	2	2	2	1	1	★★
		비중	4.0%	8.0%	4.0%	8.0%	0.0%	8.0%	8.0%	8.0%	4.0%	3.3%	
	제2장 사회복지 정책의 가치와 갈등	출제문항수	1	1	1	2	0	1	2	2	2	1	★★
		비중	4.0%	4.0%	4.0%	8.0%	0.0%	4.0%	8.0%	8.0%	8.0%	3.3%	

1. 사회복지 정책의 이해
 • 사회복지정책의 기능과 효과, 특징 등의 전반적인 내용이 골고루 출제되었음.

2. 사회복지정책의 가치와 갈등
 • 평등으로서의 수량적 평등, 비례적 평등, 기회의 평등. 자유로서의 소극적 · 적극적 자유, 효율로서의 수단과 목표로서의 효율, 롤스의 사회정의론 등과 관련된 필수 개념을 자세히 파악해 두어야 함.
 • 사회복지에 대한 국가개입의 필요성과 시장실패, 소득분배의 불평등에 대한 개념을 명확하게 정리해야 함.

기출문제 확인하기

☐ 17회
01. 사회적 연대(social solidarity)에 관한 설명으로 옳지 <u>않은</u> 것은?
① 개인과 사회 간 이해의 대립 현상이 발생할 경우 개인은 전체를 위하여야 한다.
② 사회문제의 해결 과정에서 조직 구성원 간 이타적 정신을 필요로 한다.
③ 특정한 사회적 위험으로 피해자의 소수를 위한 다수가 비용을 공동으로 부담한다.
④ 사회문제에 대한 집단적 대처 수단으로서 상부상조의 정신을 바탕으로 한다.
⑤ 공동체에 대한 개인의 연대 참여는 당사자의 자유의지에 달려 있다.

정답 ①
해설 사회적 연대에서는 개인의 희생을 원하지 않는다. 공적 이익을 위한 소속 및 개인의 희생은 벤담이 주장한 양적 공리주의와 관련이 있다.

☐ 19회
02. 사회복지정책의 원칙과 기능에 관한 설명으로 옳지 <u>않은</u> 것은?
① 능력에 비례한 배분을 원칙으로 한다.
② 소득을 재분배하는 기능을 한다.
③ 경제의 자동안정화 기능을 한다.
④ 국민의 최저생활을 보장하는 기능을 한다.
⑤ 사회통합과 정치적 안정화 기능을 한다.

정답 ①
해설 분배의 기구로서 시장은 능력에 비례한 배분 원칙, 즉 능력의 원칙에 입각하여 배분한다. 그렇지만 사회복지정책은 필요의 원칙에 입각한 분배정책으로 개인의 능력에 상관없이 모든 인간이 최저생계의 유지에 필요로 하는 소득수준까지 평등할 수 있도록 하는 목표를 수행한다. 필요의 원칙은 소득의 분배가 생산과정에서 개인의 기여도에 상관없이 인간의 욕구수준에 준하여 평등하게 이루어질 수 있도록 하는 사상을 바탕으로 하고 있다. ③의 경제의 자동안정화 기능이란 경기가 상승하면 경기가 과열되지 않도록 막고 경기가 하락하면 지나치게 하락하지 않도록 막아 주는 역할을 말한다.

☐ 19회
03. 다음 설명에 해당하는 것은?

> 비경합적이고 비배제적인 성격을 지니고 있기 때문에 구성원이 각각 생산에 기여했는지 여부에 관계없이 모든 구성원이 활용할 수 있는 재화를 말한다.

① 비대칭적 정보 ② 공공재 ③ 외부효과
④ 도덕적 해이 ⑤ 역선택

정답 ②
해설 공공재(public goods)란 구성원 각자가 그 생산에 기여했는지 여부에 관계없이 모든 구성원들이 활용할 수 있는 재화를 말하는 것으로 전형적인 예가 등대, 국방서비스 등이다. 비용을 지불하지 않은 자를 소비로부터 배제할 수 있는 사유재와 달리, 공공재는 비경합적(비경합성), 비 배제적(비 배타성)인 성격을 가지고 있다. 참고로 사회복지서비스는 서비스를 받기 위해 굳이 경쟁하지 않아도 되며, 서비스를 받기 위해서 특별한 대가를 치르지 않아도 되는 공공재적인 성격을 가지고 있다.

기출문제 확인하기

☐ 17회

04. 국가가 시장에 개입하는 근거로 옳은 것을 모두 고른 것은?

> ㄱ. 긍정적 외부효과　　　ㄴ. 부정적 외부효과
> ㄷ. 비대칭적 정보　　　　ㄹ. 역선택

① ㄱ, ㄴ, ㄷ　　② ㄱ, ㄷ　　③ ㄴ, ㄹ
④ ㄹ　　⑤ ㄱ, ㄴ, ㄷ, ㄹ

정답 ⑤

해설 ㄱ, ㄴ, ㄷ, ㄹ 모두 국가가 시장에 개입하는 근거로 옳다. 국가가 시장에 개입하는 이유는 시장이 실패하였기 때문이다. 시장 실패는 1929년 세계대공황을 예로 들 수 있다. 세계대공황은 미국 뉴욕 주식시장의 주가 대폭락으로 시작되어 자본주의 국가 전체에 파급된 세계적인 경제공항으로, 4년간 지속되었다. 이에 따라 자유시장 경제체계로는 국민들의 복지를 책임질 수 없다는 기조 아래, 복지국가가 등장하게 되었다.
국가의 시장 개입의 근거로는 사회복지 재화의 공공재적 성격, 외부효과(긍정적·부정적 외부효과), 정보의 비대칭, 위험 발생의 상호 의존, 규모의 경제가 있다.

☐ 18회

05. 실업보험을 민간시장에서 제공할 때 발생 할 수 있는 문제점을 모두 고른 것은?

> ㄱ. 역의 선택(adverse selection)이 나타난다.
> ㄴ. 가입자의 도덕적 해이가 발생할 가능성이 크다.
> ㄷ. 위험발생이 상호의존적이기 때문에 보험료율 계산이 어렵다.
> ㄹ. 무임승차자 문제가 발생한다.

① ㄹ　　② ㄱ, ㄷ　　③ ㄴ, ㄹ
④ ㄱ, ㄴ, ㄷ　　⑤ ㄱ, ㄴ, ㄷ, ㄹ

정답 ④

해설 ㄱ. 실업보험이 강제성 없이 민영화가 된다면 실업 위험이 없는 근로자는 선택하지 않고 위험군 근로자만 선택하는 역의 선택이 나타날 것이다. 실업보험 가입을 고위험군 근로자만이 선택하게 된다면, 보험료는 기존보다 높아지게 될 것이고, 저위험군 근로자는 높은 보험료의 실업보험을 선택하지 않는 문제가 발생한다.
ㄴ. 민간시장에서 실업보험에 가입한 근로자가 실업예방에 대한 주의를 게을리하여 오히려 실업이 발생하는 경우가 있다. 보험회사는 보험가입자의 실업예방노력을 일일이 파악 할 수 없기 때문에 도덕적 해이가 발생할 가능성이 크다. ㄷ. 민간시장에서 제공하는 실업보험은 고위험군만 가입하게 되고, 가입한 근로자는 근무 시 실업 위험성에 민감하지 않고 보험금을 쉽게 받으려 할 것이다. 또한 위험 발생을 예방할 동기가 적어져 보험료율 계산이 어렵게 한다. ㄹ. 무임승차자 문제는 공공재와 같이 정당한 대가를 지불하지 않고 재화, 서비스 소비로 제기되는 문제. 보편주의에서 발생함

☐ 17회
06. 평등에 관한 설명으로 옳지 않은 것은?

① 보험료 수준에 따라 급여를 차등하는 것은 비례적 평등으로 볼 수 있다.
② 드림스타트(dream start) 사업은 기회의 평등을 반영하는 것으로 볼 수 있다.
③ 공공부조의 급여는 산술적 평등을, 열등처우의 원칙은 비례적 평등을 반영하는 것이다.
④ 모든 사람에게 동등한 의료서비스를 제공하는 것은 평등을 반영하는 것으로 볼 수 있다.
⑤ 비례적 평등은 결과의 평등이다.

정답 ⑤
해설 비례적 평등은 개인의 욕구, 노력, 능력, 기여에 따라 사회적 자원을 상이하게 배분하는 것으로, 형평 또는 공평이라고 한다. 반면, 수량적 평등은 결과의 평등으로서 모든 사람을 똑같이 취급하여 사회적 자원을 재분배하는 것이다. 산술적 평등이라고도 하며, 평등의 개념 가운데 가장 적극적인 개념이다.

☐ 17회
07. 재분배와 파레토(Pareto) 효율에 관한 설명으로 옳지 않은 것은?

① 파레토 개선이란 다른 사람들의 효용을 감소시키지 않으면서 어떤 사람들의 효용을 증가시키는 것이다.
② 파레토 효율의 정의상 소득재분배는 매우 효율적이다.
③ 재분배를 통하여 빈곤층의 소득이 늘어나도 개인의 효용은 증가할 수 있다.
④ 파레토 개선의 예로 민간의 자선활동을 들 수 있다.
⑤ 파레토 효율은 완전경쟁시장에서 개인의 자발적인 선택을 전제로 한다.

정답 ②
해설 파레토 효율은 최소한의 개념으로, 사회적으로 바람직한 자원분배를 뜻하거나 사회전체의 평등이나 복지를 말하지 않으며, 다른 배분 상태와 비교했을 때 더 이상 효율적인 배분이 불가능한 배분 상태를 말한다.

☐ 18회
08. 사회복지의 가치 중 '자유'에 관한 설명으로 옳은 것은?

① 자유 지상주의 관점에서는 적극적 자유를 옹호한다.
② 소극적 자유 보장을 위해서는 국가의 역할이 많을수록 좋다.
③ 적극적 자유의 관점에서 자유의 침해는 개인에게 필요한 자원이나 기회를 박탈당한 것을 의미한다.
④ 적극적 자유의 관점에서는 임차인의 주거 안정을 위해 임대인의 자유를 제약할 수 없다.
⑤ 개인의 행동에 대한 외적 강제가 없는 상태는 적극적 자유의 핵심이다.

기출문제 확인하기

정답 ③

해설 ③ 적극적 자유의 관점에서 자유의 침해는 개인에게 필요한 자원이나 기회를 박탈당한 것을 의미한다.
①, ②, ④, ⑤의 설명은 옳지 않으며 ① 자유 지상주의 관점은 자유시장 경제를 지지하며, 소극적 자유를 옹호한다.
② 적극적 자유 보장을 위해서는 국가의 역할이 많을수록 좋다.
④ 적극적 자유의 관점에서는 임차인의 주거 안정을 위해 임대인의 자유를 제약할 수 있다.
⑤ 개인의 행동에 대한 외적 강제가 없는 상태는 소극적 자유의 핵심이다.

□ 19회
09. 사회복지정책의 가치에 관한 설명으로 옳은 것은?
① 비례적 평등은 개인의 능력, 업적, 공헌에 따라 사회적 자원을 분배하는 것을 의미한다.
② 적극적 자유는 타인의 간섭 혹은 의지로부터의 자유를 의미한다.
③ 결과의 평등을 달성하기 위해 부자들의 소득을 재분배하더라도 소극적 자유를 침해하지 않는다.
④ 결과가 평등하다면 과정의 불평등은 상관없다는 것이 기회의 평등이다.
⑤ 기회의 평등은 적극적인 평등의 개념이다.

정답 ①

해설 ① 비례적 평등은 개인의 욕구, 노력, 능력, 기여, 공헌, 업적에 따라 사회적 자원을 상이하게 배분하는 것으로 자본주의 사회에서 실질적으로 가장 널리 사용하는 개념이다. ② 소극적 자유는 타인의 간섭 혹은 의지로부터의 자유를 의미한다. ③ 결과의 평등을 달성하기 위해 부자들의 소득을 재분배하면 소극적 자유를 침해한다. ④ 과정이 평등하다면 결과의 불평등은 상관없다는 것이 기회의 평등이다. ⑤ 기회의 평등은 가장 소극적인 평등의 개념이다.

2 사회복지정책의 역사와 발달이론

◆ 출제경향분석 및 학습가이드

대분류	소분류		20회	19회	18회	17회	16회	15회	14회	13회	12회	11회	출제빈도 및 중요도
사회복지정책의 역사와 발달 이론	제3장 사회복지 정책의 역사적 전개	출제 문항수	1	1	3	0	4	4	1	3	4	3	★★★
		비중	4.0%	4.0%	12.0%	0.0%	16.0%	16.0%	4.0%	12.0%	16.0%	10.0%	
	제4장 사회복지 정책의 이론과 사상	출제 문항수	4	2	2	1	4	2	4	6	3	5	★★★★
		비중	16.0%	8.0%	8.0%	4.0%	16.0%	8.0%	16.0%	24.0%	12.0%	16.7%	

3. 사회복지정책의 역사적 전개
- 사회복지정책의 역사는 매회 반드시 출제되고 있음.
- 영국 구빈제도의 발달사와 독일의 비스마르크 사회보험, 미국의 사회보장법 등에 대하여 잘 정리해 둘 필요가 있음.
- 엘리자베스의 빈민법을 비롯한 영국의 구빈제도 등에 대하여 꼼꼼하게 정리해 두어야 하며, 베버리지 보고서 내용, 비스마르크 사회보험, 뉴딜정책, 복지국가의 위기 관련 내용 등 필수 개념을 확실히 이해해야 함.

4. 사회복지정책의 이론과 사상
- 이 장은 출제 비중이 높고, 문제의 난이도가 매우 높은 수준에 해당함.
- 매년 출제되며, 모든 내용이 고르게 출제되고 있으므로 꼼꼼하게 정리를 해두어야 함.

1) 사회문제와 사회양심이론을 비롯한 다양한 사회복지정책이론들의 특징을 이해해야 함.

2) 복지국가의 형태(유형)과 발달이론에 대한 학습을 철저히 한다.
- 윌렌스키와 르보의 2분 모형, 티트머스의 3분 모형, 에스핑-엔더슨의 복지국가 유형화, 퍼니스와 틸톤의 모형, 미쉬라의 모형 등에 대한 개념을 확실히 이해해야 함.

3) 사회복지정책의 이데올로기의 구분
- 사회복지정책의 이념인 자유주의, 수정자본주의, 사회민주주의, 마르크스주의, 신자유주의, 신마르크스주의, 제3의 길 등에 관한 내용에 대해 철저하게 학습해야 함.
- 복지국가의 필요성과 케인즈 주의, 복지국가 위기의 원인, 민영화, 사회투자국가의 특징, 복지혼합경제(복지다원주의) 등의 주요 내용을 이해하여야 함.

기출문제 확인하기

☐ 16회

01. 1942년 베버리지 보고서에서 구상한 복지국가 모형의 특징이 <u>아닌</u> 것은?

① 빈곤계층을 대상으로 하는 선별적 복지를 강조한다.
② 정액부담과 정액급여의 원리를 바탕으로 한다.
③ 베버리지는 결핍(궁핍), 질병, 무지, 불결, 나태를 5대악으로 규정한다.
④ 정액부담의 원칙은 보험료의 징수와 관련한 행정비용을 절감할 수 있는 효과가 있다
⑤ 노령, 장애, 실업, 질병 등과 같은 사회적 위험들을 하나의 국민보험에서 통합적으로 운영한다.

정답 ①
해설 베버리지 보고서에서 복지국가는 사회보험 대상의 위험을 포괄하고 있으며, 사회보험의 조직 형태를 일원화 하는 것과 함께 이를 전 국민에게 적용하는 보편주의를 채택해야 함을 주장하였다. (포괄성의 원리)

☐ 16회

02. 영국의 신빈민법(1834)과 우리나라의 현재 국민기초생활 보장제도에서 공통으로 나타나는 원칙은?

① 비례급여의 원칙
② 원외구제의 원칙
③ 임금보조의 원칙
④ 열등처우의 원칙
⑤ 비부양의무의 원칙

정답 ④
해설 영국의 신빈민법과 우리나라 국민기초생활 보장제도는 급여 대상자가 자신의 생활 유지 및 향상을 위하여 그의 자산, 근로 능력 및 그 밖의 모든 것을 활용하여 최대한 노력하는 것을 전제로 한다. 그럼에도 부족한 부분이 발생하였을 경우 이를 보충하여 주지만 구제를 받는 빈민의 처우는 최하급의 독립노동자의 수준보다 낮아야 한다는 '열등처우의 원칙'과 보충성의 원칙이 공통적으로 나타난다.

☐ 16회

03. 복지국가의 형성과 발달에 관한 설명으로 옳은 것을 모두 고른 것은?

ㄱ. 독일의 재해보험법(1884)에서 재정은 노사가 반반씩 부담하였다
ㄴ. 영국의 국민보험법(1911)은 건강보험과 실업보험으로 구성되었다.
ㄷ. 미국은 대공항을 경험하면서 총공급관리에 초점을 둔 국가정책을 도입하였다.
ㄹ. 스웨덴은 노동계급과 농민 각 적녹동맹(red-green alliance)을 통해 복지국가 발전의 기틀을 마련하였다.

① ㄱ, ㄴ
② ㄱ, ㄹ
③ ㄴ, ㄷ
④ ㄴ, ㄹ
⑤ ㄷ, ㄹ

정답 ④
해설 ㄱ. 비스마르크의 주도로 재정한 질병보험법 재해보험법 등 사회보험은 그 재정을 주로 자본가(사용자)에게 부담시켰다. ㄷ. 세계대공항 이후 케인즈는 당시 자연실업률과 인플레이션과의 관계를 통해, 임금이 경직적인 이유를 해결하기 위해 정부가 총수요관리에 초점을 둔 재정정책을 제시하여 불황에서 벗어날 수 있다고 보았다.

□ 18회
04. 사회복지 역사에 관한 내용 중 연결이 옳은 것은?

① 엘리자베스 구민법(1601) - 열등처우의 원칙
② 길버트법(1782) - 원외구제 허용
③ 비스마르크 3대 사회보험- 질병보험, 실업보험, 노령폐질보험
④ 미국 사회보장법(1935) - 보편적 의료보험제도 도입
⑤ 베버리지 보고서(1942) - 소득비례방식의 사회보험 도입.

정답 ②

해설 길버트법(1782)은 길버트가 제안하여 통과된 법안으로, 작업장에서 빈민의 비참한 생활과 착취를 개선할 목적으로 재정되었으며, 새로운 인도주의적 구빈제도로 평가 받고 있다. 그리고 ① 열등처우의 원칙은 신구빈법(1834)의 3가지 원칙 중 하나이다. ③ 독일 비스마르크 3대 사회보험은 질병보험(1883), 재해보험(1884), 노령 및 폐질보험 (1889)이다. ⑤ 베버리지 보고서(1942)는 소득비례방식이 아닌 정액급여, 정액부담 원칙을 따른다.

□ 18회
05. 베버리지(W.Beveridge)가 사회보장프로그램의 성공을 위해 제시한 전제 조건을 고른 것은?

| ㄱ. 아동(가족)수당 | ㄴ. 완전고용 | ㄷ. 포괄적 의료 재활서비스 | ㄹ. 최저임금 |

① ㄹ
② ㄱ, ㄷ
③ ㄴ, ㄹ
④ ㄱ, ㄴ, ㄷ
⑤ ㄱ, ㄴ, ㄷ, ㄹ

정답 ④

해설 ㄱ, ㄴ, ㄷ. 베버리지 보고서(1942)가 제시한 사회보장(소득보장)을 위한 3대 전제조건은 아동(가족)수당, 완전고용, 포괄적 의료 및 재활 서비스이다.
베버리지보고서의 사회보험 운영의 기본원칙(6대원칙)
• 균일갹출의 원칙(적용범위 포괄성의 원칙)
• 행정의 통합화(행정책임의 통일) : 전 국민을 사회보험의 대상으로 포괄
• 정액보험료(균일 기여) : 사회경제적 수준(소득수준, 직업, 재산 등)과 인구학적 차이(연령, 성별 등)에 관계없이 동일한 액수의 보험료를 부담
• 정액급여(균일 급여) : 동일액수의 급여 지급
• 급여의 적절성 보장(급여의 충분성) : 급여액과 지급기간의 충분성
• 대상의 분류화 : 사회보험의 대상자를 다양한 집단별로 분류

기출문제 확인하기

□ 19회
06. 신빈민법(New Poor Law)에 관한 설명으로 옳지 <u>않은</u> 것은?

① 1832년 왕립위원회(Royal Commission)의 조사를 토대로 1834년에 제정되었다.
② 국가의 도움을 받는 사람의 처우는 스스로 벌어서 생활하는 최하위 노동자의 생활수준보다 높지 않아야 한다는 원칙을 내용으로 하고 있다.
③ 원외 구제를 인정하였다.
④ 구빈 행정체계를 통일시키고자 하였다.
⑤ 빈민을 가치 있는 빈민과 가치 없는 빈민으로 분류하였다.

정답 ③
해설 신빈민법의 원칙 중 작업장 제도(작업장 수용)의 원칙은 원외 구제 금지원칙이라고 할 수 있다. 길버트법에 의한 노동능력자에 대한 원외구제를 중지하였고, 노약자, 빈곤모자 가정 등에게 원외구호를 제한적으로 실시하였다.
신빈민법은 ① 1832년 2월 기존의 구빈제도의 운영상황을 조사하고, 그 개선책을 보고하기 위하여 왕립위원회가 임명되었으며, 이 위원회의 조사를 토대로 1834년에 제정되었다. ②는 열등 처우의 원칙에 대한 설명이다. ④는 전국적 통일의 원칙(균일처우의원칙)에 대한 설명이다. ⑤ 신빈민법의 구빈행정조직인 구제위원회는 신청자의 평소 생활을 잘 알고 있는 위원의 진술을 토대로 구제할 만한 가치 있는 빈민과 가치 없는 빈민을 구별한 다음 구제를 결정하였다.

□ 19회
07. 서구 복지국가의 위기 이후 나타난 흐름에 관한 설명으로 옳지 <u>않은</u> 것은?

① 공공서비스의 시장화
② 노동시장의 유연화정책
③ 계층 간 소득 불평등 완화
④ 복지의 투자·생산적 성격 강조
⑤ 경제 활성화를 위한 법인세 인하

정답 ③
해설 복지국가의 위기 이후 신자유주의가 도래하면서 계층 간 소득 불평등은 심화되었다.

□ 16회
08. 사회복지정책의 발달이론에 관한 설명으로 옳지 <u>않은</u> 것은?

① 확산이론 : 한 국가의 제도나 기술혁신이 인근 국가에 영향을 준다.
② 음모이론 : 사회복지정책에 대해 사회안정과 질서 유지를 위한 하나의 수단으로 보았다.
③ 독점자본이론 : 경제 발전이 상당 수준에 이르면 사회복지 발전 정도가 유사하게 나타난다.
④ 이익집단이론 : 현대사회에서 귀속적 차이 등에 따른 집단들 간의 정치적 행위가 커지고 있다.
⑤ 사회양심이론 : 인도주의에 입각한 사회적 의무감이 사회복지정책을 확대할 수 있다.

정답 ③
해설 수렴이론(산업화이론)에 관한 설명이다. 독점 자본이론은 복지국가 발전을 독점자본주의의 속성과 연결하여 설명하였다. 또한 계급 갈등의 정치적 과정을 중요시 하였으며, 이러한 정치화 과정을 통해 복지국가가 발전한다고 보았다.

☐ 18회
09. 사회복지발달이론에 관한 설명으로 옳지 않은 것은?

① 사회양심이론 – 사회복지는 이타주의가 제도화된 것임.
② 수렴이론 – 산업화를 이룬 나라들은 사회복지제도를 도입하게 됨.
③ 시민권론 – 마샬(T.H.Marshall)은 사회권(social right)을 복지권(welfare right)이라 한다.
④ 권력자원론 – 사회복지정책은 권력 엘리트의 산물임.
⑤ 구조기능주의론 – 사회복지는 산업화, 도시화에 따른 사회문제에 대한 적응의 결과임.

정답 ④
해설 사회복지정책을 권력 엘리트의 산물이라고 보는 것은 엘리트 이론이다. 권력자원론은 노동자 계급의 정치세력화로 인하여 복지정책이 발달한다고 본다.

☐ 16회
10. 복지국가의 유형화에 관한 설명으로 옳은 것은?

① 조지와 윌딩(V. George & P.Wiling)의 소극적 집합주의(reluctant coliectivism) : 자본주의 시장체계의 약점을 보완하기 위해 국가 개입 인정
② 윌렌스키와 르보(H.Wilensky & C.Lebeaux)의 제도적 모형(institional model) : 가족이나 시장 등 정상적인 통로가 적절히 기능하지 못할 때에만 보충적, 임시적 기능 수행
③ 미쉬라(R.Mishra)의 분화적 복지국(dif-ferentiated welfare state): 경제집단의 상호의존성을 밖에서 사회적 협력 형태로 제도화 추구
④ 티트머스(R. Titnuss)의 산업성취 수행 모델(industrial achicvcmemt perfurmancemodel) : 시장 밖에서 욕구 원칙에 입각하여 보편적 서비스 제공
⑤ 퍼니스와 틸톤(N.Furniss & T.Tilton)의 적극적 국가(positive state) : 사회보험과 사회부조 실시를 위해 국가 개입 인정

정답 ①
해설 ① 조지와 윌딩의 소극적 집합주의 : 자본주의 시장체계의 약점을 보완하기 위해 국가 개입 인정.
나머지 내용은 ② 제도적 모형은 국가가 빈곤에 대한 사회적 책임을 강하게 인식하고, 책임을 확대해 보편적·일반적·사전적·예방적·적극적 기능을 수행한다고 보았다. ③ 분화적 복지국가는 다원적 복지국가라고도 하며, 사회복지가 경제와 구분되며 대립된다. 경제집단과 상호의존적 관계로 본 것은 조합주의적 복지국가(통합적복지국가)이다 ④ 시장 경제 메커니즘 밖에서 보편적 서비스를 제공하는 기본적이고 통합적인 모델은 제도적 재분배 모형이다. ⑤ 사회복지 욕구에 대한 정부의 개입 형태에 따라 사회복지(복지국가) 모형을 적극적 국가, 사회보장국가, 사회복지국가로 분류한다.

기출문제 확인하기

☐ 16회

11. 에스핑 – 앤더슨(G. Esping –Andersen)의 복지국가 유형에 관한 설명으로 옳지 <u>않은</u> 것은?

① 자유주의 복지국가는 시장의 효율성을 중시한다.
② 자유주의 복지국가는 저소득에 초점을 맞춘다.
③ 보수주의 복지국가는 개인 책임과 자조의 원리를 강조한다.
④ 보수주의 복지국가는 사회적 지위에 따라 사회보험 혜택의 차이가 있다.
⑤ 사회민주주의 복지국가는 보편주의적 개입을 통해 가족과 시장을 대체하는 특성을 갖고 있다.

정답 ③
해설 자유주의 복지국가는 개인 책임과 자조의 원리를 강조한다. 보수주의 복지국가는 국가가 주된 사회복지 제공자 역할을 하며 사회보험에 크게 의존한다.

☐ 16회

12. 안토넨과 시필라(A. Antonnen & T. Sipila)의 사회서비스 제공체계 모형과 해당국가의 연결이 옳은 것은?

① 보충주의 모델 – 스페인
② 공공서비스 모형 – 독일
③ 가족주의 모형 – 스웨덴
④ 합리주의 모형 – 핀란드
⑤ 자산조사시장 의존 모형 – 미국

정답 ⑤
해설 안토넨과 시필라는 사회서비스의 주된 제공자가 누구인가를 기초로 유럽의 사회 서비스체계를 4개 국가군으로 유형화했다.

☐ 17회

13. 반집합주의가 선호하는 가치 영역이 <u>아닌</u> 것은?

① 개인　　　② 시장　　　③ 평등
④ 가족　　　⑤ 경쟁

정답 ③
해설 조지와 윌딩이 제시된 사회복지모형(4분법)에서 반집합주의가 선호하는 가치 영역은 자유, 개인주의, 불평등, 가족이다. 평등은 페이비언 사회주의와 마르크스주의의 기본 가치이다.

□ 17회
14. 복지국가의 이론적 기초가 되는 케인즈(J.M.Keynes) 경제이론에 관한 설명으로 옳지 않은 것은?

> ㄱ. 정책의 형성과 집행에서 국가의 역할이 중요하다.
> ㄴ. 정치적 민주주의를 복지국가 성립의 수반 조건으로 한다.
> ㄷ. 복지정책의 일차적 목표를 전 국민의 최소한의 생활 보장에 둔다.
> ㄹ. 복지국가는 궁극적으로 '기회의 평등'을 추구한다.

① 고용이 증가하면 소득이 증가하고, 소득이 증가하면 유효수요가 증가한다.
② 유효수요가 감소하면 경기불황을 가져오고, 소득이 감소한다.
③ 저축이 증가하면 투자가 감소하고, 고용의 감소로 이루어진다.
④ 유효수요가 증가하면 경기호황을 가져와 투자의 증가로 이어진다.
⑤ 소득이 증가하면 저축이 감소하고, 투자의 감소로 이어진다.

정답 ⑤
해설 케인즈 경제이론에서는 소득이 증가하면 소비가 증가하고 투자가 활성화된다고 본다.

□ 18회
15. 민영화에 관한 설명으로 옳지 않은 것은?

① 1980년대 등장한 신자유주의와 관련이 있다.
② 정부가 공급하는 재화와 서비스 비용을 절감하기 위해 도입되었다.
③ 소비자 선호와 소비자 선택을 중시한다.
④ 경쟁을 유발시켜 서비스 품질을 향상시키고자 한다.
⑤ 상업화를 통해 취약계층의 서비스 접근성이 높아진다.

정답 ⑤
해설 민영화는 자유시장 경제체제(소극적자유)를 의미하는 것으로, 구매 및 지불 능력이 없거나 부족한 취약계층의 서비스 접근성이 낮아지게 된다.

□ 19회
16. 사회복지정책 발달이론에 관한 설명으로 옳지 않은 것은?

① 사회양심론은 인도주의에 기초하고 있다.
② 음모이론은 사회복지정책을 사회안정과 질서유지를 위한 통제수단으로 보는 이론이다.
③ 확산이론은 한 지역의 사회복지정책이 다른 지역으로 전파되어 나간다는 이론이다.
④ 시민권론은 참정권, 공민권, 사회권 순으로 발전했다고 설명한다.
⑤ 산업화이론은 사회복지정책발달이 그 사회의 산업화 정도에 따라 결정된다고 보는 이론이다.

정답 ④

해설 시민권론은 공민권, 참정권, 사회권 순으로 발전했다고 설명한다. 즉 마샬(T. H. Marshall)에 의하면 영국의 경우 18세기에서 19세기에 자유와 평등과 같은 공민권(civil right)이 확립되었고, 19세기와 20세기 사이에 참정권과 같은 정치권(political right)이 그리고, 20세기 중반까지 복지권과 같은 사회권(social right)이 조성되었다고 한다.

① 사회 양심론은 인도주의 사상에 기초하여 이타주의와 사회적 책임성 맥락에서 사회복지제도의 발달을 설명한다.
② 음모이론은 지배계층이 기존의 사회질서가 위협받고 있다고 느낄 때 사회 안정과 질서유지를 위한 통제수단으로 사회복지정책을 제시한다고 본다.
③ 확산이론은 한 지역의 사회복지정책이 그 주변에 있는 인접한 다른 지역으로 전파되어 나간다는 이론이다.
⑤ 산업화이론은 사회복지정책발달은 그 사회의 산업화 정도에 따라 결정된다고 보는 이론으로, 일단 산업화가 비슷한 수준에 도달하면 유사한 사회복지체계를 가지게 된다고 보는 시각이다.

◻ 19회

17. 에스핑 앤더슨(Esping-Andersen)의 복지국가 유형에 관한 설명으로 옳은 것을 모두 고른 것은?

> ㄱ. 복지국가 유형을 탈상품화, 계층화 등을 기준으로 분류하였다.
> ㄴ. 자유주의복지국가는 자산조사에 의한 공공부조의 비중이 큰 국가이다.
> ㄷ. 보수주의복지국가는 사회보험에 의존하지 않는다.
> ㄹ. 사회민주주의복지국가는 보편적 원칙과 사회권을 통한 탈상품화 효과가 크다.

① ㄱ, ㄴ ② ㄱ, ㄹ ③ ㄱ, ㄴ, ㄹ
④ ㄴ, ㄷ, ㄹ ⑤ ㄱ, ㄴ, ㄷ, ㄹ

정답 ③

해설 ㄱ. 복지국가 유형을 탈상품화의 정도, 계층화(사회계층제 형태), 수혜제공과 관련된 국가 시장 가족의 관계를 기준으로 분류하였다. ㄴ. 자유주의 복지국가는 공공부조 프로그램을 강조하며, 자산조사에 의해 자격기준이 까다롭고 낙인감을 줄 수 있다. ㄹ. 사회민주주의복지국가는 시민권에 기초한 보편적인 복지체계를 특징으로 하며 탈 상품화 효과가 가장 크다.
ㄷ. 보수주의복지국가는 직업별, 계층별로 다른 종류의 복지급여가 제공되며 사회보험의 형태에 크게 의존한다.

③ 사회복지정책의 과정과 분석틀

◆ 출제경향분석 및 학습가이드

대분류	소분류		20회	19회	18회	17회	16회	15회	14회	13회	12회	11회	출제빈도 및 중요도
사회복지 정책의 과정과 분석틀	제5장 사회복지 정책의 형성과정	출제 문항수	1	2	0	2	1	2	2	3	2	3	★★★
		비중	4.0%	8.0%	0.0%	8.0%	4.0%	8.0%	8.0%	12.0%	8.0%	10.0%	
	제6장 사회복지 정책의 내용분석	출제 문항수	5	7	4	1	6	1	10	4	5	9	★★★★★
		비중	20.0%	28.0%	16.0%	4.0%	24.0%	4.0%	40.0%	16.0%	20.0%	30.0%	

5. 사회복지정책의 형성과정
- 이 장에서도 출제 빈도는 높은 편은 아니지만 거의 빠짐없이 출제되고 있음.
- 사회복지정책의 평가, 정책 결정에 관한 이론모형 등의 문제가 꾸준히 출제되고 있으며, 난이도는 중에 해당하는 수준임.

1) 사회복지정책 평가유형, 형성과정의 주요 모형을 이해함.
2) 사회문제의 이슈화, 정책의제 및 대안의 형성, 정책의 결정과 집행, 평가 등의 개념에 대한 과정별 특징을 이해하도록 함.
3) 사회복지정책의 이론모형인 다원주의, 합리모형, 만족모형, 점증모형, 혼합모형, 엘리트모형, 최적모형, 킹돈의 쓰레기통모형 등 주요 모형의 내용, 특징에 대하여 학습해야 함.

6. 사회복지정책의 내용분석
- 길버트와 테렐의 사회복지정책의 분석유형인 과정분석, 산출분석, 성과분석에 관한 내용을 파악함.

1) 사회복지정책의 4가지 분석틀인 할당체계, 급여체계, 전달체계, 재원체계는 자주 출제되는 편이므로 내용 정리를 상세하게 해두어야 함.
2) 보편주의와 선별주의 개념을 파악하고 대상의 선정기준인 귀속적 욕구, 보상, 진단적 차등, 자산조사 등에 대하여 이해하여야 함.
3) 급여의 형태, 급여대상의 자격조건, 현금 급여, 현물 급여의 장단점, 바우처, 기회, 권력 등의 내용을 꼼꼼히 정리해야 함.
4) 전달체계인 공적·사적 전달체계의 주체를 결정하는 내용을 이해함.

기출문제 확인하기

□ 17회

01. 킹돈(J.Kingdon)의 쓰레기통모형에 관한 설명으로 옳은 것을 모두 고른 것은?

> ㄱ. 정책 결정은 조직화된 상태 속에 나타나는 몇 가지 흐름에 의하여 체계적으로 이루어진다.
> ㄴ. 정치의 흐름, 문제의 흐름, 정책대안의 흐름이 각각 따로 존재하며, 그 과정의 참여자도 다르다.
> ㄷ. 정책의 흐름 속에 떠다니던 정책대안이 연결되어 정책 결정의 기회를 맞는다.
> ㄹ. 정치의 흐름 및 문제의 흐름 각각에 의하여 또는 이들의 결합에 의하여 정책 아젠다가 결정된다.

① ㄱ, ㄴ   ② ㄱ, ㄷ   ③ ㄴ, ㄷ
④ ㄴ, ㄷ, ㄹ   ⑤ ㄱ, ㄴ, ㄷ, ㄹ

정답 ④

해설 ㄱ. 킹돈의 쓰레기통모형에서 정책 결정은 의사결정에 필요한 문제, 해결책, 선택기회, 참여자의 네 가지 요소가 쓰레기통 속과 같은 조직화된 무정부 상태 속에서 우연히 나타나게 된다고 보았다.

□ 17회

02. 사회복지정책 평가가 필요한 이유를 모두 고른 것은?

> ㄱ. 문제 해결을 위한 정책 결정에 필요한 정보를 얻기 위함.
> ㄴ. 기존 정책의 개선에 필요한 정보를 얻기 위함.
> ㄷ. 정책의 정당성 근거를 확보하기 위함
> ㄹ. 정책 평가는 사회복지정책이론의 형성에 기여함.

① ㄱ, ㄴ, ㄷ   ② ㄱ, ㄴ, ㄹ   ③ ㄱ, ㄷ, ㄹ
④ ㄴ, ㄷ, ㄹ   ⑤ ㄱ, ㄴ, ㄷ, ㄹ

정답 ⑤

해설 ㄱ, ㄴ, ㄷ, ㄹ. 모두 사회복지정책 평가의 필요성에 해당한다.

□ 16회

03. 정책 결정 이론모형에 관한 설명으로 옳지 <u>않은</u> 것은?

① 합리모형 : 인간의 이성과 합리성을 전제로 최선의 정책대안을 찾을 수 있다고 가정한다.
② 혼합모형 : 조직화된 무정부 상태 속에서 정책이 우연히 결정된다고 가정한다.
③ 최적모형 : 체계론적 시각에서 정책 성과를 최적화하려는 정책 결정 모형이다.
④ 만족모형 : 사람은 자신의 제한된 능력과 환경적 제약으로 모든 대안이 초래할 결과를 완전히 예측 할 수는 없다.
⑤ 점증모형 : 과거의 정책을 약간 수정한 정책 결정이 이루어지고, 여론의 반응에 따라 정책수정을 반복한다.

정답 ②
해설 ② 쓰레기통 모형에 대한 설명이다.

□ 19회
04. 사회복지 운동에 관한 설명으로 옳지 <u>않은</u> 것은?

① 민간이 사회복지정책의 방향·내용에 대해 특정한 견해를 가지고 이를 관철시키기 위한 실천이다.
② 여러 사회복지정책 실천 중의 하나라고 할 수 있다.
③ 복지시설 종사자는 사회복지운동의 주체가 될 수 없다.
④ 사회복지운동을 통해 특정 사회복지정책이 선거정치의 의제가 되도록 촉구할 수 있다.
⑤ 1990년대 국민최저선확보운동, 사회복지입법청원운동 등이 사회복지운동의 예이다.

정답 ③
해설 사회복지시설 종사자도 사회복지 운동의 주체가 될 수 있다. 사회복지운동주체는 사회복지대상자뿐만 아니라 사회복지실무자나 전문가 넓게는 지역주민 등 모든 일반국민까지 다양한 형태로 존재할 수 있다.

□ 19회
05. 사회복지정책 평가유형에 관한 설명으로 옳은 것은?

① 과정평가는 정책집행 후에 평가하는 활동을 말한다.
② 결과평가는 정책집행 중간의 평가로 전략 설계의 수정보완을 하지 못한다.
③ 총괄평가는 정책이 집행되고 난 후 정책이 사회에 미친 영향을 평가하는 것이다.
④ 효율성평가는 정책집행의 결과에 따라 정책의 목적이 달성되었는지를 평가하는 것이다.
⑤ 효과성평가는 정책의 효과를 투입된 자원과 대비하는 평가이다.

정답 ③
해설 ③ 총괄평가는 정책이 집행되고 난 후 정책이 사회에 미친 영향(정책 효과)을 평가하는 것으로, 정책영향평가라고도 한다. ① 총괄평가는 정책집행 후에 평가하는 활동을 말한다. ② 과정평가는 정책집행 중간의 평가로 전략 설계의 수정보완할 수 있지만, 결과평가는 정책집행 후에 하는 평가로 전략 설계의 수정보완을 하지 못한다. ④ 효과성평가는 정책집행의 결과에 따라 정책의 목적이 달성되었는지를 평가하는 것이다. ⑤ 효율성평가는 정책의 효과를 투입된 자원과 대비하는 평가이다.

기출문제 확인하기

☐ 18회
06. 우리나라 사회복지정책의 대상 선정에 관한 설명으로 옳은 것은?

① 소득이나 자산을 조사하여 대상을 선정하는 것은, 보편주의 원칙에 부합한다.
② 아동수당은 인구학적 기준을 적용한 제도이다.
③ 장애수당은 전문가의 진단을 고려하지 않는다.
④ 긴급복지지원제는 보편주의 원칙에 부합한다.
⑤ 기초연금의 대상 선정기준에는 부양의무자 유무가 포함된다.

정답 ②
해설 ② 아동수당은 2019년 9월부터 부모의 소득 및 재산과 상관없이 만 7세 미만의 모든 아동에게 지급하는 것으로, 이는 연령에 제한을 둔 인구학적 기준에 해당한다. ① 소득이나 자산을 조사하여 대상을 선정하는 것은 선별주의 원칙에 부합한다. ③ 장애수당은 전문가의 진단을 고려한다.(진단적 차등) ④ 긴급복지 지원제도는 선별주의 원칙에 부합한다.(공공부조) ⑤ 기초연금의 대상 선정기준에는 부양의무자 유무는 포함되지 않으며, 소득 및 재산만 적용한다.

☐ 16회
07. 사회보험료와 조세에 관한 설명으로 옳은 것을 모두 고른 것은?

> ㄱ. 정률의 사회보험료는 소득세에 비해 역진적이다.
> ㄴ. 사회보험료는 조세에 비해 징수에 대한 저항이 적다.
> ㄷ. 소득세와 사회보험료 모두 소득이 높은 사람이 더 많이 부담한다.
> ㄹ. 조세는 지불능력(capacity to pay)과 관련되어 있다.

① ㄱ, ㄴ ② ㄱ, ㄷ ③ ㄴ, ㄹ
④ ㄱ, ㄴ, ㄷ ⑤ ㄱ, ㄴ, ㄷ, ㄹ

정답 ⑤
해설 ㄱ, ㄴ, ㄷ, ㄹ 모두 옳은 내용이다
ㄱ. 정률의 사회보험료는 소득상한선이 있어 소득세에 비해 역진적이다.
ㄴ. 사회보험료는 재산권적 성격이 있어 조세에 비해 징수에 대한 저항이 적다.
ㄷ. 소득세와 사회보험료는 정률제로 납부하기 때문에 소득이 높은 사람이 더 많이 부담한다.
ㄹ. 조세는 경제활동 등으로 지불 및 구매 능력이 없는 취약계층은 납부하지 않기 때문에 지불 능력과 관련되어 있다.

☐ 18회
08. 복지혼합(weifere-mix)의 유형 중 서비스 이용자의 선택권이 작은 것에서 큰 순서로 나열한 것은?

① 세제 혜택 - 계약 - 증서
② 세제 혜택 - 증서 - 계약
③ 증서 - 계약 - 세제 혜택
④ 계약 - 증서 - 세제 혜택
⑤ 계약 - 세제 혜택 - 증서

정답 ④

해설 서비스 이용자의 선택권을 작은 것에서 큰 순서로 나열하면 '계약 – 증서 – 세제 해택' 순이다. 복지혼합 유형에는 1. 계약, 2. 재정 보조, 3. 증서, 4. 상환, 5. 세제 혜택이 있다. 이런 유형들은 공공부문과 민간 부문의 혼합유형들로 직접적이든 간접적이든 정부의 재정지출이 필요한 유형들이며, 서비스의 조정자와 지출자는 정부이고 서비스 제공자만이 민간 부문에서 이루어진다. 계약은 공급자와 서비스 이용자 간의 의사표시(권리와 의무의 발생, 변경 및 소멸)를 말하고, 증서는 사용 용도와 비용의 제한을 통해 서비스 이용자가 그 범위에서 자유롭게 선택하는 것을 말한다. 세제 혜택은 서비스 이용자의 일정 한도 내에서 세액공제, 조세감면 또는 면제 등의 혜택을 부여하는 것을 말한다.

☐ 18회

09. 사회복지정책을 분석하는 접근 방법에 관한 설명으로 옳은 것은?

① 산물분석은 특정 정책이 실행된 이후 그 결과를 분석·평가하는 데 관심을 둔다.
② 산물분석은 정책이 형성되는 사회정치적 맥락을 고찰한다.
③ 성과분석은 정책 결정이라는 정책활동의 결과물에 대한 내용을 분석하는 것이다.
④ 과정분석은 정책 기획 과정을 거쳐 이끌어 낸 여러 정책대안을 분석한다
⑤ 과정분석은 정책사정이 어떻게 이루어지는 지를 이해하기 위한 목적에서 이루어진다.

정답 ⑤

해설 ① 성과분석은 특정 정책이 실행된 이후 그 결과를 분석 평가하는 데 관심을 둔다. ② 과정분석은 정책이 형성되는 사회정치적 맥락을 고찰한다. ③ 산물분석은 정책 결정이라는 정책 활동의 결과물에 대한 내용을 분석하는 것이다. ④ 산물분석은 정책 기획 과정을 거쳐 이끌어 낸 여러 정책대안을 분석한다.

☐ 16회

10. 인구학적 기준에 따른 사회수당에 관한 설명으로 옳지 않은 것은?

① 운영효율성이 높다.
② 사회통합에 기여할 수 있다.
③ 낙인문제가 발생하지 않는다.
④ 사회적 적절성 가치 실현 정도가 높다.
⑤ 공공부조에 비해 근로동기 감소효과가 적다.

정답 ④

해설 사회수당은 서비스가 필요한 사람이든 필요하지 않은 사람이든 누구에게나 서비스를 제공하므로 보편주의 원리와 일치한다. 아동수당, 가족수당, 장애아동수당 등이 이에 해당되며, 사회복지정책의 기본적 가치인 사회적 적절성의 가치 실현 정도는 낮다

기출문제 확인하기

☐ 16회

11. 사회복지급여의 하나인 증서(voucher)에 관한 설명으로 옳지 <u>않은</u> 것은?

① 현금급여에 비해 목표 달성에 효과적이다.
② 현물급여에 비해 소비자의 선택권이 낮다.
③ 현물급여에 비해 공급자 간 경쟁을 유도하는 데 유리하다.
④ 공급자가 소비자를 자의적으로 선택하는 현상이 발생할 수 있다.
⑤ 현물급여에 비해 서비스에 대한 충분한 정보접근이 이루어져야 한다.

정답 ②
해설 증서(바우처)는 현물급여에 비해 소비자 선택권이 높다.

☐ 17회

12. 사회복지서비스와 다른 공공서비스들과의 차별성을 설명한 것으로 옳지 <u>않은</u> 것은?

① 사회복지서비스는 주로 이차분배에 관여한다.
② 사회복지서비스는 사람들의 욕구를 충족 시키고자 한다.
③ 사회복지서비스는 개별적 욕구를 충족 시키고자 한다.
④ 사회복지서비스에서의 교환은 쌍방적이며, 급여에 대한 대가를 반드시 지불해야 하는 이전(移轉)관계이다.
⑤ 사회복지서비스는 사람들의 욕구를 주로 공식적 기구나 제도를 통해 충족한다.

정답 ④
해설 쌍방적인 교환관계는 급여에 대한 대가를 반드시 지불해야 하는 이전관계로서 '사회보험'이다.

☐ 16회

13. 우리나라 중앙정부의 지방정부 재정지원 방식에 관한 설명으로 옳은 것을 모두 고른 것은?

> ㄱ. 일반 보조금(general grant)은 지역 간 재정 격차를 해소하려는데 목적이 있다.
> ㄴ. 범주적 보조금(categorical grant)은 복지서비스의 전국적 통일성과 평등한 수준을 유치하는 데 적합하다.
> ㄷ. 범주적 보조금(categorical grant)의 매칭 펀드는 지방정부의 재정운영을 어렵게 만들 수 있다.

① ㄴ　　　　　　　② ㄱ, ㄴ　　　　　　　③ ㄱ, ㄷ
④ ㄴ, ㄷ　　　　　⑤ ㄱ, ㄴ, ㄷ

정답 ⑤
해설 ㄱ, ㄴ, ㄷ 모두 옳은 내용이다.

□ 18회

14. 사회복지 재원에 관한 설명으로 옳지 <u>않은</u> 것은?

① 일반세 중 재산세의 계층 간 소득재분배 효과가 가장 크다.
② 목적세는 사용목적이 정해져 있어 재원 안정성이 높다.
③ 이용료는 저소득층의 서비스 이용을 저해 할 수 있다.
④ 고용주가 부담하는 사회보험료는 수직적 소득재분배 성격을 지닌다.
⑤ 기업이 직원들에게 제공하는 기업복지는 소득 역진적 성격이 강하다.

정답 ①

해설 일반세 중 소득세가 계층간 소득 재분배 효과가 가장 크다. 재산세는 주택소유층에게만 세금을 부과하고 미소유층은 부과되지 않아 비교적 소득 재분배 효과가 미약하다.

□ 16회

15. 조세와 사회보험료 부과에 관한 설명으로 옳은 것은?

① 사회보험료는 소득세에 비해 역진적이다.
② 사회보험료에는 조세와 같은 인적공제가 없어 저소득층에게 유리하다.
③ 조세와 달리 소득상한선이 있는 사회보험료는 고소득층에게 불리하다.
④ 조세와 달리 사회보험료는 국가의 반대급부가 특정화되어 있지 않다.
⑤ 조세와 달리 사회보험료는 추정된 부담능력(assumeck capacity)을 고려한다.

정답 ①

해설 ② 사회보험료는 다른 공제 사항이 많지 않아 상대적으로 저소득층에게 불리한 편이다. 반면 조세는 인적공제 등이 있어 저소득층에게 비교적 유리하다. ③ 소득에 따라 승가되는 상한선이 없는 조세에는 누진성이 있으나 상한선이 있는 사회보험료에는 역진성이 작용한다. 따라서 사회보험료는 고소득층에게 유리하다. ④ 사회보험은 자신이 기여한 만큼 급여를 지급받지만, 조세는 국가가 일방적으로 징수하고 개인은 국가에 대해 자신이 납부한 세금을 청구할 수 있는 반대급부가 없다. ⑤ 조세인 소득세는 과세임금으로 부과하고 사회보험료는 표준보수월액으로 부과한다.

□ 16회

16. 사회복지 재원 중 이용료에 관한 설명으로 옳지 <u>않은</u> 것은?

① 정부의 재정 부담을 완화하는 효과가 있다.
② 정액의 이용료는 소득 재분배에 역진적이다.
③ 서비스 이용자의 도덕적 해이를 방지할 수 있다.
④ 저소득층의 서비스 접근성을 향상 시킬 수 있다.
⑤ 이용자의 권리의식을 높여 서비스질을 향상시킬 수 있다.

정답 ④

해설 사용자 부담(이용자 부담)은 저소득층의 서비스 접근성을 향상 시킬 수 있는 것이 아니라 오히려 약화시킨다. 이용료(이용자 부담)는 기본적으로 역진적이다. 즉 고소득층에 비해 저소득층의 부담이 상대적으로 크기 때문에 소득 재분배 효과가 떨어질 수 있으며 비용부담이 커서 서비스 이용이 억제될 수 있다.

기출문제 확인하기

❏ 19회

17. 길버트(N. Gilbert)와 스펙트(H. Specht) 등의 사회복지정책 분석에 관한 설명으로 옳지 <u>않은</u> 것은?

① 과정분석은 정책형성에 영향을 사회정치적·기술적, 방법적 변수를 중심으로 분석하는 접근 방법이다.
② 산물분석은 정책선택에 관련된 여러 가지 쟁점을 분석하는 접근방법이다.
③ 성과분석은 실행된 정책이 낳은 결과를 기술하고 분석하는 접근방법이다.
④ 산물분석은 할당, 급여, 전달체계, 재정 차원으로 구분하여 분석한다.
⑤ 과정분석은 연구자의 주관을 배제해야 한다.

정답 ⑤

해설 과정분석은 연구자의 주관을 배제하지 않는다. 즉 과정분석은 연구자 자신이 가진 문화적, 철학적 가치 및 세계관에 의해 상당히 영향을 받게 된다. 즉, 과정분석은 사회적 맥락에 대한 연구자 자신의 이론적이고 철학적인 가정에 따라 크게 달라진다.

❏ 19회

18. 사회보험제도의 급여와 급여형태에 관한 설명으로 옳지 <u>않은</u> 것은?

① 고용보험법상 구직급여는 현물급여이다.
② 산업재해보상보험법상 요양급여는 현물급여이다.
③ 노인장기요양보험법상 재가급여는 현물급여이다.
④ 국민연금법상 노령연금은 현금급여이다.
⑤ 국민건강보험법상 장애인 보조기기에 대한 보험급여는 현금급여이다.

정답 ①

해설 ① 고용보험법상 구직급여는 근로자가 실직하였을 때 일정기간 생계 유지에 필요한 소득을 보전해 주는 현금급여이다.
② 산업재해보상보험법상 요양급여는 근로자가 업무상 사유로 부상을 당하거나 질병에 걸릴 경우 지급하는 현물급여이다.
③ 노인장기요양보험법상 급여 중 재가급여와 시설급여는 현물급여, 특별 현금급여는 현금급여이다.
④ 국민연금법상 노령연금은 가입자의 노후소득을 보장하기 위한 급여로 현금급여이다.
⑤ 국민건강보험법상 장애인 보조기기에 대한 보험급여는 장애인복지법에 의하여 등록된 장애인인 가입자 및 피부양자가 장애인보조기기를 구입할 경우 구입금액 일부를 국민건강보험공단 에서 보험급여비로 지급하는 제도로 현금급여이다.

□ 19회
19. 선별주의에 근거한 제도에 해당하는 것을 모두 고른 것은?

> ㄱ. 장애인연금   ㄴ. 아동수당   ㄷ. 기초연금   ㄹ. 의료급여

① ㄱ, ㄴ, ㄷ   ② ㄱ, ㄴ, ㄹ   ③ ㄱ, ㄷ, ㄹ
④ ㄴ, ㄷ, ㄹ   ⑤ ㄱ, ㄴ, ㄷ, ㄹ

정답 ③

해설 ㄱ. 장애인연금은 공공부조법인 「장애인연금법」 상 급여로, 「장애인연금법」 제4조(수급권자의 범위 등) 제1항에서 "수급권자는 18세 이상의 중증장애인으로서 소득인정액이 그 중증장애인의 소득·재산·생활수준과 물가상승률 등을 고려하여 보건복지부장관이 정하여 고시하는 금액(이하 선정 기준액이라 한다) 이하인 사람으로 한다."라고 규정하고 있다. 급여자격 기준이 선별주의적 할당원리인 진단적 차별(중증장애인)과 자산조사(소득인정액)이다. ㄷ. 기초연금은 공공부조법인 「기초연금법」 상 급여로, 「기초연금법」 제3조(기초연금 수급권자의 범위 등) 제1항에서 "기초연금은 65세 이상인 사람으로서 소득 인정액이 보건복지부장관이 정하여 고시하는 금액(이하 선정기준액이라 한다) 이하인 사람에게 지급한다."라고 규정하고 있다. 급여자격 기준이 선별주의적 할당원리인 자산조사이다. ㄹ. 의료급여는 공공부조법인 「국민기초생활보장법」 상 급여로, 「국민기초생활보장법」 제12조의3(의료급여) 제2항에서 "의료급여 수급권자는 부양의무자가 없거나, 부양의무자가 있어도 부양능력이 없거나 부양을 받을 수 없는 사람으로서 그 소득인정액이 제20조제2항에 따른 중앙생활보장위원회의 심의·의결을 거쳐 결정하는 금액(이하 이 항에서 의료급여 선정기준이 라 한다) 이하인 사람으로 한다. 이 경우 의료급여 선정기준은 기준 중위소득의 100분의 40 이상으로 한다."라고 규정하고 있다. 급여자격 기준이 선별주의적 할당원리인 자산조사이다.
ㄴ. 아동수당은 사회수당법인 「아동수당법」 상 급여로, 「아동수당법」 제4조(아동수당의 지급 대상 및 지급액) 제1항에서 "아동수당은 7세 미만의 아동에게 매월 10만원을 지급한다."라고 규정하고 있다. 급여자격 기준이 보편주의적 할당원리인 귀속적 욕구(연령)이다.

□ 19회
20. 사회복지전달체계에 관한 설명으로 옳은 것을 모두 고른 것은?

> ㄱ. 공급자와 수요자가 가격 기구를 매개로 상호작용하는 것을 원칙으로 한다.
> ㄴ. 공급자와 수요자를 이어주는 매개체 역할을 한다.
> ㄷ. 클라이언트에게 사회복지서비스를 제공하기 위한 조직 및 인력이다.
> ㄹ. 공급자들을 공간적으로 분산 배치하면 전달체계에 대한 접근성을 높일 수 있다.

① ㄱ, ㄴ   ② ㄴ, ㄷ   ③ ㄷ, ㄹ
④ ㄱ, ㄷ, ㄹ   ⑤ ㄴ, ㄷ, ㄹ

기출문제 확인하기

정답 ⑤

해설 ㄴ. 사회복지전달체계는 사회복지서비스의 공급자와 수요자(수급자·수혜자)를 연결시키기 위한 조직적 장치이다. ㄷ. 사회복지전달체계는 사회복지정책과 서비스를 클라이언트에게 전해주기 위해서 꾸며진 사회적 조직체로서 조직 및 인력을 말한다. ㄹ. 접근성은 사회복지서비스를 필요로 하는 사람이 필요한 때에 편리한 곳에서 해당 서비스를 받을 수 있는가 하는 문제와 관련되므로 공급자들을 공간적으로 분산배치하면 접근성을 높일 수 있다.

ㄱ. 가격 기구는 수요와 공급의 기능에 의하여 모든 재화와 용역의 가격이 결정되고 그 가격에 따라 사회 전체의 경제 활동이 조정되는 일을 가리키는 단어로, 자본주의 경제에서는 가격기구가 자원배분의 역할을 담당한다. 사회복지정책은 사회구조적 원인이나 시장의 실패로 인하여 가격 기구의 기능이 제대로 작동하지 않는 경우에 일정한 욕구를 가진 대상자에게 필요한 재화와 서비스를 공급할 수 없는 문제가 야기 되고, 이러한 상황에서 국가가 개입을 통해서 해결하는 것이다.

□ 19회

21. 사회복지정책의 수급조건에 해당하지 <u>않는</u> 것은?

① 연령
② 자산조사
③ 기여 여부
④ 진단평가
⑤ 최종 학력

정답 ⑤

해설 ⑤ 사회복지정책의 수급조건, 즉 사회적 할당의 기반은 귀속적 욕구, 보상, 진단적 차별(진단적 구분), 자산조사에 의한 욕구로 분류한다. 이 네 가지 할당원리에 최종 학력은 해당하지 않는다.
① 연령은 귀속적 욕구에 해당한다. 귀속적 욕구는 인구학적 요건(성별, 연령), 결혼 여부, 거주지역과 같은 특정한 집단 구성원으로서 조건을 갖춘 사람을 대상으로 한다.
② 자산조사에 의한 욕구는 한 개인이 필요한 재화나 서비스를 구입할 능력이 없음을 나타내는 증거를 기초로 하여 수급자격을 판정하는 것을 말한다.
③ 기여 여부는 보상에 해당한다. 보상은 사회적·경제적으로 특별한 혹은 일정한 공헌을 한 사람들의 집단 또는 사회로부터 부당한 피해를 입은 사람들의 집단에 속할 것을 조건으로 하는 할당 원리이다.
④ 진단평가는 진단적 차별(진단적 구분)에 해당한다. 진단적 구분은 각 개별적 사례에 대한 전문가(사회복지사, 의사와 같은 전문가나 행정관료)가 어떤 재화 혹은 서비스를 특별히 필요로 하는가를 판단할 것을 조건으로 하는 할당원리이다.

□ 19회

22. 사회복지정책의 재정에 관한 설명으로 옳은 것은?

① 한국의 사회복지정책 재원은 주로 민간 기부금에 의존한다.
② 사회복지재정이 수행하는 기능 가운데 하나는 소득재분배이다.
③ 조세가 역진적일수록 소득재분배의 기능이 크다.
④ 한국의 조세부담률은 OECD 회원국가의 평균보다 높다.
⑤ 사회복지재원으로서 이용료는 연동제보다 정액제일 때 소득재분배 효과가 크다.

정답 ②

해설 ② 사회복지재원은 빈부의 격차를 완화하여 사회적 안정화를 꾀하는 소득의 재분배 기능이 있으며, 이 외에도 시장실패를 보전하는 자원배분의 조정기능, 경기변동을 완화시켜 국민경제의 안정적 성장을 지속시키는 경제의 안정화 기능이 있다.

① 우리나라의 사회복지정책 재원은 주로 민간재원인 기부금이 아니라 공공재원에 의존한다. 대부분의 국가에서 사회복지정책 재원은 민간부문보다 공공부문에서 압도적으로 많이 조달된다. 공공부문의 재원 가운데 정부의 일반예산과 사회보장성 조세에 대한 상대적 의존도는 국가에 따라 차이가 있는데, 우리나라의 경우 정부의 일반예산보다 사회보장성 조세가 차지하는 비율이 더 높다. 참고로 민간재원 중에서는 기업복지가 차지하는 비율이 가장 높다.

③ 조세가 누진적일수록 소득재분배의 기능이 크다. 조세의 역진성이란 경제적 능력이 높을수록 조세 부담률이 낮아지는 것을 의미하며, 조세의 누진성은 소득이 높은 사람일수록 조세부담률(세율)이 높아지는 것을 의미한다.

④ 우리나라의 조세부담률은 OECD 회원국가의 평균보다 낮다.

⑤ 사회복지재원으로서 이용료는 정액제보다 연동제일 때 소득재분배 효과가 크다. 참고로 연동제는 서비스 이용자의 경제적 능력에 따라 차등화하여 요금을 부과하는 것이며, 정액제는 서비스 비용에 관계없이 일정액을 부담 시키는 방법, 즉 가입대상자 모두에게 동일한 액수의 비용을 징수하는 제도이다.

☐ 19회
23. 사회복지전달체계에서 제공되는 재화나 서비스의 속성 등에 관한 설명으로 옳은 것은?

① 사회복지 재화나 서비스는 단일한 전달체계에서 독점적으로 제공하는 것이 바람직하다.
② 공공재적인 성격이 강한 재화나 서비스는 민간에서 제공하는 것이 바람직하다.
③ 사회복지의 재화나 서비스는 정보의 불완전성으로 인해 소비자들의 합리적 선택에 차이가 난다.
④ 공공부문의 전달체계는 경쟁체제가 이루어지기 때문에 효율적이다.
⑤ 사회복지 재화나 서비스는 수급자들에 의한 오용과 남용의 문제가 발생하지 않는다.

정답 ③

해설 사회복지의 재화나 서비스인 사회보험, 의료서비스, 교육서비스 주택서비스 등은 대개 매우 복잡한 기술적인 정보를 갖고 있어야만 합리적 선택이 이루어지기 때문에 시장기제에서 소비자들의 선택에 맡겨 이러한 재화나 서비스의 배분이 이루어지게 되면 비효율적이 될 수 있다. 즉, 정보의 불완전성은 공급자가 수요자보다 정보를 많이 갖게 되는 경우로, 이런 상황에서 제3자(국가의 전문관료)가 개입하여 공급자와 수요자 간 불균형적 정보의 문제를 해결해야 한다.

4 사회보장의 이해

◆ 출제경향분석 및 학습가이드

대분류	소분류		20회	19회	18회	17회	16회	15회	14회	13회	12회	11회	출제빈도 및 중요도
사회보장의 이해	제7장 사회보장의 이해	출제 문항수	3	2	2	4	2	1	2	0	1	1	★★★
		비중	12.0%	8.0%	8.0%	16.0%	8.0%	4.0%	8.0%	0.0%	4.0%	3.3%	
	제8장 빈곤과 공공부조 제도	출제 문항수	4	3	6	3	3	4	2	1	3	4	★★★★
		비중	16.0%	12.0%	24.0%	12.0%	12.0%	16.0%	8.0%	4.0%	12.0%	13.3%	
	제9장 공적연금 제도의 이해	출제 문항수	1	1	1	2	1	3	0	2	2	0	★★
		비중	4.0%	4.0%	4.0%	8.0%	4.0%	12.0%	0.0%	8.0%	8.0%	0.0%	
	제10장 국민건강보장 제도의 이해	출제 문항수	2	1	2	1	2	2	0	1	1	2	★★
		비중	8.0%	4.0%	8.0%	4.0%	8.0%	8.0%	0.0%	4.0%	4.0%	6.7%	
	제11장 산업재해보상 보험제도의 이해	출제 문항수	1	0	1	1	1	2	0	1	0	1	★
		비중	4.0%	0.0%	4.0%	4.0%	4.0%	8.0%	0.0%	4.0%	0.0%	3.3%	
	제12장 고용보험 제도의 이해	출제 문항수	1	1	1	1	0	1	0	0	1	0	★
		비중	4.0%	4.0%	4.0%	4.0%	0.0%	4.0%	0.0%	0.0%	4.0%	0.0%	
	제13장 사회서비스정책	출제 문항수	0	2	1	5	1	0	0	0	0	0	★
		비중	0.0%	8.0%	4.0%	20.0%	4.0%	0.0%	0.0%	0.0%	0.0%	0.0%	

7. 사회보장의 이해
- 난이도는 평이한 문제가 출제되어 어렵지 않게 풀 수 있는 편임.

1) 소득재분배와 사회보장기본법과 관련된 사회보장의 개념, 목적, 이념, 운영원칙 등에 관한 내용이 출제되고 있음.
2) 사회보험의 일반적인 특성과 공공부조, 사회보험과 민간보험의 특성을 비교하는 문제를 중심으로 한 내용이 최근에 출제되고 있음.

8. 빈곤과 공공부조
- 최근의 출제경향은 빈곤과 소득 불평등 관련 내용으로 다수의 문제가 빠짐없이 출제되고 있음.
- 빈곤의 개념, 사회적 배제, 신 사회적 위험, 로렌츠곡선, 지니계수 등의 내용을 이해하도록 함.

9. 공적 연금제도의 이해
- 무난하게 정답을 찾을 수 있는 문제가 출제되는 편이며, 공적연금 및 국민연금제도의 특징에 관한 문제가 출제되고 있음.
- 공적 연금제도의 운영방식과 소득재분배 효과, 국민연금 소득의 하한과 상한선, 소득대체율 등에 관한 내용을 파악함.

10. 국민건강보험제도의 이해
- 법정급여, 부가급여, 운영방식의 변화에 관련된 내용과 적용대상, 보험료, 진료비 지불방식 등 세부적인 내용이 주로 출제되고 있음.
- 노인장기요양보험제도에서는 급여의 종류, 장기요양기관, 장기요양인정 유효기간 등의 내용이 가끔 출제되고 있음.

11. 산업재해보상보험제도의 이해
- 업무상 재해 인정기준, 급여의 종류를 중심으로 거의 빠짐없이 출제됨.

12. 고용보험제도의 이해
- 구직급여의 소정급여일수, 실업의 인정, 육아휴직 급여와 육아휴직 대상자, 고용보험제도의 급여별 특징에 대한 문제가 가끔 출제되고 있음.

13. 사회 서비스 정책
- 최근에 출제가 늘어나고 있는 분야이며, 사회 서비스 정책의 환경에서 저출산 등 보육 정책, 아동복지 정책, 고령화 등 소득 및 의료보장정책, 사회적기업, 협동조합, 근로장려세제, 자활 지원사업, 아동학대 예방 등의 내용을 중심으로 내용을 정리해 두어야 함.

기출문제 확인하기

☐ 16회
01. 소득 재분배 유형과 관련된 제도를 연결한 것 중 옳은 것을 모두 고른 것은?

> ㄱ. 수직적 재분배 – 공공부조
> ㄴ. 세대 내 재분배 – 개인연금
> ㄷ. 수평적 재분배 – 아동수당
> ㄹ. 세대 간 재분배 – 장기요양보험

① ㄹ   ② ㄱ, ㄷ   ③ ㄴ, ㄹ
④ ㄱ, ㄴ, ㄷ   ⑤ ㄱ, ㄴ, ㄷ, ㄹ

정답 ⑤
해설 ㄱ, ㄴ, ㄷ, ㄹ 모두 옳은 설명이다.

☐ 17회
02. 사회보험과 민영보험에 관한 설명으로 옳은 것은?
① 사회보험급여는 철저한 보험수리원칙에 따라 납부한 보험료에 비례한다.
② 민영보험의 보험료는 평균적인 위험에 비례하여 결정된다.
③ 사회보험은 가입자의 개별 위험에 따라 보험료가 책정된다.
④ 사회보험의 보험료와 급여는 개별적 공평성과 사회적 적절성을 반영한다.
⑤ 민영보험의 재정 운영방식으로 적립방식과 부과방식이 있다.

정답 ④
해설 ④ 사회보험의 보험료와 급여는 개별적 공평성과 사회적 적절성을 반영한다. ①과 ③은 민영보험, ②는 사회보험, ⑤는 사회보험 중에서도 국민연금에 관한 설명이다.

☐ 17회
03. 우리나라 사회보장제도 운영주체의 책임에 관한 원칙으로 옳은 것은?
① 사회보험은 국가의 책임으로 시행한다.
② 공공부조는 지방자치단체가 전적으로 책임지고 시행한다.
③ 사회서비스는 지방자치단체만의 책임으로 시행한다.
④ 국가는 사회보장에 관하여 민간단체의 참여를 제한한다.
⑤ 사회보험에 드는 비용은 국가가 전담한다.

정답 ①
해설 ① 사회보험은 국가의 책임으로 시행하고, 공공부조와 사회서비스는 국가와 지방자치 단체의 책임으로 시행하는 것을 원칙으로 한다.(사회보장기본법 제25조 제5항).
② 공공부조는 국가와 지방자치단체의 책임으로 시행하는 것을 원칙으로 한다(사회보장기본법 제25조 제5항).
③ 사회서비스는 국가와 지방자치단체의 책임으로 시행하는 것을 원칙으로 한다.(사회보장기본법 제25조 제5항). ④ 국가와 지방자치단체는 사회보장에 대한 민간부문의 참여를 유도할 수 있도록 정책을 개발·시행하고 그 여건을 조성하여야 한다. (사회보장기본법 제27조 제1항). ⑤ 사회보험에 드는 비용은 사용자 피용자 및 자영업자가 부담하는 것을 원칙으로 하되, 관계 법령에서 정하는 바에 따라 국가가 그 비용의 일부를 부담할 수 있다.(사회보장기본법 제28조 제2항).

☐ 17회
04. 사회서비스에 관한 설명으로 옳은 것은?

① 사회복지기관의 운영을 지원하는 서비스이다.
② 이윤추구를 일차적 목적으로 한다.
③ 사회적 욕구 충족에 초점을 둔다.
④ 사회서비스 대상자의 노동시장 참여를 강조하지 않는다.
⑤ 사회서비스의 수요자보다 공급자 지원을 증가시켰다.

정답 ③
해설 ① 사회서비스는 사회복지서비스, 보건의료 서비스, 그 외 이에 준하는 서비스로, 국가와 지방자치단체의 책임으로 시행한다. ② 사회서비스는 일차적으로 비영리이며, 부담 능력이 있는 국민은 수익자 부담 원칙으로 한다. ④ 사회서비스 대상자의 노동시장 참여를 강조한다. ⑤ 사회서비스의 공급자보다 수요자 지원을 증가시켰다.

☐ 18회
05. 이용료(본인부담금)부과 방식에 따른 소득 재분배 효과가 작은 것에서 큰 순서로 나열한 것은?

① 정액제 - 정률제 - 연동제
② 정률제 - 연동제 - 정액제
③ 정률제 - 정액제 - 연동제
④ 연동제 - 정액제 - 정률제
⑤ 연동제 - 정률제 - 정액제

정답 ①
해설 소득 재분배 효과가 작은 것에서 큰 순서로 나열하면 '정액제 → 정률제 → 연동제' 순이다. 정액제는 소득자의 소득과 관계없이 정해진 금액을 기여하는 것을 말하고, 정률세는 소득자의 소득수준에 따라 일정한 비율로 기여하는 것을 말한다. 연동제는 국민연금(부과방식)에서 해마다 전년 대비 전국 소비자 물가변동률을 연금액에 반영하는 것과 관련이 있다.

☐ 16회
06. 사회보험과 비교할 때 공공부조가 갖는 장점은?

① 높은 비용 효과성
② 근로 동기의 강화
③ 재정 예측의 용이성
④ 수평적 재분배의 효과
⑤ 높은 수급률(take-up-rate)

정답 ①
해설 공공부조는 누진세를 기초로 한 조세를 재원으로 하고, 가장 소득이 낮은 계층을 대상으로 하여 집중적으로 급여가 제공되기 때문에 사회보장제도 가운데 소득 재분배 효과가 가장 크게 나타난다. 또한 제한된 예산을 저소득층에게 집중적으로 사용할 수 있기 때문에 비용 효과성(비용 효율성)이 높다. 따라서 소득 재분배와 결과의 평등에 가장 효율적으로 접근할 수 있다.

기출문제 확인하기

□ 17회

07. 사회보험과 공공부조의 차이에 관한 설명으로 옳지 <u>않은</u> 것을 모두 고른 것은?

		사회보험	공공부조
㉠	재원	사회보험료	조세
㉡	대상자범주	보편주의	선별주의
㉢	권리성	추상적이고 약함	구체적이고 강함
㉣	수급자격	기여금	자산조사
㉤	특징	사후적	사전적

① ㉠, ㉡ ② ㉢, ㉤ ③ ㉠, ㉡, ㉢
④ ㉡, ㉢, ㉣ ⑤ ㉢, ㉣, ㉤

정답 ②

해설 ㉢ 사회보험은 권리성이 구체적이고 강하며 공공부조는 권리성이 추상적이고 약하다. ㉤ 특징 측면에서 사회보험은 사전적, 예방적, 적극적, 보편적 성격을 가지며, 공공부조는 사후적, 치료적, 소극적, 선별적, 보충적, 제한적 성격을 가진다.

□ 18회

08. 공공부조 사회보험, 사회수당의 특성에 관한 설명으로 옳지 <u>않은</u> 것은?

① 공공부조는 다른 두 제도에 비해 권리성이 약하다.
② 사회수당은 수평적 재분배 효과가 있다.
③ 사회보험의 급여조건은 보험료 기여조건과 함께 사회적 위험에 직면해야 하는 조건이 부가된다.
④ 사회수당은 기여 여부와 무관하게 지급된다.
⑤ 운영효율성은 세 제도 중 공공부조가 가장 높다.

정답 ⑤

해설 운영효율성은 사회보험이 가장 높다. 공공부조는 생활 능력이 없거나 생활 유지능력이 부족한 국민에 대하여 자산조사를 실시하여 소득인정액과 부양의무자 기준을 확인한 다음 선정 여부를 결정하기 때문에 운영 효율성이 상대적으로 낮다.

□ 19회

09. 사회보험제도에 관한 설명으로 옳지 <u>않은</u> 것은?

① 사회보험제도는 위험의 분산이라는 보험기술을 사용한다.
② 사회보험 급여를 받을 권리 여부는 자산조사 결과에 근거하여 결정된다.
③ 한국의 사회보험제도는 의무가입 원칙을 적용한다.
④ 사회보험은 위험이전과 위험의 광범위한 공동분담에 기초하고 있다.
⑤ 사회보험은 피보험자의 욕구에 기초하지 않고 사전에 결정된 급여를 제공한다.

정답 ②

해설 공공부조 급여를 받을 권리 여부는 자산조사 결과에 근거하여 결정된다. 반면에 사회보험 급여를 받을 권리 여부는 수혜자의 과거 기여금 지불 실적에 근거하여 결정된다. 사회보험은 사회적 위험을 보험방식으로 대처하여 국민의 건강과 소득을 보장하는 제도로, 위험분산과 공동부담이라는 보험기술을 사회적 보호수단으로 사용한다.

□ 19회
10. 소득재분배에 관한 설명으로 옳은 것을 모두 고른 것은?

> ㄱ. 조세를 재원으로 하는 공공부조제도에서 일반적으로 나타난다.
> ㄴ. 사회적 취약계층을 대상으로 하는 사회복지서비스는 수직적 재분배 효과가 있다.
> ㄷ. 위험 미발생집단에서 위험 발생집단으로 소득이 이전되는 것은 수평적 소득재분배에 해당한다.
> ㄹ. 재원조달 측면에서 부조방식이 보험방식보다 재분배 효과가 크다.

① ㄱ, ㄴ　　　　　② ㄱ, ㄴ, ㄷ　　　　　③ ㄱ, ㄷ, ㄹ
④ ㄴ, ㄷ, ㄹ　　　　⑤ ㄱ, ㄴ, ㄷ, ㄹ

정답 ⑤

해설 ㄱ. 조세는 사회보장성 조세나 조세지출에 비해서 누진적이라는 점에서 소득재분배를 이루는데 적합하다. 따라서, 재원조달을 조세를 통해 마련하는 공공부조제도에서 소득재분배가 일반적으로 나타난다. ㄴ. 수직적 재분배는 부유한 계층의 소득 가운데 일정 부분을 가난한 사회적 취약계층의 소득을 지원해주는 정책이므로, 사회적 취약계층을 대상으로 하는 사회복지서비스는 수직적 재분배 효과가 있다. ㄷ. 수평적 재분배는 유사한 총소득을 가진 집단 내에서 위험발생에 따른 재분배 형태로, 위험 미발생집단에서 위험 발생집단으로 소득이 이전되는 것은 수평적 소득재분배에 해당한다. ㄹ. 보험의 원칙은 특정한 위험을 집단적 노력으로 극복할 수 있도록 고안된 제도적 장치로, 재원조달 측면에서 보험방식은 민간보험이나 사회보험이 여기에 해당된다. 반면에 부조의 원칙은 빈곤문제를 해결하여 국민의 생존권을 보장하기 위한 수단으로 활용되는 것으로 국민기초생활보장제도가 여기에 해당된다. 따라서, 재원조달 측면에서 부조방식이 가격을 지불하지 않은 사람의 경우 아무런 혜택이 제공되지 않는 보험방식보다 소득의 재분배 효과가 크다.

□ 18회
11. 빈곤의 개념에 관한 설명으로 옳지 않은 것은?

① 절대적 빈곤은 육체적 효율성을 유지하기 위한 최소한의 생활필수품을 소비하지 못하는 상태이다.
② 최저생계비를 계측하여 빈곤선을 설정하는 방식은 절대적 빈곤개념을 적용한 것이다.
③ 국민기초생활 보장제도는 절대적 빈곤 개념을 적용하고 있다.
④ 상대적 빈곤은 한 사회의 평균적인 생활 수준과 비교하여 빈곤을 규정한다.
⑤ 중위소득을 활용하여 상대적 빈곤선을 설정할 수 있다.

정답 ③

해설 국민기초생활 보장제도는 기준 중위소득 등을 활용해 상대적 빈곤개념을 적용하고 있다.

□ 16회
12. 빈곤에 관한 설명으로 옳은 것을 모두 고른 것은?

> ㄱ. 사회적 배제는 빈곤·박탈과 관련된 사회문제를 나타내는 새로운 접근법이다.
> ㄴ. 빈곤율(poverty rate)은 빈곤선 소득 이하의 사람들 간의 소득분포 상태를 파악할 수 있는 방법이다.
> ㄷ. 국민기초생활 보장제도에서 생계급여 선정기준은 기준 평균소득 30% 이하의 가구이다.
> ㄹ. 상대적 빈곤은 박탈지표 방식과 소득, 지출을 이용한 상대적 추정방식으로 측정 할 수 있다.

① ㄱ, ㄷ ② ㄱ, ㄹ ③ ㄴ, ㄷ
④ ㄷ, ㄹ ⑤ ㄴ, ㄷ, ㄹ

정답 ②

해설 ㄴ. 빈곤율은 빈곤선 소득 이하의 사람들 혹은 빈곤가구의 수를 전체 인구수 혹은 빈곤 가구 수로 나눈 값으로 빈곤층의 규모를 파악 할 수 있다. ㄷ. 생계급여 선정기준은 기준 중위소득 30% 이하로 한다.

□ 16회
13. 소득불평등에 관한 설명으로 옳은 것을 모두 고른 것은?

> ㄱ. 10분위 분배율은 그 비율이 낮을수록 소득분배가 평등하다.
> ㄴ. 지니 계수가 0.3에서 0.4로 상승했다면 소득불평등이 완화된 것이다.
> ㄷ. 5분위 분배율은 상위 20%의 소득을 하위20%의 소득으로 나눈 비율이다
> ㄹ. 로렌츠 곡선(Lorenz curve)이 45° 선과 일치하면 소득분포가 완전히 균등하다.

① ㄱ, ㄴ ② ㄴ, ㄷ ③ ㄷ, ㄹ
④ ㄱ, ㄴ, ㄷ ⑤ ㄱ, ㄴ, ㄹ

정답 ③

해설 ㄱ. 10분위 분배율의 최댓값은 '2(가장 평등한 분배)'이며 최솟값은 '0(가장 불평등한 분배)'이다. 즉 그 비율이 낮을수록 소득 분배가 불평등이다. ㄴ. 지니 계수의 값은 작을수록(0게 가까울수록) 소득 분포가 평등하다고 보며, 반대로 지니 계수의 값이 클수록(1에 가까울수록) 불평등하다고 본다. 즉, 0.3에서 0.4로 상승 했다면 소득불평등이 심화된 것이다.

◻ 17회
14. 빈곤 또는 불평등의 측정에 관한 설명으로 옳지 않은 것은?

① 로렌츠 곡선은 가로축에는 소득이 낮은 인구로부터 가장 높은 순으로 비율을 누적하여 표시하고, 세로축에는 각 인구의 소득수준을 누적한 비율을 표시한 후 그 대응점을 나타낸 곡선이다.
② 지니 계수가 1에 가까울수록 평등한 상태를 의미한다.
③ 10분위 분배율에서는 수치가 클수록 평등한 상태를 의미한다.
④ 5분위 분배율에서는 수치가 작을수록 평등한 상태를 의미한다.
⑤ 빈곤율은 빈곤인구가 전체 인구에서 차지하는 비율로 정의된다.

정답 ②
해설 지니 계수는 0에 가까울수록 '평등'하고 1에 가까울수록 '불평등'하다

◻ 18회
15. 빈곤과 불평등 측정에 관한 설명으로 옳은 것은?

① 완전 평등 사회에서 로렌츠곡선은 45° 각도의 직선과 거리가 가장 멀어진다.
② 지니계수의 최댓값은 1, 최솟값은 -1 이다.
③ 빈곤갭은 빈곤선 이하에 속하는 인구가 전체인구에서 차지하는 비율을 의미한다.
④ 빈곤율은 빈곤선과 실제소득과의 격차를 반영한다.
⑤ 센(sen) 지수는 빈곤집단 내의 불평등 정도를 반영한다.

정답 ⑤
해설 ⑤ 센(sen) 지수는 0(평등)과 1(불평등) 사이의 값을 갖는다. ① 완전 평등 사회에서 로렌츠곡선은 45° 각도의 직선과 거리가 가장 가깝다. ② 지니계수의 최솟값은 0(평등)이고 최댓값은 1(불평등) 이다. ③ 빈곤갭은 모든 빈곤층의 소득을 빈곤선 수준으로 끌어 올리는 데 필요한 총소득을 말한다. ④ 빈곤율은 빈곤선 소득 이하 빈곤가구의 숫자를 전체 인구로 나눈 값을 말한다.

◻ 18회
16. 사회적 배제의 개념적 특성에 관한 설명으로 옳지 않은 것은?

① 개인과 집단의 다차원적 불이익에 초점을 두고, 다층적 대책을 촉구한다.
② 특정 집단이 경험하는 배제는 정태적 사건이 아니라 동태적 과정으로 본다.
③ 사회적 배제 개념은 열등처우의 원칙으로부터 등장하였다.
④ 소득의 결핍 그 자체보다 다양한 배제 행위가 발생하는 과정에 초점을 둔다.
⑤ 사회적 관계망으로부터의 단절과 차별 문제를 제기한다.

정답 ③
해설 사회적 배제는 사회나 개인이 특정 그룹 내의 사회적 통합에 필수적이면서도 다른 그룹의 구성원들이 일반적으로 누릴 수 있는 다양한 권리, 기회, 자원으로부터 체계적으로 배제되어 있는 상태이다. 사회적 배제론은 1980년대 이후 유럽의 빈곤정책과 연관이 있다.

기출문제 확인하기

□ 17회
17. 우리나라의 사회보장급여 중에서 공공부조에 해당되는 것은?

① 장애연금   ② 장해연금   ③ 장애인연금
④ 상병보상연금   ⑤ 노령연금

정답 ③
해설 장애인 연금 제도에 따라 18세 이상의 중증장애인 중 소득 하위 70%에 해당하는 장애인에게 지급되는 것이 장애인연금이며, 공공부조에 해당한다.

□ 16회
18. 우리나라의 국민기초생활 보장제도에 관한 설명으로 옳은 것은?

① 의료급여는 국가가 진료비를 지원하는 공공부조제도로서 본인부담금이 없다.
② 희망키움통장과 내일키움통장은 자산형성 지원사업이다.
③ 중위소득은 가구 경상소득 중간 값에 전년도 대비 가구소득 증가율을 곱하여 산정한다.
④ 노숙인은 의료급여 2종 수급권자의 대상에 포함한다.
⑤ 생계급여, 의료급여, 주거급여, 교육급여는 부양의무자 기준이 적용된다.

정답 ②
해설 ① 의료급여는 본인부담금이 있다. ③ 중위소득은 가구 통계청이 공표하는 통계자료의 가구 경상소득의 중간값에 최근 가구소득 평균 증가율, 가구 규모에 따른 소득 수준의 차이 등을 반영하여 가구규모별로 산정한다. ④ 노숙인은 의료급여 1종 수급권자에 해당한다. ⑤ 주거급여와 교육급여는 부양의무자 기준이 적용되지 않는다.

□ 17회
19. 국민기초생활 보장제도에 관한 설명으로 옳은 것은?

① 차상위계층이란 수급권자(급여의 특례에 해당하는 수급권자로 보는 사람은 제외)에 해당하지 아니하는 계층으로서 소득인정액이 기준 중위소득의 100분의 50 이하인 사람이다.
② 생계급여 수급권자의 선정기준은 기준 중위소득의 100분의 40이상으로 한다.
③ 주거급여는 보건복지부가 주관한다.
④ 교육급여 수급권자의 선정기준은 기준 중위소득의 100분의 30이상으로 한다.
⑤ 생계급여는 타인의 가정에 위탁하여 실시 할 수 없다.

정답 ①
해설 ② 생계급여 수급권자의 선정기준은 기준 중위소득의 100분의 30이하로 한다. ③ 주거급여는 국토교통부가 주관한다. ④ 교육급여는 수급권자의 선정기준은 기준 중위소득의 100분의 50이하로 한다. ⑤ 생계급여는 수급자의 주거에서 실시한다. 다만, 수급자가 주거가 없거나 주거가 있어도 그 곳에서는 급여의 목적을 달성할 수 없는 경우 또는 수급자가 희망하는 경우에는 수급자를 보장시설이나 타인의 가정에 위탁하여 급여를 실시할 수 있다.

☐ 18회
20. 국민기초생활 보장제도에 관한 설명으로 옳지 않은 것은?

① 국민기초생활 보장제도는 보충성의 원칙에 기반하고 있다.
② 북한이탈주민의 보호 및 정착지원에 관한 법률상의 북한이탈주민과 그 가족은 의료 급여 2종 수급권자에 속한다.
③ 급여는 개별가구 단위로 실시하되, 특히 필요하다고 인정하는 경우에는 개인 단위로 실시 할 수 있다.
④ 수급권자와 그 친족, 그 밖의 관계인은 관할 시장·군수·구청장에게 수급권자에 대한 급여를 신청할 수 있다.
⑤ 생계급여는 수급자의 소득인정액 등을 고려하여 차등지급할 수 있다.

정답 ②

해설 국민기초생활 보장법상 북한이탈주민과 그 가족이 의료급여 2종 수급권자에 대한 별도 규정은 없으며, 의료급여법 시행령에서 북한이탈주민과 그 가족을 의료 급여1종 수급권자로 규정하고 있다.

☐ 18회
21. 국민기초생활 보장 대상 가구의 월 생계급여액은? (단, 다음에 제시된 2019년 기준으로 계산한다.)

- 전세주택에 거주하는 부부(45세, 42세)와 두 자녀(15세, 12세)로 구성된 가구로 소득인정액은 월 100만원으로 평가됨(부양의무자는 없음)
- 2019년 가구 규모별 기준 중위소득은 다음과 같이 가정함.
  1인 : 1,700,000원, 2인 : 2,900,000원, 3인 : 3,700,000원, 4인 : 4,600,000원

① 0원　　　　　　② 380,00원　　　　　　③ 700,000원
④ 1,380,000원　　⑤ 3,600,000원

정답 ②

해설 4인 가구의 2019년 가구 규모별 기준 중위소득은 460만원이다. 국민기초생활 보장법상 생계급여는 기준 중위소득의 30%에 해당하므로 생계급여액은 138만이다. 이 가구의 소득인정액은 100만 원이므로 보충성의 원칙에 따라 생계급여액(138만원)에서 4인 가구소득인정액(100만원)을 공제하면 해당 가구의 월 생계급여액은 38만원이다.

기출문제 확인하기

☐ 18회

22. 기초연금제도에 관한 설명으로 옳은 것은?

① 65세 이상 모든 고령자에게 제공하는 사회수당이다.
② 무기여방식의 노후소득보장제도이다.
③ 기초연금액의 산정 시 국민연금급여액을 고려하지 않는다.
④ 기초연금액은 가구유형, 소득과 상관없이 동일하다.
⑤ 기초연금의 수급권자가 사망하면 유족급여를 지급한다.

정답 ②

해설 ① 기초연금은 65세 이상인 사람으로서 소득인정액이 보건복지부장관이 정하여 고시하는 금액 이하인 사람에게 지급하는 공공부조이다(기초연금법 제3조 제1항). ③ 기초연금의 금액은 기준연금액과 국민연금급여액 등을 고려하여 산정한다.(기초연금법 제5조 제1항). ④ 기초연금액은 가구유형(단독가구, 부부가구), 소득(선정기준액 100분의 70)에 따라 다르다. ⑤ 기초연금의 수급권자가 사망하면 별도의 유족급여는 지급하지 않는다.

☐ 19회

23. 빈곤의 기준을 정하는 방법에 관한 설명으로 옳은 것은?

① 전(全)물량 방식은 식료품비를 계산하고 엥겔수의 역을 곱해서 빈곤선을 기준으로 측정하는 방식이다.
② 기초생활보장제도의 수급자 선정기준은 상대적 빈곤 개념을 반영하고 있다.
③ 라이덴 방식은 상대적 빈곤 측정방식이다.
④ 반물량 방식은 소득분배 분포 상에서 하위 10%나 20%를 빈곤한 사람들로 간주한다.
⑤ 중위소득 또는 평균소득을 근거로 빈곤선을 측정하는 것은 절대적 빈곤 측정방식이다.

정답 ②

해설 2014년 12월 30일 「국민기초생활보장법」 개정(2015.7.1.시행)되어 수급자 선정 및 급여 기준이 절대적 빈곤 측정방식인 전물량 방식에서 상대적 빈곤 측정방식인 중위소득으로 변경되었다. 즉, 기준 중위소득이 급여 종류별 선정기준과 생계급여 지급액을 정하는 기준이고, 부양의무자의 부양능력을 판단하는 기준이다.
① 반물량 방식(=오샨스키 척도)은 식료품비를 계산하고 엥겔수의 역을 곱해서 빈곤선을 기준으로 측정하는 방식이다. ③ 라이덴 방식은 주관적 빈곤 측정방식이다. ④ 소득분배상 일정 비율 방식은 소득분배 분포 상에서 하위 10%나 20%를 빈곤한 사람들로 간주한다. ⑤ 중위소득 또는 평균소득을 근거로 빈곤선을 측정하는 것은 상대적 빈곤 측정방식이다.

☐ 19회
24. 자활지원사업에 관한 설명으로 옳지 않은 것은?

① 자활급여는 근로능력이 있는 국민기초생활보장 수급자의 자활을 위한 각종 지원을 제공하는 급여이다.
② 자활기업은 조합 또는 「부가가치세법」상의 사업자로 한다.
③ 자활기관협의체의 구성 및 운영 등에 필요한 사항은 보건복지부령으로 정한다.
④ 자산형성지원으로 형성된 자산은 수급자의 소득환산액 산정 시 이를 포함한다.
⑤ 지역자활센터는 참여자의 자활의욕 고취를 위한 교육을 행한다.

정답 ④
해설 자산형성지원으로 형성된 자산은 수급자의 소득환산액 산정 시 이를 포함하지 않는다. 「국민기초생활 보장법」제18조의4(자산형성지원) 제1항에서 "보장기관은 수급자 및 차상위자가 자활에 필요한 자산을 형성할 수 있도록 재정적인 지원을 할 수 있다."고 규정하고 있으며, 제3항에서 "제1항에 따른 지원으로 형성된 자산은 대통령령으로 정하는 바에 따라 수급자의 재산의 소득 환산액 산정 시 이를 포함하지 아니한다."라고 규정하고 있다.

☐ 19회
25. 긴급복지지원제도에 관한 설명으로 옳지 않은 것은?

① 주 소득자가 사망, 가출, 행방불명, 구금시설에 수용되는 등의 사유로 소득을 상실한 경우 긴급 지원대상자가 될 수 있다.
② 긴급지원은 위기상황에 처한 사람에게 일시적으로 신속하게 지원하는 것을 기본원칙으로 한다.
③ 긴급지원의 종류에는 금전 또는 현물 등의 직접지원과 민간기관·단체와의 연계 등의 지원이 있다.
④ 사회복지사업법에 따른 사회복지시설의 종사자는 긴급지원을 요청할 수 있다.
⑤ 국민기초생활 보장법에 따른 지원을 받고 있는 경우에 긴급복지지원법을 우선 적용한다.

정답 ⑤
해설 "긴급복지지원법" 제3조(기본원칙) 제2항에서 「재해구호법」,「국민기초생활 보장법」,「의료급여법」,「사회복지사업법」,「가정폭력 방지 및 피해자보호 등에 관한 법률」,「성폭력방지 및 피해자보호 등에 관한 법률」등 다른 법률에 따라 이 법에 따른 지원 내용과 동일한 내용의 구호·보호 또는 지원을 받고 있는 경우에는 이 법에 따른 지원을 하지 아니한다."라고 규정하고 있다.

기출문제 확인하기

☐ 17회

26. 국민연금의 가입기간 추가 산입에 관한 내용으로 옳지 <u>않은</u> 것은?

① 병역법에 따라 현역병으로 병역의무를 수행한 경우 가입 기간을 추가 산입한다.
② 가입 기간의 추가 산입에 따른 비용은 국가와 사용자가 2분의 1씩 부담한다.
③ 자녀가 두 명인 경우 12개월을 추가 산입한다.
④ 고용보험법에 따른 구직급여를 받는 경우 구직급여를 받는 기간을 가입 기간에 추가 산입한다.
⑤ 사용자가 근로자의 임금에서 기여금을 공제하고 연금보험료를 내지 아니 한 경우에는 그 내지 아니한 기간의 2분의1에 해당하는 기간을 근로자의 가입 기간으로 산입하되 1개월 미만의 기간은 1개월로 한다.

정답 ②
해설 국가와 사용자가 2분의 1씩 부담하지는 않으며, 요건에 따라 정해진다.

☐ 17회

27. 확정급여식 연금과 확정기여식 연금에 관한 설명으로 옳은 것을 모두 고른 것은?

> ㄱ. 확정급여식 연금의 재정은 완전 적립방식에서 부과방식까지 다양하게 운용될 수 있다.
> ㄴ. 확정기여식 연금의 급여액은 기본적으로 적립한 기여금과 기여금의 투자수익에 의해서 결정된다.
> ㄷ. 확정급여식 연금제도에서는 투자위험에 대해서 개인이 전적으로 책임진다.
> ㄹ. 확정기여식 연금제도에서는 물가상승, 경기침체 등의 위험을 사회 전체적으로 분산 대응하는 장점이 있다.

① ㄱ, ㄴ
② ㄱ, ㄷ
③ ㄴ, ㄹ
④ ㄱ, ㄴ, ㄷ
⑤ ㄱ, ㄴ, ㄷ, ㄹ

정답 ①
해설 ㄱ, ㄴ이 옳은 설명이며, ㄷ은 확정기여식 연금에 관한 설명이다. ㄹ은 확정급여식 연금에 관한 설명이다.

☐ 18회

28. 우리나라의 국민연금제도에 관한 설명으로 옳은 것은?

① 실업기간 중에는 가입 기간을 추가로 산입할 수 없다.
② 출산 크레딧은 3명 이상의 자녀가 있을 때부터 가능하다.
③ 농어업인에 대해 연금보험료를 국가가 보조할 수 없다.
④ 노령연금 수급자가 소득활동을 하면 최대 3년 동안 연금액이 감액된다.
⑤ 군복무자에게는 노령연금 수급권을 취득 시 6개월을 가입 기간에 추가로 산입한다.

정답 ⑤

해설 ① 실업 크레딧제도는 구직급여 수급자가 연금보험료의 납부를 희망하고 본인 부담분 연금보험료(25%)를 납부하는 경우, 국가에서 보험료 (75%)를 지원하고 그 기간을 최대 12개월까지 가입기간으로 추가 산입한다. ② 출산 크레딧 제도는 둘째 이상의 자녀 출산 시 가입기간을 추가로 인정하고 해당 기간의 소득은 평균소득월액의 전액을 인정 한다. ③ 지역가입자인 농어업인과 지역가입자에서 임의계속가입자로 된 농어업인에게는 2024년 12월 31일까지 본인이 부담할 연금보험료 중 100분의 50의 범위 내에서 대통령령으로 정하는 바에 따라 농어촌구조개선 특별 회계에서 지원한다. ④ 노령연금 수급권자가 대통령령으로 정하는 소득이 있는 업무에 종사하면 60세 이상 65미만(특수직종근로자는 55세 이상 60세미 만)인 기간에는 노령연금액(부양가족 연금액은 제외)에서 법령의 구분에 따른 금액을 뺀 금액을 지급한다. 이 경우 빼는 금액은 노령 연금액의 2분의 1을 초과할 수 없다.

□ 19회

29. 연금제도의 적립방식과 부과방식에 관한 설명으로 옳은 것을 모두 고른 것은?

> ㄱ. 적립방식은 부과방식에 비해 세대 내 소득재분배 효과가 크다.
> ㄴ. 부과방식은 적립방식에 비해 자본축적 효과가 크다.
> ㄷ. 부과방식은 적립방식에 비해 기금확보가 더 용이하다.

① ㄱ ② ㄴ ③ ㄷ
④ ㄱ, ㄴ ⑤ ㄱ, ㄷ

정답 ①

해설 ㄱ. 적립방식은 부과방식에 비해 세대 내 소득재분배 효과가 크고, 부과방식은 적립방식에 비해 세대 간 소득재분배 효과가 크다.
ㄴ. 적립방식은 부과방식에 비해 자본축적 효과가 크다. 적립방식은 막대한 누적된 적립금으로 자본축적 효과가 있다.
ㄷ. 적립방식은 부과방식에 비해 기금확보가 더 용이하다.

□ 18회

30. 국민건강보험제도에 관한 설명으로 옳지 <u>않은</u> 것은?

① 사립학교교원의 보험료는 가입자 본인, 사용자, 국가가 분담한다.
② 직장가입자의 보수월액은 직장가입자가 지급받는 보수를 기준으로 하여 산정한다.
③ 직장가입자의 보험료율은 건강보험정책심의위원회에서 심의·의결한다.
④ 부가급여로 임신·출산 진료비, 장제비, 상병수당을 지급하고 있다.
⑤ 국민건강보험공단의 회계연도는 정부의 회계연도에 따른다.

정답 ④

해설 국민건강보험공단은 국민건강보험법에서 정한 요양급여 외에 부가급여로 대통령령으로 정하는 바에 따라 임신·출산 진료비, 장제비, 상병 수당, 그 밖의 급여를 실시 할 수 있다(국민건강보험법 제50조). 그러나, 현재 공단에서는 장제비, 상병수당은 지급을 하지 않고 있다.

기출문제 확인하기

□ 18회
31. 노인장기요양보험제도에 관한 설명으로 옳은 것은?

① 장기요양보험사업의 보험자는 보건복지부장관이다.
② 등급판정에 따른 장기요양인정의 유효기간은 최소 6개월 이상으로서 대통령령으로 정한다.
③ 통합 징수한 장기요양보험료와 건강 보험료를 각각의 독립회계로 관리하여야 한다.
④ 재가 급여비용은 수급자가 해당 장기요양급여비용의 100분의 20을 부담한다.
⑤ 수급자는 시설급여와 특별 현금급여를 중복하여야 받을 수 있다.

정답 ③
해설 ③ 통합 징수는 하되 장기요양보험료와 건강 보험료를 각각의 독립회계로 관리하여야 한다.
① 장기요양보험사업의 보험자는 국민건강보험공단으로 한다.(노인장기요양보험법 제7조 제2항)로 규정하고 있고, ② 등급판정에 따른 장기요양인정의 유효기간은 최소 1년 이상으로서 대통령령으로 정한다(노인장기요양보험법 제19조 제1항). ④ 재가 급여비용은 수급자가 100분의 15, 시설 급여비용은 수급자가 100분의 20을 부담한다.(노인장기요양보험법 제 40조 제1항) ⑤ 수급자는 시설급여와 특별현금급여를 중복하여 받을 수 없다(노인장기요양보험법시행규칙 제7조 제1항).

□ 16회
32. 우리나라의 노인장기요양보험제도에 관한 설명으로 옳은 것은?

① 단기보호는 시설급여에 해당한다.
② 가족에게 요양을 받을 때 지원되는 현금급여가 있다.
③ 보험료는 건강보험료와 분리하여 징수한다.
④ 장기요양인정의 유효기간은 3개월 이상으로 한다.
⑤ 보험료율은 보건복지부령으로 정한다.

정답 ②
해설 특별 현금급여는 가족요양비, 특례요양비, 요양병원 간병비로 구분되며, 가족 요양을 받을시 현금으로 지급 받을 수 있는 것은 가족요양비다.

□ 16회
33. 우리나라 국민건강보험제도에 관한 설명으로 옳지 <u>않은</u> 것은?

① 본인부담상한액은 가입자 소득수준 등에 따라 정한다.
② 월별 보험료의 총체납횟수가 6회 이상인 경우 급여가 제한될 수 있다.
③ 외래의 본인부담금은 의료기관 및 질병의 종류에 따라 달라진다.
④ 직종조합, 지역조합 등이 통합되어 운영되고 있다.
⑤ 진료비 지불방식 중 포괄수가제(diagnosis related groups)를 2012년 7개 질병군으로 병·의원급에 당연적용 되었다.

정답 ③

해설 국민건강보험제도의 요양급여는 1차, 2차, 3차 의료기관 이용 시 본인부담금이 다르지만, 질병의 종류에 따른 요양급여의 본인부담금은 차이가 없다.

⑤ 포괄수가제는 1997년 시범 도입 이후 2002년부터 8개 질병군으로 선택 적용, 2012년 7개 질병군으로 병. 의원급에 당연적용 되었다. 포괄수가제는 정부가 책정한 진료비 외에 비용을 지불하지 않기 때문에 개인의 과다 의료비 지출을 방지하는데 도움이 된다.

□ 17회

34. 노인장기요양보험의 급여를 제공하는 장기요양기관이 <u>아닌</u> 것은?

① 노인요양시설　　② 주·야간보호시설　　③ 노인요양병원
④ 단기보호시설　　⑤ 노인요양공동생활가정

정답 ③

해설 노인요양병원은 노인장기요양보험의 급여를 제공하는 장기요양기관에 해당하지 않는다.

□ 19회

35. 국민건강보험제도에 관한 설명으로 옳은 것은?

① 본인의 의사에 따라 임의가입할 수 있다.
② 조합방식 의료보험제도가 통합방식으로 전환되어 국민건강보험제도로 변경되었다.
③ 건강보험료는 수직적 소득재분배 기능을 하지 않는다.
④ 국민건강보험의 보험자는 보건복지부이다.
⑤ 직장가입자의 보험료는 평균보수월액에 보험료율을 곱하여 얻은 금액이다.

정답 ②

해설 ② 1977년 의료보험제도로 처음 시작할 때 조합방식을 채택하여 많은 의료보험조합으로 분리 운영되었다가, 1999년 「국민건강보험법」이 제정(1999.2.8.제정)되고 2000년 시행(2000.7.1.시행)되면서 관리운영조직이 조합주의에서 통합주의 방식으로 변경되었다.
① 본인의 의사에 따라 가입하는 임의보험이 아닌 법률에 의해 강제 가입하는 보험이다.
③ 소득수준에 따라 보험료가 차등 부과되지만 필요에 따라 보험료가 균등하게 부과되는 수직적 소득재분배 기능이 강한 사회보험이다.
④ 국민건강보험의 보험자는 국민건강보험공단이다. 「국민건강보험법」 제13조(보험자)에서 "건강보험의 보험자는 국민건강보험 공단(이하 공단이라 한다)으로 한다."라고 규정하고 있다.
⑤ 직장가입자의 보수월액 보험료는 보수월액에 보험료율을 곱하여 얻은 금액이다.

기출문제 확인하기

☐ 18회

36. 산업재해보상보험제도에 관한 설명으로 옳지 않은 것은?

① 근로복지공단은 보험급여를 결정하고 지급한다.
② 업무상의 재해란 업무상의 사유에 따른 근로자의 부상·질병, 장해 또는 사망을 말한다.
③ 직장 내 괴롭힘, 고객의 폭언 등으로 인한 업무상 정신적 스트레스가 원인이 되어 발생한 질병은 업무상 재해로 인정되지 않는다.
④ 업무상 질병의 인정 여부를 심의하기 위하여 근로복지공단 소속기관에 업무상 질병 판정위원회를 둔다.
⑤ 국민건강보험공단이 보험료를 징수한다.

정답 ③
해설 직장 내 괴롭힘, 고객의 폭언 등으로 인한 업무상 정신적 스트레스가 원인이 되어 발생한 질병은 업무상 재해로 인정된다.(산업재해보상보험법 제17조 제1항 제2호)

☐ 16회

37. 산업재해보상보험제도의 도입에 관한 이론을 모두 고른 것은?

ㄱ. 배상책임이론	ㄴ. 사회적 타협이론
ㄷ. 산업위험이론	ㄹ. 사회비용 최소화이론

① ㄱ, ㄷ   ② ㄴ, ㄹ   ③ ㄱ, ㄴ, ㄹ
④ ㄱ, ㄷ, ㄹ   ⑤ ㄴ, ㄷ, ㄹ

정답 ⑤
해설 산업재해보상보험제도란 산업재해 근로자를 보호하기 위하여 국가가 사업주로부터 보험료를 징수하여 그 기금(재원)으로 사업주를 대신하여 산재 근로자에게 보상해 주는 제도로, 원칙적으로 근로자를 사용하는 모든 사업 또는 사업장에 적용된다.
ㄴ. 사회적 타협이론은 집단이 처한 현실을 바탕으로 사회 구성원과 동참해야 한다는 이론이다.
ㄷ. 산업위험이론은 과학기술의 발전은 환경오염, 지구온난화와 기상이변, 유전자조작 식품, 산업재해, 교통사고 등을 통해 빈곤, 질병, 경제활동 단절, 가정위기 등 통제 불가능한 위험을 가져오게 될 수 있다는 이론이다.
ㄹ. 사회비용 최소화이론은 근로자에게 노출된 사회적 위험으로부터 사회적 자본가가 비용을 부담하게 하여 개인이 부담해야 할 비용을 최소화해야 한다는 이론이다.

□ 17회
38. 우리나라 산업재해보상보험제도에서 업무상 재해의 인정 기준을 모두 고른 것은?

ㄱ. 출퇴근 재해	ㄴ. 업무상 질병
ㄷ. 업무상 사고	ㄹ. 장애등급

① ㄴ, ㄹ　　② ㄱ, ㄴ, ㄷ　　③ ㄱ, ㄷ, ㄹ
④ ㄴ, ㄷ, ㄹ　　⑤ ㄱ, ㄴ, ㄷ, ㄹ

정답 ②
해설 산업재해보상보험법 제37조에 따라 업무상 사고(ㄷ), 업무상 질병(ㄴ), 출퇴근 재해(ㄱ)를 업무상의 재해로 본다.

□ 17회
39. 우리나라 사회복지제도 중에서 보편주의 범주에 포함되는 것은?

① 의료급여　　② 생계급여　　③ 주거급여
④ 실업급여　　⑤ 기초연금

정답 ④
해설 보편주의 범주에 포함되는 대표적인 사회보장은 사회보험이며, 이 중 고용보험 내 실업급여가 있다. ①, ②, ③ 국민기초생활 보장제도의 급여의 종류로, 공공부조로서 선별주의 범주에 해당한다. ⑤ 기초연금은 공공부조로서 연령, 보건복지부장관이 고시하는 소득인정액 조건 및 공무원연금법, 군인연금법 등에 따라 수급권자의 범위를 제한하고 있으므로 선별주의 범주에 해당한다.

□ 18회
40. 고용보험제도에 관한 설명으로 옳은 것은?

① 실업급여를 받을 권리는 양도 또는 압류하거나 담보로 제공할 수 없다.
② 구직급여의 급여일수는 대기기간을 포함하여 산정한다.
③ 육아휴직 시작일로부터 3개월까지는 월 통상임금의 100분의 50에 해당하는 금액을 지급한다.
④ 자영업자인 피보험자의 실업급여에는 구직급여, 조기재취업수당이 포함된다.
⑤ 65세 이후에 자영업을 개시한 사람에게도 구직급여를 적용한다.

정답 ①
해설 ② 구직급여의 급여일수는 실업의 신고일부터 계산하기 시작하여 7일간은 대기기간으로 보아 구직급여를 지급하지 아니 한다(고용보험법 제49조). ③ 육아휴직 시작일로부터 3개월 까지는 월 통상임금의 100분의 80에 해당하는 금액을 지급한다. (고용보험법 제95조) ④ 자영업자인 피보험자의 실업급여에는 구직급여 외에 연장급여, 조기 재취업 수당은 제외한다.(고용보험법 제69조의2). ⑤ 구직급여는 65세 이후에 고용(65세 전부터 피보험 자격을 유지하던 사람이 계속하여 고용된 경우는 제외)되거나 자영업을 개시한 사람에게는 적용하지 아니한다.(고용보험법 제10조 제2항) 우리나라는 1995년 7월 1일부터 고용보험제도가 시행되어 4대보험제도가 완비되었다.

기출문제 확인하기

□ 19회
41. 고용보험제도에 관한 설명으로 옳은 것은?

① 고용보험료는 고용보험위원회에서 부과
② 고용보험의 가입대상은 모든 국민과 국내에 거주하는 외국인이다.
③ 고용보험 구직급여는 30일 동안의 구직기간에는 지급되지 않는다.
④ 보험가입자는 사업주와 근로자 모두 포함한다.
⑤ 고용보험의 재원은 사용자가 단독으로 부담한다.

정답 ④
해설 고용보험의 보험가입자는 사업주와 근로자 모두 포함한다. 「고용보험 및 산업재해보상보험의 보험료징수 등에 관한 법률 (약칭 : 고용 산재보험료징수법) 제5조(보험가입자) 제1항에서 「고용보험법」을 적용받는 사업의 사업주와 근로자(고용보험제 10조 및 제10조의 2에 따른 적용 제외 근로자는 제외한다. 이하 이 조에서 같다)는 당연히 「고용보험법」에 따른 고용보험의 보험가입자가 된다."라고 규정하고 있다.
① 고용보험료는 근로복지공단에서 부과하고, 국민건강보험공단에서 징수한다.
② 모든 국민과 국내에 거주하는 외국인이 고용보험의 가입대상이라는 것은 옳지 않다. 고용산재보험료징수법 제5조(보험가입자) 제1항에서 「고용보험법」을 적용받는 사업의 사업주와 근로자는 당연히 고용보험의 가입자가 되지만, 「고용보험법」 제10조 및 제10조의2에 따른 적용 제외 근로자는 제외된다고 되어 있다.
③ 고용보험 구직급여는 7일 동안의 구직기간에는 지급되지 않는다. 「고용보험법」 제49조(대기기간)에서 "제44조에도 불구하고 제 42조에 따른 실업의 신고일부터 계산하기 시작하여 7일간은 대기기간으로 보아 구직급여를 지급하지 아니한다."라고 규정하고 있다.
⑤ 고용보험의 재원은 가입자의 보험료와 국고부담으로 이루어져 있다. 가입자의 보험료의 경우 고용안정·직업능력개발사업의 보험료는 사용자가 단독으로 부담하지만, 실업급여의 보험료는 근로자가 각각 2/1씩 부담한다(고용산재보험료 징수법 제13조).

□ 18회
42. 최근 논의되는 사회복지정책 이슈들에 관한 설명으로 옳지 <u>않은</u> 것은?

① 생태주의 관점에서는 복지국가의 '성장' 패러다임을 옹호한다.
② 4차 산업혁명, 일자리 감소, 소득 양극화 심화 등의 이슈는 '기본소득' 도입의 필요성과 관련되어 있다.
③ 민달팽이 유니온, 복지국가 청년 네트워크 등은 청년 세대 운동 조직이 출현한 사례에 해당한다.
④ '마을 만들기' 사업은 주민 참여형 복지라고 할 수 있다.
⑤ '커뮤니티 케어'는 탈시설화와 관련되어 있다.

정답 ①
해설 정치 경제적 관점에서는 복지국가의 '소득주도 성장' 패러다임을 옹호한다. 생태주의 관점에서는 환경 문제를 해결하기 위해서는 사회 전체에 있어 보다 근본적인 변화가 필요하다고 생각한다.

☐ 16회
43. 우리나라의 근로장려세제에 관한 설명으로 옳은 것은?

① 조세환급제도의 일종에 해당한다.
② 급여신청 접수는 행정복지센터에서 담당한다.
③ 자격기준은 근로소득, 부양부모, 재산, 부채이다.
④ 근로기준법 개정을 근거로 2006년부터 시행되었다
⑤ 신청방식은 신청주의와 직권주의가 혼용되고 있다.

정답 ①
해설 ② 국세청 관할 세무서에서 담당한다. ③ 가구 단위로 제공되며, 가구 요건, 소득 기준과 재산기준을 모두 충족하는 경우 받을 수 있다. 부채는 관련이 없다. ④ 조세특례제한법 개정에 따라 2008년 시행되어 2009년 첫 근로장려금을 지급하였다

☐ 17회
44. 민간의 사회복지에 대한 우리나라 사회복지정책의 내용의 아닌 것은?

① 국가와 지방자치단체는 국가 및 지방자치 단체의 사회복지사업과 민간부문의 사회 복지 증진 활동이 원활하게 연계될 수 있도록 노력하여야 한다.
② 국가와 지방자치단체는 사회복지를 필요로 하는 사람의 인권이 충분히 존중되는 방식으로 사회복지서비스를 제공하여야 한다.
③ 보건복지부장관은 사회복지시설에서 제공하는 사회복지서비스의 최저기준을 마련하여야 하다.
④ 국가나 시방자치단체가 설치한 사회복지시설은 사회복지법인이나 비영리 법인에 위탁하여 운영하게 할 수 있다.
⑤ 국가나 지방자치단체는 사회복지법인에 우선하여 사회복지시설을 설치·운영 할 수 없다.

정답 ⑤
해설 국가나 지방자치단체는 사회복지시설을 설치·운영할 수 있다. (사회복지사업법 제34조 제1항)

기출문제 확인하기

□ 17회
45. 우리나라 아동복지정책의 내용이 <u>아닌</u> 것은?
① 국가와 지방자치단체는 건전한 요보호아동의 국외입양을 활성화하여 아동이 입양후의 가정생활에 원만하게 적응할 수 있도록 하여야 한다.
② 시·도지사 또는 시장·군수·구청장은 그 관할 구역에서 보호대상 아동을 발견한 때에는 아동의 최상의 이익을 위하여 보호 조치를 하여야 한다.
③ 교육부장관은 아동학대의 조기 발견과 신속한 보호조치를 위하여 장기결석 학생의 정보를 보건복지부장관과 공유하여야 한다.
④ 영유아에 대한 보육의 내용 및 범위를 정하여 국가와 지방자치단체는 보육을 무상으로 한다.
⑤ 국가 및 지방자치단체는 빈곤아동의 안전·건강 및 복지증진을 위하여 빈곤아동과 그 보호자 및 가정을 지원하기 위한 정책을 수립·시행하여야 한다.

정답 ①
해설 국가 및 지방자치단체는 입양 의뢰된 아동의 양친될 사람을 국내에서 찾기 위한 시책을 최우선으로 시행하여야 한다.(입양특례법 제7조 제1항)

□ 17회
46. 사회적 기업에 관한 설명으로 <u>옳지 않은</u> 것은?
① 사회적 목적 달성을 위하여 시장에서 영리 활동을 하는 조직이다.
② 사회적 기업에는 자활공동체, 협동조합, 사회적 회사 등이 있다.
③ 사회적 기업 육성법에 따라 사회적기업을 인증한다.
④ 사회적 기업은 사회복지사업법에 따른 사회복지시설이다.
⑤ 사회적 취약계층에 대한 일자리 창출 방안의 하나이다.

정답 ④
해설 사회적 기업이란 취약계층에게 사회서비스 또는 일자리를 제공하거나 지역사회에 공헌함으로써 지역주민의 삶의 질을 높이는 등의 사회적 목적을 추구하면서 재화 및 서비스의 생산·판매 등 영업활동을 하는 기업으로서 사회적 기업 육성법에 따라 인증을 받은 자를 말한다.(사회적 기업 육성법제2조)

□ 17회
47. 우리나라 비정규직 노동자에 관한 설명으로 옳은 것을 모두 고른 것은?

> ㄱ. 비정규직 고용은 노동자의 인적 자본 형성기회를 줄인다.
> ㄴ. 정규직과 비정규직 노동자의 사회보험 가입률에는 차이가 없다.
> ㄷ. 비정규직의 증가원인에는 가입 규제완화를 통해 노동의 유연성 증가가 포함된다.

① ㄱ   ② ㄴ   ③ ㄱ, ㄷ
④ ㄴ, ㄷ   ⑤ ㄱ, ㄴ, ㄷ

정답 ③

해설 ㄴ. 사회보험 가입률에 있어 비정규직은 정규직에 비해 현저히 낮다. 2020년 기준 정규직의 사회보험 가입률은 94.7%였지만 비정규직의 사회보험 가입률은 60.3%에 그쳤다. 특히 고용불안정과 저임금의 노동환경으로 인해 많은 수의 비정규직 노동자들이 사회보험의 사각지대에 놓여 있음을 알 수 있다.

◻ 19회
48. 새로운 사회적 위험(new social risk)에 관한 설명이 아닌 것은?

① 여성들의 유급노동시장으로의 참여 증가로 일과 가정의 양립 문제가 확산되고 있다.
② 노인인구 증가로 인한 복지비용 증가와 노인 돌봄이 중요한 문제로 대두되고 있다.
③ 노동시장의 불안정으로 근로빈곤층이 증가하고 있다.
④ 국가 간의 노동인구 이동이 줄어들고 있다.
⑤ 새로운 사회적 위험으로 인한 수요증가에 필요한 복지재정의 부족 현상이 심화되고 있다.

정답 ④

해설 세계화에 따라 국가 간 생산 요소의 이동이 자유로워지면서 국가 간의 노동인구 이동도 더욱 활발해졌으며, 외국인 이주 노동자들에 대한 낮은 임금과 임금 체불, 열악한 근로조건과 산업재해의 위험 등 다양한 문제가 대두되고 있다. 참고로 새로운 사회적 위험은 1970년대 중반이후 후기산업사회 혹은 탈산업사회로의 이행에서 나타나는 새로운 형태의 사회적 위험을 말한다. ① 현대 산업사회는 맞벌이 부부의 증가와 여성교육의 향상으로 여성들의 노동시장 참여가 급증하면서 일과 가정을 양립하기 어려운 저숙련 여성층에서 새로운 사회적 위험이 확산되고 있다.

◻ 19회
49. 아동학대의 예방 및 방지에 관한 설명으로 옳은 것을 모두 고른 것은?

ㄱ. 아동학대를 예방하고 수시로 신고를 받을 수 있도록 아동보호전문기관은 긴급전화(1391)를 설치하여야한다.
ㄴ. 아동학대의 예방과 방지에 관한 관심을 높이기 위하여 아동학대 예방의 날을 지정하였다.
ㄷ. 지역아동보호전문기관은 아동학대 신고접수, 현장조사 및 응급보호 등의 역할을 한다.
ㄹ. 아동보호전문기관의 장은 피해아동의 가족에게 상담, 교육 및 의료적·심리적 치료 등의 필요한 지원을 제공하여야 한다.

① ㄱ, ㄹ
② ㄴ, ㄷ
③ ㄱ, ㄴ, ㄷ
④ ㄴ, ㄷ, ㄹ
⑤ ㄱ, ㄴ, ㄷ, ㄹ

기출문제 확인하기

정답 전항 정답임

해설 ㄴ, ㄹ만 옳은 문장이나 ㄴ, ㄹ만 있는 선지가 없으므로 전항 정답처리가 되었다. ㄴ. 「아동복지법」 제23조(아동학대예방의 날) 제1항에서 "아동의 건강한 성장을 도모하고, 범국민적으로 아동학대의 예방과 방지에 관한 관심을 높이기 위하여 매년 11월 19일을 아동학대 예방의 날로 지정하고, 아동학대 예방의 날부터 1주일을 아동학대예방주간으로 한다."라고 규정하고 있다. ㄹ. 동법 제29조(피해아동 및 그 가족 등에 대한 지원) 제1항에서 "보장원의 장 또는 아동보호전문기관의 장은 아동의 안전 확보와 재학대 방지, 건전한 가정기능의 유지 등을 위하여 피해아동 및 보호자를 포함한 피해아동의 가족에게 상담, 교육 및 의료적·심리적 치료 등의 필요한 지원을 제공하여야 한다."라고 규정하고 있다.

ㄱ. 아동학대를 예방하고 수시로 신고를 받을 수 있도록 지방자치단체는 긴급전화(1391)를 설치하여야 한다. 참고로 동법 제22조(아동학대의 예방과 방지 의무) 제2항에서 "지방자치단체는 아동학대를 예방하고 수시로 신고를 받을 수 있도록 긴급전화를 설치하여야 한다."라고 규정하고 있다.

ㄷ. 가 답안에서는 "지역아동보호전문기관은 아동학대 신고접수, 현장 조사 및 응급보호 등의 역할을 한다."는 문장이 옳은 문장이었으나 최종정답에서는 옳지 않은 문장으로 처리되었다. 그 이유는 아동학대 신고접수, 현장조사 및 응급보호는 아동보호전문기관의 업무였지만, 「아동복지법」이 일부개정(2020.4.7.일부개정, 2020.10.1.시행)되어 시·도지사 또는 시장·군수·구청장의 업무로 변경되었기 때문이다. 즉, 동법 제22조(아동학대의 예방과 방지 의무) 제3항에서 "시·도지사 또는 시장·군수·구청장은 피해아동의 발견 및 보호 등을 위하여 다음 각 호의 업무를 수행하여야 한다. 1. 아동학대 신고접수, 현장조사 및 응급보호, 2. 피해아동, 피해아동의 가족 및 아동학대행위자에 대한 상담·조사, 3. 그 밖에 대통령령으로 정하는 아동학대 관련 업무"라고 규정하고 있으며, 제4항에서 "시·도지사 또는 시장·군수·구청장은 제3항 각 호의 업무를 수행하기 위하여 아동학대전담공무원을 두어야 한다."라고 규정하고 있다.

전항 정답처리가 된 이유를 자세히 살펴보면 다음과 같다.

ㄷ 내용이 가 답안에서는 "지역아동보호전문기관은 아동학대 신고접수, 현장 조사 및 응급보호 등의 역할을 한다."는 문장을 출제위원이 옳은 문장으로 출제했던 이유는 부칙에 있는 경과규정(경과법) 때문이었다. 경과규정이란 구법 시행 시에 발생한 사항으로서 신법 시행 이후에도 계속 진행되고 있는 경우에는 구법과 신법 중 어느 법을 적용할 것인가 문제가 되는데, 이를 해결하기 위해 규정한 것으로 법령의 개정이나 폐지를 할 때 보통 부칙에서 이에 관한 명목규정을 두고 있다. 부칙 〈법률 제17206호, 2020. 4.17〉 제3조(아동학대전담공무원 및 아동보호전문기관의 업무 등에 관한 특례) 제1항에서 "시·도지사 또는 시장·군수·구청장은 해당 지방자치단체의 재정상태 및 인력현황 등을 고려, 하여 이 법 시행일부터 2022년 9월 30일까지의 범위에서 보건복지부장관이 정하여 고시하는 날까지는 아동학대전담공무원을 두지 아니할 수 있다."라고 규정하고 있으며, 제2항에서 "시·도지사 또는 시장·군수·구청장은 제1항에 따라 아동학대전담공무원을 두지 아니한 경우에는 제22조제3항의 개정규정에 따른 업무를 아동보호전문기관으로 하여금 수행하게 하여야 한다."라고 규정하고 있다. 결론적으로 경과규정으로 맞는 문장일수는 있지만, 출제위원회에서 최종적으로는 틀린 문장으로 처리하여 ㄴ, ㄹ만 옳은 문장이나 ㄴ, ㄹ만 있는 선지가 없으므로 전항 정답처리가 되었다.

실전 모의고사 1회

01. 다음 중 윌렌스키와 르보의 제도적 모형에 대한 설명으로 옳지 않은 것은?

① 사회복지는 사회를 유지하는 데 필수적인 기능을 담당한다.
② 전체 국민을 대상으로 한다.
③ 빈곤의 책임은 사회적 책임이다.
④ 선별주의 입장을 강조한다.
⑤ 보편주의 입장을 강조한다.

02. 다음의 설명에 맞는 사회복지정책의 이론은?

―산업화로 인한 사회문제 및 사회적 욕구에 대응하기 위해서 사회복지제도의 발달을 설명하고 있으며, 흔히 '산업화 이론'이라고도 불린다.
―이 이론에서는 산업사회의 사회구조를 결정짓는 핵심은 기술, 즉 산업화이며 어느 수준의 산업화를 이룬 나라들의 사회제도들은 어느 한 점으로 수렴되어 비슷하다고 주장함

① 사회양심 이론　② 수렴 이론
③ 합리　　　　　④ 테크놀러지 이론
⑤ 시민권론

03. 사회복지정책 이론 중 음모 이론에 대한 내용이 아닌 것은?

① 음모 이론에서는 사회복지정책의 주목적은 '사회양심에 입각한 인도주의적 입장을 취하고 있다.
② 이 관점은 지배계층이 예상되는 근로계층으로부터의 엄청난 요구를 사전에 봉쇄할 목적으로 원하든 원하지 않는 미리 선수를 쳐서 양보를 하는 것이 사회정책이라고 해석한다.
③ 비스마르크 입법의 동기를 당시 극심한 노동자들의 사회주의 운동을 저지시켜 사회질서 유지를 위한 속셈으로 평가할 수 있다.
④ 조지와 윌딩은 이러한 속셈으로부터 실시되는 복지제도를 일컬어 복지국가의 마키아벨리적 관점이라고 하였다.
⑤ 사회양심론과 반대의 입장이다.

04. 베버리지 보고서에 대한 설명으로 틀린 것은?

① 베버리지 보고서에는 3가지 원칙을 주장하였다.
② 국가재건을 위해서는 5대 악(Five Giants)을 극복해야 한다.
③ 그의 계획은 우선 소득보장에 중점을 두었다.
④ 5대 악은 빈곤, 질병, 무지, 불결, 나태이다.
⑤ 모든 시민을 포함하고 대상자집단을 경제적 곤란의 원인과 그 보호방법에 따라 분류하였다.

05. 다음 중 반집합주의에 대한 내용으로 옳은 것은?

① 기본적 가치는 평등, 자유, 박애이다.
② 자유와 개인주의를 가장 바람직한 것으로 생각하며 불평등도 인정한다.
③ 생산수단, 기업의 점진적인 국유화를 주장한다.
④ 정부의 개입은 국가재정의 낭비를 초래한다고 본다.
⑤ 정부의 강력한 개입을 조건부로 인정하며 복지국가 찬성한다.

06. 다음의 보기는 에스핑-앤더슨의 복지국가 유형 중 어느 유형에 해당하는가?

- 복지의 재분배적 기능이 강력한 복지국가 유형이다.
- 여성의 경제활동을 촉진하며, 사회서비스의 비중이 높다.
- 보편주의 원칙을 통하여 노동의 탈 상품화 효과가 극대화 된다.

① 보편적 복지국가
② 사회민주주의적 복지국가
③ 자유주의적 복지국가
④ 보수주의적 복지국가
⑤ 잔여적 복지국가

07. 신자유주의(신보수주의)에 관한 설명으로 옳지 <u>않은</u> 것은?

① 신자유주의는 국가의 개입이 최소화되고, 개인의 자유가 중심이 된 사회체계를 지향한다.
② 대처리즘은 국영기업의 민영화, 공공부문의 축소 등 강력한 국가 개입을 주장한 대처의 신자유주의 정책이다.
③ 시장에서의 자유와 개인의 사적 소유권을 절대적 가치로 파악한다.
④ 사회보장정책에 있어서 급여조건의 강화, 급여수준의 인하, 급여기간의 단축 등을 시도하였다.
⑤ 사회복지제도의 확대는 노동시장을 활성화시켜 생산성에 따른 노동배분을 효율적으로 이루어지게 한다고 보았다.

08. 다음 중 노동자 가족의 생활비에 대한 보조책으로 가족 수에 따른 욕구를 고려한 제도는 무엇인가?

① 신 빈민법
② 길버트법
③ 공장법
④ 버커셔빵 법
⑤ 정주법

09. 베버리지 보고서에 사회보장계획을 성공하기 위한 전제조건으로 옳은 것은?

> ㄱ. 포괄적인 보건의료서비스
> ㄴ. 행정의 통합화
> ㄷ. 완전고용
> ㄹ. 아동수당

① ㄱ, ㄷ, ㄹ
② ㄱ, ㄷ
③ ㄴ, ㄹ
④ ㄹ
⑤ ㄱ, ㄴ, ㄷ, ㄹ

10. 자선조직협회(C.O.S)에 대한 설명 중 옳지 않은 것은?

① 빈곤가정에 대하여 우애방문원을 통한 개별 가정방문을 실시하여 이에 근거한 서비스를 제공하였는데, 이것이 개별사회사업의 출발이다.
② 자선기관들이 서비스의 중복과 낭비를 피하기 위하여 등록하게 하고 서비스를 조정하였는데, 이것은 지역사회사업으로 발전하는 계기가 되었다.
③ 자선조직협회는 빈곤문제는 개인책임을 강조하였다.
④ 당시의 자선은 자본주의 발달에 따른 불평등의 심화가 이루어져 부르주아계급이 그들의 특권적 지위를 도덕적으로 정당화하기 위하여 행해진 것이다.
⑤ 빈곤의 원인을 개인으로 보았으며, 갱생가능한 자에게 급여를 행하였다.

11. 다음 내용 중 성격이 다른 것을 고르시오.

① 대처리즘
② 베버리지의 사회보장
③ 레이거노믹스
④ 반집합주의
⑤ 신자유주의

12. 사회복지정책의 평가유형에 관한 설명으로 옳지 않은 것은?

① 효율성평가는 투입에 대한 산출의 비율을 토대로 정책성과를 극대화하였는가에 대한평가
② 효과성평가는 정책 목표의 달성 여부를 비용 측면에서 평가
③ 형성평가는 정책형성 과정중심적 평가
④ 총괄평가는 정책 집행 후 그 정책이 당사회에 미치는 영향, 효과를 측정, 판단하는 평가
⑤ 과정평가는 정책이나 사업이 정해진 지침에 따라서 집행되었는지를 평가

13. 정책형성과정과 전문적 역할에 대한 설명 중 잘못 연결된 것은?

① 문제의 발견 - 직접적 서비스
② 평가와 사정 - 조사와 직접적 서비스
③ 프로그램 설계 - 계획
④ 정보의 수집 및 분석 - 사회복지조사
⑤ 정책목표의 개발 - 행정과 직접적 서비스

14. 다음 중 사회복지정책의 평가유형에 따른 평가기준이 잘못 연결된 것은?

① 정책문제 평가 - 문제의 내용, 대상 집단의 특성, 문제의 인지도, 문제의 심각성 등
② 정책의제 평가 - 반응성, 사회적 형평, 공정성 등
③ 정책설계 평가 - 정책의 능률성, 효과성, 사회적 형평, 공정성, 반응성, 실현가능성 등
④ 정책편의성 평가 - 정책의 급여가 적시에 제대로 제공되었는가의 여부
⑤ 집행평가 - 정책집행의 일관성, 공정성, 반응성, 능률성, 효과성, 사회적 형평 등

15. 복지정책이 목표하는 대상자들에게 자원이 집중적으로 할당되는 정도를 무엇이라 하는가?

① 실현가능성　② 배분적 효율성
③ 대상효율성　④ 파레토효율성
⑤ 효과성

16. 사회복지서비스의 공공전달체계에 대한 설명 중 옳지 <u>않은</u> 것은?

① 평등성, 사회적 적절성을 위한 서비스는 공공전달체계가 유리하다.
② 질 높은 수준의 서비스는 민간전달체계가 유리하다.
③ 경쟁성, 접근성, 대응성, 통합성을 위한 서비스은 민간전달체계가 유리하다.
④ 공공재적 성격은 공공전달체계가 유리하다.
⑤ 지방정부의 전달체계는 민간전달 체계에 비해 재정적 유용성을 확보하여 창의적 서비스 개발에 유리하다.

17. 다음 중 사회복지정책의 대상에 대한 설명으로 옳지 <u>않은</u> 것은?

① 사회복지정책의 복지서비스를 제공하는 사람이나 기관을 말한다.
② 사회복지정책의 대상은 사회적 욕구와 사회문제를 가진 요보호자이다.
③ 사회복지정책의 대상은 사회복지정책으로부터 권리를 주장할 수 있는 자이다.
④ 오늘날에는 국민 전체로 확대되었다.
⑤ 사회복지의 서비스 대상자의 선정기준은 선별주의와 보편주의로 구분할 수 있다.

18. 사회복지급여의 형태에 관한 설명으로 옳은 것은?

① 현금급여는 현물급여에 비해 관리 운영비가 많이 든다.
② 현금급여는 현물급여보다 개인의 존엄성을 보장해줄 수 있다.
③ 현물급여는 공급자 간 서비스 질 경쟁을 유도하는 데 유리하다.
④ 증서(voucher)는 현물급여보다 소비자의 선택권이 제한된다.
⑤ 현금급여는 소비를 사회적으로 통제할 수 있다.

19. 공적인 전달체계에서 장애인복지관 및 노인복지시설에 관한 사항으로 옳지 않은 것은?

① 불필요한 사업에도 불구하고 지속적인 서비스를 제공하는 경우가 있다.
② 재정이 안정적이다.
③ 사회적 요구에 민감한 편이다.
④ 광범위한 대상과 지역에 실시할 수 있다.
⑤ 항상 법적 근거를 가지고 시행하게 된다.

20. 다음 중 사회복지정책의 재원에 관한 설명으로 옳은 것은?

① 사회보험료는 일반조세의 성격을 갖는다.
② 우리나라의 국민연금 보험료는 사회보장성 조세로 목적세 성격을 가지고 있다.
③ 사용자 부담제도는 도덕적 해이를 낳는다.
④ 소득세의 누진성이 낮을수록 재분배효과가 크다.
⑤ 직접세는 간접세보다 누진세율을 적용하기 어렵다.

21. 다음 중 소득재분배의 유형과 사회복지제도의 연결이 옳은 것은?

| ㄱ. 수직적 재분배 – 아동수당 공공부조 제도 |
| ㄴ. 세대 내 재분배 – 건강보험제도 |
| ㄷ. 수평적 재분배 – 공공부조제도 |
| ㄹ. 세대 간 재분배 – 부과방식 연금제도 |

① ㄱ, ㄴ   ② ㄴ, ㄹ
③ ㄴ, ㄷ   ④ ㄱ, ㄹ
⑤ ㄱ, ㄴ, ㄷ, ㄹ

22. 국민연금제도에 관한 내용으로 옳지 않은 것은?

① 3자녀를 출산하였을 경우 12개월의 가입기간을 추가로 인정받을 수 있다.
② 병역의무를 이행한 자에게는 6개월의 가입기간을 추가로 인정한다.
③ 노령연금 수급권자가 사망한 경우 유족연금액은 사망한 자가 지급받던 노령연금액을 초과할 수 없다.
④ 유족연금 수급권자가 사망하면 그 수급권은 소멸된다.
⑤ 농어업인의 경우 일정한 조건에 해당되면 보험료의 일부를 국고에서 지원받을 수 있다.

23. 국민건강보험제도에 관한 설명으로 옳지 않은 것은?

① 의료급여 수급권자, 국가유공자등 의료보호대상자는 건강보험의 제외대상이다.
② 조합주의 방식이 아닌 통합주의 방식으로 운영되고 있다.
③ 주된 진료비 지불방식은 행위별수가제만 적용하고 있다.
④ 보건복지부장관이 관장하며, 보험자는 국민건강보험공단으로 한다.
⑤ 직장가입자의 보험료는 사용자와 근로자가 각각 2/1씩 부담한다.

24. 산업재해보상보험제도에 관한 설명으로 옳은 것을 모두 고른 것은?

> ㄱ. 산업재해는 업무상 인과관계가 기본으로 업무상 질병, 부상, 사망 등이 발생한 경우 급여를 지급한다.
> ㄴ. 장기요양에도 불구하고 장애가 남아 노동능력이 저하되었을 경우에 대한 해고 제한 및 직장 복귀 등을 위한 규정은 마련되어 있다.
> ㄷ. 산업재해로 인해 근로자가 사망한 경우에 유족에게 지급하는 급여로 유족보상연금 또는 유족보상일시금을 지급한다.
> ㄹ. 휴업급여는 재해발생에 따른 손해 전체를 보상하는 것이 아니라 최저임금에 따라 산정하여 지급된다.

① ㄱ, ㄷ 　② ㄱ, ㄹ
③ ㄴ, ㄷ 　④ ㄴ, ㄹ
⑤ ㄱ, ㄴ, ㄷ, ㄹ

25. 소득 불평등 측정에 대한 설명으로 옳은 것을 모두 고른 것은?

> ㄱ. 지니계수는 로렌츠 곡선과 밀접한 관련이 있다.
> ㄴ. 지니계수는 1에 가까울수록 불평등도가 높다는 것을 의미한다.
> ㄷ. 시장소득은 세전소득을 의미하며 국가의 개입이 이루어지기 전의 소득을 말한다.
> ㄹ. 5분위 분배율은 소득이 낮은 하위 40% 가구의 소득 합을 소득이 가장 높은 상위 20% 가구의 소득 합으로 나눈 것이다.

① ㄱ, ㄴ 　② ㄴ, ㄷ
③ ㄷ, ㄹ 　④ ㄱ, ㄴ, ㄷ
⑤ ㄱ, ㄴ, ㄷ, ㄹ

실전 모의고사 2회

01. 국가개입에 대한 신 자주유주의자들의 주장으로 옳은 것은?

> ㄱ. 사회보장제도의 확대가 노동시장의 유연성으로 생산성에 따른 노동배분이 효율적으로 이루어진다.
> ㄴ. 사회보장제도의 확대를 위해서 국가 개입을 강화시킨다.
> ㄷ. 사회보장제도의 확대와 복지지출의 증가는 생산 부문의 투자를 증대시켜 경제성장을 초래한다.
> ㄹ. 사회복지제도의 축소가 필요하며 국가 개입을 최소화해야 한다.

① ㄱ
② ㄷ
③ ㄴ, ㄹ
④ ㄹ
⑤ ㄱ, ㄴ, ㄷ

02. 분배정의의 기준이 되는 가치 중 적절성(adequacy)과 가장 관계가 깊은 것은?

① 비례적 평능
② 자유권
③ 수직 평등
④ 생존권
⑤ 공정한 분배

03. 다음 중 비례적 평등의 예로 가장 적합한 것은?

① 국민건강보험제도의 요양급여
② 노인장기요양보험제도의 노인요양시설 이용
③ 국민기초생활보장제도의 주거급여
④ 장애인복지제도의 장애연금
⑤ 국민연금제도의 노령연금

04. 빈곤과의 전쟁처럼 빈곤의 원인을 찾아내어 해결하려는 치유적인 전략으로 실시된 교육 및 직접 훈련 프로그램으로 옳은 것은?

① 절대적 평등
② 수량의 평등
③ 비례적 평등
④ 기회의 평등
⑤ 경제적 평등

05. 신자유주의와 신보수주의에 관한 설명으로 옳지 않은 것은?

① 신우파에 속하는 이념들로 국가의 개입이 최소화되고, 시장경제원리를 지향한다.
② 사회보장제도의 확대는 노동시장을 활성화시켜 생산성에 따른 노동배분을 효율적으로 이루어지게 한다고 보았다.
③ 신자유주의는 시장적 자유와 개인의 사적 소유권을 절대적 가치로 파악한다.
④ 사회보장정책에 있어서 급여조건의 강화, 급여 수준의 인하, 급여 기간의 단축 등을 시도하였다.
⑤ 대처리즘은 국영기업의 민영화, 공공부문의 축소 등 자유경쟁의 원리와 시장적 질서를 강화한 영국의 대처 수상의 신자유주의 정책이다.

06. 자선조직협회(COS)에 대한 내용으로 옳은 것은?

① 자선조직협회는 우애방문원을 통해 빈곤세대에 대한 개별적 조사를 행하였다.
② 사회교육, 보건위생, 기술교육 등을 통하여 빈민의 교화를 목적으로 하였다.
③ 집단사회사업, 지역사회조직의 시초가 되었다.
④ 빈곤 문제를 해결하려는 일종의 사회운동이었다.
⑤ 빈곤을 사회구조적 문제로 보았으며, 이에 따라 국가의 개입을 주장하였다.

07. 다음 중 개별사회사업의 효시로 볼 수 있는 것은?

① 신빈민법 ② 인보관운동
③ 사회개량운동 ④ 자선조직협회
⑤ 베버리지 보고서

08. 다음 내용은 사회복지정책형성과정의 어느 단계에 해당하는가?

> 국민연금의 재정위기를 해결하기 위하여 보건복지부장관 자문기구에서 국민연금재정의 안정화를 위해 보험료와 연금액수를 결정하는 소득 대체율을 조정하는 방안으로 3가지 방안을 마련하여 정부에 제출 하였다.

① 이슈형성
② 정책 아젠다 설정
③ 정책대안 형성
④ 문제의 인식
⑤ 정부의제 설정

09. 다음 내용은 사회복지정책형성과정의 어느 단계에 해당하는가?

> 산재보험에 관한 업무를 총괄하는 노동부의 보험정책과의 관료나 국회 노동위원회 의원 같은 권위 있는 정책결정자들이 산재보험에 대한 요구에 진지한 관심을 보여 안건으로 발전되었다.

① 정책대안 형성
② 정책 아젠다 설정
③ 이슈형성
④ 문제의 인식
⑤ 정부 의제설정

10. 제공된 서비스와 성취된 결과 사이에 관계를 밝히는 것을 무엇이라 하는가?

① 효과성평가 ② 조정
③ 공평성평가 ④ 효율성평가
⑤ 모니터링

11. 어떤 정책 프로그램에 대한 대상집단의 참여가 실제로 얼마나 이루어지고 있는가 하는 정도, 즉 만족도는 무엇과 관련이 있는가?

① 무작위 할당 ② 바이어스
③ 생태적 오류 ④ 커버리지
⑤ 무작위표집

12. 길버트와 테렐의 산출분석의 틀이 아닌 것은?
① 할당(대상)체계   ② 급여평가 과정
③ 급여체계   ④ 재원체계
⑤ 급여의 전달체계

13. 사회복지정책의 재원 체계에 관한 설명으로 옳은 것은?
① 기여금의 충당방법 및 배분방법 등 어떻게 재원을 조달할 것인가를 결정한다.
② 조세는 재정의 지속 가능성이 낮다.
③ 조세지출은 공공재원에 포함되지 않는다.
④ 소득세는 간접세에 해당하며, 소비세는 직접세에 해당한다.
⑤ 직접세 인상은 물가상승의 원인이 될 수 있다.

14. 우리나라의 사회복지제도의 대상선정기준에 대한 설명으로 옳은 것은?
① 국민기초생활보장제도는 소득인정액기준만으로 수급자를 선정한다.
② 기초연금제도는 인구학적 기준만으로 수급자를 선정한다.
③ 사회수당과 같은 제도는 보편주의적인 성격을 가지고 있다.
④ 장애인연금은 장애인이면 누구나 급여를 받을 수 있다.
⑤ 건강보험제도는 자산조사를 실시한다.

15. 다음 중 국가가 주체가 되어 실시할 경우 가장 적합한 사회복지 프로그램은?
① 사회개혁   ② 공동 모금
③ 사회보장   ④ 자선사업
⑤ 박애사업

16. 사회복지서비스 전달체계 가운데, 중앙정부의 역할이 중요한 이유로 옳지 않은 것은?
① 사회복지서비스가 가치재적인 성격을 갖고 있기 때문에
② 대상집단이 전 국민이기 때문에
③ 평등의 가치를 구현하기 위해서
④ 수급자의 선택을 반영하기 위해서
⑤ 프로그램의 통합이나 조정을 위해서

17. 사회보장제도에 대한 설명으로 옳은 것을 모두 고른 것은?

> ㄱ. 우리나라 사회보험의 보험료 징수 업무는 국민연금공단에서 담당한다.
> ㄴ. 아동수당은 보통 별도의 기여나 자산조사 없이 급여를 지급한다.
> ㄷ. 사회보험은 보험료를 납부하고, 자산조사를 실시한다.
> ㄹ. 기초연금제도, 장애인연금제도는 공공부조에 가깝다고 볼 수 있다.

① ㄱ, ㄴ   ② ㄱ, ㄷ
③ ㄴ, ㄹ   ④ ㄱ, ㄹ
⑤ ㄴ, ㄷ, ㄹ

18. 국민연금제도에 대한 설명으로 옳은 것은?

① 사업장가입자의 보험료율은 8.0%로 사용자와 근로자가 1/2씩 부담한다.
② 국민연금 급여의 종류에는 장애연금제도는 포함된다.
③ 가입기간 중 혼인 기간이 5년 이상인 노령연금 수급권자의 이혼한 배우자가 60세가 된 경우에 지급하는 것은 반환일시금이다.
④ 연금급여액의 실질가치를 보장하지 않는다.
⑤ 기초수급자의 경우에 임의가입만 가능하다.

19. 국민건강보험제도에서 진료비 지불 방식에 대한 설명으로 옳지 않은 것은?

① 행위별 수가제는 의료인이 제공한 진료행위 하나 하나 마다 항목별로 가격을 책정하여 진료비를 지급하도록 하는 제도이다.
② 임의 가입제이며 강제로 가입을 통제할 수 없다.
③ 인두제는 의사가 맡고 있는 환자 수에 일정금액을 곱하여 이에 상응하는 보수를 지급하는 방식이다.
④ 포괄수가제는 과잉진료와 의료서비스의 오남용을 억제할 수 있는 장점이 있다.
⑤ 인두제는 과소 진료의 우려가 있다.

20. 산업재해보상보험에서 제공하는 급여가 아닌 것은?

① 요양급여 ② 출산급여
③ 직업재활급여 ④ 장의비
⑤ 장해급여

21. 우리나라 산업재해보상보험에 관한 설명으로 옳지 않은 것은?

① 근로자를 사용하는 모든 사업 또는 사업장에 적용된다.
② 부상 또는 질병이 3일 이내의 요양으로 치유될 경우 요양급여를 지급하지 않는다.
③ 산재보험에서는 피보험자의 개념을 별도로 규정하고 있지 않다.
④ 장해급여를 받았어도 직업재활급여를 받을 수 있다.
⑤ 급여에 대한 권리는 퇴직하게 되면 소멸된다.

22. 고용보험제도에서 지급하는 급여로 옳은 것은?

> ㄱ. 구직급여
> ㄴ. 육아휴직급여
> ㄷ. 출산전후 휴가급여
> ㄹ. 상병급여

① ㄱ, ㄴ ② ㄱ, ㄴ, ㄷ, ㄹ
③ ㄴ, ㄹ ④ ㄱ, ㄴ, ㄷ
⑤ ㄹ

23. 구직급여 수급자격에 있어서 제한 조건에 해당하는 경우는?

> ㄱ. 형법 또는 직무와 관련된 법률을 위반하여 벌금형을 선고받은 경우
> ㄴ. 사업에 막대한 지장을 초래하거나 재산상 손해를 끼친 경우
> ㄷ. 정당한 사유 없이 근로계약 또는 취업규칙 등을 위반하여 장기간 무단결근한 경우
> ㄹ. 전직 또는 자영업을 하기 위하여 이직한 경우

① ㄱ
② ㄱ, ㄷ
③ ㄱ, ㄹ
④ ㄴ, ㄷ, ㄹ
⑤ ㄱ, ㄴ, ㄷ, ㄹ

24. 긴급복지지원제도에 대한 설명으로 옳은 것은?

① 다른 법률에 따라 이 법에 따른 지원내용과 동일한 내용의 지원을 받고 있는 경우에도 지원을 받을 수 없다.
② 가정폭력을 당한 경우도 위기상황에 해당되지 아니한다.
③ 지원의 종류에는 생계지원, 의료지원, 주거지원 등이 있다.
④ 주거지원은 국가, 지방자치단체 소유의 임시거소 제공 또는 타인 소유의 임시거소를 제공한다.
⑤ 지원을 받은 대상자에 대하여 사후에 긴급지원이 적정한지 조사한다.

25. 우리나라의 근로 연계복지정책에 관한 설명으로 옳지 않은 것은?

① 근로유인을 강화하는 것을 목적으로 한다.
② 근로장려세제, 자활지원사업, 자산형성지원사업 등이 있다.
③ 근로장려세제의 주무 부처는 노동부이며, 시행은 국세청에서 담당한다.
④ 복지급여를 축소하고 국가의 책임보다 개인의 책임을 강조한다.
⑤ 근로장려금은 가구 단위로 소득 기준과 재산 기준을 모두 충족하는 경우에 받을 수 있다.

실전 모의고사 3회

01. 사회복지정책의 발달이론에 관한 설명으로 옳지 않은 모두 고른 것은?

> ㄱ. 수렴이론은 산업화로 인해 발생한 새로운 욕구가 구체적인 사회복지제도로 형성되는 과정을 제대로 설명하지 못하는 한계가 있다.
> ㄴ. 산업화이론은 복지국가 간 유사성보다는 차이점을 강조한다.
> ㄷ. 사회민주주의 이론은 복지국가는 노동자계급의 힘이 약화되면서 발전하였으므로 정당의 역할은 경시되었다.
> ㄹ. 음모이론은 사회양심이론과 정반대의 입장이다.

① ㄱ ② ㄱ, ㄹ
③ ㄴ, ㄷ ④ ㄹ
⑤ ㄱ, ㄴ, ㄷ, ㄹ

02. 조지와 윌딩(George & Wilding)의 사회복지 이데올로기에 관한 설명으로 옳지 않은 것은?

> ㄱ. 신자유주의는 국가 개입을 최소화 하고, 기업에 대한 규제 완화 등을 주장한다.
> ㄴ. 반집합주의는 빈곤이나 불평등을 해결하기 위한 사회복지정책을 지향한다.
> ㄷ. 녹색주의는 복지국가가 전제로 하는 지속적인 경제성장과 소비의 확대를 비판한다.
> ㄹ. 페미니즘은 복지국가의 여성친화적 특징을 일면적으로 강조한다.

① ㄱ, ㄴ ② ㄱ, ㄷ
③ ㄴ, ㄹ ④ ㄷ, ㄹ
⑤ ㄱ, ㄴ, ㄷ

03. 평등과 자유에 관한 설명으로 옳지 않은 것은?

① 결과의 평등은 사회구성원의 기본적, 공통적인 욕구 충족을 중요하게 고려한다.
② 기회의 평등 원리를 비판하는 사람들은 그것이 결과의 평등원리에 의해 보완되어야 한다고 주장한다.
③ 불평등한 사회에서는 적극적 자유가 제약될 수 있다.
④ 기회의 평등 원리는 개인들 사이의 능력, 노력의 차이로 생겨난 결과에 대해서는 불평등이 정당화될 수 있다고 본다.
⑤ 소극적 자유는 사회적, 집단적 측면에서 자유를 바라볼 것을 강조한다.

04. 복지국가 위기론이 등장하게 된 사회경제적 배경으로 볼 수 없는 것은?

① 신자유주의 이념의 확산
② 사회보장제도의 민영화
③ 국가의 개입이 최소화되고, 시장경제원리를 지향
④ 1970년대 석유파동과 환율체계 붕괴로 나타난 스태그플레이션 현상
⑤ 국가의 재정위기

05. 우리나라의 복지재편 방향과 관련하여 거리가 먼 것은?
① 공공부조제도는 자립과 자활을 강조하고 있다.
② 생산적 복지국가와 근로연계복지를 강조하는 흐름이 있다.
③ 현금급여의 확대가 아닌 서비스 영역의 확대에 초점을 둔다.
④ 이용자의 선택권 강화를 위한 바우처제도를 확대하고 있다.
⑤ 복지제도의 전국적 통일성을 기하기 위해 중앙집권화를 강조하고 있다.

06. 다음 법의 제정연대 순서대로 나열한 것은?

> ㄱ. 스핀햄랜드법
> ㄴ. 길버트법
> ㄷ. 엘리자베스 빈민법
> ㄹ. 신빈민법
> ㅁ. 정주법

① ㄴ - ㄱ - ㄷ - ㄹ - ㅁ
② ㄱ - ㄴ - ㄷ - ㄹ - ㅁ
③ ㄹ - ㅁ - ㄱ - ㄷ - ㄴ
④ ㄹ - ㄷ - ㄴ - ㄱ - ㅁ
⑤ ㄷ - ㅁ - ㄴ - ㄱ - ㄹ

07. 사회보험 중 질병보험이 세계 최초로 도입된 국가는?
① 영국   ② 독일   ③ 미국
④ 스웨덴 ⑤ 스위스

08. 사회복지정책 결정모형에 대한 설명으로 옳은 것은?
① 최적모형 : 정책결정이 과거의 정책을 점진적으로 수정하는 방식으로 이루어진다.
② 쓰레기통모형 : 정책전문가들은 특정 사회문제에 대한 정책대안들을 연구하고 있으며, 정책대안들이 정치적 흐름과 문제 흐름에 의해 정책 아젠다로 등장할 때까지 기다린다.
③ 혼합모형 : 정책결정에 드는 비용보다 효과가 더 커야 한다.
④ 공공선택모형 : 합리모형과 점증모형을 절충한 것이다.
⑤ 만족모형 : 정책결정자가 완전한 합리성에 기초하여 정책을 결정한다.

09. 정책결정 이론에 관한 설명으로 옳지 <u>않은</u> 것은?
① 점증모형은 정책결정이 과거의 정책을 점진적으로 수정하는 방식으로 이루어진다.
② 만족모형은 정책결정자가 제한된 합리성안에서 정책을 결정한다고 본다.
③ 최적모형은 경제적 합리성과 초합리적 요소를 동시에 고려하는 모형에 해당한다.
④ 혼합모형은 만족모형과 점증모형을 절충한 것이다.
⑤ 쓰레기통모형 : 정책전문가들은 정책 대안들이 정치적 흐름과 문제 흐름에 의해 정책 아젠다로 등장할 때까지 기다린다.

10. 정책평가의 기준에 관한 설명으로 옳지 않은 것은?

① 효율성이란 투입에 대한 산출의 비율을 토대로 하는 것이다.
② 형평성이란 사회계층 간 지역 간에 정책 결과가 어느 정도로 공평하게 적용되었는가를 판단하는데 사용된다.
③ 적절성이란 정책이 특정집단의 요구와 가치 등을 어느 정도 반영시켰는가를 판단하기 위한 기준이다.
④ 자원이 제한되어 있다면, 이 자원을 가지고 최대한의 서비스를 산출하는 것이 효율적인 정책이다.
⑤ 형평성은 사회복지정책의 소득재분배적 성격과 관련이 있다.

11. 노인의 4고, 베버리지 5대 사회악의 사회복지적 공통점은?

① 나태와 무지   ② 빈곤과 질병
③ 질병과 비행   ④ 범죄와 빈곤
⑤ 무위와 질병

12. 다음은 길버트와 테렐이 제시한 자격조건의 제도적 사회복지에서 보충적 사회복지로 순서대로 정리한 것으로 옳은 것은?

① 보상 > 귀속적 욕구 > 진단적 차별 > 자산조사에 의한 욕구
② 귀속적 욕구 > 진단적 차별 > 보상 > 자산조사에 의한 욕구
③ 귀속적 욕구 > 보상 > 진단적 구분 자산조사에 의한 욕구
④ 진단적 차별 > 보상 > 자산조사에 의한 욕구 > 귀속적 욕구
⑤ 자산조사에 의한 욕구 > 귀속적 욕구 > 보상 > 진단적 차별

13. 우리나라 사회복지제도의 급여자격기준에 관한 설명으로 옳은 것은?

① 국민기초생활보장제도는 인구학적 기준과 부양의무자기준을 모두 고려한다.
② 장애인연금은 자산조사를 하지 않고 진단적 구분을 기준으로 한다.
③ 노인장기요양보험은 인구학적 조건과 자산조사를 기준으로 한다.
④ 기초연금은 인구학적 기준과 자산조사를 모두 고려한다.
⑤ 국민연금은 인구학적 기준과 자산조사를 모두 고려한다.

14. 사회복지 재화나 서비스를 국가(정부)가 제공하는 것이 바람직한 경우에 해당하는 것을 모두 고른다면?

> ㄱ. 사회복지 서비스가 공공재적 성격이 강한 경우
> ㄴ. 규모의 경제가 있을 경우
> ㄷ. 외부효과가 큰 경우
> ㄹ. 소득분배의 불공평한 경우

① ㄱ, ㄴ, ㄷ   ② ㄱ, ㄷ
③ ㄴ, ㄹ   ④ ㄹ
⑤ ㄱ, ㄴ, ㄷ, ㄹ

15. 사회복지서비스 전달체계의 평가기준으로 적합한 것은?

ㄱ. 통합성	ㄴ. 접근성
ㄷ. 평등성	ㄹ. 독점성

① ㄱ, ㄴ, ㄷ ② ㄱ, ㄷ
③ ㄴ, ㄹ ④ ㄹ
⑤ ㄱ, ㄴ, ㄷ, ㄹ

16. 사회복지정책의 재원에 관한 설명으로 옳은 것은?

① 조세를 통해 추가로 재원을 조달하는 경우 세율 인상, 새로운 세목의 신설 등 의 방법을 적용할 수 있다.
② 조세는 재정의 지속가능성이 낮다.
③ 조세지출은 공공재원에 포함되지 않는다.
④ 소득세는 간접세에 해당하며, 소비세는 직접세에 해당한다.
⑤ 직접세 인상은 물가상승의 원인이 될 수 있다.

17. 우리나라의 사회보험제도에 대한 설명으로 옳은 것을 모두 고른 것은?

ㄱ. 모든 국민에 대해 강제 가입하는 것을 원칙으로 한다.
ㄴ. 공공부조보다 수직적 재분배 효과가 더 크게 나타난다.
ㄷ. 일반국민을 대상으로 한 최초의 보험은 산업재해보상보험이다.
ㄹ. 사회적 적절성보다는 개인적 형평성을 중시한다.

① ㄱ, ㄴ ② ㄷ, ㄹ
③ ㄱ, ㄷ ④ ㄴ, ㄹ
⑤ ㄱ, ㄴ, ㄷ, ㄹ

18. 소득재분배에 관한 설명으로 옳지 <u>않은</u> 것을 모두 고른 것은?

ㄱ. 수직적 재분배는 고소득층에서 저소득층으로의 소득재분배를 말한다.
ㄴ. 가족수당, 건강보험 등은 수직적 재분배에 속한다.
ㄷ. 공공부조는 누진적인 조세를 재원으로 저소득층에게 제공하기 때문에 수직적 재분배 효과를 갖는다.
ㄹ. 부과방식은 현재 노인세대에게 지급할 연금을 미래세대인 근로계층이 부담하는 방식으로, 세대 간 재분배 효과가 발생한다.

① ㄱ, ㄴ ② ㄴ
③ ㄷ, ㄹ ④ ㄱ, ㄴ, ㄹ
⑤ ㄱ, ㄴ, ㄷ

19. 사회보장제도의 소득재분배 효과에 대한 설명으로 옳지 않은 것은?

   ① 사회보장 지출은 수평적 재분배의 기능은 하지 못 하지만 수직적 재분배의 기능은 뚜렷하게 나타난다.
   ② 연금의 부과방식은 현재 세대 간 재분배 효과가 발생한다.
   ③ 연금의 적립방식은 보험료로 급여를 적립 했다가 장래에 지급하는 방식으로 장기적 재분배 효과를 갖는다.
   ④ 국민기초생활보장 등 공공부조제도는 단기적 재분배의 성격이 강하다.
   ⑤ 사회보험은 소득재분배 효과가 가장 두드러지게 나타나는 것은 사회보장 지출이다.

20. 국민연금제도에 대한 설명으로 옳지 않은 것은?

   ① 국민연금제도는 강제가입이 원칙이다.
   ② 국민연금공단을 통해 운용되고 있다.
   ③ 반환일시금은 가입기간 중 본인이 납부한 연금 보험료에 대통령령으로 정하는 이자를 더하여 지급한다.
   ④ 출산크레딧 제도에 따라 받을 수 있는 가입인정기간의 최대치는 50개월이다.
   ⑤ 1986년 국민복지연금법을 폐지하고 국민연금법을 제정하면서 전 국민 대상으로 실시되었다.

21. 다음 중 노인장기요양보험을 통해 실시되는 급여에 대한 설명으로 옳지 않은 것은?

   ㄱ. 수급자는 노인요양시설을 통해 시설급여를 받을 수 있다.
   ㄴ. 재가급여 수급자는 부득이한 경우 방문목욕과 방문간호를 동일한 시간에 받을 수도 있다.
   ㄷ. 수급자는 재가급여, 시설급여 및 특별현금급여를 받을 수 있다.
   ㄹ. 수급권자는 일상생활 및 신체활동 지원에 필요한 용구를 제공하거나 가정을 방문하여 재활에 관한 지원 등을 제공받을 수 있다.

   ① ㄱ
   ② ㄱ, ㄷ
   ③ ㄴ, ㄹ
   ④ ㄷ, ㄹ
   ⑤ ㄱ, ㄴ, ㄷ, ㄹ

22. 요양급여를 받는 노동자가 요양 시작 후 2년이 지나도 부상 혹은 질병이 치료되지 않을 경우에 받을 수 있는 급여는 무엇인가?

   ① 요양급여
   ② 장애급여
   ③ 간병급여
   ④ 상병보상연금
   ⑤ 특별급여

23. 우리나라 고용보험제도의 급여에 관한 내용으로 옳지 <u>않은</u> 것은?

① 이주비는 수급자격자가 거주지를 이전하거나 지시한 훈련을 받기 위해 이사하는 경우에 지급한다.
② 상병급여는 질병·부상기간이 7일 미만인 경우에도 받을 수 있다.
③ 육아휴직 시작 일부터 3개월까지는 통상임금의 100분의 80을 육아휴직급여로 지급한다.
④ 고용안정사업에는 고용조정 지원, 고용창출 지원, 고용촉진 지원 등이 있다.
⑤ 구직급여는 가입기간과 연령에 따라 최소 120일부터 최대 270일까지 받을 수 있다.

24. 빈곤과 불평등에 대한 설명으로 옳지 <u>않은</u> 것은?

① 5분위 분배율은 소득이 낮은 하위 40% 가구의 소득 합을 소득이 가장 높은 상위 20%가구의 소득 합으로 나눈 것이다.
② OECD 국가들 중에서 사회민주주의 복지국가 유형에 속하는 국가들이 낮은 수준의 빈곤율을 나타내고 있다.
③ 지니계수의 값이 1에 가까울수록 불평등도가 높다는 것을 의미한다.
④ OECD 국가들 중에서 자유주의 복지국가 유형에 속하는 국가들이 전반적으로 불평등 수준이 높게 나타나고 있다.
⑤ 우리나라는 1997년 외환위기 이후 소득의 불평등이 심화되었다.

25. 빈곤의 개념에 대한 설명으로 옳지 <u>않은</u> 것은?

① 절대적 빈곤 개념은 사회의 통념과 관습에 따라 달라진다.
② 전물량 방식에서는 어떤 품목을 필수적인 품목으로 인정하느냐에 따라 빈곤선의 수준이 달라질 수 있다.
③ 소득수준이 상승하면 상대적 빈곤의 문제보다는 절대적 빈곤의 문제로 초점이 옮겨진다.
④ 상대적 빈곤의 문제는 불평등과 상대적 박탈감과 밀접한 관련을 가지고 있다
⑤ 주관적 빈곤 개념이란 적절한 생활수준을 유지하기 위해 필요한 소득수준에 대한 개인들의 평가에 근거하여 빈곤을 정의하는 것을 의미한다.

● 사회복지정책론

실전 모의고사 정답 및 해설

실전 모의고사 1회

445~450쪽

01 ④	02 ②	03 ①	04 ③	05 ④
06 ②	07 ②	08 ④	09 ①	10 ③
11 ②	12 ②	13 ⑤	14 ④	15 ③
16 ⑤	17 ①	18 ②	19 ③	20 ②
21 ②	22 ①	23 ③	24 ⑤	25 ④

01. ④

잔여적(보충적) 모형에서는 선별주의 입장을 강조한다.

02. ②

산업화 이론은 수렴이론이라고도 한다. 경제발전 수준과 사회복지 지출 수준 간에 강한 상관관계가 존재한다고 보는 이론이다.

03. ①

①의 내용은 사회양심이론을 설명한 내용이다. 음모이론에서는 사회복지정책의 주목적은 사회질서 유지와 사회통제라는 관점의 이론이다.

04. ③

베버리지보고서는 국민 연대성에 기초한 국민 최저선의 보장을 기초로 하는 사회보장의 원칙을 제시하였다.

05. ④

복지국가를 반대하며 정부의 개입은 국가재정의 낭비를 초래한다고 본다.

06. ②

사회민주주의적 복지국는 보편주의원칙, 재분배적 기능, 여성의 경제활동 촉진, 탈 상품화 효과가 큰 복지국가 유형

07. ②

대처리즘은 국가 개입을 최소화하는 신자유주의 정책을 선호하였다.

08. ④

스핀햄랜드법은 버커셔빵법이라고도 하며. 식품의 가격과 가족 수에 따라 최저생활기준에 미달하는 임금의 부족분을 빵값을 기준으로 보조해주는 것으로, 오늘날 가족수당 또는 최저생활보장의 기반이 되었다.

09. ①

베버리지는 사회보장이란 국가에 의한 소득보장으로, 아동수당과 포괄적인 보건의료서비스, 완전고용 제도가 전제되어야 함을 주장하였다. 행정의 통합화는 사회보험운영의 기본원칙이다.

10. ③

C.O.S는 빈곤의 개인적 책임에 의거하여 빈민의 자조정신을 손상시킬 위험이 있는 빈민에 대한 공공지출의 삭감을 지지하고 빈곤은 민간부문의 노력을 통해 해결될 수 있다고 보았다.

11. ②

1970년의 경제 불황의 영향으로 재정이 악화되고 신자유주의는 이에 과다한 복지비용 지출이 경제발전을 저해하는 요인으로 간주되었다. 이에 따라 1980년대부터 복지비용의 억제와 공영기업의 민간화 등이 이루어졌다. 베버리지는 국가책임과 사회보장의 확대를 추구하였다.

12. ②

효과성평가는 의도했던 정책목표를 얼마나 달성했는지를 비용과 상관없이 평가한다.

13. ⑤

정책형성과정과 전문적 역할
① 문제의 발견 - 직접적 서비스
② 정보의 수집 및 분석 - 사회조사
③ 일반대중에 대한 홍보 - 지역사회 조직화
④ 정책목표의 개발 - 계획
⑤ 대중의 지지와 정당화 - 지역사회 조직화
⑥ 프로그램 설계 - 계획
⑦ 실천화 - 행정과 직접적 서비스
⑧ 평가와 사정 - 조사와 직접적 서비스

14. ④

정책 편의성 평가는 사회복지정책의 급여를 얼마나 편리하게 향유하였는가에 대한 평가

15. ③
③ 대상효율성은 자원이 대상자들에게 얼마나 집중적으로 할당되는가의 정도 효율의 여러 가지 개념
① 운영효율성 : 얼마나 적은 비용을 사용하는가
② 대상효율성 : 자원이 대상자들에게 얼마나 집중적으로 할당되는가
③ 파레토효율성 : 자원이 사회적으로 얼마나 바람직하게 배분되어 있는가

16. ⑤
지방정부의 전달체계는 민간전달 체계에 비해 재정적 유용성을 확보하여 창의적 서비스 개발에 불리한 면이 있다.

17. ①
사회복지의 주체(기관)에 대한 설명이다.

18. ②
현금급여는 관리비가 적게 들고, 개인의 존엄성을 보장해줄 수 있다.

19. ③
사회적 요구에 민감하지 않고 안정적인 시설운영이 가능하다.

20. ②
② 국민연금 보험료는 사회보험료로 사회보장성 조세인 목적세 성격을 가지고 있다.
① 사회보험료는 일반조세의 성격을 갖는다
② 사회보험료는 사회보장성 조세에 해당된다.
③ 사용자 부담제도는 도덕적 해이를 방지하는 기능을 한다.
④ 소득세의 누진성이 높을수록 재분배효과가 크다.
⑤ 간접세는 누진세율을 적용하기 어렵다.

21. ②
공공부조는 고소득층에서 저소득층으로 수직적 재분배가 이루어지며, 아동수당은 아동이 없는 가정에서 있는 가정으로 수평적 재분배가 이루어진다. 건강보험의 경우 주로 수평적 재분배효과가 발생하는데, 이는 세대 내 재분배에 포함되며, 부과방식의 연금제도는 세대 간 재분배효과가 나타난다.

22. ①
3자녀를 출산하였을 경우 30개월의 가입기간을 추가로 인정받을 수 있다.

23. ③
주된 진료비 지불방식은 행위별수가제와 포괄수가제를 적용하고 있다.

24. ⑤
ㄱ. 산업재해는 업무상 인과관계가 있어야 하며,
ㄴ. 장기요양에도 불구하고 장애가 남아 노동능력이 저하되었을 경우 해고 제한 및 직장 복귀 등을 위한 권리를 보장하도록 하고 있다.
ㄷ. 휴업급여는 업무상 사유에 의하여 부상을 당하거나 질병에 걸린 근로자에게 요양으로 인하여 취업하지 못한 기간에 대해 지급하는 소득보상 성격의 급여이다.
ㄹ. 산업재해로 인한 휴업급여는 최저임금에 따라 산정하여 지급된다.

25. ④
ㄹ. 5분위 분배율은 소득이 가장 높은 상위 20% 가구의 소득 합을 소득이 낮은 하위 20% 가구의 소득 합으로 나눈 것이다.

실전 모의고사 2회   451~455쪽

01 ④	02 ④	03 ⑤	04 ④	05 ②
06 ①	07 ④	08 ③	09 ②	10 ①
11 ④	12 ②	13 ①	14 ③	15 ③
16 ④	17 ③	18 ②	19 ②	20 ②
21 ⑤	22 ②	23 ④	24 ④	25 ③

01. ④
신자유주의는 복지국가 축소가 필요하며, 공공지출을 축소하고 국가 개입을 최소화해야 한다.

02. ④
인간다운 생활을 할 수 있도록 적절한 수준의 급여를 제공하는 것은 생존권보장과 관련이 있다.

03. ⑤
사회보험에서 보험료를 많이 낸 사람에게 많은 급여를 주는 것은 비례적 평등의 예이다.

04. ④
치유적인 전략이란 저교육, 저기술처럼 빈곤의 원인을 찾아내어 해결하려는 전략이다. 대표적인 예가 직업훈련 프로그램이다.

05. ②
사회복지제도의 확대가 노동시장의 경직성을 야기하여 생산성에 따른 노동배분이 효율적으로 이루어지지 않는다고 보았다.

06. ①
우애방문원이 직접 각 빈곤세대를 방문하여 서비스를 제공하였다.

07. ④
서비스의 효과적 제공을 촉진하기 위해서 자선조직협회는 우애방문원을 통해 개별적 조사를 행했으며, 이를 통해서 적절한 도움을 주게 되었다.

08. ③
정책대안 형성단계이다. 이 단계에서는 정책결정을 통하여 공공기관(정부)이 문제해결을 위하여 여러 개의 대안 중에서 하나를 의식적으로 선택하게 되는 단계이다.

09. ②
정책 아젠다 설정 단계에 해당한다. 아젠다 형성이란 정부가 정책적 결정을 위하여 사회문제를 정책문제로 채택하는 과정 또는 행위를 말한다.

10. ①
효과성평가란 제공된 서비스와 성취된 결과 사이에 관계를 밝히는 평가이다.

평가의 종류
① 모니터링이란 정책 프로그램의 운영상의 오류가 없는지 밝히는 것을 목적으로 한다.
② 공평성평가란 정책을 통해 급여가 인구 집단에 공평하게 배분되었는지를 평가하는 것이다.
③ 효율성평가란 주어진 자원들을 경제적인 방법으로 적절하게 활용했는지에 대한 평가로 투입에 대한 산출 또는 투입에 대한 성과에 대한 평가이다.
④ 효과성평가란 제공된 서비스와 성취된 결과 사이에 관계를 밝히는 평가이다.

11. ④
사회복지정책의 평가분석 중 과정평가의 한 방법인 모니터링은 정책의 대상집단에 대한 프로그램의 커버리지와 바이어스를 살펴야 한다. 커버리지는 어떤 정책 프로그램에 대한 대상집단의 참여가 실제로 얼마나 이루어지고 있는가 하는 정도, 즉 만족도를 말한다.

12. ②
급여평가 과정은 길버트와 테렐의 사회복지정책의 분석틀에 해당되지 않는다.
사회복지정책의 분석틀
① 할당(대상)체계 : 보험대상 및 수급대상(누구에게 급여할 것인가?)
② 급여체계 : 급부의 형태 및 수준(무엇을 급여할 것인가?)
③ 전달체계 : 급부의 전달경로(어떻게 급여할 것인가?)
④ 재원체계 : 기여금의 충당방법 및 배분방법(어떻게 재원을 조달할 것인가?)

13. ①
급여에 필요한 재정 조달 방법을 설명한 내용이다.

14. ③
사회수당과 같은 제도는 제도적, 보편주의적인 성격을 가지고 있다.

15. ③
사회복지정책과 사회보장에 적합한 사회복지 주체는 국가나 지방자치단체이다.

16. ④
중앙정부의 필요성
① 사회복지의 가치재, 공공재적 성격
② 대상집단이 많을수록 유리
③ 소득재분배효과 극대화로 평등의 가치 구현
④ 다양한 프로그램을 통합, 조절 : 지속적이고 안정적인 서비스 제공

17. ③
ㄴ. 아동수당은 보통 별도의 기여나 자산조사 없이 급여를 지급한다.
ㄹ. 기초연금제도, 장애인연금제도는 공공부조에 가깝다고 볼 수 있다.

18. ②
② 국민연금 급여의 종류에는 장애연금도 포함된다
① 사업장가입자의 보험료율은 9.0%로 근로자와 사용자가 각각 4.5%씩 부담한다.
③ 분할연금에 대한 설명이다.
④ 국민연금제도는 물가상승률에 따른 연금액 조정 및 재평가를 통해 연금액의 실질가치를 보전하고 있다.
⑤ 기초수급자가 사업장에 근무하는 경우에 사업장가입자로 적용받도록 개정되었다.

19. ②
강제 가입제가 원칙이다.

20. ②
출산급여는 산업재해보험의 급여에 포함되지 않는다. 출산 전후 휴가급여는 고용보험의 모성보호급여에 해당한다.

21. ⑤
근로자의 보험급여를 받을 권리는 퇴직하여도 소멸되지 아니한다.

22. ②
고용보험제도에서 모두 지급하는 급여이다.

23. ④
형법 또는 직무와 관련된 법률을 위반하여 금고이상의 형을 선고받은 경우 수급자격에 제한을 받는다.

24. ④
주거지원은 국가, 지방자치단체 소유의 임시거소 제공 또는 타인 소유의 임시거소를 제공한다.

25. ③
근로장려 세제의 주무 부처는 기획재정부이며, 시행은 국세청에서 담당한다.

실전 모의고사 3회

01 ③	02 ③	03 ⑤	04 ②	05 ⑤
06 ⑤	07 ②	08 ②	09 ④	10 ③
11 ②	12 ③	13 ④	14 ⑤	15 ①
16 ①	17 ③	18 ②	19 ①	20 ⑤
21 ⑤	22 ④	23 ②	24 ①	25 ③

01. ③
ㄴ. 산업화이론은 복지국가 간 차이점보다는 유사성을 강조한다.
ㄷ. 사회민주주의 이론에서는 복지국가 발전의 요인으로 노동자계급의 정치적 권력의 확대와 시민주의 정당, 노동조합의 성장 등 정치적 변수에 주목한다.

02. ③
ㄴ. 반집합주의는 사회복지정책을 지향하지 않는다.
ㄹ. 페미니즘은 복지국가가 성평등적인 특성과 성차별적인 특성을 동시에 가지고 있다고 설명한다.

03. ⑤
적극적 자유를 설명하는 내용으로 적극적 자유를 강조하는 사람들은 사회적, 집단적 측면에서 자유를 바라볼 것을 주장한다.

04. ②

사회보장제도의 민영화 경향은 복지국가 위기론이 부각되면서 국가의 재정적 문제를 해결하기 위한 대안으로 제시된 것이다.

05. ⑤

지방분권화를 강조하고 있다.

06. ⑤

엘리자베스 빈민법(1601년) - 정주법(1662년) - 길버트법(1782년) - 스핀햄랜드법(1795) - 신빈민법(1834년)

07. ②

독일은 1883년 질병보험법을 세계 최초로 도입하였다.

08. ②

쓰레기통모형 : 정책전문가들은 특정 사회문제에 대한 정책대안들을 연구하고 있으며, 정책대안들이 정치적 흐름과 문제 흐름에 의해 정책 아젠다로 등장할 때까지 기다린다.
① 번은 점증모형에 대한 설명이다.
③ 경제적 합리성과 초합리적 요소를 동시에 고려하는 모형은 최적모형에 해당한다.
④ 혼합모형을 설명한 것이다.
⑤ 쓰레기통모형 : 정책전문가들은 정책대안들이 정치적 흐름과 문제 흐름에 의해 정책 아젠다로 등장할 때까지 기다린다.

09. ④

혼합모형은 합리모형과 점증모형을 절충한 것이다.

10. ③

특정집단의 요구와 가치 등을 어느 정도 반영시켰는가를 판단하기 위한 기준은 대응성에 대한 내용이다.

11. ②

노인의 4고 : 빈곤, 질병, 무위, 고독
베버리지의 5대 사회악 : 빈곤, 질병, 불결, 나태, 무지

12. ③

귀속적 욕구 > 보상 > 진단적 구분 자산조사에 의한 욕구

13. ④

기초연금은 인구학적 기준과 자산조사를 고려하여 65세 이상인 자로서 소득인정액이 선정기준액 이하인 사람에게 지급한다.

14. ⑤

구매력을 가진 수요에 반응하는 경우에 시장의 가격기구에 의한 배분이 효율적이나 공공재적 성격이 강한 재화나 서비스는 국가(정부)가 제공하는 것이 바람직하다.

15. ①

재화나 서비스가 독점적으로 이루어지는 것보다 여러 주체가 경쟁적으로 이루어질 때 서비스 질이 향상된다.

사회복지서비스 전달체계의 주요 원칙
① 적절성 : 평등, 소득재분배, 사회적 적절성을 이룰 수 있어야 함
② 통합성 : 복합적 문제에 대해 연관된 서비스의 제공
③ 지속성 : 한 서비스가 다른 서비스와 연계되어 지속적으로 받을 수 있게 함
④ 효율성 : 충분한 정보를 바탕으로 한 합리적인 선택 촉진
⑤ 경쟁성 : 가격과 질에 있어 소비자에게 유리
⑥ 접근성 : 공간적, 시간적으로 필요로 하는 모든 사람이 접근하기 쉽도록 함
⑦ 대응성, 책임성 : 욕구의 변화에 민감하게 대응
⑧ 수급자의 선택의 자유
⑨ 남용과 오용의 방지

16. ①

① 조세를 통해 추가로 재원을 조달하는 경우 세율 인상, 새로운 세목의 신설 등의 방법을 적용할 수 있다.
② 조세는 다른 재원들에 비해 재정의 지속가능성이 높은 편이다.
③ 조세지출은 공공재원에 포함된다.
④ 소득세는 직접세에 해당하며, 소비세는 간접세에 해당한다.
⑤ 물가상승과 관련이 있는 것은 간접세이다. 대표적인 간접세인 부가가치세는 모든 재화와 용역에

대하여 일률적으로 부과하는 조세이며, 간접세를 인상하면 거의 모든 상품에 간접세가 포함되어 있기 때문에 물가상승의 원인이 될 수 있다.

17. ③
ㄱ. 모든 국민에 대해 강제 가입하는 것을 원칙으로 한다.
ㄷ. 일반국민을 대상으로 한 최초의 보험은 산업재해보상보험이다.

18. ②
ㄱ. 수직적 재분배는 고소득층에서 저소득층으로의 소득재분배를 말한다.
ㄴ. 가족수당, 건강보험 등은 수평적 재분배에 속한다.

19. ①
사회보장 지출은 수직적 재분배의 기능도 하지만, 보험료를 분담하는 동일계층 간의 수평적 재분배 기능도 한다.

20. ⑤
① 역 선택의 문제를 방지하기 위해 강제가입으로 운영되고 있다.
② 국민연금공단은 공법인이다.
④ 출산 크레딧 제도에 따라 5자녀 이상인 경우 50개월이 최대기간이다.
⑤ 전 국민을 대상으로 실시된 것은 1999년부터이다.

21. ⑤
수급자는 재가급여, 시설급여 및 특별현금급여를 받을 수 있고 수급자의 노인장기요양급여 중 시설급여는 장기요양기관이 운영하는 노인요양시설 또는 노인요양공동생활가정 등을 통해 받을 수 있다.

22. ④
산업재해가 발생하면 노동자는 요양급여와 휴업급여를 받게 되는데, 중증요양상태 등급에 해당되는 2년 이상의 장기 요양자들 에게는 휴업급여 대신 상병보상연금을 지급한다.

23. ②
상병급여는 질병·부상기간이 7일 이상인 경우 수급자격자의 생계안정을 위하여 구직급여 대신 지급하는 급여이다.

24. ①
5분위 분배율은 소득이 가장 높은 상위 20% 가구의 소득 합을 소득이 낮은 하위 20% 가구의 소득의 합으로 나눈 것이다.

25. ③
경제 발전에 따라 소득수준이 상승하면 절대적 빈곤의 문제보다는 상대적 빈곤의 문제로 초점이 옮겨지기도 한다.

[사회복지 정책과 제도]

07

사회복지행정론

주제별 기출문제

1 사회복지행정의 이해

◆ 출제경향분석 및 학습가이드

대분류	중분류	소분류	출제빈도 및 중요도
제1장 사회복지행정의 이해	제1절 사회복지행정의 개념	사회복지행정의 정의	★★★★★
		사회복지행정의 필요성	★★★
		사회복지행정의 특성	★★★
		사회복지행정의 접근방법	★
	제2절 사회복지행정의 역사	미국	★
		한국	★★★★★

1. 사회복지행정의 개념
1) 사회복지행정의 정의
정의를 묻는 문제가 자주 등장하기에 정의에 대해 확실히 암기해야 함. 외국 학자 중 키드네이프(Kidneigh)와 패티(Patti)의 사회복지행정의 정의에 대해 출제된 바 있기에 꼭 확인해야 함.

2) 사회복지행정의 필요성
가볍게 읽어나가면서 특히 사회복지조직 내 행정기능이 없는 조직의 상태의 극복에 대한 와인바흐(Weinbach)의 주장을 살펴보아야 함.

3) 사회복지행정의 특성
패티(Patti)가 말한 관리자의 기능과 업무를 중심으로 사회복지행정의 특성을 한번 살펴보아야 함.

4) 사회복지행정의 접근방법
최근 컴플라이언스 접근방법에 대해 묻는 문제가 출제된 바, 컴플라이언스 접근방법을 꼭 살펴보아야 함.

5) 사회복지행정의 영역
최근 사회복지행정의 과정에 대해 묻는 문제가 출제되었기에 정확한 이해가 필요함.

2. 사회복지행정의 역사
1) 미국 : 출제빈도가 높지 않으나, 1970년대, 1980년대 주요 흐름을 꼭 확인해야 함.
2) 한국 : 한국의 사회복지행정의 역사에 대해 묻는 문제가 자주 출제되니, 연도별로 주요 법 제정이나 서비스 등 변화에 대해 철저히 암기해야 함.

기출문제 확인하기

□ 18회

01. 사회복지행정의 개념에 관한 설명으로 옳지 않은 것은?

① 사회복지정책을 개별적이고 구체적인 서비스로 전환시키는 과정이다.
② 사회서비스 활동으로 민간조직을 제외한 공공조직이 수행한다.
③ 관리자가 조직목표를 달성하기 위해서 수행하는 과정, 기능 그리고 활동이다.
④ 사회복지 과업수행을 위해서 인적·물적 자원을 체계적으로 결합·운영하는 합리적 행동이다.
⑤ 사회복지제도와 정책을 서비스 급여, 프로그램으로 전환시키기 위한 전달체계이다.

정답 ②

해설 사회복지행정의 개념에 관한 설명으로 ② 사회서비스 활동으로 민간조직을 제외한 공공조직이 수행하는 게 아니라 공공조직과 민간조직이 각각 수행하면서 필요에 따라 협력체계를 구축하여 함께 사회서비스 활동을 수행함.

아래 사회복지행정의 개념에 대한 맞는 예시임.
① 사회복지정책을 개별적이고 구체적인 서비스로 전환시키는 과정이다.
③ 관리자가 조직목표를 달성하기 위해서 수행하는 과정, 기능 그리고 활동이다.
④ 사회복지 과업수행을 위해서 인적·물적 자원을 체계적으로 결합·운영하는 합리적 행동이다.
⑤ 사회복지제도와 정책을 서비스 급여, 프로그램으로 전환시키기 위한 전달체계이다.

□ 14회

02. 일반행정과 비교하여 사회복지행정의 특징이 아닌 것은?

① 클라이언트 욕구충족을 기본으로 한다.
② 인간의 가치와 관계성을 기반으로 한다.
③ 자원의 외부의존도가 높다.
④ 전문인력인 사회복지사에 대한 의존도가 높다.
⑤ 실천표준기술의 확립으로 효과성 측정이 용이하다.

정답 ①

해설 일반행정과 비교하여 사회복지행정의 특징은 ① 클라이언트 욕구충족을 기본으로 하는 게 아니라 → 개별화된 클라이언트의 욕구 구현을 목적으로 함.

다음은 일반행정과 비교하여 사회복지행정의 특징임.
② 인간의 가치와 관계성을 기반으로 한다.
③ 자원의 외부의존도가 높다.
④ 전문인력인 사회복지사에 대한 의존도가 높다.
⑤ 실천표준기술의 확립으로 효과성 측정이 용이하다.

기출문제 확인하기

☐ 18회

03. 사회복지행정의 특성에 관한 설명으로 옳지 <u>않은</u> 것은?

① 조직들 간의 통합과 연계를 중시한다.
② 지역사회 욕구를 충족시키기 위한 조직관리 기술을 필요로 한다.
③ 모든 구성원들이 조직운영 과정에 참여하여 일정 부분 영향을 미친다.
④ 조직내부 부서 간의 관료적이고 위계적인 조직관리 기술을 필요로 한다.
⑤ 사회복지조직의 관리자는 조직의 운영을 지역사회와 연관시킬 책임이 있다.

정답 ④

해설 사회복지행정의 특성에 관한 설명으로 ④ 조직내부 부서 간의 관료적이고 위계적인 조직관리 기술은 적합하지 않으며, 민주적 조직관리가 적합함.

아래 문항은 사회복지행정의 특성으로 맞는 설명임.
① 조직들 간의 통합과 연계를 중시한다.
② 지역사회 욕구를 충족시키기 위한 조직관리 기술을 필요로 한다.
③ 모든 구성원들이 조직운영 과정에 참여하여 일정 부분 영향을 미친다.
⑤ 사회복지조직의 관리자는 조직의 운영을 지역사회와 연관시킬 책임이 있다.

☐ 16회

04. 사회복지행정의 특성으로 옳지 <u>않은</u> 것은?

① 인적 · 물적자원을 활용하여 조직 목적과 목표를 달성한다.
② 지역사회의 욕구를 충족시키기 위한 활동이다.
③ 사회복지행정가는 대안선택 시 가치중립적이어야 한다.
④ 사회복지조직이 제공하는 서비스는 전문적인 성격을 가지고 있다.
⑤ 사회복지행정가는 조직운영에서 지역사회 협력의 중요성을 인식해야 한다.

정답 ③

해설 사회복지행정의 특성으로 ③ 사회복지행정가는 대안선택 시 가치중립적인 게 아니라 가치지향적임.
사회복지행정은 인간 대상이며, 인간의 가치와 도덕성을 중시하며, 전체적 접근방식에 의한 개별화된 클라이언트의 욕구를 구현하는 데 목적을 둠.

다음 항목은 사회복지행정의 특성으로 옳은 예시임.
① 인적 · 물적 자원을 활용하여 조직 목적과 목표를 달성한다.
② 지역사회의 욕구를 충족시키기 위한 활동이다.
④ 사회복지조직이 제공하는 서비스는 전문적인 성격을 가지고 있다.
⑤ 사회복지행정가는 조직운영에서 지역사회 협력의 중요성을 인식해야 한다.

❒ 18회
05. 1950년대 우리나라 사회복지행정 역사에 관한 설명으로 옳지 않은 것은?

① 외국민간원조기관협의회(KAVA, Korea Association of Voluntary Agencies)는 구호물자의 배분을 중심으로 사회복지행정 활동을 하였다.
② KAVA는 구호 활동과 관련된 조직관리 기술을 도입했다.
③ 사회복지기관들은 수용·보호에 바탕을 둔 행정관리 기술을 사용하였다.
④ KAVA는 서비스 중복, 누락 등 사각지대가 발생하여 서비스 제공자 간의 협력체계 구축에 초점을 두었다.
⑤ KAVA는 지역사회 조직화나 공동체 형성을 위한 조직관리 기술을 적극적으로 활용하였다.

정답 ⑤
해설 KAVA는 지역사회 조직화나 공동체 형성을 위한 조직관리 기술을 적극적으로 활용한 게 아님.

❒ 18회
06. 사회복지서비스 전달체계의 도입을 시대 순으로 나열한 것은?

| ㄱ. 사회복지사무소 시범사업 | ㄴ. 희망복지지원단 | ㄷ. 사회복지전문요원 |
| ㄹ. 보건복지사무소 시범사업 | ㅁ. 지역사회보장협의체 | |

① ㄹ - ㄷ - ㄴ - ㄱ - ㅁ
② ㄷ - ㄹ - ㄱ - ㄴ - ㅁ
③ ㄹ - ㄱ - ㄷ - ㄴ - ㅁ
④ ㄱ - ㄷ - ㄹ - ㅁ - ㄴ
⑤ ㄷ - ㄹ - ㅁ - ㄴ - ㄱ

정답 ②
해설 사회복지서비스 전달체계의 도입은 ㄷ. 사회복지전문요원(1987년) → ㄹ. 보건복지사무소 시범사업(1995년) → ㄱ. 사회복지사무소 시범사업(2004년) → ㄴ. 희망복지지원단(2012년) → ㅁ. 지역사회보장협의체(2015년) 순서임.

❒ 17회
07. 한국 사회복지행정의 추세에 관한 설명으로 옳지 않은 것은?

① 민간부문과 공공부문의 협력이 강조되고 있다.
② 이용시설보다는 생활시설 중심의 보호가 강조된다.
③ 공공성 강화방향으로 전달체계 개편이 이루어지고 있다.
④ 영리기관의 전달체계 참여가 증가하고 있다.
⑤ 지역사회를 중심으로 서비스를 통합하려고 한다.

정답 ②
해설 한국 사회복지행정은 ② 이용시설보다는 생활시설 중심의 보호가 강조되는 게 아니라 생활시설보다는 이용시설 중심의 보호가 강조되는 게 맞음.

기출문제 확인하기

□ 15회

08. 우리나라 사회복지행정의 변화과정과 주요 정책에 관한 설명으로 옳지 <u>않은</u> 것은?

① 사회복지시설평가제 도입은 자원의 효율적 운영에 대한 관심을 확대시키는 계기가 되었다.
② 주로 지방정부에서 운영되는 사회복지사업이 국고보조사업으로 이양되었다.
③ '읍면동 복지허브화' 전략은 맞춤형 통합서비스를 제공하기 위한 민·관 협력을 기반으로 한다.
④ 희망복지지원단은 공공영역에서의 사례관리 기능을 담당한다.
⑤ 국민기초생활보장제도는 복지가 국민의 권리로서 인정받기 시작했다는 의미를 갖는다.

정답 ②

해설 우리나라 사회복지행정의 변화과정과 주요 정책에 관한 설명으로 ② 주로 지방정부가 아니라 중앙정부에서 운영되는 사회복지사업이 지방정부의 국고보조사업으로 이양된 게 맞는 설명임.

□ 14회

09. 미국 사회복지행정 역사에서 1990년대 이후 일어난 변화는?

① 사회복지행정 교육의 필요성이 주장되었다.
② 자선조직협회(COS)가 조직되었다.
③ 공공기관과 민간기관의 기능이 유사해졌다.
④ 지역사회정신건강센터가 크게 늘었다.
⑤ 사회복지분야의 민영화가 시작되었다.

정답 ④

해설 미국 사회복지행정 역사에서 1990년대 이후 일어난 변화로 ④ 지역사회정신건강센터가 크게 늘어남.
① 사회복지행정 교육의 필요성이 주장되었다.
→ 1970년대 연방정부의 사회복지 프로그램의 확대와 다양화는 사회복지행정가로 하여금 조정과 관리를 위한 교육 및 훈련의 필요성을 야기시킴.
② 자선조직협회(COS)가 조직되었다.
→19세기말 부유한 실업가들은 각종 사회문제로 인한 사회불안을 제거하고자 복지제도의 필요성 인식 및 정부 주도의 공공복지행정의 확충은 무능, 부패로 인한 세금낭비로 여겨서 민간자선활동인 자선조직협회(COS)를 설립하고 재정을 지원함.

2 사회복지행정의 이론적 기초이해

◆ 출제경향분석 및 학습가이드

대분류	중분류	소분류	출제빈도 및 중요도
제2장 사회복지행정의 이론적 기초이해	제1절 사회복지행정의 이론적 접근방법	전통적 이론	★★★★★
		현대적 이론	★★★★
	제2절 기획과 의사결정	기획의 의의와 필요성	★
		기획의 유형과 과정	★★★
		프로그램 기획기법	★★★★★
		의사결정 및 모형	★★★★★
		의사전달의 원칙과 유형	★★
	제3절 리더십의 이해	리더십의 개념 및 필요성	★
		리더십의 관련이론	★★★★★
		리더십의 유형	★★

모두 외우려면 기억력에 한계가 있기에 요약본을 보면서 전체적인 흐름을 파악한 뒤 이해가 되지 않는 부분은 전공서적을 찾아서 공부하시길 바랍니다.

1. 사회복지행정의 이론적 접근방법
1) 전통적 이론
• 과학적 관리론에 대해 묻는 문제가 빈번하게 출제되기에 꼭 이해한 뒤 암기.
• 테일러(Taylor)의 주장이나 과학적 관리의 부정적인 영향을 확인함.
• 베버(Weber)의 관료제이론의 역기능에 대해 꼭 숙지함.
• 가끔씩 과학적 관리론과 인간관계이론의 비교에 대한 문제가 출제됨.
• 체계이론에서 조직의 하위체계에 대한 문제가 출제되었으며, 하위체계별 정확한 이해가 필요함.

2) 현대적 이론
• 목표에 의한 관리(MBO)이론에 대한 장점과 단점을 묻는 문제가 종종 출제되기에 이 부분을 꼭 숙지해야 함.
• 종종 에드호크라시 이론의 특징에 대해 묻는 문제가 출제되는 바, 정확한 특징의 이해가 필요함.
• 총체적 품질관리(TQM)에 대해 묻는 문제가 자주 등장하기에 이 부분은 꼭 확인해야 함.

2. 기획과 의사결정
1) 기획의 의의와 필요성 : 기획의 필요성에 대해 간단히 살펴 봄.

2) 기획의 유형과 과정
• 자주 출제되는 부분이기에 정확한 이해와 암기가 필요함.
• 조직의 위계수준에 따른 유형, 스키드모어(Skidmore)가 말한 기획의 과정은 꼭 암기.

3) 프로그램 기획기법 : 간트 차트(Gantt chart), 방침관리 기획(PDCA), PERT(프로그램평가검토기법), Shed-U Graph(월별 활동계획 카드)에 대해 간단히 묻는 문제가 출제되니 간단한 개념이해가 필요함.

4) 의사결정 및 모형 : 의사결정과정의 순서를 묻는 문제가 출제되거나 의사결정이론 중 합리모형이나 점증적 모형이 출제된 바 있기에, 이 부분에 대해 집중적인 학습이 필요 함.

5) 의사전달의 원칙과 유형 : 의사전달원칙에 대해 묻는 문제가 출제되었으니, 각각의 의사전달의 원칙을 확인해야 함.

3. 리더십의 이해
1) 리더십의 개념 및 필요성 : 리더십의 요소에 대해 묻는 문제가 출제되었으며, 가볍게 읽고 이해함.

2) 리더십의 관련이론은 종종 출제되는 부분이기에 꼭 이해하고 암기해야 함.
   특히 행동이론, 관리격자이론, 상황이론 중 하우스(House)의 경로-목표이론, 허시와 블랜차드(Hersey & Blancard)의 상황이론, 경쟁적 가치 리더십 모델은 꼭 알아야 함.

3) 리더십의 유형은 가볍게 읽고 이해하면 됨.

기출문제 확인하기

☐ 18회

01. 사회복지조직에서 활용되고 있는 관료제의 역기능으로 옳지 <u>않은</u> 것은?

① 조직 운영규정 자체가 목적으로 인식될 수 있다.
② 조직변화가 어렵다.
③ 부서이기주의가 나타날 수 있다.
④ 서비스가 최저수준에 머무를 수 있다.
⑤ 조직의 복잡한 규칙을 적용하면서 창조성이 향상된다.

정답 ⑤

해설 관료제의 역기능으로 ⑤ 조직의 복잡한 규칙을 적용하면서 창조성이 향상되는 게 아님.
관료제의 순기능과 역기능 비교

관료제의 순기능	관료제의 역기능
• 정실주의 배제 • 수직적 권한 계층을 통한 책임 수행 용이 • 갈등의 제도적 조정 • 고도의 합리주의와 실적·능력에 의한 충원제도 • 계층제의 승진제도는 인간 본성인 상승욕구 충족 수단	• 크리밍현상의 발생 • 관료의 특권계층화 • 서면주의, 형식주의, 신속한 결정의 지연 • 서비스 전달과정에서 직원과 클라이언트의 비인간화 • 클라이언트에게 효과적인 서비스 전달하는 데 필요한 융통성 결여 • 직원들의 자질을 평가하는데 비인격적·무감각한 성과측정 방법에 의존 • 서비스가 최저수준에 머물 수 있음. • 조직 운영규정 자체가 목적으로 인식될 수 있음. • 조직변화가 어려움. • 부서이기주의가 나타날 수 있음.

☐ 17회

02. 관료제의 주요 특성으로 옳은 것을 모두 고른 것은?

> ㄱ. 조직 내 권위는 수평적으로 구조화된다.
> ㄴ. 조직 운영에서 구성원 개인의 사적 감정은 배제된다.
> ㄷ. 직무 배분과 인력 배치는 공식적 규칙과 규정에 의해서 이루어진다.
> ㄹ. 업무와 활동을 분업화함으로써 전문화를 추구한다.

① ㄱ, ㄴ   ② ㄷ, ㄹ   ③ ㄱ, ㄴ, ㄷ
④ ㄴ, ㄷ, ㄹ   ⑤ ㄱ, ㄴ, ㄷ, ㄹ

정답 ④

해설 ㄱ은 틀린 예시로 옳게 고치면, 조직 내 권위는 수직적으로 구조화된다.

기출문제 확인하기

◻ 16회
03. 베버(M. Weber)의 관료제이론에 관한 설명으로 옳은 것을 모두 고른 것은?

> ㄱ. 조직 내 비공식 집단의 중요성을 인식한다.
> ㄴ. 조직이 수행해야 할 과업이 일상적·일률적인 경우 효율적이다.
> ㄷ. 조직외부의 정치적 상황에 주목한다.
> ㄹ. 조직운영의 권한양식이 합법성·합리성을 띠고 있다.

① ㄱ, ㄷ ② ㄱ, ㄹ ③ ㄴ, ㄹ
④ ㄱ, ㄴ, ㄹ ⑤ ㄴ, ㄷ, ㄹ

정답 ③

해설 다음 예시는 베버(M. Weber)의 관료제이론에 관한 설명으로 맞음.
ㄴ. 조직이 수행해야 할 과업이 일상적·일률적인 경우 효율적이다.
ㄹ. 조직운영의 권한양식이 합법성·합리성을 띠고 있다.

◻ 15회
04. 다음은 체계이론 중 어떤 하위체계에 관한 설명인가?

> • 주요 목적은 개인의 욕구를 통합하고 조직의 영속성을 확보하는 것이다.
> • 업무절차를 공식화 하고 표준화 한다.
> • 직원을 선발하여 훈련시키며 보상하는 제도를 확립한다.

① 관리 하위체계 ② 적응 하위체계 ③ 생산 하위체계
④ 경계 하위체계 ⑤ 유지 하위체계

정답 ⑤

해설 다음 예시는 체계이론 중 유지하위체계에 관한 설명임.
• 주요 목적은 개인의 욕구를 통합하고 조직의 영속성을 확보하는 것이다.
• 업무절차를 공식화 하고 표준화 한다.
• 직원을 선발하여 훈련시키며 보상하는 제도를 확립한다.

☐ 15회
05. 과학적 관리론에 관한 설명으로 옳지 않은 것은?

① 구성원들의 비인간화로 소외현상이 발생한다.
② 인간의 정서적인 측면과 사회적 관계를 중시한다.
③ 주로 경제적 보상을 강조한다.
④ 폐쇄적 환경을 강조하여 환경적 요인이 조직의 목적과 구조에 미치는 영향을 등한시한다.
⑤ 비공식집단, 커뮤니케이션 등의 중요성을 간과하였다.

정답 ②
해설 과학적 관리론이 아니라 인간관계이론에서 인간의 정서적인 측면과 사회적 관계를 중시함.

☐ 14회
06. 과학적 관리론에 대한 설명으로 옳은 것을 모두 고른 것은?

> ㄱ. 효율성과 생산의 극대화를 실현하기 위한 이론이다.
> ㄴ. 정부의 법과 정책, 여론이 조직의 구조와 속성에 영향을 준다.
> ㄷ. 조직의 목적은 상하의 일치성에 기반을 두고 있다.
> ㄹ. 조직관리는 조직이 처한 상황에 의해서 결정된다.

① ㄱ, ㄴ, ㄷ　　　② ㄱ, ㄷ　　　③ ㄴ, ㄹ
④ ㄹ　　　⑤ ㄱ, ㄴ, ㄷ, ㄹ

정답 ③
해설 다음 예시는 과학적 관리론에 대한 옳은 설명임.
ㄴ. 정부의 법과 정책, 여론이 조직의 구조와 속성에 영향을 준다.
ㄹ. 조직 관리는 조직이 처한 상황에 의해서 결정된다.

☐ 14회
07. 조직이론이 조직관리에 미친 영향으로 옳지 않은 것은?

① 생태체계이론은 객관성의 원칙과 협동의 원칙에 대한 이해를 증진시켰다.
② 정치경제이론은 이해집단의 중요성에 대한 인식을 증진시켰다.
③ 관료이론은 권위에 대한 이해를 증진시켰다.
④ 체계이론은 주체들 간의 상호의존성에 대한 이해를 증진시켰다.
⑤ 인간관계이론은 비공식적 조직에 대한 이해를 증진시켰다.

정답 ①
해설 조직이론이 조직관리에 미친 영향으로 생태체계이론은 객관성의 원칙과 협동의 원칙에 대한 이해를 증진시켰다가 아님. 즉, 협동의 원칙은 인간관계이론을 들 수 있음.

기출문제 확인하기

□ 14회
08. 과학적 관리론에 관한 설명으로 옳은 것을 모두 고른 것은?

> ㄱ. 효율성과 생산의 극대화를 실현하기 위한 이론이다.
> ㄴ. 정부의 법과 정책, 여론이 조직의 구조와 속성에 영향을 준다.
> ㄷ. 조직의 목적은 상하의 일치성에 기반을 두고 있다.
> ㄹ. 조직관리는 조직이 처한 상황에 의해서 결정된다.

① ㄱ, ㄴ, ㄷ   ② ㄱ, ㄷ   ③ ㄴ, ㄹ
④ ㄹ   ⑤ ㄱ, ㄴ, ㄷ, ㄹ

정답 ②
해설 다음은 과학적 관리론에 관한 옳은 설명임.
ㄱ. 효율성과 생산의 극대화를 실현하기 위한 이론이다. ㄷ. 조직의 목적은 상하의 일치성에 기반을 두고 있다.

□ 11회
09. 다음의 예에서 나타나는 사회복지조직 활동의 관료제적 병폐는?

> 장애인직업훈련기관이 한정된 수의 클라이언트를 받아야 하고, 클라이언트의 선택의 재량권을 보유하고 있다면, 직업훈련의 효과가 낮은 중증장애인보다는 효과가 높을 것으로 예상되는 경증장애인을 서비스 대상자로 선별하려 할 것이다. 특히 기관에 대한 보조금 지급 수준이 취업률 평가지표에 치중해서 결정되는 경우에, 이는 조직 생존의 차원에서도 피하기 어려운 선택이 된다. 전체 사회적 관점에서는 이것이 사회복지의 휴머니즘적 가치 실현을 저해한다.

① 매너리즘   ② 레드테이프   ③ 크리밍
④ 서비스 과활용   ⑤ 협상

정답 ③
해설 본 문제는 사회복지조직 활동의 관료제적 병폐인 크리밍을 예시임.
*크리밍 : 일정한 개입 프로그램의 도움으로 가장 성공 가능성이 높은 사람들이 사회서비스와 프로그램을 이용하는 것을 말함.

☐ 18회
10. 총체적 품질관리(TQM) 원칙에 관한 설명으로 옳은 것은?

① 조직구성원들의 집단적 노력을 강조한다.
② 현상 유지가 조직의 중요한 관점이다.
③ 의사결정은 전문가의 직관을 기반으로 한다.
④ 구성원들과 각 부서는 경쟁체제를 형성한다.
⑤ 품질결정은 전문가가 주도한다.

정답 ①
해설 총체적 품질관리(TQM) 원칙에 관한 설명으로 ① 조직구성원들의 집단적 노력을 강조한다가 옳은 설명임. 총체적 품질관리(TQM : Total Quality Management)는 1980년대 초반 미국 기업조직에서 처음 등장함. 총체적 품질관리란 조직관리, 제품, 서비스의 지속적·총체적인 개선을 통해 고품질과 경쟁력을 확보하기 위해 전 구성원의 총체적인 노력을 말함.

☐ 16회
11. 총체적 품질관리(TQM)에 관한 설명으로 옳은 것은?

① 최고책임자의 의사결정권을 강조한다.
② 조직관리 및 업적평가 방식으로 고안되었다.
③ 맥그리거(D. McGregor)의 X이론을 발전시켰다.
④ 서비스 생산 과정과 절차를 지속적으로 개선한다.
⑤ 작업시간 단축을 목표로 둔다.

정답 ④
해설 총체적 품질관리(TQM)에 관한 설명으로 ④ 서비스 생산 과정과 절차를 지속적으로 개선한다가 맞는 설명임.

☐ 15회
12. 총체적 품질관리(TQM)에 관한 설명으로 옳지 않은 것은?

① 고객중심 관리를 강조한다.
② 지속적인 서비스 품질향상을 강조한다.
③ 서비스 품질은 마지막 단계에 고려한다.
④ 의사결정은 자료분석에 기반한다.
⑤ 품질향상은 모든 조직구성원들의 헌신을 필요로 한다.

정답 ③
해설 총체적 품질관리(TQM)에 관한 설명으로 ③ 서비스 품질은 마지막 단계에 고려하는 게 아니라 품질이 조직의 제1차적인 목적임.

기출문제 확인하기

☐ 13회

13. 총체적품질관리(TQM)에 관한 설명으로 옳지 <u>않은</u> 것은?

① 우리나라에서는 사회복지서비스의 전문직주의 강화로 인해 확산되었다.
② 구성원의 참여 활성화 전략을 중요시한다.
③ 조직의 문제점을 발견하고 시정함에 있어 지속인인 학습과정을 강조한다.
④ 초기 과정에서는 조직리더의 주도성이 중요하다.
⑤ 고객만족을 우선적 가치로 하며 서비스 질을 강조한다.

정답 ①
해설 우리나라에서는 총체적품질관리(TQM)가 사회복지서비스의 전문직주의 강화로 인해 확산된 게 아니라 1980년대 초반 미국 기업조직에서 처음 등장함. 총체적 품질관리란 조직관리, 제품, 서비스의 지속적·총체적인 개선을 통해 고품질과 경쟁력을 확보하기 위해 전 구성원의 총체적인 노력을 말함.

☐ 11회

14. 구성원의 참여를 강조하면서, 명확한 목표설정과 책임부여에 초점을 두어 생산성을 높이고자 하는 조직관리접근은?

① 학습조직   ② Z이론   ③ 인간관계론
④ 과학적 관리론   ⑤ MBO

정답 ⑤
해설 목표관리이론(MBO)은 구성원의 참여를 강조하면서, 명확한 목표설정과 책임부여에 초점을 두어 생산성을 높이고자 하는 조직관리접근을 뜻함.

☐ 11회

15. 다음에 해당하는 조직관리의 기법은?

- 서비스의 질을 조직의 일차적 목적으로 한다.
- 고객만족을 중시한다.
- 팀워크를 통한 조직의 지속적 변화를 꾀한다.
- 통계자료의 활용을 강조한다.

① TQM   ② 벤치마킹   ③ BSC
④ 애드호크라시   ⑤ SPSS

정답 ①
해설 다음은 총체적 품질관리(TQM)에 해당하는 조직관리의 기법임.
- 서비스의 질을 조직의 일차적 목적으로 한다.
- 고객만족을 중시한다.
- 팀워크를 통한 조직의 지속적 변화를 꾀한다.
- 통계자료의 활용을 강조한다.

□ 18회
16. 시간별 활동계획도표(Gantt Chart)의 설명으로 옳은 것을 모두 고른 것은?

> ㄱ. 시간별 활동계획의 설계는 확인 – 조정 – 계획 – 실행의 순환적 과정으로 이루어진다.
> ㄴ. 헨리 간트(H. Gantt)에 의해 최초로 개발되었다.
> ㄷ. 목표달성 기한을 정해놓고 목표달성을 위해 설정된 주요활동과 시간계획을 연결시켜 도표로 나타낸 것이다.
> ㄹ. 활동과 활동 사이의 상관관계를 파악하기 힘들다.

① ㄱ, ㄴ   ② ㄱ, ㄷ   ③ ㄴ, ㄷ
④ ㄴ, ㄹ   ⑤ ㄷ, ㄹ

정답 ④
해설 시간별 활동계획도표(Gantt Chart)의 설명으로 옳은 예시임.
ㄴ. 헨리 간트(H. Gantt)에 의해 최초로 개발되었다.
ㄹ. 활동과 활동 사이의 상관관계를 파악하기 힘들다.

간트 차트(Gantt chart) : 복잡하지 않은 사업을 계획할 때 사용되기에 세부적인 활동은 미포함됨. 세로 바에 사업을 위한 주요 세부목표 및 관련활동을 기입하고, 가로 바에 월별 또는 일별 시간을 기입한 도표에 사업의 시작 또는 완료 시까지 기간 동안 계획된 세부목표 및 활동시간과 그것의 실제 수행현황을 병행해 막대모양으로 표시한 도표임.

□ 16회
17. 다음에서 설명하는 기획기법은?

> • 막대그래프를 이용해서 막대그래프 차트로도 불린다.
> • 작업 간의 연결성에 대한 파악이 어렵다.

① 프로그램 평가검토 기법(PERT)
② 시간별 활동계획 도표(Gantt Chart)
③ 월별 활동계획 카드(Shed-U Graph)
④ 방침관리기획(P-D-C-A)
⑤ 주요경로방법(Critical Path Method)

정답 ②
해설 다음에서 설명하는 기획기법은 시간별 활동계획 도표임.
• 막대그래프를 이용해서 막대그래프 차트로도 불린다.
• 작업 간의 연결성에 대한 파악이 어렵다.

기출문제 확인하기

☐ 16회

18. 스키드모어(R. Skidmore)의 7단계 기획과정에 관한 설명으로 옳은 것을 모두 고른 것은?

> ㄱ. 구체적 프로그램수립단계는 도표 작성 등의 업무를 포함한다.
> ㄴ. 결과예측단계는 발생 가능한 일을 다각도에서 예측해 보는 것이다.
> ㄷ. 자원고려단계는 기획과정 중 첫 번째 과정으로 기관의 자원을 고려하는 것이다.
> ㄹ. 개방성유지단계에서 보다 나은 절차가 없는 경우 기존 계획이 유지된다.

① ㄱ, ㄹ
② ㄴ, ㄷ
③ ㄷ, ㄹ
④ ㄱ, ㄴ, ㄹ
⑤ ㄱ, ㄴ, ㄷ, ㄹ

정답 ④
해설 아래 예시는 스키드모어(R. Skidmore)의 7단계 기획과정에 관한 옳은 설명임.
ㄱ. 구체적 프로그램수립단계는 도표 작성 등의 업무를 포함한다.
ㄴ. 결과예측단계는 발생 가능한 일을 다각도에서 예측해 보는 것이다.
ㄹ. 개방성유지단계에서 보다 나은 절차가 없는 경우 기존 계획이 유지된다.

☐ 16회

19. 기획에 관한 설명으로 옳지 않은 것은?

① 연속적이며 동태적인 과업이다.
② 효율성 및 효과성 모두 관련이 있다.
③ 타당한 사업 추진을 하기 위함이다.
④ 미래의 환경 변화에 대응하기 위한 의사결정과정이다.
⑤ 목표지향적이나 과정지향적이지는 않다.

정답 ⑤
해설 기획에 관한 설명으로 목표지향적이나 과정지향적이지는 않다가 아니라 목표지향적이고 과정지향적임.

☐ 15회

20. 기획의 유형에 관한 설명으로 옳은 것은?

① 최고관리층은 조직의 사업계획 및 할당 기획에 관여한다.
② 중간관리층은 구체적인 프로그램 기획에 관여한다.
③ 감독관리층은 주로 1년 이상의 장기 기획에 관여한다.
④ 전략적 기획은 조직의 기본적인 결정과 행동계획을 수립하기 위해 이루어진다.
⑤ 운영기획은 외부 환경과의 경쟁에 관한 사정을 포함한다.

정답 ④
해설 기획의 유형 중 전략적 기획은 조직의 기본적인 결정과 행동계획을 수립하기 위해 이뤄지는 게 맞는 설명임.

☐ 14회
21. 기획에 관한 설명으로 옳지 않은 것은?

① 미래에 일어날 일을 예측하며, 과거 오류의 재발을 방지한다.
② 프로그램 수행의 책임성을 높이는 데 도움이 된다.
③ 프로그램의 효과성, 효율성 및 합리성을 증진시킨다.
④ 프로그램 수행과정의 불확실성이 감소된다.
⑤ 전문화된 지식체계에 기반을 둔다.

정답 ②

해설 기획이 프로그램 수행의 책임성을 높이는 데 도움이 되는 게 아님.

☐ 13회
22. 사회복지 프로그램 기획에서 공통적으로 중시하는 요소가 아닌 것은?

① 합리성　　② 지속성　　③ 참여성
④ 목적성　　⑤ 현재지향성

정답 ⑤

해설 사회복지 프로그램 기획에서 공통적으로 중시하는 요소로 합리성, 지속성, 참여성, 목적성을 들 수 있음.

☐ 18회
23. 리더십이론에 관한 설명으로 옳지 않은 것은?

① 관리격자이론은 조직원의 특성과 같은 상황적 요소를 고려하고 있다.
② 특성이론의 비판적 대안으로 행동이론이 등장하였다.
③ 섬김의 리더십(servant leadership)은 힘과 권력에 의한 조직지배를 지양한다.
④ 거래적 리더십은 교환관계를 기반으로 하여 조직성과를 높이고자 한다.
⑤ 상황이론은 과업환경에 따라 적합하게 대응하는 리더십이 효과적이라고 가정한다.

정답 ①

해설 리더십이론에 관한 설명으로 ① 관리격자이론은 조직원의 특성과 같은 상황적 요소를 고려한 게 아니라 블레이크와 뮤톤(Blake & Muton)은 오하이오와 미시간 연구의 리더십행동연구를 근거로 인간과 생산에 대한 관심이 리더십과의 관련여부를 관리격자이론으로 제시했다는 게 맞는 예시임.

기출문제 확인하기

□ 18회
24. 변혁적 리더십에 관한 설명으로 옳은 것을 모두 고른 것은?

> ㄱ. 새로운 비전제시 및 지적 자극, 조직 문화 창출을 지향한다.
> ㄴ. 성과에 대한 금전적인 보상이 구성원의 높은 헌신을 가능하게 한다.
> ㄷ. 조직목표 중 개인의 사적이익을 가장 우선시 한다.

① ㄱ ② ㄴ ③ ㄱ, ㄷ
④ ㄴ, ㄷ ⑤ ㄱ, ㄴ, ㄷ

정답 ①

해설 변혁적 리더십에 관한 설명으로 ㄱ. 새로운 비전제시 및 지적 자극, 조직 문화 창출을 지향한다가 옳은 예시임.
배스(Bass)는 교환관계에서 부하의 이해관계에 초점을 두면서 동기부여하는 거래적 리더십의 단계로부터 기대를 초월하는 수준의 조직변화를 위해 구성원의 형질을 변화시키는 것에 기여한다는 변혁적 리더십이 요구됨. 변혁적 리더십이란 조직의 문화나 부하들의 신념, 가치, 욕구를 변화시키려고 노력하는 개혁적 리더십을 의미함.

□ 17회
25. 리더십이론에 관한 설명으로 옳은 것은?

① 블레이크와 머튼(R. Blake & J. Mouton)의 관리격자이론에 의하면 과업형(1.9)이 가장 이상적인 리더이다.
② 피들러(F. E. Fiedler)의 상황이론에 의하면 상황의 호의성이 모두 불리하면 리더가 인간중심의 행동을 해야 효과적이다.
③ 허시와 블랜차드(P. Hersey & K. H. Blanchard)의 상황이론에 의하면 구성원의 성숙도가 낮을 경우 위임형 리더십이 적합하다.
④ 퀸(R. Quinn)의 경쟁적 가치 리더십에 의하면 동기부여형 리더십은 목표달성가 리더십과 상반된 가치를 추구한다.
⑤ 배스(B. M. Bass)의 변혁적 리더십에 의하면 변혁적 리더는 구성원의 욕구와 보상에 주된 관심을 갖는다.

정답 ④

해설 리더십이론에 관한 설명으로 ④ 퀸(R. Quinn)의 경쟁적 가치 리더십에 의하면 동기부여형 리더십은 목표달성가 리더십과 상반된 가치를 추구한다가 맞는 예시임.

다음은 리더십이론에 대한 틀린 설명을 맞게 고침.
① 블레이크와 머튼(R. Blake & J. Mouton)의 관리격자이론에 의하면 과업형(1.9)이 아니라 팀형이 가장 이상적인 리더이다.
② 피들러(F. E. Fiedler)의 상황이론에 의하면 상황의 호의성이 모두 불리하면 리더가 인간중심의 행동을 해야 효과적인 게 아님. 즉, 과업지향적 리더는 리더가 싫어하는 동료를 부정적으로 평가하고 대인관계보단 과업성과에 만족감을 얻음.

③ 허시와 블랜차드(P. Hersey & K. H. Blanchard)의 상황이론에 의하면 구성원의 성숙도가 낮을 경우 위임형 리더십이 아니라 지시형 리더십이 적합하다.
⑤ 배스(B. M. Bass)의 변혁적 리더십에 의하면 변혁적 리더는 구성원의 욕구와 보상에 주된 관심을 갖는 게 아님.
→ 변혁적 리더십이란 조직의 문화나 부하들의 신념, 가치, 욕구를 변화시키려고 노력하는 개혁적 리더십을 의미함(예 : 부하 개개인을 존중하고 관심을 쏟거나 목표를 쉽게 설명하고 높은 기대를 갖도록 동기부여시킴)

□ 16회
26. 퀸(R. Quinn)이 주장하는 혁신적 슈퍼바이저가 가져야 할 능력으로 옳지 않은 것은?

① 유연한 변화를 만들기 위한 의사소통 능력
② 비판적·창의적 사고 능력
③ 슈퍼바이지(supervisee)의 개인성과를 점검하는 능력
④ 조직을 둘러싼 변화를 판단할 수 있는 능력
⑤ 조직구성원과 이해관계자들 간의 갈등을 예방할 수 있는 능력

정답 ③
해설 퀸(R. Quinn)이 주장하는 혁신적 슈퍼바이저가 가져야 할 능력으로 유연한 변화를 만들기 위한 의사소통 능력, 비판적·창의적 사고 능력, 조직을 둘러싼 변화를 판단할 수 있는 능력, 조직구성원과 이해관계자들 간의 갈등을 예방할 수 있는 능력을 들음.

□ 16회
27. 참여적 리더십에 관한 설명으로 옳지 않은 것은?

① 집단지식과 기술 활용이 용이하다.
② 상급자의 권한과 책임을 포기하는 것이다.
③ 소요시간과 책임소재 문제 등이 단점이다.
④ 기술수준이 높고, 동기부여 된 직원들이 있을 때 효과적이다.
⑤ 직원들을 의사결정에 참여시켜 일에 대한 적극적 동기부여가 가능하다.

정답 ②
해설 상급자의 권한과 책임을 포기하는 것이 아니라 종업원에게 자문 구하고 문제에 대한 제안을 유도하고 정보를 공유하지만 최종결정은 지도자가 행함.

1970년대 하우스(House)가 오하이오의 상황이론과 동기부여의 기대이론을 결합하여 개발한 이론임. 상황변수인 부하의 특성(예 : 능력, 성격, 욕구 등)과 근무환경의 특성(예 : 조직 내 절차나 규칙, 작업집단의 특성 등)을 고려한 지시적 리더십, 지지적 리더십, 성취지향적 리더십, 참여적 리더십을 들음.

기출문제 확인하기

□ 16회
28. 다음에서 설명하는 리더십이론은?

> - 리더의 지위권력 정도, 직원과의 관계, 과업의 구조화가 중요하다.
> - 직원의 성숙도가 중요하다.
> - 한 조직에서 성공한 리더가 타 조직에서도 반드시 성공하는 것은 아니다.

① 행동이론   ② 상황이론   ③ 특성이론
④ 공동체이론   ⑤ 카리스마이론

정답 ②
해설 다음은 리더십관련이론 중 상황이론에 대한 예시임.
- 리더의 지위권력 정도, 직원과의 관계, 과업의 구조화가 중요하다.
- 직원의 성숙도가 중요하다.
- 한 조직에서 성공한 리더가 타 조직에서도 반드시 성공하는 것은 아니다.

□ 15회
29. 참여적 리더십에 관한 설명으로 옳지 <u>않은</u> 것은?

① 직원들의 지식과 기술 활용이 용이하다.
② 직원들의 사명감이 증진될 수 있다.
③ 책임 분산으로 인해 조직이 무기력하게 될 수 있다.
④ 하급자들이 의사결정을 적극적으로 주도한다.
⑤ 리더-직원들 간의 양방향 의사소통이 가능하다.

정답 ④
해설 참여적 리더십에 관해 ④ 하급자들이 의사결정을 적극적으로 주도하는 게 아니라 종업원에게 자문을 구하고 문제에 대한 제안을 유도하고 정보를 공유하지만 최종결정은 지도자가 행함.

□ 14회
30. ( )에 들어갈 리더십에 대한 접근방식과 그 설명의 연결이 옳은 것은?

- (ㄱ) – 바람직한 리더십행동은 훈련을 통해서 개발된다.
- (ㄴ) – 업무의 환경특성에 따라서 필요한 리더십이 달라진다.
- (ㄷ) – 리더십을 타고나야 한다.
- (ㄹ) – 리더십은 지도자와 추종자가 협력하는 과정에서 형성된다.

	ㄱ	ㄴ	ㄷ	ㄹ
①	행동이론	상황이론	특성이론	변혁이론
②	상황이론	행동이론	특성이론	경쟁가치이론
③	행동이론	상황이론	경쟁가치이론	변혁이론
④	경쟁가치이론	행동이론	상황이론	특성이론
⑤	행동이론	상황이론	변혁이론	경쟁가치이론

정답 ⑤
해설 리더십에 대한 접근방식과 그 설명의 연결이 옳은 설명임.
- (ㄱ – 행동이론) – 바람직한 리더십행동은 훈련을 통해서 개발된다.
- (ㄴ – 상황이론) – 업무의 환경특성에 따라서 필요한 리더십이 달라진다.
- (ㄷ – 변혁이론) – 리더십을 타고나야 한다.
- (ㄹ – 경쟁가치이론) – 리더십은 지도자와 추종자가 협력하는 과정에서 형성된다.

□ 11회
31. 상황적 리더십 이론에 관한 설명으로 옳은 것은?

① 참여적 리더십 스타일을 선호한다.
② 블레이크-모튼(Blake & Muton)의 관리격자이론이 대표적이다.
③ 효과적인 리더십을 리더의 개인적 성향이나 행동적 특성으로 설명한다.
④ 경쟁-가치 리더십도 특정한 리더십 스타일의 선택을 강조하므로, 상황적 리더십 이론에 해당한다.
⑤ 리더는 팔로워의 성숙도에 따라 리더십 행동을 변화시켜 나간다.

정답 ⑤
해설 상황적 리더십 이론에 관한 옳은 설명은 ⑤ 리더는 팔로워의 성숙도에 따라 리더십 행동을 변화시켜 나간다.

기출문제 확인하기

□ 12회

32. ( )에 들어갈 리더십에 대한 접근방법과 그 설명의 연결이 옳은 것은?

- (ㄱ) 바람직한 리더십 행동은 훈련을 통해서 개발된다.
- (ㄴ) 업무의 환경 특성에 따라서 필요한 리더십이 달라진다.
- (ㄷ) 리더십은 타고나야 한다.
- (ㄹ) 리더십을 지도자와 추종자가 협력하는 과정에서 형성된다.

	ㄱ	ㄴ	ㄷ	ㄹ
①	행동이론	상황이론	특성이론	변혁이론
②	상황이론	행동이론	특성이론	경쟁가치이론
③	경쟁가치이론	행동이론	상황이론	특성이론
④	행동이론	상황이론	경쟁가치이론	변혁이론
⑤	행동이론	상황이론	변혁이론	경쟁가치이론

정답 ①

해설 ( )에 들어갈 리더십에 대한 접근방법과 그 설명의 옳은 연결임.
- (ㄱ - 행동이론) 바람직한 리더십 행동은 훈련을 통해서 개발된다.
- (ㄴ - 상황이론) 업무의 환경 특성에 따라서 필요한 리더십이 달라진다.
- (ㄷ - 특성이론) 리더십은 타고나야 한다.
- (ㄹ - 변혁이론) 리더십을 지도자와 추종자가 협력하는 과정에서 형성된다.

3 사회복지행정의 분야 이해

◆ 출제경향분석 및 학습가이드

대분류	중분류	소분류	출제빈도 및 중요도
제3장 사회복지행정의 분야 이해	제1절 사회복지조직 환경관리와 조직관리	사회복지조직의 환경이론	★★★
		사회복지조직의 조직관리	★★★★★
		사회복지조직의 구조관리	★★★
		사회복지조직의 네트워크 관리	★★★★★
	제2절 인적자원관리	인적자원관리의 개념과 목적	★★★★★
		직원능력개발	★★
		슈퍼비전	★★★★★
		동기부여	★★★★
		소진 및 갈등관리	★
	제3절 재정관리	재정관리의 개념	★
		재정자원의 유형	★
		예산수립	★★★★★
	제4절 마케팅과 홍보	마케팅의 개념	★★★★★
		마케팅 활동 과정	★★★
		마케팅 및 모금활동	★★★★★
	제5절 사회복지서비스 전달체계	사회복지서비스 전달체계의 개념	★
		사회복지서비스 전달체계의 원칙	★★★★★
		사회복지서비스 전달체계의 실태	★★★

1. 사회복지조직 환경관리와 조직관리

1) 사회복지조직의 환경이론
사회복지조직의 환경적 특성이나 정치·경제이론에 대해 묻는 문제가 가끔씩 출제되기에 이에 대한 이해가 필요함.

2) 사회복지조직의 조직관리
조직의 구성요소나 조직의 원리를 묻는 문제가 가끔씩 출제되며, 조직의 유형 중 업무의 통제성에 따른 유형을 묻는 문제도 출제되었기에 한번 이 부분에 대한 학습이 필요함.

3) 사회복지조직의 구조관리
조직구조의 유형이 종종 출제되며 특히, 매트릭스 조직, 네트워크 조직, 태스크포스(TF)는 꼭 확인해야 함. 최근 현대조직운영기법에 대해 묻는 문제가 출제되었기에 이 부분을 꼭 학습해야 함.

4) 사회복지조직의 네트워크 관리
자주 출제되는 부분이라 전반적인 이해와 암기가 꼭 필요함. 특히 네트워크의 지속적 유지를 위한 요소, 네트워크의 요건, 지역의 복지네트워크를 강화하는 방법에 대해 암기 필요함.

2. 인적자원관리
1) 인적자원관리의 개념과 목적
인적자원관리의 기능에 대해 묻는 문제가 가끔씩 출제되었기에 이 부분에 대한 이해가 필요함. 인적자원관리 과정(선발의 순서, 직무평가나 인적자원관리 과정에 대한 순서)은 자주 출제되는 부분이기에 꼭 이해하면서 암기해야 함.

2) 직원능력개발 : 이 부분은 가볍게 읽고 넘어가면 됨.

3) 슈퍼비전 : 최근 이 부분이 출제되고 있기에 꼭 학습해야 함. 특히 슈퍼바이저의 조건은 꼭 암기해야 함.

4) 동기부여이론 : 가끔씩 출제되는 부분으로 알더퍼(Alderfer)의 ERG이론이나 브룸(Vroom)의 기대이론을 꼭 암기해야 함.

5) 소진 및 갈등관리
자주 출제되는 부분은 아니지만 에델위치와 브로드스키(Edelwich & Brobky)의 소진의 4단계의 과정이나 소진의 예방에 대해 꼭 학습해야 함.

3. 재정관리
1) 재정관리의 개념이나 2) 재정자원의 유형은 가볍게 읽고 넘어가면 됨.
3) 예산수립 : 예산의 원칙, 예산과정, 예산모형 중 계획예산에 대해 종종 출제되기에 이 부분에 대한 이해와 암기가 필요함.

4. 마케팅과 홍보
1) 마케팅의 개념 : 마케팅개념과 마케팅의 핵심요소, 마케팅믹스를 묻는 문제가 가끔씩 출제되었기에 이해하고 넘어감. 최근 패러슈라만 등(A. Parasuraman, V. A. Zeithaml & L. L. Berry)의 SERVQUAL 모형의 5가지 차원을 묻는 문제가 출제되었음.

2) 마케팅 활동 과정 : 가끔씩 후원자개발에 따른 SWOT분석에 대한 문제가 출제됨.

3) 마케팅 및 모금활동 : 마케팅 방법에 대해 묻는 문제가 종종 출제되며, 특히 다이렉트 마케팅, 고객관계관리 마케팅, 공익연계마케팅은 꼭 암기해야 함.

5. 사회복지서비스 전달체계
1) 사회복지서비스 전달체계의 개념은 가볍게 읽고 넘어가면 됨.
2) 사회복지서비스 전달체계의 원칙은 자주 등장하는 문제이니 꼭 정확한 이해와 암기가 필요함.
3) 사회복지서비스 전달체계의 실태 : 자주 출제되는 부분은 아니지만 공공과 민간의 역할 정도는 이해해야 함.

기출문제 확인하기

□ 18회
01. 다음에서 설명하고 있는 이론은?

> - 서비스 전달체계에서 업무환경을 강조한다.
> - 생존을 위해서 환경으로부터 합법성을 부여받아야 한다.
> - 조직의 내·외부 환경의 역학 관계가 서비스 전달체계에 영향을 미친다.

① 관료제이론 ② 정치경제이론 ③ 인간관계이론
④ 목표관리이론(MBO) ⑤ 총체적 품질관리(TQM)

정답 ②
해설 정치경제이론은 서비스 전달체계에서 업무환경을 강조하며, 생존을 위해서 환경으로부터 합법성을 부여받아야 하며, 조직의 내·외부 환경의 역학 관계가 서비스 전달체계에 영향을 미침.

□ 17회
02. 사회복지조직의 특성으로 옳은 것은?

① 클라이언트와 직접 접촉을 피한다.
② 정부 이외의 지원을 받지 않는다.
③ 조직성과의 객관적 증명이 쉽지 않다.
④ 법률과 규칙에 의해 운영되므로 전문성은 중요하지 않다.
⑤ 기업조직과 비교할 때 대표적 차별성은 효율성을 중요하게 여긴다는 점이다.

정답 ③
해설 사회복지조직의 특성으로 조직성과의 객관적 증명이 쉽지 않다가 옳은 설명임.
즉, 사회복지조직의 효과성을 타당하게 측정할 표준척도가 없기에 조직목표의 다양성, 서비스 기술의 불완전성, 인간 속성의 관찰과 측정이 어려움.
① 클라이언트와 직접 접촉을 피한다.
→ 사회복지조직은 휴먼서비스의 제공이기에 클라이언트와 직접 또는 간접적 접촉이 필수적임.
② 정부 이외의 지원을 받지 않는다.
→ 정부보조금 이외 각종 후원금, 기부금 등 필요한 지원을 받음.
④ 법률과 규칙에 의해 운영되므로 전문성은 중요하지 않다.
→ 사회복지조직은 법률과 규칙에 의해 국가와 지방자치단체의 위탁을 받으므로 전문성이 중요함.
⑤ 기업조직과 비교할 때 대표적 차별성은 효율성을 중요하게 여긴다는 점이다.
→ 기업조직과 사회복지조직 모두 효율성이 중요함.

기출문제 확인하기

☐ 17회

03. 사회복지조직의 환경에 관한 설명으로 옳은 것을 모두 고른 것은?

> ㄱ. 인구사회학적 조건은 사회문제와 욕구를 가늠할 수 있게 한다.
> ㄴ. 빈곤이나 실업에 대한 사람들의 태도는 정책 수립과 실행에 영향을 미친다.
> ㄷ. 과학기술 발전정도는 사회복지조직 운영에 영향을 미친다.
> ㄹ. 조직에 미치는 영향에 따라 일반환경과 과업환경으로 구분할 수 있다.

① ㄷ, ㄹ ② ㄱ, ㄴ, ㄷ ③ ㄱ, ㄴ, ㄹ
④ ㄴ, ㄷ, ㄹ ⑤ ㄱ, ㄴ, ㄷ, ㄹ

정답 ⑤
해설 ㄱ, ㄴ, ㄷ, ㄹ 모두 사회복지조직의 환경에 관한 옳은 설명임.

☐ 16회

04. 다음 설명에 해당하는 조직이론은?

> • 자원을 소유하고 있는 이해관계집단이 조직에 영향력을 발휘한다.
> • 조직환경에서 재원을 둘러싼 권력관계를 부각시킨다.
> • 외부환경에 의존하는 사회복지조직의 현실을 설명할 수 있다.

① 정치경제(Political Economy)이론
② 신제도(New Institutional)이론
③ 과학적 관리(Scientific Management)이론
④ 의사결정(Decision-Making)이론
⑤ 조직군생태(Organizational Ecology)이론

정답 ①
해설 ① 정치경제(Political Economy)이론에 대한 예시임.

☐ 13회

05. 다음을 공통적으로 중요시 하는 조직이론은?

> • 개방체계적 관점에서 조직에 대한 환경의 영향력을 설명한다.
> • 사회복지조직과 관련된 법적규범이나 가치체계를 주요 설명원인으로 다룬다.
> • 유사 조직 간의 동형화 현상을 모범사례에 대한 모방과 전이 행동으로 설명한다.

① 제도이론 ② 관료제이론 ③ 정치경제이론
④ 자원의존이론 ⑤ 조직군생태학이론

정답 ①

해설 조직관련 제도이론에 관한 설명임.

□ 16회
06. 사회복지조직에 관한 설명으로 옳지 않은 것은?

① 에치오니(A. Etzioni)의 권력 형태에 따른 분류 중 사회복지조직은 규범적 조직에 속한다.
② 블라우(P. Blau)와 스콧(W. Scott)이 제시한 호혜적 조직은 조직 구성원들이 주요 수혜자인 조직을 말한다.
③ 스미스(G. Smith)는 업무통제에 따라 사회적 경제조직, 사업조직, 공공조직으로 분류하였다.
④ 지벨만(M. Gibelman)은 운영주체에 따라 공공조직, 준공공조직, 준민간조직, 민간조직으로 분류하였다.
⑤ 하센필드(Y. Hasenfeld)는 사회복지조직의 조직기술을 인간식별기술, 인간유지기술, 인간변화기술로 구분하였다.

정답 ③

해설 사회복지조직에 관한 설명으로 ③ 스미스(G. Smith)는 업무통제에 따라 사회적 경제조직, 사업조직, 공공조직으로 분류한 게 아니라 사회복지조직을 관료제조직, 일선조직, 전면적 통제조직, 투과성조직으로 나눔.

□ 14회
07. ( )에 들어갈 조직구조 관련개념과 그 설명의 연결이 옳은 것은?

- (ㄱ) - 수직적·수평적 분화의 수준을 의미한다.
- (ㄴ) - 의사결정의 공식적 권한이 분산되거나 이양된 것을 말한다.
- (ㄷ) - 조직 내 직무와 수행과정을 명문화하는 것이다.

	ㄱ	ㄴ	ㄷ
①	집권화	분권화	공식화
②	복잡성	공식화	집권화
③	복잡성	분권화	공식화
④	집권화	복잡성	분권화
⑤	복잡성	집권화	공식화

정답 ③

해설 다음은 조직구조 관련개념과 그 설명의 연결이 옳음.
- (ㄱ - 복잡성) - 수직적·수평적 분화의 수준을 의미한다.
- (ㄴ - 분권화) - 의사결정의 공식적 권한이 분산되거나 이양된 것을 말한다.
- (ㄷ - 공식화) - 조직 내 직무와 수행과정을 명문화하는 것이다.

기출문제 확인하기

◻ 14회
08. 지역의 복지네트워크를 강화하는 방법으로 옳지 <u>않은</u> 것은?

① 참여자들 사이의 갈등을 대비하여 미리 협상규칙을 세워둔다.
② 네트워크 환경과 목적에 대한 참여자들의 공동 인식을 강화한다.
③ 참여하는 조직의 수를 최대한 늘린다.
④ 자원배분과 교환에서 균등도를 높인다.
⑤ 참여자들 사이의 개인적인 유대를 강화한다.

정답 ②
해설 지역의 복지네트워크를 강화하는 방법으로 ② 네트워크 환경과 목적에 대한 참여자들의 공동 인식을 강화하는 게 아님.

◻ 13회
09. 지역복지 조직 간 네트워크 조직화가 의도하는 바로 적절하지 <u>않은</u> 것은?

① 지역사회서비스의 통합성 증진
② 사회서비스 공급의 시장화
③ 참여 조직 간 호혜성 증진
④ 지역공동체 지향성의 강화
⑤ 사회자본의 증대

정답 ②
해설 지역복지 조직 간 네트워크 조직화가 의도한 바로 사회서비스 공급의 시장화가 아님.

◻ 12회
10. 지역의 네트워크의 강화와 관련한 내용으로 옳지 <u>않은</u> 것은?

① 참여자들 사이에 갈등에 대비하여 미리 협상규칙을 세워둔다.
② 네트워크가 크더라도 교환이 활발하게 일어나지 않으면 밀도가 높은 것이다.
③ 참여하는 조직의 수를 최대한 늘린다.
④ 자원배분과 교환에서 균등도를 높인다.
⑤ 참여자들 사이의 개인적인 유대를 강화한다.

정답 ②
해설 네트워크가 크더라도 교환이 활발하게 일어나지 않으면 밀도가 (높은 게 아니라 낮은) 것임.

☐ 17회
11. 사회복지조직의 인적자원관리에 관한 설명으로 옳은 것은?

① 직무만족은 조직몰입에 부정적인 영향을 미친다.
② 신규채용은 비공개모집을 원칙으로 한다.
③ 브레인스토밍은 제시된 아이디어의 양보다는 질을 더욱 중시한다.
④ 갈등은 조직 내에 비능률을 가져오는 역기능만을 갖는다.
⑤ 소진은 일반적으로 열성-침체-좌절-무관심의 단계로 진행된다.

정답 ⑤

해설 사회복지조직의 인적자원관리에 관한 설명으로 ⑤ 소진은 일반적으로 열성-침체-좌절-무관심의 단계로 진행된다가 맞는 예시임.
① 직무만족은 조직몰입에 (부정적인→긍정적인) 영향을 미친다.
② 신규채용은 (비공개모집→공개모집)을 원칙으로 한다.
③ 브레인스토밍은 제시된 아이디어의 양보다는 질을 더욱 중시한다.
  → 브레인스토밍은 제시된 아이디어의 질보다 양을 더욱 중시한다.
④ 갈등은 조직 내에 비능률을 가져오는 역기능만을 갖는다.
  → 갈등은 역기능적인 면도 있으나 갈등을 통해 더 나은 개선안이 도출되는 순기능적 측면도 존재한다.

☐ 17회
12. 다음에서 공통적으로 설명하는 인적자원관리 방식은?

- 인적자원관리의 기초가 된다.
- 직무에 대한 업무내용과 책임을 종합적으로 분류한다.
- 직무명세서 작성의 전 단계이다.

① 직무평가　　② 직무분석　　③ 직무순환
④ 직무수행평가　　⑤ 직무충실

정답 ②

해설 위에서 설명하는 인적자원관리 방식은 직무분석임.

기출문제 확인하기

□ 16회
13. 사회복지조직에서의 인적자원관리에 관한 설명으로 옳은 것을 모두 고른 것은?

> ㄱ. 직원채용을 위해서 직업능력검사를 시행하였다.
> ㄴ. 조직의 역사, 사명, 기본정책 등에 관하여 직원 오리엔테이션을 가졌다.
> ㄷ. 업무 담당자를 위해 직무기술서를 작성하였다.
> ㄹ. 업무성과 평가를 위해 직원의 행동평가를 실시하였다.

① ㄱ, ㄷ ② ㄴ, ㄹ ③ ㄱ, ㄴ, ㄷ
④ ㄱ, ㄷ, ㄹ ⑤ ㄱ, ㄴ, ㄷ, ㄹ

정답 ⑤
해설 ㄱ, ㄴ, ㄷ, ㄹ 모두 사회복지조직에서의 인적자원관리에 관한 옳은 설명임.

□ 15회
14. 동기부여 이론에 관한 설명으로 옳지 않은 것은?

① 인간관계이론 : 구성원들 간에 호의적인 태도를 가지는 조직은 생산성이 높다.
② 동기-위생이론 : 책임성이나 성취에 대한 인정은 동기유발요인에 해당된다.
③ Z이론 : 인간은 통제와 강제의 대상이다.
④ Y이론 : 인간은 자율성과 창조성을 지닌다.
⑤ 성취동기이론 : 인간의 동기부여 욕구를 권력욕구, 친화욕구, 성취욕구로 구분하였다.

정답 ③
해설 인간은 통제와 강제의 대상은 Z이론이 아니라 X이론임.

□ 15회
15. 동기부여 이론과 주요 학자의 연결이 옳은 것은?

① 인간관계이론 - 매슬로우(Maslow)
② ERG이론 - 허즈버그(Herzberg)
③ 성취동기이론 - 맥클리랜드(McClelland)
④ 욕구계층이론 - 맥그리거(McGregor)
⑤ X·Y이론 - 알더퍼(Alderfer)

정답 ③
해설 동기부여 이론과 주요 학자의 연결로 ③ 성취동기이론 - 맥클리랜드(McClelland)이 옳음.

☐ 13회
16. 사회복지서비스 기관에서의 슈퍼비전에 관한 설명으로 옳지 않은 것은?

① 카두신(A. Kadushin)은 슈퍼비전을 행정적, 지지적, 교육적 기능으로 설명한다.
② 긍정적 슈퍼비전은 사회복지사의 소진 예방에 도움을 준다.
③ 슈퍼바이지(supervisee) 간 동료 슈퍼비전은 인정되지 않는다.
④ 사회복지사의 관리 및 통제의 수단으로도 활용된다.
⑤ 슈퍼비전의 질은 슈퍼바이저의 역량에 좌우된다.

정답 ③
해설 사회복지서비스 기관에서의 슈퍼비전에 관한 설명으로 슈퍼바이지(supervisee) 간 동료 슈퍼비전은 인정되지 않는 게 아니라 인정됨.

☐ 11회
17. 휴먼서비스 인력의 소진현상을 최소화하기 위한 조직 차원의 대응으로 적절하지 않은 것은?

① 업무생활에 질을 높이는 운동을 도입한다.
② 직원참여와 자기계발 기회를 확대하는 직무환경을 조성한다.
③ 슈퍼바이저의 감정적, 정서적 측면의 지지역할을 강화시킨다.
④ 조직의 사명이나 대의에 직원들이 공감하는 문화를 개발한다.
⑤ 개인별 성과평가에 기초한 연봉제 임금방식을 도입한다.

정답 ⑤
해설 다음은 휴먼서비스 인력의 소진현상을 최소화하기 위한 조직 차원의 대응으로 적절한 설명임.
① 업무생활에 질을 높이는 운동을 도입한다.
② 직원참여와 자기계발 기회를 확대하는 직무환경을 조성한다.
③ 슈퍼바이저의 감정적, 정서적 측면의 지지역할을 강화시킨다.
④ 조직의 사명이나 대의에 직원들이 공감하는 문화를 개발한다.

☐ 11회
18. 사회복지 기관의 슈퍼비전에 관한 설명으로 옳지 않은 것은?

① 슈퍼바이저와 슈퍼바이지 간 상호작용과 의사소통이 핵심이다.
② 리더십 역할과 결부되어 수행될 부분이 크다.
③ 인적 자원의 개발에 관심을 두는 행정행위의 일종이다.
④ 가치와 감정의 문제를 배제하고, 전문적 기술의 전수를 중점에 둔다.
⑤ 슈퍼바이저는 행정적 상급자, 교육자, 상담자로서 복수 역할 간 갈등을 겪을 수 있다.

정답 ④
해설 사회복지 기관의 슈퍼비전은 ④ 가치와 감정의 문제를 배제하는 게 아니라 가치와 감정의 문제를 포함하여, 전문적 기술의 전수를 중점에 둔다.

기출문제 확인하기

□ 12회

19. 슈퍼바이저에게 필요한 자질에 해당하는 것을 모두 고른 것은?

> ㄱ. 풍부한 지식　　　　ㄴ. 실천기술과 경험
> ㄷ. 개방적 접근의 용이성　　ㄹ. 솔직성

① ㄱ, ㄴ, ㄷ　　② ㄱ, ㄷ　　③ ㄴ, ㄹ
④ ㄹ　　⑤ ㄱ, ㄴ, ㄷ, ㄹ

정답 ⑤
해설 ㄱ, ㄴ, ㄷ, ㄹ 모두 슈퍼바이저에게 필요한 자질에 해당됨.

□ 18회

20. 품목별 예산에 관한 설명으로 옳지 않은 것은?

① 예산의 남용을 방지할 수 있다.
② 회계책임을 명백히 할 수 있다.
③ 신축성 있게 예산을 집행할 수 있다.
④ 급여와 재화 및 서비스 구매에 효과적이다.
⑤ 정책 및 사업의 우선순위를 소홀히 할 수 있다.

정답 ③
해설 품목별 예산은 ③ 신축성 있게 예산을 집행할 수 있는 게 아니라 영기준(ZBB)예산이 신축성 있게 예산을 집행할 수 있음.

□ 17회

21. 사회복지조직의 예산 수립 원칙으로 옳은 것은?

① 회계연도 개시와 동시에 결정되어야 한다.
② 수지 균형을 맞춰 흑자 예산이 되어야 한다.
③ 회계연도가 중첩되도록 다년도 수립하여야 한다.
④ 예산이 집행된 후 즉시 심의·의결을 거쳐야 한다.
⑤ 세입과 세출은 모두 예산에 계상하여야 한다.

정답 ⑤
해설 사회복지조직의 예산 수립 원칙으로 ⑤ 세입과 세출은 모두 예산에 계상하여야 한다가 맞는 설명임.

□ 16회
22. 사회복지법인 및 사회복지시설 재무·회계 규칙상 다음에서 설명하는 예산은?

> 회계연도 개시 전까지 법인 예산이 성립되지 아니한 때는 시장·군수·구청장에게 그 사유를 보고하고 예산 성립 전까지 임·직원의 보수, 법인 및 시설운영에 직접 사용되는 필수경비, 법령상 지급의무가 있는 경비는 전년도 예산에 준하여 집행할 수 있다.

① 계획예산 ② 본예산 ③ 특별예산
④ 준예산 ⑤ 추가경정예산

정답 ④
해설 사회복지법인 및 사회복지시설 재무·회계 규칙상 준예산은 회계연도 개시 전까지 법인 예산이 성립되지 아니한 때는 시장·군수·구청장에게 그 사유를 보고하고 예산 성립 전까지 임·직원의 보수, 법인 및 시설운영에 직접 사용되는 필수경비, 법령상 지급의무가 있는 경비는 전년도 예산에 준하여 집행할 수 있다.

□ 16회
23. 사회복지재원에 관한 설명으로 옳은 것을 모두 고른 것은?

> ㄱ. 외부재원의 영향을 많이 받는다.
> ㄴ. 사회서비스이용권(바우처)과 같은 민간재원이 감소하고 있다.
> ㄷ. 재원확보를 위해서 지역사회의 타 기관과 연계노력을 해야 한다.

① ㄱ ② ㄷ ③ ㄱ, ㄴ
④ ㄱ, ㄷ ⑤ ㄴ, ㄷ

정답 ④

□ 13회
24. 보편적인 재정관리의 과정을 순서대로 나열한 것은?

> ㄱ. 심의·의결   ㄴ. 예산편성   ㄷ. 결산 및 회계감사   ㄹ. 예산집행

① ㄱ - ㄴ - ㄷ - ㄹ
② ㄱ - ㄹ - ㄴ - ㄷ
③ ㄴ - ㄱ - ㄹ - ㄷ
④ ㄷ - ㄴ - ㄱ - ㄹ
⑤ ㄹ - ㄷ - ㄴ - ㄱ

정답 ③
해설 보편적인 재정관리의 과정은 ㄴ. 예산편성 - ㄱ. 심의·의결 - ㄹ. 예산집행 - ㄷ. 결산 및 회계감사 순임.

기출문제 확인하기

☐ 12회
25. 계획예산(PPBS)에 관한 설명으로 옳지 않은 것은?

① 목표개발에서 시작된다.
② 조직의 통합적 운영이 편리하다.
③ 조직품목과 예산이 직접 연결되지 않아 환산작업에 어려움이 있다.
④ 단위원가계산이 쉬워 단기적 예산변경이 유리하다.
⑤ 의사결정에 있어서 과학적이고 합리적인 기법을 활용한다.

정답 ④
해설 ④ 단위원가계산이 쉬워 단기적 예산변경이 유리한 건 계획예산이 아니라 품목별 예산에 관한 설명임.
품목별 예산 : 계획된 총비용을 보여주기 위해 사용되는 기관의 총영역과 돈의 액수를 단순하게 목록화한 것으로 간편하고 비용을 조절할 수 있는 장점이 있는 반면, 구체적으로 특정 세부목표를 성취하기 위해 어떻게 공급될 것인지를 명백히 보여주지 않는 단점이 존재함.

☐ 18회
26. 사회복지관에서 우편으로 잠재적 후원자에게 기관의 현황이나 정보 등을 제공하여 후원자를 개발하는 마케팅 방법은?

① 고객관계 관리 마케팅   ② 데이터베이스 마케팅   ③ 다이렉트 마케팅
④ 소셜 마케팅   ⑤ 클라우드 펀딩

정답 ③
해설 사회복지관에서 우편으로 잠재적 후원자에게 기관의 현황이나 정보 등을 제공하여 후원자를 개발하는 마케팅 방법을 다이렉트 마케팅이라고 말함.

☐ 17회
27. 일반적인 마케팅 믹스(4P) 전략에 포함되지 않는 것은?

① 가격(Price)   ② 촉진(Promotion)   ③ 성과(Performance)
④ 유통(Place)   ⑤ 상품(Product)

정답 ③
해설 일반적인 마케팅 믹스(4P) 전략에 가격(Price), 촉진(Promotion), 유통(Place), 상품(Product)을 포함함.

□ 16회
28. 사회복지조직을 포함한 비영리조직 마케팅에 관한 설명으로 옳은 것은?

① 생산 후 소비의 발생이 이루어진다.
② 틈새시장 마케팅이 시장세분화 정도가 가장 높다.
③ 사회복지서비스의 표준성은 영리조직 마케팅과의 차이점 중 하나이다.
④ 마케팅믹스의 4P는 유통(place), 촉진(promotion), 가격(price), 문제(problem)를 의미한다.
⑤ 공익연계마케팅을 통해 참여 기업과 사회복지조직 모두 혜택을 얻을 수 있다.

정답 ⑤
해설 사회복지조직을 포함한 비영리조직 마케팅에 관한 ⑤ 공익연계마케팅을 통해 참여 기업과 사회복지조직 모두 혜택을 얻을 수 있다는 옳은 설명임.

□ 15회
29. 다음 (   )에 해당하는 마케팅 기법은?

> (   )은 고객들이 A기업의 물품을 구입할 경우 A기업이 그 수입의 일정비율을 B복지관에 기부하는 방식이다.

① 공익연계마케팅 ② 고객관계관리 마케팅 ③ 다이렉트 마케팅
④ 데이터베이스 마케팅 ⑤ 사회마케팅

정답 ①
해설 (공익연계마케팅)은 고객들이 A기업의 물품을 구입할 경우 A기업이 그 수입의 일정비율을 B복지관에 기부하는 방식이다.

□ 14회
30. 아동학대 예방운동과 같이 대중의 행동변화를 통해 공익을 실현하기 위한 마케팅 기법은?

① 기업연계마케팅 ② 사회마케팅 ③ 데이터베이스마케팅
④ 고객관계관리마케팅 ⑤ 인터넷마케팅

정답 ④
해설 아동학대 예방운동과 같이 대중의 행동변화를 통해 공익을 실현하기 위한 마케팅 기법은 ④ 고객관계관리마케팅임.

기출문제 확인하기

□ 11회
31. 사회복지 기관에서 마케팅의 중요성이 대두되는 배경으로 옳지 <u>않은</u> 것은?

① 서비스 이용자의 선택권 확대
② 서비스 제공 조직들 간 경쟁 증가
③ 고객 중심의 서비스 제공 요구 증가
④ 사회서비스 분야의 서비스구매계약 확대
⑤ 사회적 돌봄 서비스의 시장 방식 공급확대

정답 ④
해설 다음은 사회복지 기관에서 마케팅의 중요성이 대두되는 배경임.
① 서비스 이용자의 선택권 확대
② 서비스 제공 조직들 간 경쟁 증가
③ 고객 중심의 서비스 제공 요구 증가
⑤ 사회적 돌봄 서비스의 시장 방식 공급확대

□ 17회
32. 독거노인을 위한 복지서비스 전달체계 구축 원칙과 내용이 옳지 <u>않은</u> 것은?

① 충분성 : 치매예방서비스 양을 증가시킴
② 연속성 : 치매예방 및 관리서비스를 중단 없이 이용하게 함
③ 접근성 : 치매예방서비스 비용을 낮춤
④ 책임성 : 치매예방서비스 불만사항 파악절차를 마련함
⑤ 통합성 : 치매예방서비스를 적극적으로 홍보함

정답 ⑤
해설 ⑤ 통합성 : 치매예방서비스를 적극적으로 홍보함이 아님.
통합성이란 클라이언트의 문제해결을 위해 필요한 서비스 프로그램이 서로 연계되어, 서비스가 중복되거나 누락되지 않음을 뜻함.

□ 16회
33. 전달체계의 원칙에 관한 설명으로 옳은 것을 모두 고른 것은?

ㄱ. 책임성 : 충분한 양과 질 높은 서비스가 제공되어야 한다.
ㄴ. 접근성 : 제약 없이 서비스를 쉽게 받을 수 있어야 한다.
ㄷ. 연속성 : 필요한 서비스가 일정기간동안 지속적으로 제공되어야 한다.
ㄹ. 전문성 : 종합적으로 서비스가 제공되어야 한다.

① ㄱ, ㄴ   ② ㄴ, ㄷ   ③ ㄱ, ㄴ, ㄷ
④ ㄱ, ㄷ, ㄹ   ⑤ ㄴ, ㄷ, ㄹ

정답 ②

해설 전달체계의 원칙에 관한 설명으로 ㄴ, ㄷ은 맞는 설명임.
ㄴ. 접근성 : 제약 없이 서비스를 쉽게 받을 수 있어야 한다.
ㄷ. 연속성 : 필요한 서비스가 일정기간동안 지속적으로 제공되어야 한다.

□ 15회

34. 다음 ( )에 들어갈 사회복지서비스 전달체계 구축 원칙의 연결이 옳은 것은?

> (ㄱ) : 클라이언트의 욕구와 문제해결을 위해 다양한 서비스를 제공해야 한다.
> (ㄴ) : 서비스의 양과 질이 욕구와 목표달성에 충분해야 한다.
> (ㄷ) : 핵심적인 업무는 반드시 객관적으로 자격이 인정된 사람이 담당해야 한다.
> (ㄹ) : 서비스를 필요로 하는 사람은 누구나 쉽게 받을 수 있어야 한다.

① ㄱ : 전문성, ㄴ : 접근성, ㄷ : 포괄성, ㄹ : 적절성
② ㄱ : 포괄성, ㄴ : 적절성, ㄷ : 전문성, ㄹ : 접근성
③ ㄱ : 포괄성, ㄴ : 전문성, ㄷ : 적절성, ㄹ : 접근성
④ ㄱ : 전문성, ㄴ : 포괄성, ㄷ : 접근성, ㄹ : 적절성
⑤ ㄱ : 포괄성, ㄴ : 접근성, ㄷ : 적절성, ㄹ : 전문성

정답 ②

해설 다음은 사회복지서비스 전달체계 구축 원칙의 연결로 옳음.
(ㄱ – 포괄성) : 클라이언트의 욕구와 문제해결을 위해 다양한 서비스를 제공해야 한다.
(ㄴ – 적절성) : 서비스의 양과 질이 욕구와 목표달성에 충분해야 한다.
(ㄷ – 전문성) : 핵심적인 업무는 반드시 객관적으로 자격이 인정된 사람이 담당해야 한다.
(ㄹ – 접근성) : 서비스를 필요로 하는 사람은 누구나 쉽게 받을 수 있어야 한다.

□ 15회

35. 사회복지서비스 전달체계에 관한 설명으로 옳지 않은 것은?

① 구조 · 기능적 차원에서는 행정체계와 집행체계로 구분된다.
② 서비스 종류에 따라 공적 전달체계와 사적 전달체계로 구분된다.
③ 행정체계는 서비스를 기획, 지시, 지원, 관리하는 것을 말한다.
④ 집행체계는 서비스 전달기능을 주로 수행하면서 행정기능도 수행한다.
⑤ 읍 · 면 · 동은 사회복지서비스와 급여를 제공하는 집행체계에 해당한다.

정답 ②

해설 사회복지서비스 전달체계에 관해 서비스 종류에 따라 공적 전달체계와 사적 전달체계로 구분되는 게 아니라 사회복지업무를 담당하는 게 공공이냐 민간이냐로 구분됨.

기출문제 확인하기

□ 14회

36. 사회복지서비스에 대한 접근성을 높이는 방법으로 옳은 것을 모두 고른 것은?

> ㄱ. 서비스가 필요한 인구의 수와 특성을 고려하여 서비스 조직을 배치한다.
> ㄴ. 낙인위험을 줄이는 환경을 조성한다.
> ㄷ. 서비스 정보를 알기 쉽게 홍보한다.
> ㄹ. 서비스 이용비용을 저렴하게 한다.

① ㄱ, ㄴ, ㄷ   ② ㄱ, ㄷ   ③ ㄴ, ㄹ
④ ㄹ   ⑤ ㄱ, ㄴ, ㄷ, ㄹ

정답 ⑤
해설 ㄱ, ㄴ, ㄷ, ㄹ 모두 사회복지서비스에 대한 접근성을 높이는 방법으로 옳은 설명임.

□ 11회

37. 사회복지서비스 전달체계의 구축 원칙에 관한 설명으로 옳지 않은 것은?

① 통합성 원칙 구현을 위해서는 조직 간 유기적 연계가 중요하다.
② 서비스 편중이나 누락이 없도록 하는 것은 비파편성 원칙에서 강조된다.
③ 충분성의 원칙은 서비스의 양과 기간을 설정하는 것과 관련된다.
④ 서비스 공급이 연속적으로 이루어지기 위해서는 개별성 원칙을 견지하여야 한다.
⑤ 책임성 원칙은 전달체계 자체의 효과성이나 효율성과 관련된다.

정답 ④
해설 서비스 공급이 연속적으로 이뤄지려면 개별성이 아니라 통합성 원칙을 견지해야 함.

□ 11회

38. 사회복지조직이 책임성을 증진하기 위한 노력으로 옳지 않은 것은?

① 재정집행의 투명성을 높인다.
② 이해관계자들의 조직운영 참여를 늘린다.
③ 리더십 역할을 통해 조직혁신을 강조한다.
④ 조직에 대한 외부간섭을 배제한다.
⑤ 전문적이고 체계적인 평가제도를 운용한다.

정답 ④
해설 사회복지조직이 책임성을 증진하기 위한 노력으로 조직에 대한 외부간섭을 배제하는 게 아니라 외부시설평가나 회계감사 등을 받는 게 필요함.

□ 11회

39. 사회복지 전달체계 구축의 주요 원칙에 관한 설명으로 옳은 것을 모두 고른 것은?

> ㄱ. 정보 부족으로 인해 서비스를 이용할 수 없다면 통합성이 결여된 것이다.
> ㄴ. 이용자 불만을 표시할 장치가 없다면 책임성이 결여된 것이다.
> ㄷ. 특정 프로그램 종료 후 필요한 후속 프로그램이 없다면 평등성이 결여된 것이다.
> ㄹ. 필요한 서비스의 양과 질이 부족하다면 적절성이 결여된 것이다.

① ㄱ, ㄴ, ㄷ　　　② ㄱ, ㄷ　　　③ ㄴ, ㄹ
④ ㄹ　　　　　　⑤ ㄱ, ㄴ, ㄷ, ㄹ

정답 ③

해설 ㄱ. 정보 부족으로 인해 서비스를 이용할 수 없다면 통합성이 결여된 것이다. → 접근용이성
(접근용이성 : 서비스 제공자는 잠재적 복지 대상자를 발견해 낼 수 있고, 복지 대상자가 지리적·심리적으로 서비스를 쉽게 이용할 수 있어야 함)
ㄷ. 특정 프로그램 종료 후 필요한 후속 프로그램이 없다면 평등성이 결여된 것이다. → 지속성
  (지속성 : 클라이언트에게 지속적으로 서비스가 제공되어야 하며, 복합적인 욕구일 경우 지역사회 내 연계를 통해 지속적으로 제공되어야 함)

4 사회복지프로그램과 사회복지시설평가의 이해

◆ 출제경향분석 및 학습가이드

대분류	중분류	소분류	출제빈도 및 중요도
제4장 사회복지프로그램과 사회복지시설평가의 이해	제1절 사회복지프로그램	프로그램 설계의 과정	★★★★★
		프로그램의 평가	★★★★★
	제2절 사회복지시설평가	사회복지시설평가의 개념과 목적	★★
		사회복지시설평가의 유형과 방법	★★★★★

1. 사회복지프로그램
1) 프로그램 설계의 과정 : 각 과정에 대해 묻는 문제가 자주 출제되니, 꼭 이 부분을 정확히 이해해야 함. (예 : 목표설정을 위한 SMART기법이나 프로그램설계과정 순서).

2) 프로그램의 평가 : 프로그램 평가의 기준을 묻거나 모든 프로그램은 목적과 목표를 갖고 프로그램 요소들을 투입-활동-산출-성과로 구조화를 묻는 문제가 종종 출제됨.

2. 사회복지시설평가
1) 사회복지시설평가의 개념과 목적 : 가볍게 이해하고 넘어가면 됨.

2) 사회복지시설평가의 유형과 방법 : 형성평가나 총괄평가를 묻는 문제가 종종 출제된 바 있으니 각각의 평가유형에 대한 정확한 이해가 필요함.

기출문제 확인하기

□ 17회

01. 사회복지프로그램 기획과정에서 대상인구 규정에 관한 설명으로 옳은 것은?

① 위험인구란 프로그램 수급 자격을 갖춘 사람을 말한다.
② 클라이언트인구란 프로그램에 실제 참여하는 사람을 말한다.
③ 일반인구란 프로그램이 해결하려는 문제에 취약성이 있는 사람을 말한다.
④ 일반적으로 표적인구가 일반인구보다 많다.
⑤ 자원이 부족하면 클라이언트인구가 표적인구보다 많아진다.

정답 ②

해설 사회복지프로그램 기획과정에서 대상인구 규정에 관한 맞는 설명으로 ② 클라이언트인구란 프로그램에 실제 참여하는 사람을 말한다.

□ 16회

02. 다음에서 설명하는 프로그램평가 요소는?

- 프로그램 활동 후 얻은 양적인 최종 실적을 의미한다.
- 서비스 제공시간과 프로그램 참가자 수 등으로 나타난다.

① 산출(output)　　　② 투입(input)　　　③ 성과(outcome)
④ 전환(throughput)　　⑤ 피드백(feedback)

정답 ①

해설 다음은 프로그램평가 요소로 산출에 대한 예시임.
- 프로그램 활동 후 얻은 양적인 최종 실적을 의미한다.
- 서비스 제공시간과 프로그램 참가자 수 등으로 나타난다.

□ 15회

03. 프로그램 평가기준에 관한 내용으로 옳지 <u>않은</u> 것은?

① 노력성 : 비용 - 효과분석　　② 효율성 : 비용 - 편익분석
③ 효과성 : 서비스 목표 달성 정도　　④ 과정 : 프로그램 환경 조건
⑤ 영향 : 사회문제 해결에 미친 영향 정도

정답 ①

해설 노력성 : 비용-효과분석이 아님.
노력성은 제공된 서비스나 수행된 활동의 양이 얼마나 되는지를 분석하는 것임.
(예 : 다른 기관에 비해 상담횟수나 가정방문 횟수가 많다면 해당 기관은 노력성 평가에서 고득점을 얻음)

기출문제 확인하기

□ 14회
04. 다음 중 효과성을 평가하는 평가방법 또는 도구에 해당하는 것을 모두 고른 것은?

> ㄱ. 비용-편익분석　　　ㄴ. 노력의 양 측정
> ㄷ. 서비스 단위당 비용　ㄹ. 목표달성척도

① ㄱ, ㄴ, ㄷ　　② ㄱ, ㄷ　　③ ㄴ, ㄹ
④ ㄹ　　　　　⑤ ㄱ, ㄴ, ㄷ, ㄹ

정답 ④
해설 효과성을 평가하는 평가방법 또는 도구에 해당하는 것으로 ㄹ. 목표달성척도를 들 수 있음.

□ 14회
05. 형성평가에 관한 설명으로 옳은 것은?

① 성과와 비용에 관심을 둔다.
② 과정 중 프로그램 개선을 위한 정보수집이 강조된다.
③ 목표지향적이다.
④ 전문적인 외부평가가 우선된다.
⑤ 평가를 위하여 고정화된 틀이 필요하다.

정답 ⑤
해설 형성평가에 관한 옳은 설명은 ⑤ 평가를 위하여 고정화된 틀이 필요하다.

□ 14회
06. 다음에 해당하는 평가기준은?

> • 프로그램의 전문성을 강조하며, 제대로 된 서비스가 주어졌는지 여부를 판단하는 것
> • 서비스의 우월성과 관련된 전반적인 판단

① 노력성　　② 효율성　　③ 효과성
④ 질　　　　⑤ 영향

정답 ③
해설 다음에 해당하는 평가기준은 효과성임.
• 프로그램의 전문성을 강조하며, 제대로 된 서비스가 주어졌는지 여부를 판단하는 것
• 서비스의 우월성과 관련된 전반적인 판단

▢ 13회
07. 프로그램 기획이 합리적으로 수행될 때 따르는 논리적인 순서는?

| ㄱ. 목적 설정 | ㄴ. 실행 | ㄷ. 프로그래밍 |
| ㄹ. 평가 | ㅁ. 문제 확인 | |

① ㄱ-ㄴ-ㄷ-ㄹ-ㅁ　　② ㄴ-ㄹ-ㅁ-ㄱ-ㄷ
③ ㄷ-ㄴ-ㅁ-ㄱ-ㄹ　　④ ㄹ-ㅁ-ㄷ-ㄱ-ㄴ
⑤ ㅁ-ㄱ-ㄷ-ㄴ-ㄹ

정답 ⑤
해설 프로그램 기획이 합리적으로 수행될 때 따르는 논리적인 순서는 ㅁ. 문제 확인 - ㄱ. 목적 설정 - ㄷ. 프로그래밍 - ㄴ. 실행 - ㄹ. 평가 순임.

▢ 13회
08. 프로그램의 효율성 평가를 위하여 성과를 화폐적 가치로 환산해서 비용과 대비해 보는 방법은?

① 비용 – 편익 분석　　② 비용 – 임계 분석　　③ 비용 – 산출 분석
④ 비용 – 재무 분석　　⑤ 비용 – 효과 분석

정답 ①
해설 프로그램의 효율성 평가를 위하여 성과를 화폐적 가치로 환산해서 비용과 대비해 보는 방법은 ① 비용 – 편익 분석임.

▢ 17회
09. 사회복지 평가기준과 내용이 바르게 연결된 것은?

① 노력 : 클라이언트의 변화정도로 측정됨
② 효율성 : 목표 달성 정도로 측정됨
③ 효과성 : 대안비용과의 비교로 측정됨
④ 영향 : 서비스가 인구집단에 형평성 있게 배분된 정도로 측정됨
⑤ 과정 : 절차나 규정준수 여부 등으로 측정됨

정답 ⑤
해설 사회복지 평가기준과 내용이 바르게 연결된 것은 ⑤ 과정 : 절차나 규정준수 여부 등으로 측정됨이 맞음.

기출문제 확인하기

☐ 17회
10. 사회복지평가의 유형에 관한 설명으로 옳은 것은?

① 총괄평가는 주로 프로그램 개발을 목적으로 한다.
② 형성평가의 대표적인 예는 효과성 평가이다.
③ 총괄평가는 모니터링 평가라고도 한다.
④ 형성평가는 목표달성도에 주된 관심을 갖는다.
⑤ 총괄평가는 성과와 비용에 관심이 크다.

정답 ⑤
해설 사회복지평가의 유형에 관한 설명으로 ⑤ 총괄평가는 성과와 비용에 관심이 크다가 맞음.

☐ 16회
11. 사회복지사업법상 사회복지 시설평가에 관한 설명으로 옳은 것은?

① 보건복지부장관이 시설의 서비스 최저기준을 고려하여 평가기준을 정한다.
② 1997년에 처음으로 시행되었다.
③ 보건복지부장관과 시·군·구의 장이 시설평가의 주체이다.
④ 4년마다 한번 씩 평가를 실시한다.
⑤ 시설평가 결과를 공표할 수 없으나 시설의 지원에는 반영할 수 있다.

정답 ①
해설 ② 1997년에 처음으로 시행되었다.
→ 1997년 사회복지사업법 개정으로 사회복지시설평가제도를 도입 후 1998년 시행함.
③ 보건복지부장관과 시·군·구의 장이 시설평가의 주체이다.
→ 시설평가의 주체는 보건복지부장관 및 시·도지사임.
④ 4년마다 한번 씩 평가를 실시한다.
→ 시설평가는 3년마다 한 번씩 실시함.
⑤ 시설평가 결과를 공표할 수 없으나 시설의 지원에는 반영할 수 있다.
→ 시설평가 결과를 공표하고, 동 시설의 감독 또는 지원에 반영할 수 있음.

☐ 15회
12. 사회복지평가의 의의로 옳지 <u>않은</u> 것은?

① 환류 기능을 가지고 있다.
② 행정관리수단의 역할을 한다.
③ 책무성을 강조한다.
④ 기관의 외부자원 확보에 영향을 미친다.
⑤ 평가결과는 기관의 변화를 반드시 수반한다.

정답 ⑤
해설 사회복지평가시 ⑤ 평가결과는 기관의 변화를 반드시 수반하는 게 아님

□ 11회
13. 프로그램 성과목표를 작성하는 SMART기준에 해당하지 <u>않는</u> 것은?

① 구체적 (Specific)   ② 측정가능 (Measurable)
③ 획득가능(Attainable)   ④ 관계지향적(Relation-oriented)
⑤ 시간관련(Time frame)

정답 ④
해설 프로그램 성과목표를 작성하는 SMART기법은 다음과 같음.
- S(Specific) : 구체적이고 명료하게 작성함.
- M(Measurable) : 측정가능하게 양적으로 작성함.
- A(Achievable/Attainable) : 달성가능하게 작성함.
- R(Realistic) : 현실성있게 작성함.
- T(Time frame) : 시간구조를 갖도록 작성함.

□ 11회
14. 프로그램의 논리모형에 관한 설명으로 옳지 <u>않은</u> 것은?

① 체계이론을 기반으로 한다.
② 모든 프로그램은 목적과 목표를 갖는다.
③ 프로그램 요소들을 투입–활동–산출–성과로 구조화한다.
④ 프로그램 요소들 간의 인과관계를 가정한다.
⑤ 성과는 활동을 통한 직접 산출물을 의미한다.

정답 ⑤
해설 성과란 프로그램이나 서비스의 이용 후, 클라이언트에게 나타난 변화를 의미함.
(예 : 프로그램 참여자의 학업성취도 향상 정도나 자아존중감 향상정도 등)

□ 11회
15. 프로그램 평가방법에 관한 설명으로 옳은 것은?

① 성과평가 – 프로그램에 투입된 자원의 양을 평가함.
② 모니터링평가 – 평가방법을 평가함.
③ 정성평가 – 프로그램 운영을 목표에 비추어 감시하고 운영과정에 피드백
④ 메타평가 – 프로그램 종료 후 목표달성 정도를 평가함.
⑤ 형성평가 – 프로그램 운영 과정 중 개선이나 변화 필요성에 대한 결정을 도움.

정답 ⑤

해설 프로그램 평가방법으로 ⑤ 형성평가 – 프로그램 운영 과정 중 개선이나 변화 필요성에 대한 결정을 도움.
프로그램 목적에 따른 평가의 유형은 다음과 같음.
- 총괄평가 : 프로그램 투입에 대한 총체적인 판단을 내리기 위한 평가임. 성과와 비용에 관심이 크고 프로그램의 효과성과 효율성을 평가하기 위해 실시됨.
- 형성평가 : 프로그램 수행 및 전달과정을 모니터링하기 위해 양적·질적 방법으로 실시함. 사업내용의 수정이나 변경을 결정하는 데 도움을 줌.
- 통합평가 : 프로그램의 시행 초기에는 신속한 환류를 제공할 수 있는 형성평가방법이 프로그램 종결 후에는 프로그램의 효과성 평가를 위한 총괄평가방법이 활용됨.
- 메타평가 : 평가결과물을 재검토하면서 평가대상이 잘 선정되었는지 여부나 프로그램이 적절하게 실시되었는지 등을 검토함.

□ 11회
16. 사회복지 시설 평가의 취지와 기대효과를 모두 고른 것은?

| ㄱ. 사회복지 시설 운영의 객관적 기준 제시 | ㄴ. 사회복지 시설 운영의 책임성 강화 |
| ㄷ. 사회복지 시설의 투명성 제고 | ㄹ. 사회복지 시설의 서열화 유도 |

① ㄱ, ㄴ, ㄷ ② ㄱ, ㄷ ③ ㄴ, ㄹ
④ ㄹ ⑤ ㄱ, ㄴ, ㄷ, ㄹ

정답 ①

해설 사회복지 시설 평가의 취지와 기대효과로 ㄱ. 사회복지 시설 운영의 객관적 기준 제시 ㄴ. 사회복지 시설 운영의 책임성 강화, ㄷ. 사회복지 시설의 투명성 제고를 들 수 있음.

□ 11회
17. ( )에 들어갈 프로그램 평가기준과 지표의 연결이 옳은 것은?

- (ㄱ) – 프로그램에 참여한 사회복지사의 수와 활동시간
- (ㄴ) – 프로그램의 단위요소 당 투입된 예산
- (ㄷ) – 클라이언트의 문제해결 능력 향상도

	ㄱ	ㄴ	ㄷ
①	노력	효율성	효과성
②	서비스의 질	과정	효율성
③	과정	효과성	서비스 질
④	노력	공평성	과정
⑤	공평성	효율성	효과성

정답 ①

해설 다음은 프로그램 평가기준과 지표의 연결이 옳은 설명임.
- (ㄱ – 노력) – 프로그램에 참여한 사회복지사의 수와 활동시간
- (ㄴ – 효율성) – 프로그램의 단위요소 당 투입된 예산
- (ㄷ – 효과성) – 클라이언트의 문제해결 능력 향상도

☐ 12회
18. 사회복지조직의 성과평가에서 성과수준을 결정할 때 고려할 사항이 <u>아닌</u> 것은?

① 성과수준은 현실적이어야 한다.
② 성과수준은 달성할 수 있어야 한다.
③ 성과수준은 목표가 달성되었을 때 상태를 기술해야 한다.
④ 성과수준을 수량, 품질 등으로 표현되어야 한다.
⑤ 성과수준은 측정을 전제로 하는 것은 아니다.

정답 ⑤

해설 ⑤ 성과수준은 측정을 전제로 함.
다음은 사회복지조직의 성과평가에서 성과수준을 결정할 때 고려할 사항임.
① 성과수준은 현실적이어야 한다.
② 성과수준은 달성할 수 있어야 한다.
③ 성과수준은 목표가 달성되었을 때 상태를 기술해야 한다.
④ 성과수준을 수량, 품질 등으로 표현되어야 한다.

실전 모의고사 1회

01. 조직문화와 조직성과에 대한 설명으로 옳지 <u>않은</u> 것은?

① 조직의 핵심가치를 공유하는 조직 구성원이 많을수록 조직성과가 향상된다.
② 조직문화가 조직의 전략과 일치할수록 조직성과를 향상시킨다.
③ 조직문화는 변화가 쉬워 조직성과에 긍정적 영향을 준다.
④ 환경적응적 조직문화는 조직외부 이해당사자들의 기대실현을 적절한 수준으로 고려하여 조직성과를 향상시킨다.
⑤ 조직문화와 조직성과는 긴밀한 관계를 갖는다.

02. 다음에 해당하는 평가기준?

> - 프로그램의 전문성을 강조하며 제대로 된 서비스가 주어졌는지 여부를 판단하는 것
> - 서비스의 우월성과 관련된 전반적인 판단

① 노력　　　　② 효과성
③ 효율성　　　④ 질
⑤ 과정

03. 기획에 관한 옳지 <u>않은</u> 설명은?

① 미래에 일어날 일을 예측하며, 과거 오류의 재발을 방지한다.
② 프로그램 수행의 책임성을 높이는 데 도움이 된다.
③ 프로그램의 효과성, 효율성 및 합리성을 증진시킨다.
④ 기획을 통해 프로그램 수행과정의 불확실성이 증가된다.
⑤ 전문화된 지식체계에 기반을 둔다.

04. (　　)에 들어갈 조직구조 관련개념과 그 설명의 연결이 옳은 것은?

> - (ㄱ) - 수직적·수평적 분화의 수준을 의미한다.
> - (ㄴ) - 의사결정의 공식적 권한이 분산되거나 이양된 것을 말한다.
> - (ㄷ) - 조직 내 직무와 수행과정을 명문화하는 것이다.

	ㄱ	ㄴ	ㄷ
①	공식화	분권화	복잡성
②	분권화	공식화	복잡성
③	복잡성	분권화	공식화
④	복잡성	공식화	분권화
⑤	집권화	공식화	복잡성

05. 미국 사회복지행정의 역사에 관한 옳지 <u>않은</u> 설명은?

① 1920년대 사회복지실천과 사회복지교육제도가 전문화되는 시점이었다.
② 1930년대 연방정부의 복지제도 확대정책으로 인해 공공복지행정이 확장되었다.
③ 1940년대 사회복지행정에 사회사업의 가치와 규범에 맞추는 작업이 진행되어서 전문교육과정, 전문성을 확보하였다.
④ 1960년대 정부의 사회복지프로그램이 1970년대 더욱 세분화되고 지속적으로 성장하였다.
⑤ 1985년 전국사회복지사협회가 사회복지관리자 네트워크를 구성하고 전문사회복지관리자 자격증을 발급하기 시작하였다.

06. 사회복지행정에 대한 옳지 <u>않은</u> 설명은?

① 사회복지제도와 정책을 서비스 급여, 프로그램으로 전환시키기 위한 전달체계이다.
② 관리자가 조직목표를 달성하기 위해서 수행하는 과정, 기능, 활동이다.
③ 조직을 변화 및 발전시키는 사회복지실천의 개입방법이다.
④ 사회복지조직의 목표달성을 위한 인적·물적 자원을 관리하는 과정이다.
⑤ 사회복지 과업수행을 위해서 물적 자원을 체계적으로 결합운영하는 합리적 행동이다.

07. 과학적 관리론과 인간관계이론의 비교에 대한 옳지 <u>않은</u> 설명은?

① 생산성 향상을 위해 과학적 관리론은 구성원 간 협동을 강조한 반면, 인간관계이론은 경쟁을 강조한다.
② 인간관의 경우 과학적 관리론은 합리적 인간관을, 인간관계이론은 사회적 인간관을 들었다.
③ 구조측면의 경우 과학적 관리론은 공식구조를, 인간관계이론은 비공식구조를 들었다.
④ 조직관리방식의 경우 과학적 관리론은 권위적 관리를, 인간관계이론은 민주적 관리를 한다.
⑤ 동기부여방식으로 과학적 관리론은 경제적 유인을 제공함으로써, 인간관계이론은 사회심리적 요인을 충족함으로써 동기부여가 된다.

08. 과학적 관리론에 대한 설명으로 옳은 것을 모두 고른 것은?

> ㄱ. 관리자에게만 조직의 목표를 설정할 수 있는 책임을 부여한다.
> ㄴ. 정부의 법과 정책, 여론이 조직의 구조와 속성에 영향을 준다.
> ㄷ. 과학적 원리와 방법에 의해 작업을 하여 구성원 간 교류문제를 소홀히 한다.
> ㄹ. 조직관리는 조직이 처한 상황에 의해서 결정된다.

① ㄱ, ㄴ, ㄷ   ② ㄱ, ㄷ
③ ㄴ, ㄹ   ④ ㄹ
⑤ ㄱ, ㄴ, ㄷ, ㄹ

09. 조직의 하위체계 중 어떤 하위체계에 대한 설명인가?

> 조직의 업무수행 능력을 평가하고, 조직이 나아갈 방향을 제시함.

① 생산하위체계   ② 유지 하위체계
③ 경계하위체계   ④ 적응하위체계
⑤ 관리하위체계

10. 관료제 조직과 에드호크라시 조직의 비교에 대한 옳지 않은 설명은?

① 복잡화의 경우 관료제 조직은 높고 에드호크라시 조직은 낮다.
② 공식화의 경우 관료제 조직은 높고 에드호크라시 조직은 낮다.
③ 집권화의 경우 관료제 조직은 높고 에드호크라시 조직은 낮다.
④ 조직환경적 측면의 경우 관료제 조직은 안정적이고 에드호크라시 조직은 동태적이다.
⑤ 조직의 규모의 경우 관료제 조직은 소규모이고 에드호크라시 조직은 대규모이다.

11. 총체적 품질관리(TQM)이론을 설명할 때 마틴(Martin)은 효과적인 품질관리를 행하고 있는 기업조직은 어떤 기본요소를 지녀야 하는지를 모두 고르시오.

> ㄱ. 조직운영 과정에서 나타나는 변이성의 원인을 알아야 하며 이는 감소시켜 나가야 한다.
> ㄴ. 조직에서 변화는 지속적·의도적으로 추구되어야 하며, 이는 팀과 팀워크에 의해 뒷받침되어야 한다.
> ㄷ. 조직 내 품질 중심의 조직문화를 주도하고, 구성원들을 동기부여하여야 한다.
> ㄹ. 장기적 조직 성과를 높이기 위해서 최고관리층의 절대적 관심과 지지가 필요하다.

① ㄱ, ㄴ, ㄷ, ㄹ   ② ㄱ, ㄴ, ㄷ
③ ㄴ, ㄷ, ㄹ   ④ ㄷ, ㄹ
⑤ ㄱ, ㄴ

12. 에드호크라시 이론의 특징에 대한 옳지 않은 설명은?

① 전통적 조직에 비해 수직적 계층분화가 높다.
② 전통적 조직에 비해 복잡성과 공식화 정도가 낮다.
③ 조직 성원들은 각자 자기의 기능별 단위부서에 속해 있으면서 새롭게 조직에 부과된 문제해결을 위해 목적별 단위부서에 이중으로 소속된다.
④ 창의성 높은 전문가들에 의존성이 높기에 분권적인 결정구조를 가지고 구성원들에 대한 영향력의 원천은 직위, 권한보다 전문성과 지식에 있다.
⑤ 융통성 있는 유기적 조직으로 신축성, 문제해결력, 현장 적응력이 높다.

13. 기획단계상 조직의 위계수준에 따른 유형에 대한 설명으로 옳게 연결된 것을 고르시오.

> ㄱ. 최고관리층 : 조직의 정책, 목표, 장기적 계획, 조직 전체에 관한 내용을 기획함.
> ㄴ. 중간관리층 : 사업기획, 보완적 목표 등을 기획함.
> ㄷ. 감독관리층 : 상위관리층의 기획을 보완하거나 보충하는 수준의 기획임.
> ㄹ. 관리실무자 : 일상적 업무를 담당하거나 사소한 절차에 국한됨.

① ㄱ, ㄴ   ② ㄱ, ㄴ, ㄷ
③ ㄱ, ㄴ, ㄷ, ㄹ   ④ ㄹ
⑤ ㄷ, ㄹ

14. 기획의 과정에 대해 스키드모어(Skidmore)가 언급한 내용으로 옳지 <u>않은</u> 것은?

① 문제의 진단 : 기획은 현재 상태에 대한 불만에서 시작되기에 문제의 진단은 바람직한 미래상에 대한 이미지를 보여주는 것이다.
② 목표의 설정 : 기획에 대한 지침을 제공, 기획활동이나 존립에 대한 정당성의 근거를 제공, 기획의 성과·효과를 측정하는 기준을 제공한다.
③ 가용자원의 파악과 대안모색 : 조직 내·외의 가용자원을 파악하며, 대안제시시 지역주민과 클라이언트의 문제와 욕구 파악에 따른 적절한 해결방법을 구체화하고 실천의 문제를 구체화하여 목표설정·실천·평가·측정내용의 수치화를 통한 구체적 실천방법을 현실에 적용한다.
④ 최종안 선택 : 기획과정에 있어서 대안을 비교·분석 후 목표를 달성토록 가장 바람직한 대안을 찾아내는 과정이다.
⑤ 집행 및 평가 : 집행은 적절하게 이뤄져야 사업의 효과를 높일 수 있고 평가는 시기별, 계량화, 대상과 부문별 평가 등을 통해 구체화되어야한다.

15. 다음 예시는 프로그램 기획기법 중 어떤 기법을 묻는 것인가?

> 대규모 프로젝트에 활용되는 것으로 목표달성의 기한을 정해 놓고 목표달성을 위해 주요 세부목표 또는 활동의 상호관계의 시간계획을 연결시켜 나타낸다.

① Shed-U Graph(월별 활동계획 카드)
② PERT(프로그램평가검토기법)
③ 방침관리 기획(PDCA)
④ 간트 차트(Gantt chart)
⑤ 월별일정표

16. 다음 예시는 의사결정이론 중 어느 유형에 해당하는가?

> -합리모형의 현실적 제약을 극복하기 위해 제시됨.
> -인간의 모든 정보와 대안이나 그 대안이 초래할 결과를 예측하는데 한계가 있기에 현실적인 정책결정 모형을 설명함.
> -주관적이어서 만족의 정도를 결정짓는 객관적 기준이 없고, 대안이 급변하는 상황에 적응하기에 어려움이 발생한다는 단점이 존재함.

① 점증적 모형　　② 합리모형
③ 최적모형　　　④ 만족모형
⑤ 혼합모형

17. 아벨스와 머피(Abels & Murpy)가 말하는 의사결정과정에 대한 옳지 <u>않은</u> 설명은?

① 문제 확인과 욕구 파악단계 : 문제와 관련된 현재의 사회적·문화적·심리적 상황을 파악 후 이를 정리 및 분석한다. 조직·개인·기관별로 요구하는 기본적인 욕구를 파악 후 정리한다.
② 관련 정보의 확보단계 : 문제 확인과 욕구 파악에 따른 적절하게 적용시킬 국내·외 지식과 정보, 성공과 실패사례의 정보 확보가 중요하다.
③ 대안의 실행단계 : 기본계획에 의한 시기별·부서별 역할을 분담하고 공감할 수 있는 분위기 조성이 필요하다.
④ 해결대안의 개발과 평가단계 : 현실에 맞는 적절한 기법과 방법이 결정되면 개인별, 조직별 특성을 살린 창의적 대안을 개발해야 한다.
⑤ 평가단계란 평가한 내용과 방법을 최초의 새로운 계획에 반영하여야 하는 단계이다.

18. 리더십의 개념 및 필요성에 대해 옳지 <u>않은</u> 설명은?

① 테리(Terry)는 리더십이란 사람들로 하여금 집단의 목표를 달성하게끔 영향을 미치는 활동이다.
② 로빈스(Robbins)는 리더십이란 목표달성을 지향하도록 집단에 대하여 영향을 미칠 수 있는 능력을 뜻한다.
③ 트렉커(Trecker)는 리더십이란 개인 또는 공동목표의 달성에 있어서 사람들이 협동하여 일하도록 영향을 주는 능력이다.
④ 하지와 블랑치드(Harsey & Blanched)는 리더십이란 최근 상황이론상 리더십 개념을 적용하면 어떤 주어진 상황에서 개개인이나 집단의 활동이 목표달성을 위한 노력이 되도록 영향을 미치는 과정을 말한다.
⑤ 리더십의 필요성으로 목표달성을 위해 인적·물적 자원과 지위, 권위, 상징, 정치적 자원을 효율적으로 동원하는 걸 들 수 있다.

19. 다음 예시는 리더십의 관련이론 중 블레이크와 뮤톤(Blake & Muton)의 관리격자이론의 어떤 유형에 속하는지를 고르시오.

> 보통 수준의 인간과 생산에 대해 관심을 보임. 적절한 조직성과는 만족스런 수준에서 구성원의 사기를 유지하는 것과 작업수행의 필요성 사이의 균형을 통해 얻음.

① 팀형
② 중도형
③ 과업형
④ 무기력형
⑤ 컨트리클립형

20. 상황이론관련 하우스(House)의 경로-목표이론의 참여적 리더십에 대한 옳지 <u>않은</u> 설명은?

① 집단지식과 기술 활용이 용이하다.
② 기술수준이 높고, 동기부여 된 직원들이 있을 때 효과적이다.
③ 직원들을 의사결정에 참여시켜 일에 대한 적극적 동기부여가 가능하다.
④ 단점으로 소요시간이 많이 걸리고 책임소재 문제 등이 발생된다.
⑤ 종업원에게 도전적인 작업목표의 설정 및 성과개선을 추구한다.

21. 허시와 블랜차드(Hersey & Blancard)의 상황이론에서 부하의 능력과 의지 정도에 따라 4가지 차원의 리더십의 연결이 옳은 것을 고르시오.

> ㄱ. 부하가 능력과 의지가 없는 경우 : 지시형 리더십이 효과적임.
> ㄴ. 부하가 능력은 없으나 의지만 있는 경우 : 제시형 리더십이 효과적임.
> ㄷ. 부하가 능력은 있으나 의지가 없는 경우 : 참여형 리더십이 효과적임.
> ㄹ. 부하가 능력과 의지 모두가 있는 경우 : 위임형 리더십이 효과적임.

① ㄱ, ㄴ, ㄷ
② ㄴ, ㄷ, ㄹ
③ ㄷ, ㄹ
④ ㄱ, ㄴ, ㄷ, ㄹ
⑤ ㄱ, ㄴ

22. 사회복지조직의 환경적 특성에 대한 설명으로 옳지 <u>않은</u> 것은?

① 조직의 구성원은 도덕적 가치를 부여받았기에 조직활동에 대부분 영향을 미친다.
② 모든 사람이 갖는 가치관과 규범의 상호합의가 어려워서 사회복지조직의 목표가 모호하고 문제점을 가진다.
③ 사회복지조직은 환경의 어려움이 있다.
④ 사회복지조직의 효과성을 타당하게 측정할 표준척도가 없기에 조직목표의 다양성, 서비스 기술의 불완전성, 인간 속성의 관찰과 측정이 어렵다.
⑤ 재정자원의 제공자로 재정지원을 제공하는 중앙·지방정부, 공동모금, 기업체 및 개인 후원, 유료 클라이언트 등을 말한다.

23. 정치·경제이론에 대한 설명으로 옳지 <u>않은</u> 것은?

① 정치·경제이론의 관점은 조직의 서비스 전달체계를 만드는 데 있어서 업무환경의 중요성을 강조한다.
② 정치·경제이론은 조직과 환경 간 일방적인 작용이 조직의 내부 역학관계에 미치는 영향에 초점을 둔다.
③ 조직의 내·외부 환경의 역학 관계가 서비스 전달체계에 영향을 미친다.
④ 정치적 자원(합법성과 세력)이란 생존을 위해서 환경으로부터 합법성을 부여받아야 한다.
⑤ 경제적 자원(생산에 필요한 돈, 클라이언트, 인력 등)이란 조직의 서비스 전달체계와 인센티브 시스템 등 설치·운영하는 데 필수적이다.

24. 사회복지조직의 특징에 대한 설명으로 옳지 않은 것은?

① 조직은 그 조직을 다른 조직과 구별하는 경계가 존재한다.
② 조직은 공식적·비공식적 측면이 공존한다.
③ 조직은 그 조직 활동을 규제하는 그 조직 고유의 규범이 있다.
④ 조직은 일정한 환경 속에서 존재하면서 그 환경과 상호의존적 존재를 가진다.
⑤ 조직은 지속성 또는 비지속성을 가진다.

25. 다음은 조직의 원리 중 어떤 원리에 해당하는가?

> 둘 이상의 구성원이 공동 목표를 달성하기 위해 의도적으로 모여 과업, 역할, 권한 등 명료화하며, 이런 과정에서 상호 의사소통하고 협력하는 체계이다.

① 통솔범위의 원리
② 조정의 원리
③ 책임의 원리
④ 분업과 전문화의 원리
⑤ 계층제의 원리

실전 모의고사 2회

01. 계층제의 원리에 대한 옳은 설명은?

① 계층의 수준이 낮을수록 대외관계, 정책결정, 장기계획 등의 업무를 수행한다.
② 계층의 수준이 높을수록 집행·실시 등 구체적인 업무를 수행한다.
③ 의사전달의 통로를 통해 원활히 할 수 있고 권한과 책임의 분명함과 분쟁 조정과 해결 수단이 된다.
④ 수평적 계층은 의사소통을 차단하고 인간관계를 등한시하여 구성원의 사기저하를 발생시킨다.
⑤ 많은 계층의 수는 환경 변화에 신속히 대응할 수 있다.

02. 에치오니(Etzioni)의 권력의 형태에 따른 조직의 유형으로 옳게 연결한 것을 고르시오.

> ㄱ. 강제적 권력(신체적 탄압, 위협을 가함)
> ㄴ. 보상적 권력(물질이나 금전)
> ㄷ. 규범적 권력(지위, 명예, 존엄 등)
> ㄹ. 도덕적 관여(권력 행사에 대한 강한 긍정, 규범적 권력 필요)

① ㄱ, ㄴ
② ㄷ, ㄹ
③ ㄱ, ㄴ, ㄷ
④ ㄱ, ㄴ, ㄷ, ㄹ
⑤ ㄹ

03. 다음 예시는 조직구조의 유형 중 어떤 유형에 해당하는가?

> 팀 형식으로 운영하는 조직으로 특정 목표달성을 위한 업무에 전문가들을 배치함. 환경의 변화에 대응하기 위해서 만든 조직의 성격이 강하다.

① 네트워크 조직
② 태스크포스(TF)
③ 프로젝트 조직
④ 매트릭스 조직
⑤ 사업부제 조직

04. 사회복지조직의 구조관리의 유형에 대한 설명으로 옳지 않은 것은?

① 프로젝트 조직 : 전문 인력 중심의 대규모 구성으로 자원과 재능을 집중 투입된다.
② 사업부제 조직 : 조직이 다수의 사업부 단위의 하위조직으로 나눠 각각 독립적으로 운영되는 조직을 뜻한다.
③ 네트워크 조직 : 네트워크란 사람들을 연결시키고 사회학적 지위나 집단, 조직을 연결시키는 관계의 묶음을 말한다.
④ 전통적 조직 : 모든 관계를 공식적 규정, 절차, 조직도표로 표시한다.
⑤ 팀조직 : 과거 전통적인 조직체계인 부·과 등의 조직을 업무재편을 통해 통합·분할하여 하나의 팀으로 전환하여 팀장 중심의 업무를 수행하도록 만든 조직구조이다.

05. 다음은 현대조직운영기법 중 어디에 해당하는가?

> 경영전략기법 중의 하나로 기업이 다른 기업이나 경쟁기업의 제품이나 조직의 강점을 분석해서 그것을 보고 배우는 것을 말한다.

① 균형성과표(balanced score card)
② 벤치마킹(benchmarking)
③ 리엔지니어링(re-engineering)
④ 리스트럭처링(restructuring)
⑤ 아웃소싱(outsourcing)

06. 사회복지조직의 네트워크 관리의 차원에서 네트워크의 지속적 유지를 위한 요소에 대한 설명으로 옳지 않은 것은?

① 네트워크를 성공시키기 위해서 네트워크 목적에 대한 동기와 의욕을 갖고 있고 전문적인 기술이나 지식을 갖춘 인력이 필요하다.
② 네트워크 목적을 수행하기 위해서 필요한 비용이 들기 때문에 자금의 확보가 필요하다.
③ 정보가 공개되고 공유되어야 네트워크가 무리 없이 운영되기에 정보의 공유와 공개가 필요하다.
④ 참여한 조직과 개인의 주체성과 독자성을 존중하면서 네트워크 본래의 목적대로 이끌어 나갈 수 있는 리더십을 가진 리더는 필요가 없다.
⑤ 참여하는 조직간 평등한 참여기회와 민주적인 의견개진과 주어진 사업과 내용에 공평한 참여가 이뤄져야 한다.

07. 사회복지조직의 네트워크의 요건에 대한 설명으로 옳은 것은?

① 중심성과 도달가능성 : 중심성이란 어느 한 조직에 치우치지 않고 모든 참여조직에서 동일하게 나타나고 도달가능성이 모두 낮게 나타날 수 있도록 구조화하는 게 좋은 네트워크이다.
② 불균형도 : 네트워크 내, 자원의 분배, 교환은 균등하게 일어날 수 있도록 해야 한다.
③ 공통된 관심사 : 네트워크에 참여하는 조직들 간 통일된 목적과 관심사에 있어야 한다.
④ 호혜성 : 네트워크는 한 조직이 다른 조직에 대해 상호배타적이고 호혜적인 관계가 유지될 수 있도록 해야 한다.
⑤ 크기와 밀도 : 네트워크 크기가 큰 경우, 참여하는 조직이 많아 교환할 수 있는 관계가 많다는 것임. 네트워크가 크더라도 교환이 활발하게 일어나지 않으면 밀도가 높은 것이다.

08. 인적자원관리 과정 중 선발에 대한 순서로 ( )에 들어갈 것을 고르시오.

> ( ) → 직무명세서 작성 → 지원자 모집공고 → 지원자의 자질 파악 → 선발 → 합격통지 순으로 이뤄짐.

① 직무분석   ② 충원
③ 오리엔테이션   ④ 선발
⑤ 배치

09. 인적자원관리의 일환으로 직원개발의 방법이 <u>아닌</u> 것은?

① 사례발표　　② 계속교육
③ 포럼　　　　④ 토의
⑤ 개인행동

10. 스키드모어(Skidmore)는 슈퍼바이저가 효과적인 슈퍼비전을 하기 위한 슈퍼바이저의 조건으로 옳지 <u>않은</u> 것은?

① 풍부한 지식구비 : 슈퍼바이저는 서비스에 대한 전문적인 지식과 기관에 대한 종합적인 지식을 갖춰야 한다.
② 실천기술과 경험 갖춤 : 슈퍼바이저는 클라이언트에 대한 문제를 해결해본 경험과 관련 기술을 갖춰야 한다.
③ 개방적 접근의 용이성 : 슈퍼바이저는 본인이 가능한 시간대에 직원이 질문하면서 적절한 지도를 받을 수 있는 기회를 마련해줘야 한다.
④ 지속적인 관심 : 슈퍼바이저는 기관, 직원 등과의 역동적 관계에 대해 지속적인 관심을 갖는다.
⑤ 긍정적인 보상 : 직원에게 인정과 칭찬을 통해 동기를 유발하고 전문성 개발을 도모해야 한다.

11. 동기부여의 관련 이론으로 매슬로우(Maslow) 5단계 욕구이론 중 어느 욕구에 해당하는가?

> 직무관련동기로 보면 승진, 연수 참여 등이 해당된다.

① 생리적 욕구　　② 안전욕구
③ 사회적 욕구　　④ 자아존중욕구
⑤ 자아실현욕구

12. 동기부여관련이론으로 아담스(Adams)의 공정성이론에 대한 옳은 설명은?

① 동기부여시 중요한 요소는 구성원 개인이 보상체계를 공정하다고 인식하고 있는지의 여부이다.
② 보상이 배분될 때 분기별로 공정성을 검토해야 한다.
③ 보상과 관련한 각 기관 간에 의견을 교환하고 그 효과를 검토해야 한다.
④ 불공정성의 부정적 영향을 예측할 필요는 없다.
⑤ 관리자의 보상배분을 각 기관이나 집단이 어떻게 느끼고 동기부여의 측면에서 공정성을 유지하고 있는지를 검토한다.

13. 에델위치와 브로드스키(Edelwich & Brobky)이 말하는 소진의 4단계에 대한 옳지 않은 설명은?

① 구체적 직업환경의 현실적인 어려움으로 옮겨갈 때 필연적으로 겪는 자기 직업에 대한 이상, 열정, 목적의식이나 관심을 점차적으로 상실하는 4단계의 과정을 말한다.
② 열성의 단계 : 사회복지사가 희망을 갖고 많은 시간과 노력을 투자한다.
③ 침체의 단계 : 사회복지사가 보수·근무시간·근무환경 등보다 자기 일에 신경을 쓴다.
④ 좌절의 단계 : 자신의 업무 자체의 가치에 대한 의문을 갖고 노력에 비해 성과가 적다고 불평한다.
⑤ 무관심의 단계 : 정신적·신체적 기권 상태에서 클라이언트에게 무관심해지거나 아예 그 직업을 관두는 단계를 말한다.

14. 사회복지행정기관에서 직원이 업무를 추진하면서 직원의 소진을 예방하는 방법으로 옳지 않은 설명은?

① 조직의 사명이나 대의에 직원들이 공감하는 문화를 개발한다.
② 스트레스의 관리 및 전문적 또는 비전문적인 효율성을 증진시킬 수 있는 방법이 필요하다.
③ 업무생활에 질을 높이는 운동을 도입한다.
④ 직원참여와 자기계발 기회를 확대하는 직무환경을 조성한다.
⑤ 슈퍼바이저의 감정적, 정서적 측면의 지지역할을 강화시킨다.

15. 예산의 원칙에 대한 설명으로 옳지 않은 것은?

① 공개의 원칙 : 예산의 편성·심의·집행과정의 주요단계는 공개되어야 한다.
② 명료성의 원칙 : 예산을 전문가나 관계자가 이해할 수 있도록 짜야 한다.
③ 포괄성의 원칙 : 모든 세입, 세출을 포괄해야 하며, 정부의 모든 활동을 나타내야 한다.
④ 예산통일의 원칙 : 모든 세입은 하나의 일반기금으로 납부되고 여기서 모든 세출이 나와야 한다.
⑤ 사전승인의 원칙 : 예산은 사전에 심의·의결을 받아야 한다.

16. 재정관리 중 다음은 예산과정 중 어느 단계에 해당하는가?

> 정치적 과정이며, 프로그램의 기획 및 관리과정임과 동시에 궁극적으로 조직을 변화시키는 광범위하고 포괄적·미래지향적인 과정이다.

① 예산편성 ② 예산의 심의
③ 예산의 집행 ④ 결산
⑤ 회계감사

17. 예산모형 중 계획예산에 대한 설명으로 옳지 않은 것은?

① 목표개발에서 시작되며, 조직의 통합적 운영이 편리하다.
② 의사결정에 있어서 과학적이고 합리적인 기법을 활용한다.
③ 조직품목과 예산이 직접 연결되어서 환산 작업이 수월하다.
④ 국가의 장기적인 계획수립은 통제지향, 관리지향, 계획지향, 기획지향적 입장에서 국가의 장기적인 계획수립이 이뤄져야 한다.
⑤ 단기적인 예산편성을 프로그램 작성을 통해 유기적으로 결합시킴으로써 자원배분에 관한 의사결정을 하는 것이다.

18. 예산모형 중 계획예산의 과정에 대해 ( ) 안에 들어갈 내용으로 옳은 것을 고르시오.

문제상황 → (ㄱ) → (ㄴ) → (ㄷ) → 사업계획서 → 예산편성 → 예산 순임

	ㄱ	ㄴ	ㄷ
①	계획책정	계획	사업계획작성
②	계획	사업계획작성	계획책정
③	사업계획작성	계획	계획책정
④	사업계획작성	계획책정	계획
⑤	계획책정	사업계획작성	계획

19. 사회복지 마케팅의 핵심요소에 대한 옳지 않은 설명은?

① 소비자의 욕구와 수요파악 : 고객의 요구와 수요를 파악한 뒤 소비자들이 원하는 것을 제공하기 위해 정보를 수집한다.
② 소비자의 만족과 가치인식 : 소비자는 제품이나 서비스를 통해 소비자의 욕구와 수요를 잘 충족시킬 수 있는 것을 선택한다.
③ 교환 : 제품이나 서비스에 대한 대가를 제공하고 획득하는 행위를 말한다.
④ 시장 : 어떤 서비스나 제품 또는 잠재적 구매자들의 집합을 의미한다.
⑤ 서비스의 소멸성 : 사회복지서비스는 형태가 없기에 저장하거나 반환할 수 없다.

20. 다음 예시는 패러슈라만 등(A. Parasuraman, V. A. Zeithaml & L. L. Berry)의 SERVQUAL 모형에서 말하는 서비스 품질의 5가지 차원 중 어디에 해당하는가?

고객을 돕겠다는 의지나 신속한 서비스를 제공하려는 의지이다.

① 신뢰성   ② 확신성
③ 공감성   ④ 유형성
⑤ 대응성

21. 사회복지 마케팅 활동 과정에 대한 설명으로 옳지 <u>않은</u> 설명은?

① 시장욕구분석 : 상품 및 서비스에 대한 욕구, 구매욕구, 상품구매력, 구매의 의지를 분석·확인함.
② 시장 포지셔닝 : 대상집단으로 하여금 후원을 하도록 확정함.
③ 마케팅의 목표설정 : 기관의 목적을 구체적이고 양적으로 측정가능하고 달성 가능한 목표를 제시함.
④ 마케팅 기획안 작성 및 실행을 통해 현재 기부자나 잠재적 기부대상자들에게 기부를 요청함.
⑤ 마케팅 평가 : 기부발생에 대한 종합적인 평가와 함께 새로운 외부환경에 대한 분석을 연계함.

22. 다음은 마케팅 방법 중 어떤 방법인지를 고르시오.

> 공공의 건강, 안전, 사회복지 등에 관한 개선을 목표로 기업이 특정행동의 변화를 기획, 시도할 때 적용하는 방식임(예: 금연운동, 투표참여운동 등).

① 공익연계마케팅
② 사회마케팅
③ 다이렉트마케팅
④ 데이터베이스 마케팅
⑤ 고객관계관리마케팅

23. 사회복지조직이 책임성을 증진하기 위한 노력으로 옳은 설명은?

① 조직에 대한 내부 간섭을 받는다.
② 재정집행의 투명성을 높인다.
③ 이해관계가 없는 이들의 조직운영 참여를 늘린다.
④ 리더십 역할을 통해 조직의 현재 상태를 강조한다.
⑤ 전문적이거나 비전문적이고 체계적인 평가제도를 운용한다.

24. 사회복지프로그램설계의 과정 중 대상 집단 선정의 범위를 좁혀가는 순서를 고르시오.

> ㄱ. 일반집단   ㄴ. 위기집단
> ㄷ. 표적집단   ㄹ. 클라이언트 집단

① ㄴ → ㄷ → ㄹ → ㄱ
② ㄱ → ㄷ → ㄹ → ㄴ
③ ㄱ → ㄴ → ㄷ → ㄹ
④ ㄷ → ㄹ → ㄱ → ㄴ
⑤ ㄴ → ㄷ → ㄱ → ㄹ

25. 사회복지프로그램평가의 기준으로 다른 기관에 비해 상담횟수나 가정방문 횟수가 많다면 해당 기관은 (   ) 평가에서 고득점을 얻는다. (   )에 들어갈 것은?

① 형평성   ② 효과성   ③ 영향
④ 노력성   ⑤ 효율성

실전 모의고사 3회

01. 프로그램 요소들 중 다음 예시에 해당하는 요소는?

> 프로그램 참여자의 학업성취도 향상 정도나 자아존중감 향상정도

① 투입　　② 전환　　③ 산출
④ 성과　　⑤ 영향

02. 모든 프로그램은 목적과 목표를 갖고 프로그램 요소들이 구조화되는 순서로 맞는 것은?

① 투입 - 활동 - 산출 - 성과
② 활동 - 투입 - 산출 - 성과
③ 산출 - 활동 - 투입 - 성과
④ 활동 - 산출 - 투입 - 성과
⑤ 투입 - 산출 - 활동 - 성과

03. 사회복지시설평가에 대한 설명으로 옳은 것은?

① 시설평가의 주체인 보건복지부장관 및 시·도지사가 1년마다 한 번씩 시설평가를 실시한다.
② 보건복지부장관이 시설의 서비스 최고기준을 고려하여 평가기준을 정한다.
③ 2000년 사회복지사업법 개정으로 사회복지 시설평가 제도를 도입 후 2001년 시설평가를 시행하였다.
④ 시설평가를 실시한 결과를 공표하고, 동 시설의 감독 또는 지원에 반영할 수 없다.
⑤ 사회복지 시설 평가의 취지와 기대효과로 사회복지 시설 운영의 객관적 기준 제시한다.

04. 다음 예시는 사회복지시설평가의 유형과 방법 중 어떤 평가를 말하는가?

> - 프로그램이 종결된 후 실시하는 평가
> - 프로그램이나 기관의 목적과 목표들이 얼마나 효과적·효율적으로 달성되었는지를 파악

① 형성평가　　② 총괄평가
③ 통합평가　　④ 절대평가
⑤ 양적평가

05. 미국의 사회복지행정의 역사에 대한 설명으로 옳지 않은 것은?

① 1920년대 사회복지실천과 사회복지교육제도가 전문화되는 시점이었다.
② 1952년 미국사회복지교육위원회의 대학원 교과과정에 조직과 행정에 관한 지식이 포함되어야 한다는 규정이 포함되나.
③ 1940년대 빈곤문제가 사회복지의 쟁점이었다.
④ 1960년 미국사회복지사협회(NASW)는 사회복지행정과 지역사회조직을 연구하는 연구소를 후원하며 학자와 행정가들이 사회복지행정과 조직에 관한 연구를 수행토록 지원하였다.
⑤ 1970년대 사례관리 등장으로 사회복지프로그램에 따른 서비스의 파편화를 조정하고 서비스 제공의 통합성과 효율성이 나타났다.

06. 한국의 사회복지행정의 역사에 대한 설명으로 옳지 않은 것은?

① 2003년부터 사회복지사 1급 국가고시자격제도 시행에 따른 사회복지사의 전문성 강화하기 위해 사회복지사 자격제도가 개선되었다.
② 2012년 희망복지지원단은 시군구 서비스 연계팀을 확대·개편하여 복지종합상담 및 통합사례관리를 한다.
③ 2010년 정부의 포용적 복지국가를 목표로 사회복지란 가치의 중심에 '사람을 위한, 사람에 의한, 사람의 복지'를 강조한다.
④ 2018년 초고령사회에 대한 대비로서 '지역사회 통합돌봄 기본계획'을 발표 후 2019년 전국 16개 기초자치단체에서 통합돌봄 선도사업실시(노인 외 장애인, 정신장애인 등 포함)하였다.
⑤ 2010년 사회복지통합관리망에서 사회복지시설 신고·변동관리, 온라인보고, 보조금 및 각종 복지급여지급의 전자처리 등을 수행한다.

07. 사회복지행정의 접근방법 중 법령과 규칙을 준수하는 행동을 의미하는 접근방법은?

① 관료적 접근방법
② 컴플라이언스 접근방법
③ 클라이언트 중심의 접근방법
④ 민주적 접근방법
⑤ 비관료적 접근방법

08. 사회복지행정에 대한 설명으로 옳지 않은 것은?

① 사회복지조직을 중심으로 정책의 서비스로 전환되는 과정이다.
② 일부 조직구성원의 역동적인 협력활동이다.
③ 사회복지정책을 개별적이고 구체적인 서비스로 전환시키는 과정이다.
④ 관리자가 조직목표를 달성하기 위해서 수행하는 과정, 기능, 활동이다.
⑤ 사회복지제도와 정책을 서비스 급여, 프로그램으로 전환시키기 위한 전달체계이다.

09. 광의의 사회복지행정 중 다음 예시처럼 전문직 개입정도에 따라 나뉜 행정은?

> 공공복지기관을 사회복지행정의 주체로 보고, 전 국민을 객체로 인식하여, 사회 전체적인 입장에서 문제를 해결하는 과정이나 기술을 뜻한다.

① 사회행정
② 사회복지행정
③ 사회사업행정
④ 공공복지행정
⑤ 사회사업기관행정

10. 사회복지행정의 정의에 대한 옳은 설명은?

① 키드네이프(Kidneigh)는 사회복지행정이란 '사회복지정책을 구체적인 사회복지서비스로 전환시키고 다시 그 경험을 정책수행에 반영토록 하는 양방향의 과정 속에 있음'을 뜻한다.
② 다수 학자들도 스테인(Stain)이 주장한 것과 같이 사회복지행정의 주요기능으로 정책을 서비스로 전환시키는 과정으로 본다.
③ 스테인(Stain)이 주장한 사회복지행정은 사회복지조직이 환경적 영향을 많이 받기에 환경적 요소로 사회복지정책을 고려한 바, 오늘날 사회복지행정의 특성을 잘 설명하는 개념이다.
④ 패티(Patti)는 사회복지행정은 '사회복지조직이 조정과 협력활동 체계를 통해서 목표를 설정하고 달성해 나가는 과정'이라고 정의하였다.
⑤ 스테인(Stain)은 사회복지행정이란 '조직목표달성을 위해 관리자가 수행하는 상호의존적인 과업과 기능, 활동 등의 체계적이고 개입적인 과정'이라고 정의하였다.

11. 다음의 ( )에 들어갈 내용으로 옳은 것은?

> 테일러(F. W. Taylor)가 개발한 과학적 관리론은 관리자에게만 조직의 목표를 설정할 수 있는 (ㄱ)을 부여하기 때문에 (ㄴ)의 의사결정(ㄷ)을(를) 지향하는 사회복지조직에 적용하는 데는 한계가 있을 수 있다.

	ㄱ	ㄴ	ㄷ
①	참여	관리자	책임
②	책임	직원	참여
③	참여	직원	책임
④	권한	관리자	참여
⑤	책임	관리자	참여

12. 사회복지서비스 전달체계 도입 순서가 올바르게 제시된 것은?

> ㄱ. 희망복지지원단은 시군구 서비스연계팀을 확대·개편하여 복지종합상담 및 통합사례관리를 한다.
> ㄴ. 사회복지관 지원정책에 따라 사회복지관 운영 국고보조사업지침 마련 및 신규 사회복지관이 설립되었다.
> ㄷ. 공공복지 전달체계의 문제점에 대한 방안으로 사회복지사무소 시범사업이 실시되었다.

① ㄱ → ㄴ → ㄷ
② ㄴ → ㄷ → ㄱ
③ ㄷ → ㄱ → ㄴ
④ ㄷ → ㄴ → ㄱ
⑤ ㄴ → ㄱ → ㄷ

13. 참여적 리더십에 관한 설명으로 옳지 않은 것은?

① 책임성 소재가 모호해질 수 있다.
② 집단지식과 기술 활용이 용이하다.
③ 동기부여 된 직원들이 있을 때 효과적이다.
④ 의사결정의 소요시간이 많이 단축된다.
⑤ 의사결정의 최종결정은 지도자가 내린다.

14. 다음에서 설명하는 프로그램 평가의 기준은?

> - 프로그램 결과의 경로를 뜻한다.
> - 세부목표와 프로그램 결과 사이의 영향 정도의 차이를 말한다.

① 서비스의 질 ② 노력성
③ 영향 ④ 과정
⑤ 형평성

15. 스키드모어(R. A. Skidmore)의 기획과정 중 ( )에 들어갈 것은?

> 문제의 진단 → (ㄱ) → 가용자원의 파악과 대안모색 → (ㄴ) → 집행 및 평가

① ㄱ : 문제 따른 기획안 설계
　ㄴ : 최종 기획안 선택
② ㄱ : 목적의 발견
　ㄴ : 최종안 선택
③ ㄱ : 목적의 설정
　ㄴ : 기획안 최종 선택
④ ㄱ : 가안 설정
　ㄴ : 최종안 선택
⑤ ㄱ : 목표의 설정
　ㄴ : 최종안 선택

16. 사회복지행정에서 효과성(effectiveness)에 관한 설명으로 옳은 것은?

① 서비스 자원의 활용가능성 정도
② 투입에 대한 산출의 비율
③ 사회복지기관의 지역적 집중도
④ 서비스 이용의 편의성 정도
⑤ 조직의 목표 달성 정도

17. 과학적 관리론(scientific management)에 관한 설명으로 옳은 것을 모두 고른 것은?

> ㄱ. 조직 구성원의 업무를 과학적으로 분석하여 활용한다.
> ㄴ. 집권화를 통한 위계구조 설정이 조직 성과의 결정적 요인이다.
> ㄷ. 경제적 보상을 통해 생산성을 극대화할 수 있다.

① ㄱ, ㄴ ② ㄱ, ㄴ, ㄷ
③ ㄱ, ㄷ ④ ㄱ
⑤ ㄷ

18. 인간관계이론과 관련된 호손(Hawhorne)의 실험과 관련된 설명으로 옳지 않은 것은?

① 협동에 의한 생산보단 경쟁에 의한 생산이 더 중요하다.
② 직원의 근무의욕은 생리적·경제적 요인뿐만 아니라 사회적·심리적 요인도 크게 작용한다.
③ 개인의 사회심리적 욕구충족을 통한 만족감을 갖는 게 생산성 향상에 중요한 영향을 미친다.
④ 대인관계와 비공식적인 자생조직을 통한 소외감을 배제한다.
⑤ 기존 인간을 비인간적 합리성과 기계적인 도구로써 관리하는 고전적인 과학적 관리방법에 대한 반대운동으로 제기되었다.

19. 사회복지조직의 환경에 관한 설명으로 옳지 않은 것은?

① 다른 기관과의 경쟁을 고려한다.
② 과학기술의 발전은 사회복지기관의 서비스에도 영향을 미친다.
③ 사회인구적 특성은 사회문제와 밀접한 관계가 있다.
④ 경제적 상황은 서비스 수요에 영향을 미친다.
⑤ 법적 규제가 적을수록 서비스에 대한 클라이언트의 접근이 제한된다.

20. 다음에 해당하는 리더십 유형은?

- 종업원들의 복지, 안녕, 욕구에 관심을 두고 구성원 간 만족스런 인간관계를 조성하는데 노력한다.
- 오하이오 연구의 배려형과 유사한 리더십 유형이다.

① 지시적 리더십 ② 참여적 리더십
③ 방임적 리더십 ④ 지지적 리더십
⑤ 위계적 리더십

21. 인적자원관리의 영역에 해당하지 않는 것은?

① 채용 ② 배치 ③ 예산
④ 승진 ⑤ 해임

22. 기획의 모델과 기법에 관한 설명으로 옳지 않은 것은?

① 논리모델은 투입-활동-산출-성과로 도식화하는 방법이다.
② 전략적 기획은 과정을 강조하므로 우선순위를 설정하고 단계적인 계획을 수립한다.
③ 방침관리기획(PDCA)은 조직의 문제를 해결하고 핵심목표를 달성하도록 조직의 자원을 동원시키는 데 중점을 둠, 공통된 목표달성을 위해 전체 조직원이 노력을 적절히 조정하기 위한 프로그램 기획방법이다.
④ 간트 도표(Gantt Chart)는 사업별로 진행 시간을 파악하여 각각 단계별로 분류한 시간을 복선적 활동으로 나타낸다.
⑤ 프로그램 평가 검토기법(PERT)은 일정한 기간에 추진해야 하는 행사에 필요한 복잡한 과업의 순서가 보이도록 하고 임계통로를 거친다.

23. 사회복지행정 환경의 동향에 관한 설명으로 옳지 않은 것은?

① 사회서비스 축소로 사회적 일자리가 감소하는 추세이다.
② 지방자치단체에서 주민참여를 활성화하고 있다.
③ 정부의 포용적 복지국가를 목표로 사회복지는 국민의 삶의 질 향상토록 재가 중심의 지역사회복지서비스 전개를 통한 이웃과 함께 도움을 주고받는 시스템 구축한다.
④ 정부의 포용적 복지국가를 목표로 사회복지는 국민이 체감하고 공감하는 지역사회 복지체계를 구축하기 위해 통합 사례관리와 방문건강관리를 강화시킨다.
⑤ 지역사회 통합돌봄 도입으로 전문직종 간 서비스를 연계하여 제공한다.

24. 패티(Patti)가 말한 관리자의 기능과 업무를 중심으로 사회복지행정의 특성에 대한 설명으로 옳지 않은 것은?

① 사회복지행정은 카운슬링, 케이스워크, 그룹워크 등 인간관계 기술에 의존하기에 이와 관련된 전문가에게 의지한다.
② 사회복지행정은 클라이언트가 많은 전문가들로부터 지원을 받을 수 있도록 자원집중과 유관 기관들과의 협동을 통해 협력을 증진시킨다.
③ 사회복지행정은 기금을 지원하는 정부나 사회복지공동모금회 또는 복지재단 등에서 요구하는 업무 수행에 대한 효과성 및 기대에 부응하는 서비스 기술을 발전시킨다.
④ 사회복지조직은 기관 프로그램의 발전과 유지에 필요한 지원을 위해 다양한 집단에 의존한다.
⑤ 사회복지행정은 차별받고 소외된 집단이 공공의 관심과 지원을 받을 수 있도록 옹호한다.

25. 1980년대 우리나라 사회복지행정 역사에 관한 설명으로 옳지 않은 것은?

① 1986년 국민복지증진대책의 일환으로 1987년부터 사회복지전문요원제도가 시행되었다.
② 1988년 사회복지관 지원정책에 따라 사회복지관 운영 국고보조사업지침 마련 및 신규 사회복지관이 설립되었다.
③ 공공부조행정의 범위가 확대되고 생활보호 급여에 교육보호와 자활보호를 부가하는 등 기존 생계중심의 보호에서 자활목적을 중시한 행정을 병행하였다.
④ 기관평가는 전국적으로 실시되면서 사회복지행정의 책임성을 강화시켰다.
⑤ 1980년대 대학별 주요 전공과목으로 사회복지행정을 포함시켰다.

● 사회복지행정론

실전 모의고사 정답 및 해설

실전 모의고사 1회

518~524쪽

01 ③	02 ④	03 ④	04 ③	05 ③
06 ⑤	07 ①	08 ⑤	09 ④	10 ⑤
11 ①	12 ①	13 ③	14 ①	15 ②
16 ④	17 ⑤	18 ③	19 ②	20 ⑤
21 ④	22 ⑤	23 ②	24 ⑤	25 ⑤

01. ③

③ 조직문화는 변화가 쉬운게 아니라 변화가 어렵다.

다음은 조직문화와 조직성과와의 연관성에 관한 옳은 설명임.
① 조직의 핵심가치를 공유하는 조직 구성원이 많을수록 조직성과가 향상된다.
② 조직문화가 조직의 전략과 일치할수록 조직성과를 향상시킨다.
④ 환경적응적 조직문화는 조직외부 이해당사자들의 기대실현을 적절한 수준으로 고려하여 조직성과를 향상시킨다.
⑤ 조직문화와 조직성과는 긴밀한 관계를 갖는다.

02. ④

다음에 해당하는 평가기준은 질임.
• 프로그램의 전문성을 강조하며 제대로 된 서비스가 주어졌는지 여부를 판단하는 것
• 서비스의 우월성과 관련된 전반적인 판단

03. ④

기획을 통해 프로그램 수행과정의 불확실성이 증가되는 게 아니라 수행과정의 확실성이 증가된다.

다음은 기획에 관한 옳은 설명임.
① 미래에 일어날 일을 예측하며, 과거 오류의 재발을 방지한다.
② 프로그램 수행의 책임성을 높이는 데 도움이 된다.
③ 프로그램의 효과성, 효율성 및 합리성을 증진시킨다.
⑤ 전문화된 지식체계에 기반을 둔다.

04. ③

• (ㄱ – 복잡성) – 수직적·수평적 분화의 수준을 의미한다.
• (ㄴ – 분권화) – 의사결정의 공식적 권한이 분산되거나 이양된 것을 말한다.
• (ㄷ – 공식화) – 조직 내 직무와 수행과정을 명문화하는 것이다.

05. ③

1940년대 사회복지행정에 사회사업의 가치와 규범에 맞추는 작업이 진행되어서 전문교육과정, 전문성을 확보하였다가 아니라 → 1940년대 사회복지행정에 사회사업의 가치와 규범에 맞추는 작업이 진행되었으나 전문교육과정, 전문성 확보하는데 한계가 존재함.

06. ⑤

사회복지 과업수행을 위해서 (물적 → 인적·물적) 자원을 체계적으로 결합·운영하는 합리적 행동이다.

07. ①

① 생산성 향상을 위해 과학적 관리론은 구성원 간 협동을 강조한 반면, 인간관계이론은 경쟁을 강조한 게 아니라 과학적 관리론은 구성원 간 경쟁을, 인간관계이론은 구성원 간 협동을 강조함.

08. ⑤

다음은 과학적 관리론에 대한 옳은 설명임.
ㄱ. 관리자에게만 조직의 목표를 설정할 수 있는 책임을 부여한다.
ㄴ. 정부의 법과 정책, 여론이 조직의 구조와 속성에 영향을 준다.
ㄷ. 과학적 원리와 방법에 의해 작업을 하여 구성원 간 교류문제를 소홀히 한다.
ㄹ. 조직관리는 조직이 처한 상황에 의해서 결정된다.

09. ④

적응하위체계는 조직의 업무수행 능력을 평가하고, 조직이 나아갈 방향을 제시함.

10. ⑤

조직의 규모의 경우 관료제 조직은 소규모이고 에드호크라시 조직은 대규모가 아니라 관료제 조직은 대규모이고 에드호크라시 조직은 소규모이다.

11. ①
다음은 총체적 품질관리(TQM)이론을 설명할 때 마틴(Martin)은 효과적인 품질관리를 행하고 있는 기업조직의 기본요소를 다음과 같이 제시함.
ㄱ. 조직운영 과정에서 나타나는 변이성의 원인을 알아야 하며 이는 감소시켜 나가야 한다.
ㄴ. 조직에서 변화는 지속적·의도적으로 추구되어야 하며, 이는 팀과 팀워크에 의해 뒷받침되어야 한다.
ㄷ. 조직 내 품질 중심의 조직문화를 주도하고, 구성원들을 동기부여하여야 한다.
ㄹ. 장기적 조직 성과를 높이기 위해서 최고관리층의 절대적 관심과 지지가 필요하다.

12. ①
에드호크라시 이론의 특징으로 ① 전통적 조직에 비해 수직적 계층분화가 높은 게 아니라 낮다가 맞는 설명임.

13. ③
다음은 기획단계상 조직의 위계수준에 따른 유형에 대한 옳은 설명임.
ㄱ. 최고관리층 : 조직의 정책, 목표, 장기적 계획, 조직 전체에 관한 내용을 기획함.
ㄴ. 중간관리층 : 사업기획, 보완적 목표 등을 기획함.
ㄷ. 감독관리층 : 상위관리층의 기획을 보완하거나 보충하는 수준의 기획임.
ㄹ. 관리실무자 : 일상적 업무를 담당하거나 사소한 절차에 국한됨.

14. ①
스키드모어(Skidmore)는 문제의 진단 : 기획은 현재 상태에 대한 불만에서 시작되기에 문제의 진단은 바람직한 미래상에 대한 이미지를 보여주는 것은 틀린 예시임.
문제의 진단 : 기획은 현재 상태에 대한 불만에서 시작되기에 문제의 진단은 바람직한 미래상에 대한 이미지보다 세부적인 목표, 일반적인 규범, 기준, 이념, 이상향에 어떤 모습을 보여주는 것임.

15. ②
PERT(프로그램평가검토기법) : 대규모 프로젝트에 활용되는 것으로 목표달성의 기한을 정해 놓고 목표달성을 위해 주요 세부목표 또는 활동의 상호관계의 시간계획을 연결시켜 나타냄.

16. ④
다음은 의사결정이론 중 만족모형에 대한 설명임.
• 합리모형의 현실적 제약을 극복하기 위해 제시됨.
• 인간의 모든 정보와 대안이나 그 대안이 초래할 결과를 예측하는데 한계가 있기에 현실적인 정책결정 모형을 설명함.
• 주관적이어서 만족의 정도를 결정짓는 객관적 기준이 없고, 대안이 급변하는 상황에 적응하기에 어려움이 발생한다는 단점이 존재함.

17. ⑤
아벨스와 머피(Abels & Murpy)의 ⑤ 평가단계가 아니라 환류단계임. 환류단계란 평가한 내용과 방법을 최초의 새로운 계획에 반영하여야 하는 단계임.

18. ③
트렉커(Trecker)는 리더십이란 (개인 또는 공동목표가 아니라 공동목표)의 달성에 있어서 사람들이 협동하여 일하도록 영향을 주는 능력이다.

19. ②
다음 예시는 리더십의 관련이론 중 블레이크와 뮤톤(Blake & Muton)의 관리격자이론의 중도형에 관한 설명임.

보통 수준의 인간과 생산에 대해 관심을 보임. 적절한 조직성과는 만족스런 수준에서 구성원의 사기를 유지하는 것과 작업수행의 필요성 사이의 균형을 통해 얻음.

20. ⑤
상황이론관련 하우스(House)의 경로-목표이론의 참여적 리더십에 대한 예시가 아니라
성취지향적 리더십에 대한 예시임. 성취지향적 리더십은 종업원에게 도전적인 작업목표의 설정 및 성과개선을 추구함.

21. ④

다음은 허시와 블랜차드(Hersey & Blancard)의 상황이론에서 부하의 능력과 의지 정도에 따라 4가지 차원의 리더십의 연결이 옳은 것임.

ㄱ. 부하가 능력과 의지가 없는 경우 : 지시형 리더십이 효과적임.
ㄴ. 부하가 능력은 없으나 의지만 있는 경우 : 제시형 리더십이 효과적임.
ㄷ. 부하가 능력은 있으나 의지가 없는 경우 : 참여형 리더십이 효과적임.
ㄹ. 부하가 능력과 의지 모두가 있는 경우 : 위임형 리더십이 효과적임.

22. ⑤

다음은 사회복지조직의 일반환경이 아닌 과업환경에 대한 설명임.
재정자원의 제공자 : 재정지원을 제공하는 중앙·지방정부, 공동모금, 기업체 및 개인 후원, 유료 클라이언트 등을 말함.

23. ②

정치·경제이론은 조직과 환경 간 상호적인 작용이 조직의 내부 역학관계에 미치는 영향에 초점을 둔다.

24. ⑤

조직은 지속성 또는 비지속성을 가지는 게 아니라 지속성을 가진다가 옳은 예시임.

25. ⑤

다음은 조직의 원리 중 계층제의 원리에 대한 설명임.

둘 이상의 구성원이 공동 목표를 달성하기 위해 의도적으로 모여 과업, 역할, 권한 등 명료화하며, 이런 과정에서 상호 의사소통하고 협력하는 체계이다.

실전 모의고사 2회   525~530쪽

01	③	02	③	03	②	04	①	05	②
06	④	07	③	08	①	09	⑤	10	③
11	④	12	①	13	③	14	②	15	②
16	①	17	③	18	①	19	⑤	20	⑤
21	④	22	②	23	②	24	③	25	④

01. ③

③ 의사전달의 통로를 통해 원활히 할 수 있고 권한과 책임의 분명함과 분쟁 조정과 해결 수단이 된다는 계층의 원리에 대한 맞는 설명임.

다음 계층제의 원리에 대해 옳게 수정한 것임.
① 계층의 수준이 (낮을수록 → 높을수록) 대외관계, 정책결정, 장기계획 등의 업무를 수행한다.
② 계층의 수준이 (높을수록 → 낮을수록) 집행·실시 등 구체적인 업무를 수행한다.
④ (수평적 → 수직적) 계층은 의사소통을 차단하고 인간관계를 등한시하여 구성원의 사기저하를 발생시킨다.
⑤ 많은 계층의 수는 환경 변화에 신속히 대응할 수 (있는 게 아니라 없다)

02. ③

ㄹ. 도덕적 관여(권력 행사에 대한 강한 긍정, 규범적 권력 필요)는 권력의 형태가 아니라 복종의 형태의 유형임.

에치오니(Etzioni)는 다음과 같이 권력과 복종의 형태에 따른 조직의 유형을 제시함.
① 권력의 형태 : 강제적 권력(신체적 탄압, 위협을 가함), 보상적 권력(물질이나 금전), 규범적 권력(지위, 명예, 존엄 등)
② 복종의 형태 : 도덕적 관여(권력 행사에 대한 강한 긍정, 규범적 권력 필요), 타산적 관여(보상에 따른 권력에 대한 다소 무관심), 소외적 관여(강제적 권력 필요)

03. ②

다음 예시는 조직구조의 유형 중 태스크포스(TF) 유형에 해당함.

팀 형식으로 운영하는 조직으로 특정 목표달성을 위

한 업무에 전문가들을 배치함. 환경의 변화에 대응하기 위해서 만든 조직의 성격이 강하다.

04. ①

프로젝트 조직 : 전문 인력 중심의 (대규모 → 소규모) 구성으로 자원과 재능을 집중 투입된다.

05. ②

다음은 현대조직운영기법 중 벤치마킹(benchmarking)에 대한 설명임.

경영전략기법 중의 하나로 기업이 다른 기업이나 경쟁기업의 제품이나 조직의 강점을 분석해서 그것을 보고 배우는 것을 말한다.

06. ④

참여한 조직과 개인의 주체성과 독자성을 존중하면서 네트워크 본래의 목적대로 이끌어 나갈 수 있는 리더십을 가진 리더는 (필요가 없다가 아니라 필요가 있다).

07. ③

사회복지조직의 네트워크의 요건에 대한 옳은 설명은 공통된 관심사 : 네트워크에 참여하는 조직들 간 통일된 목적과 관심사에 있어야 한다.

① 중심성과 도달가능성 : 중심성이란 어느 한 조직에 치우치지 않고 모든 참여조직에서 동일하게 나타나고 도달가능성이 모두 (낮게 → 높게)나타날 수 있도록 구조화하는 게 좋은 네트워크이다.
② (불균형도 → 균등도) : 네트워크 내, 자원의 분배, 교환은 균등하게 일어날 수 있도록 해야 한다.
④ 호혜성 : 네트워크는 한 조직이 다른 조직에 대해 (상호배타적 → 상호의존적)이고 호혜적인 관계가 유지될 수 있도록 해야 한다.
⑤ 크기와 밀도 : 네트워크 크기가 큰 경우, 참여하는 조직이 많아 교환할 수 있는 관계가 많다는 것임. 네트워크가 크더라도 교환이 활발하게 일어나지 않으면 밀도가 (높은 → 낮은) 것이다.

08. ①

다음은 인적자원관리 과정 중 선발에 대한 순서임.

(직무분석) → 직무명세서 작성 → 지원자 모집공고 → 지원자의 자질 파악 → 선발 → 합격통지 순으로 이뤄짐.

09. ⑤

직원개발의 방법으로 개인행동이 아니라 집단행동을 들 수 있음. 집단행동이란 합숙훈련을 하면서 태도 및 행동의 변화를 기하거나 구성원의 결속력을 다지는 것을 말한다.

10. ③

개방적 접근의 용이성 : 슈퍼바이저는 (본인이 가능한 시간대 → 언제든지)에 직원이 질문하면서 적절한 지도를 받을 수 있는 기회를 마련해줘야 한다.

11. ④

매슬로우(Maslow)의 5단계 욕구이론 중 ④ 자아존중욕구 : 직무관련동기로 보면 승진, 연수 참여 등이 해당됨.

12. ①

동기부여관련이론으로 아담스(Adams)의 공정성이론에 대해 ① 동기부여시 중요한 요소는 구성원 개인이 보상체계를 공정하다고 인식하고 있는지의 여부를 들 수 있다.

다음은 아담스의 공정성이론에 대한 틀린 부분을 맞게 수정함.
② 보상이 배분될 때 (분기별 → 배분될때마다)로 공정성을 검토해야 한다.
③ 보상과 관련한 각 (기관 → 개인) 간에 의견을 교환하고 그 효과를 검토해야 한다.
④ 불공정성의 부정적 영향을 예측할 (필요는 없다가 아니라 있다).
⑤ 관리자의 보상배분을 각 (기관이나 집단 → 개인)이 어떻게 느끼고 동기부여의 측면에서 공정성을 유지하고 있는지를 검토한다.

13. ③

에델위치와 브로드스키(Edelwich & Brobky)이 말하는 소진의 4단계 중 ③ 침체의 단계 : 사회복지사가 보수·근무시간·근무환경 등보다 자기 일에 신경을 쓰는 게 아니라 사회복지사가 자기 일보다 보수·근무시간 · 근무환경 등에 신경을 쓰는 것을 말함.

14. ②
사회복지행정기관에서 직원이 업무를 추진하면서 직원의 소진을 예방하는 방법으로 ② 스트레스의 관리 및 (전문적 또는 비전문적인 → 전문적) 효율성을 증진시킬 수 있는 방법이 필요하다.

15. ②
예산의 원칙에 대한 예시 중 ② 명료성의 원칙 : 예산을 (전문가나 관계자가 → 누구나) 이해할 수 있도록 짜야 한다.

예산의 원칙으로 공개의 원칙, 명료성의 원칙, 포괄성의 원칙, 예산통일의 원칙, 사전승인의 원칙, 정기성의 원칙, 정확성의 원칙을 들 수 있음.

16. ①
재정관리 중 다음은 예산과정 중 예산편성에 관한 설명임.

정치적 과정이며, 프로그램의 기획 및 관리과정임과 동시에 궁극적으로 조직을 변화시키는 광범위하고 포괄적 · 미래지향적인 과정이다.

17. ③
예산모형 중 계획예산에 대한 설명으로 조직품목과 예산이 직접 연결되어서 환산작업이 수월한 게 아니라 조직품목과 예산이 직접 연결되지 않아 환산작업에 어려움이 있다가 맞는 예시임.

18. ①
예산모형 중 계획예산의 과정에 대해 ( )안에 들어갈 내용은 다음과 같음.
문제상황 → (ㄱ - 계획책정) → (ㄴ - 계획) → (ㄷ - 사업계획작성) → 사업계획서 → 예산편성 → 예산 순임

19. ⑤
서비스의 소멸성은 사회복지 마케팅의 특징임.
서비스의 소멸성 : 사회복지서비스는 형태가 없기에 저장하거나 반환할 수 없다.
마케팅의 핵심요소로 소비자의 욕구와 수요파악, 소비자의 만족과 가치인식, 교환, 시장을 들 수 있음.

20. ⑤
다음 예시는 패러슈라만 등(A. Parasuraman, V. A. Zeithaml & L. L. Berry)의 SERVQUAL 모형에서 말하는 서비스 품질의 5가지 차원 대응성에 해당됨. 대응성이란 고객을 돕겠다는 의지나 신속한 서비스를 제공하려는 의지이다.

21. ④
④ 마케팅 기획안 작성 및 실행을 통해 현재 기부자나 잠재적 기부대상자들에게 기부를 요청하는 게 아니라 잠재적 기부대상자에게 기부를 요청하는 게 맞음.

22. ②
다음은 사회마케팅에 대한 설명임.

공공의 건강, 안전, 사회복지 등에 관한 개선을 목표로 기업이 특정행동의 변화를 기획, 시도할 때 적용하는 방식임(예 : 금연운동, 투표참여운동 등).

23. ②
사회복지조직이 책임성을 증진하기 위한 노력으로 ② 재정집행의 투명성을 높이는 게 맞음.

다음은 사회복지조직이 책임성을 증진하기 위한 노력을 옳게 수정함.
① 조직에 대한 (내부 → 외부) 간섭을 받는다.
③ (이해관계가 없는 → 이해관계자들) 이들의 조직운영 참여를 늘린다.
④ 리더십 역할을 통해 조직의 (현재 → 혁신) 상태를 강조한다.
⑤ (전문적이거나 비전문적 → 전문적)이고 체계적인 평가 제도를 운용한다.

24. ③
사회복지프로그램설계의 과정 중 대상 집단 선정의 범위를 좁혀가는 순서는 ㄱ. 일반집단 → ㄴ. 위기집단 → ㄷ. 표적집단 → ㄹ. 클라이언트 집단임.

25. ④
사회복지프로그램평가의 기준으로 다른 기관에 비해

상담횟수나 가정방문 횟수가 많다면 해당 기관은 (노력성) 평가에서 고득점을 얻는다.
노력성이란 제공된 서비스나 수행된 활동의 양이 얼마나 되는지를 분석하는 것을 말함.

④ 시설평가를 실시한 결과를 공표하고, 동 시설의 감독 또는 지원에 반영할 수 (없다 → 있다)

04. ②
총괄평가란 프로그램이 종결된 후 실시하는 평가이며, 프로그램이나 기관의 목적과 목표들이 얼마나 효과적·효율적으로 달성되었는지를 파악하는 것임.

05. ③
(1940년대 → 1960년대) 빈곤문제가 사회복지의 쟁점이었다.

실전 모의고사 3회   531~536쪽

01 ④	02 ①	03 ⑤	04 ②	05 ③
06 ③	07 ②	08 ②	09 ①	10 ①
11 ②	12 ②	13 ④	14 ④	15 ⑤
16 ⑤	17 ③	18 ①	19 ⑤	20 ④
21 ③	22 ④	23 ①	24 ①	25 ④

01. ④
프로그램 요소들 중 성과에 관한 예시로 프로그램 참여자의 학업성취도 향상 정도나 자아존중감 향상 정도를 들 수 있음.
성과란 프로그램이나 서비스의 이용 후, 클라이언트에게 나타난 변화를 의미함.

02. ①
모든 프로그램은 목적과 목표를 갖고 프로그램 요소들은 투입 – 활동 – 산출 – 성과 순으로 구조화됨.

03. ⑤
사회복지시설평가에 대한 옳은 설명은 ⑤ 사회복지시설 평가의 취지와 기대효과로 사회복지 시설 운영의 객관적 기준 제시한다.

다음 예시는 사회복지시설평가에 대한 틀린 설명을 옳게 고침.
① 시설평가의 주체인 보건복지부장관 및 시·도지사가 (1년마다 → 3년마다) 한 번씩 시설평가를 실시한다.
② 보건복지부장관이 시설의 서비스 (최고 → 최저)기준을 고려하여 평가기준을 정한다.
③ (2000 → 1997)년 사회복지사업법 개정으로 사회복지 시설평가 제도를 도입 후 (2001 → 1998)년 시설평가를 시행하였다.

06. ③
(2010년 → 2017년) 정부의 포용적 복지국가를 목표로 사회복지란 가치의 중심에 '사람을 위한, 사람에 의한, 사람의 복지'를 강조한다.

07. ②
사회복지행정의 접근방법 중 컴플라이언스 접근방법은 법령과 규칙을 준수하는 행동을 의미함.

08. ②
사회복지행정은 일부가 아닌 조직구성원의 역동적인 협력활동이다.

09. ①
다음은 광의의 사회복지행정 중 전문직 개입정도에 따라 나뉜 사회행정에 대한 예시임.

공공복지기관을 사회복지행정의 주체로 보고, 전 국민을 객체로 인식하여, 사회 전체적인 입장에서 문제를 해결하는 과정이나 기술을 뜻한다.

10. ①
사회복지행정의 정의에 대한 옳은 설명으로 ① 키드네이프(Kidneigh)는 사회복지행정이란 '사회복지정책을 구체적인 사회복지서비스로 전화시키고 다시 그 경험을 정책수행에 반영토록 하는 양방향의 과정 속에 있음'을 뜻한다.

② 다수 학자들도 (스테인(Stain) → 키드네이프(Kidneigh))가 주장한 것과 같이 사회복지행정의

주요기능으로 정책을 서비스로 전환시키는 과정으로 본다.
③ (스테인(Stain) → 키드네이프(Kidneigh))이 주장한 사회복지행정은 사회복지조직이 환경적 영향을 많이 받기에 환경적 요소로 사회복지정책을 고려한 바, 오늘날 사회복지행정의 특성을 잘 설명하는 개념이다.
④ (패티(Patti) → 스테인(Stain))는 사회복지행정은 '사회복지조직이 조정과 협력활동 체계를 통해서 목표를 설정하고 달성해 나가는 과정'이라고 정의하였다.
⑤ (스테인(Stain) → 패티(Patti))은 사회복지행정이란 '조직 목표달성을 위해 관리자가 수행하는 상호의존적인 과업과 기능, 활동 등의 체계적이고 개입적인 과정'이라고 정의하였다

11. ②

② ㄱ : 책임, ㄴ : 직원, ㄷ : 참여

테일러(F. W. Taylor)가 개발한 과학적 관리론은 관리자에게만 조직의 목표를 설정할 수 있는 (ㄱ-책임)을 부여하기 때문에 (ㄴ-직원)의 의사결정(ㄷ-참여)을(를) 지향하는 사회복지조직에 적용하는 데는 한계가 있을 수 있다.

12. ②

ㄴ. 1988년 사회복지관 지원정책에 따라 사회복지관 운영 국고보조사업지침 마련 및 신규 사회복지관이 설립되었다.
ㄷ. 2001년 공공복지 전달체계의 문제점에 대한 방안으로 사회복지사무소 시범사업이 실시되었다.
ㄱ. 2012년 희망복지지원단은 시군구 서비스연계팀을 확대·개편하여 복지종합상담 및 통합사례관리를 한다.

13. ④

④ 의사결정의 소요시간이 많이 단축되는 게 아니라 많이 걸린다.

14. ④

프로그램 평가의 기준으로 과정에 대한 설명임.

- 프로그램 결과의 경로를 뜻한다.
- 세부목표와 프로그램 결과 사이의 영향 정도의 차이를 말한다.

15. ⑤

스키드모어(R. A. Skidmore)의 기획과정은 문제의 진단 → (ㄱ - 목표의 설정) → 가용자원의 파악과 대안모색 → (ㄴ - 최종안 선택) → 집행 및 평가 순임.

16. ⑤

사회복지행정에서 효과성(effectiveness)에 관한 설명임.

17. ③

과학적 관리론에 대한 맞는 예시임.
ㄱ. 조직 구성원의 업무를 과학적으로 분석하여 활용한다.
ㄷ. 경제적 보상을 통해 생산성을 극대화할 수 있다.

18. ①

인간관계이론과 관련된 호손(Hawhorne)의 실험과 관련되어 ① 협동에 의한 생산보단 경쟁에 의한 생산이 더 중요하다가 아니라 경쟁에 의한 생산보다 협동에 의한 생산이 더 중요하다가 맞는 예시임.

19. ⑤

사회복지조직의 환경에 관한 설명으로 ⑤ 법적 규제가 (적을수록 → 많을수록) 서비스에 대한 클라이언트의 접근이 제한된다가 맞음.

20. ④

다음은 리더십 유형 중 지지적 리더십에 대한 예시임.

- 종업원들의 복지, 안녕, 욕구에 관심을 두고 구성원 간 만족스런 인간관계를 조성하는데 노력한다.
- 오하이오 연구의 배려형과 유사한 리더십 유형이다.

21. ③

예산은 재정관리에 속함.
인적자원관리에 충원, 모집과 선발, 채용 및 배치, 오리엔테이션, 승진, 평가, 해임이 포함된다.

22. ④

기획의 모델과 기법에 관해 간트 도표(Gantt Chart)는 사업별로 진행시간을 파악하여 각각 단계별로 분류한 시간을 (복선적 활동이 아닌 단선적 활동으로) 나타낸다.

23. ①

사회복지행정 환경의 동향에 관해 ① 사회서비스 축소로 사회적 일자리가 감소하는 추세가 아니라 사회서비스 확대로 사회적 일자리가 증가하는 추세가 맞는 설명임.

24. ①

사회복지행정은 카운슬링, 케이스워크, 그룹워크 등 인간관계 기술에 의존하기에 이와 관련된 전문가에게 의지한다는 사리(Sarri)의 사회복지행정의 특성에 대한 설명임.

25. ④

기관평가는 전국적으로 실시되면서 사회복지행정의 책임성을 강화시킨 시기는 1980년대가 아니라 2000년부터임.

[사회복지 정책과 제도]

사회복지법제론

주제별 기출문제

1 사회복지법의 이해

◆ 출제경향분석 및 학습가이드

대분류	중분류	소분류	출제빈도 및 중요도
제1장 사회복지법의 이해	법의 일반적인 이해	법의 정의 및 목적	
		법의 일반적인 체계	
		법원	★★★★★
		법의 분류방법	
	사회복지법	사회복지법의 개념	
		사회복지법의 체계	★★★
		사회복지와 자치법규	★★★★★
	사회복지의 주체	기본권의 주체	
		사회복지의 주체	

- 법의 성문법원과 불문법원, 자치법규인 조례, 상위법 우선의 원칙, 특별법 우선의 원칙, 신법 우선의 원칙은 꼭 이해 및 암기해야 함. 특히 법의 성문법원이 종종 출제됨.
- 조례와 자치법규의 개념을 확인해야 함. 종종 조례에 대해 출제됨.

기출문제 확인하기

☐ 11회
01. 사회복지법의 개념과 성격에 관한 설명으로 옳지 않은 것은?

① 관점에 따라 개념이 다양할 수 있다.
② 사회복지법은 헌법을 구체화한 법이다.
③ 사회복지법은 공·사법의 성격이 혼재된 사회법 영역에 속한다.
④ 헌법에는 사회보장과 사회복지라는 용어가 사용되고 있다.
⑤ 우리 실정법상 사회보장의 정의규정은 존재하지 아니한다.

정답 ⑤
해설 사회복지법의 개념과 성격에 관한 설명으로 우리 실정법상 사회보장의 정의규정은 존재하지 아니한다가 아니라 → 우리 실정법상 사회보장의 정의규정은 존재한다가 맞음.

☐ 11회
02. 사회복지법의 법원(法源)에 관한 설명으로 옳은 것은?

① 사회복지법의 근거가 되는 헌법규정은 선언적일 뿐 규범적 효력은 없다.
② 사회복지법령은 임의규정이다.
③ 우리나라의 경우 단일의 사회복지법전은 존재하지 않고 여러 개별 법률로 구성되어 있다.
④ 위헌·위법인 사회복지법령은 무효 또는 취소가 된다.
⑤ 사회복지행정기관의 내부 문서정리를 위한 지침은 법규명령에 해당한다.

정답 ③
해설 사회복지법의 법원(法源)은 우리나라의 경우 단일의 사회복지법전은 존재하지 않고 여러 개별 법률로 구성되어 있다.

☐ 11회
03. 사회복지 자치법규에 관한 설명으로 옳지 않은 것은?

① 자치법규로는 조례와 규칙을 들 수 있다.
② 대외적 구속력이 있는 법규범에 해당한다.
③ 법체계상 지방자치단체장의 전속권한에 속하는 것으로서 규칙으로 정하여야 하는 사항을 조례로 정하더라도 위법은 아니다.
④ 주민은 복지조례의 제정을 청구할 수 있다.
⑤ 원칙적으로 상위법령의 위임이 없더라도 사회복지에 관한 수익적인 조례를 제정할 수 있다.

정답 ③
해설 사회복지 자치법규에 관해 ③ 법체계상 지방자치단체장의 전속권한에 속하는 것으로서 규칙으로 정하여야 하는 사항을 조례로 정하더라도 위법은 아니다는 틀린 예시임.
→ 규칙은 지방자치단체장이 법령이나 조례가 위임한 범위 내에서 그 권한에 속하는 사무에 관하여 제정

기출문제 확인하기

☐ 13회
04. 사회복지조례에 관한 설명으로 옳은 것은?

① 사회복지조례는 국가에 대해서 법적 구속력을 가진다.
② 위법한 사회복지조례에 대해서는 취소소송으로 다툴 수 있는 것이 원칙이다.
③ 사회복지조례는 주민의 조례제정·개폐청구권의 대상이 될 수 없다.
④ 사회복지사무의 집행을 위해 지방자치단체의 장이 제정하는 규칙은 사회복지조례와 동등한 효력을 갖는다.
⑤ 법령에 위반한 조례는 효력이 없다.

정답 ⑤
해설 자치법규는 조례와 규칙으로 나뉘며, 규칙은 지방자치단체장이 법령이나 조례가 위임한 범위 내에서 그 권한에 속하는 사무에 관한 제정을 말하며, 법령에 위반한 조례는 효력이 없다는 맞는 설명임.

☐ 14회
05. 자치법규인 조례와 규칙에 관한 헌법과 법률의 내용으로 옳은 것을 모두 고른 것은?

> ㄱ. 지방자치단체는 법령의 범위 안에서 그 사무에 관하여 조례를 제정할 수 있다.
> ㄴ. 지방자치단체는 법령의 범위 안에서 자치에 관한 규정을 제정할 수 있다.
> ㄷ. 시·군 및 자치구의 조례는 시·도의 조례를 위반하여서는 아니 된다.
> ㄹ. 조례에서 주민의 권리 제한에 관한 사항을 정할 때에는 법률의 위임이 있어야 한다.

① ㄱ, ㄴ, ㄷ   ② ㄱ, ㄷ   ③ ㄴ, ㄹ
④ ㄹ   ⑤ ㄱ, ㄴ, ㄷ, ㄹ

정답 ⑤
해설 ㄱ, ㄴ, ㄷ, ㄹ 모두 자치법규인 조례와 규칙에 관한 헌법과 법률의 내용으로 옳은 설명임.

☐ 15회
06. 우리나라 사회복지법에 관한 설명으로 옳지 않은 것은?

① 헌법상의 생존권을 구체적으로 실현하기 위한 법이 사회복지법이다.
② 사회복지법은 단일 법전 형식이 아니라 개별법 체계로 구성되어 있다.
③ 최저임금법은 실질적 의미의 사회복지법에 포함된다.
④ 사회복지법은 사회법으로서 과실책임의 원칙에 기초하고 있다.
⑤ 사회복지법에는 공법과 사법의 요소들이 공존하고 있다.

정답 ④

해설 사회복지법은 사회법으로서 과실책임의 원칙에 기초한 게 아니라 무과실책임의 원칙에 기초하고 있다.
① 헌법은 국민의 생존권적 기본권을 보장하여, 누구나 인간다운 생활을 영위할 수 있도록 하는 사회적 법치국가의 이념을 추구. 헌법의 생존권 조항은 사회복지법의 기본방향이자 기본 근거함.
② 우리나라는 독립적인 사회법전이 없어서 사회보장기본법상에 명시되어 있는 법을 의미

□ 15회
07. 사회복지와 관련한 헌법의 내용으로 옳은 것을 모두 고른 것은?

> ㄱ. 헌법 전문에는 사회복지와 관련된 내용이 없다.
> ㄴ. 환경권의 내용과 행사에 관하여는 조례로 정한다.
> ㄷ. 모든 국민은 능력에 따라 균등하게 교육을 받을 권리를 가진다.
> ㄹ. 여자의 근로는 특별한 보호를 받으며, 고용·임금 및 근로조건에 있어서 부당한 차별을 받지 아니한다.

① ㄱ, ㄴ ② ㄴ, ㄷ ③ ㄷ, ㄹ
④ ㄱ, ㄷ, ㄹ ⑤ ㄴ, ㄷ, ㄹ

정답 ⑤

해설 ㄱ. 헌법 전문에는 사회복지와 관련된 내용이 없는 게 아니라 전문에 사회복지와 관련된 내용이 있음.

□ 15회
08. 사회복지법의 법원(法源)에 관한 설명으로 옳은 것은?

① 대통령의 긴급명령은 법원이 될 수 없다.
② 국무총리는 사회복지에 관하여 총리령을 직권으로 제정할 수 없다.
③ 법률의 위임에 의한 조례는 법률과 동등한 자격을 가진다.
④ 법령의 범위를 벗어난 조례는 법적 구속력이 없다.
⑤ 관습법은 사회복지법의 법원이 될 수 없다.

정답 ④

해설 ① 대통령의 긴급명령은 법원이 될 수 없다.
→ 성문법으로서의 법원 중 하나인 명령이란 국회의 의결을 거치지 않고, 대통령 이하의 행정기관이 제정한 법규로 제정권자에 따라서 대통령이 정하는 대통령령은 법원이 됨.

기출문제 확인하기

□ 16회
09. 사회복지법의 체계와 법원(法源)에 관한 설명으로 옳은 것은?

① 시행령은 업무소관 부처의 장관이 발한다.
② 국무총리는 소관사무에 관하여 법률의 위임 또는 직권으로 부령을 발할 수 있다.
③ 지방자치단체는 법령의 범위 안에서 자치에 관한 규정을 제정할 수 있다.
④ 장애인복지법 시행규칙은 지방의회에서 제정한다.
⑤ 국민연금법 시행령보다 국민연금법 시행규칙이 상위의 법규범이다.

정답 ③
해설 • 사회복지법의 법원으로서 명령은 개별 법률의 시행령(대통령령) 및 시행규칙(보건복지부령, 여성가족부령)이란 존재양식으로 표현되며, 개별 법률의 실행을 위한 구체적인 사항이 규정
• 자치법규란 지방자치단체에서 법령의 범위 안에서 지역 사무에 관하여 제정한 법임.

□ 20회
10. 사회복지법의 성문법원에 해당하는 것끼리 묶은 것은?

① 관습법, 판례법   ② 헌법, 판례법   ③ 헌법, 명령
④ 관습법, 법률   ⑤ 법률, 조리

정답 ③
해설 사회복지법의 성문법원(예: 헌법·법률·명령·조례·규칙·조약 등), 불문법원(예: 관습법, 판례법, 조리 등)

□ 20회
11. 우리나라 법체계에 관한 설명으로 옳지 <u>않은</u> 것은?

① 법규범 위계에서 최상위 법규범은 헌법이다.
② 법률은 법규범의 위계에서 헌법 다음 단계의 규범이다.
③ 법률은 국회에서 제정하거나 행정부에서 제출하여 국회의 의결을 거쳐 제정된다.
④ 시행령은 국무총리나 행정각부의 장이 발(發)하는 명령이다.
⑤ 명령에는 시행령과 시행규칙이 있다.

정답 ④
해설 시행령은 국무총리나 행정각부의 장이 발(發)하는 명령이 아님.
사회복지법의 법원으로서 명령은 개별 법률의 시행령(대통령령) 및 시행규칙(보건복지부령, 여성가족부령)이란 존재양식으로 표현되며, 명령이란 국회의 의결을 거치지 않고, 대통령 이하의 행정기관이 제정한 법규

□ 20회
12. 자치법규에 관한 설명으로 옳지 않은 것은?
   ① 조례는 지방의회에서 제정하는 자치법규이다.
   ② 지방자치단체는 법령의 범위와 무관하게 조례를 제정할 수 있다.
   ③ 규칙은 지방자치단체의 장이 법령이나 조례가 위임한 범위에서 그 권한에 속하는 사무에 관하여 제정할 수 있는 자치법규이다.
   ④ 시·군 및 자치구의 조례나 규칙은 시·도의 조례나 규칙을 위반하여서는 아니 된다.
   ⑤ 조례안이 지방의회에서 의결되면 의장은 의결된 날부터 5일 이내에 그 지방자치단체의 장에게 이를 이송하여야 한다.

정답 ②
해설 지방자치단체는 법령의 범위와 무관하게 조례를 제정할 수 있는 게 아님.
자치법규에 조례와 규칙이 있으며, 조례는 지방자치단체가 법령의 범위 내에서 그 지방의회의 의결에 의하여 제정하는 주민의 권리·의무에 관한 일반 준칙임.

2 한국의 사회복지 관련 입법발달과정

◆ 출제경향분석 및 학습가이드

대분류	중분류	소분류	출제빈도 및 중요도
제2장 한국의 사회복지 관련 입법발달과정	일제 강점기~ 6.25전쟁기		
	1960년대		
	1970년대		
	1980년대		
	1990년대		★★★★★
	2000년대		★★★★★

해당법의 제정연도별 순서를 묻거나 해당법과 그 법의 제정연도를 연결하는 문제가 자주 출제되니 꼭 암기해야 함.

예) 사회보장기본법(1995년 제정), 국민건강보험법(1999년 제정), 긴급복지지원법(2005년 제정), 노인 장기요양보험법(2007년 제정)

기출문제 확인하기

□ 12회

01. 사회복지법령의 역사적 변천에 관한 설명으로 옳지 않은 것은?

① 1973년 국민복지연금법이 제정되었으나 시행되지 못하고, 1986년 국민연금법으로 전부개정 되어 1988년부터 시행되었다.
② 1999년 국민기초생활보장법이 전부개정되면서 자활후견기관에 관한 규정이 처음으로 도입되었다.
③ 의료보험법과 공무원 및 사립학교교직원 의료보험법을 통합하여 1999년 국민건강보험법을 제정하였다.
④ 사회복지사업법은 1970년 제정되었고, 1983년 개정 때 사회복지사 자격제도가 처음으로 도입되었다.
⑤ 사회보장에 관한 법률을 대체하여 1995년 사회보장기본법이 제정되었다.

정답 ②
해설 ② 1999년 국민기초생활보장법이 전부개정되면서 자활후견기관에 관한 규정이 처음으로 도입되었다. → 1999년이 아니라 2000년임.

□ 17회

02. 법률의 제정연도가 빠른 순서대로 나열된 것은?

| ㄱ. 국민연금법 | ㄴ. 고용보험법 |
| ㄷ. 국민건강보험법 | ㄹ. 산업재해보상보험법 |

① ㄱ - ㄴ - ㄷ - ㄹ
② ㄱ - ㄷ - ㄹ - ㄴ
③ ㄹ - ㄱ - ㄴ - ㄷ
④ ㄹ - ㄱ - ㄷ - ㄴ
⑤ ㄹ - ㄴ - ㄱ - ㄷ

정답 ③
해설 법률의 제정연도가 빠른 순서대로 나열함. ㄹ. 산업재해보상보험법(1963년) - ㄱ. 국민연금법(1973년) - ㄴ. 고용보험법(1993년) - ㄷ. 국민건강보험법(1999년)

기출문제 확인하기

□ 18회

03. 제정연도가 가장 빠른 것과 가장 늦은 것을 순서대로 짝지은 것은?

> ㄱ. 긴급복지지원법 ㄴ. 고용보험법
> ㄷ. 노인복지법 ㄹ. 기초연금법

① ㄴ, ㄱ　　② ㄴ, ㄹ　　③ ㄷ, ㄱ
④ ㄷ, ㄴ　　⑤ ㄷ, ㄹ

정답 ⑤
해설 제정연도가 가장 빠른 것(ㄷ. 노인복지법-1981년)과 가장 늦은 것(ㄹ. 기초연금법-2014년)
기타 ㄱ. 긴급복지지원법(2005년) ㄴ. 고용보험법(1993년)

□ 19회

04. 법률과 그 제정연대의 연결이 옳은 것은?

① 산업재해보상보험법, 장애인복지법 – 1970년대
② 사회복지사업법, 국민기초생활 보장법 – 1980년대
③ 고용보험법, 사회복지공동모금회법 – 1990년대
④ 국민연금법, 노인복지법 – 2000년대
⑤ 아동복지법, 국민건강보험법 – 2010년대

정답 ③
해설 고용보험법(1993년제정), 사회복지공동모금회법(1997년 제정) – 1990년대가 맞는 예시임.
① 산업재해보상보험법(1963년 제정), 장애인복지법(1981년 제정)
② 사회복지사업법(1970년 제정), 국민기초생활 보장법(1999년 제정)
④ 국민연금법(1973년 제정), 노인복지법(1981년)
⑤ 아동복지법(1961년 제정), 국민건강보험법(1999년 제정)

③ 사회보장기본법

◆ 출제경향분석 및 학습가이드

대분류	중분류	소분류	출제빈도 및 중요도
제3장 사회보장기본법	개요		★★
	공공부조 · 사회보험 · 사회서비스		
	사회보장에 관한 국민의 권리		★★★★★
	사회보장제도의 운영 및 사회보장기본계획		★★★★
	권리구제		

- 용어의 정의(제3조) 중 "사회서비스", "평생사회안전망", "사회보장 행정데이터"의 뜻을 묻는 문제가 출제되었으니 꼭 확인해야 함.
- 사회보장수급권의 내용 중 사회보장수급권의 보호(제12조), 사회보장수급권의 제한 등(제13조), 사회보장수급권의 포기(제14조).
- 사회보장제도의 운영 원칙(제25조)으로 보편성, 형평성, 민주성, 효율성, 연계성, 전문성, 공공성은 출제된 바 있으니 원칙에 대한 이해가 필요함.
- 사회보장 기본계획의 수립(제16조, 제17조), 연도별 시행계획의 수립 · 시행 등(제18조) 관련해서 묻는 문제가 종종 출제되니 꼭 이해 및 암기해야 함.

기출문제 확인하기

☐ 11회
01. 사회보장기본법상 사회보장제도 운영원칙이 아닌 것은?

① 보편성의 원칙   ② 독립성의 원칙   ③ 형평성의 원칙
④ 민주성의 원칙   ⑤ 전문성의 원칙

정답 ②
해설 사회보장기본법령상 사회보장제도 운영원칙으로 ② 독립성의 원칙은 그 예가 아님.
* 동법 운영원칙(제25조)으로 보편성, 형평성, 민주성, 효율성, 연계성, 전문성, 공공성을 들 수 있음.

☐ 12회
02. 사회보장기본법의 내용으로 옳지 않은 것은?

① 국가와 지방자치단체는 모든 국민이 건강하고 문화적인 생활을 유지할 수 있도록 사회보장급여의 수준 향상을 위하여 노력하여야 한다.
② 국가는 관계 법령에서 정하는 바에 따라 최저생계비와 최저임금을 매년 공표하여야 한다.
③ 사회보장수급권의 포기는 취소할 수 없다.
④ 사회보장급여를 신청하는 사람이 다른 기관에 신청한 경우에는 그 기관은 지체 없이 이를 정당한 권한이 있는 기관에 이송하여야 한다.
⑤ 사회보장수급권이 정지되는 경우에는 정지하는 목적에 필요한 최소한의 범위에 그쳐야 한다.

정답 ③
해설 사회보장수급권의 포기는 취소할 수 없다는 게 아니라 사회보장수급권의 포기(제14조)관련해 사회보장수급권의 포기는 취소할 수 있다. 다만, 사회보장수급권을 포기하는 것이 다른 사람에게 피해를 주거나 사회보장에 관한 관계 법령에 위반되는 경우에는 사회보장수급권을 포기할 수 없다.

☐ 13회
03. 사회보장수급권에 관한 설명으로 옳은 것은?

① 사회보장수급권은 헌법상 사회적 기본권과 관계가 없다.
② 사회보장기본법은 사회보장수급권을 명시적으로 규정하고 있다.
③ 사회보장수급권이 행정청의 위법한 처분에 의해 침해된 경우에는 민사소송을 통하여 다투어야 한다.
④ 국민연금법상 급여를 받을 권리는 재산권이므로 담보로 제공할 수 있다.
⑤ 수급권자는 사회보장수급권을 포기할 수 없는 것이 원칙이다.

정답 ②

해설 ① 사회보장수급권은 헌법상 사회적 기본권과 관계가 없다.
→ 헌법상 사회적 기본권과 관계가 있음.
③ 사회보장수급권이 행정청의 위법한 처분에 의해 침해된 경우에는 민사소송을 통하여 다투어야 한다. → 권리구제(제39조) 의거 「행정소송법」에 따른 행정소송을 제기하여 그 처분의 취소 또는 변경 등을 청구할 수 있다.
④ 국민연금법상 급여를 받을 권리는 재산권이므로 담보로 제공할 수 있다.
→ 사회보장수급권의 보호(제12조) 의거 사회보장수급권은 관계 법령에서 정하는 바에 따라 다른 사람에게 양도하거나 담보로 제공할 수 없으며, 이를 압류할 수 없다.
⑤ 수급권자는 사회보장수급권을 포기할 수 없는 것이 원칙이다.
→ 사회보장수급권의 포기(제14조) 의거 사회보장수급권은 정당한 권한이 있는 기관에 서면으로 통지하여 포기할 수 있다.

□ 14회
04. 사회보장기본법의 내용으로 옳지 않은 것은?

① 국내에 거주하는 외국인에게 사회보장제도를 적용할 때에는 상호주의의 원칙에 따르되, 관계 법령에서 정하는 바에 따른다.
② 국가는 사회보장제도의 안정적인 운영을 위하여 중장기 사회보장 재정추계를 매년 실시하고 이를 공표하여야 한다.
③ 국가와 지방자치단체는 가정이 건전하게 유지되고 그 기능이 향상되도록 노력하여야 한다.
④ 사회보장에 관한 다른 법률을 제정하거나 개정하는 경우에는 이 법에 부합되도록 하여야 한다.
⑤ 사회보장에 관한 기본계획은 다른 법령에 따라 수립되는 사회보장에 관한 계획에 우선하며 그 계획의 기본이 된다.

정답 ②

해설 사회보장기본법의 내용 ②국가는 사회보장제도의 안정적인 운영을 위하여 중장기 사회보장 재정추계를 매년 실시하고 이를 공표하는 데 매년이 아니라 격년임.

□ 14회
05. 사회보장기본법상 다음은 어떤 용어에 대한 정의인가?

> 생애주기에 걸쳐 보편적으로 충족되어야 하는 기본욕구와 특정한 사회위험에 의하여 발생하는 특수욕구를 동시에 고려하여 소득·서비스를 보장하는 맞춤형 사회보장제도를 말한다.

① 맞춤 복지제도 ② 사회복지서비스 ③ 평생사회안전망
④ 맞춤 사회보험제도 ⑤ 맞춤형 복지서비스

정답 ③

해설 다음은 평생사회안전망에 대한 설명임.
생애주기에 걸쳐 보편적으로 충족되어야 하는 기본욕구와 특정한 사회위험에 의하여 발생하는 특수욕구를 동시에 고려하여 소득·서비스를 보장하는 맞춤형 사회보장제도를 말한다.

기출문제 확인하기

☐ 14회
06. 사회보장기본법상 사회보장수급권에 관한 설명으로 옳은 것은?

① 사회보장수급권의 포기는 취소할 수 없다.
② 사회보장수급권은 다른 사람에게 양도하거나 담보로 제공할 수 있다.
③ 국가는 관계 법령에서 정하는 바에 따라 최저생계비를 격년으로 공표하여야 한다.
④ 사회보장수급권을 포기하는 것이 다른 사람에게 피해를 주거나 사회보장에 관한 관계 법령에 위반되는 경우에는 사회보장수급권을 포기할 수 없다.
⑤ 사회보장급여를 정당한 권한이 없는 기관에 신청하더라도 그 기관은 사회보장급여를 직접 지급하여야 한다.

정답 ④
해설 사회보장기본법상 사회보장수급권에 관한 옳은 설명은 ④사회보장수급권을 포기하는 것이 다른 사람에게 피해를 주거나 사회보장에 관한 관계 법령에 위반되는 경우에는 사회보장수급권을 포기할 수 없다.

☐ 15회
07. 사회보장기본법상 사회보장제도의 운영원칙에 관한 설명으로 옳지 <u>않은</u> 것은?

① 국가와 지방자치단체가 사회보장제도를 운영할 때에는 이 제도를 필요로 하는 모든 국민에게 적용하여야 한다.
② 사회보험은 국가와 지방자치단체의 책임으로 시행하는 것을 원칙으로 한다.
③ 국가와 지방자치단체는 사회보장제도의 정책 결정 및 시행 과정에 공익의 대표자 및 이해관계인 등을 참여시켜 이를 민주적으로 결정하고 시행하여야 한다.
④ 국가와 지방자치단체가 사회보장제도를 운영할 때에는 국민의 다양한 복지 욕구를 효율적으로 충족시키기 위하여 연계성과 전문성을 높여야 한다.
⑤ 국가와 지방자치단체는 사회보장제도의 급여 수준과 비용 부담 등에서 형평성을 유지하여야 한다.

정답 ②
해설 사회보장기본법상 사회보장제도의 운영원칙에 관해 ② 사회보험은 국가와 지방자치단체의 책임으로 시행하는 것을 원칙으로 하는 게 아니라 사회보험은 국가의 책임으로 시행하고, 공공부조와 사회서비스는 국가와 지방자치단체의 책임으로 시행하는 것을 원칙으로 한다.

☐ 15회
08. 사회보장기본법상 '사회보장에 관한 국민의 권리'에 대한 설명으로 옳지 <u>않은</u> 것은?

① 국가와 지방자치단체는 최저보장수준과 최저임금 등을 고려하여 사회보장급여의 수준을 결정하여야 한다.
② 관계 법령에서 따로 정하는 경우에는 국가나 지방자치단체가 사회보장급여의 신청을 대신할 수 있다.
③ 사회보장수급권은 관계 법령에서 따로 정하고 있는 경우에는 제한될 수 있다.
④ 사회보장수급권은 압류할 수 있다.
⑤ 모든 국민은 사회보장 관계 법령에서 정하는 바에 따라 사회보장수급권을 가진다.

정답 ④

해설 사회보장기본법상 '사회보장에 관한 국민의 권리'에 대해 ④사회보장수급권은 압류할 수 있다는 게 아님. 즉, 사회보장수급권의 보호(제12조)의거 사회보장수급권은 관계 법령에서 정하는 바에 따라 다른 사람에게 양도하거나 담보로 제공할 수 없으며, 이를 압류할 수 없다.

□ 15회
09. 사회보장기본법상 비용부담에 관한 설명으로 옳은 것을 모두 고른 것은?

> ㄱ. 사회보장 비용의 부담은 각각의 사회보장제도의 목적에 따라 국가, 지방자치단체 및 민간부문 간에 합리적으로 조정되어야 한다.
> ㄴ. 국가만이 공공부조에 드는 비용의 전부 또는 일부를 부담한다.
> ㄷ. 관계 법령에서 정하는 일정 소득 수준 이하의 국민에 대한 사회서비스에 대해서는 국가와 지방자치단체가 비용의 전부 또는 일부를 부담한다.
> ㄹ. 부담 능력이 있는 국민에 대한 사회서비스에 대해서는 관계 법령에서 정하는 바에 따라 지방자치단체가 그 비용의 일부를 부담할 수 있다.

① ㄱ, ㄴ　　　　② ㄴ, ㄷ　　　　③ ㄷ, ㄹ
④ ㄱ, ㄴ, ㄷ　　　⑤ ㄱ, ㄷ, ㄹ

정답 ⑤

해설 ㄴ. 국가만이 공공부조에 드는 비용의 전부 또는 일부를 부담하는 게 아님. 동법 제28조 의거 공공부조 및 관계 법령에서 정하는 일정 소득 수준 이하의 국민에 대한 사회서비스에 드는 비용의 전부 또는 일부는 국가와 지방자치단체가 부담한다.

□ 15회
10. 사회보장기본법상 사회보장 기본계획에 대한 내용이다. ( )에 들어갈 숫자로 옳은 것은?

> 보건복지부장관은 관계 중앙행정기관의 장과 협의하여 사회보장 증진을 위하여 사회보장에 관한 기본계획을 ( )년마다 수립하여야 한다.

① 1　　　② 2　　　③ 3　　　④ 4　　　⑤ 5

정답 ⑤

해설 사회보장기본법상 사회보장 기본계획의 경우 보건복지부장관은 관계 중앙행정기관의 장과 협의하여 사회보장 증진을 위하여 사회보장에 관한 기본계획을 (5)년마다 수립하여야 한다.

④ 사회보장급여의 이용·제공 및 수급권자 발굴에 관한 법률

◆ 출제경향분석 및 학습가이드

대분류	중분류	소분류	출제빈도 및 중요도
제4장 사회보장급여의이용·제공 및 수급권자 발굴에 관한 법률	사회보장급여		★★★
	사회보장정보		
	사회보장에 관한 지역계획 및 운영계획		

가끔씩 출제되는 단원으로 관련 법조문 중 사회보장급여의 신청(제5조), 사회보장급여 제공의 결정(제9조), 이의신청(제17조), 수급자의 변동신고(제20조), 사회보장정보시스템의 이용 등(제24조), 지역사회보장에 관한 계획의 수립(제35조), 사회복지전담공무원(제43조)을 꼭 이해해야 함.

기출문제 확인하기

☐ 17회

01. 사회보장급여의 이용·제공 및 수급권자 발굴에 관한 법률의 내용으로 옳은 것을 모두 고른 것은?

> ㄱ. "지원대상자"란 사회보장급여를 필요로 하는 사람을 말한다.
> ㄴ. "보장기관"이란 관계 법령 등에 따라 사회보장급여를 제공하는 국가기관과 지방자치단체를 말한다.
> ㄷ. 통합사례관리를 실시하기 위하여 필요한 경우에는 특별자치시 및 시·군·구에 통합사례관리사를 둘 수 있다.

① ㄱ   ② ㄷ   ③ ㄱ, ㄷ
④ ㄴ, ㄷ   ⑤ ㄱ, ㄴ, ㄷ

정답 ⑤

해설 ㄱ, ㄴ, ㄷ 모두 사회보장급여의 이용·제공 및 수급권자 발굴에 관한 법률의 옳은 내용임.

☐ 19회

02. 사회보장급여의 이용·제공 및 수급권자 발굴에 관한 법률의 설명으로 옳은 것은?

① 2017년 12월 30일에 제정, 2018년 7월 1일부터 시행되었다.
② 지원대상자가 누락되지 않도록 하기 위해 보장기관의 업무담당자는 지원대상자의 동의를 받지 않고도 직권으로 사회보장급여의 제공을 신청할 수 있다.
③ 수급자란 사회보장급여를 받고 있는 사람을 말한다.
④ 보건복지부 장관은 사회보장급여 부정수급 실태조사를 5년마다 실시하고 그 결과를 공개해야 한다.
⑤ 이 법에 따른 처분에 이의가 있는 수급권자등은 그 처분을 받은 날부터 30일 이내에 처분을 결정한 보장기관의 장에게 이의신청을 해야 한다.

정답 ③

해설 사회보장급여의 이용·제공 및 수급권자 발굴에 관한 법률상 ③ 수급자란 사회보장급여를 받고 있는 사람을 말한다.

① 2017년 12월 30일에 제정, 2018년 7월 1일부터 시행되었다.
→ 2014년 12월 30일 제정, 2022년 1월 28일 시행됨.
② 지원대상자가 누락되지 않도록 하기 위해 보장기관의 업무담당자는 지원대상자의 동의를 받지 않고도 직권으로 사회보장급여의 제공을 신청할 수 있다.
→ 지원대상자의 동의를 받고 직권으로 신청가능함.
④ 보건복지부 장관은 사회보장급여 부정수급 실태조사를 (5년마다 → 3년마다) 실시하고 그 결과를 공개해야 한다.
⑤ 이 법에 따른 처분에 이의가 있는 수급권자등은 그 처분을 받은 날부터 (30일 → 90일)이내에 처분을 결정한 보장기관의 장에게 이의신청을 해야 한다.

기출문제 확인하기

□ 18회

03. 사회보장급여의 이용 · 제공 및 수급권자 발굴에 관한 법률상 사회보장정보원에 관한 내용으로 옳지 <u>않은</u> 것은?

① 사회보장정보원은 법인으로 한다.
② 정부는 사회보장정보원의 설립에 필요한 비용을 출연할 수 있다.
③ 사회보장정보원의 운영에 필요한 비용은 정부가 지원할 수 없으며 정보이용자가 지불하는 부담금으로 충당한다.
④ 사회보장정보원에 관하여 이 법에서 규정한 사항 외에는 「민법」 중 재단법인에 관한 규정을 준용한다.
⑤ 사회보장정보원의 임직원은 그 직무상 알게 된 비밀을 다른 용도로 이용하여서는 아니 된다.

정답 ③

해설 사회보장급여의 이용 · 제공 및 수급권자 발굴에 관한 법률상 사회보장정보원에 관한 내용으로 사회보장정보원의 운영에 필요한 비용은 정부가 지원할 수 없으며 정보이용자가 지불하는 부담금으로 충당한다.
→ 정부는 사회보장급여의 이용 및 제공이 원활히 이루어질 수 있도록 한국사회보장정보원의 설립 · 운영에 필요한 비용을 출연하거나 지원할 수 있다(동법 제29조).

□ 18회

04. 사회보장급여의 이용 · 제공 및 수급권자 발굴에 관한 법률상 사회복지전담공무원에 관한 내용으로 옳지 않은 것을 모두 고른 것은?

> ㄱ. 시 · 군 · 구, 읍 · 면 · 동에 사회복지전담공무원을 둘 수 있고 시 · 도에는 둘 수 없다.
> ㄴ. 사회복지전담공무원은 「사회복지사업법」에 따른 사회복지사의 자격을 가진 사람으로 한다.
> ㄷ. 시 · 도지사 및 시장 · 군수 · 구청장은 「지방공무원 교육훈련법」에 따라 사회복지전담공무원의 교육훈련에 필요한 시책을 수립 · 시행하여야 한다.

① ㄱ ② ㄴ ③ ㄱ, ㄴ
④ ㄱ, ㄷ ⑤ ㄴ, ㄷ

정답 ①

해설 사회보장급여의 이용 · 제공 및 수급권자 발굴에 관한 법률상 사회복지전담공무원에 관한 내용으로 옳지 않은 것은 ㄱ. 시 · 군 · 구, 읍 · 면 · 동에 사회복지전담공무원을 둘 수 있고 시 · 도에는 둘 수 없다임.
→ 사회복지사업에 관한 업무를 담당하게 하기 위하여 시 · 도, 시 · 군 · 구, 읍 · 면 · 동 또는 사회보장사무 전담기구에 사회복지전담공무원을 둘 수 있다(제43조).

5 사회복지사업법

◆ 출제경향분석 및 학습가이드

대분류	중분류	소분류	출제빈도 및 중요도
제5장 사회복지사업법	개요		★★
	사회복지사업의 시행		★★★
	법정단체		★★★
	수급자의 권리보호		

사회복지의 날(제15조의 2), 복지와 인권증진의 책임(제4조), 사회복지서비스 제공의 원칙(제5조의 2), 사회복지법인 합병(제30조), 사회복지시설 운영위원회(제36조), 한국사회복지사협회(제46조)관련 문제가 종종 출제되니 꼭 확인해야 함.

기출문제 확인하기

□ 19회
01. 사회복지사업법상 기본이념에 해당하는 것은?

① 사회통합과 행복한 복지사회의 실현
② 국민의 복지증진에 이바지
③ 어려운 사람의 자활을 지원
④ 사회 참여와 평등을 통한 사회통합
⑤ 사회복지서비스를 이용하는 사람의 선택권 보장

정답 ⑤

해설 사회복지사업법 기본이념으로 ⑤ 사회복지서비스를 이용하는 사람의 선택권 보장을 들 수 있음.
기본이념(동법 제1조의 2)
- 사회복지를 필요로 하는 사람은 누구든지 자신의 의사에 따라 서비스를 신청하고 제공받을 수 있다.
- 사회복지법인 및 사회복지시설은 공공성을 가지며 사회복지사업을 시행하는 데 있어서 공공성을 확보하여야 한다.
- 사회복지사업을 시행하는 데 있어서 사회복지를 제공하는 자는 사회복지를 필요로 하는 사람의 인권을 보장하여야 한다.
- 사회복지서비스를 제공하는 자는 필요한 정보를 제공하는 등 사회복지서비스를 이용하는 사람의 선택권을 보장하여야 한다.

□ 19회
02. 사회복지사업법의 내용으로 옳은 것은?

① 「사회보장기본법」 상 사회서비스는 사회복지서비스의 범위에 포함되는 개념이다.
② 사회복지서비스 제공은 현물 제공이 원칙이다.
③ 사회복지사 자격은 1년을 초과하여 정지시킬 수 있다.
④ 사회복지법인은 보건복지부장관의 허가를 받아 설립한다.
⑤ 보건복지부장관은 시설에서 제공하는 서비스의 적정기준을 마련하여야 한다.

정답 ②

해설 동법 제5조의 2 의거 사회복지서비스 제공은 현물 제공이 원칙임.
① 「사회보장기본법」 상 사회서비스는 사회복지서비스의 범위에 포함되는 개념이 아니라 도움이 필요한 모든 국민에게 인간다운 생활을 보장하고 각종 지원을 통해 국민의 삶의 질이 향상되도록 지원하는 제도를 말한다.
③ 사회복지사 자격은 1년을 초과하여 정지시킬 수 있다가 아니라 그 자격을 취소하거나 1년의 범위에서 정지시킬 수 있다(동법제11조의 3).
④ 사회복지법인은 보건복지부장관의 허가를 받아 설립한다.
→ 사회복지법인을 설립하려는 자는 대통령령으로 정하는 바에 따라 시·도지사의 허가를 받아야 한다(동법 제16조).
⑤ 보건복지부장관은 시설에서 제공하는 서비스의 적정기준이 아니라 최저기준을 마련하여야 한다(제43조).

☐ 19회
03. 사회복지사업법에 명시된 날에 해당하는 것은?

① 장애인의 날 4월 20일 ② 노인의 날 10월 2일
③ 아동학대 예방의 날 11월 19일 ④ 사회복지의 날 9월 7일
⑤ 어버이 날 5월 8일

정답 ④
해설 사회복지사업법에 명시된 날은 동법 제15조의2(사회복지의 날)에 명시됨.
나머지 예시로 든 날은 ① 장애인의 날 4월 20일 – 장애인복지법, ② 노인의 날 10월 2일 – 노인복지법, ③ 아동학대 예방의 날 11월 19일 – 아동복지법, ⑤ 어버이 날 5월 8일 – 노인복지법에 명시됨.

☐ 18회
04. 사회복지사업법에서 열거하고 있는 사회복지사업 관련 법률에 해당하지 <u>않는</u> 것은?

① 아동복지법 ② 노인복지법 ③ 입양특례법
④ 국민건강보험법 ⑤ 사회복지공동모금회법

정답 ④
해설 사회복지사업법에서 열거하고 있는 사회복지사업 관련 법률로 국민기초생활 보장법, 아동복지법, 노인복지법, 장애인복지법, 한부모가족지원법, 영유아보육법, 입양특례법, 의료급여법, 기초연금법, 긴급복지지원법 등을 들 수 있음(동법 제2조).

☐ 18회
05. 사회복지사업법상 사회복지법인(이하 '법인'이라 한다)에 관한 내용으로 옳은 것은?

① 법인 설립 허가자는 보건복지부장관이다.
② 법인 설립은 시장·군수·구청장에 신고한다.
③ 해산한 법인의 남은 재산은 설립자에 귀속된다.
④ 이사는 법인이 설치한 사회복지시설의 장을 겸직할 수 있다.
⑤ 주된 사무소가 서로 다른 시·도에 소재한 법인이 합병할 경우 시·도지사에게 신고하여야 한다.

정답 ④
해설 ① 법인 설립 허가자는 보건복지부장관이 아니라 시·도지사이다.
② 법인 설립은 시장·군수·구청장에 신고한다.
→ 사회복지법인을 설립하려는 자는 대통령령으로 정하는 바에 따라 시·도지사의 허가를 받아야 한다(제16조)
③ 해산한 법인의 남은 재산은 설립자에 귀속된다.
→ 해산한 법인의 남은 재산은 정관으로 정하는 바에 따라 국가 또는 지방자치단체에 귀속된다(제27조).
⑤ 주된 사무소가 서로 다른 시·도에 소재한 법인이 합병할 경우 시·도지사에게 신고하여야 한다.
→ 주된 사무소가 서로 다른 특별시·광역시·특별자치시·도·특별자치도에 소재한 법인 간의 합병의 경우에는 보건복지부장관의 허가를 받아야 한다(제30조).

기출문제 확인하기

□ 18회

06. 사회복지사업법상 사회복지시설(이하 '시설'이라 한다)의 운영위원회에 관한 내용으로 옳은 것은?

① 시설의 장은 운영위원이 될 수 없다.
② 운영위원회의 위원은 시설의 장이 위촉한다.
③ 시설 거주자 대표는 운영위원이 될 수 없다.
④ 운영위원회는 시설운영에 관하여 의결권을 갖는다.
⑤ 시설 거주자의 보호자 대표는 운영위원이 될 수 있다.

정답 ⑤

해설 운영위원회의 위원은 시설의 장, 시설 거주자 대표, 시설 거주자의 보호자 대표, 시설 종사자의 대표, 해당 시·군·구 소속의 사회복지업무를 담당하는 공무원, 후원자 대표 또는 지역주민 중 어느 하나에 해당하는 사람 중에서 관할 시장·군수·구청장이 임명하거나 위촉한다(제36조).

□ 14회

07. 사회복지사업법상 사회복지관이 실시하는 사회복지서비스의 우선제공대상자로 명시되지 않은 자는?

① 국민기초생활 보장법에 따른 차상위계층
② 다문화가족
③ 사회복지관의 후원자
④ 직업 및 취업 알선이 필요한 사람
⑤ 보호와 교육이 필요한 유아

정답 ③

해설 사회복지관은 모든 지역주민을 대상으로 사회복지서비스를 실시하되, 다음의 지역주민에게 우선 제공하여야 한다(동법 제34조의 5).
- 「국민기초생활 보장법」에 따른 수급자 및 차상위계층
- 장애인, 노인, 한부모가족 및 다문화가족, 직업 및 취업 알선이 필요한 사람
- 보호와 교육이 필요한 유아·아동 및 청소년, 그 밖에 사회복지관의 사회복지서비스를 우선 제공할 필요가 있다고 인정되는 사람

6 공공부조관련법

◆ 출제경향분석 및 학습가이드

대분류	중분류	소분류	출제빈도 및 중요도
제6장 공공부조관련법	국민기초생활보장법	개요	★★
		수급권자	★★★★★
		급여	★★★★★
		보장기관 및 보장시설	★★
		수급자의 권리와 의무	★★
		수급자의 이의신청	★★
	의료급여법	개요	★★★
		수급권자	★★★★★
		보장기관	★
		의료급여의 내용	★
	긴급복지지원법	개요	★★★
		급여	★★★★★
		이의신청	
		긴급지원의 적정성 심사	★★
	기초연금법	개요	
		기초연금	★★★★★

1. 국민기초생활보장법
용어의 정의(제2조), 외국인에 대한 특례(제5조의2), 급여의 기준(제4조), 급여의 종류(제7조), 급여의 신청(제21조), 보장기관(제19조)에 대한 문제가 자주 출제되니 꼼꼼히 이해한 뒤 암기해야 함.

2. 의료급여법
의료급여기관(제9조)을 묻는 문제가 종종 출제되니 꼭 암기해야 함.

3. 긴급복지지원법
기본원칙(제3조), 긴급지원의 종류 및 내용(제9조), 긴급지원의 기간 등(제10조)을 묻는 문제가 자주 출제되니 꼭 암기해야 함.

4. 기초연금법
지급대상(제3조), 기초연금 지급의 정지(제16조), 기초연금 수급권의 상실(제17조)에 대한 문제가 출제되니 꼭 확인 후 암기.

기출문제 확인하기

☐ 18회

01. 국민기초생활 보장법상 용어의 정의로 옳은 것은?

① 수급권자란 이 법에 따른 급여를 받는 사람을 말한다.
② 기준 중위소득이란 국민 가구소득의 평균값을 말한다.
③ 보장기관이란 이 법에 따른 급여를 실시하는 사회복지시설을 말한다.
④ 소득인정액이란 보장기관이 급여의 결정 및 실시 등에 사용하기 위하여 산출한 개별가구의 소득평가액과 재산의 소득환산액을 합산한 금액을 말한다.
⑤ 최저생계비란 국민이 쾌적한 문화생활을 유지하기 위하여 필요한 적정선의 비용을 말한다.

정답 ④

해설 ① (수급권자 → 수급자)란 이 법에 따른 급여를 받는 사람을 말한다.
② 기준 중위소득이란 국민 가구소득의 평균값을 말한다.
→ "기준 중위소득"이란 보건복지부장관이 급여의 기준 등에 활용하기 위하여 제20조제2항에 따른 중앙생활보장위원회의 심의·의결을 거쳐 고시하는 국민 가구소득의 중위값을 말한다.
③ 보장기관이란 이 법에 따른 급여를 실시하는 사회복지시설을 말한다.
→ "보장기관"이란 이 법에 따른 급여를 실시하는 국가 또는 지방자치단체를 말한다.
⑤ 최저생계비란 국민이 쾌적한 문화생활을 유지하기 위하여 필요한 적정선의 비용을 말한다.
→ "최저생계비"란 국민이 건강하고 문화적인 생활을 유지하기 위하여 필요한 최소한의 비용

☐ 19회

02. 국민기초생활 보장법상 외국인에 대한 특례 규정이다. ( )에 들어갈 내용이 옳지 않은 것은?

> 국내에 체류하고 있는 외국인 중 (ㄱ)하여 본인 또는 배우자가 임신 중이거나 (ㄴ)하고 있거나 (ㄷ)과 (ㄹ)으로서 (ㅁ)으로 정하는 사람이 이 법에 따른 급여를 받을 수 있는 자격을 가진 경우에는 수급권자가 된다.

① ㄱ : 대한민국 국민과 혼인
② ㄴ : 대한민국 국적의 미성년 자녀를 양육
③ ㄷ : 배우자의 대한민국 국적인 직계비속
④ ㄹ : 생계나 주거를 같이하고 있는 사람
⑤ ㅁ : 대통령령

정답 ③

해설 ㄷ: 배우자의 대한민국 국적인 직계비속이 아니라 직계존속임.
국민기초생활보장법상 외국인에 대한 특례(제5조의2) 국내에 체류하고 있는 외국인 중 대한민국 국민과 혼인하여 본인 또는 배우자가 임신 중이거나 대한민국 국적의 미성년 자녀를 양육하고 있거나 배우자의 대한민국 국적인 직계존속(直系尊屬)과 생계나 주거를 같이하고 있는 사람으로서 대통령령으로 정하는 사람이 이 법에 따른 급여를 받을 수 있는 자격을 가진 경우에는 수급권자가 된다.

☐ 12회
03. 국민기초생활 보장법에 따라 급여의 종류에 해당하지 <u>않는</u> 것은?

① 생계급여　　　② 휴업급여　　　③ 주거급여
④ 의료급여　　　⑤ 교육급여

정답 ②
해설 급여의 종류(제7조) : 생계급여, 주거급여, 의료급여, 교육급여, 해산급여(解産給與), 장제급여(葬祭給與), 자활급여를 들 수 있음.

☐ 14회
04. 국민기초생활 보장법상 기준 중위소득의 산정에 관한 내용이다. (　)에 들어갈 용어가 순서대로 옳은 것은?

> 기준 중위소득은 통계법 제27조에 따라 통계청이 공표하는 통계자료의 가구 (　)의 중간 값에 최근 가구소득 (　), 가구규모에 따른 소득수준의 차이 등을 반영하여 (　)별로 산정한다.

① 경상소득, 평균 증가율, 가구규모
② 평균소득, 누적 증가율, 개별가구
③ 경상소득, 누적 증가율, 개별가구
④ 평균소득, 누적 증가율, 가구규모
⑤ 실질소득, 평균 증가율, 가구규모

정답 ①
해설 동법 제6조의2(기준 중위소득의 산정) ① 기준 중위소득은 「통계법」 제27조에 따라 통계청이 공표하는 통계자료의 가구 경상소득(근로소득, 사업소득, 재산소득, 이전소득을 합산한 소득을 말한다)의 중간값에 최근 가구소득 평균 증가율, 가구규모에 따른 소득수준의 차이 등을 반영하여 가구규모별로 산정한다.

☐ 16회
05. 국민기초생활 보장법의 내용으로 옳은 것은?

① 국외에 체류하는 외국인도 수급권자가 된다.
② 기준 중위소득은 지방자치단체별로 중앙생활보장위원회가 고시한다.
③ 주거급여는 여성가족부소관으로 한다.
④ 보장기관은 차상위자가 자활에 필요한 자산을 형성할 수 있도록 재정적인 지원을 할 수는 없다.
⑤ 소관 중앙행정기관의 장은 수급자의 최저생활을 보장하기 위하여 3년마다 소관별로 기초생활보장 기본계획을 수립하여 보건복지부장관에게 제출하여야 한다.

기출문제 확인하기

정답 ⑤

해설 국민기초생활 보장법의 내용으로 옳은 것은 ⑤ 소관 중앙행정기관의 장은 수급자의 최저생활을 보장하기 위하여 3년마다 소관별로 기초생활보장 기본계획을 수립하여 보건복지부장관에게 제출하여야 한다.

① 국외에 체류하는 외국인도 수급권자가 된다.
→ 국내에 체류하고 있는 외국인 중에서 자격요건이 갖춰진 경우 수급권자로 인정됨(제5조의 2)
② 기준 중위소득은 지방자치단체별로 중앙생활보장위원회가 고시한다.
→ "기준 중위소득"이란 보건복지부장관이 급여의 기준 등에 활용하기 위하여 제20조제2항에 따른 중앙생활보장위원회의 심의·의결을 거쳐 고시하는 국민 가구소득의 중위값
③ 주거급여는 여성가족부소관으로 한다. → 보건복지부
④ 보장기관은 차상위자가 자활에 필요한 자산을 형성할 수 있도록 재정적인 지원을 할 수 있다.

□ 12회

06. 의료급여법의 내용으로 옳지 <u>않은</u> 것은?

① 약사법에 따라 등록된 약국은 처방전을 급여비용을 청구한 날부터 3년간 보존하여야 한다.
② 시장·군수·구청장은 장애인복지법에 따라 등록한 장애인인 수급권자에게 보장구에 대하여 급여를 실시할 수 있다.
③ 의료급여기관은 의료급여를 하기 전에 수급권자에게 본인부담금을 청구할 수 있다.
④ 시장·군수·구청장은 수급권자의 소득, 재산상황, 근로능력 등이 변동되었을 때에는 직권으로 의료급여의 내용 등을 변경할 수 있다.
⑤ 시장·군수·구청장은 수급권자에 대한 의료급여가 필요 없게 된 경우에는 의료급여를 중지하여야 한다.

정답 ③

해설 의료급여기관은 의료급여를 하기 전에 수급권자에게 본인부담금을 청구할 수 있는 게 아니라 없다. 즉, 의료급여기관은 의료급여를 하기 전에 수급권자에게 본인부담금을 청구할 수 없다(제11조의4(의료급여기관의 비용 청구에 관한 금지행위)).

① 약사법에 따라 등록된 약국은 처방전을 급여비용을 청구한 날부터 3년간 보존하여야 한다(제11조의2(서류의 보존)).
② 시장·군수·구청장은 장애인복지법에 따라 등록한 장애인인 수급권자에게 보장구에 대하여 급여를 실시할 수 있다.(제13조(장애인 및 임산부에 대한 특례)).
④ 시장·군수·구청장은 수급권자의 소득, 재산상황, 근로능력 등이 변동되었을 때에는 직권으로 의료급여의 내용 등을 변경할 수 있다.
→ 시장·군수·구청장은 수급권자의 소득, 재산상황, 근로능력 등이 변동되었을 때에는 직권으로 또는 수급권자나 그 친족, 그 밖의 관계인의 신청을 받아 의료급여의 내용 등을 변경할 수 있다(제16조(의료급여의 변경)).

□ 13회
07. 의료급여법에 관한 설명으로 옳지 않은 것은?

① 국민기초생활 보장법에 따른 수급자는 의료급여 수급권자이다.
② 수급권자가 다른 법령에 따라 의료급여를 받고 있는 경우에는 의료급여법에 따른 의료급여를 하지 아니한다.
③ 관할 시장·군수·구청장은 수급권자가 되려는 자의 인정 신청이 없더라도 직권으로 수급권자를 정할 수 있다.
④ 지역보건법에 따라 설치된 보건지소는 제1차 의료급여기관이다.
⑤ 의료급여기관은 의료급여를 하기 전에 수급권자에게 본인부담금을 청구하여서는 아니 된다.

정답 ③
해설 관할 시장·군수·구청장은 수급권자가 되려는 자의 인정 신청이 없더라도 직권으로 수급권자를 정할 수 있는 게 아니라 → 수급권자가 되려는 사람은 보건복지부령으로 정하는 바에 따라 특별자치시장·특별자치도지사·시장(특별자치도의 행정시장은 제외한다)·군수·구청장(구청장은 자치구의 구청장을 말하며, 이하 "시장·군수·구청장"이라 한다)에게 수급권자 인정 신청을 하여야 한다(제3조의 3).

□ 14회
08. 의료급여법상 의료급여기관에 해당하는 것을 모두 고른 것은? (단, 법령에 따라 보건복지부장관이 의료급여기관에서 제외하는 경우는 고려하지 않음)

> ㄱ. 농어촌 등 보건의료를 위한 특별조치법에 따라 설치된 보건진료소
> ㄴ. 지역보건법에 따라 설치된 보건의료원
> ㄷ. 약사법에 따라 설립된 한국희귀의약품센터
> ㄹ. 약사법에 따라 개설등록된 약국

① ㄱ, ㄴ, ㄷ
② ㄱ, ㄷ
③ ㄴ, ㄹ
④ ㄹ
⑤ ㄱ, ㄴ, ㄷ, ㄹ

정답 ⑤
해설 의료급여기관(제9조)은 「의료법」에 따라 개설된 의료기관, 「지역보건법」에 따라 설치된 보건소·보건의료원 및 보건지소, 「농어촌 등 보건의료를 위한 특별조치법」에 따라 설치된 보건진료소, 「약사법」에 따라 개설등록된 약국 및 같은 법 제91조에 따라 설립된 한국희귀·필수의약품센터를 들 수 있고, 본 예시 ㄱ. 농어촌 등 보건의료를 위한 특별조치법에 따라 설치된 보건진료소, ㄴ. 지역보건법에 따라 설치된 보건의료원, ㄷ. 약사법에 따라 설립된 한국희귀의약품센터, ㄹ. 약사법에 따라 개설등록된 약국이 의료급여기관임.

기출문제 확인하기

□ 16회

09. 의료급여법의 내용이다. ( )에 들어갈 숫자를 옳게 짝지은 것은?

> - 의료급여기관은 의료급여가 끝난 날부터 (ㄱ)년간 보건복지부령으로 정하는 바에 따라 급여비용의 청구에 관한 서류를 보존하여야 한다.
> - 약국 등 보건복지부령으로 정하는 의료급여기관은 처방전을 급여비용을 청구한 날부터 (ㄴ)년간 보존하여야 한다.

① ㄱ : 2, ㄴ : 3 ② ㄱ : 3, ㄴ : 3 ③ ㄱ : 3, ㄴ : 5
④ ㄱ : 5, ㄴ : 3 ⑤ ㄱ : 5, ㄴ : 5

정답 ④
해설 의료급여기관은 의료급여가 끝난 날부터 5년간 보건복지부령으로 정하는 바에 따라 제11조에 따른 급여비용의 청구에 관한 서류를 보존하여야 한다. 약국 등 보건복지부령으로 정하는 의료급여기관은 처방전을 급여비용을 청구한 날부터 3년간 보존하여야 한다(제11조의2(서류의 보존)).

□ 14회

10. 긴급복지지원법상 긴급지원 중 '금전 또는 현물(現物) 등의 직접지원'에 해당하지 <u>않는</u> 것은?

① 초·중·고등학생의 수업료 등 필요한 비용 지원
② 사회복지공동모금회법에 따른 사회복지공동모금회와의 연계 지원
③ 각종 검사 및 치료 등 의료서비스 지원
④ 사회복지사업법에 따른 사회복지시설 입소
⑤ 임시거소 제공

정답 ②
해설 긴급지원의 종류로 금전 또는 현물(現物) 등의 직접지원에는 생계지원, 의료지원, 주거지원(임시거소(臨時居所) 제공 또는 이에 해당하는 비용 지원), 사회복지시설 이용 지원(「사회복지사업법」에 따른 사회복지시설 입소(入所) 또는 이용 서비스 제공이나 이에 필요한 비용 지원), 교육지원, 그 밖의 지원(연료비나 그 밖에 위기 상황의 극복에 필요한 비용 또는 현물 지원)을 든다(제9조).

□ 17회

11. 긴급복지지원법상 긴급지원의 종류 중 직접지원에 해당하지 <u>않는</u> 것은?

① 생계지원 ② 의료지원 ③ 교육지원
④ 정보제공 지원 ⑤ 사회복지시설 이용 지원

정답 ④

해설 정보제공 지원은 직접지원이 아니고 민간기관·단체와의 연계 등의 지원을 말함.
긴급지원의 종류는 크게 금전 또는 현물(現物) 등의 직접지원과 민간기관·단체와의 연계 등의 지원으로 나뉨. 민간기관·단체와의 연계 등의 지원은「대한적십자사 조직법」에 따른 대한적십자사,「사회복지공동모금회법」에 따른 사회복지공동모금회 등의 사회복지기관·단체와의 연계 지원이나 상담·정보제공, 그 밖의 지원을 들 수 있음(제9조).

□ 12회
12. 긴급복지지원법의 내용으로 옳지 않은 것은?

① 시장·군수·구청장은 긴급지원담당공무원을 지정하여야 한다.
② 누구든지 긴급지원대상자를 발견한 경우에는 관할 시장·군수·구청장에게 신고하여야 한다.
③ 사회복지사업법에 따라 긴급복지지원법에 따른 지원 내용과 동일한 내용의 지원을 받고 있는 경우라도 긴급복지지원법에 따라 지원을 하여야 한다.
④ 국가 및 지방자치단체는 긴급지원 업무를 수행하기 위하여 필요한 비용을 분담하여야 한다.
⑤ 보건복지부장관은 위기상황에 처한 사람에게 상담·정보제공 및 관련기관·단체 등과의 연계서비스를 제공하기 위하여 담당기구를 설치·운영할 수 있다.

정답 ③

해설 긴급복지지원법의 내용으로 사회복지사업법에 따라 긴급복지지원법에 따른 지원 내용과 동일한 내용의 지원을 받고 있는 경우라도 긴급복지지원법에 따라 지원을 하여야 하는 게 아니라 지원을 하지 아니한다.

즉, 제3조(기본원칙)에 의거「재해구호법」,「국민기초생활 보장법」,「의료급여법」,「사회복지사업법」,「가정폭력방지 및 피해자보호 등에 관한 법률」,「성폭력방지 및 피해자보호 등에 관한 법률」등「다른 법률에 따라 이 법에 따른 지원 내용과 동일한 내용의 구호·보호 또는 지원을 받고 있는 경우에는 이 법에 따른 지원을 하지 아니한다.

□ 19회
13. 긴급복지지원제도에 관한 설명으로 옳지 않은 것은?

① 주소득자가 사망, 가출, 행방불명, 구금시설에 수용되는 등의 사유로 소득을 상실한 경우 긴급지원대상자가 될 수 있다.
② 긴급지원은 위기상황에 처한 사람에게 일시적으로 신속하게 지원하는 것을 기본원칙으로 한다.
③ 긴급지원의 종류에는 금전 또는 현물 등의 직접지원과 민간기관·단체와의 연계 등의 지원이 있다.
④ 사회복지사업법에 따른 사회복지시설의 종사자는 긴급지원을 요청할 수 있다.
⑤ 국민기초생활 보장법에 따른 지원을 받고 있는 경우에 긴급복지지원법을 우선 적용한다.

정답 ⑤

해설 국민기초생활 보장법에 따른 지원을 받고 있는 경우에 긴급복지지원법을 우선 적용하는 게 아님. 즉 제3조 의거 국민기초생활보장법에 따른 지원내용과 동일한 내용의 구호·보호 또는 지원을 받고 있는 경우에는 이 법에 따른 지원을 하지 아니한다.

기출문제 확인하기

☐ 18회

14. 긴급복지지원법의 내용으로 옳지 <u>않은</u> 것은?

① 주거지가 불분명한 자도 긴급지원대상자가 될 수 있다.
② 국내에 체류하는 모든 외국인은 긴급지원대상자가 될 수 없다.
③ 위기상황에 처한 사람에게 일시적으로 신속하게 지원하는 것을 기본원칙으로 한다.
④ 누구든지 긴급지원대상자를 발견한 경우에는 관할 시장·군수·구청장에게 신고하여야 한다.
⑤ 국가 및 지방자치단체는 위기상황에 처한 사람에 대한 발굴조사를 연 1회 이상 정기적으로 실시하여야 한다.

정답 ②

해설 국내에 체류하는 모든 외국인은 긴급지원대상자가 될 수 없는 게 아님.
즉, 제5조의2(외국인에 대한 특례)의거 국내에 체류하고 있는 외국인 중 대통령령으로 정하는 사람이 긴급지원대상자에 해당하는 경우에는 긴급지원대상자가 된다.

☐ 19회

15. 기초연금법상 수급권자의 범위에 관한 내용이다. ( )에 들어갈 숫자가 옳은 것은?

> • 기초연금은 (ㄱ)세 이상인 사람으로서 소득인정액이 보건복지부장관이 정하여 고시하는 금액(이하 "선정기준액"이라 한다) 이하인 사람에게 지급한다.
> • 보건복지부장관은 선정기준액을 정하는 경우 (ㄱ)세 이상인 사람 중 기초연금수급자가 100분의 (ㄴ) 수준이 되도록 한다.

① ㄱ: 60, ㄴ: 70   ② ㄱ: 65, ㄴ: 70   ③ ㄱ: 65, ㄴ: 80
④ ㄱ: 70, ㄴ: 70   ⑤ ㄱ: 70, ㄴ: 80

정답 ②

해설 • 기초연금은 (ㄱ-65)세 이상인 사람으로서 소득인정액이 보건복지부장관이 정하여 고시하는 금액(이하 "선정기준액"이라 한다) 이하인 사람에게 지급한다.
• 보건복지부장관은 선정기준액을 정하는 경우 (ㄱ-65)세 이상인 사람 중 기초연금수급자가 100분의 (ㄴ-70) 수준이 되도록 한다.

☐ 18회

16. 기초연금법의 내용이다. ( )에 들어갈 숫자가 순서대로 옳은 것은?

> • 보건복지부장관은 선정기준액을 정하는 경우 65세 이상인 사람 중 기초연금 수급자가 100분의 ( ) 수준이 되도록 한다.
> • 본인과 그 배우자가 모두 기초연금 수급권자인 경우에는 각각의 기초연금액에서 기초연금액의 100분의 ( )에 해당하는 금액을 감액한다.

① 60, 40   ② 60, 50   ③ 70, 20
④ 70, 30   ⑤ 80, 10

정답 ③

해설
- 보건복지부장관은 선정기준액을 정하는 경우 65세 이상인 사람 중 기초연금 수급자가 100분의 (70) 수준이 되도록 한다.
- 본인과 그 배우자가 모두 기초연금 수급권자인 경우에는 각각의 기초연금액에서 기초연금액의 100분의 (20)에 해당하는 금액을 감액한다.

☐ 17회

17. 기초연금법의 내용으로 옳은 것은?

① "소득인정액"이란 본인 및 배우자의 소득평가액과 재산의 소득환산액을 합산한 금액을 말한다.
② 기초연금 수급권자가 국외로 이주하더라도 기초연금 수급권을 상실하지 않는다.
③ 기초연금으로 지급받은 금품은 압류할 수 있다.
④ 기초연금은 기초연금의 지급을 신청한 날이 속하는 달의 다음 달부터 지급한다.
⑤ 본인과 그 배우자가 모두 기초연금 수급권자인 경우에는 각각의 기초연금액에서 기초연금액의 100분의 50에 해당하는 금액을 감액한다.

정답 ①

해설 기초연금법의 내용으로 옳은 것은 ① "소득인정액"이란 본인 및 배우자의 소득평가액과 재산의 소득환산액을 합산한 금액을 말한다(제2조).

② 기초연금 수급권자가 국외로 이주하더라도 기초연금 수급권을 상실하지 않는다.
→ 국외 이주시 기초연금 수급권은 상실됨(제17조)
③ 기초연금으로 지급받은 금품은 압류할 수 있다.
→ 지급받은 금품은 압류할 수 없음(제21조)
④ 기초연금은 기초연금의 지급을 신청한 날이 속하는 달의 다음 달부터 지급한다.
→ 신청한 날이 속하는 달부터 지급함(제14조)
⑤ 본인과 그 배우자가 모두 기초연금 수급권자인 경우에는 각각의 기초연금액에서 기초연금액의 100분의 50에 해당하는 금액을 감액한다.
→ 각각의 기초연금액에서 기초연금액의 100분의 50이 아니라 100분의 20임(제8조)

☐ 15회

18. 기초연금법에 관한 설명으로 옳지 않은 것은?

① 기초연금은 65세 이상인 사람으로서 소득인정액이 선정기준액 이하인 사람에게 지급한다.
② 기초연금 수급희망자는 특별자치시장·특별자치도지사·시장·군수·구청장에게 기초연금의 지급을 신청할 수 있다.
③ 부부가 모두 기초연금 수급권자인 경우 각각의 기초연금액에서 기초연금액의 100분의 30에 해당하는 금액을 감액한다.
④ 수급권자가 국외로 이주한 경우 수급권을 상실한다.
⑤ 시장은 수급자가 법령에 따라 사망한 것으로 추정되는 경우 그 사유가 발생한 날이 속하는 달의 다음 달부터 그 사유가 소멸한 날이 속하는 달까지는 기초연금의 지급을 정지한다.

정답 ③

해설 부부가 모두 기초연금 수급권자인 경우 각각의 기초연금액에서 기초연금액의 100분의 30에 해당하는 금액을 감액한다가 아니라 100분의 20임(제8조)

7 사회보험 관련법

◆ 출제경향분석 및 학습가이드

대분류	중분류	소분류	출제빈도 및 중요도
제7장 사회보험관련법	국민연금법	개요	★★★★★
		가입자	★★★
		가입자 자격의 취득 및 상실 시기 등	★★★
		급여미지급 급여	★★
		발생분할연금 수급권자 등	★★★
	국민건강보험법	개요	★★★
		적용대상자 및 자격의 상실 시기 등	★★★★★
		보험급여보험료	★★
		국민건강보험공단	★★
		수급자의 권리보호	★★
	고용보험법	개요	★★
		가입대상	★★★★★
		보험급여	★★★★★
		권리구제	★★★
	산업재해보상보험법	개요	★★★★
		수급권자와 보험가입자	★★★★★
		적용 범위	★★★★★
		보험급여	★★★★★
	노인장기요양보험법	개요	★★★★★
		장기요양보험	★★★★★
		장기요양인정	★★★★★
		장기요양급여의 종류	★★★★★

1. 국민연금법

용어정의 등(제3조)은 자주 출제되는 부분이라 꼭 암기해야 함.
가입자의 종류(제7조)에 따른 사업장가입자(제8조), 지역가입자(제9조), 임의가입자(제10조), 임의계속가입자(제13조)는 가끔씩 출제되고 있으며, 가입자 자격의 취득 및 상실 시기 등은 종종 출제되오니 꼭 암기해야 함. 급여의 종류(제49조), 분할연금 수급권자 등(제64조)도 확인 필요함.

2. 국민건강보험법

관장(제2조), 자격의 상실 시기 등(제10조), 보험료 면제(제74조)에 대해 묻는 문제가 자주 출제되니 꼭 암기해야 함.

3. 고용보험법

고용보험사업(제4조), 피보험자격의 상실일(제14조), 실업급여의 종류(제37조), 구직급여의 수급 요건(제40조), 심사와 재심사(제87조), 고용보험심사관(제89조), 고용보험심사위원회(제99조) 관련해서 묻는 문제의 빈도수가 높아지고 있으니 꼭 암기해야 함.

4. 산업재해보상보험법
- 정의(제5조), 업무상 재해의 인정 기준(제37조), 유족급여(제62조)에 대한 문제는 자주 출제되기에 꼭 암기해야 함.
- 수급권자와 보험가입자 적용 범위(제6조), 보험급여의 종류와 산정 기준 등(제36조), 요양급여(제40조), 휴업급여(제52조), 간병급여(제61조), 상병(傷病)보상연금(제66조), 장례비(제71조)에 대해 종종 출제되니 내용 확인 필요함.

5. 노인장기요양보험법
장기요양급여 제공의 기본원칙(제3조), 장기요양보험(제7조) 등급판정 등(제15조), 장기요양급여의 종류(제23조)를 묻는 문제가 자주 출제되니 꼭 암기해야 함.
장기요양보험료의 징수(제8조), 장기요양인정서(제17조)에 대해 묻는 문제가 가끔씩 출제되니 확인 필요함.

기출문제 확인하기

☐ 19회

01. 국민연금법상 급여의 종류에 해당하는 것을 모두 고른 것은?

| ㄱ. 노령연금　　ㄴ. 장해급여　　ㄷ. 유족연금　　ㄹ. 반환일시금 |

① ㄱ, ㄴ, ㄷ　　② ㄱ, ㄴ, ㄹ　　③ ㄱ, ㄷ, ㄹ
④ ㄴ, ㄷ, ㄹ　　⑤ ㄱ, ㄴ, ㄷ, ㄹ

정답 ③
해설 본 예시에서 ③ ㄱ(노령연금), ㄷ(유족연금), ㄹ(반환일시금)이 국민연금법상 급여임
* 급여의 종류(제49조) : 노령연금, 장애연금, 유족연금, 반환일시금을 들 수 있음.

☐ 16회

02. 국민연금법에 따른 급여에 해당하지 <u>않는</u> 것은?

① 노령연금　　② 장애연금　　③ 유족연금
④ 반환일시금　　⑤ 장의비(葬儀費)

정답 ⑤
해설 장의비(葬儀費)는 국민연금법상 급여의 종류가 아님.

☐ 17회

03. 국민연금법의 내용으로 옳은 것은?

① 이 법을 적용할 때 배우자의 범위에는 사실상의 혼인관계에 있는 자를 제외한다.
② 수급권을 취득할 당시 가입자였던 자의 태아가 출생하면 그 자녀는 가입자였던 자에 의하여 생계를 유지하고 있던 자녀로 본다.
③ 가입자의 종류는 사업장가입자와 지역가입자의 2가지로 구분된다.
④ 지역가입자가 사업장가입자의 자격을 취득한 때에는 그에 해당하게 된 날의 다음 날에 지역가입자의 자격을 상실한다.
⑤ 수급권자가 사망한 경우 그 수급권자에게 미지급 급여가 있으면 그 급여를 받을 순위는 자녀, 배우자, 부모의 순으로 한다.

정답 ②

해설 ② 수급권을 취득할 당시 가입자였던 자의 태아가 출생하면 그 자녀는 가입자였던 자에 의하여 생계를 유지하고 있던 자녀로 본다.

① 이 법을 적용할 때 배우자의 범위에는 사실상의 혼인관계에 있는 자를 제외한다.
→ 제2조 의거 사실상 혼인관계에 있는 자를 포함함.
③ 가입자의 종류는 사업장가입자와 지역가입자의 2가지로 구분된다.
→ 가입자의 종류(제7조) 가입자는 사업장가입자, 지역가입자, 임의가입자 및 임의계속가입자로 구분한다.
④ 지역가입자가 사업장가입자의 자격을 취득한 때에는 그에 해당하게 된 날의 다음 날에 지역가입자의 자격을 상실한다.
→ 사업장가입자의 자격을 취득에 해당하게 된 날에 그 자격을 상실한다(제12조).
⑤ 수급권자가 사망한 경우 그 수급권자에게 미지급 급여가 있으면 그 급여를 받을 순위는 자녀, 배우자, 부모의 순으로 한다.
→ 미지급 급여(제55조) 수급권자가 사망한 경우 그 수급권자에게 지급하여야 할 급여 중 아직 지급되지 아니한 것이 있으면 그 배우자·자녀·부모·손자녀·조부모 또는 형제자매의 청구에 따라 그 미지급 급여를 지급한다.

☐ 14회
04. 국민연금법상 지역가입자에 관한 내용이다. ( )에 들어갈 숫자가 순서대로 옳은 것은?

> ( )세 이상 ( )세 미만인 자로서 학생이거나 군 복무 등의 이유로 소득이 없는 자(연금보험료를 납부한 사실이 있는 자는 제외한다)는 지역가입자에서 제외한다.

① 15, 25 ② 15, 27 ③ 18, 27
④ 18, 30 ⑤ 20, 30

정답 ③

해설 국민연금법상 지역가입자에 대해 (18)세 이상 (27)세 미만인 자로서 학생이거나 군 복무 등의 이유로 소득이 없는 자(연금보험료를 납부한 사실이 있는 자는 제외한다)는 지역가입자에서 제외한다.

☐ 19회
05. 국민건강보험법상 국민건강보험공단이 관장하는 업무에 해당하지 않는 것은?

① 가입자 및 피부양자의 자격관리 ② 자산의 관리·운영 및 증식사업
③ 의료시설의 운영 ④ 건강보험에 관한 교육훈련 및 홍보
⑤ 요양급여비용의 심사

정답 ⑤

해설 국민건강보험공단에서 관장하는 업무로 가입자 및 피부양자의 자격 관리, 보험료와 그 밖에 이 법에 따른 징수금의 부과·징수, 보험급여의 관리, 가입자 및 피부양자의 질병의 조기발견·예방 및 건강관리를 위하여 요양급여 실시 현황과 건강검진 결과 등을 활용하여 실시하는 예방사업으로서 대통령령으로 정하는 사업, 보험급여 비용의 지급, 자산의 관리·운영 및 증식사업, 의료시설의 운영, 건강보험에 관한 교육훈련 및 홍보, 건강보험에 관한 조사연구 및 국제협력 등을 든다(제14조)

기출문제 확인하기

☐ 16회
06. 국민건강보험법상 요양급여에 해당하지 <u>않는</u> 것은?

① 예방 · 재활   ② 이송(移送)   ③ 요양병원간병비
④ 처치 · 수술 및 그 밖의 치료   ⑤ 약제(藥劑) · 치료재료의 지급

정답 ③
해설 요양급여(제41조) 가입자와 피부양자의 질병, 부상, 출산 등에 대하여 진찰 · 검사, 약제(藥劑) · 치료재료의 지급, 처치 · 수술 및 그 밖의 치료, 예방 · 재활, 입원, 간호, 이송(移送) 의 요양급여를 실시한다.

☐ 16회
07. 다음 중 국민건강보험법상 국민건강보험종합계획에 포함되어야 할 사항을 모두 고른 것은?

> ㄱ. 보험료 부과체계에 관한 사항
> ㄴ. 요양급여비용에 관한 사항
> ㄷ. 취약계층 지원에 관한 사항
> ㄹ. 건강보험에 관한 통계 및 정보의 관리에 관한 사항

① ㄱ, ㄴ   ② ㄴ, ㄹ   ③ ㄱ, ㄷ, ㄹ
④ ㄴ, ㄷ, ㄹ   ⑤ ㄱ, ㄴ, ㄷ, ㄹ

정답 ⑤
해설 종합계획에는 다음의 사항이 포함되어야 한다.
건강보험정책의 기본목표 및 추진방향, 건강보험 보장성 강화의 추진계획 및 추진방법, 건강보험의 중장기 재정 전망 및 운영, 보험료 부과체계에 관한 사항, 요양급여비용에 관한 사항, 건강증진 사업에 관한 사항, 취약계층 지원에 관한 사항, 건강보험에 관한 통계 및 정보의 관리에 관한 사항, 그 밖에 건강보험의 개선을 위하여 필요한 사항으로 대통령령으로 정하는 사항(제3조의 2)

☐ 17회
08. 국민건강보험법상 가입자가 자격을 상실하는 시기로 옳은 것은?

① 사망한 날의 다음 날
② 국적을 잃은 날
③ 국내에 거주하지 아니하게 된 날
④ 직장가입자의 피부양자가 된 다음 날
⑤ 수급권자가 된 다음 날

정답 ①
해설 제10조(자격의 상실 시기 등) 가입자는 다음의 어느 하나에 해당하게 된 날에 그 자격을 잃는다.
사망한 날의 다음 날, 국적을 잃은 날의 다음 날, 국내에 거주하지 아니하게 된 날의 다음 날, 직장가입자의 피부양자가 된 날, 수급권자가 된 날, 건강보험을 적용받고 있던 사람이 유공자등 의료보호대상자가 되어 건강보험의 적용배제신청을 한 날

☐ 18회
09. 고용보험법의 내용으로 옳은 것은?

① 고용노동부장관은 보험사업에 대하여 3년마다 평가를 하여야 한다.
② 국가는 매년 보험사업에 드는 비용의 20%를 특별회계에서 부담하여야 한다.
③ 피보험자는 이 법이 적용되는 사업에 고용된 날의 다음 달부터 피보험자격을 취득한다.
④ 실업급여로서 지급된 금품에 대하여 국가는 「국세기본법」에 따른 모든 공과금을 부과하여야 한다.
⑤ 고용보험사업으로 고용안정·직업능력개발 사업, 실업급여, 육아휴직 급여 및 출산전후휴가 급여 등을 실시한다.

정답 ⑤
해설 ⑤ 고용보험사업으로 고용안정·직업능력개발 사업, 실업급여, 육아휴직 급여 및 출산전후휴가 급여 등을 실시한다.

① 고용노동부장관은 보험사업에 대하여 3년마다 평가를 하여야 한다.
→ 제11조의2(보험사업의 평가) 고용노동부장관은 보험사업에 대하여 상시적이고 체계적인 평가를 하여야 한다.
② 국가는 매년 보험사업에 드는 비용의 20%를 특별회계에서 부담하여야 한다.
→ 국가는 매년 보험사업에 드는 비용의 일부를 일반회계에서 부담하여야 하며, 국가는 매년 예산의 범위에서 보험사업의 관리·운영에 드는 비용을 부담할 수 있다(제5조).
③ 피보험자는 이 법이 적용되는 사업에 고용된 날의 다음 달부터 피보험자격을 취득한다.
→ 근로자인 피보험자는 사업에 고용된 날에 피보험자격을 취득한다(제13조).
④ 실업급여로서 지급된 금품에 대하여 국가는 「국세기본법」에 따른 모든 공과금을 부과하여야 한다.
→ 실업급여로서 지급된 금품에 대하여는 국가나 지방자치단체의 공과금(「국세기본법」 제2조제8호 또는 「지방세기본법」 제2조제1항제26호에 따른 공과금을 말한다)을 부과하지 아니한다(제38조의 2).

☐ 13회
10. 고용보험법상 취업촉진 수당의 종류로 옳은 것을 모두 고른 것은?

| ㄱ. 조기재취업 수당 | ㄴ. 광역 구직활동비 |
| ㄷ. 직업능력개발 수당 | ㄹ. 구직급여 |

① ㄱ, ㄴ, ㄷ   ② ㄱ, ㄷ   ③ ㄴ, ㄹ
④ ㄹ   ⑤ ㄱ, ㄴ, ㄷ, ㄹ

정답 ①
해설 실업급여의 종류(제37조)는 구직급여와 취업촉진 수당으로 구분하며, 취업촉진 수당의 종류는 조기(早期)재취업 수당, 직업능력개발 수당, 광역 구직활동비, 이주비, 권리구제 및 수급자의 권리보호임.

기출문제 확인하기

☐ 19회
11. 고용보험법의 내용으로 옳은 것은?

① 구직급여를 지급받으려는 사람은 이직 후 지체없이 직업안정기관에 출석하여 실업을 신고하여야 한다.
② 농업·임업 및 어업 중 법인이 아닌 자가 상시 4명의 근로자를 사용하는 사업에 대하여 고용보험법은 적용된다.
③ 구직급여의 수급 요건으로서 기준기간은 피보험자의 이직일 이전 36개월로 한다.
④ 실업 신고일부터 계산하기 시작하여 14일간의 대기기간 중에는 구직급여를 지급하지 않는다.
⑤ 이주비는 구직급여의 종류에 해당한다.

정답 ①

해설 고용보험법에 대한 옳은 설명은 ① 구직급여를 지급받으려는 사람은 이직 후 지체없이 직업안정기관에 출석하여 실업을 신고하여야 한다(제42조).

③ 구직급여의 수급 요건으로서 기준기간은 피보험자의 이직일 이전 36개월로 한다. → 피보험 단위기간이 합산하여 180일 이상일 것(제40조)
④ 실업 신고일부터 계산하기 시작하여 14일간의 대기기간 중에는 구직급여를 지급하지 않는다.
→ 실업의 신고일부터 계산하기 시작하여 7일간은 대기기간으로 보아 구직급여를 지급하지 아니한다(제49조).
⑤ 이주비는 구직급여의 종류에 해당한다. → 이주비는 취업촉진수당에 해당됨(제37조)

☐ 12회
12. 산업재해보상보험법의 내용으로 옳은 것은?

① 사망한 자와 사실상 혼인 관계에 있는 자는 유족의 범위에 포함되지 않는다.
② 장해급여의 결정과 지급은 한국장애인고용공단에서 수행한다.
③ 진폐에 따른 산업재해보상보험급여의 종류로는 요양급여, 휴업급여, 장해급여 등이 있다.
④ 휴업급여는 취업하지 못한 기간에 관계없이 지급한다.
⑤ 유족보상연금 수급권자인 사망한 근로자의 배우자가 재혼한 때에는 그 자격을 잃는다.

정답 ⑤

해설 산업재해보상보험법의 옳은 내용은 ⑤ 유족보상연금 수급권자인 사망한 근로자의 배우자가 재혼한 때에는 그 자격을 잃는다(제64조).

① 사망한 자와 사실상 혼인 관계에 있는 자는 유족의 범위에 포함되지 않는다.
→ "유족"이란 사망한 사람의 배우자(사실상 혼인 관계에 있는 사람을 포함)·자녀·부모·손자녀·조부모 또는 형제자매를 말한다(제5조).
② 장해급여의 결정과 지급은 한국장애인고용공단에서 수행한다.
→ 근로복지공단의 사업(제11조)중 하나로 급여결정과 지급을 든다.
③ 진폐에 따른 산업재해보상보험급여의 종류로는 요양급여, 휴업급여, 장해급여 등이 있다.
→ 요양급여, 간병급여, 장례비, 직업재활급여, 진폐보상연금 및 진폐유족연금임(제36조) 따라서 휴업급여, 장해급여는 미포함됨.
④ 휴업급여는 취업하지 못한 기간에 관계없이 지급한다.
→ 휴업급여는 업무상 사유로 부상을 당하거나 질병에 걸린 근로자에게 요양으로 취업하지 못한 기간에 대하여 지급하되, 1일당 지급액은 평균임금의 100분의 70에 상당하는 금액으로 한다. 다만, 취업하지 못한 기간이 3일 이내이면 지급하지 아니한다. (제52조)

☐ 13회
13. 산업재해보상보험법상 보험급여의 종류에 해당하지 <u>않는</u> 것은?

① 요양급여 ② 간병급여 ③ 주거급여
④ 직업재활급여 ⑤ 장의비

정답 ③
해설 산업재해보상보험법상 보험급여의 종류에 해당하지 않는 것은 ③ 주거급여임.
보험급여의 종류로 요양급여, 휴업급여, 장해급여, 간병급여, 유족급여, 상병(傷病)보상연금, 장례비, 직업재활급여를 든다(제36조).

☐ 14회
14. 산업재해보상보험법상 다음에서 정의하는 용어가 순서대로 옳은 것은?

> - 부상 또는 질병이 치유되었으나 정신적 또는 육체적 훼손으로 인하여 노동능력이 상실되거나 감소된 상태를 말한다.
> - 업무상의 부상 또는 질병에 따른 정신적 또는 육체적 훼손으로 노동능력이 상실되거나 감소된 상태로서 그 부상 또는 질병이 치유되지 아니한 상태를 말한다.

① 장해, 업무상 재해 ② 업무상 재해, 장해 ③ 장해, 중증요양상태
④ 치유, 진폐 ⑤ 진폐, 장해

정답 ③
해설
- 장해란 부상 또는 질병이 치유되었으나 정신적 또는 육체적 훼손으로 인하여 노동능력이 상실되거나 감소된 상태를 말함.
- 중증요양상태란 업무상의 부상 또는 질병에 따른 정신적 또는 육체적 훼손으로 노동능력이 상실되거나 감소된 상태로서 그 부상 또는 질병이 치유되지 아니한 상태를 말함.

☐ 15회
15. 산업재해보상보험법상 용어에 관한 설명으로 옳지 <u>않은</u> 것은?

① 업무상의 사유에 따른 근로자의 부상·질병·장해 또는 사망은 업무상의 재해이다.
② 근로자란 근로기준법에 따른 근로자를 말한다.
③ 사실혼 관계에 있는 배우자는 유족에 포함되지 않는다.
④ 치유란 부상 또는 질병이 완치되거나 치료의 효과를 더 이상 기대할 수 없고 그 증상이 고정된 상태에 이르게 된 것을 말한다.
⑤ 진폐는 분진을 흡입하여 폐에 생기는 섬유증식성 변화를 주된 증상으로 하는 질병이다.

정답 ③
해설 사실혼 관계에 있는 배우자는 유족에 포함되지 않는 게 아니라 유족에 포함됨(제5조).

기출문제 확인하기

□ 14회
16. 노인장기요양보험법상 장기요양급여에 해당하지 <u>않는</u> 것은?

① 시설급여　　　② 가족요양비　　　③ 특례요양비
④ 요양병원간병비　　⑤ 장의비

정답 ⑤
해설 장의비는 장기요양급여의 종류가 아님.
장기요양급여의 종류(제23조)로 재가급여(방문요양, 방문목욕, 방문간호, 주·야간보호, 단기보호, 기타재가급여), 시설급여, 특별현금급여(가족요양비, 특례요양비, 요양병원간병비)

□ 15회
17. 노인장기요양보험법상 다음은 어떤 장기요양급여에 관한 설명인가?

> 수급자를 하루 중 일정한 시간 동안 장기요양기관에 보호하여 신체활동 지원 및 심신기능의 유지·향상을 위한 교육·훈련 등을 제공하는 장기요양급여

① 방문요양　　　② 방문간호　　　③ 주·야간보호
④ 단기보호　　　⑤ 기타재가급여

정답 ③
해설 주·야간보호란 수급자를 하루 중 일정한 시간 동안 장기요양기관에 보호하여 신체활동 지원 및 심신기능의 유지·향상을 위한 교육·훈련 등을 제공하는 장기요양급여(제23조)

□ 16회
18. 노인장기요양보험법의 내용으로 옳지 <u>않은</u> 것은?

① 장기요양사업이란 장기요양보험료, 국가 및 지방자치단체의 부담금 등을 재원으로 하여 노인 등에게 장기요양급여를 제공하는 사업을 말한다.
② 장기요양보험사업의 피보험자는 국민건강보험법에 따른 국민건강보험공단으로 한다.
③ 국가는 노인성질환예방사업을 수행하는 지방자치단체에 대하여 이에 소요되는 비용을 지원할 수 있다.
④ 장기요양급여는 노인 등이 가족과 함께 생활하면서 가정에서 장기요양을 받는 재가급여를 우선적으로 제공하여야 한다.
⑤ 보건복지부장관은 장기요양사업의 실태를 파악하기 위하여 3년마다 장기요양인정에 관한 사항 등에 관한 조사를 정기적으로 실시하고 그 결과를 공표하여야 한다.

정답 ②

해설 노인장기요양보험법의 내용으로 옳지 않은 것은 ② 장기요양보험사업의 피보험자는 국민건강보험법에 따른 국민건강보험공단으로 한다.
→ 장기요양보험사업은 보건복지부장관이 관장하며, 장기요양보험사업의 보험자는 공단으로 한다(제7조).

□ 17회
19. 노인장기요양보험법상 장기요양인정을 신청할 수 있는 자격을 갖춘 자를 모두 고른 것은?

> ㄱ. 65세 미만의 자로서 대통령령으로 정하는 노인성 질병을 가진 자로 「의료급여법」 제3조제1항에 따른 수급권자
> ㄴ. 대통령령으로 정하는 노인성 질병이 없는 65세 미만의 외국인으로서 「국민건강보험법」 제109조에 따른 건강보험의 가입자
> ㄷ. 65세 이상의 노인으로 「국민건강보험법」 제5조에 따른 건강보험 가입자의 피부양자

① ㄱ ② ㄷ ③ ㄱ, ㄴ
④ ㄱ, ㄷ ⑤ ㄱ, ㄴ, ㄷ

정답 ②

해설 노인장기요양보험법상 장기요양인정을 신청할 수 있는 자격을 갖춘 자는 ㄷ. 65세 이상의 노인으로 「국민건강보험법」 제5조에 따른 건강보험 가입자의 피부양자임.

장기요양인정의 신청자격(제12조)
장기요양인정을 신청할 수 있는 자는 노인 등으로서 장기요양보험가입자 또는 그 피부양자, 의료급여수급권자 어느 하나에 해당하는 자격을 갖추어야 한다.

8 사회서비스 관련법

1. 노인복지법(중요도 ★★★★★)
노인실태조사(제5조), 노인복지시설의 종류(제31조), 노인주거복지시설(제32조), 노인의료복지시설(제34조), 노인여가복지시설(제36조), 재가노인복지시설(제38조)에 대해 묻는 문제가 종종 출제되니 꼭 확인해야 하며, 금지행위(제39조의 9), 이의신청 등(제50조)을 묻는 문제 또한 가끔씩 출제됨.

2. 아동복지법(중요도 ★★★)
국가와 지방자치단체의 책무(제4조), 아동학대예방의 날(제23조), 아동종합실태조사(제11조), 아동학대 예방교육의 실시(제26조의 2), 아동위원(제14조), 아동의 후견인의 선임 청구 등(제19조), 보조인의 선임 등(제21조)을 묻는 문제가 가끔씩 출제되니 꼭 확인해야 함.

3. 장애인복지법(중요도 ★★★★)
국가와 지방자치단체의 책임(제9조) 및 국민의 책임(제10조), 실태조사(제31조), 장애인 등록(제32조), 재외동포 및 외국인의 장애인 등록(제32조의 2)을 묻는 문제가 종종 출제되니, 꼭 암기해야 함.

4. 한부모가족지원법(중요도 ★★★)
정의(제4조)부분은 자주 출제되니 꼭 암기해야 함, 실태조사 등(제6조), 한부모가족복지시설(제19조)에 대해 묻는 문제가 가끔씩 출제되니 확인 필요함.

5. 기타 사회서비스법
1) 다문화가족지원법(중요도 ★★)
정의(제2조), 국가와 지방자치단체의 책무(제3조), 다문화가족 지원을 위한 기본계획(제3조의 2) 및 시행계획(제3조의 3) 등, 다문화가족정책위원회의 설치(제3조의 4) 관련한 문제가 종종 출제되니 꼭 확인이 필요함.

2) 자원봉사활동기본법(중요도 ★★)
기본 방향(제2조), 국가와 지방자치단체의 책무(제4조), 정치활동 등의 금지 의무(제5조), 자원봉사활동의 강요금지(제5조의 2), 자원봉사활동의 범위(제7조), 자원봉사활동의 진흥에 관한 국가기본계획의 수립(제9조)에 대해 묻는 문제가 종종 출제되기에 이 부분을 이해하고 주요내용에 대한 암기 필요함.

3) 가정폭력방지 및 피해자보호 등에 관한 법률(중요도 ★★★)
국가 등의 책무(제4조), 가정폭력 실태조사(제4조의 2), 보호시설의 종류(제7조의 2), 치료보호(제18 조)에 대해 묻는 문제가 가끔씩 출제되니 확인 필요함.

기출문제 확인하기

☐ 12회

01. 노인복지법상 노인복지시설의 종류에 해당하는 것을 모두 고른 것은?

> ㄱ. 노인여가복지시설　　ㄴ. 재가노인복지시설
> ㄷ. 노인주거복지시설　　ㄹ. 노인보호전문기관

① ㄱ, ㄴ, ㄷ　　② ㄱ, ㄷ　　③ ㄴ, ㄹ
④ ㄹ　　⑤ ㄱ, ㄴ, ㄷ, ㄹ

정답 ⑤
해설 노인복지법상 노인복지시설의 종류에 해당함.
ㄱ. 노인여가복지시설 ㄴ. 재가노인복지시설 ㄷ. 노인주거복지시설 ㄹ. 노인보호전문기관

02. 노인복지법상 노인복지시설에 관한 설명으로 옳지 <u>않은</u> 것은?

① 노인복지주택은 노인주거복지시설이다.
② 노인교실은 노인여가복지시설이다.
③ 단기보호서비스는 재가노인복지시설이다.
④ 노인공동생활가정은 노인의료복지시설이다.
⑤ 방문요양서비스의 제공을 목적으로 하는 시설은 재가노인복지시설이다.

정답 ④
해설 노인공동생활가정은 노인주거복지시설이다.
노인공동생활가정 : 노인들에게 가정과 같은 주거여건과 급식, 그 밖에 일상생활에 필요한 편의를 제공함을 목적으로 하는 시설로 노인주거복지시설임(제32조).

☐ 14회

03. 노인복지법상 노인의 날은?

① 매년 3월 15일　　② 매년 5월 8일　　③ 매년 9월 1일
④ 매년 10월 2일　　⑤ 매년 12월 1일

정답 ④
해설 매년 10월 2일 노인복지법상 노인에 대한 사회적 관심과 공경의식을 높이기 위하여 매년 10월 2일을 노인의 날로, 매년 10월을 경로의 달로 한다(제6조).

기출문제 확인하기

☐ 15회

04. 노인복지법상 노인학대에 관한 설명으로 옳지 않은 것은?

① 지방자치단체는 노인학대를 예방하기 위하여 긴급전화를 설치하여야 한다.
② 누구든지 노인학대를 알게 된 때에는 수사기관에 신고할 수 있다.
③ 누구든지 정당한 사유 없이 노인학대 현장에 출동한 자에 대하여 현장조사를 거부하여서는 아니 된다.
④ 부양의무자인 자녀는 노인을 위하여 지급된 금품을 그 목적 외의 용도에 사용할 수 있다.
⑤ 노인학대신고를 접수한 노인보호전문기관의 직원은 지체 없이 노인학대의 현장에 출동하여야 한다.

정답 ④

해설 노인복지법상 노인학대에 관한 설명으로 옳지 않은 것은④부양의무자인 자녀는 노인을 위하여 지급된 금품을 그 목적 외의 용도에 사용할 수 있다.
→ 노인을 위하여 증여 또는 급여된 금품을 그 목적 외의 용도에 사용하는 행위(제39조의 9)

05. 노인복지법상 노인에 대한 금지행위로 옳지 않은 것은?

① 타인의 보호·감독을 받는 노인을 유기하거나 의식주를 포함한 기본적 보호 및 치료를 소홀히 하는 방임행위
② 노인을 위하여 증여 또는 급여된 금품을 그 목적외의 용도에 사용하는 행위
③ 폭언, 협박, 위협 등으로 노인의 정신건강에 해를 끼치는 정서적 학대행위
④ 노인에게 구걸을 하게 하거나 노인을 이용하여 구걸하는 행위
⑤ 노인의 신체에 폭행을 가하거나 상해를 입히는 행위

정답 ①

해설 노인복지법상 노인에 대한 금지행위로 옳지 않은 것은 ① 타인의 보호·감독을 받는 노인을 유기하거나 의식주를 포함한 기본적 보호 및 치료를 소홀히 하는 방임행위로 타인이 아니라 자신으로 고쳐야 맞는 예시임 (제39조의 9).

☐ 12회

06. 아동복지법령상 아동학대예방의 날은?

① 4월 20일
② 9월 7일
③ 10월 2일
④ 11월 19일
⑤ 12월 10일

정답 ④

해설 아동복지법령상 아동학대예방의 날은 ④ 11월 19일임. 아동의 건강한 성장을 도모하고, 범국민적으로 아동학대의 예방과 방지에 관한 관심을 높이기 위하여 매년 11월 19일을 아동학대예방의 날로 지정하고, 아동학대예방의 날부터 1주일을 아동학대예방주간으로 한다.

□ 14회
07. 아동복지법의 내용으로 옳지 않은 것은?

① 아동을 15세 미만인 사람으로 정의하고 있다.
② 보호자로부터 이탈된 아동은 보호대상아동에 포함된다.
③ 보호자가 아동을 학대하는 등 그 보호자가 아동을 양육하기에 적당하지 아니한 경우 그 아동은 보호대상아동에 포함된다.
④ 보호자를 포함한 성인이 아동의 정상적 발달을 저해할 수 있는 성적 폭력이나 가혹행위를 하는 것은 아동학대에 포함된다.
⑤ 아동의 보호자가 아동을 방임하는 것은 아동학대에 포함된다.

정답 ①
해설 아동복지법상 "아동"이란 18세 미만인 사람을 말한다(제3조).

□ 16회
08. 아동복지법의 내용으로 옳지 않은 것은?

① 학교의 장은 친권자가 없는 아동을 발견한 경우 그 복지를 위하여 필요하다고 인정할 때에는 시장·군수·구청장에게 친권자의 선임을 청구하여야 한다.
② 아동위원은 명예직으로 하되, 아동위원에 대하여는 수당을 지급할 수 있다.
③ 누구든지 아동의 정신건강 및 발달에 해를 끼치는 정서적 학대행위를 하여서는 아니 된다.
④ 매년 5월 5일을 어린이날로 하며, 5월 1일부터 5월 7일까지를 어린이주간으로 한다.
⑤ 법원의 심리과정에서 변호사가 아닌 아동보호전문기관의 상담원은 학대아동사건의 심리에 있어서 법원의 허가를 받아 보조인이 될 수 있다.

정답 ①
해설 아동복지법상 ① 학교의 장은 친권자가 없는 아동을 발견한 경우 그 복지를 위하여 필요하다고 인정할 때에는 시장·군수·구청장에게 친권자의 선임을 청구하여야 한다는 틀린 설명임.
→ 학교의 장은 친권자 또는 후견인이 없는 아동을 발견한 경우 그 복지를 위하여 필요하다고 인정할 때에는 법원에 후견인의 선임을 청구하여야 한다(제19조).

□ 14회
09. 장애인복지법상 실태조사에 관한 내용이다. ( )에 들어갈 내용이 순서대로 옳은 것은?

( )은 장애인 복지정책의 수립에 필요한 기초 자료로 활용하기 위하여 ( )년마다 장애실태조사를 실시하여야 한다.

① 보건복지부장관, 2
② 보건복지부장관, 3
③ 보건복지부장관, 5
④ 고용노동부장관, 3
⑤ 고용노동부장관, 5

기출문제 확인하기

정답 ②

해설 실태조사(제31조) 보건복지부장관은 장애인 복지정책의 수립에 필요한 기초 자료로 활용하기 위하여 3년마다 장애실태조사를 실시하여야 한다.

☐ 15회
10. 장애인복지법상 장애인등록에 관한 설명으로 옳은 것은?
   ① 장애인등록을 할 수 있는 자는 장애인 본인에 한한다.
   ② 국가는 외국인이 장애인으로 등록된 경우 예산 등을 고려하여 장애인복지사업의 지원을 제한할 수 있다.
   ③ 장애인 등록증을 받은 자가 사망하면 그 등록에 따른 권한은 상속권자에게 상속된다.
   ④ 구청장은 장애인의 등급사정을 위하여 구청장 직속의 정밀심사기관을 두어야 한다.
   ⑤ 장애인의 등급사정을 위해 고용노동부에 등급판정위원회를 둘 수 있다.

정답 ②

해설 장애인복지법상 장애인등록에 관한 설명으로 옳은 것은 ② 국가는 외국인이 장애인으로 등록된 경우 예산 등을 고려하여 장애인복지사업의 지원을 제한할 수 있다(제32조의 2).

① 장애인등록을 할 수 있는 자는 장애인 본인에 한하지 않고 그 법정대리인 또는 대통령령으로 정하는 보호자("법정대리인등")도 할 수 있음(제32조)
③ 장애인 등록증을 받은 자가 사망하면 그 등록에 따른 권한은 상속권자에게 상속되는 게 아님.
④ 구청장은 장애인의 등급사정을 위하여 구청장 직속의 정밀심사기관을 두어야 한다.
→ 특별자치시장·특별자치도지사·시장·군수·구청장은 장애인 등록 및 장애 상태의 변화에 따른 장애 정도를 조정함에 있어 장애인의 장애 인정과 장애 정도 사정이 적정한지를 확인하기 위하여 필요한 경우 대통령령으로 정하는 「공공기관의 운영에 관한 법률」에 따른 공공기관에 장애 정도에 관한 정밀심사를 의뢰할 수 있다(제32조).
⑤ 장애인의 등급사정을 위해 고용노동부에 등급판정위원회를 둘 수 있다.
→ 장애인의 장애 인정과 장애 정도 사정(査定)에 관한 업무를 담당하게 하기 위하여 보건복지부에 장애판정위원회를 둘 수 있다.

☐ 16회
11. 장애인복지법의 내용으로 옳지 않은 것은?
   ① 중앙행정기관의 장은 해당 기관의 장애인정책을 효율적으로 수립·시행하기 위하여 소속공무원 중에서 장애인정책책임관을 지정할 수 있다.
   ② 재한외국인 처우 기본법에 따른 결혼이민자는 장애인복지법에 따른 장애인 등록을 할 수 없다.
   ③ 국가와 지방자치단체는 장애 정도가 심하여 자립하기가 매우 곤란한 장애인이 필요한 보호등을 평생 받을 수 있도록 알맞은 정책을 강구하여야 한다.
   ④ 장애인은 장애인 관련 정책결정과정에 우선적으로 참여할 권리가 있다.
   ⑤ 국가는 초·중등교육법에 따른 학교에서 사용하는 교과용도서에 장애인에 대한 인식개선을 위한 내용이 포함되도록 하여야 한다.

정답 ②

해설 장애인복지법의 내용으로 옳지 않은 것은 ② 재한외국인 처우 기본법에 따른 결혼이민자는 장애인복지법에 따른 장애인 등록을 할 수 없다. → 「재한외국인 처우 기본법」 제2조제3호에 따른 결혼이민자(제32조의2)에 따라서 장애인 등록을 할 수 있다.

☐ 17회

12. 장애인복지법상 벌칙에 관한 내용이다. ( )에 들어갈 숫자가 순서대로 옳은 것은?

> 장애인의 신체에 폭행을 가한 사람은 ( )년 이하의 징역 또는 ( )천만원 이하의 벌금에 처한다.

① 1, 1 ② 3, 3 ③ 5, 5
④ 7, 7 ⑤ 10, 7

정답 ③

해설 장애인복지법상 벌칙에 관한 내용으로 장애인의 신체에 폭행을 가한 사람은 (5)년 이하의 징역 또는 (5)천만원 이하의 벌금에 처한다(제86조).

☐ 11회

13. 장애인복지법상에서 명시하고 있는 사항으로 옳은 것을 모두 고른 것은?

> ㄱ. 장애 발생 예방과 조기발견을 위한 국민의 노력
> ㄴ. 장애인 대상 성범죄의 신고의무
> ㄷ. 장애인에 대한 차별금지
> ㄹ. 장애인의 가족계획 수립 및 지도

① ㄱ, ㄴ, ㄷ ② ㄱ, ㄷ ③ ㄴ, ㄹ
④ ㄹ ⑤ ㄱ, ㄴ, ㄷ, ㄹ

정답 ①

해설 장애인복지법상에서 명시하고 있는 사항은 다음과 같음.
ㄱ. 장애 발생 예방과 조기발견을 위한 국민의 노력(제10조) ㄴ. 장애인 대상 성범죄의 신고의무(제59조의 4)
ㄷ. 장애인에 대한 차별금지(제8조)

기출문제 확인하기

□ 14회

14. 한부모가족지원법상 정의규정에서 "모" 또는 "부"에 해당하는 자를 모두 고른 것은?

> ㄱ. 배우자와 이혼한 자로서 아동인 자녀를 양육하는 자
> ㄴ. 교정시설에 입소한 배우자를 가진 사람으로서 아동인 자녀를 양육하는 자
> ㄷ. 배우자로부터 유기(遺棄)된 자로서 아동인 자녀를 양육하는 자
> ㄹ. 미혼자(사실혼 관계에 있는 자를 제외한다)로서 아동인 자녀를 양육하는 자

① ㄱ, ㄴ, ㄷ ② ㄱ, ㄷ ③ ㄴ, ㄹ
④ ㄹ ⑤ ㄱ, ㄴ, ㄷ, ㄹ

정답 ⑤

해설 한부모가족지원법상 정의규정에서 "모" 또는 "부"에 해당하는 자는 다음과 같음(제4조).
ㄱ. 배우자와 이혼한 자로서 아동인 자녀를 양육하는 자
ㄴ. 교정시설에 입소한 배우자를 가진 사람으로서 아동인 자녀를 양육하는 자
ㄷ. 배우자로부터 유기(遺棄)된 자로서 아동인 자녀를 양육하는 자
ㄹ. 미혼자(사실혼 관계에 있는 자를 제외한다)로서 아동인 자녀를 양육하는 자

□ 15회

15. 한부모가족지원법상 지원대상자인 아동으로 옳은 것은 모두 몇 개인가?

> ㄱ. 부모의 생사가 분명하지 아니한 아동
> ㄴ. 부모가 유기하여 부양을 받을 수 없는 아동
> ㄷ. 부모가 신체의 질병으로 장기간 노동능력을 상실한 아동
> ㄹ. 부모가 가정의 불화로 가출하여 부모의 부양을 받을 수 없는 아동
> ㅁ. 부모의 장기복역으로 부양을 받을 수 없는 아동

① 1개 ② 2개 ③ 3개
④ 4개 ⑤ 5개

정답 ⑤

해설 한부모가족지원법상 지원대상자인 아동은 다음과 같음.
ㄱ. 부모의 생사가 분명하지 아니한 아동
ㄴ. 부모가 유기하여 부양을 받을 수 없는 아동
ㄷ. 부모가 신체의 질병으로 장기간 노동능력을 상실한 아동
ㄹ. 부모가 가정의 불화로 가출하여 부모의 부양을 받을 수 없는 아동
ㅁ. 부모의 장기복역으로 부양을 받을 수 없는 아동

☐ 11회
16. 한부모가족지원법에 관한 설명으로 옳은 것은?

① 청소년 한부모란 22세 미만의 모 또는 부를 말한다.
② 출산 후 해당 아동을 양육하지 않는 미혼모도 미혼모자가족복지시설을 이용할 수 있다.
③ 보건복지부장관은 5년마다 한부모가족에 대한 실태조사를 실시하여야 한다.
④ 사업에 필요한 자금은 복지자금대여의 대상이 아니다.
⑤ 한부모가족복지상담소는 자립욕구가 강한 모자가족에게 일정 기간 동안 주거를 지원하는 시설이다.

정답 ②
해설 한부모가족지원법에 관한 옳은 설명은 ② 출산 후 해당 아동을 양육하지 않는 미혼모도 미혼모자가족복지시설을 이용할 수 있다.

① 청소년 한부모란 22세 미만의 모 또는 부를 말한다.
→ "청소년 한부모"란 24세 이하의 모 또는 부를 말한다(제4조).
③ 보건복지부장관은 5년마다 한부모가족에 대한 실태조사를 실시하여야 한다.
→ 여성가족부장관은 한부모가족 지원을 위한 정책수립에 활용하기 위하여 3년마다 한부모가족에 대한 실태조사를 실시한다(제6조).
④ 사업에 필요한 자금은 복지자금대여의 대상이 아니다.
→ 사업에 필요한 자금은 복지 자금의 대여의 대상이다(제13조).
⑤ 한부모가족복지상담소가 아니라 자립생활지원은 자립욕구가 강한 모자가족에게 일정 기간 동안 주거를 지원하는 시설이다(제19조)

☐ 16회
17. 다문화가족지원법의 내용으로 옳은 것은?

① 여성가족부장관은 다문화가족 지원을 위하여 3년마다 다문화가족정책에 관한 기본계획을 수립하여야 한다.
② 다문화가족의 삶의 질 향상과 사회통합에 관한 중요 사항을 심의·조정하기 위하여 여성가족부장관 소속으로 다문화가족정책위원회를 둔다.
③ 지방자치단체는 다문화가족의 현황 및 실태를 파악하고 다문화가족 지원을 위한 정책수립에 활용하기 위하여 5년마다 다문화가족에 대한 실태조사를 실시하고 그 결과를 공표하여야 한다.
④ 시·도에는 다문화가족 지원을 담당할 기구와 공무원을 두어야 한다.
⑤ 기업은 다문화가족에 대한 사회적 차별 및 편견을 예방하고 사회구성원이 문화적 다양성을 인정하고 존중할 수 있도록 홍보와 교육 및 재정상 필요한 조치를 하여야 한다.

기출문제 확인하기

정답 ④

해설 다문화가족지원법의 내용으로 옳은 것은 ④ 시·도에는 다문화가족 지원을 담당할 기구와 공무원을 두어야 한다.

① 여성가족부장관은 다문화가족 지원을 위하여 (3년마다 → 5년마다) 다문화가족정책에 관한 기본계획을 수립하여야 한다(제3조의 2).
② 다문화가족의 삶의 질 향상과 사회통합에 관한 중요 사항을 심의·조정하기 위하여 (여성가족부장관 → 국무총리) 소속으로 다문화가족정책위원회를 둔다(제3조의 4).
③ 여성가족부장관은 다문화가족의 현황 및 실태를 파악하고 다문화가족 지원을 위한 정책수립에 활용하기 위하여 3년마다 다문화가족에 대한 실태조사를 실시하고 그 결과를 공표하여야 한다(제4조).
⑤ 기업이 아니라 국가와 지방자치단체는 다문화가족에 대한 사회적 차별 및 편견을 예방하고 사회구성원이 문화적 다양성을 인정하고 존중할 수 있도록 다문화 이해교육을 실시하고 홍보 등 필요한 조치를 하여야 한다(제5조).

☐ 15회

18. 다문화가족지원법상 실태조사 등에 관한 내용이다. ( )에 들어갈 용어를 바르게 짝지은 것은?

> (ㄱ)장관은 다문화가족의 현황 및 실태를 파악하고 다문화가족 지원을 위한 정책수립에 활용하기 위하여 (ㄴ)년마다 다문화가족에 대한 실태조사를 실시하고 그 결과를 공표하여야 한다.

① ㄱ : 고용노동부, ㄴ : 3
② ㄱ : 고용노동부, ㄴ : 5
③ ㄱ : 여성가족부, ㄴ : 3
④ ㄱ : 여성가족부, ㄴ : 5
⑤ ㄱ : 보건복지부, ㄴ : 3

정답 ③

해설 여성가족부장관은 다문화가족의 현황 및 실태를 파악하고 다문화가족 지원을 위한 정책수립에 활용하기 위하여 3년마다 다문화가족에 대한 실태조사를 실시하고 그 결과를 공표하여야 한다(제4조).

☐ 18회

19. 다문화가족지원법의 내용으로 옳지 않은 것은?

① 다문화가족은 대한민국 국적을 취득한 자로 이루어진 가족이어야 한다.
② 다문화가족이 이혼 등의 사유로 해체된 경우에도 그 구성원이었던 자녀에 대하여 이 법을 적용한다.
③ 다문화가족지원센터는 결혼이민자등에 대한 한국어 교육 업무를 수행한다.
④ 국가와 지방자치단체는 다문화가족에 대해 가족생활교육 등을 추진하는 경우, 문화의 차이를 고려한 전문적인 서비스가 제공될 수 있도록 노력하여야 한다.
⑤ 여성가족부장관은 5년마다 다문화가족정책에 관한 기본계획을 수립하여야 한다.

정답 ①

해설 다문화가족은 대한민국 국적을 취득한 자로 이루어진 가족이어야 한다.
→ 다문화가족지원법 제2조에 의거 "다문화가족"이란 「재한외국인 처우 기본법」제2조제3호(대한민국 국민과 혼인한 적이 있거나 혼인관계에 있는 재한외국인)의 결혼이민자와 「국적법」제2조부터 제4조(출생,인지, 귀화에 따른 국적취득)까지의 규정에 따라 대한민국 국적을 취득한 자로 이루어진 가족, 「국적법」제3조 및 제4조(인지, 귀화에 따른 국적취득)에 따라 대한민국 국적을 취득한 자와 같은 법 제2조부터 제4조까지의 규정에 따라 대한민국 국적을 취득한 자로 이루어진 가족 어느 하나에 해당하는 가족을 말한다.

□ 19회

20. 자원봉사활동의 기본방향에 관한 자원봉사활동 기본법 제2조제2호 규정이다. ( )에 들어갈 내용이 <u>아닌</u> 하나는?

> 자원봉사활동은 무보수성, 자발성, ( ), ( ), ( ), ( )의 원칙 아래 수행될 수있도록 하여야 한다.

① 공익성　　　　　② 비영리성　　　　　③ 비정파성(非政派性)
④ 비종파성(非宗派性)　　　⑤ 무차별성

정답 ⑤

해설 자원봉사활동은 무보수성, 자발성, 공익성, 비영리성, 비정파성(非政派性), 비종파성(非宗派性)의 원칙 아래 수행될 수 있도록 하여야 한다(제2조).

□ 14회

21. 자원봉사활동 기본법상 자원봉사센터에 관한 설명으로 옳지 <u>않은</u> 것은?

① 국가는 자원봉사센터의 설치·운영이 활성화될 수 있도록 적극 노력하여야 한다.
② 지방자치단체는 자원봉사센터의 운영에 필요한 경비를 지원할 수 있다.
③ 국가기관 및 지방자치단체는 자원봉사센터를 설치할 수 있다.
④ 지방자치단체는 설치한 자원봉사센터를 비영리 법인에 위탁하여 운영할 수 없다.
⑤ 지방자치단체로부터 운영경비를 지원받는 자원봉사센터는 그 명의로 특정인의 선거운동을 하여서는 아니 된다.

정답 ④

해설 지방자치단체는 설치한 자원봉사센터를 비영리 법인에 위탁하여 운영할 수 없다.
→ 국가기관 및 지방자치단체는 자원봉사센터를 설치할 수 있다. 이 경우 자원봉사센터를 법인으로 하여 운영하거나 비영리 법인에 위탁하여 운영하여야 한다(제19조).

기출문제 확인하기

☐ 16회

22. 자원봉사활동 기본법상 자원봉사활동의 원칙에 해당하지 <u>않는</u> 것은?

① 무보수성   ② 비집단성   ③ 비영리성
④ 비정파성(非政派性)   ⑤ 비종파성(非宗派性)

정답 ②
해설 자원봉사활동의 원칙에 비집단성을 포함하지 않음.

☐ 18회

23. 가정폭력방지 및 피해자보호 등에 관한 법률의 내용으로 옳지 <u>않은</u> 것은?

① 이 법에서의 "아동"이란 18세 미만인 자를 말한다.
② 국가인권위원회 위원장은 3년마다 가정폭력에 대한 실태조사를 실시하여야 한다.
③ 시·도지사는 외국어 서비스를 제공하는 긴급전화센터를 따로 설치·운영할 수 있다.
④ 지방자치단체는 가정폭력 관련 상담소를 외국인, 장애인 등 대상별로 특화하여 운영할 수 있다.
⑤ 지방자치단체는 가정폭력 관련 상담원 교육훈련시설을 설치·운영할 수 있다.

정답 ②
해설 국가인권위원회 위원장은 3년마다 가정폭력에 대한 실태조사를 실시하여야 한다.
→ 여성가족부장관은 3년마다 가정폭력에 대한 실태조사를 실시하여 그 결과를 발표하고, 이를 가정폭력을 예방하기 위한 정책수립의 기초자료로 활용하여야 한다(제4조의 2).

☐ 17회

24. 가정폭력방지 및 피해자보호 등에 관한 법률의 내용으로 옳지 <u>않은</u> 것은?

① 단기보호시설은 피해자등을 6개월의 범위에서 보호하는 시설이다.
② 국가는 가정폭력 관련 상담소의 설치·운영에 드는 경비의 전부를 보조하여야 한다.
③ 여성가족부장관 또는 시·도지사는 긴급전화센터를 설치·운영하여야 한다.
④ 가정폭력의 예방과 방지에 관한 교육 및 홍보는 가정폭력 관련 상담소의 업무에 해당한다.
⑤ 사회복지법인은 시장·군수·구청장의 인가를 받아 가정폭력피해자 보호시설을 설치·운영할 수 있다.

정답 ②
해설 가정폭력방지 및 피해자보호 등에 관한 법률의 내용으로 옳지 않은 것은② 국가는 가정폭력 관련 상담소의 설치·운영에 드는 경비의 전부를 보조하여야 한다.
→ 국가와 지방자치단체는 제5조제2항과 제7조제2항에 따라 설치·운영하는 가정폭력 관련 상담소와 가정폭력 피해자 보호시설에 대하여 경비(經費)를 보조하는 등 이를 육성·지원하여야 한다(제4조).

실전 모의고사 1회

01. 사회복지법상 권리구제 내지 권익보호에 관한 설명으로 옳지 않은 것은?

① 사회보장기본법은 권리구제에 관한 명문의 규정을 두고 있다.
② 국민기초생활보장 급여 변경 처분에 이의가 있는 경우, 시장·군수·구청장에게 이의신청을 할 수 있다.
③ 긴급복지지원법상 긴급복지 지원비용 반환명령에 이의가 있는 사람은 이의신청을 할 수 있다.
④ 노인복지법에 의한 복지조치에 대하여 이의가 있을 경우 노인 또는 그 부양의무자는 해당 복지실시기관에 심사를 청구할 수 있다.
⑤ 한부모가족지원법에 따라 복지급여 등에 대하여 이의가 있을 경우 보호대상자 또는 그 친족이나 그 밖의 이해관계인은 해당 복지실시기관에 심사를 청구할 수 있다.

02. 국민연금법상 분할연금을 받으려는 자가 모두 갖추어야 할 요건으로 옳지 않은 것은?

① 배우자의 국민연금 가입기간 중의 혼인기간이 5년 이상일 것
② 배우자와 이혼하였을 것
③ 배우자였던 사람이 노령연금 수급권자일 것
④ 60세가 되었을 것
⑤ 요건을 모두 갖추게 된 때부터 1년 이내에 청구할 것

03. 고용보험법상 취업촉진 수당의 종류가 아닌 것은?

① 구직급여
② 이주비
③ 광역 구직활동비
④ 직업능력개발 수당
⑤ 조기 재취업 수당

04. 산업재해보상보험법에 관한 설명으로 옳지 않은 것은?

① 고용노동부장관의 위탁을 받아 근로복지공단이 보험 사업을 수행한다.
② 업무상 재해에는 업무상 사고와 업무상 질병이 포함된다.
③ 가구내 고용활동에는 산업재해보상보험법이 적용되지 아니한다.
④ 간병급여는 실제로 간병을 한 자에게 지급한다.
⑤ 진폐에 따른 보험급여의 특례가 규정되어 있다.

05. 노인장기요양보험법상 장기요양인정 신청에 관한 설명으로 옳지 <u>않은</u> 것은?

① 장기요양보험가입자 또는 그 피부양자는 장기요양인정 신청을 할 수 있다.
② 장기요양인정 신청자는 원칙적으로 의사소견서를 제출하여야 한다.
③ 보건복지부장관이 정하여 고시하는 도서·벽지지역에 거주하는 자는 의사소견서를 제출하지 아니할 수 있다.
④ 장기요양등급 변경을 원하는 수급자는 장기요양인정의 갱신 신청을 하여야 한다.
⑤ 신청자가 직접 신청할 수 없는 사유가 있을 때에는 그 가족이나 친족, 그 밖의 이해관계인이 대리 신청할 수 있다.

06. 긴급복지지원법에 관한 설명으로 옳지 <u>않은</u> 것은?

① 위기상황에 처한 사람에게 일시적으로 신속하게 지원하는 것을 기본원칙으로 한다.
② 가구구성원으로부터 방임 또는 유기되거나 학대 등을 당하여 생계유지가 어렵게 된 경우도 위기상황에 포함된다.
③ 긴급지원대상자의 거주지가 분명하지 아니한 경우에는 긴급지원요청 또는 신고를 받은 시장·군수·구청장이 지원한다.
④ 긴급생계지원은 1개월간의 생계유지 등에 필요한 지원을 원칙으로 한다.
⑤ 긴급지원대상자가 국민기초생활보장법에 따라 수급권자로 결정된 경우에도 긴급지원의 적정성심사를 하여야 한다.

07. 사회복지사업법상 한국사회복지사협회의 역할을 모두 고르시오.

> ㄱ. 사회복지사에 대한 전문지식 및 기술의 개발·보급
> ㄴ. 사회복지사의 전문성 향상을 위한 교육훈련
> ㄷ. 사회복지사제도에 대한 조사연구
> ㄹ. 국제사회복지사단체와의 교류·협력

① ㄱ, ㄴ, ㄷ, ㄹ
② ㄱ, ㄴ, ㄷ
③ ㄴ, ㄷ, ㄹ
④ ㄷ, ㄹ
⑤ ㄱ, ㄴ

08. 국민건강보험법상 의료급여기관에서 제외할 수 있는 기관은?

① 의료법에 따라 개설된 의료기관
② 약사법에 따라 개설등록된 약국
③ 약사법에 따라 설립된 한국희귀·필수의약품센터
④ 지역보건법에 따른 보건소
⑤ 사회복지사업법에 따른 사회복지시설에 수용된 사람의 진료를 주된 목적으로 개설된 의료기관

09. 국민연금법상 급여의 종류에 해당하지 <u>않는</u> 것은?

① 노령연금
② 상병보상연금
③ 유족연금
④ 장애연금
⑤ 반환일시금

10. 제정연도가 빠른 순서대로 나열된 것은?

> ㄱ. 사회복지사업법
> ㄴ. 노인복지법
> ㄷ. 국민기초생활 보장법
> ㄹ. 노인장기요양보험법

① ㄱ - ㄴ - ㄷ - ㄹ
② ㄱ - ㄷ - ㄹ - ㄴ
③ ㄴ - ㄷ - ㄱ - ㄹ
④ ㄷ - ㄴ - ㄹ - ㄱ
⑤ ㄹ - ㄴ - ㄷ - ㄱ

11. 가정폭력 방지 및 피해자보호 등에 관한 법률의 내용이다. ( )에 들어갈 기간을 옳게 짝지은 것은?

> 가정폭력피해자 보호시설 중 단기보호시설은 가정폭력으로 정상적인 가정생활과 사회생활이 어렵거나 그 밖에 긴급히 보호를 필요로 하는 피해자 및 피해자가 동반한 가정구성원을 (ㄱ)의 범위에서 보호하는 시설을 말하며, 단기보호시설의 장은 그 단기보호시설에 입소한 피해자 등에 대한 보호기간을 여성가족부령으로 정하는 바에 따라 (ㄴ)의 범위에서 한 차례만 연장할 수 있다.

① ㄱ : 1개월, ㄴ : 1개월
② ㄱ : 3개월, ㄴ : 2개월
③ ㄱ : 6개월, ㄴ : 3개월
④ ㄱ : 1년, ㄴ : 1년 6개월
⑤ ㄱ : 2년, ㄴ : 2년

12. 사회복지사업법상 기본이념을 모두 고른 것은?

> ㄱ. 사회복지를 필요로 하는 사람은 누구든지 자신의 의사에 따라 서비스를 신청하고 제공받을 수 있다.
> ㄴ. 사회복지법인 및 사회복지시설은 공공성을 가지며 사회복지사업을 시행하는 데 있어서 공공성을 확보하여야 한다.
> ㄷ. 사회복지사업을 시행하는 데 있어서 사회복지를 제공하는 자는 사회복지를 필요로 하는 사람의 인권을 보장하여야 한다.
> ㄹ. 생활이 어려운 사람에게 필요한 급여를 실시하여 이들의 최저생활을 보장하고 자활을 돕는 것을 목적으로 한다.

① ㄱ, ㄴ, ㄷ
② ㄱ, ㄷ
③ ㄴ, ㄹ
④ ㄹ
⑤ ㄱ, ㄴ, ㄷ, ㄹ

13. 고용보험법상 자영업자인 피보험자의 실업급여의 종류에 해당하는 것은?

① 훈련연장급여
② 개별연장급여
③ 특별연장급여
④ 조기재취업수당
⑤ 이주비

14. 장애인복지법의 내용으로 옳은 것은?

① 보건복지부장관은 장애실태조사를 5년마다 실시하여야 한다.
② 모든 재외동포 및 외국인은 장애인 등록을 할 수 없다.
③ 보건복지부장관은 3년마다 장애인정책종합계획을 수립·시행하여야 한다.
④ 장애인은 장애인 관련 정책결정과정에 우선적으로 참여할 권리가 있다.
⑤ 장애인의 장애 인정과 등급 사정에 관한 업무를 담당하게 하기 위하여 국민건강보험공단에 장애판정위원회를 둔다.

15. 노인장기요양보험법의 내용으로 옳은 것은?

① 장기요양보험사업은 고용노동부장관이 관장한다.
② 장기요양보험사업의 보험자는 국민연금관리공단으로 한다.
③ 장기요양보험료는 건강보험료와 통합하여 고지하여야 한다.
④ 통합 징수한 장기요양보험료와 건강보험료를 각각의 독립회계로 관리하여야 한다.
⑤ 장기요양급여는 시설급여를 우선적으로 제공하는 것을 기본원칙으로 한다.

16. 국민건강보험법상 건강보험 가입자가 자격을 상실하는 날로서 옳은 것은?

① 국적을 잃은 날
② 사망한 날
③ 국내에 거주하지 아니하게 된 날의 다음 날
④ 의료급여법에 따라 의료급여를 받게 된 날의 다음 날
⑤ 직장가입자의 피부양자가 된 날의 다음 날

17. 사회복지사업법상 사회복지사업의 근거가 되는 법이 아닌 것은?

① 아동복지법
② 국민연금법
③ 장애인복지법
④ 다문화가족지원법
⑤ 노인복지법

18. 사회복지법의 체계와 적용에 관한 설명으로 옳은 것은?

① 사회보장기본법과 사회복지사업법의 규정이 상충하는 경우에는 사회보장기본법이 우선 적용된다.
② 사회서비스 영역의 법제는 실체법적 규정만 두고 있고 절차법적 규정은 두고 있지 않다.
③ 국민연금법은 공공부조법 영역에 속한다.
④ 구법인 특별법과 신법인 일반법 간에 충돌이 있는 경우에는 구법인 특별법이 우선 적용된다.
⑤ 헌법은 법률에 의해 구체화되기 이전에는 사회복지법의 법원(法源)이 될 수 없다.

19. 국민기초생활 보장법상 소득의 범위에 해당하지 <u>않는</u> 것은?

① 퇴직금
② 임대소득
③ 사업소득
④ 국민연금법에 따른 연금
⑤ 친족으로부터 정기적으로 받는 금품 중 보건복지부장관이 정하는 금액 이상의 금품

20. 고용보험법상 육아휴직 급여에 관한 설명으로 옳지 <u>않은</u> 것은?

① 육아휴직 급여를 받으려면 육아휴직을 시작한 날 이전 18개월간 피보험 단위기간이 통산하여 180일 이상이어야 한다.
② 피보험자가 육아휴직 급여 기간 중에 이직(離職)한 경우에는 그 사실을 직업안정기관의 장에게 신고하여야 한다.
③ 직업안정기관의 장은 필요하다고 인정하면 육아휴직 급여 기간 중의 취업 여부 등에 대하여 조사할 수 있다.
④ 피보험자가 육아휴직 급여 기간 중에 그 사업에서 이직(離職)한 경우에는 그 이직(離職)하였을 때부터 육아휴직 급여를 지급하지 아니한다.
⑤ 직업안정기관의 장은 거짓으로 육아휴직 급여를 지급받은 자에게 지급받은 전체 육아휴직 급여의 전부 또는 일부의 반환을 명할 수 있다.

21. 사회보장기본법상 국가와 지방자치단체가 구축·운영하여야 하는 사회보장급여의 관리체계로 명시되지 <u>않은</u> 것은?

① 사회보장제도의 평가 및 개선
② 사회보장수급권자 권리구제
③ 사회보장급여의 사각지대 발굴
④ 사회보장급여의 부정·오류 관리
⑤ 사회보장급여의 과오지급액의 환수 등 관리

22. 사회복지법상 연령 규정이 옳지 <u>않은</u> 것은?

① 다문화가족지원법상 "아동·청소년"이란 24세 이하인 사람을 말한다.
② 아동복지법상 "아동"이란 18세 미만인 사람을 말한다.
③ 한부모가족지원법상 "청소년 한부모"란 24세 이하의 모 또는 부를 말한다.
④ 한부모가족지원법상 "취학 중인 경우의 아동"은 24세 미만인 사람을 말한다.
⑤ 노인복지법상 노인의 정의에 대한 연령 규정은 없다.

23. 노인복지법상 노인복지시설의 종류에 해당하지 <u>않는</u> 것은?

① 노인주거복지시설
② 독거노인종합지원센터
③ 노인보호전문기관
④ 학대피해노인 전용쉼터
⑤ 노인일자리지원기관

24. 산업재해보상보험법상 업무상 사고에 해당하지 않는 것은?

① 출장기간 중 발생한 모든 사고
② 근로자가 근로계약에 따른 업무나 그에 따르는 행위를 하던 중 발생한 사고
③ 휴게시간 중 사업주의 지배관리하에 있다고 볼 수 있는 행위로 발생한 사고
④ 사업주가 주관하거나 사업주의 지시에 따라 참여한 행사나 행사준비 중에 발생한 사고
⑤ 사업주가 제공한 시설물 등을 이용하던 중 그 시설물 등의 결함이나 관리소홀로 발생한 사고

25. 학대에 관한 설명으로 옳은 것을 모두 고른 것은?

> ㄱ. 장애인복지법상 장애인 학대에 경제적 착취는 포함되지 않는다.
> ㄴ. 아동학대범죄의 처벌 등에 관한 특례법에 따른 아동학대범죄는 아동복지법상 아동학대관련범죄에 해당한다.
> ㄷ. 노인복지법상 노인학대라 함은 노인에 대하여 신체적·정신적·정서적·성적 폭력 및 경제적 착취 또는 가혹행위를 하거나 유기 또는 방임을 하는 것을 말한다.

① ㄷ ② ㄱ, ㄴ ③ ㄱ, ㄷ
④ ㄴ, ㄷ ⑤ ㄱ, ㄴ, ㄷ

실전 모의고사 2회

01. 제정연도가 가장 빠른 것과 가장 늦은 것을 순서대로 짝지은 것은?

> ㄱ. 긴급복지지원법　ㄴ. 고용보험법
> ㄷ. 노인복지법　　　ㄹ. 기초연금법

① ㄴ, ㄱ　　② ㄴ, ㄹ
③ ㄷ, ㄱ　　④ ㄷ, ㄴ
⑤ ㄷ, ㄹ

02. 사회보장기본법상 사회보장수급권에 관한 내용으로 옳은 것을 모두 고른 것은?

> ㄱ. 모든 국민은 사회보장 관계 법령에서 정하는 바에 따라 사회보장급여를 받을 권리인 사회보장수급권을 가진다.
> ㄴ. 사회보장수급권은 정당한 권한이 있는 기관에게 구두로 통지하여 포기할 수 있다.
> ㄷ. 사회보장수급권은 수급자 임의로 다른 사람에게 양도할 수 있다.
> ㄹ. 사회보장수급권의 포기는 취소할 수 없다.

① ㄱ　　　　② ㄱ, ㄹ
③ ㄷ, ㄹ　　④ ㄱ, ㄴ, ㄹ
⑤ ㄱ, ㄷ, ㄹ

03. 아동복지법의 내용으로 옳지 <u>않은</u> 것은?

① "아동"이란 18세 미만인 사람을 말한다.
② 보건복지부장관은 5년마다 아동정책기본계획을 수립하여야 한다.
③ 국가 또는 지방자치단체 외의 자는 관할 시장·군수·구청장에게 신고하고 아동복지시설을 설치할 수 있다.
④ 아동정책조정위원회는 국무총리 소속으로 둔다.
⑤ 국가기관은 아동학대 예방교육을 연 2회 이상 실시하여야 한다.

04. 실태조사의 주체와 조사주기를 올바르게 짝지은 것은?

① 장애인복지법상 장애실태조사 : 보건복지부장관, 5년
② 아동복지법상 아동종합실태조사 : 보건복지부장관, 1년
③ 한부모가족지원법상 한부모가족 실태조사 : 여성가족부장관, 3년
④ 노인복지법상 노인실태조사 : 여성가족부장관, 3년
⑤ 다문화가족지원법상 다문화가족 실태조사 : 보건복지부장관, 5년

05. 국민연금법의 내용에 대한 설명으로 옳지 않은 것은?

① 가입자는 사업장가입자, 지역가입자, 임의가입자 및 임의계속가입자로 구분한다.
② 지역가입자가 사업장가입자의 자격을 취득한 때에는 그에 해당하게 된 날의 다음 날에 지역가입자의 자격을 상실한다.
③ 배우자의 범위에는 사실상의 혼인관계에 있는 자를 포함한다.
④ 수급권을 취득할 당시 가입자였던 자의 태아가 출생하면 그 자녀는 가입자였던 자에 의하여 생계를 유지하고 있지 않은 자녀로 본다.
⑤ 수급권자가 사망한 경우 그 수급권자에게 미지급 급여가 있으면 그 급여를 받을 순위는 배우자, 자녀, 부모 등 순으로 한다.

06. 국민연금법상 용어 정리로 옳은 설명을 모두 고르시오.

ㄱ. "평균소득월액"이란 매년 사업장가입자 및 지역가입자 전원(全員)의 기준소득월액을 평균한 금액을 말한다
ㄴ. "기준소득월액"이란 연금보험료와 급여를 산정하기 위하여 국민연금가입자의 소득월액을 기준으로 하여 정하는 금액을 말한다.
ㄷ. "부담금"이란 사업장가입자의 사용자가 부담하는 금액을 말한다.
ㄹ. "기여금"이란 사업장가입자가 부담하는 금액을 말한다.

① ㄱ, ㄴ, ㄷ, ㄹ   ② ㄱ, ㄴ, ㄷ
③ ㄷ, ㄹ   ④ ㄴ, ㄷ
⑤ ㄷ

07. 국민기초생활 보장법의 내용으로 옳지 않은 것은?

① 수급자에 대한 급여는 정당한 사유 없이 수급자에게 불리하게 변경할 수 없다.
② "수급자"란 이 법에 따른 급여를 받는 사람을 말한다.
③ 이 법에 따른 급여는 건강하고 문화적인 최저생활을 유지할 수 있는 것이어야 한다.
④ 수급자 및 차상위자는 상호 협력하여 자활기업을 설립·운영할 수 있다.
⑤ 교육급여는 보건복지부장관의 소관으로 한다.

08. 다음은 고용보험법상 이직한 피보험자의 구직급여 수급 요건 중 하나이다. ( )에 들어갈 숫자를 옳게 짝지은 것은?

이직일 이전 (ㄱ)개월간 피보험 단위기간이 통산하여 (ㄴ)일 이상일 것

① ㄱ: 6, ㄴ: 90
② ㄱ: 6, ㄴ: 120
③ ㄱ: 10, ㄴ: 180
④ ㄱ: 18, ㄴ: 120
⑤ ㄱ: 18, ㄴ: 180

09. 다음은 사회보장기본법상 어떤 용어에 관한 정의인가?

> 국가·지방자치단체 및 민간부문의 도움이 필요한 모든 국민에게 복지, 보건의료, 교육, 고용, 주거, 문화, 환경 등의 분야에서 인간다운 생활을 보장하고 상담, 재활, 돌봄, 정보의 제공, 관련 시설의 이용, 역량 개발, 사회참여 지원 등을 통하여 국민의 삶의 질이 향상되도록 지원하는 제도를 말한다.

① 사회서비스
② 공공부조제도
③ 사회보험제도
④ 평생사회안전망
⑤ 맞춤형 사회보장제도

10. 사회복지사업법상 사회복지의 날은?

① 4월 20일   ② 6월 5일
③ 7월 11일   ④ 9월 7일
⑤ 10월 2일

11. 산업재해보상보험법상 업무상 재해를 입은 근로자 등의 진료·요양 및 재활 사업을 수행하는 기관은?

① 국민연금공단
② 국민건강보험공단
③ 근로복지공단
④ 한국장애인고용공단
⑤ 한국산업인력공단

12. 2000년대 제정된 사회복지법이 아닌 것은?

① 고용보험법
② 긴급복지지원법
③ 노인장기요양보험법
④ 사회보장급여의 이용·제공 및 수급권자 발굴에 관한 법률
⑤ 다문화가족지원법

13. 국민건강보험법령상 직장가입자의 피부양자가 될 수 없는 자는? (단, 직장가입자에게 주로 생계를 의존하고, 그와 동거하며 보수나 소득이 없는 자에 한함)

① 직장가입자의 배우자의 사촌
② 직장가입자의 배우자
③ 직장가입자의 자녀
④ 직장가입자의 부모
⑤ 직장가입자의 조부모

14. 가정폭력방지 및 피해자보호 등에 관한 법률상 보호시설의 종류에 대한 옳지 않은 설명은?

① 단기보호시설에 입소한 피해자등에 대한 보호기간을 여성가족부령으로 정하는 바에 따라 각 3개월의 범위에서 두 차례 연장할 수 있다.
② 단기보호시설이란 피해자등을 6개월의 범위에서 보호하는 시설을 말한다.
③ 장애인보호시설이란 : 「장애인복지법」의 적용을 받는 장애인인 피해자등을 2년의 범위에서 보호하는 시설을 말한다.
④ 장기보호시설이란 : 피해자등에 대하여 3년의 범위에서 자립을 위한 주거편의 등을 제공하는 시설
⑤ 외국인보호시설이란 외국인 피해자등을 2년의 범위에서 보호하는 시설을 말한다.

15. 사회보장기본법상 국가와 지방자치단체의 책임에 대한 설명으로 옳은 것을 모두 고르시오.

> ㄱ. 국가와 지방자치단체는 사회보장에 관한 책임과 역할을 합리적으로 분담하여야 한다.
> ㄴ. 국가와 지방자치단체는 국가 발전수준에 부응하고 사회환경의 변화에 선제적으로 대응하며 지속가능한 사회보장제도를 확립하고 매년 이에 필요한 재원을 조달하여야 한다.
> ㄷ. 국가와 지방자치단체는 모든 국민의 인간다운 생활을 유지·증진하는 책임을 가진다.
> ㄹ. 국가는 사회보장제도의 안정적인 운영을 위하여 단기 사회보장 재정추계를 매년 실시하고 이를 공표하여야 한다.

① ㄱ, ㄴ, ㄷ, ㄹ   ② ㄱ, ㄴ, ㄷ
③ ㄴ, ㄷ, ㄹ   ④ ㄱ
⑤ ㄴ, ㄹ

16. 사회보장기본법상 사회보장수급권의 관련내용으로 옳지 않은 것은?

① 사회보장수급권은 관계 법령에서 정하는 바에 따라 다른 사람에게 양도하거나 담보로 제공할 수 없으며, 이를 압류할 수 없다.
② 사회보장수급권이 제한되거나 정지되는 경우에는 제한 또는 정지하는 목적에 필요한 최소한의 범위에 그쳐야 한다.
③ 사회보장수급권을 포기하는 것이 다른 사람에게 피해를 주거나 사회보장에 관한 관계 법령에 위반되는 경우에는 사회보장수급권을 포기할 수 있다.
④ 사회보장수급권은 정당한 권한이 있는 기관에 서면으로 통지하여 포기할 수 있다.
⑤ 사회보장수급권은 제한되거나 정지될 수 없다. 다만, 관계 법령에서 따로 정하고 있는 경우에는 그러하지 아니하다.

17. 사회보장급여의 이용·제공 및 수급권자 발굴에 관한 법률상 관련 내용으로 옳지 않은 것은?

① 중앙행정기관의 장이 지원대상자의 이용 편의, 사회보장급여의 제공 유형 등을 고려하여 필요하다고 결정한 사회보장급여의 경우에는 지원대상자의 주소지 관할이 아닌 보장기관에도 신청할 수 없다.
② 보장기관의 업무담당자는 지원대상자가 심신미약 또는 심신상실 등 대통령령으로 정하는 경우에 해당하면 지원대상자의 동의를 얻은 뒤 직권으로 사회보장급여의 제공을 신청할 수 있다.
③ 사회보장급여는 지원대상자가 현재 제공받고 있는 사회보장급여와 보장내용이 중복되도록 하여서는 아니 된다.
④ 보장기관의 장은 지원계획의 실행을 위하여 필요하다고 판단되는 최소한의 정보를 관계 보장기관과 공유할 수 있으며, 필요한 경우 수급권자의 동의를 받아 대통령령으로 정하는 법인·단체·시설과 공유할 수 있다.
⑤ 주기적으로 또는 기간을 정하여 사회보장급여를 제공받는 수급자는 거주지, 세대원, 소득·재산 상태, 근로능력, 다른 급여의 수급이력 등 사항이 변동되었을 때에는 지체 없이 관할 보장기관의 장에게 신고하여야 한다.

18. 사회보장급여의 이용·제공 및 수급권자 발굴에 관한 법률상 지역사회보장협의체에서 심의·자문하는 업무로 옳은 설명은?

① 시·도의 지역사회보장계획 수립·시행 및 평가에 관한 사항
② 사회보장과 관련된 서비스를 제공하는 관계 기관·법인·단체·시설과의 연계·협력 강화에 관한 사항(특별자치시에 한정)
③ 시·도의 지역사회보장조사 및 지역사회보장지표에 관한 사항
④ 읍·면·동 단위 지역사회보장협의체의 구성 및 운영에 관한 사항
⑤ 시·도의 사회보장 추진과 관련한 중요 사항

19. 국민기초생활보장법상 급여의 기준에 대한 설명으로 옳지 <u>않은</u> 것은?

① 보장기관은 이 법에 따른 급여를 개인 단위로 실시하되, 특히 필요하다고 인정하는 경우에는 개별가구 단위로 실시할 수 있다.
② 지방자치단체인 보장기관은 해당 지방자치단체의 조례로 정하는 바에 따라 이 법에 따른 급여의 범위 및 수준을 초과하여 급여를 실시할 수 있다.
③ 급여의 기준은 수급자의 연령, 가구 규모, 거주지역, 그 밖의 생활여건 등을 고려하여 급여의 종류별로 보건복지부장관이 정한다.
④ 급여는 건강하고 문화적인 최저생활을 유지할 수 있는 것이어야 한다.
⑤ 급여의 기준은 수급자의 연령, 가구 규모, 거주지역, 그 밖의 생활여건 등을 고려하여 급여의 종류별로 급여를 지급하는 중앙행정기관의 장이 보건복지부장관과 협의하여 정한다.

20. 국민기초생활보장법상 급여의 선정기준에 대한 맞는 설명은?

> ㄱ. 생계급여 선정기준은 기준 중위소득의 100분의 30 이상으로 한다.
> ㄴ. 교육급여 선정기준은 기준 중위소득의 100분의 50 이상으로 함.
> ㄷ. 의료급여 선정기준은 기준 중위소득의 100분의 40 이상으로 한다.

① ㄱ
② ㄱ, ㄴ, ㄷ
③ ㄴ, ㄷ
④ ㄱ, ㄴ
⑤ ㄷ

21. 의료급여법에 관한 설명으로 옳지 <u>않은</u> 것은?

① 시장·군수·구청장은 수급권자의 소득, 재산상황, 근로능력 등이 변동되었을 때에는 수급권자의 신청을 받아 의료급여의 내용 등을 변경할 수 있다.
② 의료급여기관은 의료급여가 끝난 날부터 5년간 보건복지부령으로 정하는 바에 따라 급여비용의 청구에 관한 서류를 보존하여야 한다.
③ 약국 등 보건복지부령으로 정하는 의료급여기관은 처방전을 급여비용을 청구한 날부터 3년간 보존하여야 한다.
④ 의료급여기관은 의료급여를 하기 전에 수급권자에게 본인부담금을 청구하거나 수급권자가 이 법에 따라 부담하여야 하는 비용과 비급여비용 외에 입원보증금 등 다른 명목의 비용을 청구하여서는 아니 된다
⑤ 거주지를 관할하는 특별시장·광역시장·도지사와 시장·군수·구청장이 의료급여에 관한 업무와 수급권자의 건강 유지 및 증진을 위하여 필요한 사업을 실시하여야 한다.

22. 긴급복지지원법상 위기상황에 해당하는 사유로 옳지 않은 것은?

① 주소득자(主所得者)가 사망, 가출, 행방불명, 구금시설에 수용되는 등의 사유로 소득을 상실한 경우
② 가구구성원으로부터 방임(放任) 또는 유기(遺棄)되거나 학대 등을 당한 경우
③ 가정폭력을 당하여 가구구성원과 함께 원만한 가정생활을 하기 곤란하거나 가구구성원으로부터 성폭력을 당한 경우
④ 주소득자 또는 부소득자(副所得者)의 휴업, 폐업 또는 사업장의 화재 등으로 인하여 실질적인 영업이 곤란하게 된 경우
⑤ 경증의 질병 또는 부상을 당한 경우

23. 긴급복지지원법상 긴급지원의 종류 중 금전 또는 현물(現物) 등의 직접지원에 관한 것을 모두 고르시오.

ㄱ. 대한적십자사, 사회복지공동모금회 등의 사회복지기관·단체와의 연계 지원
ㄴ. 연료비나 그 밖에 위기상황의 극복에 필요한 비용 또는 현물 지원
ㄷ. 각종 검사 및 치료 등 의료서비스 지원
ㄹ. 상담·정보제공, 그 밖의 지원

① ㄱ, ㄴ, ㄷ, ㄹ   ② ㄱ, ㄴ, ㄷ
③ ㄷ, ㄹ   ④ ㄴ, ㄷ, ㄹ
⑤ ㄴ, ㄷ

24. 기초연금법상 기초연금 지급의 정지 관련한 내용에 해당하지 않는 것은?

① 기초연금 수급자가 금고 이상의 형을 선고받고 치료감호시설에 수용되어 있는 경우
② 기초연금 수급자가 행방불명 등 대통령령으로 정하는 바에 따라 사망한 것으로 추정되는 경우
③ 기초연금 수급자의 국외 체류기간이 30일 이상 지속되는 경우
④ 기초연금 수급자가 실종 등 대통령령으로 정하는 바에 따라 사망한 것으로 추정되는 경우
⑤ 기초연금 수급자가 금고 이상의 형을 선고받고 교정시설에 수용되어 있는 경우

25. 국민연금법상 국민연금가입자에 대한 설명으로 옳은 것은?

① 사업장가입자는 사업의 종류, 근로자의 수 등을 고려하여 대통령령으로 정하는 사업장의 20세 이상 59세 미만인 근로자와 사용자는 당연히 사업장가입자가 된다.
② 지역가입자는 사업장가입자이면서 18세 이상 60세 미만인 자는 당연히 지역가입자가 된다.
③ 가입자의 종류로 사업장가입자, 지역가입자, 임의가입자 및 임의계속가입자로 구분한다.
④ 국민연금 가입자 또는 가입자였던 자로서 60세가 된 자가 가입기간이 10년 미만인 자가 60세가 된 때 사유로 반환일시금을 지급받은 자에 해당하는 자는 가입대상에도 불구하고 65세가 될 때까지 보건복지부령으로 정하는 바에 따라 국민연금공단에 가입을 신청하면 임의계속가입자가 될 수 있다.
⑤ 국민연금 가입자 또는 가입자였던 자로서 60세가 된 자가 노령연금 수급권자로서 급여를 지급받고 있는 자가 60세가 된 때 사유로 반환일시금을 지급받은 자에 해당하는 자는 가입대상에도 불구하고 65세가 될 때까지 보건복지부령으로 정하는 바에 따라 국민연금공단에 가입을 신청하면 임의계속가입자가 될 수 있다.

실전 모의고사 3회

01. 가정폭력방지 및 피해자보호 등에 관한 법률에서 보호시설 보호기간 등에 대한 설명으로 ( )에 들어갈 올바른 것을 고르시오.

> 단기보호시설의 장은 그 단기보호시설에 입소한 피해자등에 대한 보호기간을 여성가족부령으로 정하는 바에 따라 각 (ㄱ)개월의 범위에서 (ㄴ)차례 연장할 수 있다.

① ㄱ : 6, ㄴ : 1
② ㄱ : 3, ㄴ : 1
③ ㄱ : 1, ㄴ : 1
④ ㄱ : 2, ㄴ : 2
⑤ ㄱ : 3, ㄴ : 2

02. 자원봉사활동기본법상 자원봉사활동의 범위에 대한 설명으로 옳지 않은 것은?

① 국제협력 및 국외봉사활동
② 그밖에 공익사업의 수행 또는 주민복리의 증진에 필요한 활동
③ 정치인 선거활동
④ 지역사회 개발·발전에 관한 활동
⑤ 부패 방지 및 소비자 보호에 관한 활동

03. 자원봉사활동기본법에 관한 설명으로 옳지 않은 것은?

① 국가는 국민의 자원봉사활동에 대한 참여를 촉진하고 자원봉사자의 사기를 높이기 위하여 매년 11월 1일을 자원봉사자의 날로 하고 자원봉사자의 날부터 1주일간을 자원봉사주간으로 설정한다.
② 자원봉사활동에 관한 기본적인 사항을 규정함으로써 자원봉사활동을 진흥하고 행복한 공동체 건설에 이바지함을 목적으로 한다.
③ 자원봉사활동은 국민의 협동적인 참여 능력을 높일 수 있는 방향으로 추진하여야 한다.
④ 자원봉사활동의 진흥을 위한 정책은 민·관 협력의 기본 정신을 바탕으로 하여 추진하여야 한다.
⑤ 국가와 지방자치단체는 자원봉사활동의 진흥에 관한 시책을 마련하여 국민의 자원봉사활동을 권장하고 지원하여야 한다.

04. 다문화가족지원법상 다문화가족정책위원회에서 심의·조정하는 사항을 모두 고르시오.

> ㄱ. 추진실적 점검 및 평가에 관한 사항
> ㄴ. 각종 다문화가족 지원 관련 사업의 조정 및 협력에 관한 사항
> ㄷ. 그 밖에 다문화가족의 사회통합에 관한 중요 사항으로 위원장이 필요하다고 인정하는 사항
> ㄹ. 연구 및 정책의 분석·평가에 관한 사항

① ㄷ, ㄹ ② ㄱ, ㄴ, ㄷ, ㄹ
③ ㄱ, ㄴ, ㄷ ④ ㄴ, ㄷ, ㄹ
⑤ ㄱ, ㄴ

05. 다음 예시는 한부모가족지원법상 한부모가족복지시설 중 어느 시설에 대한 설명인지를 고르시오.

> 배우자(사실혼 관계에 있는 사람을 포함한다)가 있으나 배우자의 물리적·정신적 학대로 아동의 건전한 양육이나 모의 건강에 지장을 초래할 우려가 있을 경우 일시적 또는 일정 기간 동안 모와 아동 또는 모에게 주거와 생계를 지원하는 시설

① 부자가족복지시설
② 한부모가족복지상담소
③ 일시지원복지시설
④ 미혼모자가족복지시설
⑤ 모자가족복지시설

06. 장애인복지법상 재외동포 및 외국인 중 장애인 등록을 할 수 있는 이가 아닌 경우는?

① 「재외동포의 출입국과 법적 지위에 관한 법률」에 따라 국내거소신고를 한 사람
② 「난민법」 제2조제2호에 따른 난민인정자
③ 「재한외국인 처우 기본법」 제2조제3호에 따른 결혼이민자
④ 「출입국관리법」에 따라 외국인등록을 한 사람으로서 같은 법에 따른 체류자격 중 대한민국에 영주할 수 있는 체류자격을 심사 중인 사람
⑤ 「주민등록법」에 따라 재외국민으로 주민등록을 한 사람

07. 장애인복지법상 장애인가족지원에 해당하지 않은 것은?

① 장애인 가족 사례관리 지원
② 장애인 가족 역량강화 지원
③ 장애인 가족 상담 지원
④ 장애인 가족에 대한 인식개선 사업
⑤ 그밖에 한국장애인고용공단이 장애인 가족을 위하여 필요하다고 인정하는 지원

08. 노인복지법상 재가노인복지시설에 해당하지 않는 것은?

① 방문요양서비스
② 주·야간보호서비스
③ 단기보호서비스
④ 방문 목욕서비스
⑤ 노인복지주택

09. 노인장기요양보험법상 재가급여에 대한 설명으로 옳지 않은 것은?

① 방문요양 : 장기요양요원이 수급자의 가정 등을 방문하여 신체활동 및 가사활동 등을 지원하는 장기요양급여
② 방문목욕 : 장기요양요원이 목욕설비를 갖춘 장비를 이용하여 수급자의 가정 등을 방문하여 목욕을 제공하는 장기요양급여
③ 방문간호 : 장기요양요원인 간호사 등이 의사, 한의사 또는 치과의사의 지시서(이하 "방문간호지시서"라 한다)에 따라 수급자의 가정 등을 방문하여 간호, 진료의 보조, 요양에 관한 상담 또는 구강위생 등을 제공하는 장기요양급여
④ 주 · 야간보호 : 수급자를 하루 중 일정한 시간 동안 장기요양기관에 보호하여 신체활동 지원 및 심신기능의 유지 · 향상을 위한 교육 · 훈련 등을 제공하는 장기요양급여
⑤ 기타재가급여 : 수급자의 일상생활 · 신체활동 지원 및 인지기능의 유지 · 향상에 필요한 용구를 제공하거나 주 · 야간보호센터를 방문하여 재활에 관한 지원 등을 제공하는 장기요양급여로서 대통령령으로 정하는 것

10. 노인장기요양보험법에 대한 설명으로 옳은 것은?

① 장기요양보험사업은 시 · 군 · 구가 관장한다.
② 장기요양보험사업의 보험자는 보건복지부장관으로 한다.
③ 장기요양보험료는 「국민건강보험법」에 따른 건강보험료와 구분하여 징수한다.
④ 장기요양인정을 신청할 수 있는 자는 노인등으로서 장기요양보험가입자, 의료급여수급권자 어느 하나에 해당하는 자격을 갖추어야 한다.
⑤ 등급판정위원회는 신청인이 장기요양인정의 신청자격의 신청자격요건을 충족하고 6개월 이상 동안 혼자서 일상생활을 수행하기 어렵다고 인정하는 경우 심신상태 및 장기요양이 필요한 정도 등 대통령령으로 정하는 등급판정기준에 따라 수급자로 판정한다.

11. 산업재해보상보험법상 유족보상연금을 받을 수 있는 자격이 있는 이에 해당하지 않는 것은? (근로자가 사망할 당시 그 근로자와 생계를 같이 하고 있던 유족이 전제)

① 부모 또는 조부모로서 각각 60세 이상인 사람
② 자녀로서 20세
③ 형제자매로서 61세
④ 손자녀로서 20세
⑤ 배우자

12. 산업재해보상보험법상 업무상 재해의 인정 기준에 대한 설명으로 옳지 <u>않은</u> 것은?

① 업무와 재해 사이에 상당인과관계(相當因果關係)가 없는 경우 업무상 재해가 아니다.
② 「근로기준법」에 따른 직장 내 괴롭힘, 고객의 폭언 등으로 인한 업무상 정신적 스트레스가 원인이 되어 발생한 질병을 업무상 질병으로 본다.
③ 일탈 또는 중단이 일상생활에 필요한 행위로서 대통령령으로 정하는 사유가 있는 경우에는 출퇴근 재해로 본다.
④ 근로자의 고의·자해행위나 범죄행위 또는 그것이 원인이 되어 발생한 부상·질병·장해 또는 사망은 업무상의 재해로 보지 아니한다.
⑤ 그 부상·질병·장해 또는 사망이 정상적인 인식능력 등이 낮아진 상태에서 한 행위로 발생한 경우로서 대통령령으로 정하는 사유가 있으면 업무상의 재해로 본다.

13. 고용보험법상 구직급여의 수급 요건에 대한 설명으로 옳은 것은?

① 기준기간 동안의 피보험 단위기간이 합산하여 100일 이상일 것
② 근로의 의사와 능력이 있음에도 불구하고 취업(비영리를 목적으로 사업을 영위하는 경우를 포함)하지 못한 상태에 있을 것
③ 수급자격 인정신청일 이전 2개월 동안의 근로일수가 10일 미만일 것
④ 건설일용근로자로서 수급자격 인정신청일 이전 14일간 연속하여 근로내역이 없을 것
⑤ 최종 이직 당시의 기준기간 동안의 피보험 단위기간 중 다른 사업에서 수급자격의 제한 사유에 해당하는 사유로 이직한 사실이 있는 경우에는 그 피보험 단위기간 중 60일 이상을 일용근로자로 근로하였을 것

14. 사회보장급여의 이용·제공 및 수급권자 발굴에 관한 법률에 한국사회보장정보원이 담당하는 업무가 <u>아닌</u> 것은?

① 사회보장급여의 수급과 관련된 법령 등에 따른 신청, 접수, 조사, 결정, 환수 등 업무의 전자적 처리지원
② 사회보장 관련 민간 법인·단체에 대한 전자화 지원
③ 자료 또는 정보의 처리 및 사회보장정보의 처리
④ 사회보장제도의 운영에 필요한 정책정보 및 통계정보의 생산·분석, 제공과 사회보장정책 지원을 위한 조사·연구 등
⑤ 사회보장정보시스템의 구축 및 유지·기능개선·관리·교육·상담 등 운영에 관한 사항

15. 국민연금법에서 사용하는 용어의 정의로 옳지 않은 것은?

① "소득"이란 일정한 기간 근로를 제공하여 얻은 수입에서 대통령령으로 정하는 과세소득을 제외한 금액 또는 사업 및 자산을 운영하여 얻는 수입에서 필요경비를 제외한 금액을 말한다.
② "근로자"란 직업의 종류가 무엇이든 사업장에서 노무를 제공하고 그 대가로 임금을 받아 생활하는 자
③ "기준소득월액"이란 연금보험료와 급여를 산정하기 위하여 국민연금가입자(이하 "가입자"라 한다)의 소득월액을 기준으로 하여 정하는 금액을 말한다.
④ "평균소득월액"이란 매년 사업장가입자 및 지역가입자 전원(全員)의 기준소득월액을 평균한 금액을 말한다.
⑤ "사업장가입자"란 사업장에 고용된 근로자 및 사용자로서 국민연금에 가입된 자를 말한다.

16. 국민기초생활보장법상 급여에 관한 설명으로 옳지 않은 것은?

① 부양의무자의 부양과 다른 법령에 따른 보호는 이 법에 따른 급여에 우선하여 행하여지는 것으로 한다.
② 교육급여 선정기준은 기준 중위소득의 100분의 50 이상으로 한다.
③ 의료급여 선정기준은 기준 중위소득의 100분의 40 이상으로 한다.
④ 생계급여 선정기준은 기준 중위소득의 100분의 30 이상으로 한다.
⑤ 생계급여 적절한 보장수준은 생계급여와 소득인정액을 포함하여 생계급여 선정기준 이상이 되도록 하여야 한다.

17. 고용보험법의 내용으로 옳지 않은 것은?

① 일용근로자는 1개월 미만 동안 고용되는 사람을 말한다.
② 실업이란 근로의 의사와 능력이 있음에도 불구하고 취업하지 못한 상태에 있는 것을 말한다.
③ 65세 이후에 고용되거나 자영업을 개시한 자에 대한 고용안정·직업능력개발 사업에 관하여는 이 법을 적용한다.
④ 실업급여에는 취업촉진수당이 포함되지 않는다.
⑤ 구직급여를 지급받으려는 자는 이직 후 지체없이 직업안정기관에 출석하여 실업을 신고하여야 한다.

18. 국민기초생활보장법상 급여의 종류에 해당하는 것을 모두 고른 것은?

ㄱ. 실업급어	ㄴ. 해산급여
ㄷ. 자활급여	ㄹ. 장제급여

① ㄱ, ㄴ, ㄷ, ㄹ   ② ㄴ, ㄷ, ㄹ
③ ㄱ, ㄴ, ㄷ   ④ ㄷ, ㄹ
⑤ ㄴ, ㄷ

19. 사회복지법상 연령 규정에 대한 설명으로 옳지 않은 것은?

① 한부모가족지원법상 "취학 중인" 경우 20세 미만인 사람을 말한다.
② 한부모가족지원법상 "아동"이란 18세 미만인 사람을 말한다.
③ 노인복지법상 "노인"이란 65세 이상인 사람을 말한다.
④ 아동복지법상 "아동"이란 18세 미만인 사람을 말한다.
⑤ 다문화가족지원법상 "아동·청소년"이란 24세 이하인 사람을 말한다.

20. 사회복지법의 성문법원에 해당하는 것끼리 묶은 것은?

① 법률, 조리
② 관습법, 조리
③ 헌법, 판례법
④ 관습법, 판례법
⑤ 헌법, 명령

21. 국민건강보험법상 국민건강보험공단이 관장하는 업무에 해당하지 않는 것은?

① 자산의 관리·운영 및 증식사업
② 육아휴직 급여 실시
③ 의료시설의 운영
④ 가입자 및 피부양자의 자격 관리
⑤ 보험급여의 관리

22. 사회보장기본법상 사회보장 기본계획에 포함되어야 하는 사항으로 옳은 것을 모두 고른 것은?

> ㄱ. 국내외 사회보장환경의 변화와 전망
> ㄴ. 사회보장 관련 기금 운용방안
> ㄷ. 사회보장 전달체계
> ㄹ. 사회보장의 기본목표 및 중장기 추진 방향

① ㄱ, ㄴ, ㄷ, ㄹ
② ㄱ, ㄴ, ㄷ
③ ㄷ, ㄹ
④ ㄱ, ㄴ
⑤ ㄴ, ㄷ, ㄹ

23. 사회보장기본법상 사회보장제도의 운영원칙에 대한 설명으로 옳지 않은 것은?

① 사회보험은 국가의 책임으로 시행
② 공공성 : 공공부조와 사회서비스는 국가와 지방자치단체의 책임으로 시행하는 것
③ 공공성 : 국가와 지방자치단체의 재정 형편 등을 고려하여 이를 협의·조정할 수 있다.
④ 민주성 : 국가와 지방자치단체는 사회보장제도의 정책 결정 및 시행 과정에 공익의 대표자 및 이해관계가 없는 이 등을 참여시켜 이를 민주적으로 결정하고 시행하여야 한다.
⑤ 형평성 : 국가와 지방자치단체는 사회보장제도의 급여 수준과 비용 부담 등에서 형평성을 유지하여야 한다.

24. 우리나라 1990년대 사회복지관련법이 제정되지 않은 것은?

① 국민기초생활보장법
② 노인복지법
③ 사회보장기본법
④ 고용보험법
⑤ 국민건강보험법

25. 국민연금법상 사업장가입자는 국민연금가입자 자격의 상실시기에 해당되지 않는 것은?

① 사망한 때
② 국적을 상실하거나 국외로 이주한 때
③ 사용관계가 끝난 때
④ 대통령령으로 정하는 기간 이상 계속하여 연금보험료를 체납한 때
⑤ 60세가 된 때

● 사회복지법제론

실전 모의고사 정답 및 해설

실전 모의고사 1회

599~604쪽

01 ②	02 ⑤	03 ①	04 ④	05 ④
06 ⑤	07 ①	08 ⑤	09 ②	10 ①
11 ③	12 ①	13 ⑤	14 ④	15 ④
16 ③	17 ②	18 ⑤	19 ①	20 ①
21 ①	22 ④	23 ②	24 ①	25 ④

01. ②

② 국민기초생활보장 급여 변경 처분에 이의가 있는 경우, 시장·군수·구청장에게 이의신청을 할 수 있다는 틀린 예시임.
→ 수급자나 급여 또는 급여 변경을 신청한 사람은 시장·군수·구청장(교육급여인 경우에는 시·도교육감을 말한다)의 처분에 대하여 이의가 있는 경우에는 그 결정의 통지를 받은 날부터 90일 이내에 해당 보장기관을 거쳐 시·도지사에게 서면 또는 구두로 이의를 신청할 수 있다.

[보충해설]
① 사회보장기본법은 권리구제에 관한 명문의 규정을 두고 있다.
→ 권리구제(제39조) 위법 또는 부당한 처분을 받거나 필요한 처분을 받지 못함으로써 권리 또는 이익을 침해받은 국민은 「행정심판법」에 따른 행정심판을 청구하거나 「행정소송법」에 따른 행정소송을 제기하여 그 처분의 취소 또는 변경 등을 청구할 수 있다.
③ 긴급복지지원법상 긴급복지 지원비용 반환명령에 이의가 있는 사람은 이의신청을 할 수 있다. → 반환명령에 이의가 있는 사람은 그 처분을 고지받은 날부터 30일 이내에 해당 시장·군수·구청장을 거쳐 특별시장·광역시장·도지사·특별자치도지사에게 서면으로 이의신청할 수 있다(제16조).
④ 노인복지법에 의한 복지조치에 대하여 이의가 있을 경우 노인 또는 그 부양의무자는 해당 복지실시기관에 심사를 청구할 수 있다(제50조).
⑤ 한부모가족지원법에 따라 복지급여 등에 대하여 이의가 있을 경우 보호대상자 또는 그 친족이나 그 밖의 이해관계인은 해당 복지실시기관에 심사를 청구할 수 있다(제28조).

02. ⑤

국민연금법령상 분할연금을 받으려는 자가 ⑤ 요건을 모두 갖추게 된 때부터 1년 이내에 청구할 것이 아니라 5년 이내에 청구하는 게 맞는 예시임(제64조).

03. ①

구직급여는 취업촉진수당이 아님.
실업급여의 종류(제37조)는 구직급여와 취업촉진 수당으로 구분하며, 취업촉진 수당의 종류는 조기(早期)재취업 수당, 직업능력개발 수당, 광역 구직활동비, 이주비, 권리구제 및 수급자의 권리보호임.

04. ④

산업재해보상보험법상 ④ 간병급여는 실제로 간병을 한 자에게 지급하는 게 아니라 실제로 간병을 받는 자에게 지급함. 즉 간병급여는 요양급여를 받은 사람 중 치유 후 의학적으로 상시 또는 수시로 간병이 필요하여 실제로 간병을 받는 사람에게 지급한다(제61조).

05. ④

노인장기요양보험법상 장기요양인정 신청에 관해 ④ 장기요양등급 변경을 원하는 수급자는 장기요양인정의 갱신 신청을 하여야 하는 게 아님.
→ 장기요양급여를 받고 있는 수급자는 장기요양등급, 장기요양급여의 종류 또는 내용을 변경하여 장기요양급여를 받고자 하는 경우 공단에 변경신청을 하여야 한다(제21조).

06. ⑤

긴급복지지원법상 ⑤ 긴급지원대상자가 국민기초생활보장법에 따른 수급권자로 결정된 경우에도 긴급지원의 적정성심사를 하여야 한다는 틀린 예시임.
→ 긴급지원심의위원회는 긴급지원대상자가 「국민기초생활 보장법」 또는 「의료급여법」에 따른 수급권자로 결정된 경우에는 긴급지원의 적정성에 따른 심사를 하지 아니할 수 있다.

07. ①

한국사회복지사협회의 역할로 옳은 예시로 ㄱ. 사회복지사에 대한 전문지식 및 기술의 개발·보급, ㄴ.

사회복지사의 전문성 향상을 위한 교육훈련, ㄷ. 사회복지사제도에 대한 조사연구, ㄹ. 국제사회복지사단체와의 교류·협력

한국사회복지사협회의 업무(동법 시행령 제22조)
- 사회복지사에 대한 전문지식 및 기술의 개발·보급
- 사회복지사의 전문성 향상을 위한 교육훈련
- 사회복지사제도에 대한 조사연구·학술대회개최 및 홍보·출판사업
- 국제사회복지사단체와의 교류·협력
- 보건복지부장관이 위탁하는 사회복지사업에 관한 업무
- 기타 협회의 목적달성에 필요한 사항

08. ⑤

국민건강보험법령상 요양기관에서 제외할 수 있는 기관은 ⑤ 사회복지사업법에 따른 사회복지시설에 수용된 사람의 진료를 주된 목적으로 개설된 의료기관

09. ②

국민연금법상 급여의 종류(제49조): 노령연금, 장애연금, 유족연금, 반환일시금을 들고 있기에 ② 상병보상연금은 해당 없음.

10. ①

다음 예시는 제정연도가 빠른 순서대로 나열된 것임.
ㄱ. 사회복지사업법 (1970년)
ㄴ. 노인복지법 (1981년)
ㄷ. 국민기초생활 보장법 (1999년)
ㄹ. 노인장기요양보험법 (2007년)

11. ③

다음은 가정폭력 방지 및 피해자보호 등에 관한 법률의 옳은 내용이다.
가정폭력피해자 보호시설 중 단기보호시설은 가정폭력으로 정상적인 가정생활과 사회생활이 어렵거나 그 밖에 긴급히 보호를 필요로 하는 피해자 및 피해자가 동반한 가정구성원을 (ㄱ-6개월)의 범위에서 보호하는 시설을 말하며, 단기보호시설의 장은 그 단기보호시설에 입소한 피해자 등에 대한 보호기간을 여성가족부령으로 정하는 바에 따라 (ㄴ-3개월)의 범위에서 한차례만 연장할 수 있다(제7조의 2).

12. ①

사회복지사업법상 기본이념(제1조의 2)은 다음과 같음.
- 사회복지를 필요로 하는 사람은 누구든지 자신의 의사에 따라 서비스를 신청하고 제공받을 수 있다.
- 사회복지법인 및 사회복지시설은 공공성을 가지며 사회복지사업을 시행하는 데 있어서 공공성을 확보하여야 한다.
- 사회복지사업을 시행하는 데 있어서 사회복지를 제공하는 자는 사회복지를 필요로 하는 사람의 인권을 보장하여야 한다.
- 사회복지서비스를 제공하는 자는 필요한 정보를 제공하는 등 사회복지서비스를 이용하는 사람의 선택권을 보장하여야 한다.

13. ⑤

고용보험법령상 자영업자인 피보험자의 실업급여의 종류에 해당하는 건 ⑤ 이주비

실업급여의 종류(제37조)는 구직급여와 취업촉진 수당으로 구분하며, 취업촉진 수당의 종류는 조기(早期)재취업 수당, 직업능력개발 수당, 광역 구직활동비, 이주비, 권리구제 및 수급자의 권리보호임.

14. ④

장애인복지법의 내용으로 옳은 것은 ④ 장애인은 장애인 관련 정책결정과정에 우선적으로 참여할 권리가 있다.

① 보건복지부장관은 장애실태조사를 5년마다 실시하여야 한다.
→ 보건복지부장관은 장애인 복지정책의 수립에 필요한 기초 자료로 활용하기 위하여 3년마다 장애실태조사를 실시하여야 한다(제31조).
② 모든 재외동포 및 외국인은 장애인 등록을 할 수 없다.
→ 모든 재외동포 및 외국인은 장애인 등록을 할 수 없는 게 아니라 제32조의2(재외동포 및 외국인의 장애인 등록)의거 해당하는 사람은 장애인 등록을 할 수 있다.
③ 보건복지부장관은 3년마다 장애인정책종합계획을 수립·시행하여야 한다.
→ 보건복지부장관은 장애인의 권익과 복지증진을 위하여 관계 중앙행정기관의 장과 협의하여 5년마

다 장애인정책종합계획을 수립·시행하여야 한다.
⑤ 장애인의 장애 인정과 등급 사정에 관한 업무를 담당하게 하기 위하여 국민건강보험공단에 장애판정위원회를 둔다.
→ 장애인의 장애 인정과 장애 정도 사정(査定)에 관한 업무를 담당하게 하기 위하여 보건복지부에 장애판정위원회를 둘 수 있다(제32조).

15. ④

노인장기요양보험법의 옳은 내용은 ④ 통합 징수한 장기요양보험료와 건강보험료를 각각의 독립회계로 관리하여야 한다(제8조).

[오답해설]
① 장기요양보험사업은 고용노동부장관이 관장한다.
→ 장기요양보험사업은 보건복지부장관이 관장한다(제7조).
② 장기요양보험사업의 보험자는 국민연금관리공단으로 한다.
→ 장기요양보험사업의 보험자는 국민건강보험공단으로 한다(제7조).
③ 장기요양보험료는 건강보험료와 통합하여 고지하여야 한다.
→ 장기요양보험료와 건강보험료를 구분하여 고지하여야 한다(제8조).
⑤ 장기요양급여는 시설급여를 우선적으로 제공하는 것을 기본원칙으로 한다.
→ 장기요양급여는 노인등이 가족과 함께 생활하면서 가정에서 장기요양을 받는 재가급여를 우선적으로 제공하여야 한다(제3조).

16. ③

국민건강보험법상 건강보험 가입자가 자격을 상실하는 날로서 옳은 것은 ③ 국내에 거주하지 아니하게 된 날의 다음 날임.

자격의 상실 시기 등(제10조) 가입자는 사망한 날의 다음 날, 국적을 잃은 날의 다음 날, 국내에 거주하지 아니하게 된 날의 다음 날, 직장가입자의 피부양자가 된 날, 수급권자가 된 날, 건강보험을 적용받고 있던 사람이 유공자등 의료보호대상자가 되어 건강보험의 적용배제신청을 한 날 어느 하나에 해당하게 된 날에 그 자격을 잃는다.

17. ②

국민연금법은 사회복지사업법상 사회복지사업의 근거가 되는 법이 아님.

"사회복지사업"이란 사회복지사업법에서 규정하고 있는 법률(예 : 국민기초생활 보장법, 아동복지법, 노인복지법, 장애인복지법, 한부모가족지원법, 영유아보육법, 입양특례법, 의료급여법, 기초연금법, 긴급복지지원법 등)에 따른 보호·선도(善導) 또는 복지에 관한 사업과 사회복지상담, 직업지원, 무료 숙박, 지역사회복지, 의료복지, 재가복지(在家福祉), 사회복지관 운영, 정신질환자 및 한센병력자의 사회복귀에 관한 사업 등 각종 복지사업과 이와 관련된 자원봉사활동 및 복지시설의 운영 또는 지원을 목적으로 하는 사업(제2조)

18. ⑤

사회복지법의 체계와 적용에 관한 옳은 설명으로 ⑤ 헌법은 법률에 의해 구체화되기 이전에는 사회복지법의 법원(法源)이 될 수 없다.

[오답해설]
② 사회서비스 영역의 법제는 실체법적 규정만 두고 있고 절차법적 규정은 두고 있지 않다.
→ 사회서비스 영역의 법제는 실체적인 규정뿐만 아니라 절차적인 규정도 두고 있음.
③ 국민연금법은 공공부조법 영역에 속한다.
→ 사회보험법 영역에 속함. 공공부조법 영역의 경우 국민기초생활보장법을 들 수 있음.
④ 구법인 특별법과 신법인 일반법 간에 충돌이 있는 경우에는 구법인 특별법이 우선 적용된다.
→ 구법과 신법의 충돌발생시 신법 우선의 원칙이 적용됨.
  ※ 법적용 시 상위법우선의 원칙, 특별법 우선의 원칙, 신법 우선의 원칙이 적용됨.

19. ①

① 퇴직금은 국민기초생활 보장법상 소득의 범위에 해당하지 않음.
소득인정액의 산정(제6조의 3)
개별가구의 소득평가액은 개별가구의 실제소득에도 불구하고 보장기관이 급여의 결정 및 실시 등에 사용하기 위하여 산출한 금액으로 다음 근로소득, 사업

소득, 재산소득, 이전소득을 합한 개별가구의 실제소득에서 장애·질병·양육 등 가구 특성에 따른 지출요인, 근로를 유인하기 위한 요인, 그 밖에 추가적인 지출요인에 해당하는 금액을 감하여 산정한다.

20. ①
고용보험법상 육아휴직 급여에 관한 설명으로 옳지 않은 것은 ① 육아휴직 급여를 받으려면 육아휴직을 시작한 날 이전 18개월간 피보험 단위기간이 통산하여 180일 이상이어야 한다.
→ 육아휴직 급여(제70조)는 고용노동부장관이 「남녀고용평등과 일·가정 양립 지원에 관한 법률」에 따른 육아휴직을 30일 이상 부여받은 피보험자 중 육아휴직을 시작한 날 이전에 따른 피보험 단위기간이 합산하여 180일 이상인 피보험자에게 육아휴직 급여를 지급

21. ①
사회보장기본법상 국가와 지방자치단체가 구축·운영하여야 하는 사회보장급여의 관리체계로 명시되지 않은 것은 ① 사회보장제도의 평가 및 개선임.
→ 국가와 지방자치단체는 국민의 사회보장수급권의 보장 및 재정의 효율적 운용을 위하여 사회보장수급권자 권리구제, 사회보장급여의 사각지대 발굴, 사회보장급여의 부정·오류 관리, 사회보장급여의 과오지급액의 환수 등 관리에 관한 사회보장급여의 관리체계를 구축·운영하여야 한다(제30조).

22. ④
한부모가족지원법상 "취학 중인 경우의 아동"은 24세 미만인 사람을 말한다.
→ "아동"이란 18세 미만(취학 중인 경우에는 22세 미만을 말하되, 「병역법」에 따른 병역의무를 이행하고 취학 중인 경우에는 병역의무를 이행한 기간을 가산한 연령 미만을 말한다)의 자를 말한다(제4조).

23. ②
노인복지시설의 종류(제31조) : 노인복지시설의 종류는 노인주거복지시설, 노인의료복지시설, 노인여가복지시설, 재가노인복지시설, 노인보호전문기관, 노인일자리지원기관, 학대피해노인 전용쉼터를 둔다.

24. ①
산업재해보상보험법상 ① 출장기간 중 발생한 모든 사고는 업무상 사고가 아님.
업무상 사고 (근로자가 근로계약에 따른 업무나 그에 따르는 행위를 하던 중 발생한 사고, 사업주가 제공한 시설물 등을 이용하던 중 그 시설물 등의 결함이나 관리소홀로 발생한 사고, 사업주가 주관하거나 사업주의 지시에 따라 참여한 행사나 행사준비 중에 발생한 사고, 휴게시간 중 사업주의 지배관리하에 있다고 볼 수 있는 행위로 발생한 사고, 그 밖에 업무와 관련하여 발생한 사고)(제37조)

25. ④
학대에 관한 옳은 설명은 ㄴ. 아동학대범죄의 처벌 등에 관한 특례법에 따른 아동학대범죄는 아동복지법상 아동학대관련범죄에 해당한다.
ㄷ. 노인복지법상 노인학대라 함은 노인에 대하여 신체적·정신적·정서적·성적 폭력 및 경제적 착취 또는 가혹행위를 하거나 유기 또는 방임을 하는 것을 말한다.

[오답 해설]
ㄱ. 장애인복지법상 장애인 학대에 경제적 착취는 포함되지 않는다.
→ "장애인학대"란 장애인에 대하여 신체적·정신적·정서적·언어적·성적 폭력이나 가혹행위, 경제적 착취, 유기 또는 방임을 하는 것을 말한다(동법 제2조).

실전 모의고사 2회

605~612쪽

01	⑤	02	①	03	⑤	04	③	05	④
06	①	07	⑤	08	⑤	09	①	10	④
11	③	12	①	13	①	14	④	15	②
16	③	17	②	18	④	19	①	20	②
21	①	22	⑤	23	⑤	24	③	25	③

01. ⑤

본 예시의 제정연도는 ㄱ. 긴급복지지원법-2005년, ㄴ. 고용보험법-1993년, ㄷ. 노인복지법-1981년, ㄹ. 기초연금법-2014년임.

제정연도가 가장 빠른 것(ㄷ. 노인복지법-1981년)과 가장 늦은 것(ㄹ. 기초연금법-2014년)

02. ①

사회보장기본법상 사회보장수급권에 관한 옳은 내용은 ㄱ. 모든 국민은 사회보장 관계 법령에서 정하는 바에 따라 사회보장급여를 받을 권리인 사회보장수급권을 가진다.

[오답해설]
ㄴ. 사회보장수급권은 정당한 권한이 있는 기관에게 구두로 통지하여 포기할 수 있다.
→ 사회보장수급권은 정당한 권한이 있는 기관에 서면으로 통지하여 포기할 수 있다(제14조).
ㄷ. 사회보장수급권은 수급자 임의로 다른 사람에게 양도할 수 있다.
→ 사회보장수급권은 관계 법령에서 정하는 바에 따라 다른 사람에게 양도하거나 담보로 제공할 수 없으며, 이를 압류할 수 없다.(제12조)
ㄹ. 사회보장수급권의 포기는 취소할 수 없다.
→ 사회보장수급권의 포기는 취소할 수 있다(제14조).

03. ⑤

아동복지법의 내용으로 옳지 않은 것은 ⑤ 국가기관은 아동학대 예방교육을 연 2회 이상 실시하여야 한다.
→ 국가기관과 지방자치단체의 장, 「공공기관의 운영에 관한 법률」에 따른 공공기관과 대통령령으로 정하는 공공단체의 장은 아동학대의 예방과 방지를 위하여 필요한 교육을 연 1회 이상 실시하고, 그 결과를 보건복지부장관에게 제출하여야 한다(제26조의2).

04. ③

실태조사의 주체와 조사주기를 올바르게 짝지은 것은 ③ 한부모가족지원법상 한부모가족 실태조사 : 여성가족부장관, 3년(제6조)

[오답해설]
① 장애인복지법상 장애실태조사 : 보건복지부장관, 5년 → 보건복지부장관, 3년(동법제31조)
② 아동복지법상 아동종합실태조사 : 보건복지부장관, 1년 →보건복지부장관, 3년(동법제11조)
④ 노인복지법상 노인실태조사 : 여성가족부장관, 3년 → 보건복지부장관, 3년(동법 제5조)
⑤ 다문화가족지원법상 다문화가족 실태조사 : 보건복지부장관, 5년 → 여성가족부장관, 3년(제4조)

05. ④

국민연금법의 내용에 대한 설명으로 수급권을 취득할 당시 가입자였던 자의 태아가 출생하면 그 자녀는 가입자였던 자에 의하여 생계를 유지하고 있지 않은 자녀로 보는 게 아니라 생계를 유지하고 있는 자녀로 봄(제3조)

06. ①

국민연금법 제3조에 의거 옳은 용어 정리임.
ㄱ. "평균소득월액"이란 매년 사업장가입자 및 지역가입자 전원(全員)의 기준소득월액을 평균한 금액을 말한다
ㄴ. "기준소득월액"이란 연금보험료와 급여를 산정하기 위하여 국민연금가입자의 소득월액을 기준으로 하여 정하는 금액을 말한다.
ㄷ. "부담금"이란 사업장가입자의 사용자가 부담하는 금액을 말한다.
ㄹ. "기여금"이란 사업장가입자가 부담하는 금액을 말한다.

07. ⑤

국민기초생활 보장법의 내용으로 ⑤ 교육급여는 보건복지부장관의 소관으로 한다는 옳지 않은 설명으로 수급권자 또는 수급자의 거주지를 관할하는 "시·도 교육감"의 소관임(제19조).

08. ⑤

구직급여의 수급 요건(제40조)으로 기준기간은 이직일 이전 18개월로 하며, 기준기간 동안의 피보험 단위기간이 합산하여 180일 이상일 것

09. ①

사회보장기본법상 제3조에 의거 사회서비스에 대한 정의임.
사회서비스란 국가·지방자치단체 및 민간부문의 도움이 필요한 모든 국민에게 복지, 보건의료, 교육, 고용, 주거, 문화, 환경 등의 분야에서 인간다운 생활을 보장하고 상담, 재활, 돌봄, 정보의 제공, 관련 시설의 이용, 역량 개발, 사회참여 지원 등을 통하여 국민의 삶의 질이 향상되도록 지원하는 제도를 말한다.

10. ④

국가는 국민의 사회복지에 대한 이해를 증진하고 사회복지사업 종사자의 활동을 장려하기 위하여 매년 9월 7일을 사회복지의 날로 하고, 사회복지의 날부터 1주간을 사회복지주간으로 한다(제15조의 2).

11. ③

산업재해보상보험법상 업무상 재해를 입은 근로자 등의 진료·요양 및 재활 사업을 수행하는 기관은 ③ 근로복지공단임.

12. ①

고용보험법(1993년 제정)은 2000년대 제정된 사회복지법이 아님.

2000년대 제정된 사회복지법은 다음 예시와 같음.
② 긴급복지지원법(2005년 제정)
③ 노인장기요양보험법(2007년 제정)
④ 사회보장급여의 이용·제공 및 수급권자 발굴에 관한 법률(2014년 제정)
⑤ 다문화가족지원법(2008년 제정)

13. ①

직장가입자의 배우자의 사촌은 국민건강보험법상 직장가입자의 피부양자가 될 수 없음.
동법 제5조에 의거 피부양자에 직장가입자의 배우자, 직장가입자의 직계존속(배우자의 직계존속을 포함한다), 직장가입자의 직계비속(배우자의 직계비속을 포함한다)과 그 배우자, 직장가입자의 형제·자매가 포함됨.

14. ④

가정폭력방지 및 피해자보호 등에 관한 법률상 보호시설의 종류에 대해 장기보호시설이란 : 피해자등에 대하여 3년의 범위에서 자립을 위한 주거편의 등을 제공하는 시설이 아니라 2년의 범위에서가 맞는 설명임(동법 (제7조의2)).

15. ②

다음은 사회보장기본법상 국가와 지방자치단체의 책임에 대한 옳은 설명임.
ㄱ. 국가와 지방자치단체는 사회보장에 관한 책임과 역할을 합리적으로 분담하여야 한다.
ㄴ. 국가와 지방자치단체는 국가 발전수준에 부응하고 사회환경의 변화에 선제적으로 대응하며 지속가능한 사회보장제도를 확립하고 매년 이에 필요한 재원을 조달하여야 한다.
ㄷ. 국가와 지방자치단체는 모든 국민의 인간다운 생활을 유지·증진하는 책임을 가진다.

[오답 해설]
ㄹ. 국가는 사회보장제도의 안정적인 운영을 위하여 단기 사회보장 재정추계를 매년 실시하고 이를 공표하여야 한다. → 장기 사회보장 재정추계를 격년으로 실시하는 게 맞는 설명임(제5조)

16. ③

사회보장기본법상 사회보장수급권의 관련내용으로 ③ 사회보장수급권을 포기하는 것이 다른 사람에게 피해를 주거나 사회보장에 관한 관계 법령에 위반되는 경우에는 사회보장수급권을 포기할 수 있는 게 아니라 포기할 수 없다(제14조)

17. ②

사회보장급여의 이용·제공 및 수급권자 발굴에 관한 법률상 관련 ② 보장기관의 업무담당자는 지원대상자가 심신미약 또는 심신상실 등 대통령령으로 정하는 경우에 해당하면 지원대상자의 동의를 얻은 뒤 직권으로 사회보장급여의 제공을 신청할 수 있다.

→ 보장기관의 업무담당자는 지원대상자가 심신미약 또는 심신상실 등 대통령령으로 정하는 경우에 해당하면 지원대상자의 동의 없이 직권으로 사회보장급여의 제공을 신청할 수 있다. 이 경우 보장기관의 업무담당자는 직권 신청한 사실을 보장기관의 장에게 지체 없이 보고하여야 한다(제5조).

18. ④

사회보장급여의 이용·제공 및 수급권자 발굴에 관한 법률상 지역사회보장협의체에서 심의·자문하는 업무로 옳은 설명은 ④ 읍·면·동 단위 지역사회보장협의체의 구성 및 운영에 관한 사항임(제41조). 나머지 예시는 시·도사회보장위원회(제40조)의 업무임.

19. ①

국민기초생활보장법상 급여의 기준에 대한 설명으로
① 보장기관은 이 법에 따른 급여를 개인 단위로 실시하되, 특히 필요하다고 인정하는 경우에는 개별가구 단위로 실시할 수 있다.
→ 보장기관은 이 법에 따른 급여를 개별가구 단위로 실시하되, 특히 필요하다고 인정하는 경우에는 개인 단위로 실시할 수 있다.

20. ②

국민기초생활보장법상 급여의 선정기준에 대한 맞는 설명임.
ㄱ. 생계급여 선정기준은 기준 중위소득의 100분의 30 이상으로 한다(제8조).
ㄴ. 교육급여 선정기준은 기준 중위소득의 100분의 50 이상으로 한다(제12조).
ㄷ. 의료급여 선정기준은 기준 중위소득의 100분의 40 이상으로 한다(제12조의 3).

21. ①

의료급여법에 관한 설명으로 ① 시장·군수·구청장은 수급권자의 소득, 재산상황, 근로능력 등이 변동되었을 때에는 수급권자의 신청을 받아 의료급여의 내용 등을 변경할 수 있다.
→ 직권으로 또는 수급권자나 그 친족, 그 밖의 관계인의 신청을 받아서 의료급여의 내용 등을 변경할 수 있다(제16조).

22. ⑤

긴급복지지원법상 위기상황에 해당하는 사유로 ⑤ 경증의 질병 또는 부상을 당한 경우가 아니라 중한 질병 또는 부상을 당한 경우(제2조)

23. ⑤

본 예시 중 긴급복지지원법상 긴급지원의 종류 중 금전 또는 현물(現物) 등의 직접지원에 관한 것은 ㄴ. 연료비나 그 밖에 위기상황의 극복에 필요한 비용 또는 현물 지원, ㄷ. 각종 검사 및 치료 등 의료서비스 지원임.
반면, 민간기관·단체와의 연계 등의 지원으로 ㄱ. 대한적십자사, 사회복지공동모금회 등의 사회복지기관·단체와의 연계 지원, ㄹ. 상담·정보제공, 그 밖의 지원을 들음(제9조).

24. ③

기초연금법상 기초연금 지급의 정지 관련한 내용으로 ③ 기초연금 수급자의 국외 체류기간이 30일 이상 지속되는 경우가 아니라 60일 이상이 맞는 설명임(제16조).
즉, 기초연금 수급자의 국외 체류기간이 60일 이상 지속되는 경우. 이 경우 국외 체류 60일이 되는 날을 지급 정지의 사유가 발생한 날로 본다.

25. ③

국민연금법상 국민연금가입자에 대한 설명으로 옳은 것은 ③ 가입자의 종류로 사업장가입자, 지역가입자, 임의가입자 및 임의계속가입자로 구분한다(제7조).

[오답해설]
① 사업장가입자는 사업의 종류, 근로자의 수 등을 고려하여 대통령령으로 정하는 사업장의 20세 이상 59세 미만인 근로자와 사용자는 당연히 사업장가입자가 된다.
→ 사업장의 18세 이상 60세 미만인 근로자와 사용자(제8조)
② 지역가입자는 사업장가입자이면서 18세 이상 60세 미만인 자는 당연히 지역가입자가 된다. → 사업장가입자가 아닌 자이면서 18세 이상 60세 미만인 자(제9조)
④ 가입기간이 10년 미만인 자가 60세가 될 때 사유

로 반환일시금을 지급받은 자에 해당하는 자는 가입대상에도 불구하고 65세가 될 때까지 보건복지부령으로 정하는 바에 따라 국민연금공단에 가입을 신청하면 임의계속가입자가 될 수 있다.
→ 이 경우에 임의계속가입자가 될 수 없음(제13조).
⑤ 노령연금 수급권자로서 급여를 지급받고 있는 자가 60세가 된 때 사유로 반환일시금을 지급받은 자에 해당하는 자는 가입대상에도 불구하고 65세가 될 때까지 보건복지부령으로 정하는 바에 따라 국민연금공단에 가입을 신청하면 임의계속가입자가 될 수 있다.
→ 이 경우에 임의계속가입자가 될 수 없음(제13조).

실전 모의고사 3회 613~619쪽

01	⑤	02	③	03	①	04	②	05	③
06	④	07	⑤	08	⑤	09	⑤	10	⑤
11	④	12	⑤	13	④	14	②	15	①
16	⑤	17	④	18	②	19	①	20	⑤
21	②	22	②	23	④	24	②	25	④

01. ⑤
단기보호시설의 장은 그 단기보호시설에 입소한 피해자등에 대한 보호기간을 여성가족부령으로 정하는 바에 따라 각 (3)개월의 범위에서 (2)차례 연장할 수 있다(제7조의 2).

02. ③
자원봉사활동의 범위로 정치인 선거활동은 아니고 공명선거에 관한 활동을 들 수 있음.
자원봉사활동의 범위(제7조) : 사회복지 및 보건 증진에 관한 활동, 지역사회 개발·발전에 관한 활동, 환경보전 및 자연보호에 관한 활동, 사회적 취약계층의 권익 증진 및 청소년의 육성·보호에 관한 활동, 교육 및 상담에 관한 활동, 인권 옹호 및 평화 구현에 관한 활동, 범죄 예방 및 선도에 관한 활동, 교통질서 및 기초질서 계도에 관한 활동, 재난 관리 및 재해 구호에 관한 활동, 문화·관광·예술 및 체육 진흥에 관한 활동, 부패 방지 및 소비자 보호에 관한 활동, 공명선거에 관한 활동, 국제협력 및 국외봉사활동, 공공행정 분야의 사무 지원에 관한 활동, 그 밖에 공익사업의 수행 또는 주민복리의 증진에 필요한 활동

03. ①
국가는 국민의 자원봉사활동에 대한 참여를 촉진하고 자원봉사자의 사기를 높이기 위하여 매년 12월 5일을 자원봉사자의 날로 하고 자원봉사자의 날부터 1주일간을 자원봉사주간으로 설정한다(제13조).

04. ②
다문화가족지원법 다문화가족정책위원회의 설치(제3조의 4)의거
다음 예시는 다문화가족정책위원회에서 심의·조정사항임
ㄱ. 추진실적 점검 및 평가에 관한 사항
ㄴ. 각종 다문화가족 지원 관련 사업의 조정 및 협력에 관한 사항
ㄷ. 그 밖에 다문화가족의 사회통합에 관한 중요 사항으로 위원장이 필요하다고 인정하는 사항
ㄹ. 연구 및 정책의 분석·평가에 관한 사항

05. ③
일시지원복지시설 : 배우자(사실혼 관계에 있는 사람을 포함한다)가 있으나 배우자의 물리적·정신적 학대로 아동의 건전한 양육이나 모의 건강에 지장을 초래할 우려가 있을 경우 일시적 또는 일정 기간 동안 모와 아동 또는 모에게 주거와 생계를 지원하는 시설 (제19조)

06. ④
「출입국관리법」에 따라 외국인등록을 한 사람으로서 같은 법에 따른 체류자격 중 대한민국에 영주할 수 있는 체류자격을 심사 중인 사람 → 출입국관리법」에 따라 외국인등록을 한 사람으로서 같은 법에 따른 체류자격 중 대한민국에 영주할 수 있는 체류자격을 가진 사람 (제32조의 2)

07. ⑤
장애인복지법상 장애인가족지원의 내용으로 ⑤ 그밖에 한국장애인고용공단이 장애인 가족을 위하여 필

요하다고 인정하는 지원이 아니라 그밖에 보건복지부장관이 장애인 가족을 위하여 필요하다고 인정하는 지원(제30조의 2)이 맞는 예시임.

08. ⑤

노인복지주택은 노인주거복지시설(제32조)에 해당됨. 나머지 예시(방문요양서비스, 주·야간보호서비스, 단기보호서비스, 방문 목욕서비스)는 재가노인복지시설에 해당됨(제38조).

09. ⑤

기타재가급여 : 수급자의 일상생활·신체활동 지원 및 인지기능의 유지·향상에 필요한 용구를 제공하거나 주·야간보호센터를 방문하여 재활에 관한 지원 등을 제공하는 장기요양급여로서 대통령령으로 정하는 것은 틀린 예시임. 주·야간보호센터를 가정으로 고쳐야 맞는 예시임(제23조).

10. ⑤

노인장기요양보험법에 관한 설명 중 ⑤ 등급판정위원회는 신청인이 장기요양인정의 신청자격의 신청자격요건을 충족하고 6개월 이상 동안 혼자서 일상생활을 수행하기 어렵다고 인정하는 경우 심신상태 및 장기요양이 필요한 정도 등 대통령령으로 정하는 등급판정기준에 따라 수급자로 판정한다(제15조)는 맞는 예시임.

[오답해설]
① 장기요양보험사업은 시·군·구가 아니라 보건복지부장관이 관장한다(제7조).
② 장기요양보험사업의 보험자는 보건복지부장관이 아니라 공단으로 한다(제7조).
③ 장기요양보험료는 「국민건강보험법」에 따른 건강보험료와 구분하는 게 아니라 통합하여 징수한다(제8조).
④ 장기요양인정을 신청할 수 있는 자는 노인등으로서 장기요양보험가입자, 의료급여수급권자 어느 하나에 해당하는 자격을 갖추어야 한다가 아니라 장기요양인정을 신청할 수 있는 자는 노인등으로서 장기요양보험가입자 또는 그 피부양자, 의료급여수급권자 어느 하나에 해당하는 자격을 갖추어야 한다(제12조).

11. ④

손자녀로서 20세는 유족보상연금을 받을 수 있는 자격이 없는 사람임.
유족보상연금을 받을 수 있는 자격이 있는 사람은 근로자가 사망할 당시 그 근로자와 생계를 같이 하고 있던 유족(그 근로자가 사망할 당시 대한민국 국민이 아닌 사람으로서 외국에서 거주하고 있던 유족은 제외한다) 중 배우자와 부모 또는 조부모로서 각각 60세 이상인 사람, 자녀로서 25세 미만인 사람, 손자녀로서 19세 미만인 사람, 형제자매로서 19세 미만이거나 60세 이상인 사람 등 중 어느 하나에 해당하는 사람으로 한다. (제62조)

12. ⑤

그 부상·질병·장해 또는 사망이 정상적인 인식능력 등이 뚜렷하게 낮아진 상태에서 한 행위로 발생한 경우로서 대통령령으로 정하는 사유가 있으면 업무상의 재해로 본다(제37조).

13. ④

고용보험법상 구직급여의 수급 요건에 대한 설명으로 옳은 것은 ④건설일용근로자로서 수급자격 인정신청일 이전 14일간 연속하여 근로내역이 없을 것임(제40조).

[오답해설]
① 기준기간 동안의 피보험 단위기간이 합산하여 100일 이상일 것 → 100일 이상이 아니라 180일 이상
② 근로의 의사와 능력이 있음에도 불구하고 취업(비영리를 목적으로 사업을 영위하는 경우를 포함)하지 못한 상태에 있을 것 → 비영리가 아니라 영리
③ 수급자격 인정신청일 이전 2개월 동안의 근로일수가 10일 미만일 것 → 2개월이 아니라 1개월
⑤ 최종 이직 당시의 기준기간 동안의 피보험 단위기간 중 다른 사업에서 수급자격의 제한 사유에 해당하는 사유로 이직한 사실이 있는 경우에는 그 피보험 단위기간 중 60일 이상을 일용근로자로 근로하였을 것 → 60일이 아니라 90일

14. ②

사회보장급여의 이용·제공 및 수급권자 발굴에 관한 법률에 한국사회보장정보원이 담당하는 업무가 아닌 것은 ② 사회보장 관련 민간 법인·단체에 대한 전자화 지원임.
→ 사회보장 관련 민간 법인·단체·시설에 대한 전자화 지원(제29조)

15. ①

국민연금법에서 사용하는 용어의 정의로 "소득"이란 일정한 기간 근로를 제공하여 얻은 수입에서 대통령령으로 정하는 과세소득을 제외한 금액 또는 사업 및 자산을 운영하여 얻는 수입에서 필요경비를 제외한 금액을 말한다. → 과세소득을 제외한 금액이 아니라 비과세소득을 제외한 금액이 맞는 예시임(제3조)

16. ⑤

국민기초생활보장법상 급여에 관한 설명으로 옳지 않은 것은 ⑤ 생계급여 적절한 보장수준은 생계급여와 소득인정액을 포함하여 생계급여 선정기준 이상이 되도록 하여야 한다. → 적절한 보장수준이 아니라 최저보장수준임.

17. ④

고용보험법의 내용으로 옳지 않은 것은 ④ 실업급여에는 취업촉진수당이 포함되지 않는다로 실업급여의 종류(제37조)는 구직급여와 취업촉진 수당으로 구분됨.

18. ②

국민기초생활보장법상 급여의 종류에 해당하는 것은 ㄴ. 해산급여 ㄷ. 자활급여 ㄹ. 장제급여임.

급여의 종류(제7조) : 생계급여, 주거급여, 의료급여, 교육급여, 해산급여(解産給與), 장제급여(葬祭給與), 자활급여를 들 수 있음.
ㄱ. 실업급여는 고용보험법상 적용됨.

19. ①

사회복지법상 연령 규정에 대해 ① 한부모가족지원법상 "취학 중인"경우 20세만이 아니라 22세만이 맞는 예시임(제4조)

20. ⑤

사회복지법의 성문법원에 해당하는 것은 ⑤ 헌법, 명령임.
- 성문법원 : 헌법, 법률, 명령(시행령, 시행규칙), 자치법규(조례, 규칙)
- 불문법원 : 관습법, 판례법, 조리

21. ②

고용보험법상 고용보험사업(제4조) ② 육아휴직 급여 실시이며 국민건강보험법상 국민건강보험공단이 관장하는 업무에 ① 자산의 관리·운영 및 증식사업 ③ 의료시설의 운영, ④ 가입자 및 피부양자의 자격 관리, ⑤ 보험급여의 관리를 들음(제14조)

22. ②

사회보장기본법상 사회보장 기본계획에 포함되어야 하는 사항은 ㄱ. 국내외 사회보장환경의 변화와 전망, ㄴ. 사회보장 관련 기금 운용방안, ㄷ. 사회보장 전달체계임.
ㄹ. 사회보장의 기본목표 및 단기 및 중장기 추진방향이 아니라 중장기 추진방향이 맞는 예시임(제16조).

23. ④

사회보장기본법상 사회보장제도의 운영원칙에 대한 설명으로 ④ 민주성 : 국가와 지방자치단체는 사회보장제도의 정책 결정 및 시행 과정에 공익의 대표자 및 이해관계인 등을 참여시켜 이를 민주적으로 결정하고 시행하여야 한다(제25조)

24. ②

노인복지법은 1981년 제정됨. 나머지 예시는 1990년대에 제정됨.
① 국민기초생활보장법-1999년
③ 사회보장기본법-1995년
④ 고용보험법-1993년
⑤ 국민건강보험법-1999년

25. ④

국민연금법상 사업장가입자는 국민연금가입자 자격의 상실시기에 해당되지 않는 예시로 ④ 대통령령으로 정하는 기간 이상 계속하여 연금보험료를 체납한 때는 사업장가입자가 아니라 임의가입자의 국민연금가입자 자격의 상실시기임(제12조)

PART II 최신기출문제

각 문제에서 요구하는 가장 적합한 답 1개만을 고르시오.

1교시 사회복지기초 (50문항/50분)

사회복지기초(인간행동과 사회환경)

01. 인간발달의 원리에 관한 설명으로 옳지 <u>않</u>은 것은?

① 발달에는 최적의 시기가 존재하지 않는다.
② 발달의 각 영역은 상호 밀접한 연관이 있다.
③ 일정한 순서와 방향이 있어서 예측 가능하다.
④ 대근육이 있는 중심부위에서 소근육의 말초부위 순으로 발달한다.
⑤ 연속적 과정이지만 발달의 속도는 일정하지 않다.

02. 인간발달 및 그 유사개념에 관한 설명으로 옳지 <u>않은</u> 것은?

① 성장(growth)은 시간의 경과에 따라 나타나는 양적 변화이다.
② 성숙(maturation)은 환경과의 상호작용에 의한 사회적 발달이다.
③ 학습(learning)은 경험이나 훈련의 결과로 나타나는 행동변화이다.
④ 인간발달은 유전과 환경의 상호작용 결과이다.
⑤ 인간발달은 상승적 변화와 하강적 변화를 모두 포함한다.

03. 동갑 친구들 A~C의 대화에서 알 수 있는 인간발달의 원리는?

> A : 나는 50세가 되니 확실히 노화가 느껴져. 얼마 전부터 노안이 와서 작은 글씨를 읽기 힘들어.
> B : 나는 노안은 아직 안 왔는데 흰머리가 너무 많아지네. A는 흰머리가 거의 없구나.
> C : 나는 노안도 왔고 흰머리도 많아. 게다가 기억력도 예전 같지 않아.

① 발달에는 개인차가 있다.
② 발달의 초기단계가 일생에서 가장 중요하다.
③ 발달은 학습에 따른 결과이다.
④ 발달은 분화와 통합의 과정이다.
⑤ 발달은 이전의 발달과업 성취에 기초하여 이루어진다.

04. 프로이트(S. Freud)의 정신분석이론에 관한 설명으로 옳은 것을 모두 고른 것은?

> ㄱ. 자아(ego)는 일차적 사고과정과 현실원칙을 따른다.
> ㄴ. 잠복기에 원초아(id)는 약해지고 초자아(superego)는 강해진다.
> ㄷ. 신경증적 불안은 자아의 욕구를 초자아가 통제하지 못하고 압도될 때 나타난다.
> ㄹ. 방어기제는 외부세계의 요구로부터 스스로를 보호하고자 하는 무의식적 시도이다.

① ㄷ   ② ㄱ, ㄷ   ③ ㄴ, ㄹ
④ ㄱ, ㄴ, ㄹ   ⑤ ㄱ, ㄴ, ㄷ, ㄹ

05. 융(C. Jung)의 분석심리이론에 관한 설명으로 옳은 것은?

① 페르소나(persona)는 외부의 요구나 기대에 부응하는 과정에서 생긴 자아의 가면이라고 한다.
② 인간을 성(性)적 에너지인 리비도(libido)에 의해 지배되는 수동적 존재로 보았다.
③ 원형(archetype)이란 개인의 의식 속에 존재하는 유일한 정신기관이다.
④ 아니무스(animus)는 남성이 억압시킨 여성성이다.
⑤ 자아의 기능에서 감각(sensing)과 직관(intuiting)은 이성을 필요로 하는 합리적 기능이다.

06. 아들러(A. Adler)의 개인심리이론에 관한 설명으로 옳지 <u>않은</u> 것은?

① 지배형 생활양식은 사회적 관심은 낮으나 활동수준이 높은 유형이다.
② 개인이 궁극적으로 추구하는 목적은 가상적 목표이다.
③ 인간은 목적론적 존재이다.
④ 아동에 대한 방임은 병적 열등감을 초래할 수 있다.
⑤ 사회적 관심은 선천적으로 타고나는 것이어서 의식적인 개발과 교육이 필요하지 않다.

07. 고전적 조건형성의 학습 원리에 관한 설명으로 옳은 것을 모두 고른 것은?

> ㄱ. 시간의 원리 : 무조건자극보다 조건자극이 늦게 제공되어야 조건형성이 이루어진다.
> ㄴ. 강도의 원리 : 무조건자극에 대한 반응이 조건자극에 대한 반응보다 약해야 한다.
> ㄷ. 일관성의 원리 : 무조건자극과 조건자극은 조건이 형성될 때까지 지속적으로 제시되어야 한다.
> ㄹ. 계속성의 원리 : 자극과 반응 과정의 반복 횟수가 많을수록 조건형성이 잘 이루어진다.

① ㄱ, ㄴ   ② ㄴ, ㄹ   ③ ㄷ, ㄹ
④ ㄱ, ㄴ, ㄷ   ⑤ ㄱ, ㄷ, ㄹ

08. 스키너(B. Skinner)의 조작적 조건형성을 위한 강화 계획 중 '가변(변동)간격 강화'에 해당하는 사례는?

① 정시 출근한 아르바이트생에게 매주 추가 수당을 지급하여 정시 출근을 유도한다.
② 어린이집에서 어린이가 규칙을 지킬 때마다 바로 칭찬해서 규칙을 지키는 행동이 늘어나도록 한다.
③ 수강생이 평균 10회 출석할 경우 상품을 1개 지급하되, 출석 5회 이상 15회 이내에서 무작위로 지급하여 성실한 출석을 유도한다.
④ 영업사원이 판매 목표를 10%씩 초과 달성할 때마다 초과 달성분의 3%를 성과급으로 지급하여 의욕을 고취한다.
⑤ 1년에 6회 자체 소방안전 점검을 하되, 불시에 실시하여 소방안전 관리를 철저히 하도록 장려한다.

09. 로저스(C. Rogers)의 이론에 관한 설명으로 옳은 것을 모두 고른 것은?

> ㄱ. 인간의 주관적 경험을 강조하였다.
> ㄴ. 공감과 지시적인 상담을 강조하였다.
> ㄷ. 인간을 통합적 존재로 규정하였다.
> ㄹ. 인간의 욕구발달단계를 제시하였다.

① ㄱ ② ㄱ, ㄷ ③ ㄴ, ㄹ
④ ㄴ, ㄷ, ㄹ ⑤ ㄱ, ㄴ, ㄷ, ㄹ

10. 매슬로우(A. Maslow)의 이론에 관한 설명으로 옳은 것은?

① 대부분의 사람들이 자아실현의 욕구를 달성한다.
② 자존감의 욕구는 소속과 사랑의 욕구보다 상위단계의 욕구이다.
③ 인간본성에 대해 비관적인 태도를 갖고 있다.
④ 인간의 성격은 환경에 의해 수동적으로 결정된다.
⑤ 무조건적인 긍정적 관심을 강조하였다.

11. 피아제(J. Piaget)의 인지발달이론에서 '전조작기'의 발달 특성으로 옳지 않은 것은?

① 상징놀이를 한다.
② 비가역적 사고를 한다.
③ 물활론적 사고를 한다.
④ 직관에 의존해 판단한다.
⑤ 다중 유목화의 논리를 이해한다.

12. 콜버그(L. Kohlberg)의 도덕성 발달 이론에 관한 설명으로 옳지 않은 것은?

① 법과 질서 지향 단계는 인습적 수준에 해당한다.
② 피아제(J. Piaget)의 도덕성 발달 이론에 기초를 제공하였다.
③ 전인습적 수준에서는 행동의 원인보다 결과에 따라 옳고 그름을 판단한다.
④ 보편적 윤리 지향 단계에서는 정의, 평등 등 인권적 가치와 양심적 행위를 지향한다.
⑤ 도덕적 딜레마가 포함된 이야기를 아동, 청소년 등에게 들려주고, 이야기 속 주인공의 행동에 대한 도덕적 판단과 그 근거를 질문한 후 그 응답에 따라 도덕성 발달 단계를 파악하였다.

13. 사회체계이론의 주요개념에 관한 설명으로 옳지 않은 것은?

① 넥엔트로피(negentropy)는 폐쇄체계가 지속되면 나타나는 현상이다.
② 항상성(homeostasis)은 비교적 안정적이며 지속적인 균형상태를 유지하기 위한 체계의 경향을 말한다.
③ 시너지(synergy)는 체계 내부 간 혹은 외부와의 상호작용이 증가함으로써 체계 내에서 유용한 에너지양이 증가하는 현상이다.
④ 경계(boundary)란 체계와 환경 혹은 체계와 체계 간을 구분하는 일종의 테두리를 의미한다.
⑤ 균형(equilibrium)은 외부체계로부터의 투입이 없어 체계의 구조변화가 거의 없이 고정된 평형상태를 의미한다.

14. 생태체계이론에 관한 설명으로 옳지 <u>않은</u> 것은?

① 인간은 목적 지향적이다.
② 적합성은 개인이 환경과 효과적으로 상호작용을 할 수 있는 능력이다.
③ 생활상의 문제는 전체 생활공간 내에서 이해해야 한다.
④ 스트레스는 개인과 환경 간 상호교류에서의 불균형이 야기하는 현상이다.
⑤ 환경 속의 인간을 강조한다.

15. 브론펜브레너(U. Bronfenbrenner)의 미시체계(micro system)에 관한 설명으로 옳은 것은?

① 개인의 생활에 직접적으로 개입하지 않는다.
② 조직수준에서 영향을 미칠 수 있는 체계이다.
③ 개인의 성장 시기에 따라 달라지며 상호호혜성에 기반을 두는 체계이다.
④ 개인의 발달에 영향을 미치는 부모의 직업, 자녀의 학교 등을 중시한다.
⑤ 개인이 사회관습과 유행을 통해 자신의 가치관을 표현한다.

16. 브론펜브레너(U. Bronfenbrenner)의 거시체계(macro system) 수준에서 학교폭력 피해 청소년에게 개입한 사례는?

① 피해 청소년과 개별 상담을 실시한다.
② 피해 청소년의 성장사와 가족력 등을 파악한다.
③ 피해 청소년 부모의 근무 환경, 소득 등을 살펴본다.
④ 피해 청소년이 다시 피해를 입지 않도록 학교폭력에 대한 처벌을 강화하는 특별법을 제정한다.
⑤ 피해 청소년의 부모, 교사, 사회복지사가 함께 피해 청소년 보호를 위한 구체적 방법을 정기적으로 의논한다.

17. 문화에 관한 설명으로 옳지 <u>않은</u> 것은?

① 사회체계로서 중간체계에 해당된다.
② 사회구성원들 간에 공유된다.
③ 문화변용은 둘 이상의 문화가 지속적으로 접촉하여 한쪽이나 양쪽에 변화가 일어나는 현상이다.
④ 세대 간에 전승되며 축적된다.
⑤ 사회화에 대한 지침을 제공한다.

18. 태내기(수정-출산)에 유전적 요인으로 인해 발생할 수 있는 장애에 관한 설명으로 옳은 것은?

① 다운증후군은 지능 저하를 동반하지 않는다.
② 헌팅톤병은 열성 유전인자 질병으로서 단백질의 대사 장애를 일으킨다.
③ 클라인펠터증후군은 X염색체를 더 많이 가진 남성에게 나타난다.
④ 터너증후군은 Y염색체 하나가 더 있는 남성에게 나타난다.
⑤ 혈우병은 여성에게만 발병한다.

19. 유아기(3-6세)에 관한 설명으로 옳지 <u>않은</u> 것은?

① 영아기(0-2세)보다 성장속도가 느려진다.
② 성역할의 내면화가 이루어진다.
③ 오로지 자신의 관점에 비추어 타인의 감정이나 사고를 예측하는 경향이 있다.
④ 피아제(J. Piaget)의 형식적 조작기에 해당한다.
⑤ 전환적 추론이 가능하다.

20. 에릭슨(E. Erickson)의 심리사회이론에서 아동기(7-12세) 발달과업을 성취하지 못할 경우 경험하는 심리사회적 위기는?

① 불신감　② 절망감　③ 침체감
④ 고립감　⑤ 열등감

21. 엘킨드(D. Elkind)가 제시한 청소년기(13-19세) 자기중심성(egocentrism)에 관한 내용으로 옳지 않은 것은?

① 다른 사람이 경험하는 위기가 자신에게는 일어나지 않으리라 믿는다.
② 상상적 관중을 의식하여 작은 실수에 대해서도 번민한다.
③ 자신의 감정이나 경험이 매우 특별하다고 생각한다.
④ 자신과 타인에 대해 객관적으로 이해하고 판단한다.
⑤ 자신이 타인으로부터 집중적인 관심의 대상이 된다고 믿는다.

22. 청년기(20-35세)에 관한 설명으로 옳지 않은 것은?

① 자기 부양 능력을 갖추어야 하는 시기이다.
② 자아정체감 형성이 주요 발달 과제인 시기이다.
③ 부모로부터 심리적, 경제적으로 독립하여 자율성을 성취하는 시기이다.
④ 개인적 욕구와 사회적 욕구 사이에 균형을 찾아 직업을 선택하는 시기이다.
⑤ 타인과의 관계에서 친밀감을 형성하면서 결혼과 부모 됨을 고려하는 시기이다.

23. 중년기(40-64세)에 관한 설명으로 옳은 것은?

① 펙(R. Peck)은 신체 중시로부터 신체 초월을 중년기의 중요한 발달과제로 보았다.
② 결정성(crystallized) 지능은 감소하고 유동성(fluid) 지능은 증가한다.
③ 융(C. Jung)에 따르면, 외부세계에 쏟았던 에너지를 자신의 내부에 초점을 두며 개성화의 과정을 경험한다.
④ 여성은 에스트로겐의 분비가 감소되고 남성은 테스토스테론의 분비가 증가된다.
⑤ 갱년기는 여성만이 경험하는 것으로 신체적 변화와 동시에 우울, 무기력감 등 심리적 증상을 동반한다.

24. 다음 학자와 그의 주요 기법이 옳게 연결된 것은?

① 반두라(A. Bandura) - 행동조성
② 로저스(C. Rogers) - 타임아웃
③ 스키너(B. Skinner) - 모델링
④ 피아제(J. Piaget) - 가족조각
⑤ 프로이트(S. Freud) - 자유연상

25. 생애주기에 따른 주요 발달과업의 연결이 옳은 것을 모두 고른 것은?

> ㄱ. 영아기(0-2세) - 신뢰감, 애착형성
> ㄴ. 청소년기(13-19세) - 생산성, 서열화
> ㄷ. 노년기(65세 이상) - 자아통합, 죽음 수용

① ㄱ　② ㄴ　③ ㄱ, ㄴ
④ ㄱ, ㄷ　⑤ ㄴ, ㄷ

사회복지기초(사회복지 조사론)

26. 다음 중 질적 연구와 가장 거리가 먼 것은?

① 문화기술지(ethnography)연구
② 심층사례연구
③ 사회지표조사
④ 근거이론연구
⑤ 내러티브(narrative)연구

27. 과학철학에 관한 설명으로 옳은 것은?

① 논리적 실증주의에 가장 큰 영향을 미친 사람은 영국의 철학자 흄(D. Hume)이다.
② 상대론적인 입장에서는 경험에 의한 지식의 객관성을 추구한다.
③ 쿤(T. Kuhn)에 의하면 과학은 기존의 이론과 상충되는 현상을 관찰하는 데서 출발하여 기존의 이론에 엄격한 검증을 행한다.
④ 반증주의는 누적적인 진보를 부정하면서 역사적 사실들과 더 잘 부합하는 새로운 패러다임을 제시하였다.
⑤ 논리적 경험주의는 과학의 이론들이 확률적으로 검증되는 관찰에 의해서만 정당화될 수 있다고 주장한다.

28. 실증주의의 특징과 가장 거리가 먼 것은?

① 이론의 재검증
② 객관적 조사
③ 사회현상의 주관적 의미에 대한 해석
④ 보편적이고 적용가능한 통계적 분석도구
⑤ 연구결과의 일반화

29. 평가연구에 관한 설명으로 옳지 않은 것은?

① 보고서의 형식은 의뢰기관의 요청에 따를 수 있다.
② 목표달성에 대한 해석이 다양한 이해관계에 영향을 받을 수 있다.
③ 질적 연구방법을 적용할 수 있다.
④ 프로그램의 실행과정도 평가할 수 있다.
⑤ 과학적 객관성을 저해하더라도 의뢰기관의 요구를 수용하여 평가결과를 조정할 수 있다.

30. 사회복지조사에 관한 설명으로 옳은 것을 모두 고른 것은?

> ㄱ. 사회복지관련 이론 개발에 사용된다.
> ㄴ. 여론조사나 인구센서스 조사는 전형적인 탐색 목적의 조사연구이다.
> ㄷ. 연구의 전 과정에서 결정주의적 성향을 지양해야 한다.
> ㄹ. 조사범위에 따라 횡단연구와 종단연구로 나뉘어진다.

① ㄱ, ㄷ
② ㄴ, ㄹ
③ ㄱ, ㄴ, ㄷ
④ ㄴ, ㄷ, ㄹ
⑤ ㄱ, ㄴ, ㄷ, ㄹ

31. 다음에서 설명하는 조사 유형에 해당하는 것은?

   - 둘 이상의 시점에서 조사가 이루어진다.
   - 동일대상 반복측정을 원칙으로 하지 않는다.

   ① 추세연구, 횡단연구
   ② 패널연구, 추세연구
   ③ 횡단연구, 동년배(cohort)연구
   ④ 추세연구, 동년배연구
   ⑤ 패널연구, 동년배연구

32. 17개 시·도의 69개 사회복지기관에서 근무하는 사회복지사 396명을 대상으로 근무기관의 규모별 직무만족도를 설문조사할 때 독립변수와 종속변수의 관찰단위를 순서대로 옳게 짝지은 것은?

   ① 개인 – 개인
   ② 기관 – 개인
   ③ 지역사회 – 개인
   ④ 지역사회 – 기관
   ⑤ 개인 – 지역사회

33. 다음 사례에서 부모의 재산은 어떤 변수인가?

   한 연구에서 부모의 학력이 자녀의 대학 진학률에 영향을 미치는 것으로 나타났다. 그러나 부모의 재산이 비슷한 조사 대상에 한정하여 다시 분석해 본 결과, 부모의 학력과 자녀의 대학 진학률 사이에는 통계적으로 유의미한 관계가 없는 것으로 나타났다.

   ① 독립변수   ② 종속변수
   ③ 조절변수   ④ 억제변수
   ⑤ 통제변수

34. 양적 조사방법에 관한 설명으로 옳은 것은?

   ① 자료수집을 완료한 후 가설을 설정해야 한다.
   ② 자료수집 방법은 조사 설계에 포함할 수 없다.
   ③ 연구가설은 독립변수와 종속변수는 관계가 없다고 설정한다.
   ④ 개념적 정의는 측정가능성을 전제로 한다.
   ⑤ 사회과학에서 이론은 직접검증을 원칙으로 한다.

35. 측정수준이 서로 다른 변수로 묶인 것은?

   ① 연령, 백신 접종률
   ② 학년, 이수과목의 수
   ③ 섭씨(℃), 화씨(°F)
   ④ 강우량, 산불발생 건 수
   ⑤ 거주지역, 혈액형

36. 척도 유형에 관한 설명으로 옳지 않은 것은?

① 리커트척도(Likert scale)는 문항 간 내적 일관성이 중요하다.
② 거트만척도(Guttman scale)는 누적 척도이다.
③ 서스톤척도(Thurstone scale)의 장점은 개발의 용이성이다.
④ 보가더스척도(Borgadus scale)는 사회집단 간의 심리적 거리감을 측정하는 데 적절하다.
⑤ 의미분화척도(semantic differential scale)의 문항은 한 쌍의 대조되는 형용사를 사용한다.

37. 측정에 관한 설명으로 옳지 않은 것은?

① 측정은 연구대상에 대해 일정한 규칙에 따라 숫자나 기호를 부여하는 과정이다.
② 지표는 개념 속에 내재된 속성들이 표출되어 나타난 결과를 말한다.
③ 측정의 체계적 오류는 타당도와 관련이 없다.
④ 리커트척도는 각 항목의 단순합산을 통해 서열성을 산출한다.
⑤ 조작적 정의는 실질적으로 측정하게 되는 연구대상의 세부적 속성이다.

38. 척도의 타당도를 평가하는 기준이 아닌 것은?

① 하나의 개념을 측정하는 개별 항목들 간의 일관성
② 이론적으로 관련성이 없는 두 개념을 측정한 두 척도 간의 상관관계
③ 어떤 척도와 기준이 되는 척도 간의 상관관계
④ 개념 안에 포함된 포괄적인 의미를 척도가 포함하는 정도
⑤ 개별 항목들이 연구자가 의도한 개념을 구성하는 요인으로 모이는 정도

39. 신뢰도를 높이는 방법에 관한 설명으로 옳은 것은?

① 측정 항목 수를 가능한 줄여야 한다.
② 유사한 질문을 2회 이상 하지 않는다.
③ 측정자에게 측정도구에 대한 교육을 사후에 실시한다.
④ 측정자들이 측정방식을 대상자에 맞게 유연하게 바꾸어야 한다.
⑤ 조사대상자가 알지 못하는 내용에 대해서는 측정하지 않는 것이 좋다.

40. 신뢰도에 관한 설명으로 옳은 것을 모두 고른 것은?

> ㄱ. 재검사법, 반분법은 신뢰도를 평가하는 방법이다.
> ㄴ. 신뢰도는 타당도의 필요충분조건이다.
> ㄷ. 측정할 때마다 실제보다 5g 더 높게 측정되는 저울은 신뢰도가 있다.

① ㄱ   ② ㄴ
③ ㄱ, ㄴ   ④ ㄱ, ㄷ
⑤ ㄱ, ㄴ, ㄷ

41. 다른 조건이 같다면, 확률표집에서 표집오차(sampling error)에 관한 설명으로 옳지 <u>않</u>은 것은?

① 표준오차(standard error)가 커지면 표집오차도 커진다.
② 신뢰수준(confidence level)을 높이면 표집오차가 감소한다.
③ 표본의 수가 증가하면 표집오차가 감소한다.
④ 이질적인 모집단 보다 동질적인 모집단에서 추출한 표본의 표집오차가 작다.
⑤ 층화를 통해 단순무작위추출의 표집오차를 줄일 수 있다.

42. 다음 사례의 표집에 관한 설명으로 옳은 것은?

> 400명의 명단에서 80명의 표본을 선정하는 경우, 그 명단에서 최초의 다섯 사람 중에서 무작위로 한 사람을 뽑는다. 그 후 표집간격 만큼을 더한 번호에 해당하는 사람을 표본으로 선택한다.

① 단순무작위 표집이다.
② 표집틀이 있어야 한다.
③ 모집단의 배열에 일정한 주기성을 가지고 있어야 한다.
④ 비확률표집법을 사용하였다.
⑤ 모집단에 대한 대표성이 부족하다.

43. 표집에 관한 설명으로 옳은 것은?

① 할당표집(quota sampling)은 무작위 표집을 전제로 한다.
② 유의표집(purposive sampling)은 확률표집이다.
③ 눈덩이표집(snowball sampling)은 모집단의 규모를 알아야만 사용할 수 있다.
④ 단순무작위표집(simple random sampling)은 모집단으로부터 표본으로 추출될 확률을 알 수 있다.
⑤ 임의표집(convenience sampling)은 모집단의 대표성이 높은 표본을 추출한다.

44. 통계적 가설검증에 관한 설명으로 옳지 <u>않</u>은 것은?

① 영가설을 기각하면 연구가설이 잠정적으로 채택된다.
② 영가설은 연구가설과 대조되는 가설이다.
③ 통계치에 대한 확률(p)이 유의수준(α)보다 낮으면 영가설이 기각된다.
④ 연구가설은 표본의 통계치에 대한 가정이다.
⑤ 연구가설은 경험적으로 검증이 가능하여야 한다.

45. 다음에서 설문조사 결과를 해석할 때 유의해야 할 사항을 모두 고른 것은?

> ㄱ. 표집방법이 확률표집인가 비확률표집인가?
> ㄴ. 표본의 크기는 모집단을 대표하기에 적절한가?
> ㄷ. 설문조사는 언제 이루어졌는가?
> ㄹ. 측정도구가 신뢰할 만한 것인가?

① ㄱ, ㄴ
② ㄷ, ㄹ
③ ㄱ, ㄴ, ㄷ
④ ㄱ, ㄴ, ㄹ
⑤ ㄱ, ㄴ, ㄷ, ㄹ

46. 자료수집방법에 관한 설명으로 옳은 것은?

① 질문의 유형과 형태를 결정할 때 조사대상자의 응답능력을 고려할 필요가 있다.
② 설문문항 작성 시 중질문(double-barreled question)을 넣어야 한다.
③ 비참여관찰법은 연구자가 관찰대상과 상호작용을 유지하는 것이 중요하다.
④ 설문지에서 질문 순서는 무작위 배치를 원칙으로 한다.
⑤ 우편조사는 프로빙(probing) 기술이 중요하다.

47. 다음 조사에서 연구대상을 배정한 방법은?

> 사회복지사협회에서 회보 발송 여부에 따라 회비 납부율에 차이가 있는지 알아보고자 한다. 이를 위해 전체 회원을 연령과 성별로 구성된 할당행렬의 각 칸에 배치하고, 절반에게는 회보를 보내고 나머지 절반은 회보를 보내지 않았다.

① 무작위표집(random sampling)
② 할당표집(quota sampling)
③ 매칭(matching)
④ 소시오매트릭스(sociomatrix)
⑤ 다중특질-다중방법(MultiTrait-MultiMethod)

48. 순수실험설계에서 인과성 검증에 관한 설명으로 옳지 않은 것은?

① 사회복지 프로그램의 실행 여부가 독립변수로 설정될 수 있다.
② 사전조사에서 실험집단과 통제집단의 종속변수 측정치는 통계적으로 유의미한 차이가 없어야 한다.
③ 사전조사와 사후조사에서 통제집단의 종속변수 측정치는 통계적으로 유의미한 차이가 있어야 한다.
④ 실험집단과 통제집단의 동질성 확보가 필요하다.
⑤ 실험집단과 통제집단의 차이는 독립변수의 개입 유무이다.

49. 다음과 같은 절차로 진행된 유사(준)실험설계의 특징으로 옳지 <u>않은</u> 것은?

> - 우울예방 프로그램에 참여할 하나의 집단을 모집함
> - 우울검사를 일정한 간격으로 여러 차례 실시함
> - 우울예방 프로그램을 진행함
> - 우울검사를 동일한 측정도구를 이용해 일정한 간격으로 여러 차례 실시함

① 통제집단을 두기 어려울 때 사용할 수 있다.
② 검사효과가 발생할 수 없다.
③ 정태적 집단비교설계(static-group comparison design)보다 내적 타당도가 높다.
④ 개입효과는 사전검사와 사후검사 측정치의 평균을 비교해서 측정할 수 있다.
⑤ 사전검사와 개입의 상호작용효과가 발생할 수 있다.

50. 근거이론의 분석방법에서 축코딩(axial coding)에 관한 설명으로 옳은 것은?
① 추상화시킨 구절에 번호를 부여한다.
② 개념으로 도출된 내용을 가지고 하위범주를 만든다.
③ 정발견된 범주의 속성과 차원을 고려하여 유형화를 시도한다.
④ 이론개발을 위해 핵심범주를 중심으로 다른 범주와의 통합과 정교화를 만드는 과정을 진행한다.
⑤ 발견된 범주를 가지고 중심현상을 중심으로 인과적 조건을 만든다.

2교시 사회복지실천 (75문항/75분)

사회복지실천(사회복지 실천론)

01. 인보관운동에 관한 내용으로 옳지 <u>않은</u> 것은?

① 빈민을 통제하는 사회통제적 기능을 담당함
② 인보관에서 일하는 사람은 지역사회에서 함께 살면서 활동함
③ 지역사회 문제에 관한 연구와 조사를 실시함
④ 빈민지역의 주택 개선, 공중보건 향상 등에 관심을 둠
⑤ 사회문제에 대한 집합적이고 개혁적인 해결을 강조함

02. 기능주의학파(functional school)에 관한 내용으로 옳지 <u>않은</u> 것은?

① 개인의 의지 강조
② 인간의 성장가능성 중시
③ '지금-이곳'에 초점
④ 인간과 환경의 관계 분석
⑤ 과거경험 중심적 접근

03. 자선조직협회 우애방문자의 활동에 해당하는 사회복지실천의 이념을 모두 고른 것은?

ㄱ. 인도주의	ㄴ. 이타주의
ㄷ. 사회개혁	ㄹ. 사회진화론

① ㄱ
② ㄴ, ㄷ
③ ㄷ, ㄹ
④ ㄱ, ㄴ, ㄹ
⑤ ㄱ, ㄴ, ㄷ, ㄹ

04. 로웬버그와 돌고프(F. Loewenberg & R. Dolgoff)의 윤리적 원칙 심사표에서 '도움을 요청해 온 클라이언트의 의사를 존중해 주는 것'에 해당하는 윤리적 원칙은?

① 자율성과 자유의 원칙
② 평등과 불평등의 원칙
③ 최소 손실의 원칙
④ 사생활과 비밀보장의 원칙
⑤ 진실성과 정보개방의 원칙

05. 접수단계의 주요 과업에 해당하지 <u>않는</u> 것은?

① 관계형성을 통한 클라이언트의 참여 유도
② 클라이언트의 드러난 문제 확인
③ 서비스의 효율성과 효과성 측정
④ 서비스에 대한 클라이언트의 동의 확인
⑤ 클라이언트의 문제가 기관의 자원과 정책에 부합되는지 판단

06. 윤리강령의 기능으로 옳은 것을 모두 고른 것은?

ㄱ. 외부통제로부터 전문직 보호
ㄴ. 윤리적 갈등이 생겼을 때 지침과 원칙 제공
ㄷ. 사회복지사의 자기규제를 통한 클라이언트 보호
ㄹ. 전문가로서 사회복지사의 기본업무 및 자세 알림

① ㄱ, ㄷ
② ㄱ, ㄹ
③ ㄱ, ㄴ, ㄹ
④ ㄴ, ㄷ, ㄹ
⑤ ㄱ, ㄴ, ㄷ, ㄹ

07. 사회복지실천현장의 기능과 목적에 따른 분류에서 1차 현장에 해당하지 <u>않는</u> 것은?

① 양로시설　　　② 교정시설
③ 사회복지관　　④ 지역아동센터
⑤ 장애인 거주시설

08. 강점관점에 관한 설명으로 옳지 <u>않은</u> 것은?

① 개입의 초점은 가능성에 있다.
② 클라이언트를 재능과 자원을 가진 사람으로 규정한다.
③ 개입의 핵심은 개인, 가족, 지역사회의 참여이다.
④ 사회복지사는 클라이언트의 진술에 대해 회의적이기 때문에 재해석하여 진단에 활용한다.
⑤ 돕는 목적은 클라이언트의 삶에 함께 하며 가치를 확고히 하도록 지원하는 것이다.

09. 사회복지실천에서 통합적 접근 방법에 관한 내용으로 옳지 <u>않은</u> 것은?

① 전통적인 방법론의 한계로 인해 등장
② 클라이언트의 참여와 자기결정권 강조
③ 인간의 행동은 환경과 연결되어 있음을 전제
④ 이론이 아닌 상상력에 근거를 둔 해결방법 지향
⑤ 궁극적으로 클라이언트의 삶의 질 향상을 돕고자 함

10. 비스텍(F. Biestek)이 제시한 사회복지실천의 관계 원칙에 해당하지 <u>않는</u> 것은?

① 클라이언트의 비밀을 보장해야 한다.
② 클라이언트의 욕구를 범주화해야 한다.
③ 클라이언트를 비난하거나 심판하지 않아야 한다.
④ 클라이언트의 감정을 자유롭게 표현하도록 해야 한다.
⑤ 클라이언트를 있는 그대로 인정하고 받아들여야 한다.

11. 자료수집단계에 관한 설명으로 옳은 것은?

① 클라이언트 개인에게만 초점을 두어 정보를 모은다.
② 다양한 정보원으로부터 자료를 수집하므로 검사 도구를 사용하면 안 된다.
③ 초기면접은 비구조화된 양식만을 사용하여 기본적인 정보를 수집해야 한다.
④ 객관적인 자료뿐만 아니라 클라이언트의 주관적인 인식이 담긴 자료도 포함하여 수집한다.
⑤ 클라이언트로부터 얻은 정보가 가장 중요하므로 클라이언트가 직접 작성한 자료에만 의존한다.

12. 사회복지실천에서 전문적 관계의 특성으로 옳은 것은?

① 사회복지사는 자신의 반응을 통제하면 안 된다.
② 클라이언트는 전문성에서 비롯된 권위를 가진다.
③ 사회복지사와 클라이언트 사이에 합의된 목적이 있다.
④ 문제가 해결되어야만 종결되는 관계이기 때문에 시간의 제한이 없다.
⑤ 사회복지사와 클라이언트는 반드시 상호 간의 이익에 헌신하는 관계이다.

13. 일반체계이론에서 체계의 작용 과정을 순서대로 옳게 나열한 것은?

| ㄱ. 투입 | ㄴ. 산출 |
| ㄷ. 환류 | ㄹ. 전환 |

① ㄱ - ㄴ - ㄷ - ㄹ
② ㄱ - ㄴ - ㄹ - ㄷ
③ ㄱ - ㄹ - ㄴ - ㄷ
④ ㄹ - ㄱ - ㄴ - ㄷ
⑤ ㄹ - ㄷ - ㄱ - ㄴ

14. 사회복지실천에서 관계에 관한 설명으로 옳은 것은?

① 비자발적인 클라이언트는 원천적으로 배제한다.
② 사회복지사는 전문성에 바탕을 둔 권위라도 가져서는 안 된다.
③ 클라이언트는 사회복지사와의 문화적 차이를 수용해야만 한다.
④ 사회복지사와 클라이언트 모두에게 요구되는 의무와 책임감이 있다.
⑤ 선한 목적을 위해 클라이언트에게 진실을 감추는 것은 필수적으로 허용된다.

15. 사회복지실천 면접에 관한 설명으로 옳지 않은 것은?

① 개입에 필요한 자료를 수집하기 위한 도구가 될 수 있다.
② 사회복지사와 클라이언트 사이의 특정한 역할 관계가 있다.
③ 특정 상황이나 맥락에 관련하여 이루어진다.
④ 목적은 클라이언트의 삶의 질 향상을 위한 것이어야 한다.
⑤ 목적이 옳으면 기간이나 내용이 제한되지 않는 활동이다.

16. 펄만(H. Perlman)이 사회복지실천을 구성하는 요소로 제시한 4P에 관한 내용으로 옳은 것을 모두 고른 것은?

| ㄱ. 문제(problem) – 해결하고자 하는 문제나 욕구 |
| ㄴ. 프로그램(program) – 문제해결을 위해 시행되는 프로그램 |
| ㄷ. 장소(place) – 문제해결을 위한 서비스가 제공되는 물리적 공간 |
| ㄹ. 전문가(professional) – 문제해결을 위해 개입하는 전문가 |

① ㄱ, ㄴ ② ㄱ, ㄷ
③ ㄴ, ㄹ ④ ㄴ, ㄷ, ㄹ
⑤ ㄱ, ㄴ, ㄷ, ㄹ

17. 사회복지실천 면접에서 경청에 관한 설명으로 옳지 <u>않은</u> 것은?

① 클라이언트의 진술을 즉각적으로 교정해주는 것이 핵심이다.
② 클라이언트에 관한 중요한 정보를 얻는 방법 중 하나이다.
③ 클라이언트의 표정이나 몸짓도 관찰하여 의미를 파악한다.
④ 클라이언트의 사고와 감정을 이해하려는 적극적 활동이기도 하다.
⑤ 클라이언트와 사회복지사 사이의 신뢰 관계 형성에 도움이 된다.

18. 세대 간 반복된 가족 특성을 파악하기 위한 사정도구는?

① 가계도　　② 생태도
③ 소시오그램　　④ 생활력 도표
⑤ 사회적 관계망 그리드

19. '양로시설에서 생활하는 노인의 의사결정을 사회복지사가 대신할 수 없다'는 의미의 인권 특성은?

① 천부성
② 불가양성·불가분성
③ 보편성
④ 사회성·문화성
⑤ 환경성·평화성

20. 클라이언트와의 면접 중 질문에 관한 설명으로 옳은 것은?

① 폐쇄형 질문은 클라이언트의 상세한 설명과 느낌을 듣기 위해 사용한다.
② 유도형 질문은 비심판적 태도로 상대방을 존중하기 위해 사용한다.
③ '왜'로 시작하는 질문은 클라이언트의 가장 개방적 태도를 이끌어 낼 수 있다.
④ 개방형 질문은 '예', '아니오' 또는 단답형으로 한정하여 대답한다.
⑤ 중첩형 질문(stacking question)은 클라이언트를 혼란스럽게 만들 수 있다.

21. 종결단계에서 사회복지사의 과업으로 옳지 <u>않은</u> 것은?

① 사후관리 계획 수립
② 목표달성을 위한 서비스 제공
③ 클라이언트 변화결과에 대한 최종 확인
④ 다른 기관 또는 외부 자원 연결
⑤ 종결에 대한 클라이언트 반응 처리

22. 사례관리의 목적에 해당하는 것을 모두 고른 것은?

> ㄱ. 서비스의 통합성 확보
> ㄴ. 서비스 접근성 강화
> ㄷ. 보호의 연속성 보장
> ㄹ. 사회적 책임성 제고

① ㄱ, ㄴ　　② ㄴ, ㄹ
③ ㄱ, ㄷ, ㄹ　　④ ㄴ, ㄷ, ㄹ
⑤ ㄱ, ㄴ, ㄷ, ㄹ

23. 사례관리자의 역할에 관한 내용으로 옳지 않은 것은?

① 중개자 : 지역사회 자원이나 서비스 체계를 연계
② 옹호자 : 클라이언트의 권리를 대변하는 활동 수행
③ 정보제공자 : 개인이나 집단의 갈등 파악과 조정
④ 위기개입자 : 위기 사정, 계획 수립, 위기 해결
⑤ 교육자 : 교육, 역할 연습 등을 통한 클라이언트 역량 강화

24. 사회복지사의 직접적인 개입 활동으로 옳은 것은?

① 아동학대 예방 캠페인 진행
② 다른 기관과 협력체계 구축
③ 지역사회 전달체계 재정립
④ 가출청소년 보호 네트워크 형성
⑤ 역기능적 가족 규칙 재구성

25. 사회복지서비스 계획수립단계에 관한 설명으로 옳지 않은 것은?

① 계획의 목표는 기관의 기능과 일치해야 한다.
② 목표설정은 미시적 수준과 거시적 수준에서 클라이언트의 변화를 고려한다.
③ 계약서는 클라이언트만 작성하여 과업과 의무를 공식화한다.
④ 목표는 클라이언트가 원하는 결과를 포함하여 클라이언트의 적극적인 참여를 유도한다.
⑤ 계획단계의 목표는 클라이언트와 사회복지사가 함께 합의하여 결정한다.

사회복지실천(사회복지 실천기술론)

26. 사회복지실천에 관한 설명으로 옳지 않은 것은?

① 과학성과 예술성을 통합적으로 활용한다.
② 사회복지의 관점과 이론을 토대로 한다.
③ 클라이언트의 특성을 반영한다.
④ 심리학, 사회학 등 타 학문과 배타적 관계에 있다.
⑤ 사회복지 가치와 윤리를 반영한다.

27. 지지집단의 주요 목적으로 옳은 것은?

① 구성원의 자기인식 증진
② 클라이언트의 병리적 행동 치료
③ 구성원에게 기술과 정보 제공
④ 사회적응 지원
⑤ 동병상련의 경험으로 해결책 모색

28. 집단 초기단계에서 사회복지사의 역할을 모두 고른 것은?

ㄱ. 집단과 구성원의 목표를 설정한다.
ㄴ. 지도자인 사회복지사를 소개하며 신뢰감을 형성한다.
ㄷ. 구성원 간 유사성을 토대로 응집력을 형성한다.
ㄹ. 구성원이 집단에 의존하는 정도를 감소시킨다.

① ㄱ, ㄴ   ② ㄴ, ㄷ
③ ㄷ, ㄹ   ④ ㄱ, ㄴ, ㄷ
⑤ ㄱ, ㄴ, ㄷ, ㄹ

29. 집단활동 중 발생하는 저항에 관한 설명으로 옳지 않은 것은?

① 구성원이 피하고 싶은 주제가 논의될 때 일어날 수 있다.
② 사회복지사가 제안한 과업의 실행방법을 모를 때 발생할 수 있다.
③ 목표 달성을 위해서는 저항 이유를 무시해야 한다.
④ 효과적으로 해결하면 집단활동이 촉진될 수 있다.
⑤ 다른 구성원의 의견을 통해 해결방안을 찾을 수 있다.

30. 집단 사정을 위한 소시오그램에 관한 설명으로 옳은 것은?

① 구성원 간 호감도 질문은 하위집단을 형성하므로 피한다.
② 구성원 모두가 관심을 갖는 주제를 발견하는데 목적이 있다.
③ 소시오메트리 질문을 활용하여 정보를 파악한다.
④ 구성원 간 상호작용을 문장으로 표현한다.
⑤ 특정 구성원에 대한 상반된 입장 중 하나를 선택하는 것이다.

31. 집단 응집력에 관한 설명으로 옳은 것을 모두 고른 것은?

| ㄱ. 구성원 간 신뢰감이 높을수록 응집력이 높다.
| ㄴ. 응집력이 높은 집단에서는 자기노출을 억제한다.
| ㄷ. 구성원이 소속감을 가지면 응집력이 강화된다.
| ㄹ. 응집력이 높은 집단이 낮은 집단보다 생산적인 작업에 더 유리하다.

① ㄱ
② ㄱ, ㄷ
③ ㄴ, ㄹ
④ ㄱ, ㄷ, ㄹ
⑤ ㄱ, ㄴ, ㄷ, ㄹ

32. 집단목표에 관한 설명으로 옳은 것은?

① 목표는 구체적으로 수립한다.
② 한 번 정한 목표는 혼란 방지를 위해 수정하지 않는다.
③ 집단 크기나 기간을 정할 때 목표는 고려하지 않는다.
④ 집단목표는 구성원의 목표와 관련 없다.
⑤ 목표는 집단과정에서 자연스럽게 형성되므로 의도적인 노력은 필요 없다.

33. 심리사회모델의 개입기법에 관한 설명으로 옳지 <u>않은</u> 것은?

① 직접적 개입과 간접적 개입으로 구분된다.
② 직접적 영향은 주변인에게 영향력을 행사하여 환경을 변화시키는 기법이다.
③ 탐색-기술(묘사)-환기는 자기 상황과 감정을 말로 표현하게 함으로써 감정전환을 도모하는 기법이다.
④ 지지는 이해, 격려, 확신감을 표현하는 기법이다.
⑤ 유형의 역동 성찰은 성격, 행동, 감정의 주요 경향에 관한 자기이해를 돕는다.

34. 인지행동모델의 개입방법에 해당되는 것을 모두 고른 것은?

> ㄱ. 내적 의사소통의 명료화
> ㄴ. 모델링
> ㄷ. 기록과제
> ㄹ. 자기지시

① ㄱ, ㄴ
② ㄷ, ㄹ
③ ㄱ, ㄴ, ㄷ
④ ㄴ, ㄷ, ㄹ
⑤ ㄱ, ㄴ, ㄷ, ㄹ

35. 과제중심모델에서 과제에 관한 설명으로 옳지 <u>않은</u> 것은?

① 사회복지사보다 클라이언트가 제시하는 문제나 욕구를 고려하여 선정한다.
② 조작적 과제는 일반적 과제에 비해 구체적이다.
③ 과거보다 현재에 초점을 둔다.
④ 과제 수는 가급적 3개를 넘지 않게 한다.
⑤ 과제달성 정도는 최종평가 시 결정되므로 과제수행 도중에는 점검하지 않는다.

36. 다음 전제에 해당되는 사회복지실천모델은?

> • 삶에서 변화는 불가피하며 작은 변화가 더 큰 변화로 이어진다.
> • 모든 문제에는 예외가 존재한다.
> • 클라이언트는 자기 삶의 주체이며, 자신에게 중요한 사람과 일에 대해 가장 잘 아는 전문가이다.

① 클라이언트중심모델
② 해결중심모델
③ 문제해결모델
④ 정신역동모델
⑤ 동기상담모델

37. 다음 사례에 대한 위기개입으로 옳은 것은?

> 20대인 A씨는 최근 코로나19에 감염되어 실직한 이후 경제적 어려움과 신체적 후유증으로 인해 일상을 유지하기 힘들 정도로 우울감을 경험하며 때때로 자살까지 생각하곤 한다.

① A씨의 문제를 발달적 위기로 사정한다.
② 코로나19 감염 이전 기능수준으로 회복하는 것을 목표로 잡는다.
③ 적절한 감정표현행동을 습득하도록 장기교육 프로그램을 실시한다.
④ A씨 스스로 도움을 요청할 때까지 개입을 유보한다.
⑤ 보다 긍정적인 인생관을 갖도록 삶의 태도를 근본적으로 재조직한다.

38. 인지행동모델에서 비합리적인 사고에 대해 '실용성에 관한 논박기법'을 사용한 질문은?

① 그 생각이 옳다는 것을 어떻게 아세요?
② 지금 느끼는 감정을 명확하게 설명할 수 있으세요?
③ 그 일이 실제로 일어날 가능성이 얼마나 될까요?
④ 그 생각이 문제해결에 얼마나 도움이 될까요?
⑤ 그 생각의 논리적 근거는 무엇입니까?

39. 다음 사례에 대한 초기 접근으로 옳은 것은?

> 같은 반 친구를 때린 중학생 B는 학교폭력대책심의위원회의 결정에 따라 사회복지사가 진행하는 학교폭력가해자 프로그램에 의뢰되었다. 그러나 B는 억울함을 호소하며 비협조적인 태도를 보이고 있다.

① 클라이언트보다 의뢰자의 견해에 초점을 맞춰 개입한다.
② 비협조적 태도는 저항에서 비롯된 것으로 그 원인까지 탐색할 필요는 없다.
③ 원치 않는 의뢰과정에서 생긴 억눌린 감정을 표현할 수 있는 기회를 제공한다.
④ 비협조적 태도를 바꾸려고 시간을 소모하지 말고 곧바로 개입한다.
⑤ 비밀보장원칙이나 학교에 보고해야 할 사항에 대해 설명하지 않는다.

40. 사회기술훈련에서 사용되는 행동주의모델기법을 모두 고른 것은?

> ㄱ. 정적 강화
> ㄴ. 역할 연습
> ㄷ. 직면
> ㄹ. 과제를 통한 연습

① ㄱ, ㄴ
② ㄱ, ㄷ
③ ㄱ, ㄴ, ㄹ
④ ㄴ, ㄷ, ㄹ
⑤ ㄱ, ㄴ, ㄷ, ㄹ

41. 사회복지실천모델에 관한 설명으로 옳지 <u>않</u>은 것은?

① 행동수정모델은 선행요인, 행동, 강화요소에 의해 인간행동을 예측하고 통제할 수 있다고 본다.
② 심리사회모델은 상황 속 인간을 고려하되 환경보다 개인의 내적변화를 중시한다.
③ 인지행동모델은 왜곡된 사고에 의한 정서적 문제의 개입에 효과적이다.
④ 과제중심모델은 여러 모델들을 절충적으로 활용하며 개입의 책임성을 강조한다.
⑤ 위기개입모델은 위기에 의한 병리적 반응과 영구적 손상의 치료에 초점을 둔다.

42. 가족에 관한 체계론적 관점의 기술로 옳지 않은 것은?

① 가족은 하위체계이면서 상위체계이다.
② 가족 규칙은 가족 항상성에 영향을 준다.
③ 가족 내 하위체계의 경계유형은 투과성 정도에 따라 나눌 수 있다.
④ 가족문제의 원인을 구성원 간 상호작용에서 찾는 것을 순환적 인과관계라고 한다.
⑤ 가족이 처한 상황을 구성원의 인식과 언어체계로 표현하면서 가족 스스로 문제해결의 단서를 찾도록 한다.

43. 자녀양육의 어려움을 호소하는 가족의 사정도구에 관한 설명으로 옳지 않은 것은?

① 가계도를 활용하여 구성원 간 관계를 파악한다.
② 생태도를 통해 회복탄력성과 문제해결능력을 확인한다.
③ 양육태도척도를 활용하여 문제가 되는 부분을 탐색한다.
④ 자녀 입장의 가족조각으로 자녀가 인식하는 가족관계를 탐색한다.
⑤ 생활력표를 활용하여 현재 어려움에 영향을 주는 발달단계 상의 경험을 이해한다.

44. 사티어(V. Satir)의 의사소통유형에 관한 설명으로 옳은 것은?

① 회유형은 자신을 무시하고 타인을 떠받든다.
② 일치형은 자신을 보호하기 위해 타인을 비난한다.
③ 산만형은 자신과 타인을 무시하고 상황을 중요시한다.
④ 초이성형은 자신과 상황을 중시하고 상대를 과소평가한다.
⑤ 비난형은 자기 생각을 관철시키려고 어려운 말로 장황하게 설명한다.

45. 보웬(M. Bowen)이 제시한 개념 중 다음 설명에 해당하는 것은?

- 여러 세대에 거쳐 전수될 수 있다.
- 정신내적 개념이면서 대인관계적 개념이다.
- 정신내적 개념은 자신의 지적 측면과 정서적 측면의 구분을 의미한다.
- 대인관계적 개념은 타인과 친밀하면서도 독립성을 유지하는 능력을 말한다.

① 가족투사　　② 삼각관계
③ 자아분화　　④ 핵가족 정서
⑤ 다세대 전수

46. 다음 사례에 대해 미누친(S. Minuchin)의 구조적 모델을 적용한 개입방법이 아닌 것은?

> 자녀교육 문제로 시어머니와 대립하는 며느리가 가족상담을 요청했다. 며느리는 남편이 모든 것을 어머니한테 맞추라고 한다며 섭섭함을 토로했다.

① 가족을 이해하고 수용하면서 합류한다.
② 가족문제를 더 정확히 이해하기 위해 실연을 요청한다.
③ 가족지도를 통해 가족구조와 가족역동을 이해하도록 돕는다.
④ 남편이 시어머니의 영향권에서 벗어나도록 탈삼각화를 진행한다.
⑤ 부부가 함께 부모역할을 수행하도록 하위체계의 경계를 명확하게 한다.

47. 해결중심모델의 질문기법 예시로 옳지 않은 것은?

① 관계성질문 : 두 분이 싸우지 않을 때는 어떠세요?
② 예외질문 : 매일 싸운다고 하셨는데, 안 싸운 날은 없었나요?
③ 대처질문 : 자녀에게 잔소리하는 횟수를 어떻게 줄일 수 있었나요?
④ 첫 상담 이전의 변화에 대한 질문 : 상담신청 후 지금까지 어떤 변화가 있었나요?
⑤ 기적질문 : 밤새 기적이 일어나서 문제가 다 해결됐는데, 자느라고 기적이 일어난 걸 몰라요. 아침에 뭘 보면 기적이 일어났다는 걸 알 수 있을까요?

48. 가족개입의 전략적 모델에 관한 설명으로 옳은 것은?

① 역기능적인 구조의 재구조화를 개입목표로 한다.
② 증상처방이나 고된 체험기법을 비지시적으로 활용한다.
③ 가족문제가 왜 일어났는지 파악하여 원인 제거에 필요한 전략을 사용한다.
④ 가족 내 편중된 권력으로 인해 고착된 불평등한 위계구조를 재배치한다.
⑤ 문제를 보는 시각을 변화시키고 새로운 의미를 발견하는 재명명기법을 사용한다.

49. 다음 설명에 해당하는 기록방법은?

> • 날짜와 클라이언트의 기본사항을 기입하고 개입 내용과 변화를 간단히 기록함
> • 시간 흐름에 따라 변화된 상황, 개입 활동, 주요 정보 등의 요점을 기록함

① 과정기록 ② 요약기록
③ 이야기체기록 ④ 문제중심기록
⑤ 최소기본기록

50. 다음 사례에 해당되는 단일사례설계의 유형은?

> 독거노인의 우울감 해소를 위해 5주간의 전화상담(주1회)에 이어 5주간의 집단활동(주1회)을 진행했다. 참가자 5명을 대상으로 프로그램 시작 3주 전부터 매주 1회 우울증검사를 실시했고, 프로그램 시작 전, 5주 후, 10주 후에 삶의 만족도를 조사했다.

① AB설계
② ABC설계
③ ABAB설계
④ ABAC설계
⑤ 다중(복수)기초선설계

사회복지실천(지역사회복지론)

51. 다음은 워렌(R. Warren)이 제시한 지역사회 비교척도 중 어느 것에 해당하는가?

> 지역사회 내 상이한 단위 조직들 간의 구조적·기능적 관련 정도

① 지역적 자치성
② 서비스 영역의 일치성
③ 수평적 유형
④ 심리적 동일성
⑤ 시민통제

52. 길버트와 스펙트(N. Gilbert & H. Specht)가 제시한 지역사회의 기능으로 옳은 것은?

- (ㄱ) 기능 : 지역주민들이 필요한 재화와 서비스를 어느 정도 제공받을 수 있느냐를 결정하는 것
- (ㄴ) 기능 : 구성원들이 사회의 규범에 순응하게 하는 것

① ㄱ:생산·분배·소비, ㄴ:사회통제
② ㄱ:사회통합, ㄴ:상부상조
③ ㄱ:사회통제, ㄴ:사회통합
④ ㄱ:생산·분배·소비, ㄴ:상부상조
⑤ ㄱ:상부상조, ㄴ:생산·분배·소비

53. 우리나라 지역사회복지 역사를 과거부터 순서대로 옳게 나열한 것은?

> ㄱ. 영구임대주택단지 내에 사회복지관 건립이 의무화되었다.
> ㄴ. 지역사회복지협의체가 지역사회보장협의체로 명칭이 변경되었다.
> ㄷ. 국민기초생활 보장법 제정으로 공공의 책임성이 강화되었다.

① ㄱ → ㄴ → ㄷ
② ㄱ → ㄷ → ㄴ
③ ㄴ → ㄱ → ㄷ
④ ㄴ → ㄷ → ㄱ
⑤ ㄷ → ㄱ → ㄴ

54. 영국의 지역사회복지 역사에 관한 설명으로 옳지 <u>않은</u> 것은?

① 시설보호로부터 지역사회보호로 전환이 이루어졌다.
② 자선조직협회는 사회진화론의 영향을 받았다.
③ 지역사회보호가 강조되면서 민간서비스, 비공식 서비스의 역할은 점차 감소하였다.
④ 1959년 정신보건법(Mental Health Act) 제정으로 지역사회보호가 법률적으로 규정되었다.
⑤ 그리피스 보고서(Griffiths report)에서 지역사회보호의 권한과 재정을 지방정부로 이양할 것을 권고하였다.

55. 이론과 주요 개념의 연결이 옳지 <u>않은</u> 것은?

① 사회체계 이론 – 체계와 경계
② 생태학적 관점 – 분리(segregation), 경쟁, 침입, 계승
③ 사회자본 이론 – 네트워크, 일반화된 호혜성 규범
④ 갈등 이론 – 갈등전술, 내부결속
⑤ 사회교환 이론 – 자기효능감, 집단효능감

56. 지역사회복지실천의 원칙으로 옳지 <u>않은</u> 것은?

① 지역사회 특성과 문제의 일반화
② 지역주민 간의 상생협력화
③ 지역사회 특징을 반영한 실천
④ 지역사회 구성원 관점의 목표 형성
⑤ 지역사회 문제의 구조적 요인을 고려한 개입

57. 이론과 관련 내용의 연결이 옳은 것은?

① 지역사회상실 이론 – 전통사회가 가지고 있는 지역사회의 사회적 기능을 보존할 수 있다.
② 사회구성(주의) 이론 – 가치나 규범, 신념, 태도 등은 다양한 문화적 집단에 따라 다르게 구성된다.
③ 자원동원 이론 – 자원이 집단행동의 성패에 영향을 미치지 않는다.
④ 다원주의 이론 – 집단 간 발생하는 갈등을 활용한다.
⑤ 권력의존 이론 – 사회의 주류 이데올로기가 어떻게 만들어지고 있는지에 관심을 갖는다.

58. 테일러와 로버츠(S. Taylor & R. Roberts) 모델에 해당되는 것을 모두 고른 것은?

> ㄱ. 프로그램 개발 및 조정
> ㄴ. 지역사회개발
> ㄷ. 정치적 권력(역량)강화
> ㄹ. 연합
> ㅁ. 지역사회연계

① ㄱ, ㄴ
② ㄴ, ㄷ
③ ㄱ, ㄹ, ㅁ
④ ㄱ, ㄴ, ㄷ, ㅁ
⑤ ㄱ, ㄷ, ㄹ, ㅁ

59. 로스만(J. Rothman)의 지역사회조직 모델 중 지역사회개발에 관한 설명으로 옳지 않은 것은?

① 지역사회 변화를 위한 전술로 합의방법을 사용한다.
② 변화의 매개체는 과업지향의 소집단이다.
③ 지역사회의 아노미 상황에 사용할 수 있다.
④ 정부조직을 경쟁자로 인식한다.
⑤ 변화를 위한 전략으로 문제해결에 다수의 사람을 참여시킨다.

60. 다음의 설명에 해당되는 웨일과 갬블(M. Weil & D. Gamble)의 실천모델은?

> • 기회를 제한하는 불평등에 도전
> • 사회적·정치적·경제적 정의를 위한 행동
> • 표적체계에 선출직 공무원도 해당

① 근린·지역사회 조직화 모델
② 지역사회 사회·경제개발 모델
③ 프로그램 개발과 지역사회연계 모델
④ 정치·사회행동 모델
⑤ 사회계획 모델

61. 다음의 설명에 해당하는 지역사회복지실천 단계는?

> • 이슈의 개념화
> • 이슈와 관련된 다양한 가치관 고려
> • 이슈와 관련된 이론과 자료 분석

① 문제확인 단계
② 자원동원 단계
③ 실행 단계
④ 모니터링 단계
⑤ 평가 단계

62. 지역사회복지 실천의 '실행 단계'에 해당하지 않는 것은?

① 재정자원 집행
② 참여자 간의 갈등 관리
③ 클라이언트의 적응 촉진
④ 실천계획의 목표 설정
⑤ 협력과 조정을 위한 네트워크 구축

63. 다음에 제시된 지역사회복지 실천 기술은?

> • 소외되고, 억압된 집단의 입장을 주장한다.
> • 보이콧, 피케팅 등의 방법으로 표적을 난처하게 한다.
> • 지역주민이 정당한 처우나 서비스를 받지 못하는 경우에 활용된다.

① 프로그램 개발 기술
② 기획 기술
③ 자원동원 기술
④ 옹호 기술
⑤ 지역사회 사정 기술

64. 조직화 기술에 관한 설명으로 옳은 것을 모두 고른 것은?

> ㄱ. 지역주민이 주체가 되어 사회복지조직의 목표를 성취하도록 운영한다.
> ㄴ. 지역주민이 자신들의 문제를 함께 풀어나가는 과정을 포함한다.
> ㄷ. 지역사회 역량강화를 위해 지역사회복지 거버넌스 구조와 기능을 축소시킨다.

① ㄴ
② ㄱ, ㄴ
③ ㄱ, ㄷ
④ ㄴ, ㄷ
⑤ ㄱ, ㄴ, ㄷ

65. 다음에서 설명하는 지역사회 욕구사정 방법은?

> • 전문가 패널의 의견을 수렴하는 방법
> • 합의에 이르기까지 여러 번 설문 실시
> • 반복되는 설문을 통하여 패널의 의견 수정 가능

① 명목집단 기법
② 2차 자료 분석
③ 델파이 기법
④ 지역사회포럼
⑤ 초점집단 기법

66. 지방자치제도에 관한 설명으로 옳은 것은?

① 지방정부에 비해 중앙정부의 책임을 강조하고 있다.
② 지역 간 복지수준의 격차가 발생하지 않는다.
③ 복지예산의 지방이양으로 지방정부의 책임이 강화된다.
④ 지방자치단체장은 중앙정부가 임명한다.
⑤ 지방정부의 복지예산 확대로 민간의 참여가 약화된다.

67. 시·군·구 지역사회보장계획에 포함되어야 하는 사항을 모두 고른 것은?

> ㄱ. 지역사회보장 전달체계의 조직과 운영
> ㄴ. 사회보장급여의 사각지대 발굴 및 지원 방안
> ㄷ. 지역사회보장에 관련한 통계 수집 및 관리 방안
> ㄹ. 지역사회보장에 필요한 재원의 규모와 조달 방안

① ㄱ, ㄴ
② ㄱ, ㄷ
③ ㄴ, ㄷ
④ ㄱ, ㄴ, ㄹ
⑤ ㄱ, ㄴ, ㄷ, ㄹ

68. 시·군·구 지역사회보장협의체의 심의·자문 사항이 아닌 것은?

① 시·군·구의 지역사회보장계획 수립·시행 및 평가에 관한 사항
② 시·군·구의 사회보장급여 제공에 관한 사항
③ 시·군·구의 사회보장 추진에 관한 사항
④ 읍·면·동 단위 지역사회보장협의체의 구성 및 운영에 관한 사항
⑤ 읍·면·동의 지역사회보장조사 및 지역사회보장지표에 관한 사항

69. 사회복지공동모금회법상 사회복지공동모금회에 관한 설명으로 옳지 <u>않은</u> 것은?

① 회장, 부회장 및 이사의 임기는 3년으로 하며, 한 차례만 연임할 수 있다.
② 사회복지공동모금사업을 수행한다.
③ 모금회의 업무를 처리하기 위하여 사무총장 1명과 필요한 직원 및 기구를 둔다.
④ 특별시·광역시·특별자치시·도·특별자치도 단위 사회복지공동모금지회를 둔다.
⑤ 사회복지사업이나 그 밖의 사회복지활동 등을 지원하기 위한 재원을 조성하기 위하여 기획재정부장관의 승인을 받아 복권을 발행할 수 있다.

70. 사회복지관 사업내용 중 서비스 제공 기능에 해당하지 <u>않는</u> 것은?

① 지역사회 보호 ② 사례관리
③ 교육문화   ④ 자활지원
⑤ 가족기능 강화

71. 한국사회복지협의회의 주요 사업이 <u>아닌</u> 것은?

① 사회복지에 관한 교육훈련
② 사회복지에 관한 계몽 및 홍보
③ 자원봉사활동의 진흥
④ 사회복지사업에 관한 기부문화의 조성
⑤ 읍·면·동이 위탁하는 사회복지에 관한 업무

72. 사회적 경제에 관한 설명으로 옳은 것을 모두 고른 것은?

> ㄱ. 사회적 기업은 경제적 이익을 추구한다.
> ㄴ. 사회적 경제는 자본주의 시장경제의 대안모델이다.
> ㄷ. 사회적협동조합의 목적은 취약계층에게 사회서비스 또는 일자리를 제공하는 것이다.

① ㄱ   ② ㄴ
③ ㄱ, ㄴ   ④ ㄴ, ㄷ
⑤ ㄱ, ㄴ, ㄷ

73. 지역사회복지운동에 관한 설명으로 옳지 <u>않은</u> 것은?

① 지역사회복지운동의 계층적 기반은 노동운동이나 여성운동과 같이 뚜렷하다.
② 지역사회복지운동의 주된 관심사는 주민 삶의 질과 관련된 생활영역에 있다.
③ 지역사회의 다양한 자원 활용 및 조직 간 유기적 협력이 이루어진다.
④ 지역사회복지운동에는 다양한 이념이 사용될 수 있다.
⑤ 지역사회복지운동의 주체는 사회복지전문가, 지역활동가, 지역사회복지이용자 등 다양하다.

74. 주민참여와 관련이 없는 것은?

① 지방자치제도의 발달
② 마을만들기 사업(운동)
③ 지역사회복지 정책결정과정
④ 공무원 중심의 복지정책 결정권한 강화
⑤ 아른스테인(S. Arnstein)의 주장

75. 최근 지역사회복지 동향으로 옳지 않은 것은?

① '찾아가는 동주민센터' 사업 실시
② 읍·면·동 맞춤형 복지 전담팀 설치
③ 지역사회통합돌봄사업의 축소
④ 행정복지센터로의 행정조직 재구조화
⑤ 지역사회복지계획이 지역사회보장계획으로 변경

3교시 사회복지 정책과 제도 (75문항/75분)

사회복지 정책과 제도(사회복지정책론)

01. 조지와 윌딩(V. George & P. Wilding, 1976 ; 1994)의 사회복지모형에서 복지국가의 확대를 가장 지지하는 이념은?

① 신우파
② 반집합주의
③ 마르크스주의
④ 페이비언 사회주의
⑤ 녹색주의

02. 사회복지정책의 가치에 관한 설명으로 옳지 않은 것은?

① 소극적 자유는 자신이 원하는 것을 할 수 있는 사유를 강조한다.
② 평등을 추구하는 사회복지정책은 선택의 자유를 제한한다는 비판이 있다.
③ 형평성이 신빈민법의 열등처우원칙에 적용되었다.
④ 적절성은 일정한 수준의 신체적·정신적 복리를 제공하는 것을 의미한다.
⑤ 기회의 평등의 예로 사회적으로 취약한 아동을 위한 적극적 교육 지원을 들 수 있다.

03. 국민연금의 연금크레딧제도 중 가장 최근에 시행된 것은?

① 실업크레딧   ② 고용크레딧
③ 양육크레딧   ④ 군복무크레딧
⑤ 출산크레딧

04. 진료비 지불방식 중 행위별수가제와 포괄수가제에 관한 설명으로 옳은 것을 모두 고른 것은?

> ㄱ. 행위별수가제는 의료기관의 과잉진료를 유도할 수 있다.
> ㄴ. 행위별수가제에서는 의료진의 진료행위에 대한 자율성이 확보된다.
> ㄷ. 포괄수가제는 주로 발생빈도가 높은 질병군에 적용한다.
> ㄹ. 포괄수가제를 적용함으로써 환자의 본인부담금이 감소할 수 있다.

① ㄱ   ② ㄱ, ㄷ
③ ㄱ, ㄴ, ㄷ   ④ ㄴ, ㄷ, ㄹ
⑤ ㄱ, ㄴ, ㄷ, ㄹ

05. 우리나라의 노인장기요양보험에 관한 설명으로 옳지 않은 것은?

① 가족의 부담을 덜어줌으로써 국민의 삶의 질을 향상하는 것을 목적으로 한다.
② 노인장기요양보험기금과 국민건강보험기금은 통합하여 관리한다.
③ 노인장기요양보험료는 국민건강보험료와 통합하여 징수한다.
④ 65세 이상의 노인은 소득수준과 상관없이 적용대상자이다.
⑤ 재가급여를 시설급여에 우선하여 제공하여야 한다.

06. 우리나라의 고용보험에 관한 설명으로 옳은 것을 모두 고른 것은?

> ㄱ. 직업능력개발 훈련을 실시하는 사업주를 지원할 수 있다.
> ㄴ. 예술인은 고용보험 가입대상이 아니다.
> ㄷ. 실업 신고를 한 이후에 질병·부상 또는 출산으로 취업이 불가능하여 구직활동을 할 수 없는 경우 상병급여를 지급할 수 있다.
> ㄹ. 고용안정 및 직업능력개발사업의 보험료는 사업주와 근로자가 공동으로 부담한다.

① ㄱ, ㄴ
② ㄱ, ㄷ
③ ㄷ, ㄹ
④ ㄴ, ㄷ, ㄹ
⑤ ㄱ, ㄴ, ㄷ, ㄹ

07. 사회보험과 민영보험의 차이점에 관한 설명으로 옳지 않은 것은?

① 사회보험은 현금급여를 원칙으로 하고, 민영보험은 현물급여를 원칙으로 한다.
② 사회보험은 대부분 국가 또는 공법인이 운영하지만 민영보험은 사기업이 운영한다.
③ 사회보험은 강제로 가입되지만 민영보험은 임의로 가입한다.
④ 사회보험은 국가가 주로 독점하지만 민영보험은 사기업들이 경쟁한다.
⑤ 사회보험은 사회적 적절성을 강조하지만 민영보험은 개별 형평성을 강조한다.

08. 우리나라의 의료급여에 관한 설명으로 옳지 않은 것은?

① 의료급여 수급권자는 1종과 2종으로 구분한다.
② 의료급여기금에는 지방자치단체의 출연금도 포함된다.
③ 의료급여 수급권자의 1촌 직계혈족 및 그 배우자는 원칙적으로 부양의무가 있다.
④ 국민기초생활보장제도 수급자 중 보장시설에서 급여를 받는 자는 2종수급자로 구분된다.
⑤ 「약사법」에 따라 개설등록된 약국은 의료급여를 실시하는 의료기관이다.

09. 우리나라 산업재해보상보험의 급여가 아닌 것은?

① 요양급여
② 상병수당
③ 유족급여
④ 장례비
⑤ 직업재활급여

10. 우리나라의 국민기초생활보장제도에 관한 설명으로 옳은 것은?

① 의료급여 선정기준은 기준 중위소득의 100분의 50 이상으로 한다.
② 교육급여 선정기준은 기준 중위소득의 100분의 40 이상으로 한다.
③ "수급권자"란 「국민기초생활 보장법」에 따른 급여를 받는 사람을 말한다.
④ 국민기초생활보장제도에서의 "보장기관"은 사회복지서비스를 제공하는 사회복지기관을 말한다.
⑤ 사회복지 전담공무원은 수급권자의 동의를 받아 수급권자에 대한 급여를 직권으로 신청할 수 있다.

11. 에스핑-앤더슨(G. Esping-Andersen)의 세 가지 복지체제에 관한 설명으로 옳지 <u>않은</u> 것은?

① 보수주의 복지체제 국가는 가족의 중요성을 강조한다.
② 자유주의 복지체제 국가에서 탈상품화 정도가 가장 높다.
③ 사회민주주의 복지체제 국가는 보편주의를 강조한다.
④ 보수주의 복지체제 국가의 예로 독일, 프랑스, 이탈리아가 있다.
⑤ 자유주의 복지체제 국가의 사회보장급여는 잔여적 특성이 강하다.

12. 사회복지 재화나 서비스를 국가가 제공해야 하는 이유가 <u>아닌</u> 것은?

① 사회복지의 공공재적 성격
② 전염병에 대한 치료의 긍정적 외부효과 발생
③ 질병의 위험에 대한 보험방식의 역선택 문제 해결
④ 경제성장의 낙수효과 발생
⑤ 의료서비스에 대한 정보의 비대칭 문제 해결

13. 우리나라 사회복지제도의 급여자격 조건에 관한 설명으로 옳은 것은?

① 국민연금은 소득수준 하위 70%를 기준으로 급여자격이 부여되므로 자산조사 방식이 적용된다.
② 노인장기요양보험제도는 요양등급을 판정하여 급여를 제공하므로 진단적 구분이 적용된다.
③ 아동수당은 전체 아동이 적용대상이 아니므로 선별주의 제도이다.
④ 국민기초생활보장제도는 부양의무자 조건을 완화하였으므로 보편주의 제도이다.
⑤ 장애인연금은 모든 장애인에게 지급하는 보편주의 제도이다.

14. 사회복지 역사에 관한 설명으로 옳은 것을 모두 고른 것은?

ㄱ. 길버트법은 작업장 노동의 비인도적인 문제에 대응하여 원외구제를 실시하였다.
ㄴ. 신빈민법은 특권적 지주계급을 위한 법으로 구빈업무를 전국적으로 통일하였다.
ㄷ. 미국의 사회보장법(1935)은 연방정부의 책임을 축소하고 지방정부의 책임을 확대하였다.
ㄹ. 비스마르크는 독일제국의 사회통합을 위해 사회보험을 도입하였다.

① ㄱ, ㄴ　　② ㄱ, ㄷ
③ ㄱ, ㄹ　　④ ㄴ, ㄷ
⑤ ㄷ, ㄹ

15. 우리나라의 건강보험제도를 할당, 급여, 전달체계, 재정의 영역으로 구분한 것이다. 내용 연결이 옳은 것을 모두 고른 것은?

> ㄱ. 할당 – 기여조건
> ㄴ. 급여 – 현금급여, 현물급여
> ㄷ. 전달체계 – 민간전달체계, 공공전달체계
> ㄹ. 재정 – 보험료, 국고보조금, 이용료

① ㄱ, ㄴ
② ㄱ, ㄷ
③ ㄱ, ㄴ, ㄷ
④ ㄴ, ㄷ, ㄹ
⑤ ㄱ, ㄴ, ㄷ, ㄹ

16. 우리나라의 사회보장기본법에 근거한 사회보장제도가 아닌 것은?

① 고용보험
② 국민연금
③ 최저임금제
④ 국민기초생활보장
⑤ 보육서비스

17. 기업복지의 장점에 해당하지 않는 것은?

① 조세방식보다 재분배효과가 크다.
② 노사관계의 안정화 기능을 수행한다.
③ 근로의욕을 고취하여 생산성이 향상하는 효과가 있다.
④ 기업에 대한 사회적 이미지를 제고하는 기능이 있다.
⑤ 기업의 입장에서 임금을 높여주는 것보다 조세부담의 측면에 유리하다.

18. 사회복지 전달체계에서 민간 영리기관이 사회서비스를 전달하는 사례는?

① 지역자활센터가 사회적기업을 창업하는 사례
② 지방자치단체가 장애인복지관을 설치하고 민간위탁하는 사례
③ 광역지방자치단체가 사회서비스원을 설치하는 사례
④ 사회복지법인이 지역아동센터를 운영하는 사례
⑤ 개인 사업자가 노인요양시설을 운영하는 사례

19. 정책결정이론 모형에 관한 설명으로 옳은 것을 모두 고른 것은?

> ㄱ. 합리모형은 인간의 이성과 합리성을 믿고 주어진 상황에서 목표 달성을 극대화하는 최선의 정책대안을 찾아낼 수 있다고 본다.
> ㄴ. 점증모형은 조직화된 무정부상태 속에서 점진적으로 질서를 찾아가는 과정을 정책결정과정으로 설명한다.
> ㄷ. 쓰레기통모형은 문제의 흐름, 정책대안의 흐름, 정치의 흐름이 우연히 결합하여 정책의 창이 열릴 때 정책이 결정된다고 본다.
> ㄹ. 혼합모형은 합리모형과 최적모형을 혼합하여 최선의 정책결정에 도달하는 정책결정모형이다.

① ㄱ, ㄷ
② ㄱ, ㄹ
③ ㄴ, ㄹ
④ ㄱ, ㄴ, ㄷ
⑤ ㄱ, ㄴ, ㄷ, ㄹ

20. 빈곤의 개념에 관한 설명으로 옳지 않은 것은?

① 상대적 빈곤은 한 사회의 평균적인 생활 수준을 기준으로 정한다.
② 절대적 빈곤은 최소한의 생필품을 구입하는데 필요한 비용으로 정한다.
③ 반물량 방식은 모든 항목의 생계비를 계산하지 않고 엥겔계수를 활용하여 생계비를 추정한다.
④ 중위소득의 50%를 빈곤선으로 책정할 경우, 사회구성원 99명을 소득액 순으로 나열하여 이 중 50번째 사람의 소득 50%를 빈곤선으로 한다.
⑤ 상대적 박탈은 인간의 기본적 욕구의 기준을 생물학적 요인에만 초점을 둔다.

21. 소득불평등과 빈곤 측정에 관한 설명으로 옳은 것을 모두 고른 것은?

> ㄱ. 로렌츠곡선의 가로축은 소득을 기준으로 하위에서 상위 순서로 모든 인구의 누적분포를 표시한다.
> ㄴ. 지니계수는 불평등도가 증가할수록 수치가 커져 가장 불평등한 상태는 1이다.
> ㄷ. 빈곤율은 모든 빈곤층의 소득을 빈곤선 수준으로 끌어올리는 데에 필요한 총소득으로 빈곤의 심도를 나타낸다.
> ㄹ. 5분위 배율에서는 수치가 작을수록 평등한 상태를 나타낸다.

① ㄱ, ㄴ   ② ㄱ, ㄷ
③ ㄴ, ㄷ   ④ ㄱ, ㄴ, ㄹ
⑤ ㄱ, ㄷ, ㄹ

22. 사회복지 급여 형태에 관한 설명으로 옳은 것은?

① 현금급여는 사회적 통제를 강조한다.
② 현물급여는 자기결정권을 강조한다.
③ 바우처는 공급자에게 보조금을 직접 지원한다.
④ 기회를 제공하는 프로그램의 예로 장애인 의무고용제를 들 수 있다.
⑤ 소비자 선택권은 현금급여, 바우처, 현물급여 순서로 높아진다.

23. 사회복지정책의 발달이론에 관한 설명으로 옳지 않은 것은?

① 산업화론 – 농경사회에서 산업사회로 변화하면서 사회문제가 발생하였고, 그 대책으로 사회복지정책이 발달하였다.
② 권력자원론 – 복지국가 발전의 중요 변수들은 노동조합의 중앙집중화 정도, 노동자 정당의 영향력 등이다.
③ 수렴이론 – 사회적 양심과 이타주의의 확대에 따라 모든 국가는 복지국가로 수렴한다.
④ 시민권론 – 마샬(T. H. Marshall)에 따르면 시민권은 공민권, 참정권, 사회권 순서로 발전하였고, 사회복지정책은 사회권이 발달한 결과이다.
⑤ 국가중심적 이론 – 적극적 행위자로서 국가를 강조하고 사회복지정책의 발전을 국가 관료제의 영향으로 설명한다.

24. 소득재분배에 관한 설명으로 옳은 것은?

① 소득재분배는 1차적으로 시장을 통해서 발생한다.
② 세대 내 재분배에서는 한 세대에서 다음 세대로 소득이 이전된다.
③ 수직적 재분배의 예로 공공부조제도를 들 수 있다.
④ 수평적 재분배는 누진적 재분배의 효과가 가장 크다.
⑤ 세대 간 재분배는 적립방식을 통해 운영된다.

25. 사회투자전략에 관한 설명으로 옳은 것은?

① 인적자원에 대한 투자는 결과의 평등을 목적으로 한다.
② 사회적 약자 집단에 대한 현금이전을 중시한다.
③ 현재 아동세대에 대한 선제적 투자를 중시한다.
④ 사회정책과 경제정책을 분리한 전략이다.
⑤ 소득재분배와 소비 지원을 강조한다.

사회복지 정책과 제도(사회복지행정론)

26. 사회복지행정가가 가져야 할 능력이 <u>아닌</u> 것은?

① 배타적 사고   ② 대안모색
③ 조직이론 이해   ④ 우선순위 결정
⑤ 권한위임과 권한실행

27. 사회복지행정의 실행 과정을 순서대로 나열한 것은?

| ㄱ. 과업 평가 ㄴ. 과업 촉진 |
| ㄷ. 과업 조직화 ㄹ. 과업 기획 |
| ㅁ. 환류 |

① ㄱ - ㄷ - ㄹ - ㅁ - ㄴ
② ㄷ - ㄱ - ㄹ - ㄴ - ㅁ
③ ㄷ - ㄹ - ㅁ - ㄴ - ㄱ
④ ㄹ - ㄴ - ㄷ - ㄱ - ㅁ
⑤ ㄹ - ㄷ - ㄴ - ㄱ - ㅁ

28. 다음의 ( )에 들어갈 내용으로 옳은 것은?

테일러(F. W. Taylor)가 개발한 과학적 관리론은 (ㄱ)에게만 조직의 목표를 설정할 수 있는 (ㄴ)을 부여하기 때문에 (ㄷ)의 의사결정(ㄹ)을(를) 지향하는 사회복지조직에 적용하는 데는 한계가 있을 수 있다.

① ㄱ : 직원, ㄴ : 책임, ㄷ : 직원, ㄹ : 과업
② ㄱ : 관리자, ㄴ : 책임, ㄷ : 직원, ㄹ : 참여
③ ㄱ : 관리자, ㄴ : 과업, ㄷ : 관리자, ㄹ : 참여
④ ㄱ : 직원, ㄴ : 과업, ㄷ : 직원, ㄹ : 과업
⑤ ㄱ : 직원, ㄴ : 과업, ㄷ : 관리자, ㄹ : 참여

29. 사회복지조직관리자가 상황이론(contingency theory)을 활용할 경우 고려해야 할 것을 모두 고른 것은?

> ㄱ. 계층적 승진 제도를 통해서 직원의 성취 욕구를 고려한다.
> ㄴ. 시간과 동작 분석을 활용하여 표준시간과 표준동작을 정한다.
> ㄷ. 사회복지조직을 둘러싸고 있는 사회, 정치, 경제, 문화 변수 등을 고려한다.

① ㄱ ② ㄴ
③ ㄷ ④ ㄱ, ㄷ
⑤ ㄴ, ㄷ

30. 조직구조 유형 중 태스크포스(TF)에 관한 설명으로 옳은 것을 모두 고른 것은?

> ㄱ. 팀 형식으로 운영하는 조직이다.
> ㄴ. 특정 목표달성을 위한 업무에 전문가들을 배치한다.
> ㄷ. 환경의 변화에 대응하기 위해서 만든 조직의 성격이 강하다.

① ㄱ ② ㄴ
③ ㄱ, ㄷ ④ ㄴ, ㄷ
⑤ ㄱ, ㄴ, ㄷ

31. 현대조직운영 기법에 관한 설명으로 옳지 <u>않은</u> 것은?

① 리스트럭처링(restructuring) : 중복사업을 통합하여 조직 경쟁력 확보
② 리엔지니어링(re-engineering) : 업무시간을 간소화시켜 서비스 시간 단축
③ 벤치마킹(benchmarking) : 특수분야에서 우수한 대상을 찾아 뛰어난 부분 모방
④ 아웃소싱(outsourcing) : 계약을 통해 외부전문가에게 조직기능 일부 의뢰
⑤ 균형성과표(balanced score card) : 공정한 직원채용을 위해서 만든 면접평가표

32. 학습조직 구축요인에 관한 설명으로 옳은 것은?

① 자기숙련(personal mastery) : 명상 활동
② 공유비전(shared vision) : 개인적 비전 유지
③ 사고모형(mental models) : 계층적 수직 구조 이해
④ 팀학습(team learning) : 최고관리자의 감독과 통제를 통한 학습
⑤ 시스템 사고(systems thinking) : 전체와 부분 간 역동적 관계 이해

33. 다음에서 설명하는 사회복지정보시스템 명칭은?

> - 사회복지사업 정보와 지원대상자의 자격정보, 수급이력정보 등을 통합관리하는 시스템
> - 대상자의 소득, 재산, 인적자료, 수급이력정보 등을 연계하여 정확한 사회복지대상자 선정 및 효율적 복지업무 처리 지원

① 복지로
② 사회보장정보시스템(범정부)
③ 사회복지시설정보시스템
④ 사회서비스전자바우처시스템
⑤ 보건복지정보시스템

34. 스키드모어(R. A. Skidmore)의 기획과정을 순서대로 나열한 것은?

> ㄱ. 대안 모색
> ㄴ. 가용자원 검토
> ㄷ. 대안 결과예측
> ㄹ. 최종대안 선택
> ㅁ. 구체적 목표 설정
> ㅂ. 프로그램 실행계획 수립

① ㄱ - ㄴ - ㄷ - ㅁ - ㅂ - ㄹ
② ㄱ - ㄷ - ㄹ - ㄴ - ㅁ - ㅂ
③ ㄱ - ㄷ - ㅁ - ㄴ - ㅂ - ㄹ
④ ㅁ - ㄴ - ㄱ - ㄷ - ㄹ - ㅂ
⑤ ㅁ - ㅂ - ㄴ - ㄱ - ㄷ - ㄹ

35. 예산 통제의 원칙으로 옳지 않은 것은?

① 강제의 원칙
② 개별화의 원칙
③ 접근성의 원칙
④ 효율성의 원칙
⑤ 예외의 원칙

36. 사회복지법인 및 시설 재무·회계 규칙상 사회복지관에서 예산서류를 제출할 때 첨부하는 서류가 아닌 것은?

① 예산총칙
② 세입·세출 명세서
③ 사업수입 명세서
④ 임직원 보수 일람표
⑤ 예산을 의결한 이사회 회의록 또는 예산을 보고받은 시설운영위원회 회의록 사본

37. 사회복지조직의 책임성에 관한 설명으로 옳지 않은 것은?

① 업무수행 결과에 대한 책임뿐만 아니라 업무과정에 대한 정당성을 의미한다.
② 책임성 이행측면에서 효율성을 배제하고 효과성을 극대화해야 한다.
③ 지역사회와의 관계뿐만 아니라 조직 내 상호작용에서도 정당성을 확보해야 한다.
④ 정부 및 재정자원제공자, 사회복지조직, 사회복지전문직, 클라이언트 등에게 책임성을 입증해야 한다.
⑤ 클라이언트 집단의 욕구를 충족시키고 당면한 사회문제를 해결하고 있다는 증거를 보여줘야 한다.

38. 다음에서 설명하는 마케팅 방법은?

> A초등학교의 학부모들이 사회복지사에게 본인들의 자녀와 연령대가 비슷한 아이들을 돕고 싶다고 이야기하였다. 이에 사회복지사들은 월 1회 아동문화체험 프로그램을 기획하여 이들을 후원자로 참여할 수 있도록 요청하였다.

① 사회 마케팅
② 공익연계 마케팅
③ 다이렉트 마케팅
④ 데이터베이스 마케팅
⑤ 고객관계관리 마케팅

39. 다음에서 설명하는 프로그램 평가의 기준은?

> - 서비스를 받은 클라이언트 수
> - 목표달성을 위해 투입된 시간 및 자원의 양
> - 프로그램 담당자의 제반활동

① 노력   ② 영향
③ 효과성   ④ 효율성
⑤ 서비스의 질

40. 최근 사회복지조직의 환경변화로 옳은 것을 모두 고른 것은?

> ㄱ. 사회복지 공급주체의 다양화
> ㄴ. 행정관리능력 향상으로 거주시설 대규모화
> ㄷ. 성과에 대한 강조와 마케팅 활성화
> ㄹ. 기업의 경영관리 기법 도입

① ㄱ, ㄴ   ② ㄱ, ㄷ
③ ㄴ, ㄹ   ④ ㄱ, ㄷ, ㄹ
⑤ ㄴ, ㄷ, ㄹ

41. 사회복지관에서 제공해야 하는 서비스의 최저기준에 포함되지 않는 것은?

① 시설의 환경
② 시설의 규모
③ 시설의 안전관리
④ 시설의 인력관리
⑤ 시설 이용자의 인권

42. 동기부여 이론에 관한 설명으로 옳은 것은?

① 알더퍼(C. Alderfer)의 ERG이론은 고순위 욕구가 충족되지 못하면 저순위 욕구를 더욱 원하게 된다는 좌절퇴행(frustration regression) 개념을 제시한다.
② 맥그리거(D. McGregor)의 X·Y이론은 조직에 대한 기대와 현실 간 차이가 동기 수준을 결정한다는 점을 강조한다.
③ 허즈버그(F. Herzberg)의 동기-위생요인 이론은 불만 초래 요인을 동기요인으로 규정한다.
④ 맥클리랜드(D. McClelland)의 성취동기이론은 조직 공정성을 성취동기 고취를 위한 핵심요소로 간주한다.
⑤ 매슬로우(A. Maslow)의 욕구단계 이론은 욕구가 존재, 관계, 성장욕구의 세 단계로 구성된다고 주장한다.

43. 변혁적 리더십에 관한 설명으로 옳은 것을 모두 고른 것은?

> ㄱ. 구성원들에게 봉사하는 것을 핵심적 가치로 한다.
> ㄴ. 구성원들에 대한 상벌체계를 강조한다.
> ㄷ. 구성원들 스스로 혁신할 수 있도록 비전을 제시해주는 것을 강조한다.

① ㄱ   ② ㄴ
③ ㄷ   ④ ㄱ, ㄴ
⑤ ㄴ, ㄷ

44. 인적자원관리에 관한 설명으로 옳은 것을 모두 고른 것은?

> ㄱ. 직무분석은 직무명세 이후 가능하다.
> ㄴ. 직무명세는 특정 직무수행을 위해 필요한 지식과 기능, 능력 등을 작성하는 것이다.
> ㄷ. 직무평가에서는 조직목표 달성에 대한 구성원의 기여도를 고려한다.

① ㄴ   ② ㄱ, ㄴ
③ ㄱ, ㄷ   ④ ㄴ, ㄷ
⑤ ㄱ, ㄴ, ㄷ

45. 리더십 이론에 관한 설명으로 옳은 것은?

① 블레이크와 머튼(R. Blake & J. Mouton)의 관리격자 모형은 자질이론 중 하나이다.
② 블레이크와 머튼의 관리격자 모형에서 가장 바람직한 행동유형은 극단에 치우치지 않은 중도형이다.
③ 허시와 블랜차드(P. Hersey & K. H. Blanchard)의 상황적 리더십 모형에서는 구성원의 성숙도를 중요하게 고려한다.
④ 퀸(R. Quinn)의 경쟁가치 리더십 모형은 행동이론의 대표적 모형이다.
⑤ 퀸의 경쟁가치 리더십 모형에서는 조직환경의 변화에 따라 리더십이 달라져서는 안 된다는 것을 강조한다.

46. 참여적 리더십에 관한 설명으로 옳지 않은 것은?

① 의사결정의 시간과 에너지가 절약될 수 있다.
② 하급자가 의사결정에 참여하는 것을 강조한다.
③ 동기부여 수준이 높은 업무자로 구성된 조직에서 효과적이다.
④ 책임성 소재가 모호해질 수 있다.
⑤ 사회복지의 가치와 부합한다.

47. 사회복지서비스 전달체계에 관한 설명으로 옳지 <u>않은</u> 것은?

① 구조·기능 차원에서 행정체계와 집행체계로 구분할 수 있다.
② 운영주체에 따라서 공공체계와 민간체계로 구분할 수 있다.
③ 전달체계의 접근성을 높이기 위해서는 서비스 이용의 장애요인을 줄여야 한다.
④ 사회복지서비스 급여의 유형과 전달체계 특성은 관련이 없다.
⑤ 서비스 제공기관을 의도적으로 중복해서 만드는 것이 전달체계를 개선해 줄 수도 있다.

48. 사회복지서비스 전달체계 도입 순서가 올바르게 제시된 것은?

> ㄱ. 희망복지지원단 설치
> ㄴ. 지역사회복지협의체 설치
> ㄷ. 읍면동 복지허브화 사업 실행

① ㄱ - ㄴ - ㄷ　　② ㄱ - ㄷ - ㄴ
③ ㄴ - ㄱ - ㄷ　　④ ㄴ - ㄷ - ㄱ
⑤ ㄷ - ㄴ - ㄱ

49. 패러슈라만 등(A. Parasuraman, V. A. Zeithaml & L. L. Berry)의 SERVQUAL 구성차원에 관한 설명으로 옳은 것은?

① 신뢰성 : 이용자의 요구에 선제적으로 응대할 수 있는 능력
② 유형성 : 시설, 장비 및 서비스 제공자 용모 등의 적합성
③ 확신성 : 이용자에 대한 관심이나 상황이해 능력
④ 공감성 : 전문적 지식과 기술, 정중한 태도로 이용자를 대하는 능력
⑤ 대응성 : 저렴한 비용으로 서비스를 제공할 수 있는 능력

50. 총체적 품질관리(TQM)에 관한 설명으로 옳지 <u>않은</u> 것은?

① 지속적인 품질개선을 강조하는 일련의 과정이다.
② 자료와 사실에 기반한 의사결정을 중시한다.
③ 좋은 품질이 무엇인지는 고객이 결정한다.
④ 집단의 노력보다는 개인의 노력이 품질향상에 더 기여한다고 본다.
⑤ 조직구성원에 대한 훈련을 강조한다.

사회복지 정책과 제도(사회복지법제론)

51. 헌법 규정의 사회적 기본권에 관한 설명으로 옳지 <u>않은</u> 것은?

① 국가는 근로자의 고용의 증진과 적정임금의 보장에 노력하여야 한다.
② 국가는 여자의 복지와 권익의 향상을 위하여 노력하여야 한다.
③ 국가는 모든 공무원인 근로자의 단결권·단체교섭권 및 단체행동권을 보장하여야 한다.
④ 국가는 평생교육을 진흥하여야 한다.
⑤ 국가는 모성의 보호를 위하여 노력하여야 한다.

52. 우리나라 사회복지법의 법원에 해당하는 것을 모두 고른 것은?

```
ㄱ. 대통령령
ㄴ. 조례
ㄷ. 일반적으로 승인된 국제법규
ㄹ. 규칙
```

① ㄱ   ② ㄱ, ㄴ
③ ㄱ, ㄴ, ㄹ   ④ ㄴ, ㄷ, ㄹ
⑤ ㄱ, ㄴ, ㄷ, ㄹ

53. 법률의 제정연도가 가장 빠른 것은?

① 사회보장기본법
② 국민건강보험법
③ 고용보험법
④ 영유아보육법
⑤ 노인복지법

54. 사회보장기본법상 사회보장제도의 운영원칙에 관한 사항이다. ( )에 들어갈 내용으로 옳은 것은?

> 사회보험은 (ㄱ)의 책임으로 시행하고, 공공부조와 사회서비스는 (ㄴ)의 책임으로 시행하는 것을 원칙으로 한다.

① ㄱ: 국가, ㄴ: 국가
② ㄱ: 지방자치단체, ㄴ: 지방자치단체
③ ㄱ: 국가와 지방자치단체, ㄴ: 국가
④ ㄱ: 국가, ㄴ: 국가와 지방자치단체
⑤ ㄱ: 국가와 지방자치단체, ㄴ: 국가와 지방자치단체

55. 사회보장기본법상 국가와 지방자치단체에 관한 설명으로 옳지 <u>않은</u> 것은?

① 국가와 지방자치단체는 모든 국민의 인간다운 생활을 유지·증진하는 책임을 가진다.
② 국가와 지방자치단체는 사회보장에 관한 책임과 역할을 합리적으로 분담하여야 한다.
③ 국가와 지방자치단체는 사회보장제도의 안정적인 운영을 위하여 중장기 사회보장 재정추계를 매년 실시하고 이를 공표하여야 한다.
④ 국가와 지방자치단체는 지속가능한 사회보장제도를 확립하고 매년 이에 필요한 재원을 조달하여야 한다.
⑤ 국가와 지방자치단체는 가정이 건전하게 유지되고 그 기능이 향상되도록 노력하여야 한다.

56. 사회보장기본법상 사회보장위원회 위원으로 포함되어야 하는 중앙행정기관의 장을 모두 고른 것은?

> ㄱ. 행정안전부장관
> ㄴ. 고용노동부장관
> ㄷ. 기획재정부장관
> ㄹ. 국토교통부장관

① ㄱ, ㄴ, ㄷ ② ㄱ, ㄴ, ㄹ
③ ㄱ, ㄷ, ㄹ ④ ㄴ, ㄷ, ㄹ
⑤ ㄱ, ㄴ, ㄷ, ㄹ

57. 사회보장급여의 이용·제공 및 수급권자 발굴에 관한 법률의 내용으로 옳지 않은 것은?

① 보장기관의 장은 「긴급복지지원법」 제7조의2에 따른 발굴조사를 실시한 경우를 제외하고 지원대상자에 대한 발굴조사를 1년마다 정기적으로 실시하여야 한다.
② 보장기관은 지역의 사회보장 수준이 균등하게 실현될 수 있도록 노력하여야 한다.
③ 누구든지 사회적 위험으로 인하여 사회보장급여를 필요로 하는 지원대상자를 발견하였을 때에는 보장기관에 알려야 한다.
④ 이의신청은 그 처분을 받은 날로부터 90일 이내에 처분을 결정한 보장기관의 장에게 할 수 있다.
⑤ 사회서비스 제공기관의 운영자는 위기가구의 발굴 지원업무 수행을 위해 사회서비스정보시스템을 이용할 수 있다.

58. 사회보장급여의 이용·제공 및 수급권자 발굴에 관한 법률상 수급자격 확인을 위해 지원대상자와 그 부양의무자에 대하여 조사할 수 있는 사항을 모두 고른 것은?

> ㄱ. 인적사항 및 가족관계 확인에 관한 사항
> ㄴ. 소득·재산·근로능력 및 취업상태에 관한 사항
> ㄷ. 사회보장급여 수급이력에 관한 사항
> ㄹ. 수급권자를 선정하기 위하여 보장기관의 장이 필요하다고 인정하는 사항

① ㄱ, ㄴ ② ㄷ, ㄹ
③ ㄱ, ㄴ, ㄷ ④ ㄴ, ㄷ, ㄹ
⑤ ㄱ, ㄴ, ㄷ, ㄹ

59. 사회복지사업법의 내용으로 옳지 않은 것은?

① 보건복지부장관은 사회복지사가 거짓으로 자격을 취득한 경우 그 자격을 취소하여야 한다.
② 사회복지법인을 설립하려는 자는 대통령령으로 정하는 바에 따라 시·도지사의 허가를 받아야 한다.
③ 사회복지법인이 설립 후 기본재산을 출연하지 아니한 때 시·도지사는 시정명령을 내릴 수 있다.
④ 누구든지 정당한 이유 없이 사회복지시설의 설치를 방해하여서는 아니 된다.
⑤ 사회복지를 필요로 하는 사람은 누구든지 자신의 의사에 따라 서비스를 신청하고 제공받을 수 있다.

60. 사회복지사업법상 사회복지시설(이하 '시설' 이라고 한다)에 관한 설명으로 옳은 것은?

① 지방자치단체가 시설을 설치·운영하려는 경우에는 보건복지부에 신고하여야 한다.
② 사회복지법인의 대표는 시설에 대하여 정기 및 수시 안전점검을 실시하여야 한다.
③ 시설을 설치·운영하는 자는 시설에 근무할 종사자를 채용할 수 있다.
④ 시설의 장은 시설의 운영에 관한 사항을 의결하기 위하여 시설에 운영위원회를 두어야 한다.
⑤ 지방자치단체는 시설의 책임보험 가입에 드는 비용의 전부를 보조하여야 한다.

61. 사회복지사업법상 사회복지법인(이하 '법인'으로 한다)에 관한 설명으로 옳지 않은 것은?

① 법인이 설치한 사회복지시설의 장과 직원은 그 법인의 이사를 겸할 수 없다.
② 파산선고를 받고 복권되지 아니한 사람은 임원이 될 수 없다.
③ 법인은 대표이사를 포함한 이사 7명 이상과 감사 2명 이상을 두어야 한다.
④ 이사회는 안건, 표결수 등을 기재한 회의록을 작성하여야 한다.
⑤ 해산한 법인의 남은 재산은 정관으로 정하는 바에 따라 국가 또는 지방자치단체에 귀속된다.

62. 국민기초생활 보장법상 보장기관과 보장시설에 대한 예시이다. '보장기관 – 보장시설'을 순서대로 옳게 짝지은 것은?

> ㄱ. 「장애인복지법」 제58조 제1항 제1호의 장애인 거주시설
> ㄴ. 「사회복지사업법」 제2조 제4호의 사회복지시설 중 결핵 및 한센병요양시설
> ㄷ. 대전광역시장
> ㄹ. 전라남도지사
> ㅁ. 인천광역시 교육감

① ㄱ - ㄴ
② ㄴ - ㅁ
③ ㄷ - ㄱ
④ ㄹ - ㄷ
⑤ ㅁ - ㄹ

63. 의료급여법상 의료급여의 내용에 해당하지 않는 것은?

① 진찰·검사
② 예방·재활
③ 입원
④ 간호
⑤ 화장 또는 매장 등 장제 조치

64. 기초연금법상 기초연금의 지급정지 사유에 해당하는 것을 모두 고른 것은?

> ㄱ. 기초연금 수급자가 금고 이상의 형을 선고받고 교정시설 또는 치료감호시설에 수용되어 있는 경우
> ㄴ. 기초연금 수급자가 행방불명되거나 실종되는 등 대통령령으로 정하는 바에 따라 사망한 것으로 추정되는 경우
> ㄷ. 기초연금 수급권자가 국적을 상실한 때
> ㄹ. 기초연금 수급자의 국외 체류기간이 60일 이상 지속되는 경우

① ㄱ, ㄴ ② ㄷ, ㄹ
③ ㄱ, ㄴ, ㄷ ④ ㄱ, ㄴ, ㄹ
⑤ ㄱ, ㄴ, ㄷ, ㄹ

65. 긴급복지지원법상 직무수행 과정에서 긴급지원대상자가 있음을 알게 된 경우 이를 신고하고, 긴급지원대상자가 신속하게 지원을 받을 수 있도록 노력하여야 하는 자에 해당하지 않는 것은?

① 「의료법」에 따른 의료기관의 종사자
② 「고등교육법」에 따른 직원
③ 「지방공무원법」에 따른 공무원
④ 「무형문화재 보전 및 진흥에 관한 법률」에 따라 지정된 국가무형문화재의 보유자
⑤ 「사회복지사업법」에 따른 사회복지시설의 종사자

66. 국민건강보험법상 건강보험심사평가원의 업무에 해당하는 것은?

① 요양급여의 적정성 평가
② 가입자의 자격 관리
③ 보험급여의 관리
④ 보험급여 비용의 지급
⑤ 보험료의 부과·징수

67. 국민연금법상 급여의 종류에 해당하는 것을 모두 고른 것은?

> ㄱ. 노령연금 ㄴ. 장애인연금
> ㄷ. 장해급여 ㄹ. 장애연금
> ㅁ. 반환일시금

① ㄱ, ㄴ, ㄹ ② ㄱ, ㄴ, ㅁ
③ ㄱ, ㄷ, ㅁ ④ ㄱ, ㄹ, ㅁ
⑤ ㄴ, ㄷ, ㄹ

68. 산업재해보상보험법의 내용으로 옳지 <u>않은</u> 것은?

① "업무상의 재해"란 업무상의 사유에 따른 근로자의 부상·질병·장해 또는 사망을 말한다.
② 보험급여에는 간병급여, 상병보상연금, 실업급여 등이 있다.
③ 근로복지공단은 법인으로 한다.
④ "출퇴근"이란 취업과 관련하여 주거와 취업장소 사이의 이동 또는 한 취업장소에서 다른 취업장소로의 이동을 말한다.
⑤ 요양급여는 근로자가 업무상의 사유로 부상을 당하거나 질병에 걸린 경우에 그 근로자에게 지급한다.

69. 고용보험법의 내용으로 옳은 것은?

① 고용보험기금은 기획재정부장관이 관리·운용한다.
② 국가는 매년 보험사업에 드는 비용의 일부를 일반회계에서 부담하여야 한다.
③ 취업촉진 수당의 종류로는 구직급여, 직업능력개발 수당 등이 있다.
④ "실업"이란 근로의 의사와 능력이 없어 취업하지 못한 상태에 있는 것을 말한다.
⑤ "일용근로자"란 6개월 미만 동안 고용되는 사람을 말한다.

70. 노인장기요양보험법의 내용으로 옳은 것은?

① 장기요양보험사업은 보건복지부장관이 관장한다.
② "장기요양급여"란 장기요양등급판정 결과에 따라 1개월 이상 동안 혼자서 일상생활을 수행하기 어렵다고 인정되는 자에게 신체활동·가사활동의 지원 또는 간병 등의 서비스를 말한다.
③ 장기요양기관은 수급자에게 재가급여 또는 시설급여를 제공한 경우 시·도지사에게 장기요양급여비용을 청구하여야 한다.
④ "노인등"이란 60세 이상의 노인 또는 60세 미만의 자로서 치매·뇌혈관성질환 등 대통령령으로 정하는 노인성 질병을 가진 자를 말한다.
⑤ 재가급여에는 방문요양, 방문목욕, 특별현금급여가 있다.

71. 한부모가족지원법의 내용으로 옳지 않은 것은?

① "청소년 한부모"란 24세 이하의 모 또는 부를 말한다.
② 한부모가족의 모 또는 부와 아동은 한부모가족 관련 정책결정과정에 참여할 권리가 있다.
③ 여성가족부장관은 자녀양육비 산정을 위한 자녀양육비 가이드라인을 마련하여 법원이 이혼 판결 시 적극 활용할 수 있도록 노력하여야 한다.
④ 국가와 지방자치단체는 청소년 한부모의 건강증진을 위하여 건강진단을 실시할 수 있다.
⑤ 국가나 지방자치단체는 아동양육비를 대여할 수 있다.

72. 노인복지법의 내용으로 옳지 않은 것은?

① 노인복지주택 입소자격자는 60세 이상의 노인이다.
② 보건복지부장관은 요양보호사가 거짓으로 자격증을 취득한 경우 그 자격을 취소하여야 한다.
③ 누구든지 노인학대를 알게 된 때에는 노인보호전문기관 또는 수사기관에 신고할 수 있다.
④ 노인일자리전담기관에는 노인인력개발기관, 노인취업알선기관, 노인일자리지원기관이 있다.
⑤ 지방자치단체는 65세 이상의 자에 대하여 건강진단과 보건교육을 실시할 수 있다.

73. 장애인복지법의 내용으로 옳은 것은?

① 「난민법」 제2조 제2호에 따른 난민인정자는 장애인등록을 할 수 있다.
② 보건복지부장관은 3년마다 장애인정책종합계획을 수립·시행하여야 한다.
③ 보건복지부장관은 5년마다 장애실태조사를 실시하여야 한다.
④ 보건복지부장관은 피해장애인의 임시 보호 및 사회복귀 지원을 위하여 장애인 쉼터를 설치·운영할 수 있다.
⑤ 장애인복지시설의 장은 장애인 거주시설에서 제공하여야 하는 서비스의 최저기준을 마련하여야 한다.

74. 아동복지법의 내용으로 옳은 것은?

① 시장·군수·구청장은 보호조치 중인 보호대상아동의 양육상황을 3년마다 점검하여야 한다.
② 시·군·구에 두는 아동위원은 명예직으로 수당을 지급할 수 없다.
③ 보건복지부장관 소속으로 아동정책조정위원회를 둔다.
④ 아동권리보장원의 장은 아동학대가 종료된 이후에도 아동학대의 재발 여부를 확인하여야 한다.
⑤ 아동복지시설의 장은 보호하고 있는 12세 이상의 아동을 대상으로 자립지원계획을 수립하여야 한다.

75. 사회복지공동모금회법의 내용으로 옳은 것은?

① 배분분과실행위원회는 위원장 1명을 포함하여 20명 이내의 위원으로 구성한다.
② 국가나 지방자치단체는 모금회의 관리·운영에 필요한 비용을 보조할 수 있다.
③ 기부금품의 기부자는 배분지역, 배분대상자 또는 사용 용도를 지정할 수 없다.
④ 사회복지공동모금회는 언론기관을 모금창구로 지정할 수 있으나 지정된 언론기관의 명의로 모금계좌를 개설할 수 없다.
⑤ 모금회의 정관으로 규정하지 아니한 사항은 「민법」 중 사단법인에 관한 규정을 준용한다.

최신기출문제 정답 및 해설

인간행동과 사회환경   634~638쪽

01 ①	02 ②	03 ①	04 ③	05 ①
06 ⑤	07 ③	08 ⑤	09 ②	10 ②
11 ⑤	12 ②	13 ①	14 ②	15 ③
16 ④	17 ①	18 ③	19 ④	20 ⑤
21 ④	22 ②	23 ③	24 ⑤	25 ④

01. ①
인간의 발달에는 개인마다 차이가 있지만 지속적이며 체계적인 원리에 따라 진행.
1번의 경우에는 적기성을 얘기하는 것으로써 발달에는 신체 및 인지정서발달에 가장 잘 이루어지는 결정적 시기, 최적의 시기가 있음. 이를 놓치면 발달과업의 획득의 효율성이 떨어질 수 있음.

02. ②
성숙은 부모에게 받은 유전과 관련된 것이므로 사회적 훈련이나 환경과의 상호작용과는 관련이 없음.

03. ①
A는 노안을 느끼고 있으며 B도 노안은 오지 않았지만 흰머리가 많고 C는 기억력이 달라졌다고 얘기하고 있으며 이는 인간발달이 개인마다 차이가 있음을 알려줌.

04. ③
자아는 2차적 사고과정과 현실원칙을 따름. 신경증적 불안은 원초아의 욕구이며 성적본능이나 공격적 본능이 표출되는 것에 대해 자아가 조절할 수 없을 것이라는 위험을 느낄 때 발생함.

05. ①
페르소나는 자아의 가면으로 개인이 외부세계에 내보이는 이미지임. 즉 개인이 사회의 요구에 대한 반응으로 내보이는 사회적 모습이나 사회기대에 따른 개인의 역할.
–아니마 : 무의식속에 존재하는 남자의 여성적인 면
–아니무스 : 무의식속에 존재하는 여자의 남성적인 면

06. ⑤
사회적 관심 : 개인이 무엇보다도 사회적 상황에 반응하는 타고난 경향임. 각 개인의 이상적인 공동사회의 목표를 달성하고자 사회에 공헌하려는 성향을 의미. 사회적 관심의 발달은 사회적 장과 관련이 있지만 사회적 상황을 어떻게 해석하는가 하는 것은 아동의 창조적 힘에 달려있으며 환경과 교육적 활동에 의해 인도되고 자신의 신체와 그에 대한 평가에 영향을 받음.

07. ③
*고전적 조건형성의 기본원리
–강도의 원리 : 후속되는 무조건자극의 강도가 처음보다 강할수록 조건화가 잘 이루어짐
–일관성의 원리 : 조건자극이 일관성 있게 같은 자극으로 계속 제시되어야 조건화가 잘 이루어짐
–시간의 원리 : 조건자극은 무조건자극과 동시에 또는 조금 앞서서 제시되어야 조건화가 잘 이루어짐
–계속성의 원리 : 자극과 반응의 결합횟수가 많을수록 조건화가 잘 이루어짐

08. ⑤
가변간격강화계획 : 시간을 기준으로 하되 시간 간격에 편차를 두고 강화하는 것(예시 : 공부하는 자녀에게 한 시간에 아무 때나 간식을 주는 것)

09. ②
로저스는 현상학으로서 인간의 주관적 경험과 통합적이고 전체적인 존재로 인간을 바라보았음. 이론에서 지시적인 상담과 욕구발달단계에 대한 언급은 없음.

10. ②
매슬로우 욕구단계설에서 3단계는 소속과 사랑의 욕구이며 4단계가 자존감의 욕구에 해당.

11. ⑤
전조작기에는 상징적 사고, 직관적 사고, 자아중심적 사고, 물활론적사고, 도덕적 실재론, 꿈의 실재론, 보존개념 미획득, 타율적 도덕성이 발달되는 시기.

12. ②
콜버그는 도덕적 행동주의자였으며 원리에 입각한 것이었으며 목적들이 수단을 정당화시켰던 것을 당연하

게 보았고 이는 도덕성발달이론의 기초가 됨. 콜버그는 피아제의 도덕성 발달이론에 흥미를 느끼고 그 이론을 보다 체계적이고 구체화하여 독자적으로 발전.

13. ①
넥엔트로피는 체계 외부로부터 에너지를 유입함으로써 체계내부에 유용하지 않은 에너지가 감소되는 현상을 의미함

14. ②
적합성은 인간의 적응욕구와 환경자원이 부합되는 정도를 말하며 개인적인 요구와 사회적 요구 사이의 조화와 균형의 정도를 의미함

15. ③
브론펜브레너의 체계
미시체계 : 개인의 근접환경으로 개인이 직접적으로 경험하는 모든 환경을 의미함
중간체계 : 두 개 이상의 미시체계간의 상호관계, 즉 환경들과의 연결이나 상호관계를 의미함
거시체계 : 가장 지속적이고 거대한 사회적 신념과 가치, 태도, 전통 등 한사회의 법률, 제도 관습의 기저가 되는 이데올로기라고 할 수 있음

16. ④
거시체계는 한 사회의 문화 법률 제도 및 관습에 대한 부분으로서 이러한 영향은 각 개인에게 영향을 미침. 피해청소년이 다시 피해를 입지 않도록 학교폭력에 대한 처벌을 강화하도록 법을 제정하는 것은 거시체계수준에서 청소년에 개입한 사례라고 볼 수 있음

17. ①
문화는 자연 그대로가 아닌 무엇인가에 의해 만들어지는 것. 문화는 사회의 산물로서 거시체계에 해당한다. 문화는 공유하는 가치와 믿음, 생활의 일과로 조직된 활동, 감정적인 의미를 지니고 있는 상호작용하는 혼합체.

18. ③
클라인펠터증후군 : 남성이지만 X염색체를 2개 이상 가져 여성의 2차 성징이 나타남

19. ④
프로이드의 항문기(배변훈련 시작), 에릭슨의 자율성 대 의심과 수치 시기, 피아제의 전 조작기(직관적 사고, 타율적 도덕성), 콜버그의 전인습적 도덕성 발달 단계 중벌과 복종의 단계 및 욕구충족 수단에 해당

20. ⑤
아동기에는 에릭슨의 근면성 대 열등감이 나타나는 시기이며 이웃과 학교가 중요한 대상이 됨. 이때 발달과업을 성취하는 유능감이 나타나고 그렇지 못하면 열등감을 경험하게 됨

21. ④
엘킨드의 자아중심성이란 사회인지발달의 특성으로 자기의 신념과 가치관을 중요하게 여겨 자신과 다른 사람이나 사회의 보편적인 신념과 가치관을 구분하지 못한 채 자기 자신을 특별한 존재로 여기는 자의식이 강함을 의미함. 이는 청소년기 특유의 사회인지적 특성으로 형식적 조작사고가 발달하는 11~12세에 나타나 15~16세에 최고조를 이루다가 여러 사회 경험을 통해 올바른 사회인지 능력을 발달시키면서 점점 사라짐. 엘킨드는 청소년이 자아중심성으로 인해 자신의 세계가 중요하고 가치 있다 생각하며 자기를 중심으로 모든 것이 흘러간다고 믿고, 상상적 관중, 개인적 우화, 이상주의적 경향을 나타난다고 하였음.

22. ②
청년기에는 에릭슨의 친밀감 대 고립감 단계에 해당. 레빈슨은 "에너지와 풍요로움, 모순과 스트레스가 최고"인 시기. 이때의 주요발달과제는 직업을 선택하며 배우자를 만나 결혼하며 가정을 꾸리는 것을 제시함.
- 부모로부터의 독립을 준비해야하며 직업을 선택하고 경력을 쌓는 시기.
- 성역할 정체감이 완성(확립)되는 시기
- 직업과 배우자 선택, 자녀양육, 친밀감 형성, 자율성 확립 등이 주요 발달과업.

23. ③
중년의 발달과업
- 사회적 의무의 완수 경제적 표준생활 확립과 유지,

10대 자녀의 훈육과 선도, 적절한 여가활용, 배우자와의 친밀한 관계유지
- 중년기의 생리적 변화 인정 및 적응, 노년기 부모의 부양에의 적응

24. ⑤

반두라는 모델링 관찰기법, 타임아웃은 문제를 일으키는 자극 또는 강화물을 얻을 수 있는 기회로부터 제외시키는 것. 정적 강화의 접근을 일정 시간 차단함으로써 바람직하지 못한 행동을 하지 못하게 하는 행동 수정의 한 형태. 가족조각기법은 경험적 가족치료에서 사용되는 기법.

25. ④

ㄴ에 해당되는 생산성, 서열화는 아동기에 해당되는 특징.
아동기(7-12세)의 특징
- 프로이드의 잠복기(아동후기) : 성 에너지가 무의식 속에 잠복, 동성 중심의 또래 관계이 이루어짐
- 에릭슨의 학령기 : '근면성 대 열등감'의 심리사회적 위기를 극복하면 '유능함(능력)'의 자아특질이 강화
- 피아제의 구체적 조작기 : 탈중심화, 사회적 관점 수용(역할 수용), 보존·서열화·유목화 (분류) 능력 획득, 논리적 사고, 자율적 도덕성이 이루어짐
- 콜버그의 인습적 도덕성에 해당.

사회복지조사론   639~644쪽

26 ③	27 ⑤	28 ③	29 ⑤	30 ①
31 ④	32 ①	33 ⑤	34 ④	35 ②
36 ③	37 ③	38 ①	39 ⑤	40 ④
41 ②	42 ②	43 ④	44 ④	45 ⑤
46 ①	47 ③	48 ③	49 ②	50 ⑤

26. ③

사회지표조사는 통계조사의 한 종류이며 국가에서 실시한 전수조사로서 전체적인 통계지표를 말함. 통계지표로서 누구에게나 공개가 되어있으며 이를 활용하여 데이터 분석이 가능.

27. ⑤

과학철학의 종류
논리실증주의 : 과학적 진위여부를 경험적으로 검증할 수 있어야 함
포퍼의 반증주의 : 과학은 끊임없는 반증을 통해 누적적으로 발달.

쿤의 과학적 패러다임
과학의 발전은 점진적인 지식의 축적에 의해서가 아니라 변칙적이거나 무작위적인 발견 등에 의해 혁명과 같은 급격한 변화를 통해 이루어진다고 보았음

- 과학 공동체가 어떤 패러다임에 의거해서 현상을 이해하는가에 의존해왔음
- 과학발달의 혁명적 성격에 초점을 둠
- 현상에 대한 우리의 관점을 조직하는 근본적인 도식을 패러다임이라고 함
- 기존 패러다임의 위기가 명백해지면 새로운 패러다임으로 전환함
- 패러다임의 우열을 비교할 수 있는 기준은 존재하지 않음
- 과학의 진보에는 특정한 패턴이나 구조가 존재함

28. ③

사회현상의 주관적 의미에 대한 해석을 얘기하는 것은 해석학이나 질적연구로서 이러한 연구방법은 연구자의 주관적 경험, 함축된 의미에 초점을 두고 분석함.

29. ⑤

평가연구에 의해서도 평가결과를 조정할 수는 없음.

30. ①

여론조사나 인구센서스 조사는 전형적인 기술목적의 조사연구이며, 조사범위가 아닌 시간에 따라서 횡단연구와 종단연구로 나뉘어짐.

31. ④

동년배집단조사(=코호트연구, 시간의 흐름에 따라 집단의 변화를 조사), 경향조사(추이연구=추세연구 라고도 하며 새로운 경향을 확인하기 위해 동일한 질문을 가지고 다른 표본을 선정하여 조사)

32. ①

사회복지사 396명을 대상으로 하기 때문에 분석단위는 개인이며, 직무만족도가 개인에 대한 직무만족도이기 때문에 종속변수의 관찰단위 또한 개인.

33. ⑤

억압변수(억제변수) : 원래 관계가 있는 두 변수가 제3의 변수로 인해 관계가 없는 것처럼 보이는 허위적 관계가 나타난 경우 이때의 제3의 변수를 억압변수라고 하며, 억압변수를 통제하면 독립변수와 종속변수의 참된 관계가 나타나게 됨.

사례에서도 원래는 연구에서 의미있게 나타났지만 부모의 재산이 비슷한 조사대상에 한정했을 때에는 관계가 없는 것으로 나타났으므로 이는 억압변수(억제)에 대한 설명.

34. ④

양적조사방법은 연구를 위한 변수들에 대해 개념화를 하면서 문자를 측정이 가능한 변수로 변환하는 연구과정이 필요. 연구설계부분에서 이러한 개념화와 조작화의 작업이 있어야함. 따라서 개념적 정의는 측정가능성을 전제로 함을 의미.

35. ②

학년은 서열변수이며, 이수과목의 수는 명목변수.

- 명목변수 : 가장 낮은 수준의 척도로 단지 측정대상의 특성만 구분하기 위하여(범주화) 숫자나 기호를 할당한 것.
- 서열변수 : 명목변수처럼 측정대상의 종류를 구별할 수 있으면서 우열의 크고 작음이 있는 변수로 초등, 중등, 고등, 대학교처럼 학교의 종류는 서열변수이며, 모든 서열변수는 명목변수로 취급될 수 있지만 명목변수가 서열변수는 되지 못함.
- 등간변수 : 명목척도와 서열척도의 특징을 모두 가지고 있으면서 크기가 어느 정도나 되는지, 특성간의 차이가 어느 정도나 되는지 파악이 가능한 변수.
- 비율변수 : 가장 높은 수준의 척도로서, 가장 자세한 정보를 제공, 서로의 구분, 크기의 비교, 크기의 차이, 그리고 특성들 간의 계산까지 가능한 수준, 모두 숫자로 표현되고 그것들의 계산이 가능함

36. ③

서스톤 척도 : 어떤 속성에 대한 선호도가 나타나있는 문항들에 대해 각 문항이 해당 속성을 호의적으로 표현한 것인지 비호의적으로 표현한 것인지를 평가하도록 하여, 각 문항이 전체 척도에서 어디에 위치하는가 계산해 내고, 그 다음에 이 척도를 사용하여 응답자를 평가하는 방법. 타당성은 높지만 등간격성이 비현실적이며 평가자의 편견이 개입될 수 있어서 거의 사용되지 않음.

37. ③

측정의 체계적 오류 : 일정한 양태나 일관성(일정한 체계나 패턴)이 존재하는 오류. 타당도 문제를 유발함

38. ①

하나의 개념을 측정하는 개별 항목들간의 일관성을 의미하는 것은 신뢰도에 대한 설명.

39. ⑤

신뢰도는 조사대상자가 알지 못하는 내용에 대해서는 측정하지 않는 것이 좋음.

신뢰도를 높이기 위한 방법은 검사-재검사 신뢰도(다른 시기에 같은 도구를 가지고 같은 대상에 대해 두 번 측정), 복합적 방법(같은 도구의 다른 부분을 같은 대상에 적용하는 것), 그리고 반분법 신뢰도(대상의 반이 대표가 되고 나머지는 그대로 남겨놓고 그

결과를 통계적으로 비교하는 것) 등이 이에 포함됨.

40. ④
타당도와 신뢰도의 관계
- 신뢰도가 높다고하여 반드시 타당도가 높은 것은 아님
- 타당도가 낮다고 하여 반드시 신뢰도가 낮은 것은 아님
- 타당도가 없어도 신뢰도를 가질 수 있음
- 타당도가 높으면 반드시 신뢰도는 높지만 그 반대는 성립하지 않음

41. ②
신뢰수준과 신뢰구간 : 신뢰수준을 높이려면 표본의 크기를 늘려야 함. 표본크기가 증가하면 표집오차가 줄어들면서 신뢰구간이 좁아짐.

42. ②
사례에 대한 설명은 체계적 표집에 관한 설명으로 모집단의 규모를 파악한 다음 표본크기를 결정하며, 모집단을 형성하는 각 구성단위의 본래 배열을 파악. 무작위로 하나의 번호가 선택되면 미리 정한 일정 간격에 따라 계속하여 반복적으로 표집. 여기에서 볼 때 배열된 리스트(표집틀)가 있어야 함.

43. ④
단순무작위 표집은 확률표집의 대표적인 표집방법으로서 모집단으로부터 표본으로 추출될 확률이 동등하게 부여되며 이를 통해 표본을 선정하는 방법.
1) 모집단의 전체구성요소를 파악하여 리스트를 작성
2) 모집단에 있는 각 사례들에 고유번호 혹은 일련번호를 작성
3) 표본크기를 결정하고 계획된 표본규모에 도달할때 까지 제비뽑기, 난수표등을 활용하여 무작위로 번호를 선정

44. ④
통계적 가설검정이란 확률적 표본분포의 성질을 이용해서 모집단의 특성에 관한 진술인 가설의 진위를 가리키는 것으로써 연구가설이란 어떤 가설된 현상에 대한 일반적인 예측.

45. ⑤
설문조사 결과를 해석할 때 표집방법, 표본의 크기, 설문조사의 시기, 측정도구의 신뢰수준등은 반드시 유의해서 연구결과를 해석해야 함. 양적연구는 대부분 통계적인 기법을 활용한 방법론을 활용하게 되는데 이때 표본의 크기는 클수록 일반화의 가능성이 높으며 설문조사의 시기는 가능한 최근이어야하며 측정도구의 신뢰수준은 높은 것으로 설문이 이루어져야 연구결과의 일반화의 가능성을 높여줌.

46. ①
자료수집은 사회 및 문화현상을 연구하기 위해 자료를 수집하는 것으로서 질문의 유형과 형태를 결정할 때에는 조사대상자의 응답능력을 고려해서 대상자에 맞게 질문이 이루어져야함.

47. ③
매칭(matching)은 가능한 범위 내에서 실험집단과 유사한 비교집단을 구성하려는 노력을 말한다. 일반적으로 실험집단과 통제집단의 두 집단이 동질적이지 못함으로 인해 표본상의 편중이라는 문제와 실험개입에 다른 상호작용문제가 발생할 수 있음. 따라서 매칭을 통해 그러한 오류의 가능성을 낮추고자 노력해야 함.

48. ③
순수실험설계는 실험설계의 3가지 조건을 잘 갖추고 있는 설계로서 엄격한 외생변수의 통제하에서 독립변수를 조작하여 인과관계를 밝힐 수 있는 설계. 순수실험설계는 다른 설계와 비교하여 외생변수의 철저한 통제와 대상의 무작위할당이 가능하고 1개이상의 독립변수의 조작가능성 및 변수의 명확한 조작화가 가능. 이 설계는 사전검사가 포함되므로 두집단의 동질성을 검증할 수 있는 장점이 있음.

49. ②
유사실험설계는 무작위할당에 의해 실험집단과 통제집단의 동등화를 할 수 없을 때 사용하며 무작위할당에 의한 방법대신에 다른 방법을 통하여 실험집단과 유사한 비교집단을 구성하려고 노력하는 설계. 제시된 사례는 시계열설계에 대한 설명으로 통제집

단을 가지지 않고 실험개입으로만 효과를 확인하기 위해 필요한 비교의 대상을 동일집단내의 시계열 자료들에서 도출. 높은 내적 타당도를 확보할 수 있으나 테스트효과나 도구효과가 강하게 나타날 수 있음.

50. ⑤
근거이론은 수집된 자료를 근거로 하여 이론의 체계, 과정, 실행 혹은 실질적인 주제에 관한 상호작용 등을 설명하는 이론을 개발하는 연구방법.

근거이론의 코딩과정
- 개방코딩 : 면접 자료를 검토하고 비교해 밝히고자 하는 어떤 현상에 대한 개념을 형성하고 범주를 만드는 과정.
- 축코딩 : 개방코딩을 바탕으로 축코딩을 한다. 개방코딩으로 만들어진 범주들을 패러다임이라는 틀에 맞게 연결시키는 과정. 중심범주를 축으로 하위범주를 연결시키므로 축코딩이라고 하며 범주사이의 관계와 연결에 초점을 둠.
- 선택코딩 : 개방코딩과 축코딩에서 생성된 범주들을 통합해 이야기줄거리로 서술하는 과정이다. 이를 통해 하나의 이론으로 생성됨.

사회복지실천론 645~649쪽

01	①	02	⑤	03	④	04	①	05	③
06	⑤	07	②	08	④	09	④	10	②
11	④	12	③	13	③	14	④	15	⑤
16	②	17	①	18	①	19	②	20	⑤
21	②	22	⑤	23	③	24	⑤	25	③

01. ①
인보관운동 : 지역사회에서 함께 살면서 빈민지구를 실제 조사, 연구하여 생활실태 파악과 사회문제 실태 조사 활동을 하였다. 그리고 빈곤의 집합주의적 사회책임을 강조하였다. 빈민지역의 사회개량활동으로 주택개선, 공중보건위생 향상에 관심을 가졌다.

02. ⑤
과거경험 중심적 접근은 진단주의학파의 내용이다.
기능주의학파(생활모델학파) : 진단주의 비판, 사회환경적치료를 통한 클라이언트의 기능회복에 초점을 두었고 인간을 성장가능성을 지닌 존재로 인식하였다.

03. ④
자선조직협회는 인도주의, 이타주의, 사회진화론적 이론을 수상하였고 개별사회사업을 확립시켰다.

04. ①
로웬버그와 돌고프의 윤리원칙의 우선순위는 1) 생명보호의 원칙 2) 평등과 불평등의 원칙 3) 자율성과 자유의 원칙 4) 최소손실의 원칙 5) 삶의 질의 원칙 6) 사생활보호와 비밀보장의 원칙 7) 진실성과 완전공개의 원칙이다.
자율성과 자유의 원칙은 가치갈등에 대한 확인이 필요한 원칙으로 클라이언트의 자기결정권을 존중한다.

05. ③
서비스의 효율성,효과성 측정은 종료단계의 활동이다. 접수단계의 과업은 만남형성, 문제확인, 관계형성, 원조과정에 대한 오리엔테이션, 양가감정해소 및 저항감해소, 동기화, 의뢰 등의 활동이다.

06. ⑤

모두 옳은 내용이며, 사회복지사 윤리강령의 기능은 1) 사회복지 가치 기준에 맞는 행동 및 판단기준, 2) 윤리적 갈등이 생겼을 때 지침과 원칙제공, 3) 자기 규제를 통한 클라이언트 보호. 4) 사회복지 전문직의 전문성 확보와 외부로부터의 전문직 보호, 5) 사회복지 기본업무 및 자세를 알리는 1차적인 수단. 6) 전문가들의 윤리의식 고양이다.

07. ②

교정시설은 사회복지실천의 2차 현장이다. 1차현장은 사회복지 서비스 제공을 주된 기능과 목적으로 하는 기관이다. 예를 들면, 지역사회 복지관, 생활시설 등

08. ④

④의 내용은 강점 관점과는 거리가 먼 내용이다. 강점 관점은
1) 개입의 초점은 가능성에 있다. 2) 개인은 고유한 특성, 재능, 자원과 강점을 가진 독특한 존재로 규정한다. 3) 개인적 이야기와 실천가와의 관계에서 그 내면으로부터 개인을 알아간다. 4) 아동기의 외상은 성인 병리를 예측하지 않는다. 5) 가족, 개인, 지역사회의 열망을 따른다(참여.) 6) 클라이언트가 본인 문제의 전문가이다. 7) 선택, 통제, 헌신, 개인적 발달의 가능성은 열려 있다. 8) 실천을 위한 자원은 개인, 가족, 지역사회의 강점과 적응 기술이다

09. ④

통합적 접근 방법은 1) 환경 속의 인간이란 관점 2) 클라이언트의 성장과 잠재능력, 미래지향 3) 클라이언트의 존엄성 인정 4) 클라이언트의 자기 결정권, 개별화 강조 5) 클라이언트의 삶의 질 향상에 있다.

10. ②

비스텍(F. Biestek)의 사회복지실천의 관계의 7대 원칙은 1) 개별화의 원칙 2) 의도적 감정표현 3) 통제된 정서적 관여 4) 수용 5) 비심판적 태도 6) 자기결정 7) 비밀보장 이다.

11. ④

자료수집 단계에서의 자료수집은 1) 클라이언트의 자신에게서 얻은 자료 2) 가족에게서 얻은 자료 3) 객관적인 자료 4) 개인적 관계에서 얻은 자료 5) 클라이언트에 대한 사회복지사의 개인적(주관적) 경험 6) 기타 사례와 관련된 신문자료, 소문, 클라이언트의 자기 모니터링 등이 있다.

12. ③

사회복지실천에서 전문적인 관계는 의도적인 목적성으로서 클라이언트와 사회복지사가 서로 합의한 목적이 있다. 그리고 시간 제한적, 클라이언트에 대한 헌신, 전문직 윤리강령에서 비롯되는 권위 등이 있다. (통제적 관계)

13. ③

체계의 상호작용과정은 투입-전환-산출-환류의 순서로 진행된다.

14. ④

사회복지사와 클라이언트 관계는 통제적 관계로서 상호 간의 의무와 책임을 진다.

15. ⑤

면접은 목적 지향적인 활동이며, 관련된 내용들로 제한된다.

16. ②

펄만(Perlman)의 4P는 문제(problem), 사람(person), 장소(place), 과정(process)이다.

17. ①

경청의 방법 중 하나는 클라이언트에 대한 이해를 높이기 위해 질문하거나 이야기를 한다는 것을 명심해야 한다.

18. ①

가계도는 가족을 계보 중심으로 그 가족의 2-3세대 이상에 관한 정보를 도표상에 정리한 것이다.

19. ②

인권의 원칙은 보편성, 불가분성, 불가양성, 상호 의존성이다.

20. ⑤
면접자는 많은 질문을 하기 보다는 몇 마디 질문으로 클라이언트가 많은 이야기를 할 수 있게 한다. 질문을 많이 하면 클라이언트가 혼란을 느낀다.

21. ②
종결단계의 과업은 적절한 종결시기 결정하기, 정서적 반응 다루기, 효과성 유지와 강화, 의뢰, 평가가 있다.

22. ⑤
사례관리의 목적은 보호의 연속성 보장, 개인의 욕구에 부합한 서비스 제공 보장, 서비스의 접근성 강화, 서비스의 중복성 방지, 서비스 제공자의 능력향상, 클라이언트의 생활기술 증진, 클라이언트의 잠재능력 개발 및 극대화, 공적보호체계 내에서의 능력 극대화, 사회적 책임성 제고 등이다.

23. ③
사례관리자의 역할은 사정자, 계획자, 상담자, 중개자, 조정자, 평가자, 옹호자의 역할을 들 수 있다.

24. ⑤
사회복지사의 직접적인 개입활동은 클라이언트와 직접 관계하면서 변화 추구, 문제해결 정서, 인지에 개입하는 기술, 행동변화기술, 정보제공, 가족치료, 교육상담 등이 있다.

25. ③
계약서는 사회복지사와 클라이언트가 동의하에 작성한다.

사회복지 실천기술론 649~655쪽

26 ③	27 ⑤	28 ④	29 ③	30 ③
31 ④	32 ①	33 ②	34 ⑤	35 ⑤
36 ②	37 ②	38 ④	39 ③	40 ③
41 ⑤	42 ⑤	43 ②	44 ①	45 ③
46 ④	47 ①	48 ⑤	49 ②	50 ②

26. ③
사회복지실천의 과학성과 예술성은 통합관계에 있다. 사회복지실천은 과학적 기반으로서 기초과학, 사회학, 심리학, 경제학, 인류학, 행정부, 정치학 등에 대한 지식이 있어야 하며 과학성과 예술성은 통합적 관계에 있다.

27. ⑤
동병상련의 경험으로 해결책 모색은 지지집단의 목적이다. 구성원의 자기 인식증진은 성장집단, 클라이언트의 병리적 행동 치료는 치유집단, 구성원에게 기술과 정보제공은 교육집단, 사회적응 지원은 사회화 집단의 목적이다.

28. ④
집단 초기 단계의 과업으로는 1) 사회복지사 및 집단성원 소개 2) 집단목적 소개 및 피드백 3) 개별성원 목표 설정하기 4) 집단규칙 설정하기(비밀보장의 한계 등) 5) 계약 6) 집단참여에 대한 동기부여와 능력고취 7) 신뢰감을 조성하고 불안과 저항 다루기 8) 장애물을 예측한다.

29. ③
사회복지사는 집단성원의 불안과 저항을 효과적으로 다루어야 한다. 집단 초기에는 집단성원들이 불안해하고 저항감을 보이게 된다. 따라서 집단운영에 대한 준비를 세심하게 하고 집단 내에서의 자신의 행동에 대해 주의하여 집단성원의 저항을 줄여야 한다. 그리고 집단참여에 저항감을 보일 때는 자기 결정권을 강조한다.

30. ③
소시오그램을 통해서 알 수 있는 정보는 1) 집단성원 간에 느끼는 친밀감 또는 반감의 유형 및 방향 2)

하위집단 형성 여부 3) 소외된 성원 여부 4) 삼각관계 형성 여부 5) 결속 강도 등 6) 소시오그램은 구성원의 호감도를 도식화한 것이다.

31. ④
집단 응집력이란, 집단에 대한 소속감은 구성원에게 긍정적인 변화를 일으키며, 치료집단에서 치료 경험에 도움을 주는 매우 중요한 요소이다.

32. ①
집단의 목적이 애매모호하게 설정되면 집단이 성공적으로 운영되기 어렵기 때문에 명확하게 설정되어야 한다. 또한 집단목표도 구체적으로 수립하여야 하며, 개별성원의 목표는 명확한 용어로 규정하고 측정이 가능한 형태로 설정되어야 한다.

33. ②
간접개입은 클라이언트를 둘러싼 인적, 물적 환경에 관련된 문제를 해결한다. 즉 환경에 관련된 사람과의 관계에 개입하거나 사회환경적인 변화를 추구하는 활동이다. 직접 영향을 주기에는 제안이나 조언, 지시 등을 함으로써 클라이언트의 행동을 향상시킨다.

34. ⑤
인지행동 모델의 개입기법은 인지의 재구조화, 경험적 학습 모델링, 체계적 둔감법, 이완훈련, 행동 시연, 사회기술훈련, 역설적 의도, 타임아웃, 설명, 내적 의사소통의 명료화, 활동 스케줄 작성기법(기록과제) 등이 있다.

35. ⑤
과제 중심모델은 클라이언트가 문제를 완화 시킬 수 있는 기술이나 자원이 부족한 것을 문제로 본다. 그래서 문제해결에 필요한 기술이나 자원을 얻도록 원조하는 것을 목표한다.

36. ②
해결 중심모델을 설명한 내용이다. 드쉐이저의 해결 중심 단기 가족치료 문제는 문제가 무엇인가를 파악하기보다는 클라이언트가 원하는 해결이 무엇인가에 초점을 둔다. 탈이론적이고 클라이언트의 관점을 중

요시한다.

37. ②
위기 개입의 기본원리는 신속한 개입, 행동 기술 제한된 목표(파멸의 예방, 균형상태 회복, 위기 이전의 상태로 돌아가는 것), 희망과 기대, 지지 초점적 문제해결, 자기 상, 자립 등이다.

38. ④
실용성은 실제 자신의 문제해결에 도움이 되는지의 여부와 관련된 내용이다. 인지행동 모델의 ABCDE 모델의 논박은 내담자가 가지고 있는 비합리적 신념이나 사고의 재해석, 그 사상이 사리에 맞는 것인지, 논리성, 실용성, 현실성에 비추어 반박하는 것이다.

39. ③
초기접근에서는 사회복지사는 질문을 통해 클라이언트의 문제나 상황을 이해하고 있다는 것을 보여주고 새로운 관점에서 바라볼 수 있도록 원조한다. 그리고 클라이언트를 원조에 참여시킨다.

40. ③
사회기술훈련에서의 행동주의 기법은 모델링, 역할연습, 행동 시연, 강화, 코칭, 문제해결 기술에 대한 교육, 숙제 부여 등이 있다. 직면은 정신역동 모델의 개입기법이다.

41. ⑤
위기 개입 모델은 위기 상황에 즉각적으로 개입하여 단기, 전문적 원조를 제공하는 모델이다. 개인이나 가족이 갑작스럽고 심각한 위험에 처했을 때, 단시간에 집중적으로 개입하여 6주 이내에 해결한다. 제한된 목표로 파멸의 예방, 균형상태 회복, 위기 이전의 상태로 돌아가는 것이다.

42. ⑤
가족체계이론은 가족 성원의 개개인에 초점을 맞추기 보다는 전체로서의 가족에 중점을 둔다. 그리고 원인과 결과 간의 직접적인 직선적 관계를 밝히려는 이론과 달리 가능한 다양한 결과들을 강조한다. 가족체계에 대한 주요 가설은 1) 전체로서의 가족은 각

부분의 합이다. 2) 가족은 변화와 안정성의 균형을 맞추기 위해 노력한다. 3) 가족 내 한 구성원의 변화는 모든 가족성원에게 영향을 미친다. 4) 가족성원의 행동은 순환적 인과관계로 설명할 수 있다.
5) 가족은 보다 큰 사회체계에 속하며 많은 하위체계를 포함한다. 6) 가족은 기존의 규칙에 따라 움직인다.

43. ②
생태도는 환경 속의 인간에 초점을 두기 때문에 클라이언트를 생태학적 관점에서 이해하는 데 도움을 준다. 그리고 생태도는 클라이언트에 관련된 제반 관련 자료를 획득하기 위한 자료이지, 사회복지사가 분석하고 평가하는 것이 아니다. 따라서 생태도를 통해 회복탄력성과 문제해결 능력을 확인하는 것이 아니다.

44. ①
사티어(V. satir)의 의사소통 유형 중에서 회유형은 자신의 내적 감정이나 생각을 무시하고 타인의 비위에 맞추려고 하는 유형이다.

45. ③
제시문의 내용은 자아 분화를 설명한 내용이다. 자아 분화는 한 가족의 정서적 혼란으로부터 자신이 자유로워지는 과정을 말한다. 자아 분화는 정신 내적 측면과 외부관계 측면, 대인관계 측면을 모두 포함하는 개념이다.

46. ④
탈 삼각화는 보웬(M. Bowen)의 다세대 가족치료의 대표적인 기법이다. 미누친의 구조적 가족치료 모델의 대표적인 기법에는 경계 만들기, 실연, 합류하기, 긴장 고조시키기, 과제 부여, 균형 깨뜨리기, 증상 활용 등이 있다.

47. ①
관계성 질문은 내담 가족과 관련된 다른 중요한 사람들의 생각이나 행동에 대하여 묻는 질문이다. 관계성 질문의 예로는, 당신의 남편이 여기에 있다고 생각해 보세요. 그리고 당신이 그렇게 웃으면 남편은 어떻게 반응할까요? 당신과 남편 사이의 관계가 좋아지면 애들이 어떻게 반응할까요?

48. ⑤
가족 개입의 전략적 모델에서 재명명(재구조화, 재구성, 재정의)은 가족 내의 한 구성원이 다른 구성원에 대해 가지고 있는 생각이 새로운 시각으로 변하도록 돕는 기법이다. 또한 가족 성원의 문제를 다른 관점에서 보거나 다른 방법으로 이해하도록 돕는 기법이다.

49. ②
요약기록은 기관에 따라 달라지지만 일반적으로 일시와 클라이언트에 대한 간단한 내용을 적은 후 사회력, 행동계획, 시간의 경과에 따라 변화된 상황, 개입 활동, 중요한 정보 등이 포함되며 요약하여 기록한다.

50. ②
해당 지문 내용은 단일사례설계 유형 중 다중요소 설계와 관련된 사례로서 다중요소 설계는 하나의 기초선 자료에 대해 다수의 각기 다른 개입 방법들을 연속적으로 도입하는 설계 방법이다. ABC 설계라고 하며, 이 설계는 어떤 개입이 대상 문제의 변화를 설명하는지 알 수 있다는 점과 개입과정에 개입의 강도나 방식을 바꿀 수 있다는 장점이 있다.

지역사회복지론   655~660쪽

51	③	52	①	53	②	54	③	55	⑤
56	①	57	②	58	④	59	④	60	④
61	①	62	④	63	④	64	②	65	③
66	③	67	⑤	68	⑤	69	⑤	70	②
71	⑤	72	⑤	73	①	74	④	75	③

51. ③
웨렌(Warren, 1963)이 제시한 지역사회 비교척도(지역적 자치성, 서비스 영역의 일치성, 지역에 대한 주민들의 심리적 동일시, 수평적 유형) 중 수평적 유형을 묻는 예시임. 수평적 유형이란 지역사회 내 상이한 단위 조직들 간의 구조적·기능적 관련 정도를 말함.

52. ①
다음은 길버트와 스펙트(N. Gilbert & H. Specht)가 제시한 지역사회의 기능으로 옳은 설명임.

- (ㄱ 생산·분배·소비) 기능 : 지역주민들이 필요한 재화와 서비스를 어느 정도 제공받을 수 있느냐를 결정하는 것
- (ㄴ 사회통제)기능 : 구성원들이 사회의 규범에 순응하게 하는 것

53. ②
우리나라 지역사회복지 역사는 다음과 같음.

- ㄱ. 영구임대주택단지 내에 사회복지관 건립이 의무화되었다. --- 1989년
- ㄷ. 국민기초생활 보장법 제정으로 공공의 책임성이 강화되었다.----1999년
- ㄴ. 지역사회복지협의체가 지역사회보장협의체로 명칭이 변경되었다.---2015년

54. ③
영국의 지역사회복지 역사 중 지역사회보호가 강조되면서 민간서비스, 비공식 서비스의 역할은 점차 감소한 게 아니라 증가한 게 맞음.

55. ⑤
이론과 주요 개념의 연결이 옳지 않은 설명은 ⑤ 사회교환 이론 - 자기효능감, 집단효능감. 교환이론이란 인간의 행동에는 항상 비용과 보수가 따르고 행위자는 행동에 의해 생기는 비용과 보수, 자신의 사회적 자산에 바탕을 두고 행동한다는 점에 입각함.

56. ①
지역사회복지실천의 원칙에 대한 설명으로 지역사회 특성과 문제는 일반화할 수 있는 게 아님.

57. ②
사회구성(주의) 이론은 가치나 규범, 신념, 태도 등은 다양한 문화적 집단에 따라 다르게 구성되는 게 맞는 설명임.

58. ④
테일러와 로버츠(S. Taylor & R. Roberts) 모델에 해당되는 것은 다음과 같음.

- ㄱ. 프로그램 개발 및 조정
- ㄴ. 지역사회개발
- ㄷ. 정치적 권력(역량)강화
- ㅁ. 지역사회연계

59. ④
로스만(J. Rothman)의 지역사회조직 모델 중 지역사회개발은 정부조직을 경쟁자로 인식하는 게 아님. 지역사회개발모델은 지역사회주민의 의식개선과 역량강화를 통해서 지역사회의 통합능력을 향상시키는 모델임.

60. ④
웨일과 갬블(M. Weil & D. Gamble)의 실천모델 정치·사회행동 모델에 대한 예시로 기회를 제한하는 불평등에 도전, 사회적·정치적·경제적 정의를 위한 행동, 표적체계에 선출직 공무원도 해당을 들음.

61. ①
지역사회복지실천단계로 문제확인 단계에서 이슈의 개념화, 이슈와 관련된 다양한 가치관 고려, 이슈와 관련된 이론과 자료 분석이 이뤄짐.

62. ④
지역사회복지 실천의 '실행 단계'에서 실천계획의 목

표 설정하는 게 아니라 목표수립과 대안선택단계에서 이뤄짐

63. ④
다음은 지역사회복지실천기술 중 옹호기술에 대한 옳은 설명임.
- 소외되고, 억압된 집단의 입장을 주장한다.
- 보이콧, 피케팅 등의 방법으로 표적을 난처하게 한다.
- 지역주민이 정당한 처우나 서비스를 받지 못하는 경우에 활용된다.

64. ②
다음은 조직화기술에 대한 옳은 설명임.
ㄱ. 지역주민이 주체가 되어 사회복지조직의 목표를 성취하도록 운영한다.
ㄴ. 지역주민이 자신들의 문제를 함께 풀어나가는 과정을 포함한다.

65. ③
지역사회 욕구사정 방법 중 하나인 델파이기법에 대한 설명임.
- 전문가 패널의 의견을 수렴하는 방법
- 합의에 이르기까지 여러 번 설문 실시
- 반복되는 설문을 통하여 패널의 의견 수정 가능

66. ③
지방자치제도로 인해 복지예산의 지방이양으로 지방정부의 책임이 강화된다.

67. ⑤
시·군·구 지역사회보장계획에 다음과 같은 내용이 포함됨.
ㄱ. 지역사회보장 전달체계의 조직과 운영
ㄴ. 사회보장급여의 사각지대 발굴 및 지원 방안
ㄷ. 지역사회보장에 관련한 통계 수집 및 관리 방안
ㄹ. 지역사회보장에 필요한 재원의 규모와 조달 방안

68. ⑤
대표협의체에서 읍·면·동의 지역사회보장조사 및 지역사회보장지표에 관한 사항을 다룸.

69. ⑤
사회복지공동모금회법상 사회복지공동모금회는 사회복지사업이나 그 밖의 사회복지활동 등을 지원하기 위한 재원을 조성하기 위하여 기획재정부장관의 승인을 받아 복권을 발행할 수 있는 게 아니라 모금회 사업에 필요한 경비는 배분받은 복권수익금으로 조성됨.

70. ②
사회복지관 사업내용 중 서비스 제공 기능에 지역사회보호, 교육문화, 자활지원 등 기타를 들 수 있고 사례관리는 포함되지 않음.

71. ⑤
한국사회복지협의회의 주요 사업으로 읍·면·동이 위탁하는 사회복지에 관한 업무는 수행하지 않음.

한국사회복지협의회의 주요 사업은 다음과 같음.
- 사회복지에 관한 교육훈련: 사무에 종사하는 공무원과 사회복지사업에 종사하는 자의 자질 향상을 위하여 인권교육 등 필요한 지도와 훈련을 하고 사회복지사업에 종사하는 사람의 교육훈련과 복지 증진을 위해 노력함.
- 사회복지에 관한 자료수집 및 간행물 발간
- 사회복지에 관한 계몽 및 홍보
- 자원봉사활동의 진흥
- 사회복지사업에 관한 기부문화의 조성
- 사회복지사업에 종사하는 사람의 교육훈련과 복지 증진
- 사회복지에 관한 학술 도입과 국제사회복지단체와의 교류

72. ⑤
다음은 사회적 경제에 대한 옳은 설명임.
ㄱ. 사회적 기업은 경제적 이익을 추구한다.
ㄴ. 사회적 경제는 자본주의 시장경제의 대안모델이다.
ㄷ. 사회적 협동조합의 목적은 취약계층에게 사회서비스 또는 일자리를 제공하는 것이다.

73. ①
지역사회복지운동의 계층적 기반은 노동운동이나 여성운동과 같이 뚜렷한 게 아니라 지역사회복지는 지역사회의 문제를 해결, 주민의 복지욕구를 충족시키는 기능이 있음.

74. ④

주민참여와 관련이 없는 예시로 공무원 중심의 복지정책 결정권한 강화임.

75. ③

최근 지역사회복지 동향으로 지역사회통합돌봄사업의 축소가 아니라 확대임.

사회복지정책론 661~666쪽

01	④	02	①	03	①	04	⑤	05	②
06	②	07	①	08	④	09	②	10	⑤
11	②	12	③	13	②	14	③	15	⑤
16	③	17	①	18	⑤	19	①	20	⑤
21	④	22	④	23	③	24	③	25	③

01. ④

페이비언 사회주의 : 평화적이고 점진적인 방법으로 사회주의를 지향한다. 사회통합, 평등, 공동체 의식의 강화와 이타주의 의지를 위해 복지국가의 확대가 필요하다고 본다. 신우파(반집합주의)는 국가개입을 최소화하고 복지혜택은 빈곤 계층에게 최소한으로 주어져야 한다고 주장하고 마르크스주의는 빈곤퇴치와 사회적 불평등의 해소는 복지국가 실현으로는 불가능하다고 주장하며 녹색주의는 복지국가가 환경문제를 야기함으로 복지국가를 반대하는 입장을 취한다.

02. ①

소극적 자유는 다른 사람의 의지나 간섭으로부터 자유로운 것(기회, 신자유주의, 민주주의)을 말한다. 적극적자유는 자신이 원하는 것을 할 수 있는 자유(능력, 사회민주주의, 복지국가 전성기)를 강조한다.

03. ①

실업크레딧은 2016년 8월 1일 시행으로 가장 최근에 시행된 제도이다. 국민연금 크레딧 제도는 사회적으로 가치있는 행위를 하였거나 불가피한 사유로 보험료를 납부할 수 없는 경우 수급권 및 적정급여 보장을 위해 가입 기간을 추가로 인정하는 제도이다. 실업크레딧은 구직급여 수급자가 연금 보험료의 납부를 희망하면 본인 부담분 연금 보험료(25%)를 납부하는 경우 국가에서 보험료(75%)를 지원하고 그 기간을 최대 12개월까지 가입 기간으로 추가 산입하는 제도이다. 2008년도에 출산크레딧과 군복무 크레딧 제도를 도입하였다.

04. ⑤

진료비 지불 방식에는 행위별 수가제, 포괄 수가제, 인두제, 총액 계약제가 있다. 우리나라는 행위별 수가제를 기본으로 하면서 포괄 수가제의 적용도 확대하고 있다. 먼저 행위별 수가제는 환자에게 제공한 모든 의료서비스를 항목별로 계산하여 진료비를 책정하는 방식으로 환자에게 많은 진료를 제공할수록 의사나 의료기관의 수입이 증가하게 되어 과잉진료를 초래할 우려가 있다. 그리고 포괄 수가제는 보충 발생빈도가 높은 질병군에 대해 환자의 입원 일수와 중증도에 따라 미리 정해진 표준화된 진료비를 의료기관에 지급하는 방식이다.

05. ②
노인장기요양보험 기금은 국민건강보험과 분리하여 독립회계로 관리한다. 보험료 징수는 국민건강보험료와 통합하여 징수한다. 노인장기요양보험은 치매, 중풍의 노화 및 노인성 질환 등으로 인하여 혼자 힘으로 일상생활을 영위하기 어려운 대상자에게 요양시설이나 재가 장기요양 기관을 통해 신체활동 또는 가사 지원 등의 서비스를 제공하는 제도이다. 신청대상은 소득수준과 상관 없이 노인장기요양보험 가입자와 그 피부양자, 의료 급여수급권자로서 65세 이상 노인과 65세 미만의 노인성 질병이 있는 자이다.

06. ②
근로자를 감원하지 않고 고용을 유지하거나 실직자를 채용하여 고용을 늘리는 사업주에게 비용의 일부를 지원하여 고용안정을 유지하기 위한 고용안정사업과 직업능력을 높이기 위한 직업능력개발사업이 있다. 고용보험의 가입대상은 모든 사업 또는 사업장에 적용된다. 상병급여는 실업을 신고한 이후에 질병, 부상 또는 출산으로 인하여 취업이 불가능하여 구직활동을 할 수 없는 경우 구직급여를 받을 수 없으므로 생계에 어려움을 겪을 수 있는 대상자를 위한 급여이다. 고용안정 및 직업능력 개발사업의 보험료는 전액 사업주가 부담한다.

07. ①
사회보험은 강제가입, 사회적 적절성 중시, 제도적, 법적 관계, 물가상승에 의한 실질 가치의 변동을 보장, 정부 독점, 수평적 재분배, 현물급여, 바우처, 현금 급여 등이 강조되고 민간보험은 임의적, 개인 지불능력 보장 자유경쟁, 사적 계약, 개인적 형평성 비용 예측 전제, 사기업 운영체제, 물가상승률 미반영, 소득 재분배기능과는 무관하다.

08. ④
국민기초생활수급자 중 보장시설에서 급여를 받는 자는 1종 수급자로 구분된다. 의료 급여 법상의 1종 수급권자 (시행령 제3조) 국민기초생활보장법에 따른 수급자 중 다음 어느 하나에 해당하는 자로서 1) 18세 미만이거나 65세 이상 인자 2) 중증장애인 3) 질병, 부상 또는 그 후유증으로 치료나 요양이 필요한 사람 중에서 근로 능력 평가를 통하여 시장, 군수, 구청장 등 기초자치단체장이 근로 능력이 있다고 판단한 사람. 4) 임신 중에 있거나 분만 후 6개월 미만의 여자 - 병역의무를 이행 중인 자이다. 5) 국민기초생활보장법에 따른 보장시설에서 급여를 받고 있는자 6) 결핵 질환, 희귀 난치성질환 또는 중증질환을 가진 사람 7) 타법 적용자 : 이재민 등 8) 행려환자 9) 보건복지부장관이 1종 의료급여가 필요하다고 인정 되는 자

09. ②
상병수당은 건강보험에 해당한다. 국민건강보험제도의 급여에서 부가급여 중 하나가 상병수당이다. 코로나19와 같은 팬데믹 시대의 노동과 관련하여 질병으로 휴가를 내는 경우 소득의 일부를 보전하는 제도로써 우리나라에서는 현재 시행이 되지 않고 있다.

10. ⑤
우리나라의 국민기초생활보장제도에서 급여의 신청은 신청주의로써 사회복지전담공무원은 국민기초생활보장법에 따른 급여를 필요로 하는 사람이 누락 되지 않도록 관할지역에 거주하는 수급권자의 동의를 얻어 급여를 직권으로 신청할 수 있다.

11. ②
자유주의 복지국가 체제에서는 탈 상품화 정도가 가장 낮다. 1) 자유주의 복지국가는 소득조사에 의한 공공부조 프로그램을 강조하고, 탈 상품화 효과는 최소화되며 복지의 재분배 효과가 미약하다. 따라서 사회보장급여는 잔여적 특성이 강하다 미국, 캐나다, 호주 등이 해당된다. 2) 조합주의적 복지국가는 기존의 계층, 지위 구조를 유지한다는 의미에서 보수주의적 복지국가로 명명한다. 전통적으로 가부장제가 강

하며 남성 생계부양자모형이다. 따라서 가족의 중요성을 강조한다. 오스트리아, 프랑스, 독일 등의 유럽 대륙의 국가들이 해당된다. 3) 사회민주주의 복지국가는 보편주의적 원칙과 사회권을 통한 탈 상품화 효과가 가장 크고 새로운 중산층까지 확대되는 국가이다. 복지의 재분배적 기능이 강력하다. 스웨덴, 덴마크, 핀란드, 노르웨이 등 주로 스칸디나비아 국가들이 해당된다.

12. ③
경제성장의 낙수효과 발생은 시장실패에 따른 국가의 시장 개입의 필요성을 제기한 내용과는 거리가 멀다. 사회복지에 대한 국가개입의 필요성과 근거로써 시장실패 현상이다. 시장실패의 대표적인 유형으로 공공재 공급의 실패, 외부효과, 정보의 비대칭성, 역선택 등이 있다. 사회복지의 재화나 서비스는 공공재적 성격이 강하다. 낙수효과는 경제성장에 초점을 둔 신자유주의와 관련된 내용이다.

13. ②
노인장기요양보험제도는 장기요양 인정을 받아서 서비스 이용 절차를 거쳐서 서비스를 받을 수 있다. 따라서 장기요양등급판정을 하여 급여를 제공하는 진단적 구분이 적용된다. 국민연금은 자산조사를 하지 않고 국민연금 가입자에게 급여 자격이 진단적 구분이 적용된다. 국민연금은 자산조사를 하지 않고 국민연금 가입자에게 급여 자격이 부여되며, 아동수당은 보편주의 제도이다. 장애인연금, 국민기초생활보장제도는 선별주의 제도이다.

14. ③
길버트법은 인도주의적 구빈제도이며, 원내 구제에서 원외 구제로 전환하였고, 최초로 유급 구빈 사무원(오늘날의 사회복지사)을 채용하였다. 신빈민법(1834년)은 1) 전국적 균일처우의 원칙(전국적 통일의 원칙) 3) 열등 처우의 원칙(최하위자격의 원칙), 작업장 활용의 원칙(원내 구제의 원칙)을 실시하였다. 신빈민법에 의해 구빈세를 줄이는 목적은 달성 되었지만 원외 구제의 원칙은 잘 지켜지지 않았다. 미국의 사회보장법(1935년)은 연방정부가 재정과 운영을 담당하는 노령연금과 주 정부가 운영하고 연방정부가 재정을 지원하는 실업보험, 공공부조, 사회복지 서비스로 구성되었다. 또한 빈곤에 대한 국가책임이 명시되었으며 연방정부의 책임을 규정하였다. 독일의 비스마르크는 독일 민족의 내부통합을 위해서 사회보험법을 제정하였다.

15. ⑤
우리나라의 건강보험제도는 대상자 선정 기준(할당)은 기여 조건에 따라 선정되며, 급여의 종류에는 현물급여 형태의 요양급여, 건강검진과 현금급여 형태의 요양비, 장애인 보장구 급여비, 본인부담금 상한제, 임신, 출산 진료비 지원 사업 등이 있다. 그리고 재원 조달은 보험료, 국고 보조금 및 건강증진기금(담배부담금) 등 정부 지원금 등이 있다.

16. ③
최저임금제는 최저임금법에 의한 제도이다. 사회보장기본법에 근거한 사회보장제도는 사회보험, 공공부조, 사회 서비스가 있다. 사회보험은 국민연금, 국민건강보험, 산업재해보험, 고용보험, 노인장기요양보험이 있다.

17. ①
기업복지 재원의 문제점으로 기업복지를 통하여 소득재분배가 악화될 수 있다. 기업복지 대신에 세금을 징수하여 조세수입을 늘려 국가복지의 적극적인 소득재분배 정책에 사용한다면 소득재분배 효과를 높일 수 있다. 기업복지 급여가 대부분 고소득층에게로 집중한다는 점도 문제이다. ②, ③, ④, ⑤는 기업복지의 장점을 설명한 내용이다.

18. ⑤
민간 영리기관이 사회 서비스를 전달할 수 있는 사례는 개인 사업자가 노인요양시설을 운영하는 사례이다. 사회복지정책의 전달체계는 중앙정부, 지방정부, 중앙정부와 지방정부의 혼합, 정부와 민간의 혼합체계 등이 있다. 국가 또는 지방자치단체가 설치하여 민간에게 위탁한 장애인복지관, 광역지방자치단체가 사회서비스원을 설치하는 사례, 사회복지법인이 지역아동센터를 운영하는 사례, 지역자활센터가 사회적기업을 창업하는 사례 등은 비영리기관이다.

19. ①

합리모형과 쓰레기통모형은 지문에서 설명한 내용이 맞다. 점증모형은 현실적인 정책 결정 과정을 과거의 정책이나 결정의 부분적, 점진적, 순차적 수정이나 약간의 개선, 향상으로 이루어진다. 혼합모형은 합리모형과 점증모형의 절충적인 형태로 에치오니가 주장한 모형이다.

20. ⑤

타운센트(townsend)는 절대적 빈곤 개념을 비판하고 빈곤은 상대적 박탈이라는 개념을 통해서만 객관적으로 정의될 수 있다고 주장하였다. 그는 빈곤의 상대성과 복잡성에 보다 근접하기 위해서 상대적 박탈을 구체화하여 빈곤선을 추정하였다. 먼저 상대적 박탈을 객관적 박탈감과 주관적 박탈감으로 나누었으며, 객관적 박탈감을 측정할 수 있는 항목과 주관적 박탈감을 측정할 수 있는 항목을 선정하여 소득계층별로 이 항목들을 보유하거나 누리고 있는 양태를 비교하였다. 일반적으로 고소득층은 대부분의 항목을 향유하는데 비하여 저소득층은 극히 일부분의 항목들을 향유하는데 그칠 것이라고 보고 여기서 일정 소득 수준에서 향유하고 있는 품목들이 급격히 감소하는 소득 수준을 파악하고 이를 빈곤선으로 보는 것이다.

21. ④

1) 로렌츠 곡선은 가로축에는 인구의 누적 비율이, 세로축에는 소득금액의 누적 백분율이 표시되며, 소득분포의 불평등도를 측정하는 방법이다. 2) 지니계수는 절대적 빈곤선을 기초로 만들어지며, 소득분배의 불평등 정도를 나타내는 수치이다. 0~1의 값을 가지는데, 0이 되면 모든 사람들의 소득이 평등하다는 의미가 된다. 반면 1에 가까울수록 불평등도가 높다고 본다. 3) 빈곤율은 빈곤선의 기준을 정하고 소득이 이에 미치는 여부에 따라 빈곤 가구와 비 빈곤 가구를 구분하고 빈곤 가구에 사는 개인의 수를 구하여 전체인구에서 차지하는 비율을 통해 측정하는 방법이다. 빈곤율은 빈곤층의 규모를 나타낸다. 4) 10분의 배율은 하위 40% 가구의 하위소득이 전체소득에서 차지하는 비중을 상위 20% 가구의 상위소득이 전체소득에서 차지하는 비중으로 나눈 값이다. 10분위 배율이 클수록 소득분배가 평등하다. 반면 5분위 배율은 소득이 높은 상위 20% 가구와 소득이 낮은 하위 20% 가구의 소득을 나누어 산정한다. 5분위 배율이 작을수록 소득분배가 평등하다.

22. ④

장애인 의무고용제는 급여의 형태에서 기회에 해당한다. 사회복지 급여의 형태에는 현금, 현물, 증서(바우처), 기회, 권력 등이 있다. 1) 현금 급여는 급여 수급자가 자신에게 필요한 재화나 서비스를 직접 시장에서 구매하도록 화폐 형태로 지급하는 급여이며, 장점으로는 ① 수급자의 효용성을 극대화할 수 있다. ② 수급자의 존엄성을 유지 지켜줄 수 있다. ③ 수급자들의 자기 결정권을 높일 수 있다. ④ 프로그램의 운영비용이 적게 들어 운영 효율성이 높다. 단점으로는 ① 목표의 효율성이 떨어진다. ② 개인들의 효용성은 높일 수 있어도 사회적 효용성이 감소되는 경우가 많다. 2) 현물급여는 수급자에게 필요한 물품이나 서비스를 직접 급여로 제공하는 형태이다. 장점으로는 ① 정책의 목표 효율성을 높일 수 있다. ② 현금 급여에 비하여 효과가 명백하여 정치적인 측면에서 선호한다. 정부 관료들에 의해서 권력을 행사할 수 있어 사회적 통제를 강조한다. ③ 대량생산과 대량소비로 인한 규모의 경제효과가 커서 프로그램 비용을 줄일 수 있다. 즉 필요한 내싱자에게 집중적으로 급여를 제공할 수 있다. ④ 다수의 사람들은 소득의 평등보다 특정한 필수품의 평등에 더 관심을 가지는 물품 평등주의를 보이고 있다. 3) 증서(vouther)는 현금과 현물의 장, 단점을 보완한 제3의 급여 형태로 정해진 용도 내에서 원하는 재화나 서비스를 자유롭게 선택할 수 있는 일종의 이용권이다. 4) 기회는 무형의 급여 형태로써 어떤 집단이 접근하지 못했던 부분에 접근이 가능하게 만드는 것이다. 사회의 불합리한 집단들에게 진학, 취업, 진급 등에서 유리한 기회를 주어 시장의 경쟁에서 평등한 기회를 주는 형태이다. 예를 들면, 농어촌 지역의 학생이나 장애인에게 특례입학을 허가하는 것과 기업의 장애인 의무고용제를 들 수 있다. 5) 권력은 수급자로 하여금 정책 결정에 대한 권력을 부여하여 정책의 내용이 그들에게 유리하게 결정될 수 있도록 하는 것을 의미한다.

23. ③

③의 내용은 사회 양심론의 내용으로 사회적 양심과 이타주의 확대에 따라 각 개인이 가지고 있는 타인에 대한 사랑, 사회적 의무감 등이 국민들의 지식 향상에 의해 점차 증대되면서 사회정책이 발전되었다고 보는 이론으로 인도주의에 기초한다. 1) 수렴이론(산업화 이론)은 산업화 과정에서 사회 경제적 변화를 통해 새로운 욕구와 사회문제가 발생하였고 이에 대응하기 위해 사회복지제도가 확대, 발달 되었다. 2) 시민권론의 대표적인 학자인 마샬(Marshall)에 따르면, 시민권은 개인의 자유와 법 앞에서의 평등과 같은 공민권, 참정권과 같은 정치권, 복지권과 같은 사회권의 순서로 발전하는 진화과정을 설명하였다. 3) 권력자원론은 복지국가 발전의 중요 변수들은 노동조합의 중앙집중화 정도, 노동자 정당의 영향력 등이라고 하였다. 4) 국가중심적 이론은 복지국가 정책은 국가 스스로가 문제를 인식하고 해결하려는 노력의 산물, 정부와 관료조직의 역할을 가장 중요시 하였고 공급자 중심 역할을 강조하였다.

24. ③

③의 내용은 수직적 재분배의 내용이다. 1) 수직적 재분배는 고소득층에서 저소득층으로의 소득이 재분배되는 것을 말한다. 그 예로는 누진소득세와 공공부조제도가 있다. 2) 수평적 재분배는 특정한 조건을 가진 사람들에게 급여를 제공하는 경우의 재분배로 동일 계층 내의 소득재분배이다. 예로는 가족수당, 건강보험 등이다. 3) 세대 내 재분배는 동일 세대 내에서의 재분배이다. 대부분의 수직, 수평적 재분배는 세대 내에서 일어난다. 4) 세대 간 재분배는 앞 세대와 먼 후 세대 간의 재분배로서 주로 부과방식으로 운영되는 공적 연금제도에서 나타난다.

25. ③

사회투자국가의 사회 투자의 핵심은 인적 자본 및 사회적 자본의 투자, 특히 인적 자본 중 아동에 대한 투자를 강조하며, 좋은 인적 자본을 창출하는 사회적 맥락과 경제활동의 포괄적 기반으로서의 사회적 자본을 강조하였다. 사회투자국가는 1) 복지의 투자적 성격과 생산적 성격을 강조하며, 복지와 성장, 사회정책과 경제정책의 상호보완성을 강조 2) 전통적인 과세와 지출을 강조하기보다 사회 투자를 강조 3) 경제정책을 우위에 둔 경제정책과 사회정책의 통합을 강조 4) 사회 투자의 핵심은 인적 자본과 사회적 자본에 투자를 강조 5) 사회지출은 자산조사를 통한 표적화된 프로그램을 선호, 소득보장에 사용되는 소비지출을 억제 6) 시민권의 권리와 의무 강조 7) 결과의 평등보다 기회의 평등을 강조

사회복지행정론

666~671쪽

26	①	27	⑤	28	②	29	③	30	⑤
31	⑤	32	⑤	33	②	34	④	35	③
36	③	37	②	38	⑤	39	①	40	④
41	②	42	①	43	③	44	④	45	⑤
46	①	47	④	48	③	49	②	50	④

26. ①

사회복지행정가가 가져야 할 능력으로 배타적 사고가 아닌 부서나 직원 간 효과적인 의사소통을 유지하고 조율하는 게 필요함.

27. ⑤

사회복지행정의 실행 과정은 ㄹ. 과업 기획 - ㄷ. 과업 조직화 - ㄴ. 과업 촉진 - ㄱ. 과업 평가 - ㅁ. 환류 순임.

28. ②

테일러(F. W. Taylor)가 개발한 과학적 관리론은 (ㄱ-관리자)에게만 조직의 목표를 설정할 수 있는 (ㄴ-책임)을 부여하기 때문에 (ㄷ-직원)의 의사결정 (ㄹ-참여)을(를) 지향하는 사회복지조직에 적용하는 데는 한계가 있을 수 있다.

29. ③

사회복지조직관리자가 상황이론(contingency theory)을 활용할 경우 고려해야 할 것으로 ㄷ. 사회복지조직을 둘러싸고 있는 사회, 정치, 경제, 문화 변수 등을 고려한다.

30. ⑤

다음은 조직구조 유형 중 태스크포스(TF)에 관한 옳은 설명임.
ㄱ. 팀 형식으로 운영하는 조직이다.
ㄴ. 특정 목표달성을 위한 업무에 전문가들을 배치한다.
ㄷ. 환경의 변화에 대응하기 위해서 만든 조직의 성격이 강하다.

31. ⑤

현대조직운영 기법에 관한 균형성과표(balanced score card) : 공정한 직원채용을 위해서 만든 면접평가표가 아님.

재무적 측정치 위주로 구성되어 있는 전통적인 성과평가 시스템의 취약점을 보완하여, 조직의 임무를 근거로 비전·전략·성과 목표로 성과 지표를 종합적·장기적·체계적으로 수립하고, 도식화해 관리함으로써 조직의 실행력을 제고시키는 새로운 성과 평가 시스템.

다음은 현대조직운영 기법에 관한 옳은 설명임.
- 리스트럭처링(restructuring) : 중복사업을 통합하여 조직 경쟁력 확보
- 리엔지니어링(re-engineering) : 업무시간을 간소화시켜 서비스 시간 단축
- 벤치마킹(benchmarking) : 특수분야에서 우수한 대상을 찾아 뛰어난 부분 모방
- 아웃소싱(outsourcing) : 계약을 통해 외부전문가에게 조직기능 일부 의뢰

32. ⑤

학습조직 구축요인으로 시스템 사고(systems thinking) : 전체와 부분 간 역동적 관계 이해를 들 수 있음.

33. ②

사회보장정보시스템(범정부)는 사회복지사업 정보와 지원대상자의 자격정보, 수급이력정보 등을 통합관리하는 시스템으로 대상자의 소득, 재산, 인적자료, 수급이력정보 등을 연계하여 정확한 사회복지대상자 선정 및 효율적 복지업무 처리 지원함.

34. ④

다음은 스키드모어(R. A. Skidmore)의 기획과정을 순서대로 나열함.
ㅁ. 구체적 목표 설정 - ㄴ. 가용자원 검토 - ㄱ. 대안 모색 - ㄷ. 대안 결과예측 - ㄹ. 최종대안 선택 - ㅂ. 프로그램 실행계획 수립

35. ③

예산 통제의 원칙으로 접근성의 원칙이 아님.

36. ③

사회복지법인 및 시설 재무·회계 규칙상 사회복지

관에서 예산서류를 제출할 때 첨부하는 서류로 사업수입 명세서는 포함되지 않음.
사회복지법인 및 시설 재무·회계 규칙상 사회복지관에서 예산서류를 제출할 때 첨부하는 서류로 예산총칙, 세입·세출 명세서, 임직원 보수 일람표, 예산을 의결한 이사회 회의록 또는 예산을 보고받은 시설운영위원회 회의록 사본 등을 들 수 있음.

37. ②
사회복지조직의 책임성에 대한 설명으로 책임성 이행측면에서 효율성을 배제하고 효과성을 극대화하는 게 틀린 설명임. 따라서 효율성을 배제하는 게 아니라 효율성과 효과성을 고려해야 함.

38. ⑤
⑤ 고객관계관리 마케팅에 대한 예시임.
고객관계관리 마케팅이란 고객 특성에 기초한 마케팅 활동을 계획·지원·평가하는 과정임.
고객 데이터의 세분화를 실시하여 고객을 적극적으로 관리하고 유도하며 고객의 가치를 극대화시킬 수 있는 전략을 통해 마케팅을 실시함.

39. ①
다음 프로그램 평가의 기준으로 노력에 대한 설명임.
-서비스를 받은 클라이언트 수
-목표달성을 위해 투입된 시간 및 자원의 양
-프로그램 담당자의 제반활동

40. ④
최근 사회복지조직의 환경변화로 ㄱ. 사회복지 공급주체의 다양화, ㄷ. 성과에 대한 강조와 마케팅 활성화, ㄹ. 기업의 경영관리 기법 도입을 들 수 있음.

41. ②
사회복지관에서 제공해야 하는 서비스의 최저기준에 시설규모는 포함되지 않음. 사회복지관에서 제공해야 하는 서비스의 최저기준에 시설의 환경, 시설의 안전관리, 시설의 인력관리, 시설 이용자의 인권이 포함됨.

42. ①
동기부여이론 중 알더퍼(C. Alderfer)의 ERG이론은 고순위 욕구가 충족되지 못하면 저순위 욕구를 더욱 원하게 된다는 좌절퇴행(frustration regression) 개념을 제시한다.

43. ③
변혁적 리더십에서 구성원들 스스로 혁신할 수 있도록 비전을 제시해주는 것을 강조한다.

44. ④
다음은 인적자원관리에 관한 옳은 설명임.
ㄴ. 직무명세는 특정 직무수행을 위해 필요한 지식과 기능, 능력 등을 작성하는 것이다.
ㄷ. 직무평가에서는 조직목표 달성에 대한 구성원의 기여도를 고려한다.

45. ③
허시와 블랜차드(P. Hersey & K. H. Blanchard)의 상황적 리더십 모형에서는 구성원의 성숙도를 중요하게 고려한다가 맞는 설명임.

46. ①
참여적 리더십의 설명상 의사결정의 시간과 에너지가 절약될 수 있는 게 아니라 직원들을 의사결정에 참여시켜 일에 대한 적극적 동기부여가 가능함. 반면 단점으로 소요시간이 많이 걸리고 책임소재 문제 등이 발생됨.

47. ④
사회복지서비스 급여의 유형과 전달체계 특성은 관련이 없는 게 아니라 관련이 있음.

48. ③
사회복지서비스 전달체계 도입 순서로 ㄴ. 지역사회복지협의체 설치(2005년) - ㄱ. 희망복지지원단 설치(2012년) - ㄷ. 읍면동 복지허브화 사업 실행(2016년) 순임.

49. ②
패러슈라만 등(A. Parasuraman, V. A. Zeithaml & L. L. Berry)의 SERVQUAL 구성차원에 관한 설명으로 유형성 : 시설, 장비 및 서비스 제공자 용모

등의 적합성을 들 수 있음.

패러슈라만 등(A. Parasuraman, V. A. Zeithaml & L. L. Berry)의 SERVQUAL 모형은 서비스 품질 갭 모형에 근거해 고객만족을 조사하기 위한 도구임. 정성적 방법과 정량적 방법의 결합을 통해 품질의 5가지 차원(22개 항목)을 이용하여 서비스 품질의 다차원을 측정함. 5가지 차원은 다음과 같음.
① 신뢰성 : 기업이 제공해주기로 약속한 서비스를 믿음직스럽고, 정확하게 수행할 수 있는 능력
② 확신성 : 종업원이 제공해 줄 것이라고 믿는 확신과 신뢰, 종업원의 능력, 지식, 예의 등
③ 공감성 : 고객에 대한 배려나 개인적인 친밀감
④ 유형성 : 물리적인 시설이나 장비, 인력 등과 같은 설비 확충의 물리적 환경
⑤ 대응성 : 고객을 돕겠다는 의지나 신속한 서비스를 제공하려는 의지

50. ④

총체적 품질관리(TQM)는 집단의 노력보다는 개인의 노력이 품질향상에 더 기여한다고 본다는 틀린 설명임. 총체적 품질관리란 조직관리, 제품, 서비스의 지속적·총체적인 개선을 통해 고품질과 경쟁력을 확보하기 위해 전 구성원의 총체적인 노력을 말함.

사회복지법제론   672~677쪽

51	③	52	⑤	53	⑤	54	④	55	③
56	⑤	57	①	58	⑤	59	③	60	③
61	①	62	③	63	⑤	64	④	65	④
66	①	67	④	68	②	69	②	70	①
71	⑤	72	②	73	①	74	④	75	②

51. ③

헌법 규정의 사회적 기본권에 대한 설명으로 국가는 모든 공무원인 근로자의 단결권·단체교섭권 및 단체행동권을 보장하여야 한다가 아님.
→ 헌법 제33조 제2항에 의거 공무원인 근로자는 법률이 정하는 자에 한하여 단결권·단체교섭권 및 단체행동권을 가진다.

52. ⑤

우리나라 사회복지법의 법원에 해당하는 것은 예시에서 든 ㄱ. 대통령령, ㄴ. 조례 ㄷ. 일반적으로 승인된 국제법규, ㄹ. 규칙이 다 포함됨.

53. ⑤

예시 중 법률의 제정년도가 빠른 것은 ⑤ 노인복지법 1981년 제정임.
① 사회보장기본법 – 1995년 제정
② 국민건강보험법 – 1999년 제정
③ 고용보험법 – 1993년 제정
④ 영유아보육법 – 1991년 제정
⑤ 노인복지법 – 1981년 제정

54. ④

사회보장기본법상 사회보장제도의 운영원칙에 대한 설명으로 사회보험은 (ㄱ-국가)의 책임으로 시행하고, 공공부조와 사회서비스는 (ㄴ-국가와 지방자치단체)의 책임으로 시행하는 것을 원칙으로 한다.

55. ③

사회보장기본법상 국가와 지방자치단체에 관한 설명으로 국가와 지방자치단체는 사회보장제도의 안정적인 운영을 위하여 중장기 사회보장 재정추계를 매년 실시하고 이를 공표하여야 한다는 틀린 설명임.
→ 사회보장기본법 제5조 제4항 의거 국가는 사회보

장제도의 안정적인 운영을 위하여 중장기 사회보장 재정추계를 격년으로 실시하고 이를 공표하여야 한다.

56. ⑤

사회보장기본법상 사회보장위원회 위원으로 포함되어야 하는 중앙행정기관의 장은 ㄱ. 행정안전부장관, ㄴ. 고용노동부장관, ㄷ. 기획재정부장관, ㄹ. 국토교통부장관을 들 수 있음.

57. ①

사회보장급여의 이용·제공 및 수급권자 발굴에 관한 법률의 내용 중 보장기관의 장은 「긴급복지지원법」제7조의2에 따른 발굴조사를 실시한 경우를 제외하고 지원대상자에 대한 발굴조사를 1년마다 정기적으로 실시하여야 한다는 틀린 내용임.
→ 국가 및 지방자치단체는 위기상황에 처한 사람에 대한 발굴조사를 연 1회 이상 정기적으로 실시하여야 한다.

58. ⑤

사회보장급여의 이용·제공 및 수급권자 발굴에 관한 법률상 수급자격 확인을 위해 지원대상자와 그 부양의무자에 대하여 조사할 수 있는 사항으로 ㄱ. 인적사항 및 가족관계 확인에 관한 사항, ㄴ. 소득·재산·근로능력 및 취업상태에 관한 사항, ㄷ. 사회보장급여 수급이력에 관한 사항, ㄹ. 수급권자를 선정하기 위하여 보장기관의 장이 필요하다고 인정하는 사항을 들 수 있음.

59. ③

사회복지사업법상 사회복지법인이 설립 후 기본재산을 출연하지 아니한 때 시·도지사는 시정명령을 내릴 수 있다는 틀린 예시임.
→ 사회복지사업법 제26조(설립허가 취소 등) 제1항 제7호에 의거 시·도지사는 법인이 제7호(사회복지법인이 설립 후 기본재산을 출연하지 아니한 때)에 해당할 때에는 설립허가를 취소하여야 한다.

60. ③

사회복지사업법상 사회복지시설(이하 '시설'이라고 한다)에 관한 옳은 설명은 ③ 시설을 설치·운영하는 자는 시설에 근무할 종사자를 채용할 수 있다.

61. ①

사회복지사업법상 사회복지법인(이하 '법인'으로 한다)에 관한 설명으로 법인이 설치한 사회복지시설의 장과 직원은 그 법인의 이사를 겸할 수 없다는 틀린 예시임.
→ 사회복지사업법 제21조(임원의 겸직 금지) 제1항에 의거 이사는 법인이 설치한 사회복지시설의 장을 제외한 그 시설의 직원을 겸할 수 없다.

62. ③

국민기초생활보장법 제2조(정의)의거 "보장기관"이란 이 법에 따른 급여를 실시하는 국가 또는 지방자치단체를 말한다. 예시 중 ㄷ. 대전광역시장이 즉 지방자치단체임.
ㄱ.「장애인복지법」제58조 제1항 제1호의 장애인 거주시설은 보장시설임.

63. ⑤

의료급여법 제7조(의료급여의 내용 등) 제1항에 의거 수급권자의 질병·부상·출산 등에 대한 의료급여의 내용은 진찰·검사, 약제(藥劑)·치료재료의 지급, 처치·수술과 그 밖의 치료, 예방·재활, 입원, 간호, 이송과 그 밖의 의료목적 달성을 위한 조치를 들 수 있음.
따라서 ⑤ 화장 또는 매장 등 장제 조치는 의료급여의 내용이 아님.

64. ④

다음 예시는 기초연금법상 기초연금의 지급정지 사유에 해당됨.
ㄱ. 기초연금 수급자가 금고 이상의 형을 선고받고 교정시설 또는 치료감호시설에 수용되어 있는 경우
ㄴ. 기초연금 수급자가 행방불명되거나 실종되는 등 대통령령으로 정하는 바에 따라 사망한 것으로 추정되는 경우
ㄹ. 기초연금 수급자의 국외 체류기간이 60일 이상 지속되는 경우
ㄷ. 기초연금 수급권자가 국적을 상실한 때---기초연금법 제17조(기초연금 수급권의 상실)에 의거 기초연금 수급권이 상실됨.

65. ④

긴급복지지원법상 직무수행 과정에서 긴급지원대상자가 있음을 알게 된 경우 이를 신고하고, 긴급지원대상자가 신속하게 지원을 받을 수 있도록 노력하여야 하는 자에 ④「무형문화재 보전 및 진흥에 관한 법률」에 따라 지정된 국가무형문화재의 보유자는 해당되지 않음.

긴급복지지원법 제7조(지원요청 및 신고)에 의거 긴급복지지원법상 직무수행 과정에서 긴급지원대상자가 있음을 알게 된 경우 이를 신고하고, 긴급지원대상자가 신속하게 지원을 받을 수 있도록 노력하여야 하는 자로 다음을 들 수 있음.

1. 「의료법」에 따른 의료기관의 종사자
2. 「유아교육법」, 「초·중등교육법」 및 「고등교육법」에 따른 교원, 직원, 산학겸임교사, 강사
3. 「사회복지사업법」에 따른 사회복지시설의 종사자
4. 「국가공무원법」 및 「지방공무원법」에 따른 공무원
5. 「장애인활동 지원에 관한 법률」 제20조에 따른 활동지원기관의 장 및 그 종사자와 같은 법 제26조에 따른 활동지원인력
6. 「학원의 설립·운영 및 과외교습에 관한 법률」 제6조에 따른 학원의 운영자·강사·직원 및 같은 법 제14조에 따른 교습소의 교습자·직원
7. 「건강가정기본법」 제35조에 따른 건강가정지원센터의 장과 그 종사자
8. 「청소년 기본법」 제3조제6호에 따른 청소년시설 및 같은 조 제8호에 따른 청소년단체의 장과 그 종사자
9. 「청소년 보호법」 제35조에 따른 청소년 보호·재활센터의 장과 그 종사자
10. 「평생교육법」 제2조에 따른 평생교육기관의 장과 그 종사자

66. ①

국민건강보험법상 건강보험심사평가원의 업무에 해당하는 것은 ①요양급여의 적정성 평가임.

국민건강보험법 제63조(업무 등) 제1항에 의거 심사평가원은 다음 업무를 관장함.
1. 요양급여비용의 심사
2. 요양급여의 적정성 평가
3. 심사기준 및 평가기준의 개발
4. 제1호부터 제3호까지의 규정에 따른 업무와 관련된 조사연구 및 국제협력
5. 다른 법률에 따라 지급되는 급여비용의 심사 또는 의료의 적정성 평가에 관하여 위탁받은 업무
6. 건강보험과 관련하여 보건복지부장관이 필요하다고 인정한 업무
7. 그 밖에 보험급여 비용의 심사와 보험급여의 적정성

67. ④

국민연금법상 급여의 종류에 해당하는 것으로 ㄱ. 노령연금, ㄹ. 장애연금, ㅁ. 반환일시금을 들 수 있음.

68. ②

산업재해보상보험법의 내용으로 보험급여에는 간병급여, 상병보상연금, 실업급여 등은 틀린 설명임.
→ 산업재해보상보험법 제36조(보험급여의 종류와 산정 기준 등) 제1항에 의거 보험급여에 요양급여, 휴업급여, 장해급여, 간병급여, 유족급여, 상병(傷病)보상연금, 장례비, 직업재활급여를 든다.

69. ②

고용보험법의 내용으로 국가는 매년 보험사업에 드는 비용의 일부를 일반회계에서 부담하여야 한다가 맞는 예시임.
① 고용보험기금은 기획재정부장관이 관리·운용하는 게 아니라 동법 제79조(기금의 관리·운용) 제1항에 의거 기금은 고용노동부장관이 관리·운용한다.
③ 취업촉진 수당의 종류로는 구직급여, 직업능력개발 수당 등이 있다.
→ 제37조(실업급여의 종류) 제2항에 의거 취업촉진 수당으로 조기(早期)재취업 수당, 직업능력개발 수당, 광역 구직활동비, 이주비를 들 수 있음.
④ "실업"이란 근로의 의사와 능력이 없어 취업하지 못한 상태에 있는 것을 말한다.
→ 동법 제2조에 의거 "실업"이란 근로의 의사와 능력이 있음에도 불구하고 취업하지 못한 상태에 있는 것을 말한다.
⑤ "일용근로자"란 6개월 미만 동안 고용되는 사람을 말한다.
→ 동법 제2조에 의거 일용근로자란 1개월 미만 동

안 고용되는 사람을 말한다.

70. ①
노인장기요양보험법의 내용으로 장기요양보험사업은 보건복지부장관이 관장한다는 옳은 예시임.

[오답해설]
② "장기요양급여"란 장기요양등급판정 결과에 따라 (1개월 이상 → 6개월 이상) 동안 혼자서 일상생활을 수행하기 어렵다고 인정되는 자에게 신체활동·가사활동의 지원 또는 간병 등의 서비스를 말한다.
③ 장기요양기관은 수급자에게 재가급여 또는 시설급여를 제공한 경우 (시·도지사가 아니라 공단)에게 장기요양급여비용을 청구하여야 한다.
④ "노인등"이란 60세 이상의 노인 또는 60세 미만의 자로서 치매·뇌혈관성질환 등 대통령령으로 정하는 노인성 질병을 가진 자를 말한다.
→ "노인등"이란 65세 이상의 노인 또는 65세 미만의 자로서 치매·뇌혈관성질환 등 대통령령으로 정하는 노인성 질병을 가진 자를 말한(동법 제2조 의거)
⑤ 재가급여에는 방문요양, 방문목욕, 특별현금급여가 있다.
→ 동법 제23조(장기요양급여의 종류) 제1항 제1호에 의거 재가급여에는 방문요양, 방문목욕, 방문간호, 주·야간보호, 단기보호, 기타재가급여를 들 수 있음.

71. ⑤
한부모가족지원법의 내용으로 국가나 지방자치단체는 아동양육비를 대여할 수 있는 게 아니고 국가나 지방자치단체는 복지 급여의 신청이 있으면 아동양육비를 실시하여야 한다.

72. ②
노인복지법의 내용으로 보건복지부장관은 요양보호사가 거짓으로 자격증을 취득한 경우 그 자격을 취소하여야 한다는 틀린 설명임.
→ 동법 제39조의14(요양보호사 자격의 취소) 제1항에 의거 시·도지사는 요양보호사가 거짓으로 자격증을 취득한 경우 그 자격을 취소할 수 있다.

즉, 보건복지부장관이 아니라 시·도지사는 요양보호사가 거짓으로 자격증을 취득한 경우 그 자격을 취소할 수 있다가 맞는 예시임.

73. ①
장애인복지법제32조의2(재외동포 및 외국인의 장애인 등록) ① 재외동포 및 외국인 중 난민법」제2조 제2호에 따른 난민인정자는 제32조에 따라 장애인 등록을 할 수 있다.

74. ④
아동복지법의 옳은 내용으로 ④ 아동권리보장원의 장은 아동학대가 종료된 이후에도 아동학대의 재발여부를 확인하여야 한다.

[오답해설]
① 시장·군수·구청장은 보호조치 중인 보호대상아동의 양육상황을 3년마다 점검하여야 한다 → 동법 제15조의3(보호대상아동의 양육상황 점검)제1항에 의거 시·도지사 또는 시장·군수·구청장은 보호조치 중인 보호대상아동의 양육상황을 보건복지부령으로 정하는 바에 따라 매년 점검하여야 한다.
② 시·군·구에 두는 아동위원은 명예직으로 수당을 지급할 수 없다.
→ 동법 제14조 제4항에 의거 시·군·구에 두는 아동위원은 명예직으로 하되, 아동위원에 대하여는 수당을 지급할 수 있다.
③ 보건복지부장관 소속으로 아동정책조정위원회를 둔다.
→ 동법 제10조(아동정책조정위원회) 제1항에 의거 아동의 권리증진과 건강한 출생 및 성장을 위하여 종합적인 아동정책을 수립하고 관계 부처의 의견을 조정하며 그 정책의 이행을 감독하고 평가하기 위하여 국무총리 소속으로 아동정책조정위원회를 둔다.
⑤ 아동복지시설의 장은 보호하고 있는 12세 이상의 아동을 대상으로 자립지원계획을 수립하여야 한다.
→ 동법 제39조(자립지원계획의 수립 등) 제1항에 의거 보장원의 장, 가정위탁지원센터의 장 및 아동복지시설의 장은 보호하고 있는 15세 이상의 아동을 대상으로 매년 개별 아동에 대한 자립지

원계획을 수립하고, 그 계획을 수행하는 종사자를 대상으로 자립지원에 관한 교육을 실시하여야 한다.

75. ②

사회복지공동모금회법의 내용으로 국가나 지방자치단체는 모금회의 관리·운영에 필요한 비용을 보조할 수 있다.

국가나 지방자치단체는 모금회에 기부금품 모집에 필요한 비용과 모금회의 관리·운영에 필요한 비용을 보조할 수 있다.

[오답해설]
① 배분분과실행위원회는 위원장 1명을 포함하여 20명 이내의 위원으로 구성한다.
→ 배분분과실행위원회는 위원장 1명을 포함하여 각 20명 이상의 위원으로 구성한다(제13조)
③ 기부금품의 기부자는 배분지역, 배분대상자 또는 사용 용도를 지정할 수 없다.
→ 기부금품의 기부자는 배분지역, 배분대상자 또는 사용 용도를 지정할 수 있다(제27조)
④ 사회복지공동모금회는 언론기관을 모금창구로 지정할 수 있으나 지정된 언론기관의 명의로 모금계좌를 개설할 수 없다.
→ 모금회는 기부금품의 접수를 효율적이고 공정하게 하기 위하여 언론기관을 모금창구로 지정하고, 지정된 언론기관의 명의로 모금계좌를 개설할 수 있다(제19조).
⑤ 모금회의 정관으로 규정하지 아니한 사항은 「민법」 중 사단법인에 관한 규정을 준용한다.
→ 사회복지공동모금회법 또는 모금회의 정관으로 규정하지 아니한 사항은 「민법」 중 재단법인에 관한 규정을 준용한다(제34조).